巴蜀文化通史

百〇四岁叟 马识途

《巴蜀文化通史》学术委员会

章玉钧　隗瀛涛　李绍明　林　向　胡昭曦　贾大泉
谭继和　万本根　陈玉屏　罗　鸣　沈伯俊　彭邦本

主　编
章玉钧　谭继和

副主编
罗　鸣　彭邦本

编辑部
主　任　侯水平　向宝云
副主任　万本根　李　庆

"十二五"国家重点图书出版规划项目
四川建设西部文化强省重点项目

章玉钧　谭继和　主编

巴蜀文化通史
宗教文化 卷

李远国　向世山等　著

四川人民出版社

编者的话

巴蜀文化通史

《巴蜀文化通史》编撰工程是中共四川省委批准、省委宣传部直接组织和领导,由四川省繁荣发展哲学社会科学协调小组立项、四川省社会科学院牵头的四川省西部文化强省建设重点支持项目,也是"十二五"国家重点图书出版物出版专项规划及国家出版基金(2016年度)资助项目。一直关心四川文化传承创新的省老领导杨超、杨析综、何郝炬、冯元蔚、廖伯康、聂荣贵、李永寿等同志率先向省委、省政府倡议启动编撰工作。在编撰研究过程中,得到了陶武先、柯尊平、王少雄、甘霖等历届省领导的大力支持和亲切指导,我们谨致衷心的敬意和感谢。

本书编撰委员会于2006年设立,编撰工作由此启动,至2020年全面完稿,历时十五年。编撰委员会名誉主任陶武先,主任王少雄、柯尊平,副主任殷建中、贾松青、侯水平、隗瀛涛、李绍明;顾问蔡美彪、李学勤、张海鹏;编委会成员有章玉钧、林向、胡昭曦、贾大泉、谭继和、万本根、陈玉屏、罗鸣、沈伯俊、彭邦本、向宝云、王素、舒大刚、邓经武、赵振铎、龙晦、龙显昭、刘平斋、吴野、钱来忠、曹顺庆、陈德述、任新建、李明泉、张忠仁、王毅、王庭科、冉光荣、杜肯堂、李学明、孙锦泉、陈廷湘、刘复生、佘正松、李健、李刚、李诚、江玉祥、江章华、蒋维明、季富政、高大伦、段志洪、侯德础、谢元鲁、甘绍成、张明富、张凤琦等。编委中,有些作为学术委员会成员,自始至终参与本书研讨和审定;有的承担了分卷的撰著;有的在本书酝酿和编撰的相关会议上提供了不少宝贵意见;有的应邀对有关书稿审阅并提出有益的建议。总而言之，编委们都为本书编撰出版做出了各自的贡献。另还专门请宗性（中国佛学院）审读了《宗教文化卷》。

编撰工作具体依托四川省社会科学院进行，院历届领导贾松青、侯水平、李后强、向宝云、高中伟等都给予大力支持、督促和帮助，多次召开院党委或院办公会议，听取编辑部汇报，决定有关事项并检查落实。编辑部成员张彦、彭东焕、印国玲在具体组织协调、制订规范规则、联系作者、学术讨论记录（含录音）、编写简报等方面做了大量工作。

《巴蜀文化通史》是集思聚智的学术成果，撰著参与者及分工情况详见于各卷后记。以下谨按卷次列出主要撰著者名单，共同见证这部著作的出版：

《通论卷》	谭继和著
《农业与水利文化卷》	彭邦本编著
《工商文化卷》	张学君著
《城市文化卷》	何一民等著
《建筑文化卷》	庄裕光著
《交通文化卷》	蓝勇等著
《民族文化卷》	赵心愚、杨铭等著
《宗族与会社卷》	张力著
《移民文化卷》	陈世松著
《方言卷》	李国太、黄尚军、袁雪梅、曾为志著
《民俗文化卷》	徐学书、喇明英、况红玲等著
《哲学思想卷》	蔡方鹿、刘俊哲、金生杨著
《史学卷》	粟品孝、周鼎、李晓宇著
《宗教文化卷》	李远国、向世山等著
《教育卷》	徐辉、徐仲林等著
《文学卷》	邓经武著
《艺术卷》	苏宁、沈博、幸晓峰著
《科技文化卷》	查有梁、王迎川、周世祥等著

《传播文化卷》　　　　　赵志立著
《文献要览卷》　　　　　舒大刚、李冬梅等著
《巴蜀文化大事记》　　　张彦、陈德言、王林、彭东焕编著
《巴蜀文化研究论著索引》 李敬洵编

  由于多领域的地域文化通史尚属首创，不同门类各有其文脉演变、内在逻辑与历史进程，故未对各卷涉及本领域涵盖的时间起止及个别体例做统一的要求。编著者虽务求如清人顾炎武所说"庶几采山之铜"，而力避"买旧钱""废铜以充铸"，但因见闻学识所限，书中疏漏不足之处，尚祈望读者正之。

  最后要说的是，全书从编撰到出版来之不易，还得益于四川人民出版社历任社长罗韵希、解伟、黄立新，副社长骆晓平，总编辑刘周远的关心和支持。特别是谢雪编审从中协调、统筹以及众多编辑"为他人作嫁衣裳"的辛勤付出。巴蜀文化界学术界的领军人物、尊敬的马识途先生在2018年一百零四岁时为本通史题写书名。在此，我们表示深深的谢意。

章玉钧　谭继和　罗鸣　彭邦本
2021年11月

总 序

◎ 章玉钧

呈献在读者面前的这部多卷本《巴蜀文化通史》，是国家重点图书出版物出版专项规划项目、国家出版基金资助项目和四川省西部文化强省建设重点支持项目的学术成果。这个项目由中共四川省委宣传部直接组织和领导，四川省社会科学院牵头，川渝合作，组织和邀约四川省、重庆市七十多位巴蜀文化研究专家参加，得到四川省委、重庆市委和国家有关部门的重视和支持，获得国家和省文化产业经费的资助。全书二十二卷二十八册，约一千六百万字。编撰出版工作历时十五年终告完成。参加本书编修的专家学者们团结协同、切磋琢磨、集思聚智、甘苦备尝，贡献了创造性的劳动。四川人民出版社和各卷责任编辑认真敬业，严谨审慎，做出了辛勤奉献。在此，谨就编撰《巴蜀文化通史》的缘起与旨归、定位与特色、架构与方法、集成与出新，作一概括的介绍，以助读者对全书先有个总体的了解。

缘起与旨归

编修《巴蜀文化通史》之议，酝酿已久。20世纪80年代至90年代，巴蜀文化和蜀学研究在四川逐步升温，在选编出版徐中舒、蒙文通、顾颉刚、任乃强、邓少琴、冯汉骥等大师关于巴蜀文化的论著[①]后，陆续编写出版了《巴蜀文化图典》[②]《巴蜀文化研究丛书》[③]《巴蜀文化系列丛书》[④]。大家既为"地域文化热"的兴起而振奋，又在同地域文化研究先行地区的比较中，看到我们的差距，深感传承、整合和弘扬巴蜀文化，要抓牵头的东西，抓具有基础性、全局性和带动性的项目。2001年，一直关注文化的四川省老领导杨超、杨析综率先提出编撰《巴蜀文化通史》的倡议，杨超还构想系统整理自古以来的巴蜀文献，编成《巴蜀全书》。他们登高一呼，高屋建瓴，对学界有很大的启发和鼓舞。经过反复酝酿，省里八位老同志[⑤]于2005年10月联名致信四川省委、省政府，建议启动《巴蜀文化通史》的编撰工程。在组织四川高校和研究机构数十位专家学者进行论证，并征得重庆市有关领导和专家学者的赞同后，省委批准立项，审定了全书的框架设计。2006年7月，《巴蜀文化通史》多卷本编撰工程正式开展。

大家渴望编撰《巴蜀文化通史》并积极付诸行动，是基于这样的共识：民族文化是一个民族的根、脉、魂，是民族精神的载体，是支撑民族生存和发展的脊梁。全球文明古国各具优长，唯有中华文明几千年来一脉贯通地连续发展至今，重要原因是有由甲骨文、金文发展而来的形、音、义相结合的汉字为重要载体和文化纽带，用其写成的文史典籍代代承传，从未间断，起到全民族凝心聚力的巨大作用，激励中华民族历经磨难而不衰，直至迎来民族走向伟大复兴的盛世。巴蜀文化是多源汇成一脉、多元聚为一体的中华文

[①] 徐中舒《论巴蜀文化》、蒙文通《巴蜀古史论述》、顾颉刚《论巴蜀与中原的关系》、任乃强《四川上古史新探》、邓少琴《巴蜀史迹探索》，均由四川巴蜀史研究会编辑，由四川人民出版社于20世纪80年代出版。此后还有《冯汉骥考古学论文集》1985年由文物出版社出版，另有《缪钺全集》2004年由河北教育出版社出版。
[②] 该图典由川渝合作编成，刘茂才、滕久明任编委会主任，万本根、俞荣根任主编，四川人民出版社1999年出版。
[③] 该丛书由杨超、杨析综任编委会主任，首批六册。李绍明《巴蜀民族史论集》、陨瀛涛《巴蜀近代史论集》、林向《巴蜀考古论集》、胡昭曦《宋代蜀学论集》、谭继和《巴蜀文化辨思集》、徐南洲《古巴蜀与〈山海经〉》，均由四川人民出版社2004年出版。
[④] 该丛书由杨超、杨析综任编委会主任，谭洛非、邓星盈、万本根任主编，共十册，四川人民出版社2001年出版。
[⑤] 八位老同志是杨超、杨析综、何郝炬、冯元蔚、廖伯康、聂荣贵、李永寿、章玉钧。

化中一个重要的区域文化，是博大精深的中华文明的一枝奇葩，在中华民族文化谱系中占有独特的地位。她绚丽多彩、大器包容，在与兄弟地域文化交流互益、吞吐融会中发展繁荣，形成并展示出独特的神韵和魅力，使哺育她的中华文化更添灿烂辉光。对于川渝地区各族同胞而言，巴蜀文化就是我们世代生存之根、承传之脉、发展之魂。

巴蜀大地钟灵毓秀、文脉悠长，堪称多种人类遗产荟萃的聚宝盆。巴蜀文化有许多独具的特色和亮点，足以令我们为先辈的创造感恩并自豪。茂县营盘山、成都平原从宝墩到三星堆、金沙以及长江三峡、宣汉罗家坝等处文化遗址的多次惊世发现，结合古文献资料，无可辩驳地证实了巴蜀作为长江上游的上古文明中心，丰富了中华文明的基因，显示出古蜀古巴文化永恒的魅力。周秦以来，中华思想文化素以儒学、道学为主干；佛学西来后，更以儒释道交融互补为特色。蜀地仙道发源很早，成为天师道的创教地；儒学从西汉起就在此代代传承，文翁石室、周公礼殿、孟蜀石经彪炳千秋；在佛教中国化的进程中，巴蜀出了许多大德高僧，尤其是禅学大师，成为中国禅学中心之一。作为中国重要地域学术文化的蜀学，富有哲思传统和文史之长，"易学在蜀""史学莫隆于蜀""文宗自古出巴蜀""自古诗人例到蜀"等赞语，无不彰显历代巴蜀学术文化的璀璨夺目，成就非凡。巴蜀的音乐、舞蹈、碑刻、石窟、书法、绘画、诗词歌赋、戏剧、织锦、酿酒、制茶、肴馔等享有盛誉，非物质文化遗存丰赡多彩。巴蜀悠久的农耕文化与繁盛的工商文化相得益彰，并曾在水利开发、天然气开采、钻井术、天文、数学、医药等科技领域独占鳌头，纸币"交子"首发领先全球。巴蜀是中国历史上一个典型的移民区域，又长期是汉族和许多少数民族相聚和融合的地区，开拓了对外交往的条条蜀道，形成了连通中亚、南亚的南方丝绸之路和藏羌彝民族走廊。移民文化与原生文化、汉文化与少数民族文化、本土文化与外来文化在这里交融互动，使巴蜀文化具有很强的开放性、包容性、创新性和辐射性，这些特性被学者喻为"水库效应"。巴蜀儿女自古敢为天下先，尤其是百余年来向现代化转型时期，巴蜀文化哺育和造就了众多的杰出人物和文化精英，红色文化光耀史册，三线建设举国之重，"改革之乡"①闻名遐迩。在2008年"5·12"汶川特大地震等自然灾害的救援和重建过程中，四川人民表现出的英勇、睿智、大爱、感恩，也都凝聚着巴蜀文化浴火重生的精神。

当今中国正处于世界百年未有之大变局，建设社会主义文化强国，着力提升文化软实力，关系到"两个一百年"奋斗目标和中华民族伟大复兴中国梦的实现。身为当代学人，要在马克思主义指导下，树立高度的文化自觉和自信，十分珍视本土优秀的传统文化，处理好传统文化与现代化、本土文化与外来文化的关系，立大志愿，开大视野，用大手笔来发掘和系统梳理传统文化资源，传承、整合、弘扬巴蜀文化，致力于培根铸魂、固本延脉，使我们优秀的文化基因永续传承，与当代社会相协调，让富有恒久魅力、具有当代价值的巴蜀文化在提高全民精神素质，推进文化强省强国，铸牢中华民族共同体意识和助推构建人类命运共同体的进程中发挥应有的作用。

编撰多卷本的《巴蜀文化通史》，具有深远宏大的文化价值、学术价值和应用价值。一是对巴蜀文化几千年的发展轨迹及其创造、积累的宝贵文化财富，作出系统梳理和规律性总结，可以回应巴蜀民众了解"我是谁""我从哪里来"的文化寻根需求，丰富人们的精神世界，尤其是在道德规范和价值取向上得到涵养和化育。二是可以较全面地展示巴蜀文化的神韵和亮点，系统阐扬蜀史、蜀学、蜀文、蜀艺，构筑宽阔的学术研究平台，为巴蜀人文社会科学走向繁荣，促进传统文化的创造性转化和创新性发展，发挥立其大本、凝聚人心、导向助推的作用。三是同兄弟地域文化的研究成果相互呼应、相得益彰，有助于深入了解中华文化，传承中华文脉，为我们的母亲文化增光添彩，一起来展示她的独特魅力，进而与世界多元文化中不同民族文化平等交流互鉴，为建设新时代中国特色社会主义文化，增强我国的文化竞争力和软实力添砖垒瓦。四是更进一步促进川渝文化合作，可以为繁荣、丰富当代巴蜀先进文化建设，尤其是推进文化创意产业和康乐旅游产业，发掘深层次的文化内涵，提供坚实的学术依据，从而开启思路、激发灵感，以文塑旅，以旅彰文，把潜在文化资源（包括物质文化遗产和非物质文化遗产）

---

① 邓小平1982年对家乡四川的深情赞语。

转化为现实的生产力和文化软实力。五是有助于改变四川高校和研究机构在巴蜀文化和蜀学研究上各自为政、力量分散的状况，使之汇聚并形成有较高水平的老中青结合的研究队伍。与《巴蜀文化通史》珠联璧合的《巴蜀全书》，作为四川有史以来最大规模的古籍文献整理工程，经由四川大学古籍整理研究所提出并担纲，在四川省社会科学院和兄弟高等院校协力下，2012年以来，已出版阶段性成果两百余种，就是蜀学研究正在形成合力的又一明证。

定位与特色

为了实现前述宗旨，参与编撰的同仁都力求使《巴蜀文化通史》既是文化集成，又是学术创新，努力做到观点有一定创新性，知识含量丰富，资料翔实，文笔流畅，总体上进入巴蜀文化研究的学术前沿，在科学性、系统性、创新性、前瞻性、可读性等方面力争成为当代巴蜀学人可以"预流"——预于时代学术潮流的成果，成为在巴蜀文化研究上服务于现实并可继往开来的学术著作。但我们悬鹄虽高而未必力所能逮，故难免"取法乎上，仅得乎中"之憾。

这部书的研究对象是巴蜀文化，性质是通中寓专、通专结合的文化通史，角度是把地域史学与文化学及相关学科契合起来，贯穿全书的编撰理念是"三通"，即纵通、横通与会通。这里就分别说一说本书的"文化"本位、"巴蜀"立位和"三通"定位。

（一）"文化"本位

世界上对"文化"的定义已经有好几百种。我们以唯物史观为指导，本着天人合一、以人为本的中华人文精神[①]来解读文化。"惟天地万物父母，

---

① 天人合一、以人为本，打破天道与性命的隔阂，既避免把天人合一引向神学化，也避免陷入人类中心主义，而把敬畏、顺应自然与发挥人的主体能动性相统一，蕴含天人相依相待、互动互益的张力。

惟人万物之灵。"①人作为自然演化的产儿，受惠于天地万物，在群体劳动实践中成为地球上的万物灵长，既能创制工具，又能用语言交流，进而创制文字，由此有了文化及其积累、传承，于是便创造了"人化的自然界"。同时，在法天、法地、法万物的进程中，人也改变和提升着自身。汉字的"文"，原意是文身、文饰、纹理，以文来显示，以文来变化，讲规矩、礼貌，与禽兽区别开来。这是外在的，更是内在的。文的外化于行与内化于心，开物成务与锻塑成人，乃是人类与自然进行精神与物质相互变换中联袂互动的双重效应。自然力所为乃造化，人类心力所创是文化。文化从何而来？由人化文；文化落脚何方？以文化人。荀子讲"化性起伪"，"伪"就是人为的东西。要改变自身才能更好地改变世界。文化就是这样"人化"与"化人"（或曰"人为"与"为人"、人性的外化与内化）相统一，在双向建构中螺旋式上升，推动着人居世界的演进。人，既是创造文化的能动主体，又是文化所创造的价值主体。这与古语"人文化成"②的解读可以相通，也跟西方"文化"一词兼容"耕作、栽培"（外化）和"养育、教化"（内化）的语义相衔接。《中庸》讲至诚尽性，内外交修："惟天下至诚，为能尽其性。能尽其性，则能尽人之性；能尽人之性，则能尽物之性；能尽物之性，则可以赞天地之化育；可以赞天地之化育，则可以与天地参矣。"③这段话，恰可理解作为内化与外化相统一的文化的功能。

这样的广义文化，它对外与天地万物相成相济，内结构则包含着精神文化、语文符号、规范体系（行为习俗和法律）、社会制度和社会组织、物质产品等要素。④这些文化要素，大体可划分为相互联结、相互渗透的三个层面：外层是作为基础的物态文化，即经过人的劳动形成的"人化"自然或器物层面，体现人与自然的互动关系及其物质成果；中层是语文符号、制度文化和行为习俗文化等，可称为"交往文化"，体现出人与人的互动关系即社会关系，也是精神文化的外在表现；内层则是以价值观为核心的精神文化，

---

① 《尚书·周书·泰誓上》，《十三经注疏》上册，中华书局1979年影印本，第180页。
② 《易·贲卦·象辞》："观乎天文以察时变，观乎人文以化成天下。"
③ 《礼记·中庸》，《十三经注疏》下册，中华书局1979年影印本，第1632页。
④ 《中国大百科全书·社会学卷》，中国大百科全书出版社1991年版，第409页。

体现出人的心灵世界在真、善、美、圣（科学、道德、艺术、哲学、宗教）诸多领域与境界的创造。清代龚自珍说过："圣人之道，本天人之际，胪幽明之序，始乎饮食，中乎制作，终乎闻性与天道。"①文化的上述三个层面，既如血脉相通，总体上联动互进，在变迁时序上又往往呈现有速有缓、或前或后的不平衡发展状态。这种总体性与异步性的统一，是在研究和描述文化史时需要仔细琢磨和体现的。

综上所述，文化是在天人相合相分、互动互益进程中人的生命存在及其取得的全部成果，或简单地说，文化就是人类独有的生存方式。人们总是生活在世代传承而又不断积累、不断丰富的文化之中。这文化如水，滋润万物；若风，吹拂人间；又好比血液，灌注循环于特定民族或地区人群的心灵深处，产生凝聚力和认同感，积淀、凝结为人们稳定的生存方式。因此，人类的文化既有共通性，又有民族性、地域性和时代性，是多元的、多样的，而不是单一的、无差别的。不同民族、不同地域、不同时代产生的文化模式，形成的文化精神各有不同。伴随着时代的风云变幻，当不同文化相遇、相会时，从价值观念、思维方式、生活样态到社会习俗，就会产生交流、交融、交锋，出现文化选择和互融，进而导致文化的转型。通观世界历史，文化转型曾有过各种不同的类式。中华文化的现代转型是守正创新，把马克思主义基本原理同中华优秀传统文化相结合的自主式；而不是聚合多种移民文化、喧宾夺主的复合式；更不是那种特定场合下原有文化解体，被另一文化取代的断崖式。

"文化"和"文明"是两个意义相近又有区别的概念。文化侧重于文的功能，文明侧重于文的成就。人猿揖别，就出现文化；到告别蒙昧、野蛮，才进入文明时代。文明是个褒义词，囊括人类创造的积极成果之总和，用以指称人类社会的进步程度和开化状态。②当今多以文化标示民族性差异和地域性特色，而以文明标示人类的普遍行为和多元成就。文明因交流而互鉴，因互鉴而发展。在经济和科技全球化进程中，许多物态文化和一部分行为习

---

① 《五经大义终始论》，《龚自珍全集》，上海人民出版社1975年版，第41页。
② 《易·乾·文言》："见龙在田，天下文明。"《尚书·舜典》："睿哲文明。"孔疏："经天纬地曰文，照临四方曰明。"

俗文化在逐步趋于同质化，而具有不同基因的制度文化、语言文字，特别是精神文化，则终会呈现和保持多样化。这一部地域文化通史，本着文化的多元性和相通性来立论，各卷都力图写出浓郁的地域文化味，体现出"人化"与"化人"的统一。

（二）"巴蜀"立位

广袤的中华大地因地壳碰撞形成了自西向东、由高到低三个落差很大的阶梯，巴蜀处于高阶到中阶的内陆腹地，连通祖国的南北西东。巴蜀西部为青藏高原东南缘及横断山区北段，东部为群山环抱的四川盆地，总体地势西高东低，地形地貌独特丰富，集雄、奇、险、秀于一体，自然禀赋得天独厚，是万物生灵的洞天福地。巴和蜀是上古以来巴人、蜀人及其他族群先民活动的地域，二者相连乃至交错，文化复合共生，自成一个地域文化区系。在中华文明满天星斗式的起源中，这里是相对独立肇兴的长江上游文明起源中心，有巫山人、资阳人为代表的文化根系，有万年以上的文明起步，上古巴蜀地域文明形成和发展中的不少谜团还有待地下发掘来破解。三千多年前巴蜀文明就与中原文明血脉交融，与吴越、荆楚等文明紧密互动，也与南亚、中亚文明交流互鉴。公元前316年，秦并巴蜀后则更紧密全面地融入中华文明共同体，成为它重要的组成部分之一，东汉时即享有"天府之国"的美誉。巴与蜀同源同围，文化具有同质性和内聚力，而自然人文环境又同中有异，形成了刚柔相济的复合型文化共同体。蜀人慕文好乐，精敏健雄，浪漫诙谐；巴人质直尚勇，豁达豪爽，吃苦耐劳。所谓"巴出将、蜀入相"，大致道出了两者文化性格的差异。巴蜀的地域范围历代有涨有缩，行政区划迭有变迁（包括1997年以后川渝分治），而长期历史形成的巴蜀文化区虽没有截然划定的边界，却是相对稳定的整体，并未因行政区划变动而忽合忽分。巴蜀文化区的范围是涵盖今四川省和重庆市地域，兼及周边风俗略同地区的民族文化共同体。它以史源悠久、流传有绪的巴文化、蜀文化为主轴，既包括四川盆地以汉族为主体、辐射四周的文化，也包括盆地周边各以藏、彝、羌、苗和土家等世居少数民族为主体、各民族和谐共融的文化，是这一地区从古至今多民族地域文化的总汇。这部书论述的地域以今四川省和重庆市为主，对不同历史时期曾纳入巴蜀行政区划或与其文化关联密切的地域也有涉及。

巴蜀虽地处祖国内陆，不靠边、不濒海，却衔接南北，连通西东。在编撰这部书时，我们力求处理好巴蜀文化与其母文化——中华文化的关系，重视巴蜀文化与兄弟地域文化之间的交集和互动，着眼于巴蜀文化的特性、个性，寓共性于个性之中，寓统一性于多样性之中。我们也重视巴蜀文化与域外文化之间的交集和互动，注意巴蜀文化在中外文化交流中所起的作用。在巴蜀文化内部，我们力求处理好蜀文化与巴文化相互之间的关系，巴蜀汉民族文化与各世居少数民族文化的关系，尽可能都给以充分的关注，反映它们之间的共性与个性、互联与互动，力避顾此失彼，详略失当。为涵盖并展示少数民族文化多姿多彩的众多领域和方面，这部书除单独设置《民族文化卷》外，各有关专题卷都力图把相关领域的少数民族特色文化摆在重要位置进行阐述和概括。

（三）"三通"定位

"三通"是贯穿全书的重要编撰理念。史著价值在于信，通史灵气在于通。司马迁"究天人之际，通古今之变，成一家之言"[①]是我们心向往之、孜孜以求的目标。史学前辈范文澜等曾提出"三通"（"直通""旁通""会通"），我们根据编撰《巴蜀文化通史》的要求，把历时态的"纵通"、共时态的"横通"与跨文化、跨学科的"会通"，合在一起作一些新的阐释。世界是通的，大历史是通的，大文化是通的。文化史的发展，本来就涵盖着纵向的全过程、横向的多层面、跨文化的多领域。通向历史本真，揭示历史本体，是"三通"追求的目标。尤其是作为通中寓专、通专结合的多卷本地域文化通史，无论承担通论或专题卷的学者，都力求在"三通"上下功夫。

一曰纵通，指历时态全过程的贯通。"观水有术，必观其澜。"这部书贯穿古今，上溯于远古巴蜀先民之蒙昧初开，下迄21世纪初年川渝之文明新

---

① 《史记》卷一三〇《太史公自序》。

貌，原始察终，系统梳理这个既有内在连续性，又呈现不同时代阶段性的曲折过程中巴蜀文化层积而兴的脉络，由此分析其在各个历史时期的盛衰流变，此起彼伏的高峰低谷，展示巴蜀文化的特色和贡献，进而探究其发展的逻辑进程，尤其是传统巴蜀文化向现代化转型的路径，论证巴蜀文化的当代价值和意义，揭示巴蜀文化的发展趋势和前景，做到鉴古察今、述往知来。这是全书贯穿始终的主线。这条主线还可以从实践与认识的角度一分为二：一是巴蜀文化的实践史、发展史；二是在实践基础上对巴蜀文化的认识史、研究史。二者结合方能从实践与认识的循环往复中，深入把握"外化与内化相统一"的文化真髓。

二曰横通，指共时态全方位的互通。"事不孤起，必有其邻。"从全书立卷到各卷章节的设置，都力图以时间为经，以反映文化的不同层面及专题为纬，纵横交织，立体成像。历史运动是有结构的，它是过程与结构的统一，广义文化中各层面的共生、交叉、互动就体现着这种结构性。这部文化通史不仅要剖析巴蜀文化发展的过程，同时要展现巴蜀文化的层次与结构。本书多数专题卷，虽然在物态文化、交往文化、精神文化几个层面中各有其侧重点，但都是从有血有肉的文化肌体中抽出来的，不能孤立求索和描述。研究时不仅不能把经济基础与其上层建筑割裂开来，还要努力展示文化各层面的横通，展示各专题内部各个相关领域的横通。这样做是为了尽量体现地域文化生成的内在机理，使读者把握到神完气足、血肉丰满、生机勃勃的整个巴蜀文化。

三曰会通，着重指跨文化、跨学科的多元共融，全景式打通。《易·系辞上》说："圣人有以见天下之动，而观其会通。"[1]南宋郑樵《通志》特别强调"会通"。[2]要从天下事物阴阳变动不居的状况，观察领悟其会合变通的卯窍。人类文化从来是多元并存，在相互比较、碰撞、渗透、融合中发展的。研究地域文化，必须有开放式的大视野，具备跨文化、跨学科的眼界

---

[1] 李鼎祚《周易集解》注文中引用汉代干宝："观日月而要其会通，观文明而化成天下。"
[2] 郑樵《通志·总序》："百川异趋，必会于海，然后九州无浸淫之患。万国殊途，必通诸夏，然后八荒无壅滞之忧。会通之义，大矣哉！"又其《夹漈遗稿》卷三《上宰相书》："天下之理，不可以不会，古今之道，不可以不通，会通之义，大矣哉！"

和通识，能够在充分尊重和了解各种文化事象的前提下，不停留于对现象的描述，而要触类旁通、探赜索隐、择精合妙、汇聚通宜，真正实现圆融贯通。纵通为经，横通为纬，须擅会通，方呈现三维立体的全息图景，做到究始终、观全体、明是非得失之故。就是说，文化史研究要通过分析和综合，具备文化反思和阐释张力，会归通衢，由"方以智"进到"圆而神"，抵达藏往知来之境。

我们时时提醒自己：研究巴蜀文化不仅要钻得进去，还要跳得出来，站到更高处，具有开放的胸襟和跨文化比较的视野，把巴蜀文化放到多元一体的中华文化和全球多元文化的大背景下加以审视，察异观同，和合会通。巴蜀文化从来不是与世隔绝、孤立自足地成长起来的，而是在同周围的兄弟地域文化相互影响下发育繁衍，并在同远近的异质文化间接或直接的交流互动中汲取营养的。我们正处在不同文化交流空前深入、碰撞空前激烈的时代，为了追寻全球文化的多元和谐，助推构建人类命运共同体，一定要本着"各美其美，美人之美，美美与共，天下大同"的文化会通观，祛除近代以来因受西方强势文化轻视、压抑而形成的文化自卑和盲从心态，提高对中华文化地位、作用的认识，坚定文化自信，珍爱并拓展、弘扬本土文化的精华。要在马克思主义指导下，具备通识通才，对中外文化精神析同辨异，折冲樽俎，在会通中实现对优秀传统文化的继承和超越，对外来文化精华的吸纳和转化，促进新时代中国特色社会主义文化繁荣发展，不断开拓文化巴蜀、文化中国转型复兴之路。

架构与方法

20世纪初叶，随着新史学的兴起，文化史在历史学中的地位得到重视和加强。刘师培曾计划研究文化专门史，含十六种，以西方学术的科目，析先秦诸学学术思想之长短得失。①胡适设想，中国文化史要包括民族史、语言文字史、经济史、政治史、国际交通史、思想学术史、宗教史、文艺史、风俗史、制度史等科目。②梁启超专就文化史的做法讲课，认为需要对政教典章、社会生活、学术文化等方面，做分门别类的文化专史。最好是把人生的活动事项纵剖，依其性质，分类叙述。在狭义的文化专史中，他举出语言史、文字史、神话史、民俗史、宗教史、道术史（哲学史）、史学史、自然科学史、社会科学史、文学史、美术史等。③不过，20世纪30年代初问世的几部中国文化史（如杨东莼1931年、柳诒徵1932年、陈登原1935年），仍多系综合体裁，对各文化门类往往语焉不详。

在前辈学者探索的启发下，我们反复思量，决定突破所见的国内现有地域文化史侧重综合、纵通的体裁，而按"纵述史实，横排门类"的编撰原则，采用"通论+专题卷+大事记"这样一种体现纵通、横通、会通的创新结构，几经斟酌，全书共二十二卷，排序如下：置全书之首的《通论卷》，阐释了巴蜀文化的基本概念与学术体系，生态环境背景，巴蜀文化的研究史和认识史，由古及今的文化发展轨迹、基本性质及基本特征，在多元一体、博大精深的中华文化中的定位及其特殊贡献，薪火传承与现代化转型创新及前景趋势，力求起到提纲挈领、纲举目张的作用。其后大体按文化的不同层次，分别为巴蜀文化具有特色的领域、学科列专题卷。先是侧重物态文化并由此探及相关交往文化、精神文化层面的，有《农业与水利文化卷》《工商文化卷》《城市文化卷》《建筑文化卷》《交通文化卷》；接下来的《民族文化卷》从中华民族共同体的多民族视角强调综合性；《宗族与会社卷》《移民文化卷》《方言卷》《民俗文化卷》大体属于制度文化、语言文字、行为交往文化层面（鉴于政制、职官、法律等制度，全国大体统一，故不设专卷）。继后精神文化层面的部分，卷数较多，设有《哲学思想卷》《史学卷》《宗教文化卷》《教育卷》《文学卷》《艺术卷》《科技文化卷》《传

---

① 刘师培：《周末学术史序》，1905年作，《刘师培儒学论集》，四川大学出版社2010年版，第36~78页。
② 胡适：《〈国学季刊〉发刊宣言》，《胡适文存》二集，黄山书社1996年版。
③ 梁启超：《中国历史研究法（补编）》，《中国历史研究法》（外二种），河北教育出版社2000年版。

播文化卷》。为便于了解巴蜀历史文献，尤其是蜀学文献，特设有文献目录学专题《文献要览卷》。专题卷之后的《巴蜀文化大事记》，对先秦至当代巴蜀文化重大事件以编年方式扼要记载，便于读者对巴蜀文化全程有鸟瞰式、综合性的把握；《巴蜀文化研究论著索引》，则供研究者作为检索工具使用。以上就是全书的架构。

各专题卷均前置导言，未设结语。其篇章框架则因事制宜而有所不同。有的是以时期分章，大体按不同门类分节，在纵通中含横通（如《教育卷》）；有的主要按专题并结合时序来分章节，在横通中含纵通（如《科技文化卷》）；有的先理出历史线索，再突出一些重点专题，先纵后横，纵横结合（如《城市文化卷》）；还有的卷内分两编，分述相关内容（如《农业与水利文化卷》）。

《巴蜀文化通史》作为多卷本的学术著作，主要供大专以上程度的读者阅读，以及文化馆、图书馆等购备。它既不是曲高和寡的"阳春白雪"，也不是能够直接普惠民间的通俗普及读本。为了让巴蜀文化走进千家万户，还有待开发科普读物和图文，使之逐步大众化，在应用和传播上做创新文章。

编撰《巴蜀文化通史》，涉及学科门类甚广，涵盖时间很长，创新要求颇高，总字数超过千万。这样的文化工程，绝非率尔操觚、短促突击所能成功。近人刘承幹①《明史例案》提出过八条准则，就是"搜采欲博，考证欲精，职任欲分，义例欲一，秉笔欲直，持论欲平，岁月欲宽，卷帙欲简"，我们在编撰过程中借作参照，同时根据在新时代撰写地域文化通史的新要求，不断从实践中探索，大体形成了以下一些做法：

（一）多学科的专家学者分工合作，协同攻关

梁启超主张，广义的文化专史，涉及面特别广，在专史中最为重要，也最为困难。这不单是史学家的责任，更是研究某种专门学问的人对于该种学问的责任，要尽量用内行的专门家去做。若能以终身力量做出一种文化专史

---

① 刘承幹（1881～1963）：著名藏书家、刻书家、史学家。

来,于史学界便有不朽的价值。[①]本书的编撰设置了编撰委员会、学术委员会及编辑部,确定由正副主编主持编撰,编辑部依托省社科院开展编务工作。各专题卷的著者采取定向邀标办法聘请,多为对该学科领域研究有素的专门家,分别采取由个人承担,或二三人合著,或一人主撰、团队协力完成等方式进行。为保证学术质量,使全书有机统一,在实行主编负责制的同时,由资深专家组成学术委员会,全程参与从项目规划到成书的学术攻关和学术把关。

2006年以来,先后开了四次分卷著者会议,八十多次书稿审读会议。第一阶段,先由学术委员会同分卷著者反复讨论各卷著者拟出的由粗到细的提纲,并明确全书编纂理念[②],统一规范体例,然后与分卷著者签订编撰合同,落实工作责任。第二阶段,学术委员会同分卷著者研讨各卷写出的一两章样稿,这是"摸着石头过河"的试错与磨合过程。有些卷的思路和写法曾有大的调整和改变。第三阶段,各卷著者潜心研究,奋力写作。初稿先后写出后,大都经过学术委员会仔细研读,写出审读意见,同著者一起讨论,从结构、体例到观点、材料都认真交换意见,对著者遇到的各种史料、概念及话语体系、文脉梳理、文化基因挖掘等问题,出点子,提思路。待著者修订后又进行讨论,有的书稿研讨了四个回合。当某一分卷初稿趋于成熟时,即请出版社责任编辑提前介入审编,参加讨论,以便撰写工作与第四阶段的编辑出版工作紧凑衔接,不出空当。因各卷皆分头撰写,结构和文字风格有所不同,对同一文化事象的见识裁断有别也在所难免。在统改书稿过程中,既充分尊重分卷著者的学术个性和创见,同时为了各卷在总体上规范统一,基本观点相互协调而不相抵牾,尊重主编的统改权,而在个案判断上各卷则有自由度。注意把握各卷边界,相互照应避让,以免大的重复,做到详略互见,各得其宜。

在这部文化通史编撰期间,本书学术委员会大多数成员在辛勤共事中度过了古稀以至耄耋之年。我至今还清楚地记得在每次研讨会、审稿会上专家

---

① 梁启超:《中国历史研究法(补编)》,《中国历史研究法》(外二种),河北教育出版社2000年版。
② 章玉钧:《关于编纂〈巴蜀文化通史〉的思考》,《中华文化论坛》2007年第4期,第5~10页。

们无私地贡献个人的真知灼见，自由发表不同见解乃至相反的主张，体现出的那种学术为公的争鸣探索精神。尤其令我们刻骨铭心的是：隗瀛涛、李绍明、贾大泉、沈伯俊、万本根、胡昭曦、林向七位先生为学术工作长期呕心沥血，先后因病辞世。对诸位先生的高见卓识、学者风范尤其是为编撰本书所做的贡献，我们将永志不忘。

（二）采取多重证据法和综合研究法，在搜集和鉴别史料上下大功夫

古人所称"文献"，原本指书面文字记载与贤人口头传闻①，徐中舒先生拓展他的老师王国维的古史二重证据法为多重证据法，注重传世文献、出土文物和现代民族学、民俗学的活态文献等结合互证，将区域文化史研究提高到崭新的学术境地。本书编撰中，继承和弘扬王、徐等前贤视野广阔的史料观，搜罗史料力求竭泽而渔，鉴别史料着意披沙拣金，通过综合比勘，相互参证，追根溯源，从而正误辨伪，务寻真史。各专题卷著者都是先汇辑基本史料并掌握学界已有研究状况，汲取前人取得的成果，才进入写作阶段。有好几卷的著者更是"读万卷书、行万里路"，带领研究生经年累月搞田野考察，获得不少真知灼见，从而在学术上有了新的拓展。

（三）坚持文化学的视角，采取多学科交叉和比较文化学的研究方法，力求写足文化味

文化既然是人的生存方式，归结为"人化"和"化人"，每卷文化史就要见物更见人，既写出"由人化文"的胜境，更揭示"以文化人"的妙谛。有关精神文化的各专题卷，既系统梳理巴蜀精神文化尤其是蜀学发展繁荣的脉络，突出展示巴风蜀韵孕育出的文宗巨子和文化精英的成就，也记载众多无名工匠、艺人等留下的民族民间文化、市井文化的瑰宝。侧重物质文化的各专题卷，不停留在物态层面的描绘，而尽力深入到制度层面、精神层面。如《农业与水利文化卷》《科技文化卷》等，对举世无双、造福人类

---

① 朱熹："文，典籍也；献，贤也。"引自《四书章句·论语集注》卷二《八佾第三》，中华书局2012年版，第63页。

二千二百七十多年的都江堰水利工程,就不仅从物质、科技、生态层面介绍其巧夺天工、可持续发展的奥秘,而且从制度文化层面总结其堰官、岁修、劳役、配水、轮灌、收费等管理制度,更深入精神文化层面阐释其"上善若水"的哲理和人文精华。

(四)掌握焦点,抓住重点,发挥特点,突破难点

饶宗颐先生在揭橥华学趋向时,曾提出"三条":"一是纵的时间方面,探讨历史上重要的突出事件,寻求它的产生、衔接的先后层次,加以疏通整理。二是横的空间方面,注意不同地区的文化单元,考察其交流、传播、互相挹注的历史事实。三是在事物的交叉错综方面,找寻出它们的条理——因果关系。"又说:"我一向采用的史学方法,是重视'三点',即掌握焦点,抓紧重点,发挥特点,尤其要特别用力于关联性一层。"①我们体会,"三通"的理念与上述"三条""三点"是一致的,而方法上特别重视关联性,就要纵通找焦点,横通抓重点,会通求特点。编撰中,我们注意咀嚼梁启超的卓见:文化的发展史,各个时代、各个领域是不平衡的,重要性是不一样的,要分主系、闰系和旁系。不要平讲直叙,分不出浓淡高低。须用鸟瞰的眼光,看出哪个时代最主要,发达到最高潮,便用全力赴之。②各书大都采用了这种大处着眼、抓住重点、突破难点、提炼观点、不平均使用力量的方法。

集成与出新

前面提到,编撰这部书时,我们力求做到既是文化集成,更是学术创新。无论文化发展、学术探索,都是慧命相续、推故致新的过程,需要不断传承积累,继往开来,久久为功。"譬如积薪,后来居上。"用冯友兰先生

---

① 饶宗颐:《〈华学〉发刊词》(1995年),《选堂序跋集》,中华书局2006年版。
② 梁启超:《中国历史研究法(补编)》,《中国历史研究法》(外二种),河北教育出版社2000年版。

的话,这是从"照着讲"到"接着讲"的进程。每门文化史的研究,都需要对已有的各种史料,广搜博采,集纳钩沉;对前贤成果循波讨源,含英咀华;只有在对文化遗产守正传承的基础上,才有可能站到前人肩膀上,回应新的时代需求,匠心独运,开拓新境;才有可能焕然出彩,奉献出在某些方面超越前贤的成果。朱熹诗云:"旧学商量加邃密,新知培养转深沉。"①集成是出新必需的基础和前提,出新则是集成企求的目标和价值增值的成就。二者同体异面,缺一不可,是衡量学术成果质量相互关联的两个维度。

(一)从集成的维度看

首先,《巴蜀文化通史》可以说是"巴蜀文化"概念提出八十多年来首次大的学术集成。"西蜀文化"(郭沫若1934年)、"巴蜀文化"(卫聚贤1941年)提出之初,主要是就巴蜀考古文化而言,后来渐次扩大到广义的巴蜀文化,有关论著已上千册,有关文章达数万篇(《巴蜀文化研究论著索引》多有著录),形成了分别以史学文献考据、文物考古、民族民俗田野调查为主的三种研究方向,近年又发展出综合诸家的会通型研究方向。各条路径的学者在不同领域、从不同角度艰辛探索,均取得了丰硕的成果。本书各卷编修中,都努力加以搜集、消化和吸取,并以借鉴、发挥这些观念、方法为前提,力求形成对巴蜀文化研究具总汇性的成果。如《通论卷》从总体上就巴蜀文化生态背景、内涵性质、发展历程及基本规律、特征等问题,会通诸说,取精用宏,做了言之成理的统体性总述,成为具有集成性的一家之说。《民族文化卷》不仅就民族理论的疑难问题深入研究,还在搜集分析历史文献材料、文物考古材料,特别是对国家组织的多次民族调查材料下了很大功夫,从而描绘出巴蜀世居各少数民族立体生动的文化图景。

其次,古往今来的巴蜀文化长河浩荡壮丽,魅力无穷。《巴蜀文化通史》对清点总结长时段、宽领域、多层面的巴蜀文化来讲也是一次学术集成。巴蜀的历史文化名人,如大禹、李冰、落下闳、文翁、司马相如、扬

---

① 《鹅湖寺和陆子寿》,(宋)朱熹著,郭齐、尹波点校:《朱熹集》卷一,四川教育出版社1996年版,第185页。

雄、诸葛亮、陈寿、常璩、陈子昂、武则天、李白、杜甫、薛涛、苏轼、格萨尔、张栻、秦九韶、杨慎、李调元等，都在相关卷帙中重点推介，娓娓道来；巴蜀历史上突出的物质文化成就和非物质文化成就，蜀学、蜀文、蜀艺、蜀籍的精华也都提要钩玄，荟萃于此。如《文献要览卷》就搜选论列了近五百种巴蜀文化重要典籍，可一览巴蜀文献精华，为学者指点津梁。又如智慧幽默的四川方言是巴蜀历史文化凝结的珠宝，《方言卷》挖掘、串起一颗颗珍珠，并生动剖析其蕴含的丰富文化信息，令人齿颊留香。

再者，不少专题卷的著者既具文化通识，又对该学术领域长期耕耘，研究有素，此次写作起到了阶段性总结的学术集成作用。例如：《城市文化卷》著者三十多年来由跟从名师到带领团队，一直深耕于近现代中国城市与城市文化研究领域；《移民文化卷》著者是国内知名的移民文化、客家文化研究专家；《交通文化卷》著者多年致力于西南历史地理尤其是交通文化的调研；《哲学思想卷》和《史学卷》著者长期潜心研究巴蜀哲学、巴蜀史学；《建筑文化卷》著者是卓有成就的古建筑研究专家、高级建筑师。他们都在各自领域完成了多项国家课题，此次承担专题卷，更是辛勤研讨，旁搜远绍，厚积薄发，突出亮点，倾力奉献了后出转精之作。

（二）从出新的维度看

本书围绕前述长时段、宽领域、多层次的巴蜀文化来创新体例结构，成为首部纵横贯通、覆盖面广、体量超大的巴蜀文化史，在全国已出的各种区域文化通史中，当属编撰体例新、时间跨度长、内容浩繁的一部。学术体系上的集成性，本身就是从文化观念、编撰理念到架构体例的出新，在地域文化通史领域作了开创性的探索。这是其一。

本书各卷着眼于发展新时代文化，明道求真，以史经世，着力写出巴蜀文化的特色和韵味，在内容上有较多突破和出新。过去关于农业与水利、工商、交通、建筑、城市等的论著，容易停留于物态层面，罕有从文化学角度和宏观视野对其全过程深入探讨之作；这次研究标明以"农业与水利文化""工商文化""交通文化""建筑文化""城市文化"为对象，注重深入文化层面进行阐释，且着意探讨长时段历史中这些物质文化变动与制度文化、精神文化演进的关系及产生的影响,这些往往是以前研究论著较少触及的。有关巴蜀学术文化的几卷,着力显示蜀学长于思辨、多元会通、创新超迈、沟通理欲、注重事功等特色,有助于发扬当今的时代精神。有关交往文化的几卷,注重聚焦于民间大众,关注各色人等的日常生活,运用了许多文化人类学、社会学、民族学的方法,见解新颖,地域文化味很浓。这是其二。

更值得珍视的是,各卷在编撰中深汲传统的源头活水,发现其烛照现实和未来的原创亮点,尤其是优越秀冠的巴蜀文化在传承创新中焕发异彩之所在。许多卷发掘出大量翔实的资料,匠心独运,以史鉴今,提炼出有创新性的学术观点,或举出有新颖性的论据,活用巴蜀首创的学术话语,采用别出心裁的叙事方式,力争获得创新、独见、卓识的学术成果。具体的创新点如同"诗眼""文眼"分布闪烁在卷帙之中,细心披阅,当会时有"山阴道上,应接不暇"之乐,这里无法一一细析。

鉴于多卷本地域文化通史尚属初创,不同文化门类各有其学理脉络、发展轨迹和演进特色,编撰难度往往超出预期,主编和各卷著者虽迎难而上,勉力为之,但仍难免有纰漏丛脞之处。尤其是古蜀文明还有不少千古待解之谜,我们受限于已获的资料和研究水平,多只能守阙存疑。对成稿后的许多惊世发现,巴蜀文化日新月异的面貌和新的研究成果亦未能更多纳入。当把多卷本《巴蜀文化通史》奉献到读者面前时,我们既同大家分享喜悦,又有颇为忐忑的心情。这部书,以至其中每一卷,究竟应获怎样的评价,最终还要接受时间的检验。衷心期望巴蜀文化研究慧命相续,薪火相传,探索和构建起自身完整的学科体系、学术体系和话语体系。但愿此番的初创能为后续俊彦们开拓新境起到抛砖引玉的作用。

目 录

导 言 / 1

    一、巴蜀文化视野下的宗教 / 2
    二、巴蜀宗教文化的主要特征 / 4
    三、巴蜀宗教文化的社会影响 / 16

第一章 上古巴蜀的宗教文化 / 23

    第一节 史前宗教文化遗址 / 26
    第二节 广汉三星堆遗址中的宗教文化 / 28
    第三节 金沙遗址中的宗教文化 / 35
    第四节 大石崇拜与祖先信仰 / 40
    第五节 神灵崇拜与仙道信仰 / 52

第二章 巴蜀的道教文化 / 61

    第一节 汉晋时期的巴蜀道教 / 63
        一、道教缘起的时代背景 / 63
        二、张陵天师道的创立 / 65
        三、系师张鲁与汉中道教 / 71
        四、范长生与成汉政权 / 76
        五、李八百（伯）、李弘与李家道 / 78
    第二节 隋唐时期的巴蜀道教 / 82

一、隋代的巴蜀高道 / 83
　　二、唐代的巴蜀道教 / 85
　　三、翟乾祐与巴蜀天师道 / 86
　　四、唐代巴蜀的女冠 / 89
　　五、岷山丹法与刘知古的丹道 / 96
　　六、罗公远的内养思想 / 104
　　七、梅彪《石药尔雅》与彭晓的炼丹思想 / 109
　　八、李荣、王玄览的重玄思想 / 112
　　九、杜光庭的修道思想 / 120
　　十、陈朴的九转内丹诀 / 124

第三节　宋元时期的巴蜀道教 / 129
　　一、陈抟及其学派的思想 / 129
　　二、张继先与青城道教 / 142
　　三、薛道光与南宗内丹法 / 149
　　四、清微派、太乙派、忠孝派的传播 / 152
　　五、范应元的老学思想 / 159
　　六、元代巴蜀的道教 / 164

第四节　明清时期至当代巴蜀的道教 / 167
　　一、张三丰与巴蜀道教 / 168
　　二、李西月与内丹西派 / 172
　　三、黄元吉内丹理论与丹法 / 175
　　四、陈清觉与全真道丹台碧洞宗 / 179
　　五、当代巴蜀的道教 / 187

第三章　巴蜀的佛教文化 / 197

第一节　佛教传入巴蜀 / 199
　　一、佛教传入四川的考证 / 199
　　二、从文物考古发现所见到巴蜀早期佛教 / 201

第二节　魏晋六朝时期的巴蜀佛教 / 203
　　一、四川佛教传播的三个来源 / 203

二、不同派别的佛教思想先后传入巴蜀 / 207
　　三、巴蜀佛教风气的转变 / 211
　　四、佛教文化传入巴蜀的影响 / 217
第三节　隋唐时期的巴蜀佛教 / 221
　　一、巴蜀佛教大发展的社会条件 / 222
　　二、高僧辈出与禅宗勃兴 / 225
　　三、新兴密宗及其他教派的活动 / 228
第四节　宋元时期的巴蜀佛教 / 231
　　一、佛教臻于鼎盛的社会背景 / 231
　　二、宋代四川佛教的多向化发展 / 233
　　三、佛教与民间风俗 / 238
　　四、佛教与文化艺术 / 239
第五节　明清时期至当代的巴蜀佛教 / 249
　　一、明清时期的佛教文化 / 249
　　二、巴山蜀水的三大禅派 / 252
　　三、普贤道场峨眉山 / 261
　　四、明清巴蜀佛教文化建筑及其艺术 / 269
　　五、近代巴蜀的佛教 / 275
　　六、当代巴蜀的佛教 / 286
　　七、近现代四川佛教名家 / 296

第四章　基督宗教与巴蜀文化 / 305

第五章　伊斯兰教与巴蜀文化 / 323

第一节　伊斯兰教传入四川 / 325
第二节　四川的伊斯兰教 / 331

第六章　巴蜀少数民族宗教文化 / 345

第一节　藏族的宗教文化 / 348

一、藏族原始崇拜与民间信仰 / 349
　　二、苯教在四川涉藏地区的流传 / 352
　　三、藏传佛教在四川涉藏地区的传播 / 355
　　四、后弘时期的四川藏传佛教 / 358
　　五、德格印经院与藏传佛教文化 / 379
第二节　彝族的宗教文化 / 381
　　一、彝族的宗教信仰 / 383
　　二、彝族的毕摩文化 / 388
　　三、毕摩经籍与宗教文化 / 399
第三节　羌族的宗教文化 / 408
　　一、羌族的原始宗教信仰 / 411
　　二、羌族的释比文化 / 417
　　三、佛道影响下的羌族宗教 / 426
第四节　土家族的宗教文化 / 431
　　一、土家族的宗教信仰 / 435
　　二、土家族的梯玛文化 / 440
　　三、原始宗教与三教的结合 / 446

第七章　巴蜀地区的民间信仰 / 451

第一节　巴蜀民间信仰的特征与内涵 / 455
第二节　巴蜀地区的西王母信仰 / 475
　　一、神话传说中的西王母 / 475
　　二、道教信仰的西王母 / 480
　　三、民间信仰的西王母 / 483
第三节　巴蜀地区的大禹信仰 / 488
　　一、古代神话中的大禹 / 488
　　二、水官大帝的大禹 / 491
第四节　巴蜀地区的北斗九皇信仰 / 498
　　一、北斗信仰与星辰崇拜 / 499
　　二、佛道融合的斗姆信仰 / 502

三、民间流行的九皇信仰 / 507

第五节　巴蜀地区的文昌帝君信仰 / 509
　　一、科举之神的文昌 / 510
　　二、显化度人的文昌 / 514
　　三、作为民间信仰的文昌 / 520
　　四、文昌信仰的教化内涵 / 523

第六节　巴蜀地区的川主、二郎信仰 / 532
　　一、川主信仰的渊源与演变 / 532
　　二、二郎崇拜的渊源与演变 / 534
　　三、民间信仰的川主、二郎 / 540

第七节　巴蜀地区的十殿冥王信仰 / 545
　　一、冥王信仰的渊源与演变 / 545
　　二、佛道融合的十王信仰 / 548
　　三、深入民间的十王信仰 / 557

结　语 / 574

　　一、巴蜀宗教文化的当代价值 / 574
　　二、巴蜀宗教文化的前景展望 / 576

主要参考文献 / 580

后　记 / 593

导 言

巴蜀，是一个历史地理的概念，亦是一种独特文化的标志。古代的巴蜀，有着悠久而独立的灿烂文化，乃是人类起源、农业起源、文明起源的重要发祥地。可见巴蜀文化源自远古，悠久绵长，是多元一体的中华民族文化统一体的重要部分。

就区域环境而言，巴蜀尽管山高涧深，但山原之间的若干河谷却成为巴蜀得天独厚的对外交通走廊。盆地的西部是岷江、雅砻江、大渡河和金沙江，其中可通行的河谷，成为古氐羌民族迁徙的南北走廊。盆地的东部有长江三峡作为出口，又为长江两岸的民族往来提供了通道。盆地北部既有剑门蜀道（金牛道）直通秦陇，又有嘉陵江河谷直通汉中。而盆地以东的清江流域又北与江汉平原相通，南与湘西山地相连。正是依据这样的地理特点，自古巴蜀先民就相容了南、北、东、西文化，使四川盆地成为荟萃农耕、游牧文化的聚宝盆。

另一方面，生活在这个地区的各个民族经常处在不断的迁徙之中，使得巴蜀又成为西南少数民族相互交流、相互融合的大舞台。据史籍记载，生活在巴蜀地区的民族除与华夏族同源的古蜀人外，主要的民族还有巴人、苴人、邛人、氐人、羌人、夷人、笮人、僚人、濮人、龚人、奴人、共人、儴人、蜑人、滇人、僰人、廪君蛮、盘瓠蛮、板楯蛮等。在长期的民族交流的历史过程中，各民族的先民共同创造着巴蜀历史与文化，并逐步形成了巴蜀文化的地方特色。

一、巴蜀文化视野下的宗教

巴蜀文化为中华民族文化的重要组成部分之一。考古发现证实巴蜀文化始源悠久，独立发展，古巴蜀人是古中华大地上的一种古代民族的集合体。它们所创造的文化，无疑是一种极富特色的文化。而这种特色文化，通过宝墩文化、边堆山遗址、三星堆文化、金沙遗存等研究，证实其历史延续性是很长的。另一方面，这种独特文化之根本性质是"非整体文化或部分文化"，即"亚文化"，是同整体文化有认同感素质的边缘文化。"蜀左言，不与华同"，说明其边缘文化的独特性；而"巴蜀同囿，肇于人皇"，又说明其对整体文化的认同性。巴蜀文化正是在广泛的文化认同上融入中华文明的。①

三千至四千年前三星堆文化的繁荣，说明古蜀已形成了一个高度发达的古代文明中心。这个早期文明的突出特征，就在于它可能是一个以原始宗教维系的古国。三星堆遗址中除了生活用品之外，还出土了大批祭神用的祭器和礼器，最有代表性的是1986年发掘的一号祭祀坑和二号祭祀坑。两坑共出土青铜器、玉器、金器、象牙等一千八百多件，包括立人像、大面具、青铜神树、金杖、祭山图玉璋等珍宝，反映出当时存在着以太阳、树崇拜为代表的自然崇拜，以鸟、鱼为代表的图腾崇拜，以眼睛崇拜（直目人）形式表现出来的对始祖图腾崇拜，以及以雕像群体所表现的巫祭集团组织原始宗教活动。

从现有的考古发现和文献记载中可以看出，古代蜀人崇尚自然，信奉万物有灵的原始宗教，相信人神相通，人与动植物可以相互转化，人可以通过宗教活动升天成仙，并创造出许多象征精灵、神怪、巫师、祖先乃至通天的神树、天地人三界的神坛等祭器和礼器，表达出丰富完整的信仰观念和崇拜习俗。这种天人合一、人神相通的思想，正是巴蜀文化拥有海纳百川心胸的基础。

秦汉之来，巴蜀地区盛行长生不死、升天成仙等信仰观念，从出土的大量汉画像砖、摇钱树等文物中也可以看出一种以升入天国、极乐长生为主题的崇拜习俗。东汉后期四川兴起的五斗米道，正是在这些思想支配下产生的，并成为道教起源的重要基础。东汉末年张道陵在川西鹤鸣山创立了道教，应该说是

---

① 江章华、王毅、蒋成、张擎：《成都平原早期城址及其考古学文化初论》，见成都市文物考古研究所、四川大学历史系考古教研室、早稻田大学长江流域文化研究所《宝墩遗址》，日本阿普有限会社2000年版。

与古蜀文明的传统思想和社会基础有着密切关系的。

中原文化重礼，以诗教为特征。荆楚重巫，以楚辞为圭臬。巴人"尚鬼信巫"，以巫教为特征。蜀人重仙，以司马相如的《大人赋》和道教的"羽化"为特征。三星堆遗址和金沙遗址出土的诡异金、石人面像、战国蜀地青铜器上的仙人羽化形象，以及汉画像砖石上刻画的仙化形象，充分展示了蜀人对于仙化的想象力。蜀地能够成为道教的起源地，同这一思维是有渊源的。仙化思维特征体现在技巧、技术和物质的因素上，也体现在价值、思想、艺术性和道德性等因素上，构成巴蜀文化一个重要特征，就是"神"。神奇的自然世界、神秘的文化世界、神妙的心灵世界，这就是巴蜀文化两千年积累、变异和发展留下来的历史传统和历史遗产，构成了巴蜀文化的独特性。①

就文化特征与宗教信仰而言，由于众多少数民族来来往往不断，必然带来各种各样的文化要素、宗教信仰，这又给古老的巴蜀文化增添了新的活力与奇异的色彩，并呈现出一种普遍的文化现象，那就是神奇的仙道和驱鬼的巫术非常流行。广汉三星堆遗址的一系列考古发现可以证明早在三四千年以前，成都平原早已形成了一个独具特色的古文明中心，其宗教观念及祭礼仪相当发达。其后，随着道教在汉代的兴起、佛教的传入，儒、释、道三教并存，成为巴蜀宗教文化的主体。

唐宋时期，随着基督教、伊斯兰教传入巴蜀，巴蜀的宗教文化又增添西方文化、穆斯林文化瑰丽的色彩。当人们在接纳来自异域天国的福音时，也把善意和祝福回报给海外的友人。遍布巴蜀大地的教堂、清真寺，成为人们朝拜上帝、真主的圣殿。基督教、伊斯兰教的文化早已融入巴蜀文化之中，成为众多民众信仰的家园。

巴蜀地区聚居着众多的民族。在1997年川渝分治之后，除汉族外，四川省和重庆市还聚居着十四个世居的少数民族，他们是：彝、藏、土家、苗、羌、回、蒙古、傈僳、满、纳西、白、布依、傣、壮。巴蜀各少数民族的语言分属于汉藏语系和阿尔泰语系。属汉藏语系中藏缅语族语言的民族有藏族、羌族、彝族、傈僳族、纳西族和白族；属壮侗语族语言的民族有壮族、布依族和傣族；属苗瑶语族语言的民族有苗族。回族讲汉语。讲阿尔泰语系语言的民族有蒙古族与满族。现今四川的蒙古族与满族均通用汉语。土家族的语言亦属汉藏

---

① 谭继和：《巴蜀文化辨思集》，四川人民出版社2004年版，第106~110页。

语系，但语支未定。这说明巴蜀各民族在历史上有着长期的共处关系，文化互相认同。

需要强调的是，进入当代社会的巴蜀各个少数民族依然保持着他们各自独有的宗教文化传统，固守着历史悠久、传承有序的精神家园。

二、巴蜀宗教文化的主要特征

巴蜀宗教文化的形态非常丰富，历史极其悠久。就宗教种类而言，有道教、佛教、基督教、天主教、伊斯兰教及少数民族宗教。各种宗教信仰对人们的心理、文化、风俗习惯产生重要影响，特别是在信教相对比较普遍的少数民族中，这种影响更为强烈、持久。首先，共同的宗教信仰强化了民族的认同感。由于共同的宗教信仰，尤其是共同的宗教活动，各民族人民自然产生亲切感和认同感。宗教信仰成为联系民族情感的纽带。其次，宗教信仰也影响到民族文化、教育的发展。无论是藏传佛教，还是云南上座部佛教，对信仰该宗教的民族的语言、文字、建筑、医学等无不产生深刻影响，形成了各具特色的宗教文化。各宗教寺院在历史上既是宗教活动场所，又是文化教育场所，比如遍布涉藏地区的佛寺，除了有研习佛学的功能外，还涉及藏族语言文字、天文历算、绘画雕塑、医学、建筑等各种学科知识的保存和传播，成为传播民族文化的主要场所。

在宗教的影响下，一些民族的风俗习惯也具有强烈的宗教色彩。这一点在信仰伊斯兰教的少数民族中十分明显。各族穆斯林长期恪守伊斯兰教的基本信仰，形成了清真饮食习惯，开斋节、圣纪节、古尔邦节成为这些民族的传统节日，就其来源看，这些风俗习惯是从伊斯兰的禁忌、仪轨演化而来的，具有伊斯兰教文化背景。

在历史的发展进程中，许多少数民族宗教又吸收了道教、佛教、基督教、天主教、伊斯兰教的内容，从而发生改变，成为一种具有民族特色的历史宗教。道教是瑶族的主要宗教信仰之一，"瑶传道教"则是道教与瑶族原始信仰结合的产物。瑶族巫师把道教中的三清、三元、玉皇大帝、王母、盘王、伏羲、神农、社王、雷王、土地、龙王、雨神、风伯、张天师等神灵统统纳入本民族的神仙谱系，与自己民族信奉的祖师神同时供奉。云南的一些地区（原属巴蜀）的白族人家几乎都供奉灶君，每个村都有乐班，每个县都有城隍庙，有的县还建有青羊宫、文昌宫、东岳庙、西岳庙等道教宫观建筑。道教的许多神灵被白族传统宗教吸收，转变成本主被膜拜。有的白族巫师自称他们的祖师是白骨真人、太上老君等，说明道教已经与白族传统宗教相结合，在内容和形态上发生了一些变化。此外藏族的苯教与佛教结合，形成了藏传佛教。

在中国，各种宗教地位平等，和谐共处，未发生过宗教纷争。信教的与不信教的公民之间也彼此尊重，团结和睦。中国传统思想文化提倡兼容、宽容，而中华人民共和国成立后，中国政府制定和实施了宗教信仰自由政策，建立起了符合国情的政教关系。

就巴蜀宗教文化的主要特征而言，主要表现在历史传承性、吸纳包容性、多元共存性三个方面。

（一）巴蜀宗教文化的历史传承性

巴蜀宗教文化有着悠久的历史，传承有序。在其宗教发展的历程中，巴蜀各民族各大宗教大都经历原始宗教、古代宗教的阶段。

原始宗教信仰表现形态多为植物崇拜、动物崇拜、天体崇拜等自然崇拜，以及与原始氏族社会结构密切相关的生殖崇拜、图腾崇拜和祖先崇拜等。它们的发展一般都经历了参与具体崇拜活动和形成抽象神灵观念的演变过程。如果把上述的崇拜对象加以综合分析，我们可以得出结论：中国原始宗教处于多神崇拜与偶像崇拜的阶段。它的起源可追溯至公元前5000年，而它的存留则贯穿于中国古代、近代、直到现代甚至今天，百姓中仍有为亡灵烧纸、为死者招魂的习俗，说明原始宗教的鬼魂崇拜至今未完全消除。

古代宗教是产生并流传于阶级已经产生、国家已经形成，并已进入文字历史时期的宗教。中国自夏代起进入古代宗教，经历商周二代，形成上古时期中国古代宗教。中国古代宗教在中国宗教演化史中具有独特地位，具有一系列历史特征。主要有：

1. 祖先崇拜已经确立。祖先崇拜是从灵魂崇拜与图腾崇拜发展而来的一种宗教信仰，在母系氏族社会向父系氏族社会发展的过程中，由图腾崇拜过渡而来，即在亲缘意识中萌生、衍化出对本族始祖先人的敬拜思想。祖先崇拜最初始于原始人对同族死者的某种追思和怀念。氏族社会的演进确立了父权制，原始家庭制度趋于明朗、稳定和完善，人们逐渐有了其父系家长或氏族中前辈长者的灵魂可以庇佑本族成员、赐福儿孙后代的观念，并开始祭拜、祈求其祖宗亡灵的宗教活动，由此才形成严格意义上的祖先崇拜。祖先崇拜相信其祖先神灵具有神奇超凡的威力，会庇佑后代族人并与之沟通互感；最后超越了原始图腾崇拜和生殖崇拜的认识局限，不再用动植物等图腾象征或生殖象征来作为其氏族部落的标志，而以其氏族祖先的名字取代，由此使古代宗教从自然崇拜上升为人文崇拜。

2. 神灵崇拜开始确立。古代宗教皆由史前原始宗教演化而来。一方面，它沿袭了原始宗教的自然崇拜、图腾崇拜和祖先崇拜；另一方面，出现了越来越多自然神和社会神，如雷神、风神、天神、地神、山神、水神、战神、爱神、命运神、农业神、畜敌神、工艺神等。神灵拟人化日益明显，虽然仍有许多神灵继续保有动物头形或身躯。

3. 主神观念开始出现。在国家正式出现的过程中，不少民族、城邦陆续出现了各自的民族守护神和城邦守护神。国家出现后，更在众神之中形成了主神观念；当王朝更迭时夺得政权者也常改以本民族的守护神作为主神。主神享有至高无上的权威，它不但是自然万物（包括人类）的创造者，而且是社会秩序的主宰者。在古代宗教信仰的世界，是至上神上帝的一统天下，上帝是中心。上帝虽然是全能的至上神，但它并未排除其他神灵的共存：祖先神、自然神等。如同现实世界中王—诸侯—大夫的关系一样，信仰的世界中同样形成了上帝—祖先神、上帝—自然神这样一种结构。虽然各个部族都信仰祖先神，但祖先神是上帝的"臣"，听从上帝的命令。所以"一元"与"多神"的信仰结构，决定了中国古代宗教信仰是体系化的。

4. 三界神祇谱系已经形成。所谓"三界"，是指天界、地界、人界。至上神崇拜的宗教思想在商代已经相当成熟。商人的上帝支配着天、地、人三界的神灵，是宇宙间一切事物的造物主和最高主宰。然而，这位上帝虽然是全能的至上神，但它并未排除其他神灵的共存，自然神、祖先神等，依然存在于人们的信仰世界中。《周礼·大宗伯》概括出天神、地祇、人鬼的崇拜系统。其天神中有上帝、日月星辰、风伯、雨师等灵界神；地祇中有社稷、五岳、四渎、山林川泽、四方百物等自然神；人鬼主要为祖先、英烈、伟人等。道教成立之始，供奉神灵的数量已相当多，但仍不出《周礼》所概括的天神、地祇、人鬼的格局。

东汉之际，印度的佛教沿南方丝绸之路传入四川。属于典型的汉代佛教文物主要有：乐山麻浩崖墓浮雕佛像、乐山柿子湾崖墓浮雕佛像、什邡汉墓画像砖上的佛塔和菩提树、彭山东汉崖墓摇钱树树座上一佛二菩萨像、绵阳何家山东汉崖墓摇钱树树干上的佛像、忠县汉墓摇钱树树干上一佛二菩萨像、宜宾黄山东汉墓坐青狮上的佛像、西昌汉墓画像砖上的梵文朱书佛号、芦山汉墓青铜佛像等。1989年11月在绵阳何家山东汉崖墓出土的铜摇钱树树干上，纵向按一定间隔分铸五尊大小形态完全一致的佛像，佛像头后有椭圆形顶光，顶有肉髻并刻发纹，唇上有髭，穿通肩式袈裟，结跏趺坐，右手施无畏印。①这当是中国最早的铜佛像之一。另外，1972年在什邡皂角乡白果村东汉砖石墓出土的画像砖上，刻有佛塔与菩提树②，这是上座部佛教国家最重要的礼拜物，而佛塔与菩提树的搭配很少同时出现在中国北方，因此什邡汉墓画像砖上的三座佛塔和两棵菩提树可能是迄今在中国发现的最早的佛塔、菩提树图案。以上两处实物出土地点都位于川滇缅道上，由此可以推断，川滇缅道也是佛教传入四川的一个通道。

南方丝绸之路亦为道教的创立和传播提供了通道。东汉顺帝年间，张陵在四川鹤鸣山创立五斗米道，其所立二十四治中的第七治是蒙秦治，蒙秦治设在越嶲郡。据《汉书·地理志》载，越嶲郡辖邛都、遂久、灵关道、台登、定乍、会无、青岭等十五县，辖境略相当于今四川省凉山彝族自治州、攀枝花市及云南省祥云县、大姚县以北，丽江市以东一带地区，其郡治邛都即今四川西昌市，这一地区正好在南方丝绸之路的要道上。可见，居住在南方丝绸之路的彝族民众早在汉晋之际已开始接纳道教。

道教在彝族地区的传播，早在东汉之际。蒙秦治得道的赵升，为张陵的亲信弟子。《巍宝山志》中说"东汉有道士杨波远，人号为神明大士"，常骑三角青牛，出没逍遥于苍山、鸡足山、巍宝山、洱海之间，传播道教。③巍宝山即巍山，紧靠祥云县，地处南方丝绸之路要道上，这条道路古称为灵关道、牦牛道，约在公元前4世纪已经开辟，比北方丝绸之路还早五百年。从史志记载，三国时期道教已在巍山彝族中盛行。《巍宝山志》记载："汉，孟优，蒙化人，居巍宝山，土帅孟获兄也。素怀道念，常往来澜沧江、泸水间，得异人长生久视方药诸书，随处济人。后主建兴三年，诸葛亮南征军中误饮哑泉，手足四禁不语，或谓优有良药，使人往求之。优进仙草立验，亮惊异之，与语人：天运会深有契。后入峨眉山，不知所终。"④可见道教追求的长生不老者的仙

---

① 何志国：《四川绵阳何家山东汉崖墓清理简报》，《文物》1991年第3期。
② 谢志高：《四川汉代画像砖上的佛塔图像》，《四川文物》1987年第4期。
③ 《巍宝山志》，云南人民出版社1989年版，第860页。
④ 《巍宝山志》，云南人民出版社1989年版，第140页。

术已在巍山彝区兴起。

道教的影响通过南诏国与唐朝的密切交往在彝区不断扩大。唐初，南诏蒙氏家族主要供奉道教，道教在巍宝山有了新的发展。民间传说的老君点化南诏细奴逻的故事，反映出彝族先民在道教影响下，"君权神授"的思想已深入彝族文化之中。因此在云南彝族撒梅人的西波宗教中，即包含着很多道教的成分。如西波教的西波初学时，要举行见行礼，除了按彝族的传统习惯拜师以外，还要焚香三炷，拜太上老君为师，祈求太上老君认可这位西波，并赋予其法力。在西波教的神灵谱系中，太上老君位居顶端，是西波宗教的最高主神。其下的天神、地仙中，众多的主神皆来自道教，如元始天尊、灵宝天尊、雷声普化天尊、雷部陶天君、张天君、辛天君、关圣君、三十六雷神、六十甲子神等，皆系道教之神。[1] 西波主持的宗教活动，亦吸收了不少道教的内容。人们深受汉族道士的影响，"尚跪拜而讽诵其经典，除茶酒及五牲做祭物外，又尚香烛、锭纸等冥物，同时必挂起李老君像及各种神位，前摆一桌，上陈香炉、米斗、茶酒杯、祭品祭文或祷文冥纸等具，恰与汉族祭献的情形相像"[2]。

众所周知，印度佛教于公元1世纪进入中国，并很快融入中国社会之中。其后中国道教亦曾逆向远播至印度，并在相当程度上影响了佛教，使之演化出密宗。按印度学者的看法，印度密宗的出现并不是当时印度正统文化的继续。德·恰托巴底亚耶说，尽管密宗也像"吠陀"一样有其咒术和仪式，"但很清楚密教是反吠陀的，起码在它的早期阶段是反对吠陀传统的"[3]，认为中国道教对印度密宗的出现起到了外部影响的作用。

印度学者雷易在他的《古代中世纪印度化学史》一书中说，印度泰米尔文文献记载，南印度密教的十八位成就者中有两位是中国人，泰米尔名字叫博迦尔和普里巴尼，他们于公元3世纪时去印度传播道教禁咒、医术和炼丹术等，博迦尔曾带弟子回中国学习，学成又回到印度。[4] 荷兰汉学家高罗佩指出："由于基于止精法的房中秘术从纪元初便盛行于中国，而其时在印度却毫无迹象，所以很明显金刚乘的这一特点当是经阿萨姆邦从中国传入印度……圣地伽玛迦

---

[1] 吉合蔡华：《道教与彝族传统文化》，民族出版社2005年版。
[2] 邓立木、赵永勤：《官渡区阿拉乡宗教调查》，《昆明民族民俗和宗教调查》，云南民族出版社1986年版，第39页。
[3] ［印］德·恰托巴底亚耶著，王世安译：《顺世论》，商务印书馆1996年版，第400页。
[4] 黄心川：《道教与密教》，《中华佛学学报》1999年第7期。

亚和希里哈塔为中国房中秘术传入印度的可能途径提供了一条线索。这两个地点都位于阿萨姆邦境内。这个邦是个巫术盛行的地区。当地妇女的地位比在印度本土要高,并与中国来往密切。7世纪迦摩缕波王巴斯卡拉跋摩为真言乘术士,自称他的王朝是受封于中国,并与唐王朝经常来往。"①英国李约瑟亦认为,道教的性理论和实践盛行于中国是在公元2~6世纪,这在印度的密教崇拜兴起之前。所以,"乍视之下,密宗似乎是从印度输入中国的。但仔细探究其时间,倒使我们认为,至少可能其全部东西都是道教的"。实际的情形是,先是道教从中国输入印度,然后才是密教回头又输入中国。"很可能密教是外国教授中国人他们本来已经很熟悉的东西的又一例证。"②

我国也有学者认为,印度佛教中的密宗,既不是来自印度教,也不是来自佛教,而是来自道教。张毅(汶江)认为,印度古代的迦摩缕波(阿萨姆)不仅很早就和中国有直接而频繁的交往,而且也是密宗的滥觞之地,他说道教传播印度,主要是通过滇缅线,即今所谓南方丝绸之路进行的。③根据此论,中国道教传播路线为:西端连接南丝绸之路终点的印度密宗发源地迦摩缕波,东端连接西南丝绸之路另一终点,即道教天师道发源地川西成都地区。大约在公元2世纪到4世纪间,佛教沿南丝绸之路东传同时,巴蜀天师道的"黄赤合气之道"与房中之术亦循同一路线西传,由此刺激了邻近中国的迦摩缕波地区奉"五摩字真言"的"外道"流传,最后衍变为佛教密宗,并于公元8世纪又回传到中国汉藏地区。这是中外宗教文化交流的一个典型。

(二)巴蜀宗教文化的多元共存性

从原始宗教形成之始,巴蜀的宗教文化即呈现出多元共存的特性。在人类最早的原始宗教时期,人们植物、动物、天体、生殖、图腾、祖先等,各种信仰形态并存,显示出一派多元的状态。

如古蜀夷人崇拜鹰,夜郎国人以鹰为神物,其毕摩以鹰为神。"由此可溯,古彝人先民共同崇尚大鸟,或鹰、或凤、或山雉。"④氏族是以鸥鸟——鹠鹰为图腾的民族。《辞海》载:"鸥,即鹠鹰……即鸥鹄。"早期蜀人的

---

① [荷]高罗佩著,李零等译:《中国古代房内考》,上海人民出版社1990年版,第472、473页。
② [印]德·恰托巴底亚耶著,王世安译:《顺世论》,商务印书馆1996年版,第415页。
③ 汶江:《试论道教对印度的影响》,《南亚与东南亚资料》1982年第2期。
④ 且萨乌牛:《彝族古代文明史》,民族出版社2002年版,第250页。

图腾是鹰,在蜀人的国都三星堆里,出土了许多青铜神鹰头、鹰嘴像。晚期蜀族以蚕为图腾。李时珍《本草纲目》载"蚕音腆"。少典、大典、有蟜氏、女登都是蚕族。《山海经·海内经》载:"西南有巴国,太皞生咸鸟,咸鸟生乘厘,乘厘生后照,后照是始为巴人。"①《路史·后纪·太昊伏羲氏》说得更清楚:"太昊,伏羲氏……风姓,伏羲生咸鸟,咸鸟生乘厘,是司水土,生后炤(照),后炤生顾相,夆(降)外于巴,是生巴人。"古籍十分清晰地记录了巴人的来历、世系。"顾相"即《后汉书》所说的"务相",务相被尊为巴人的始祖。伏羲风姓,虎从风,说明其图腾是虎。伏羲又写作"虙戏",《说文》言:"虙,虎儿"。可知,伏羲氏以虎为图腾。

祖先崇拜和自然崇拜亦为巴蜀宗教文化中的重要部分。巴蜀民间对祖先与先贤十分尊重,因此诱发出对祖先、先贤的崇拜。崇拜对象大致分为几类:古巴蜀的祖先,秦汉以来的先贤,地方的官吏,与巴蜀有关系的历史人物。古代巴蜀的历史带有一定的传说色彩,其国王都被后人奉为神灵。《蜀王本纪》说:蚕丛、柏濩、鱼凫,"此三代各数百岁,皆神化而不死,其民亦颇随王化去"。所谓"神化而不死",即已得道成仙,成为人们崇拜的偶像。

廪君是巴人原始社会最早的部族首领。先秦典籍《世本》记廪君的事迹:"廪君之先,故出巫诞。巴郡南郡蛮,本有五姓:巴氏、樊氏、晖氏、相氏、郑氏皆出于武落钟离山。其山有赤黑二穴,巴氏之子生于赤穴,四姓之子生于黑穴。未有君长,俱事鬼神。廪君名曰务相,姓巴氏,与樊氏、晖氏、相氏、郑氏凡五姓,俱出皆争神。乃共掷剑于石,约能中者,奉以为君。巴氏子务相,乃独中之,众皆叹。又令乘土船,雕文画之,而浮水中,约能浮者,当以为君。余姓悉沉,惟务相独浮。因共立之,是为廪君。"②廪君源出巫诞(载)部族的一支,任乃强认为先有巫载文化,后才有巴文化和楚文化。巴族承巫载文化而兴,其时间晚于巫载约一千年,比蜀文化的开展亦可早几百年。③《后汉书·南蛮西南夷列传》云:"廪君死,魂魄世为白虎。巴氏以虎饮人血,遂以人祠焉。"因此巴人以白虎为图腾,正是基于对廪君神勇威武功绩的崇拜礼赞。

---

① 袁珂校注:《山海经校注》,上海古籍出版社1980年版,第453页。
② (汉)宋衷注,(清)秦嘉谟辑补:《世本八种》,中华书局2008年版。
③ 任乃强:《巫师、方士与〈山海经〉》,《文史杂志》1985年创刊号。

其后，众多对巴蜀做出过贡献、产生过影响的先民们被人们牢牢记住，成为巴蜀地区民间信仰中重要的一部分，如盘古、大禹、苌弘、李冰、严君平、刘备、诸葛亮、关羽、张飞等。广都县（今双流）古迹有盘古祠，祭祀盘古。徐整《三五历记》云："天地浑沌如鸡子，盘古生其中，八万四千岁，天地开辟，清阳为天，浊阴为地，盘古在其中，一日九变，神于天，圣于地。天日高一丈，地日厚一丈，盘古日长一丈，如此满八万四千岁，天极高，地极深，盘古极长。后乃有三皇，数起于一，立于三，成于五，盛于七，处于九，故天去地九万里也。"①《地理坤鉴》云："盘古龙首人身，今成都有庙祀。《路史》曰："吾于广都，得盘古之祀焉。"②汉中西城县有"九君抟土作人处"，世传即女娲抟黄土作人处。所谓"九君"，即魏晋道书《洞神八帝妙精经》所说的"九皇君"。

大禹为帝颛顼之孙，他为了天下子民的安生，专心治理水患，凿龙门，通四渎，疏通了九河。功毕，川途治导，天下大安。因此，大禹遂被民众奉为山川神主。《史记·夏本纪》曰："天下皆宗禹之明度数声乐，为山川神主。"《遁甲开山图》曰："禹得道仙人也。古有大禹，乃女娲十九代孙，寿三百有六十，入九嶷山仙去。后三千六百岁，尧理天下，洪水既甚，人民垫溺，大禹念之，乃化生于石纽。山泉女狄暮汲水，得石子如珠，爱而吞之有娠，十四月生子。及长，能知泉源，代父鲧理洪水，三年功成。尧知其功如古大禹，知水源，乃赐号禹。"③这样一来，大禹遂成为巴蜀民间、中原大地普遍祀祭的尊神。

殷商时期的"鬼道""神道"，晚周时期的"仙道"，他们各自的特征十分鲜明，却在汉代催生了道教。汉晋的历史文献中多称张陵之道教为"鬼道"，称其道徒名为"鬼卒"。《三国志·张鲁传》曰："鲁遂据汉中，以鬼道教民。自号师君，其来学道者，初皆名鬼卒，受本道已信，号祭酒，各领部众，多者为治头大祭酒。""又置义米肉悬于义舍，行路者量腹取足，若过多鬼道辄病之。犯法者三原然后乃行刑。不置长吏，皆以祭酒为治，民夷便乐之。"④《华阳国志·李特雄期寿势志》曰："李特字玄休，略阳临渭人也。祖世本巴西宕渠賨民。种党劲勇，俗好鬼巫。汉末，张鲁居汉中，以鬼道教百

---

① （明）曹学佺：《蜀中广记》卷五，文渊阁《四库全书》本。
② （明）曹学佺：《蜀中广记》卷七一，文渊阁《四库全书》本。
③ （明）曹学佺：《蜀中广记》卷七一，文渊阁《四库全书》本。
④ 百衲本《二十五史》第1册，浙江古籍出版社1998年影印本，第1048页。

姓，賨人敬信。"①所谓"鬼道"，亦即"鬼巫"，实为巴蜀地区的古代巫教，这说明张陵所创的正一盟威之道与巴蜀巫教关系甚密。

由于他们有共同的风俗习惯、宗教信仰、文化传统，并集中地反映在古蜀的巫教文化中，而被史籍称之为"鬼道"。《逸周书·史记篇》说："昔者玄都贤鬼道，废人事天，谋人不用，龟策是从，神巫用国。"玄都即幽都。这种神巫主宰的鬼道在氐羌族中极为盛行，其主教巫师往往多为部落酋长，被人称之为"鬼主""鬼王""鬼帅"。三国时期的雍闿就是一位名声显赫的鬼王。《三国志·张裔传》说："耆帅雍闿，恩信著于南土，使命周旋，远通孙权，乃以裔为益州太守，径往至郡。遂趑趄不宾，假鬼教曰：张府君如瓠壶，外虽泽而内实粗，不足杀。"这里所说的"鬼教"，这是流行在巴蜀地区的氐羌巫教。

"神道"，即商周时期的神灵信仰之道。殷人尚鬼祀神，殷墟卜辞向我们展示了一个纷纭复杂的神灵世界。经过百余年来的探索，学术界对殷代神灵谱系划分基本形成了以下共识：根据《周礼》中的大宗伯掌建邦之天神、人鬼、地祇的说法，并与甲骨卜辞的内容相比较，将商人崇拜的对象概括为天神、人鬼、地祇三类。

天神崇拜是我国上古社会占统治地位的宗教信仰。殷墟卜辞可靠地证明，殷商时期已经完成了天上最高权威上帝的创造，并迷信他有广泛的神力。上帝的产生，是社会上层阶级、阶层的人间现实在宗教领域内的反映。原始公社人与人之间的平等关系破坏之后，人们在宗教领域内，对诸神地位平等的信仰也产生了变化。因为社会上产生了阶级分化，有了财产和权利的争夺之后，人们也把这一现象移入了幻想的世界，神灵也有了权威和职能的兼并，神灵也有了强弱之分。殷人上帝的出现，也正是反映着殷族战胜、兼并、统治其他民族，建立宗族奴隶制国家的现实。

地神，《周礼》称为"示"，孙诒让认为，"示"为"祇"的借字，《说文》云，"祇，地祇，提出万物者也"。地示祭祀中古人最重视的是"社"，对天子而言，社即是地；对诸侯而言，社为其受封所得之领土。按照《祭法》，王为自己立社为王社，王为群姓立社为大社；诸侯为自己立社为侯社，诸侯为百姓立社为国社；大夫以下，成群立社为置社。应该指出的是，地示祭祀的对象不是自然物本身，而是物神和自然神。地神崇拜，这是沿袭上古地母

---

① （晋）常璩著，刘琳校注：《华阳国志校注》，成都时代出版社2007年版，第361页。

信仰的遗风。人们崇拜土地，是因为人们的生活离不开土地，土地是万物滋生的本源，是人类生存的根基。因此对地神的崇拜是土地崇拜的核心。《释名·释地》云："地，底也，言其底下载万物也。""土，吐也，吐生万物也。"原始社会的农民认为土地也像人和动物一样有自己的灵魂和感情，它控制着农作物的生长。土地高兴时庄稼就丰产，否则就歉收、无收。这样，土地崇拜的风俗便在原始社会产生了。

关于人鬼，《礼记·郊特牲》云，"魂气归于天，形魄归于地，故祭，求诸阴阳之意也。殷人先求诸阳，周人先求诸阴"。"人鬼为享"，《周礼》贾疏云，"享，献也，谓献馔具于鬼神也"。人鬼之中，又分两类，一类为本族祖先，一类为异族祖先；一些为善终其生，一些系暴亡夭折。依据西周的祭礼，鬼神各有族类，国家各有命祀，故于鬼神非族类不可祀，非命祀不敢祀。《祭法》曰："王为群姓立七祀，五曰泰厉。诸侯为国立五祀，五曰公厉。大夫立三祀，一曰族厉。"郑玄注："泰厉者，谓古帝王无后者也，此鬼无所依归，好为民作祸，故祀之也。公厉者，谓古诸侯无后者，诸侯称公，故曰公厉。族厉者，谓古大夫无后者鬼也。族，众也。大夫众多，其鬼无后者众，故曰族厉。"《春秋左氏》曰："鬼有所归，乃不为厉。"

天神、地祇、人鬼三类，正是中国道教所以成为多神教的来源。后世道教做法事，如建醮坛、设斋供，即等于古人祭祀之礼；唱赞词、诵宝诰，即含有言辞悦神之意；上表章、读疏文，也不外申诉和祈祷作用。因此可知汉代以后的道教，还是古代巫祝遗风，而再加以宗教化的结果。道教所供奉的神，大多数早已列入国家祀典，并且得到社会广泛的信仰。假使没有这样悠久的历史根据、如此广泛的群众基础，凭空创造出一个多神信仰的道教来，那是不可能的事。

晚周时期的"仙道"，又称"方仙道"，是在春秋战国时期形成的。信奉"仙道"的方士，专门从事方术、方技等道术的活动。他们尊奉黄帝为始祖，精通天文、医学、神仙、占卜、相术、堪舆等技艺，宣称能够有办法使灵魂离开肉体，与鬼神交通，认为人通过修炼可以长生不死，可以制作不死之药。秦汉时期，又有一批从事炼丹修仙的人，活跃于南方，而被称为神仙家。所谓的"方仙""神仙"，其称谓本身就是幻想玄妙的梦幻组合。《易》曰："变化莫测谓之神。""仙"，繁体作"僊"。《说文解字》曰："僊，长生僊去。从人从䙴，䙴亦声。"段玉裁注："僊，长生僊去。僊去疑当为䙴去。庄子曰：

千岁厌世，去而上僊。《小雅》：娄舞僊僊。《传》曰：娄，数也。数舞僊僊然。按僊僊，舞袖飞扬之意。正引伸假借之义也。从人，䙴，升高也。长生者䙴去。故从人䙴，会意。"①《释名》曰："老而不死曰仙。仙，迁也。迁入山也。"由此可见，神仙是古代宗教和神话传说中超脱尘世而长生不死者。

关于方仙道的流派，蒙文通先生将其分为导引行气、服食炼养以及房中养生三派。他说："是古之仙道，大别为三，行气、药饵、宝精，三者而已也。"②行气一词也作食气，它当是中国最古老的一种养生方法。从《山海经》《吕氏春秋》中所说的"食气民""无骨子""饮露吸气之民"，到《行气玉佩铭》《庄子》及西汉帛书《却谷食气》中记载的炼功理法，都证明行气之术在战国、秦汉之际相当流行，并形成了以王乔、赤松为代表的行气派。《淮南子·齐俗训》曰："今夫王乔、赤诵子，吹呕呼吸，吐故纳新，遗形去智，抱素返真，以游玄眇，上通云天。"③后汉桓谭《仙赋》亦说："夫王乔、赤松，呼则出故，翕则纳新，夭矫经引，积气关元，精神周洽，鬲塞流通，乘凌虚无，洞达幽明。"④这些文献中把王乔、赤松列为一派，并指明他们的功法重点在于吐故纳新，积气关元。

据高诱注《淮南子·齐俗训》曰："王乔，蜀武阳人也，为柏人令，得道而仙。赤诵子，上谷人也，病疠，入山导引轻举。"⑤蜀之武阳，在今四川彭山县境。《续汉志》中有武阳县，刘昭注引《益州记》曰："县有王乔仙处，王乔祠今在县下。"今彭山县境北平山，即王乔炼养成仙处。后张陵创教，于此立北平治。《无上秘要》卷二三引《正一气治图》说："北平治上应室宿，山上有池，纵广二百步，中有芝草神药，昔王子乔得仙之处。"⑥赤松子亦在巴蜀活动，《列仙传》说他"至昆仑山，常止西王母石室中"⑦。今四川松潘县有古赤松子观，谓为赤松子修道成仙之处。此外，有羌人葛由，周成王时修道绥山，师从者颇众。"绥山在峨眉山西南，高无极也。随之者不复还，皆得

---

① 段玉裁：《说文解字注》卷八。
② 《晚周仙道分三派考》，《蒙文通文集》第一卷，巴蜀书社1987年版，第335页。
③ 《诸子集成》第8册，岳麓书社1996年版，第181页。
④ （唐）欧阳询编：《艺文类聚》卷七八引，上海古籍出版社1999年版，第1338页。
⑤ 《诸子集成》第8册，岳麓书社1996年版，第182页。
⑥ 《道藏》第25册，文物出版社、上海书店、天津古籍出版社1988年影印本，第63页。
⑦ 《道藏》第5册，文物出版社、上海书店、天津古籍出版社1988年影印本，第64页。

仙道。故里谚曰：得绥山一桃，虽不足仙，亦足以豪。"①他们均以内练神气而闻名当时，成为先秦方仙行气派的代表。后来赤松之术经川北流至陕西、中原，故关中地区行气派推崇赤松子，至西汉张良犹言"愿从赤松子游"。王乔、彭祖之术则沿长江、汉水流域，传播于荆楚、吴越，成为南方丹法系统的先祖。

别有以彭祖为首的导引派，亦活跃于社会。关于导引之术，历史甚古，它渊源于上古巫教文化，可能是由原始舞蹈演变而来，并与先民治病的医疗实践活动密切相关。据《吕氏春秋·古乐》所言，陶唐氏时的先民已发现，对于像风湿、肿痛之类的疾病，可以借"舞"而"导"之、"引"之，除去"滞着""郁闷"，从而获得健康。《庄子·刻意》曰："吹呵呼吸，吐故纳新，熊经鸟申，为寿而已矣。此道引之士，养形之人，彭祖寿考者之所好。"晋李颐注："导气令和，引体令柔。"唐成玄英疏："导引神气，以养形魄，延年之道，驻形之术。"②可见导引是一种以肢体运动为主，并配合吐纳服气、推拿按摩而进行的一种养生健体、防治疾病的方法。

依史料所载，在春秋战国时代，彭祖似乎已经成为导引气法的创始人。《列仙传》曰："彭祖者，殷大夫也。姓钱名铿。帝颛顼之孙，陆终氏之中子。历夏至殷末，八百余岁。常食桂芝，导引行气。历阳有彭祖仙室。"③所谓"八百余岁"，当是指以彭祖为名姓的一个古老氏族先后延续了八百余年。《史记·正义》即说："彭祖自尧时举用，历夏、殷，封于大彭。"但至殷末，彭祖氏族遭到打击。《史记·楚世家》记载："彭祖氏，殷之时尝为侯伯，殷之末世灭彭祖氏。"彭祖这个氏族大抵精于养生，他们在帝尧时能得到擢用，据说就是得益于此。《楚辞·天问》曰："彭铿斟雉，帝何飨？受寿永多，夫何长？"王逸注："彭铿，彭祖也，好和滋味，善斟雉羹，能事帝尧。"《庄子·刻意》成玄英疏："（彭祖）善养性，能调鼎，进雉羹于尧，尧封之于彭城，其道可祖，故谓之彭祖。"④

那么，彭祖一族在殷末又为何横遭打击呢？依葛洪《神仙传》所言亦因养生之事由：殷王传彭祖之术，屡欲秘之，乃下令国中，有传祖之道者诛之。又

---

① 《道藏》第5册，文物出版社、上海书店、天津古籍出版社1988年影印本，第67页。
② 《诸子集成》第4册，岳麓书社1996年版，第255页。
③ 《道藏》第5册，文物出版社、上海书店、天津古籍出版社1988年影印本，第66页。
④ 《诸子集成》第4册，岳麓书社1996年版，第255页。

欲害祖以绝之。祖知之乃去，不知所之。①自此以后，彭祖远遁山林，据说亦入巴蜀隐修。《华阳国志·蜀志》曰："王桥升其北山，彭祖家其彭蒙。""武阳县郡治，有王乔、彭祖祠。"②彭蒙即今四川彭山县双江镇的仙女山，古称彭亡山、彭亡聚、彭亡城。《元和志》卷三二曰："彭亡城亦曰平无城，彭祖家于此而死，故曰彭亡。"《列仙传》云："历阳有彭祖石室。"③时至今日，仙女山山腰处尚存后世所修的彭祖冢、彭祖祠。可见彭祖一脉似当移居蜀中，从而又将导引、服食、房中等养生之术传播巴蜀，而与原居四川的王乔、赤松的行气派合流。故后世往往将王乔、彭祖并称，合之为行气导引派。行气导引派以巴蜀为修真圣地，这是因为巴蜀本有悠久的仙道传统。

三、巴蜀宗教文化的社会影响

巴蜀宗教文化中的图腾崇拜，是母系氏族公社早、中期开始出现的主要宗教形式，是在自然崇拜的基础上发展起来的。

一个族群选择何种物类为图腾，是与他们生活的地域和地理环境特征、经济特征、谋生手段、社会分工联系在一起的。这些特征与族群、成员、地域、宗教信仰结合，用一种特殊的文化符号表现出来，以区别于他族。当选定的动植物作为原生图腾之后，还有一个与族人结合的过程。图腾使一代一代的族人凝聚起来、传承下来，同一族团形成共同祖先，敬祖崇拜也就产生了。

这种转化具体地体现在大量的出土文物上，如三星堆出土的许多器物即体现了巴蜀族徽特征，羊与人的结合就是"羊身人面"族徽，鸟与人结合就是"鸟首人身"等。除人兽组合之外，族与族之间还可以联盟，比如龙族与鸟族结合，便有了氏族图腾徽铭的混杂组合，有了"龙首鸟身"族徽。随着生产方式的变革，出现两个以上族团的联盟，也就有了更为复杂的组合。组合是一种趋势，分化则是另一种趋势，因此又有了同一祖先分化出来的衍生分支的图腾，比如龙就分成了数十种象征物。各族的联盟与衍生分化几乎是同步发展的。

对于原始部族来说，困扰他们的除了恶劣的自然环境以及生存压力以外，

---

① （唐）欧阳询编：《艺文类聚》卷七八引，上海古籍出版社1999年版，第1329页。
② （晋）常璩著，刘琳校注：《华阳国志校注》，成都时代出版社2007年版，第138、143页。
③ （北宋）乐史：《太平寰宇记》卷一二四引，文渊阁《四库全书》本。

还需要思考人与灵魂的关系。

我国西南地区的傈僳族不但信仰灵魂,并且还有梦中杀魂之说。据说,有一种人叫"扣扒",他的灵魂是一只鹰鬼。由于鹰鬼在梦中可以杀魂,人们对"扣扒"非常害怕又非常气愤。如果一个人梦见一只鹰同时又梦见某个人,某人即是"扣扒"。梦者如果由此得病以致死亡,那就是梦者被"扣扒"把魂杀了。为了证明某人是"扣扒"和追究杀魂的责任,巫师们要举行骇人的捞油锅仪式进行神判,"扣扒"将因为杀魂而受到严厉的惩罚。①

傈僳族还擅长解梦,如梦见踩着屎,正释是运气不好,反释是能吃到肥肉;梦见杀牲,预兆明年会有人死;梦见被人打破头,会进财;梦见江水上涨,今后生活不好;梦见江水下跌,今后生活会好;梦见太阳落,邻居老人会死。梦见上牙或大牙落掉,母亲会死;梦见人会飞,人的身体会长;梦见眼皮跳,肌肉会长;梦见鱼,天会下雨。对于梦境中的一切,都有象征着凶或吉的种种解释。如梦他人以石击己,梦身上出汗,则象征将得财;梦砍柴多,梦入墓群,则象征粮食丰收;这都是吉梦。梦洗手脚,梦扫地,则象征将失财;梦洪水,梦日落,梦被虎咬,象征将死人;梦刮大风,梦二牛相斗,则象征要发生械斗;梦老鹰,则象征有人要拿我灵魂;梦见红色,则象征会受伤;等等。这都是凶梦。对于这些不吉利的凶梦,他们便要进行祭鬼以安宁魂魄。②

纳西族有一套占梦的系统,其中对一些梦境的解读与傈僳族相同。如梦见自己会飞,是身体在长。梦见踩着屎,要发财。梦见死者,天要下雨。梦见下雨,翌日有酒喝。梦见死去的父母,家里平安。梦见狗,翌日有祸事。梦见野火烧山,要发财。梦见猴子,要发生火灾。梦见洪水,有灾。梦见牛相斗,翌日要遇到烦心事。梦中挣扎是被即将死去人的灵魂所压。梦见满山树叶红,吉。梦见陌生人喊自己的名字,凶。梦见陌生人压自己,自己大声喊叫,凶。梦见手拇指断,亲友有凶。③

藏族的梦卜是所有占巫中最原始的方式,每个人都可以用梦来占卜。苯

---

① 《云南少数民族哲学社会思想资料选辑》第二辑,中国哲学史学会云南省分会编1982年版,第118页。
② 吕大吉、何耀华主编:《中国各民族原始宗教资料集成·傈僳族卷》,中国社会科学出版社1999年版,第275页。
③ 吕大吉、何耀华主编:《中国各民族原始宗教资料集成·纳西卷》,中国社会科学出版社1999年版,第784页。

教的经典"九乘"中,第一乘"恰辛"就是专讲占卜的。某一个梦,预示将要发生某一种事,形成一定的固定解释,这已是普遍的习俗。在藏族中梦兆的解释虽然有许多差异,但有一些梦则有比较一致的认识,比如,梦见踩着屎一类的脏东西,预示会发一笔意外的财,出门会捡到金银一类值钱的东西。梦见牙齿脱落,预示着要生一场病或家中的老人有亡故的危险。梦见吃东西,预示着要跟别人发生口角。梦见菩萨,有两种情况,如果梦见的是面容安静慈祥的菩萨,预示有好运气出现;如果是忿怒相的菩萨,则预示生活中可能出现波折,但有菩萨解救,不会有危险。梦见洗澡,预示着欢乐。梦见骑白马上山,预示有运气,办事顺利,等等。①

原始人祭祀与崇拜灵魂这种宗教习俗产生的时间甚早,延续的时间相当长,分布的地域广阔。在中国的各个民族发展史上,差不多都有不同形式的灵魂崇拜。这种观念从旧石器时代起历经万年之久而不衰,并通过各民族间文化的融合与交流,影响更加广泛,在人类社会中具有极为广泛的现实功能。

彝族宗教具有浓厚的原始宗教色彩,崇奉多神,主要是信奉万物有灵的自然崇拜和祖先崇拜。自然崇拜中,最主要是对精灵和鬼魂的信仰。彝族认为,人生活在世便有魂魄附于身,灵魂与人的相处形态就像空气与人一样,人无魂即死,这种意识必然导致产生对灵魂的敬畏观念。彝族深信灵魂不灭,并形成独特的灵魂崇拜。灵魂产生与影子、梦境有关。人的肉体死后,灵魂将被送回到祖界——传说中彝族祖先发祥分支的地方,与已逝的祖先的灵魂一起生活。②

苗族因分布广泛,支系繁多,在灵魂观上有"两魂""三魂""四魂""五魂"说,但灵魂的去处无外乎两类:一是祖先发祥地,二是曾经生活的场地、田坝、芦笙堂等,都是现实社会中实实在在的地方。不但如此,苗族人在死后其灵魂去祖先发祥地的沿路情形也尽是人间社会中随处可见的自然场景,如山坡、河流等,凸现了苗族鬼神崇拜的世俗性特点。苗族将灵魂分为生魂、游魂、亡魂,似乎不同于汉族神灵魂魄之分。多魂观念,实际上是苗族关于灵魂这一生命存在的特殊样式的功能特征及其所引发的"阴阳无界,生死相

---

① 吕大吉、何耀华主编:《中国各民族原始宗教资料集成·藏族卷》,中国社会科学出版社1999年版,第893页。
② 吕大吉、何耀华主编:《中国各民族原始宗教资料集成·藏族卷》,中国社会科学出版社1999年版,第778页。

通"观念的阐释。①

历史悠久的羌族,早在原始氏族社会即产生宗教。在羌族的宗教观念中,自然界首先是崇拜的对象。在长期的生活中,羌人根据灵性所致的善恶结果,产生了善神、恶鬼两种截然相反的观点。由灵而神、鬼,这是原始宗教的普遍特征和信仰发展的基本脉络。他们将未知的和可知的世界分为天上、人间、地下三个部分。天上,是众神灵的所在地;人间,是民众生存生活的所在;地下,是人死后要去的地方,是鬼的居所。这种观念在羌族民众心中普遍存在。鬼的观念与灵魂观念分不开。羌族相信人有魂,人死了,死后几天,魂魄留恋家中,要回煞。在棺材里要放猪肉、酒、杂粮和小刀、烟斗、筛子等物给死者享用。为了保证死后平安,棺材里要放路条,并请端公超度亡魂。羌族也相信灵魂要转生为其他生物,灵魂的行动和变成了什么,老端公可以看出。

东巴教是纳西族的特有宗教,起源于原始巫教,主要有祖先崇拜、鬼神崇拜、自然崇拜。纳西族有自己的灵魂观。古传东巴象形文字专门有"魂"字,有的场合亦可当"阴魂""鬼魂"或"影"解释,抑或纳西族的"魂""灵魂"观念的产生与"影"有关。至今传承于纳西族丧俗的若干环节中,说明纳西族有原始的灵魂观念,而且非常重视灵魂。如人死断气当刻,家人要将米粒和茶叶、碎银放入死者口中,其数为男人九粒、女人七粒,传说男人有九个魂,女人有七个魂。人得病是因为魂不附体,就要招魂。人死后,东巴就要念开丧经,把死者的灵魂一站一站地送回到原来祖先居住的地,叫作为亡魂"指路"。灵魂具有人性的一面,它有团圆的需求,有来世的愿望,也不会因形体的消失而死亡。这些灵魂寄附于人体而存在,可以在不同的形体之间转化,如转化成祖魂或鬼魂。并把非正常死亡或未超度到祖先亡灵聚居地的死者亡魂视为鬼魂,或把外氏族亡魂视为鬼魂,认为人生病、办事不顺或家庭不兴旺,都是鬼魂作祟所致。②

中国历史的原始社会,如同其他地区的史前文明一样,经历了一个心智蒙昧的时期,充满了各种生存的危机。美国宗教史家米尔恰·伊利亚德在其巨著《宗教思想史》中用了大量篇幅来探索人类在遭遇深层危机之际,是如何通过

---

① 陆群:《民间思想的村落》,贵州民族出版社2000年版。
② 吕大吉、何耀华主编:《中国各民族原始宗教资料集成·纳西族卷》,中国社会科学出版社1999年版,第164、179页。

宗教的创新来解释、摆脱和化解这些危机的。他说："关于死后生命的信仰似乎从人类历史最初的时候就有了，在仪式中以红赭石代替血液，以此作为一种生命的象征。往尸体上撒红赭石的习俗在世界各地不同时代都普遍存在着，从周口店到欧洲的西海岸，远至非洲好望角，远至澳大利亚、塔斯马尼亚岛，远至美洲火地岛。至于葬俗的宗教含义是什么，则始终是争论很大的话题。毫无疑问，埋葬死者总应该有一个正当的理由，但那是什么呢？首先，我们不应该忘记，将尸体弃置在丛林、肢解尸体、让鸟类啄食、人死后其他人立即离开将尸体留在屋内等，这些习俗并不意味着不存在死后生命的概念。而葬礼更加证实了对于死后生命的信仰；否则，就无法理解人们为什么要煞费苦心去掩埋尸体。这种死后的生命可以完全是精神的，也就是灵魂是在人死后的一种存在形式，这种信仰因死者在梦中出现而变得更加坚定。"①

德国哲学家恩斯特·卡西尔（Ernst Cassirer，1874~1945）指出：对生命的不可毁灭的统一性的感情是如此强烈、如此不可动摇，以致到了否定和蔑视死亡的地步。在原始思维中，死亡绝没有被看成是服从一般法则的一种自然现象。它的发生并不是必然的而是偶然的，是取决于个别的和偶然的原因，是巫术、魔法或其他人的不利影响所导致的。神话和原始宗教否认死亡的真实可能性，在某种意义上，整个神话可以被解释为就是对死亡现象的坚定而顽强的否定。原始宗教或许是我们在人类文化中可以看到的最坚定、最有力的对生命的肯定。布列斯特（Breasted）在叙述最古老的金字塔经文时说，在那里从头到尾主要的和起支配作用的符号的意义就是执着地甚至激烈地反抗死亡。"它们可以说是人类最早的最大反抗的纪录——反抗那一切都一去不复返的巨大黑暗和寂静。'死亡'这个词在金字塔经文中从未出现过，除非是用在否定的意义上或用在一个敌人身上。我们一遍又一遍地听到的是这种不屈不挠的信念：死人活着。"②

巴蜀宗教文化中的仙道思想高扬这种"反抗死亡"的精神，所谓三代之"化民"，所谓飞仙之"羽人"，正是巴蜀先民们"反抗死亡"、渴求"永生"的强烈表明。仙道由此而催生，道教由此而肇基，"我命在我不在天"的呐喊响彻千年，穿越时空，深深地影响了中国社会。道养护生命，道追求长

---

① ［美］米尔恰·伊利亚德著，晏可佳、吴晓群、姚蓓琴译：《宗教思想史》，第12页。
② ［德］恩斯特·卡西尔著，甘阳译：《人论》，上海译文出版社1985年版，第108页。

生，这是巴蜀道教乃至巴蜀宗教文化对中国社会最为重要的影响。

巴蜀宗教文化在发展的历程中，通过创造宗教律法、道德以及伦理等途径来影响人和塑造人，从某种意义上说，宗教文化在规范人们的行为规范方面，发挥着惊人的作用。具体来说，道教、佛教的教义、教规以及宗教戒律等是体现其神圣性的具体方式。宗教伦理、道德具有长期渗透性和潜移默化性这一特点，随着其不断发展，在人类自我意识中，其地位和作用已逐渐提高，宗教伦理和道德甚至不可分割。与此同时，世俗伦理和道德大多源于宗教教义和教规等。宗教文化的规范功能往往与民族特性相互影响、相互作用，不但在规范民族风俗、伦理、习惯以及道德方面，而且在增强民族认同度方面，都发挥着不可替代的效用。

第一章 上古巴蜀的宗教文化

"蜀有汶、阜之山，江出其腹。帝以会昌，神以建福，故能沃野千里。淮、济四渎，江为其首，此其一也。禹生石纽，今之汶山郡是也。昔尧遭洪水，鲧所不治，禹疏江决河，东注于海，为民除害，生民已来，功莫先者，此其二也。天帝布治房、心，决政参伐，参伐则益州分野，三皇乘祇车，出谷口，今之斜谷是也。"①这是三国时广汉人秦宓对古蜀地理、历史、文化的一段精辟概括。

从神话传说中的地皇、人皇，到蚕丛、柏濩、鱼凫、望帝、开明等先王；从伏羲、黄帝、颛顼、大禹，到"巴蛇"七姓、"白虎"廪君、巫山十巫，这些巴蜀历代的先王神巫，因其神异的事迹与奇异的形象而被推崇为神灵，并载誉世间。常璩《华阳国志·巴志》载："《洛书》曰：人皇始出，继地皇之后，兄弟九人分理九州，为九囿，人皇居中州，制八辅。华阳之壤，梁岷之域，是其一囿，囿中之国则巴、蜀矣。其分野，舆鬼、东井。其君上世未闻。五帝以来，黄帝、高阳之支庶世为侯伯。及禹治水，命州巴、蜀，以属梁州……其地东至鱼复，西至僰道，北接汉中，南极黔、涪。土植五谷，牲具六畜。桑、蚕、麻、纻，鱼、盐、铜、铁、丹、漆、茶、蜜、灵龟、巨犀、山鸡、白雉、黄润、鲜粉，皆纳贡之。其果实之珍者：树有荔芰，蔓有辛蒟，园有芳蒻、香茗、给客橙、葵。其药物之异者有巴戟、天椒；竹木之瑰者有桃支、灵寿。其名山有涂籍、灵台，石书刊山。"②《华阳国志·蜀志》曰："蜀之为国，肇于人皇，与巴同囿。至黄帝，为其子昌意娶蜀山氏之女，生子高阳，是为帝（颛顼）；封其支庶于蜀，世为侯伯。历夏、商、周，武王伐纣，蜀与焉。其地东接于巴，南接于越，北与秦分，西奄峨嶓。地称天府，原曰华阳。故其精灵则井络垂耀，江汉遵流……泉源深盛，为四渎之首，而分为九江。其宝则有璧玉、金、银、珠、碧、铜、铁、铅、锡、赭、垩、

---

① 《三国志》卷三八《许麋孙简伊秦传》，百衲本《二十五史》第1册，浙江古籍出版社1998年影印本，第1135、1136页。
② （晋）常璩著，刘琳校注：《华阳国志校注》，成都时代出版社2007年版，第4、6页。

锦、绣、罽、氂、犀、象、毡、毦、丹黄、空青、桑、漆、麻、纻之饶，滇、獠、賨、僰僮仆六百之富。其卦值坤，故多班采文章；其辰值未，故尚滋味；德在少昊，故好辛香；星应舆鬼，故君子精敏，小人鬼黠；与秦同分，故多悍勇。"①说明巴蜀的文化同出一源，皆属益州。有着非常密切的联系，并互相融合，彼此认同。

对自然的崇拜，对图腾的崇拜，对祖先的崇拜，对神灵的崇拜，就这样构成了原始人类最早的宗教信仰形态。宗教是人创造的，也是为人所用的。人既能创造、利用宗教，也能改造、调整、控制宗教。于是，随着社会与历史的发展，巴蜀地区的宗教亦在演变并一步步迈向成熟，呈现出丰富多彩、佛道兴盛、多种宗教信仰并称的历史场景。

第一节 史前宗教文化遗址

中国长江流域上游的云、贵、川地区位于人类的起源地范围之内，当属人类起源地之一。根据现有资料来看，中国境内的早期人类是从长江流域上游的云贵高原逐渐向长江下游和黄河流域扩散、迁徙的。

长江流域现已发现的旧石器时代遗址有元谋猿人、巫山猿人、郧县猿人、郧西猿人、和县猿人、巢县人，贵州观音洞文化和湖北大冶县章山乡石龙头发现的文化遗存。晚期智人的人骨化石，有四川资阳黄鳝溪发现的距今四万年旧石器时代晚期的早期新人类型——"资阳人"的一个头盖骨以及骨椎和大量共生的化石动物群，如剑齿象、犀牛、猛犸象、猪獾、鬣狗、箭猪、睦牛、竹鼠、水鹿、猪、牛、马、虎、鹿、龟、鱼等。这些留存于长江上游的古人类活动遗址，为研究中国西南原始社会原始人的思维和自然信仰的发生起点提供了丰富的实物资料。

进入新石器时代后，考古发现的文化遗存分布更为广泛。四川星罗棋布的新石器时代文化遗存为巴蜀文明的起源和形成准备了基础，创造了有利条件。巫山大溪遗址、广汉三星堆遗址、大邑五龙战国巴蜀墓葬、茂汶别立和勒石村石棺墓葬遗址、喜德大石墓、西昌坝河堡子大石墓、珙县悬棺葬等发现的宗教资料，反映了上古时期巴蜀的宗教状况。

---

① （晋）常璩著，刘琳校注：《华阳国志校注》，成都时代出版社2007年版，第89页。

巫山大溪遗址是长江流域著名的新石器时代文化遗址。其分布区域东起鄂中南，西至川东，南抵洞庭湖北岸，北达汉水中游沿岸，主要集中在长江中游西段的西岸地区。

考古发现说明大溪遗址的已划为不同功能的区域，有生活区、墓葬区和废弃物堆积区。墓葬区发现的大量墓葬材料，类型丰富，这对于研究史前宗教文化具有相当的史料价值。大溪人的葬式多样也较特殊，大体可分为直肢葬和屈肢葬二大类，又可细分为十三种不同的葬式。一般女性墓的随葬品较男性墓丰富，儿童墓的葬法与成年人相同，随葬品也较多，并多靠近女性墓。这些墓的随葬品种类繁多，有大量玉石器，有石斧、石镜、石凿、网坠、鱼钩、箭链、纺轮等生产工具；釜、罐、曲腹杯、碗等生活用具，还有耳坠、玦等装饰品。最奇特之处是葬鱼、葬龟习俗的出现，鱼有的放在身体周围，有的含在口中，龟和蚌珠多为儿童的随葬品。一般女性墓较男性丰富，最多有三十余件，有的石镯、镶牙镯出土时还佩戴在死者臂骨上。在几座墓里还发现整条鱼骨和龟甲，以鱼随葬的现象在中国新石器文化中尚属少见，应与古巴蜀崇鱼信仰有关。遗存中还发现有器物坑、动物坑等遗迹，并且数量不少。器物坑内埋藏一件或几件陶器不等，器类有罐、釜等。动物坑出土狗、牛、龟、鱼等骨骼，并伴有陶器在其中。这些坑的性质可能与当时人们的信仰活动有关。

在大溪遗址墓葬中，死者均埋在氏族公共墓地，头向一般为正南。墓葬所反映的社会性质有很大的变异。早期以仰身屈肢葬为主（个别有直肢葬），为母系氏族公社的繁荣阶段。晚期以仰身直肢葬为主（个别有屈肢葬），为父系氏族公社的萌芽阶段。这些史料对于研究祖先崇拜及自然崇拜有较大的资料价值。如女性墓随葬品较男性墓丰富，便是女性祖先崇拜的迹象之一。早期墓M101中的女性随葬品有十三件，其中石斧五件，耳饰、耳坠五件；晚期墓M106女性墓随葬品二十二件，其中石斧两件，陶器九件，耳饰、石镯三件；晚期墓M140女性墓随葬品十九件，其中石斧、石铲两件，陶器十件，耳饰、蚌镯两件，玉璜三件。说明这些女性祖先不仅拥有众多的装饰品，以彰显其崇高的地位；并且掌控着生产用具、生活资源，这正是母系氏族公社的特征。值得注意的是，何以出现多达十三种葬式？各种各样的葬式应受一定宗教信念支配，表达对死者的态度，从而也表达了对自我的认识和对死亡的观念。在一百三十三座墓中，俯身葬仅有九例，应是特殊处理。在一般情况下，让死者俯身，多含有某种特殊意义,如对死者灵魂进行控制,或表示对之进行惩罚。①

众多的装饰品,大多数与巫术等精神活动有关。如耳饰、蚌镯、玉璜等,这些佩戴在人身上的器物,代表的是人们当时某些精神活动,可能都具有辟邪、通灵、驱病、防病等像护身符那样的功能,所以这些装饰品具有保护生命的意义。在男性的随葬品有一些野猪牙,一般认为与巫术有关,它们当系巫师生前使用过的法器。至于以鱼随葬的特殊形式,学者们或指出是渔猎社会的铁证,或认为与鱼图腾有关,或认为是动物崇拜的一支等,各有一定的合理性。

总之,一句话,从川西北高原峡谷区,沿横断山脉向南,到川西南高山河谷区,是一个文化和民族走廊地带。

第二节 广汉三星堆遗址中的宗教文化

中外著名的三星堆文化是巴蜀地区古青铜文明发展到达鼎盛的标志。三星堆遗存共分四期。最早的是新石器时代晚期,最辉煌的是相当于殷墟后期的奇特瑰丽的青铜文明时期。最引人注目的是八座祭祀坑,坑中出土了大量的青铜器、玉石器、金器、象牙、海贝等稀世珍宝上千件,表现了殷墟时代蜀地先民祭天祀地、迎神送鬼的盛大宗教仪式活动。

三星堆一号祭祀坑,是巴蜀文化中首次发现的祭祀坑。坑内出土金、铜、玉、石、骨、陶、象牙等质料的文物三百余件,以及海贝和约三立方米左右的烧骨碎渣。这些遗物大部分集中堆放在坑的西南、东南部,西北部较少。根据器物的叠压情况,推测这些器物是按一定次序放置的:首先投放玉石器,然后投放金杖、铜人头像、铜面具、铜尊、象牙等大型器物,再倒入烧骨渣,最后放置陶盏、陶器座、铜戈等器物。骨渣大多数泛白,一部分呈蓝黑色,并杂有竹木灰烬。坑内不见烟熏痕迹,显然这些骨渣在入坑前就已焚烧砸碎。这些经火燔燎的骨渣,以及同坑出土的金器、铜器、玉石器、陶器、象牙、贝等均有火烧的痕迹,说明这些遗物是在举行一次规模浩大、祭典隆重的"燎祭"活动后瘗埋的。

二号祭祀坑为长方形,坑内的遗物投放也是有一定的先后次序的。表现

---

① 于锦绣、杨淑荣编:《中国各民族原始宗教资料集成·考古卷》,中国社会科学出版社1996年版,第523~528页。

为三次投放，因此遗物亦可分为三层：下层主要为大量草木灰烬、炭屑、小型青铜器、青铜兽面、青铜树枝、玉石器及大量的海贝等；中层主要为大件青铜器，如大型立人像、太阳器、大型人面像、人头像、树、尊等；上层则为六十余枚（节）大象门齿纵横交错在一起。这即是说，首先投放的是海贝、玉石礼器、青铜兽面、凤鸟、小型青铜器、青铜树枝、树干等。这些遗物在清理时，大部分都杂在灰烬骨渣里，并留下明显的烟熏痕迹。其后再投入大型青铜容器、青铜立人像、人面、头像、树座等；最后投入象牙。青铜立人像由腰部折成两段，上半身位于坑的中部，下半身位于坑的西北部，被一青铜树座所压。尊、罍、彝等青铜容器主要位于坑的东南和东北两角，大部分容器外表都涂有朱色，器内都装有玉石器、海贝等。青铜兽面位于坑的西北角，与大量的海贝在一起。青铜人头像、青铜人面像主要分布在坑的四周，有的头像内还装有不少的海贝。头像和面像部分损毁并经过火烧，尤其是人面像，大部分被打坏或烧坏，象牙及骨器之类也明显地有被烧焦的痕迹，有的玉石器被烧裂。从大部分器物被损坏、烧坏的情况分析，推测这些遗物在入坑前已被有意识地损坏。①

三星堆一、二号祭祀坑的文化遗存反映了巴蜀地区青铜时代的宗教迹象，内容十分丰富。在一次次盛大祭祀活动中，其祭天、祭地、祭山、祭祖的礼仪景象非常明显。据古籍所载，不同的祭祀对象，祭祀的方法亦不同。《周礼·春官·大宗伯》言："以禋祀祀昊天上帝，以实柴祀日月星辰，以槱燎祀司中、司命、飌师、雨师。以血祭祭社稷、五祀、五岳，以狸沉祭山林川泽，以疈辜祭四方百物。"②《尔雅·释天》亦曰："祭天曰燔柴，祭地曰瘗薶，祭山曰庪县，祭川曰浮沉，祭星曰布，祭风曰磔。"所谓"祭天之燔柴，既积薪而烧之；祭地之瘗薶，既祭埋藏之；祭山曰庪县，或庪或县，置之于山"。所谓"县"，即为"悬"，这是一种悬祭的方法。三星堆二号坑出土的三株青铜树上均悬挂着许多飞禽异兽、果实和其他仿昆虫类的青铜饰件等，这些遗物反映了古人所用的悬祭法。汉代巴蜀出土的众多摇钱树，亦是人们悬祭的对象。

---

① 《广汉三星堆遗址一号祭祀坑发掘简报》，《文物》1987年第10期；《广汉三星堆遗址二号祭祀坑发掘简报》，《文物》1989年第5期。
② （东汉）郑玄注，（唐）贾公彦疏：《周礼注疏》卷十八，文渊阁《四库全书》本。

从三星堆祭祀坑的遗存中可以看出，人们举行的祭祀方法多种多样，采用了燔燎、瘗埋、悬祭等形式。两坑中所出遗物的表面都有火烧烟熏的痕迹，同出大量的竹木炭、灰烬以及被烧流的青铜器、烧裂的玉石器等，应是进行燔燎祭祀的遗迹。其后，这些经燔燎之后遗物和牺牲，又全部被埋入坑中。而青铜树的出现，又说明当时还采用了悬祭的仪式。《周礼·春官·典瑞》说："大祭祀，大旅，凡宾客之事，共其玉器而奉之。"郑注："玉器，谓四圭祼圭之属。"贾公彦疏："大祭祀，兼有天地宗庙；大旅中，兼有上帝四望等。"① 可见这种隆重的祭祀活动，所祭祀的神灵对象是相当庞大的，包括了天神、地神、山神、祖先神及各种自然神等。

在古人的眼中，天空是日月星辰、风雨雷电诸神居住的世界，而最高首领是天帝，他拥有至高无上的权力和无所不能的本领。从殷墟甲骨刻辞可知，在商代，人间的"王"与信仰的"上帝"是并存的。殷人把现实世界的统治者称为"王"，把理想世界的主宰称为"帝"。人间的"王"拥有统辖各方国的权力，神界的"帝"也就具有了统辖各种自然神灵和社会神灵的神力。卜辞中的上帝的权能几乎遍及大自然和社会生活的各个方面：帝控制着风云雷雨，控制着作物的成长和年成的丰歉，控制着城邑的建设和存毁，主宰着人间君主的行动甚至命运，主宰着人类的社会生活。为求得天帝、神灵的庇护，古人不论在生产活动还是在重大的政治、军事活动中都要祭天。天神高高在上，为了便于与天神接近，奉献牲礼，祭天时一般都要筑坛，把供奉的祭品和牺牲放在柴上焚烧，使烟气达于天上。正如郑玄《周礼注疏》所说："禋之言烟。周人尚臭，烟气之臭闻者。槱，积也。诗曰：芃芃棫朴，薪之槱之。三祀皆积柴实牲体焉，或有玉帛。燔燎而升烟，所以报阳也。然则祭天之礼，积柴以实牲体玉帛，而燔之，使烟气之臭，上达于天，因名祭天曰燔柴也。"② 而三星堆当为古蜀祭坛的中心，它与辽宁喀左县东山嘴发现的红山文化祭坛和牛河梁"女神庙"、江苏余杭县区瑶山良渚文化祭坛并列，被誉为20世纪80年代我国祭祀建筑遗址的三大发现，为我国原始社会末期、阶级社会初期的原始宗教的发展情况提供了珍贵的信物。

祭地是对土地的崇拜，见于世界各地的许多原始民族，在古代是普遍现

---

① （东汉）郑玄注，（唐）贾公彦疏：《周礼注疏》卷二〇，文渊阁《四库全书》本。
② （东汉）郑玄注，（唐）贾公彦疏：《周礼注疏》卷一八，文渊阁《四库全书》本。

象。《周礼·春官·宗伯下》言:"以血祭祭社稷五祀五岳,以狸沉祭山林川泽,以疈辜祭四方百物。"郑玄《周礼注疏》说:"不言祭地,此皆地祇,祭地可知也。阴祀自血起,贵气臭也。"①《礼记·郊特牲》说:"周人尚臭,灌用鬯臭,郁合鬯臭,阴达于渊泉。灌以圭璋,用玉气也。既灌,然后迎牲,致阴气也。萧合黍稷,臭阳达于墙屋。故既奠,然后焫萧合膻芗。"郑玄《周礼注疏》说:"灌,谓以圭瓒酌鬯,始献神也。已乃迎牲于庭,杀之。"②从文中可知,祭祀地神时,多采用瘗埋和灌祭的方法。瘗埋是将礼器、祭物等火燎后再埋入坑中,灌祭则是利用酒、牲血的流动属性,渗透到地下,为土地所吸收,从而以祭祀地神。三星堆祭祀坑的遗存表明,古蜀的先民采用了这些方法来祭祀地神。

三星堆祭祀坑中出土的玉器有近四百件,其种类主要有玉璋、戈、圭、琮、珠、锛、斧、矛、璧、瑗、凿等,其中又以玉璋为主。这里面的许多器物,都与祭山有联系。据《山海经》《周礼》等古籍中所载,古人祭山多用玉圭、玉璧、玉璋等。在二号坑出土的200附4号玉璋,正是一件用于祭山的礼器。玉璋器身近乎平行四边形,射和邸的分界明显,射宽而邸窄。清人吴大澂《古玉图考》中将这类的石刀残片称作"边璋",简报沿用之亦称为边璋。边璋两面各阴刻两组内容相同的图案,图案分为上、下两幅,每幅又可分为两大组五小组。下组图案分五小幅,第一幅上有两位头戴平顶冠的人,其人站立,双手作半握拳状,两拇指相顶,身着喇叭裙至膝,两脚外撇成一字形,在两人的膝部中间上空有一圆圈,似表示太阳。第二幅是由两座大山和人手组成,人手作半握拳状,拇指接在山腰处,第三幅由两组S形勾连云雷纹组成。第四幅为三个形象相同的人物组成,他们身着喇叭裙至膝,头戴山形帽,帽檐上卷。人像刀眉杏眼,阔口大耳,两耳垂戴双环形耳饰,其面部造型与一号坑出土的一件铜人面像近似。赤膊,双手在胸前作半握拳状,拇指相顶,双膝下跪,作恭敬虔诚之状。第五幅由两座大山组成,山的内部图形与第二幅同,山外两侧各立一V形尖牙的边璋,两山之间又悬有一物,其形粗大弯尖。这种弯尖状物,应与置于山腰两侧的边璋一样,属于祭祀山川的祭品。③从形状上看,似为象

---

① (东汉)郑玄注,(唐)贾公彦疏:《周礼注疏》卷一八,文渊阁《四库全书》本。
② (东汉)郑玄注,(唐)孔颖达疏:《礼记注疏》卷二六,文渊阁《四库全书》本。
③ 《广汉三星堆遗址二号祭祀坑发掘简报》,《文物》1989年第5期;陈德安:《浅释三星堆二号祭祀坑出土的"边璋"图案》,《南方民族考古》第3辑,四川科学技术出版社1990年版。

牙，古代文献常有以象、玉对用祭祀的情况。在三星堆遗址中均出土了大量完整的象牙，图案中的这件器物可以释为悬于山上、用于祭祀山神的象牙。而山上的三位人物，可能是代表主持祭祀山神的巫祝之类的人物。玉璋的这些图案，生动反映古蜀先民对山神的崇祀。

祖先崇拜又称祖灵信仰，根源于人们关于灵魂永生的一种宗教观念。商周的神主、秦汉的庙主，都属于祖先崇拜范畴。蜀人的祖先崇拜十分盛行，这在三星堆遗存中可以得到证明。三星堆祭祀坑出土了大量的青铜雕像，分为人物雕像、动植物雕像两大类。其中青铜人物雕像有八十二尊，包括各种全身人物雕像、人头雕像和人面像。全身人物雕像有十尊，最大者通高二百六十厘米，最小者仅三厘米，其造型奇特。人头雕像的大小，一般与真人接近，根据衣冠、发式、脸型，可以分作几种不同的型。人面像包括几种不同的型，最大一尊通高六十五厘米，通耳宽一百三十八厘米，厚零点五厘米至零点八厘米。此外，还出土了数具纯金打造的金面罩。动植物雕像包括鹰、鸟、鸡、蛇、龙、凤等造型，还有三棵青铜树，高达三点三米以上。

从这些青铜雕像群的造型来看，显然分属于不同族类。这些族类，证之史籍，当包括氐羌和西南夷诸族。他们的衣冠、发式各异，表现出不同族类的集合。根据结构分析，这些雕像的社会地位至少有两个层次。那尊通高二百六十厘米的大型青铜人像，头戴五齿高冠，形象与金杖图案上的人头一致，表明是最高神权领袖"巫司"。它身着左衽长袍，脑后椎髻，这与《蜀王本纪》形容古蜀民族"椎髻左衽"一致。双手圈握，双脚戴镯，突出巨大的双手所握物，作奉献状，当为主祭人，即为群巫之长。

第二层是各式人头雕像，他们共置一处，并无主次之分，表明地位基本没有差别，并不是用作祭祀礼仪的牺牲（牲人），当为各族首领、次级群巫。人像、人头像与礼器共存，同出于祭祀坑，表明都是宗教偶像，在当时都被奉若神明，代表着各族各种的神。正如林向先生所言，"包含着天神、地祇、人鬼、图腾在内的、一种多神的、偶像崇拜的原始宗教的遗物"①。

三星堆出土的青铜树共有三棵，两大一小。一号铜树形制最大，高三百九十五厘米，圆形底座圈直径为九十二点四厘米至九十三点五厘米。圈上

---

① 林向：《蜀酒探原——巴蜀的"萨满式"文化研究之一》，《南方民族考古》第1辑，四川大学出版社1987年版，第81页。

三足略呈拱形，状似三山相连，其上有◎形纹和云气纹。座上为树身，树干上有三丛树枝，每丛三枝，共九枝。每丛枝上长有三枚果实，似桃状。两果枝下垂，一果枝向上，桃果上方立一鸟，共九只鸟。九只鸟儿全都背对树干，造型完全相同：均有不大的羽冠，鸟眼椭圆，向内带有明显的眼角；鸟喙稍长，末端下钩；喙上有鼻线和口缝，口缝前端有小的穿孔。鸟身有羽毛图案，鸟尾上翘，鸟足显得强劲有力。树枝、树干上均套有光环。此外，树干的顶端一枝亦有一只立鸟（残缺）。树下一侧有一龙，龙身蜿蜒顺树干而上。

二号铜树人为损毁比较严重。残留部分为树座和树干两部分，底座为圆形圈座，三个拱形足如同树根。树干通高一百九十三点六厘米，残高一百四十二厘米，底座直径五十四点八厘米。圈座三面正中有一方台，上有一跪坐人像。现存的仅二层树枝，有三个分叉，但仅存一枝完好。该枝从中段上下一分为二，上段有一立鸟站在花瓣上，下段端部为一花朵。

小形铜树比较完整，颇有特色，残高五十厘米。该树为三股辫绳状树干，基座无存，但周围有几枝卷曲的枝条外展。树的主干中部有两层树枝向外展出，但端部均残。两个主干顶端分别有一人首鸟身像。

这是一株什么树，树上的是什么鸟，众多研究者已经讨论得相当透彻，大都根据《山海经》所言，认为是众神来往天上人间的"建木"。至于树上的那些神鸟，正是背负着太阳升空的"金乌"。王逸注释《楚辞·天问》说："《淮南》言：尧时十日并出，草木焦枯。尧命羿仰射十日，中其九日。日中九乌皆死，堕其羽翼。"按此推证，神树上的那些鸟儿，显然就是代表太阳的乌鸦。此外，在二号神树的底盘三方有三个神巫跪守，可见这些神树是古代蜀人最神圣的崇拜物。

在小形神树两个主干顶端分别有一立鸟，两只鸟均为人面，戴着面罩，方脸、大眼、高鼻、大耳，身短翼大。其面部如同青铜小神树底座上的几尊跪坐小铜人像以及其他一些青铜造像，风格一致。其身子则为鸟身凤尾造型，宽长的翅羽上下卷曲，尾羽好似孔雀开屏状，粗腿尖爪站立于枝头花果之上。如此奇异的造型，在考古史上是从未有过的发现。青铜小神树虽尚未修复，但参照青铜神树，两者除了有大小区别，其造型和功能应是基本一致的。既然青铜神树上的铜鸟为"九日居下枝"的写照，那么神奇的人面鸟身像亦应为太阳神鸟的象征，也许就是"一日居上枝"的那只太阳神鸟。它那奇异的鸟身和羽翅，说明它是禽鸟中的精灵，是凤鸟和金乌的化身，而戴面罩的人面造型则显示出它具有神与人的特征。它那外凸的眼球和弯长的兽耳，又具有作为古蜀各部族祖先神灵象征的青铜纵目人面像的特征。表明它在古蜀国盛大的祭祀活动中占有突出的地位，也是古蜀各部族崇拜的重要对象。

从三株铜树的形制及内容来看，这显然是一些神奇无比的通天之树。对此，众多的学者已指出，它是"氐羌—蜀族团为核心的巴蜀部落—部族集团的图腾树，它起着巩固联盟、维系四方的作用"。其次，它又是氐羌—蜀或巴蜀部落、部族集团的通天树，是蜀人进入天堂或与天神对话的一种天梯。①

由"太阳神树""太阳鸟"及青铜树上"太阳纹"等组合，反映了古蜀人的太阳崇拜。太阳崇拜是以天体为对象的自然崇拜中的一种。在原始人看来，太阳具有使万物复苏、阴阳消长的超自然力量，它像人一样，有灵魂，有喜怒哀乐，进而形成了太阳有灵的观念。世界各地普遍存在着对太阳神的崇拜。麦克斯·缪勒提出，人类所塑造的最早的神是太阳神，最早的崇拜形式是太阳崇拜。太阳"从仅仅是个发光的天体变成世界的创造者、保护者、统治者和奖赏者——实际上变成一个神，一个至高无上的神"②。《礼记·祭义》曰："郊之祭，大报天而主日，配以月。夏后氏祭其暗，殷人祭其阳，周人祭日以朝及暗。"可见夏至商周，日神是被作为主宰上天的神来崇拜的。

上古时代的巴蜀，亦盛行对太阳的崇拜，这从三星堆遗址和金沙遗址出土的考古材料中得到证明。三星堆遗址出土了一种青铜"轮形器"（共四件），呈圆形，中心有一大圆泡，这当是太阳；有五根放射状直条与外径相连，可谓四射的光芒。这应是古蜀先民太阳崇拜的遗物。将太阳描绘为"轮形器"，是世界各国太阳崇拜民族比较一致的画法，如四川珙县"僰人悬棺"壁画上的太阳图案，广西宁明花山岩画上的太阳图案，都是圆形、轮形。此外，三星堆出土的"太阳神树"、圆日形状的青铜菱形眼形器、有圆日图像的青铜圆形挂饰、青铜神殿四面坡状屋盖上的圆日图像纹饰、人面鸟身像胸前的圆日图像、金杖上圆脸戴冠呈欢笑状的太阳神形象，金沙遗址出土的太阳神鸟金箔图像，这些古蜀时代留下的大量器物和图像遗存，真实地反映了殷商时期古蜀王国太阳崇拜祭祀活动的昌盛。

---

① 屈小强、李殿元、段渝主编：《三星堆文化》，四川人民出版社1993年版，第213页。
② ［英］麦克斯·缪勒著，金泽译：《宗教的起源与发展》，上海人民出版社1989年版，第168页。

三星堆出土的大量文物表明，当时众多的原始信仰观念已经发展为原始神灵崇拜，成为决定人们关系和行为的精神统治力量，并用各种祭神器物和祭祀仪式使之稳固下来，形成比较完整的原始宗教体系。在具体的宗教活动中，各种与灵神相互联系、相互沟通的作用，又主要是通过专门的宗教职业者巫师和祭司来进行的。这种巫师祭司集团是灵神在人间的代表，是涉神活动的直接指挥、直接实现者。由巫祭将各种灵神崇拜贯联起来，通过祭祀等活动转化为左右人类行为的精神力量。三星堆文物所反映的古蜀人的精神世界，正是这样一种原始宗教居于统治地位的特定历史阶段。当时出现了以树崇拜为代表的自然崇拜、以鸟崇拜为代表的图腾崇拜、以纵目神崇拜为代表的祖先崇拜，和以人像群体为代表的巫师崇拜，组成了三星堆文明原始宗教的基本构架。[①]

第三节　金沙遗址中的宗教文化

金沙遗址位于成都市西郊，遗址面积约五平方公里，发掘面积达十余万平方米，发现各类遗迹三千余个，出土了大量的珍贵文物。

金沙遗址有祭祀场所、大型建筑、一般居址、墓地等。祭祀场所位于遗址东南部，沿着一条古河道南岸分布，面积约一万五千平方米。发现了与祭祀活动相关的遗迹六十三个，出土金器、铜器、玉器、石器、象牙、骨器、漆木器等文物五千余件，象牙数百根，还出土了两千多根野猪獠牙、两千多支鹿角以及数以百万计的陶器和陶片等。

大型建筑位于金沙遗址东北部，是一处由八座房址组成的大型宗庙或宫殿建筑，由门房、厢房、前庭、殿堂构成，总长九十米、宽五十余米，总面积约五千平方米，这是我国西南地区先秦时期发现的最大的一群建筑。为木骨泥墙式建筑，屋顶覆以茅草。房址发现了七十余座，分布在十多个居住区，在房址周围，发现有水井、生活废弃物的灰坑、烧制陶器的陶窑等。

墓地已发现集中的墓地三处，共有墓葬两千余座。墓葬有单人葬、双人合葬，经鉴定的双人合葬墓均为一男一女，可能是夫妻合葬；有一次葬、二次迁葬；有竖穴土坑墓、船棺墓。大部分墓葬没有随葬品，少部分墓葬随葬有一些陶器，极少数墓葬随葬有较多的铜器、玉器等。

---

① 赵殿增：《三星堆文明原始宗教的构架特征》，《中华文化论坛》1998年第1期。

在出土的金器中，有金面具、金带、太阳神鸟金箔、蛙形金箔、鱼纹金箔、喇叭形金器、黄金面具饰等两百多件，是中国出土先秦时期金器数量和种类最多的遗址。其中金面具与广汉三星堆遗址的青铜面具在造型风格上基本一致，其他各类金饰则为金沙特有。太阳神鸟金箔厚度零点零二厘米，图案采用镂空方式表现，足见三千多年前，古人雕刻工艺的精湛。

金沙遗址出土铜器约一千五百件，主要以小型器物为主，有立人像、立鸟、牛首、眼形、虎、瑗、戈、铃、贝饰等。其中铜立人像与三星堆出土的青铜立人像相差无几。

金沙遗址玉器两千余件，不仅数量多、种类丰富，制作工艺也十分高超。主要器类有玉琮、玉璧、玉璋、玉戈、玉矛、玉斧、玉凿、玉斤、玉镯、玉环、玉牌形饰、玉挂饰、玉珠及玉料等。这些玉器都十分精美，其中出土的最大一件高约二十二厘米的十节玉琮颜色为翡翠绿，雕刻极其精细，琮表面有细若发丝的微刻花纹和一人形图案，其造型风格与良渚文化的完全一致。数量极多的圭形玉凿和玉牌形饰颇具特色，大量玉璋雕刻细腻、纹饰丰富，有的纹饰上饰有朱砂。

石器近一千件，包括石人、石虎、石蛇、石龟、璧、璋、斧、凿等，是四川迄今发现的年代最早、最精美的石器。这些器物大多已不具有实用性，而与祭祀宗教活动密切相关。尤其是跪坐人像和石虎，造型优美，古朴生动，栩栩如生。

经过对金沙遗址出土文物的综合研究，考古人员基本认为遗址年代大致在商代晚期至春秋早期（约前1200～前650），商代晚期至西周中期是它最繁盛的时期，这一时期金沙应是古蜀国的都城所在地。金沙遗址是我国先秦时期最重要的遗址之一，它与成都平原的史前古城址群、三星堆遗址、战国船棺墓葬共同构建了古蜀文明发展演进的四个不同阶段。金沙遗址的发掘，对研究古蜀历史文化具有极其重要的意义。

分析金沙遗址的出土文物，很多都是有特殊用途的礼器，应为当时成都平原最高统治阶层的遗物。这些遗物在风格上既与三星堆文物相似，也存在某种差异，表明该遗址与三星堆有着较为密切的渊源关系。目前已发现了六十多处与祭祀相关的遗迹，出土了六千余件制作精巧的金、玉、铜、石器等，以及数以吨计的象牙、数千枚野猪獠牙、鹿角和陶器，这些珍贵的器物都是古蜀先民用来奉献给神灵的神圣祭品。其中，在大金面具出土的小圆坑内还发现了许多红色的泥土，土里面掺杂了大量的朱砂。远古时期，人们认为器物和人一样是有生命的，朱砂就是这些器物在奉献给神灵之后所流的血液，这实际上是古代血祭的另一种表现形式。

在金沙遗址出土了两件黄金面具，出土地是古蜀王国一处专用的滨河祭祀场所。因此，金面具很可能是古蜀国举行宗教祭祀活动时所使用的。那么，它在祭祀活动中到底是怎样使用的呢？考古资料显示，1986年在四川广汉三星堆发现的两个祭祀坑中曾出土了六件金面具和二四件铜人面具，除了三星堆和金沙遗址外，国内其他地区尚未发现此类型的金面具。三星堆的金面具出土于祭祀坑内，是用生漆加黏土调和而成的粘贴剂粘贴在青铜人头像上的，这种粘贴剂在金沙遗址出土的很多器物上也广泛使用，因此，有专家推测，金沙遗址出土的金面具很可能也是粘贴在青铜人像或木质人头像上的，这是专门从事宗教祭祀活动的巫师形象。

中国古代巫师佩戴面具，主持祭祀仪式的记载在文献中早已有之，说明这是一种相当久远的习俗。巫师在降神过程中戴上面具，以仪式、献祭或歌舞的形式祈求神灵降临，与神灵融为一体，便能代表神灵说话。此外，面具又是神灵降临时寄居的场所，人们可能将其陈设于宗庙或祭祀场所内，以随时迎接神灵的降临，并接受人们的朝拜。面具在古蜀人的精神世界里，不仅是一种通神的工具，更是一种娱神的法器，以极其珍贵的黄金面具覆盖于青铜人头像上，不仅显示了其崇高的地位，更是为了让神灵欢娱，以此得到神灵的庇护。它们从一个特殊的角度，揭示了古蜀社会宗教祭祀活动的昌盛，反映了古蜀先民独特的心理和精神世界。

金沙遗址出土的文物中，最具有代表性的是"太阳神鸟"金饰。金饰中心图案很像一个喷射出十二道光芒的太阳，四鸟在内飞翔，极具动感。无论是外层的四只飞鸟，还是内层旋转的太阳，在红色背景衬托下，里面的旋涡就如同一轮旋转的火球，周围飞鸟图案分明就是红色的火鸟。外层飞行的神鸟和内层旋转着的太阳表现的正是古蜀人对太阳神鸟和太阳神的崇拜。

绕太阳逆向飞行的四只神鸟，也与"金乌负日"和"使四鸟"的神话传说有关。《山海经·大荒东经》曰："汤谷上有扶木，一日方至，一日方出，皆载于乌。"① "帝俊生黑齿，姜姓，黍食，使四鸟。"② 帝俊为日月之父，

---

① 袁珂校注：《山海经校注》，上海古籍出版社1980年版，第354页。
② 袁珂校注：《山海经校注》，上海古籍出版社1980年版，第348页。

他有三位妻子：羲和、常羲和娥皇。这三位妻子之中，羲和生十日，常羲生十二月，帝俊及其妻子们便是日月之神。所谓"四鸟"的喻意，当似指四季；"使"是指役使，作为太阳神是可以役使四季、调控月令的。这也进一步说明古蜀人是崇鸟崇日的，这与三星堆文化中的崇日习俗是一脉相承的。

另外，从这个太阳神鸟金箔饰本身形象来看，内层的十二道旋涡状光芒，既像一道道火苗，又像一根根象牙，也像一轮轮弯月，表示一年十二个月周而复始。这也说明了为什么金沙遗址出土那么多的象牙，以及为什么古蜀人那么喜欢用象牙祭祀的原因。

另一件金蛙形饰，则是蜀人月亮崇拜的显现。其物片状，造型有头无颈，头如无底葫芦，前有尖桃形嘴，并列一对圆圆的眼睛，身作亚字形，背部中间有脊线，腹部随四肢的卷曲曲线外，最外侧收作大致对称的尖端，四肢修长，前肢变曲向后，后肢弯曲向前，相对内曲如卷云，为一生动的蟾蜍造型。蟾蜍是月中之物，引申为月的象征。《淮南子·精神训》说："日中有踆乌，而月中有蟾蜍。"[①]其他如金沙出土的铜虎、石虎等文物，亦当具有虎崇拜的意义，表明代表巴人的图腾崇拜已融入了蜀人的信仰之中，从而给当时的人们留下了深刻的印象。

四鸟绕日饰、蛙形饰、虎形饰除了宗教崇拜的含义外，又代表了蜀地神话传说的源头。我国古代的宗教信仰和神话传说总是相伴相随的。《淮南子·地形训》说："建木在都广，众帝所自上下，日中无景，呼而无响，盖天地之中也。若木在建木西，末有十日，其华照下地。"[②]据蒙文通先生考证，都广即在今四川成都平原一带。三足乌、蟾蜍、虎等在后世出土的器物中也常常以神话传说的面目出现，汉代的许多文物上仍可寻觅到它们的踪迹，如成都昭觉寺墓中出土的画像砖上有坐于龙虎座上的西王母形象，龙虎座下就刻有一直立而舞的大蟾蜍，其左有三足乌；郫县出土石棺上的画面中，西王母的右边也有三足乌和人立状的蟾蜍；乐山大弯嘴汉代崖墓出土的一件西王母俑，踞坐于龙虎座上，龙虎头上各立一蟾蜍，前肢上举捧灯盘。类似的画面还有不少，只是在西王母画面中出现的三足乌又演变为西王母取食的神鸟和她的使者。三星堆和金沙遗址中的这些文物，形象地反映了古蜀先民们对于祖先和各种自然物的信

---

① 《诸子集成》第8册，岳麓书社1996年版，第103页。
② 《诸子集成》第8册，岳麓书社1996年版，第58页。

仰崇拜，加上丰富的想象力，构成了巴蜀人的精神观念，即对神灵世界的无限向往，同时也开启了流传甚久的巴蜀神话传说的先河。

金沙遗址现已出土玉琮二十七件，是目前我国良渚文化以外区域出土玉琮最多的一处，说明玉琮在古蜀祭祀仪礼中占有极其特殊的地位。

出土的玉琮中有一件为青玉，与长江下游地区良渚文化晚期的玉琮完全一致。全器分十节，每节的每一角上都有一简化人面纹，全器共四十个人面纹。在玉琮一面的上端还刻画有一人形图案，这在以往良渚玉琮上少见的。人体肥胖，头戴长长的冠饰，双臂平举，双腿叉开，长袖飘逸，臂上有一上卷的羽毛形饰，仿佛正在舞蹈，这可能就是当时祭祀场面的再现。此人的身份可能是氏族的祖先神，或者是祈福驱邪的大巫师，也正是后世所称道的羽人飞仙。

玉璋亦为祭祀活动中的重要礼器。金沙遗址已出土的玉璋二百余件，亦有刻有图案的器件。如"肩扛象牙玉璋"，由一跪坐人像、两道云雷纹、四条平行线纹构成。人像头戴高冠，高鼻，立眼，阔口，方耳，方颐，身着长袍，双膝着地，双手持握肩扛器物。人像头部的造型，与三星堆出土的青铜人头像极为相似。而人像肩扛之物，应是一根完整的象牙。这组肩扛象牙的人物图案，清楚地向人们展示了古蜀巫师用象牙进行祭祀活动的一个场景。

遗址出土的玉戈、玉瑗、玉琮表明，金沙文化不是孤立的，它与黄河流域文化和长江下游的良渚文化有内在联系，再次证明了中华文化的多元一体。

金沙遗址出土的青铜器中，有一件立人，从外形上看与三星堆出土的青铜大立人非常相似，他们均被塑造成具有三维空间感的高高站立的人物，脸形类似，耳垂均有穿孔，都有着相同的手势，手中都持握着从双手间穿插而过的器物。不同的只是三星堆大铜立人体态高大，身躯稍显瘦长，发型为笄发，金沙铜立人体态矮小，发型为辫发，脑后拖着三股一体的长辫子，头戴简单的圆涡形冠。金沙小铜立人像与三星堆大铜立人像尽管大小有别，但所表现的内容则是一致的。小铜立人头上戴的插有旋转装饰物的帽圈，应当象征着光芒四射的太阳。小铜立人张开的双臂和空拳状的双手，说明他手中应当持有某种物件，这种物件应当是献给神灵或祖先的神圣礼物。光环罩在他的头上，使他俨如一神祇的化身，正在主持神圣的祭祀活动，生动地反映了古蜀人对神灵的崇拜。

众多的与天神、地祇、人鬼（祖先神）及傩神相关物器展示于金沙遗址；大量的金器、铜器、玉器、石器、象牙、野猪獠牙、鹿角、骨器、陶器、漆木器等出土于祭祀区。《周礼·大宗伯》曰："以吉礼祀邦国之鬼、神、示。"

这些都说明金沙遗址作为古蜀文明的重要载体，生动形象地反映了古蜀宗教文化的兴盛状况。

第四节　大石崇拜与祖先信仰

　　大石崇拜是古蜀原始宗教中的一种特殊的崇拜形态，它是祖先崇拜和对生存环境的崇拜相结合而形成的信仰综合体，包含着社会的和自然的两种因素。在考古学上，新石器时代至青铜器时代的大石崇拜遗迹分布十分广阔，从欧洲大西洋沿岸向南经地中海沿岸，从亚洲高加索经伊朗、印度到环太平洋地区的中国、东南亚、日本，以至太平洋岛屿和美洲大陆，多有分布。由于它以巨石建筑物如石棚、石圈、石台、石墙、石雕以及石室为特征，所以考古学上一般称之为"巨石文化"，亦即大石文化。

　　根据科学分类，蜀地的大石文化遗迹可分为墓石、独石、列石三类。墓石集中分布在川西南安宁河流域，这里大量的大石墓，即属墓石之类。特点是用大石砌成墓室，顶部又覆盖以大石。大石通常重达数千斤，甚至逾万斤，其年代大约在东周至西汉。独石集中分布于成都市，主要有石笋、五丁担、石境、天涯石、地角石、支矶石、五块石等。其年代，文献记为开明王朝时，但事实上应为商代以前。列石，或称石行，亦称石阵。新都有旱八阵，双流有八阵图，新繁有飞来石，皆属此类，与宗教行为有着直接的相关。

　　古蜀的大石崇拜发源于蚕丛氏，"蚕丛氏始居岷山石室"，石室即"累石为室"的邛笼。岷江上游的石棺葬，其实也是模仿石室内建筑的墓穴。当蚕丛氏从岷江游下牙至成都平原后，便以不同形式的大石建筑来寄托对祖先及其生存环境的崇拜。此即古人所谓"祭如在，祭神如神在"。大石即为蜀人先祖灵魂和石砌建筑灵魂的共同载体，亦即二者相结合的物化形式。

　　令人感兴趣的是，三星堆的玉、铜器共生的大石，明显的是大石崇拜的遗迹。无独有偶，在岷江上游理县佳山寨石棺葬中，也出土一块不规则的梯形自然石块。两者虽然异时异地，但其大石崇拜传统如同一辙，绝非偶然。另一饶有兴味的事实是，三星堆一号坑的方向为北偏西四十五度，二号坑为北偏西五十五度，共同朝向蚕丛氏所由兴起的岷山。而同一时期成都羊子山土台大型礼仪建筑，方向也是北偏西五十五度，同样朝向蚕丛氏发源的岷山。这一系列现象无不显示出存在于其中的深刻的内在联系，说明其源头都在岷山，都与蚕丛氏始居岷山石室有不可分割的渊源。可见，蜀国大石崇拜的源于对岷山的崇拜，正是对蚕丛及其所居岷山加以顶礼膜拜的信仰综合体。

在蜀国先民心目中，高山亦是人神交通往来的通道。以高山为天梯，见于《山海经》记载的就有昆仑、肇山、巫山、登葆山、灵山等。其中最著名者是昆仑。《山海经·西山经》曰："西南四百里，曰昆仑之丘，是实惟帝之下都，神陆吾司之。其神状虎身而九尾，人面而虎爪；是神也，司天之九部及帝之囿时。"①《海内西经》曰："海内昆仑之虚，在西北，帝之下都。昆仑之虚，方圆八百里，高万仞。上有木禾，长五寻，大五围。面有九井，以玉为槛。面有九门，门有开明兽守之，百神之所在。在八隅之岩，赤水之际，非仁羿莫能上冈之岩。"②昆仑虚即昆仑丘。可见昆仑是天帝在下界的都邑。《淮南子·地形训》云："昆仑之丘，或上倍之，是谓凉风之山，登之乃不死；或上倍之，是谓悬圃，登之乃灵，能使风雨；或上倍之，乃维上天，登之乃神，是谓太帝之居。"③

昆仑究竟在什么地方，一直是一个困扰学界的难题。蒙文通先生慧眼卓识，独标新义，认为昆仑就是岷山："《山海经·海内西经》言：河水出（昆仑）东北隅以行其北。则昆仑应在黄河之西南。《大荒北经》言：若木生昆仑山西（据《水经·若水注》引），《海内经》言：黑水、青水之间，有木名曰若木，若水出焉。是昆仑在若水上源之东。若水即后之雅砻江，若水之东即雅砻江之东，在雅砻江上源之东，黄河之南之昆仑，自非岷山莫属。是昆仑为岷山之高峰。《海内西经》言：海内昆仑之虚在西北，高万仞，面有九门，门有开明兽守之。又言：昆仑南渊深三百仞，开明兽身大类虎而九首，东向立昆仑上。复言开明西、北、东、南，凡四见。开明亦蜀王之称，是开明神（兽）与开明王应有关。开明兽立昆仑上，昆仑既为蜀山，宜与蜀王有关。"④

此外，邓少琴先生亦谓岷山为昆仑之伯仲，"岷即昆仑也，古代地名人名有复音，有单音，昆仑一词由复音变为单音，而为岷"。"黑水即今称之金沙江，汶山即岷山，即今巴颜喀喇山，河水在其北，江水（即黑水）在其南，《海内西经》所称昆仑之虚，河水出东北隅，黑水出西北隅，古今所述情况是

---

① 袁珂校注：《山海经校注》，上海古籍出版社1980年版，第47页。
② 袁珂校注：《山海经校注》，上海古籍出版社1980年版，第294页。
③ 《诸子集成》第8册，岳麓出版社1996年版，第58页。
④ 蒙文通：《再论昆仑为天地之中》，《蒙文通文集》第4卷，巴蜀书社1998年版，第170页。

一致的。"①"古称黄河源出昆仑，应即流经大积石而为今阿尼马卿山，东延则为岷山、米仓、大巴山等，蜿蜒于四川北部、甘肃、陕西之间，为江汉两水之界山。"②所谓"巴颜喀喇山"，在四川边境与岷山及邛崃山等相接，成山原状，海拔六千米左右，多雪峰、冰川，正是古称的"昆仑之虚"。据《尔雅释丘》言："丘一成为敦丘，再成为陶丘，再成锐上为融丘，三成为昆仑丘。"注："昆仑山三重，故以名也。"

邓少琴先生指出："今之巴颜喀喇山南麓，如石渠、德格等地属丘状高原地貌类型，可明显分为三重。第一重海拔3700～4300米，为河谷底部之河漫滩及其阶地上沼泽地，其间满布苔草形成草墩，故谓之'敦丘'；第二重海拔4200～4800米，为河谷两岸蜿蜒分布之高原低丘，丘体浑圆，有似反扣陶钵，故谓之曰'陶丘'；第三重海拔4800米以上，系雪线以上之极高地，常年积雪冰川，冰冻风化作用十分强烈，岩石多着地衣，植被矮化，多呈紫色，有'紫山'之称，在雪线附近冰雪冬冻夏融，故谓之'融丘'。"③

昆仑是氐羌、蚕丛氏部族以岷山为原型，在心目中构拟出来的一座"圣山"。《华阳国志·蜀志》云："有蜀侯蚕丛，其目纵，始称王。"蚕丛氏以岷山（昆仑）为崇拜的圣山，这并非一个孤立的文化现象，征诸史籍，犹可以看出羌族圣山崇拜的种种蛛丝马迹。在《山海经》中，亦有氐羌为山岳之后的记载。《海内经》云："伯夷父生西岳，西岳生先龙，先龙是始生氐羌，氐羌乞姓。"④蚕丛氏属于氐羌族，可见他们和姜姓诸国一样，自古即实行圣山崇拜。不仅如此，我们在今天仍然可以看到羌族圣山崇拜的孑遗，即白石崇拜。此外，在古蜀国留下的文化遗迹中，颇引人注目的大石遗迹，诸如天涯石、支矶石、五块石等，据记载都是体形高大的巨石，是千辛万苦从西部的邛崃山采运来的。究其实际，这种对大石的崇拜，仍然是圣山崇拜的产物。

从蚕丛至柏灌、鱼凫、杜宇、开明，五世相及，被蜀人赋予这些祖先以美丽的传说。如"蚕丛"为蚕，"鱼凫"为捕鱼鸟"鸬鹚"，杜宇为"啼血杜

---

① 邓少琴：《蜀故新诠》，《邓少琴西南民族史地论集》上册，巴蜀书社2001年版，第91页。
② 邓少琴：《川江古代航运的开发》，《邓少琴西南民族史地论集》上册，巴蜀书社2001年版，第349页。
③ 邓少琴：《〈山海经〉昆仑之丘应即青藏高原巴颜喀拉山》，《邓少琴西南民族史地论集》上册，巴蜀书社2001年版，第504页。
④ 袁珂校注：《山海经校注》，上海古籍出版社1980年版，第462页。

鹃"，开明为昆嵛之垆镇宇天门的开明兽。

这些巴蜀氏族祖先的传说，伴随着某些神圣的动物、植物、半人半兽，这些远古祖先的形象就成为图腾的由来。图腾又是氏族神的起点，由远古祖先半人半兽的形象到图腾崇拜，再到氏族神崇拜，应该是巴蜀图腾崇拜观念的主线。而三星堆所供奉的众神，就发源于图腾崇拜所显示的远古祖先神灵。可以推测，在古蜀王族这个地方不止一个部落，其中有些部落信奉的保护神为鸟神，有信奉龙神的，有信奉羊神的，有信奉虎神的。三星堆出土文物告诉我们，以鸟为图腾的氏族部落是三星堆古蜀先民最大的部落，其他以羊、蛇、虎为族徽的氏族多为从属。各部落有各自的图腾，组织严密，区分多样，其鸟图腾已形成普遍的信仰。三星堆的鸟形器的不同种类，具体形象地显示出图腾在各氏族中不同的族徽特点。

三星堆青铜器中鸟的种类很多，集中在二号祭祀坑。它们表现为神树、神坛、神殿的挂饰，人形器的纹饰，鸟形人像，三者之中以挂饰居多。在神树上的太阳鸟，在神坛最上层盝顶的鸟身人面像，在礼器、圆罍的立鸟。最集中的对象为八件鸟形饰，共六种类型，有明显的不同，差异主要反映在翅羽和尾羽上。鸟的相似之处在于嘴部，基本上都是钩喙，头部也大体相似；不同之处在于翅羽和尾羽，或下垂，或上翘；尾型或分岔或聚拢，此外有刀状尾羽和夔龙形尾羽，它们代表不同氏族徽铭以及各自所代表的族属神灵。当它们聚居在一起时，又显示出古蜀族鸟图腾的统一符号体系。

鸟的种类多样，反映出对鸟的重视与崇拜。在三星堆文化中，没有哪种动物像鸟这样既被描摹得逼真，又被夸张变形，也没有哪种动物图腾像鸟图腾一样有崇高的地位。它出现在神树、神坛、神殿、礼器这些享有至尊地位的器物上，带有与神对话的性质。其中最重要的作用，当属与太阳神有关的"天帝"崇拜。按照天帝崇拜的观念，神灵是居住在天上的，与天最接近的动物便是鸟类，因而巴蜀有将天体崇拜与鸟图腾一体化的倾向，也就有了鸟崇拜的信仰。他们认为，宇宙中的万事万物为天帝所造，由天神所主宰，这是一种由来已久的神灵崇拜的仪式。

在川东地区，巴人亦有着自己的图腾。巴人是由清江"白虎之巴"与渝水"巴蛇之巴"二大系为主融合而成的，且"蛇""虎"二部亦各率多族。史载巴人有苴、共、奴、獽、蜑、夷、庸、濮诸部族，"巴虎"有巴氏、樊氏、瞫氏、相氏、郑氏等五姓，"巴蛇"（板楯）有七姓等，故"蛇""虎"均为巴人最著名的图腾，而被二部所合并的各部落的图腾也大多被保存下来。龙蛇、白虎成为巴人的图腾，并精美地铸造于巴族独特的铜器上。

在一件典型的巴人铜器——錞于上的图案，形象地反映巴族各部落的图腾崇拜。图案的中心是一只白虎，四周环列着包括白虎在内的十个图徽，它们皆应是巴族各部落之图徽。据《后汉书·南蛮西南夷列传》引《世本》，巴人之王"廪君死，魂魄世为白虎"。故白虎当为最初巴人王族（清江一系）的图腾，进而成为整个巴族的图腾。所以图中心的白虎，乃是巴族之总图腾。而边上形象相同的白虎，则是代表出自"赤穴"的巴氏一支的图腾。周边的一鱼纹，上面是一条鱼，其下棱形，乃鱼形的图案化，此形累见于出土的巴人印章之上。据《左传》载公元前611年秦人、巴人从楚师灭庸国，巴人分得鱼邑。巴得鱼邑后，以鱼为图腾的鱼人也成为巴族一支了。靠近鱼纹的为蟾纹，虽已图案化，但其棱形之身及四肢仍极明显。《华阳国志·巴志》云："汉发诸县北有獽、蜑，又有蟾夷也。""蟾夷"，乃"巴虎"最早的五支兄弟氏族中瞫氏，以蟾为其图腾。其四为手心纹，这是与虎纹同为最典型的巴人图徽，且经常与虎纹同出于兵器之上，巴人印章之上亦常见之。据邓少琴先生考辨，其心形应是蛇，乃"巴蛇之巴"的图腾。因"巴蛇"与"巴虎"同为巴人中二大主系，故此纹在巴蜀铜器中尤为普遍。其五为"獽纹"，此即武落钟离巴人五姓之一的相氏。以其从偏旁"犭"看来，当为一种四足兽，但无法确知其为何兽。其六为船、鼓、星、鸟一组图案。太皞伏羲氏本"风"姓，风即凤凰，正是图中大鸟之形，乃示其为风姓、咸鸟之后。此凤之形亦见于巴人印章之上，当即《路史·国名记》中所说"风姓之巴"的图腾。其七为樊篱纹，此乃巴人五姓中樊姓的图腾。樊（范）为巴中之大姓，故此图又见于巴人印章之上。其八为人头纹，此乃"椎髻"人的特征。西南夷中诸族中有"椎髻"的氏系，氏系中最著名的一支当即蜀人。在开明氏西上代杜宇氏为王之后，蜀人族迁入川东融入巴人部落，似当如此，故此椎髻人头像很可能即蜀裔之图腾。其九为棱形花纹，巴人印章中亦见此纹，疑为姬姓巴王室之图徽？其十为蝉纹，此处极简，但别处一些青铜上常为极精美形象，可为傍证。廪君率部西迁至盐阳，曾射杀盐神，降伏"诸虫"，此蝉当为所兼并的"诸虫"部族的图腾。综上所述，这件錞于上的十一种图案形象，皆巴人及其所并之部族的图腾。①

白虎为巴族的总图腾,这是因为巴族之祖廪君死后魂化为虎。《后汉书·南蛮西南夷列传》记载:"廪君死,魂魄世为白虎。"故巴人以虎饮人血,遂以人祀。巴人以白虎为图腾,一是与所处峡谷的崇山峻岭、虎豹猛兽成群有关,这是出于对猛虎的恐惧敬畏,企求借用这种原始宗教的神灵保护自己氏族;二是基于对领袖廪君神勇威武功绩的崇拜礼赞。廪君能剑中石穴,制船浮江,箭杀盐神,筑城立国,其对氏族的功勋和威望犹如百兽之王,自然当之无愧。白虎图腾的影响深远,在巴蜀、鄂西、湘西历代出土文物多有虎图腾印记,巴人一直保持着对白虎图腾的信仰,在他们的兵器上铸以虎纹,在乐器錞于上安以虎钮,铜钲上刻上虎纹。

《山海经·海内经》载:"西南有巴国。太皡生咸鸟,咸鸟生乘厘,乘厘生后照,后照是始为巴人。"②太皡是谁?《世本·帝系篇》说:"太皡伏羲氏。"原来太皡就是伏羲。按此说,咸鸟、乘厘、后照都是伏羲的后裔,那么,太皡、黄帝,也是巴人的祖先。所谓"巴蜀同囿,肇于人皇",又说明其对巴蜀整体文化的认同性。它的始源可追溯到旧石器时代。

巴蜀原始宗教的核心信仰是祖先崇拜,其祖先崇拜直接来源于图腾崇拜,从而二者形成交叉状态与和合情况。有关西南巴蜀远古图腾虽无可靠的文献记录,但三星堆却以实物的方式,显示了丰富多彩的巴蜀图腾崇拜。考古实物表明,在祖先崇拜形成之前,有一个相当长的鸟兽自然图腾崇拜时期。这二者之间迄今仍难以发现交界的痕迹,可以说图腾崇拜孕育了巴蜀的祖先崇拜观念,不仅其所祭祀祖先神灵直接由图腾崇拜脱胎而来,而且,二者在祭祀观念、祭祀仪式上有着明显的交叉融合的特征。

祖先崇拜根源于人们关于灵魂永生那样一种宗教观念。上古蜀人的祖先崇拜十分发达,大体可以分成两个不同的发展阶段。鱼凫氏古蜀王国以大型青铜人物雕像群作为祖先崇拜的主要形式,杜宇和开明王则以宗庙来表现其祖先崇拜。杜宇又称望帝,望帝即是杜宇谥号。《华阳国志》还记载杜宇"一号杜主","主"即宗庙内所置神主。古代帝有数义,一般说来,一为神名,一

---

① 邓少琴:《巴人的图腾——兼谈图腾的并存》,《邓少琴西南民族史地论集》上册,巴蜀书社2001年版,第314页。
② 袁珂校注:《山海经校注》,上海古籍出版社1980年版,第453页。

为祭名，一为谥号。古蜀一国有"众帝"，为主神。西周以后，杜宇王国则以帝为祭名，用禘祭这种固定仪祭祀先公先王，于是祭名又进一步演变为谥号。《国语·鲁语上》对此类有明确记载："有虞氏禘黄帝而祖颛顼，郊尧而宗舜；夏后氏禘黄帝而祖颛顼，郊鲧而宗禹；商人禘舜而祖契，郊冥而宗汤；周人禘喾而郊稷，祖文王而宗武王。"韦昭注曰："此上四者，谓镇江天以配食也。祭昊天于圆丘曰禘。"①帝本为天神，故祭天神曰"禘"。杜宇为望帝，表明其后世已将他上升尊奉为天神。

开明王国亦如此，先王谥号称帝。《华阳国志》称开明九世，"未有谥列，但以五色为主，故其庙称青、赤、黑、黄、白帝也"②。很明显，所说"主"，自然是宗庙内的神主。神主称帝，五色帝，即以每帝配以一色。"五"这个数字在蜀人的宗教意识中有着特殊的意义。商代蜀国玉璋上的祭祀图案以五幅为一组，开明某一世的墓葬（新都木椁墓）所出青铜器绝大多数以五件为一组，开明妃有五妇，民有五丁，墓有五丁冢，而李冰沿袭蜀人传统以五石牛以压水精。如此之多神秘的数字"五"，都与蜀王有关。看来，"五"这个数字是蜀人一种信仰，大概起源于蜀人以"五"配祭先公先王的古老传统。

巴蜀部族的祖先神在文献中亦有迹可寻，这就是《淮南子·地形篇》所说的"都广"之野的众帝。从文献和考古资料中可看出，巴蜀人所信仰的帝是一种拟人神的祖先神。所谓"众帝"，应是指历代巴蜀所尊奉的祖先。《史记·夏本纪》："夏禹，名曰文命。禹之父曰鲧，鲧之父曰颛顼，颛顼之父曰昌意，昌意之父曰黄帝。禹者，黄帝之玄孙而帝颛顼之孙也。"③扬雄《蜀王本纪》："禹本汶山广柔县人也，生于石纽。"④至西周时，蜀侯称王立国。

从伏羲、人皇、黄帝、颛顼、大禹，到蚕丛、柏灌、鱼凫、开明等巴蜀历代的先王，因其神异的事迹与奇异的形象而被推崇为神灵，并载誉于世。伏羲是中华民族的人文始祖，居三皇之中，其形象为蛇身人首。西晋皇甫谧《帝王世纪》说："太昊帝庖牺氏，风姓也。燧人之世，有巨人迹出于雷泽，华

---

① 《国语·鲁语上》，文渊阁《四库全书》本。
② （晋）常璩著，刘琳校注：《华阳国志校注》，成都时代出版社2007年版，第94页。
③ 百衲本《二十五史》第1册，浙江古籍出版社1998年影印本，第11页。
④ 《史记·夏本纪·正义》引，百衲本《二十五史》第1册，浙江古籍出版社1998年影印本，第11页。

胥以足履之，有娠，生伏羲于成纪。"伏羲氏以龙为图腾，龙图腾的形成源于伏羲。其后的人皇黄帝、颛顼、大禹皆奉龙（蛇）为图腾。晋王嘉《拾遗记》曰："昔者人皇，蛇身九首，肇自开辟。"①这一远古的部族，以九首蛇为族徽。《春秋纬》曰："天皇、地皇、人皇，兄弟九人，分为九州，长天下也。"②此族有九个支系，共同入川。黄帝部族以龙蛇为图腾，闻一多认为，上古"姬"通"巳"，而"巳"即是大蛇，这种大蛇又被人们称作龙，被黄帝部落奉为图腾。《山海经·海外西经》说："轩辕之国在此穷山之际，其不寿者八百岁，在女子国北。人面蛇身，尾交首上。穷山在其北，不敢西射，畏轩辕之丘。在轩辕国北，其丘方，四蛇相绕。"③人面蛇身、尾交首上的图像，在甘肃甘谷县西坪遗址出土的庙底沟类型的一件彩陶瓶上曾有出现，为人面鲵纹，有学者认为它是黄帝部族的图腾。④事实上，由黄帝而昌意，由昌意而颛顼，由颛顼而鲧，由鲧而禹，其间是部落或氏族分化的结果。黄帝、昌意、颛顼、鲧、禹既是具体的部族领袖，同时还是部族的名称。

在部族的分化当中，以血缘为纽带的亲属关系依然存在，原有的图腾物仍旧受到人们的崇拜。夏人认定自己出于黄帝族，与古老的黄帝部落有着悠久的血缘关系。而由黄帝部落传承下来的各种图腾，在夏部族的图腾观念中自然被保留下来，并占据举足轻重的地位。《山海经·大荒西经》云："有鱼偏枯，名曰鱼妇。颛顼死即复苏。风道北来，天乃大水泉，蛇乃化为鱼，是为鱼妇。"⑤意为死去的颛顼因风从北方吹来，泉水奔涌，乘蛇化为鱼的机会，附在鱼的身上，因而重新获得生命，成为半人半鱼的鱼妇。颛顼族以鱼为图腾，那么在鲧、禹时代也必然有颛顼族鱼图腾崇拜的痕迹。《说文》谓："鲧，鱼也。"正因为鲧为鱼属，禹氏族也有鱼图腾的遗俗。《说文》又谓："禹，虫也。"又说："鱼，水虫也。"

从文献记载来看，从鲧、禹、启追溯到黄帝族，均有鱼龙图腾的崇拜。《山海经·海内经》："黄帝生骆明，骆明生白马，白马是为鲧。"⑥《周

---

① 车吉心总主编：《中华野史》第1册，泰山出版社1999年版，第781页。
② ［日］安居香山、中村璋八辑：《纬书集成》中册，河北人民出版社1994年版，第901页。
③ 袁珂校注：《山海经校注》，上海古籍出版社1980年版，第221、222页。
④ 陆思贤：《神话考古》，文物出版社1995年版，第196页。
⑤ 袁珂校注：《山海经校注》，上海古籍出版社1980年版，第416页。
⑥ 袁珂校注：《山海经校注》，上海古籍出版社1980年版，第465页。

礼·夏官·庾人》又说:"马八尺曰龙。"在远古时期,龙作为图腾的转形,其形象并不确定。《海内经》说鲧是白马,《归藏·启筮》又说"鲧死三岁不腐,剖之以吴刀,化为黄龙"。至禹、启时,更有禹、启御龙的一些传说。《竹书纪年》中说:"(禹)南巡狩,济江中流,有二黄龙负舟。"晋王嘉《拾遗记》云:"禹尽力沟洫,导川夷岳,黄龙曳尾于前,玄龟负青泥于后。"①这里的黄龙、玄龟实指以此为图腾的氏族,在禹平治水土的过程中,做出过巨大贡献。

关于蜀国,《华阳国志·蜀志》曰:"蜀之为国,肇于人皇。"罗泌《路史》卷三说:"有人皇,九男相象,其身九章,胡洮龙躯。"这个人皇,后来又被道教所信仰。道教谓天生九皇,"其神本一,其应则殊,引初及中,阶级亦异,至于极诣,故复还同也。初皇不言为化,中皇微言以教,后皇结绳而治。学士谛识九皇,先学后三,须能结绳,次至微言,乃极无言,与道同"。有初天皇、初地皇、初人皇,是虚空之变化,应感同人。有中天皇、中地皇、中人皇,"人皇君人面,龙身,九头,太平元年正月三日出治。姓恺,名胡桃,字文生。将天、地、水三官,兵万万九千人,主治一切七世父母、三曾五祖、三鬼五神、内外男女伤死客亡、堕水产乳、恶禽猛兽木石所杀、刑岳刀兵之鬼,为人作精祟者"。有后天皇、后地皇、后人皇,"天皇君人面蛇身,姓风,名庖牺,号太昊。地皇君人面蛇身,姓云,名女娲,号女皇。人皇君牛面人身,姓姜,名神农,号炎帝。右后三皇,玄元始三炁化为三元,变为三台,应形以异,率异归同。学士建功,象效三台。仁礼信义智为五通,通此五德,三五炁和,八达六通,成真圣也"②。

至西周时,蜀侯称王立国。《华阳国志·蜀志》曰:"周失纲纪,蜀先称王。有蜀侯蚕丛,其目纵,始称王。死,作石棺石椁,国人从之,故俗以石棺椁为纵目人冢也。次王曰柏灌,次王曰鱼凫。"③于是,我们在三星堆遗址中看到了许多表现"纵目"的文物,不仅数量众多,而且地位显著、造型奇异,说明当时人们有一种崇拜眼睛的特殊习俗。最引人注目的,是那种突目人面具,眼球极度夸张,瞳孔部分呈圆柱状向前突出。此外,还有数十对"眼形铜

---

① 车吉心总主编:《中华野史》第1册,泰山出版社1999年版,第784页。
② 《洞神八帝妙精经》,《道藏》第11册,文物出版社、上海书店、天津古籍出版社1988年影印本,第387、388页。
③ (晋)常璩著,刘琳校注:《华阳国志校注》,成都时代出版社2007年版,第91页。

饰件"，包括菱形、勾云形、圆泡形等十多种形式，周边均有榫孔，可以组装或单独悬挂、举奉，表现了对眼睛特有的敬重。眼睛纹常常作为主题花纹出现在重要图案的中心部分，如大立人像头顶花冠的两侧、身披法衣的双肩中心，就有一对巨大的眼睛纹。这些实例证明，崇拜眼睛是蜀人信仰观念中的一项重要内容。这种崇拜的社会内涵和精神实质，是对以"纵目"为特征的蜀人始祖之神蚕丛氏的崇拜。史籍记载下来的蜀人的始祖名叫"蚕丛"，其墓葬称为"纵目人冢"。三星堆大量出现突目巨眼的图像，正是蜀祖蚕丛神像的具体体现。以面具眼饰来表现祖先崇拜观念，构成了三星堆原始宗教体系的特有组成部分。

对鸟的崇拜在当时十分盛行，具体表现在三星堆文物中大量出现各种奇异的鸟造型上。其数量之多达到上百件，型也有十余种。有的呈现为人首鸟身的精灵，这些立鸟可能具有神的使者、太阳负载者，和氏族图腾等多方面的文化内涵。此外，还有许多单独的圆雕立鸟、大型鹰头状饰件、做成铃铛的鹰鸟，以及众多片状飞鸟饰件等。特别值得一提的是，在神坛方型顶部的四个立面正中，各有一只双翅展开的人首鸟身像，其显赫的地位表明它是神坛上的一位主神。至于那件被一双飞鸟悬空托起的鸟爪人像，八号祭祀坑已发掘出该像的其余部分，其完整形象，更是一个乘鸟腾升的大神。在金杖上有四组结构完全相同的徽记图案，各有一支箭羽将鸟和鱼组合在一起，刻绘于象征王者的头像之上，显然是一种图腾衍化而成的族徽。对鸟鱼的崇拜在当时具有如此突出的地位，使不少学者认为它们所代表的正是三星堆古国的主人以鱼凫为图腾标志的古代蜀国一代统治集团"鱼凫氏"的族徽。

三星堆文物所反映的古蜀人的精神世界，正是这样一种原始宗教居于统治地位的特定历史阶段。当时出现了以树崇拜为代表的自然崇拜、以鸟崇拜为代表的图腾崇拜、以"纵目神"崇拜为代表的祖先崇拜，和以人像群体为代表的"神人"巫祭崇拜。

（一）以对树崇拜，集中代表了自然崇拜观念

三星堆原始宗教的认识基础，就是人类学家所讲的"万物有灵论"。三星堆出土的动物植物造型以及祭器礼器，都被赋予可以与人与神相通的灵感，其中不少物品本身就是自然崇拜的对象。如刻绘纹祭山图边璋上成列的大山与云雷图案，可能就代表山神和天神。古代传说中，神山与蜀人的来源和发展有着密切的关系，如昌意娶蜀山氏女，蚕丛始居岷山石室，鱼凫田于湔山得仙，

杜宇升西山隐焉，等等，神山崇拜必然成为当时自然崇拜的一项重要内容。又如众多圆轮状太阳纹铜饰件、象征太阳的光焰纹圆盘、太阳鸟等，表明三星堆蜀人与大多数古代民族一样，盛行对太阳的崇拜。三星堆时期对树崇拜更是自然崇拜习俗的集中反映。树上的太阳鸟圆涡纹，代表着太阳崇拜，而铜树本身则为太阳升起和栖息之处，成为类似于扶桑、若木的神树。树上的飞龙盘旋而下，象征着铜树是通接天与地、人与神的"天梯"，就是可让"众帝援之上下"的"建木"。

（二）以鸟、鱼崇拜，突出表现的图腾崇拜

三星堆众多的动物造型，都是具有亦人亦兽、亦神亦怪特征的灵物，代表着被崇拜的各种神灵，大多包含有图腾崇拜的意义，即被奉为某个氏族、部落的图腾标志。三星堆青铜器群中有鸟、鹰、鱼、龙、蛇、虎、鸡、牛、羊等，大都代表着各氏族各部落崇拜的图腾，它们是前来参加祭祀活动的各个氏族部落的标志物。其中以鸟的图腾数量最多、地位最显著、形态最丰富，可能就是当时的主要部落的图腾。图腾崇拜随着社会结构的发展、部落联盟的扩大而不断变化，发生融合与升华，最终成为一族一国的徽记，被绘制于旗帜和权杖之类代表物之上。三星堆的一柄金杖，上面出现以鱼和鸟组成的四组规整标准的徽记，置于首领头顶之上，说明它就是古蜀国的中心图腾，所代表的可能就是曾在古蜀历史上居于统治地位的鱼凫族。

（三）以眼睛崇拜形式，表现出的对"纵目神"的祖先崇拜

人类社会发展到一定阶段，大约到父系氏族社会初期，将对本族创始之神的崇拜由动植物图腾转移到了人类本身，转移到对本族起源和兴旺有突出贡献的祖先身上，产生了祖先崇拜。三星堆时期祖先崇拜的主要对象是一种大眼巨头的面具或神像。它以神秘而夸张的艺术手法，表现其超凡脱俗的气质，与写实风格的人像群体有明显的差别，所代表的应是一种神祇。面具硕大而威严，被悬挂、组装在大树、图腾柱之类的圆柱形立柱之上，成为当时敬奉的主要神祇之一。与此同时，还出现了大量眼睛状饰件和以眼睛为主题的纹饰图案，形成对眼睛的特殊崇拜。它们所代表的就是以"纵目"为特征的蜀人始祖蚕丛。面具眼饰所具有的突出地位，说明当时这种祖先崇拜已成为一种主要崇拜习俗，这与各种史籍中一致认为蚕丛是蜀的创始者的记载正相吻合。

（四）以雕像群体所表现的巫祭集团，是古蜀原始宗教的实践者

他们又是祭祀者，是各种祭神活动的主持人。以大型青铜立人像为总指

挥，各种形态的立人像、跪人像、人头像为主要群体，包括跪祭立祭在神坛、神树、祭山场所上的众多人像，共同组成了一个巫祭集团。青铜大立人头戴兽面高冠，其形象与金杖图案上的人头像一致，表明其是最高神权领袖。它身着左衽长衣，脑后椎结，与《蜀王本纪》所记载的蜀人"椎结左衽"完全一致，确切表明是群巫之长。其余各式人头雕像，则是各族首领、次级群巫。不论群巫之长还是群巫，在当时都被各地奉若神明，代表着蜀王治下各地的各级统治者、各族之长或群巫。由此看来，青铜雕像群所表现的内涵，是一个以古蜀王为核心的、有众多族类拥戴的统治集团的层级权力结构。

从巫祭集团的演变来看，在古国形成的过程中这些神职人员经历并完成了一个从人到巫、从巫到神、从神到王的过程，组成了以巫祭为主体的统治集团，用宗教的力量和形式控制着三星堆古国。其中高高站在神圣祭台之上的大铜人像，是整个巫祭中地位最高的"群巫之长"。

从现有的考古发现和文献记载中可以看出，古代蜀人崇尚自然，信奉万物有灵的原始宗教，相信人神相通，人与动植物可以相互转化，可以通过宗教活动使人升天成仙，并创造出许多表示精灵、神怪、巫师、祖先的器物，乃至通天的神树、天地人三界的神坛等祭器和礼器，表达出丰富完整的信仰观念和崇拜习俗。这些古老的宗教习俗一直流传下来，且在金沙遗址中再次得以显现。

在金沙出土的金射鱼纹带上的图案与三星堆出土金杖上的图案有相似之处：由四组相同的图案组成，每组图案分别有一鱼、一箭、一鸟和一圆圈。鱼体宽短，嘴上有胡须，箭头插于鱼头内，带尾羽；鸟位于箭羽与鱼之间的箭杆后方，长尾，大头，钩喙，头上有冠。圆圈位于每组图案之间，每个小圆圈的上下各饰一粗短的横道，组成一类似人面或兽面的图案。金沙还出土了另一件重要金器——金鸟首鱼纹带。整个器表被两条怪鱼占据，怪鱼头向外，尾相对，形成对称图案。鱼嘴前有像鸟的长喙，其长度超过了鱼身长度的一半；喙前端上翘，且略后勾。鱼眼为梭形眼，鱼鳃呈桃形，背、腹均有鳍，鱼尾呈丫形，身无鳞甲，形象凶猛。这些图案表明了以鱼和鸟为图腾的部落是确实存在的；而三星堆出土的青铜纵目人像、巨大的青铜鱼鹰头等也证实了蚕丛、鱼凫王国的存在。从古史记载看，蚕丛、柏灌、鱼凫似乎都是蜀地土生土长的部落首领，而杜宇和开明氏（鳖灵）来自蜀地之外。鸟应是杜宇族的图腾象征，传说杜宇死后化为杜鹃鸟，表达了当时人们祖先崇拜的宗教信仰。

第五节　神灵崇拜与仙道信仰

巴蜀先民的神灵观念，主要体现为对天神、山神及冥界神的崇拜。对此，《山海经》及其考古发现提供了丰富的史料。按蒙文通先生的说法，《山海经》中有关西南的《海内南经》等四篇可能出于古蜀国的作品，《大荒经》五篇及所附《海内经》可能就是巴国的作品。在这些篇章中，记载了众多天地人鬼之神，他们当为上古巴蜀部族信仰的对象。

在《大荒经》中记述了帝俊有三位妻子，与妻子羲和在东方生太阳，和妻子常羲在西方生月亮，同妻子娥皇在南方生三身之国，此外还有许多后裔。例如《大荒东经》中就记述有"帝俊生中容""帝俊生帝鸿""帝俊生黑齿"，《大荒南经》记述有"帝俊生季釐"，《大荒西经》记述有"帝俊生后稷"，《海内经》记述有"帝俊生禺号""帝俊生晏龙""帝俊有八子，是始为歌舞"等，这已经构成了一个帝俊神话传说的体系，同时说明了帝俊作为天帝的神性。

帝俊神话中显示出了相当浓郁的南方地域特色。如果说中原传世文献中记述的黄帝是黄河流域远古先民们心目中掌管天庭和人间的最高统治者，那么《山海经》中的帝俊就是中国南方文化系统中主宰宇宙和世界的天帝了。另一个非常值得注意的是神话中帝俊与神鸟的关系。《山海经》中帝俊之裔大都有"使四鸟"的记述，《大荒东经》中说"有五采之鸟，相乡弃沙，惟帝俊下友。帝下两坛，采鸟是司"①。这些五采鸟据《大荒西经》所说"一曰皇鸟，一曰鸾鸟，一曰凤鸟"②，也就是鸾凤之属，它们既是帝俊之友，又为帝俊守护神坛，与帝俊有着非同寻常的关系。实际上，帝俊就是南方文化系统中玄鸟的化身。而远古时代的鸟图腾与鸟的神话传说，又通常与太阳崇拜和太阳神话有着极为密切的关系。

帝俊作为天帝的化身，其妻羲和、常羲则分别为太阳、月亮之神。"羲和者，帝俊之妻，生十日。"③"帝俊妻常羲，生月十有二。"④此外，尚有河

---

① 袁珂校注：《山海经校注》，上海古籍出版社1980年版，第355页。
② 袁珂校注：《山海经校注》，上海古籍出版社1980年版，第396页。
③ 袁珂校注：《山海经校注》，上海古籍出版社1980年版，第381页。
④ 袁珂校注：《山海经校注》，上海古籍出版社1980年版，第404页。

伯，为黄河之水神："冰夷人面，乘两龙。"①有水伯，为长江之水神："有神人，八首人面，虎身十尾，名曰天吴。"②有雷神，"雷泽中有雷神，龙身而人头，鼓其腹，在吴西"③。有四方风神，他们分别居住其方，司运风雨，而被称为"风师雨伯"。有四海海神，东海海神名禺虢，南海海神名不延胡余，西海海神名弇兹，北海海神名禺京。还有主管干旱的女魃，主管土地的田神："有人衣着青衣，名曰黄帝女魃。蚩尤作兵伐黄帝，黄帝乃令应龙攻之冀州之野。应龙蓄水，蚩尤请风伯、雨师，纵大风雨。黄帝乃下天女曰魃，雨止，遂杀蚩尤。魃不得复上，所居不雨。叔均言之帝，后置之赤水之北。叔均乃为田祖。"④

至于山神，他们几乎主管着所有的山。例如："大荒之中有山，名日月山，天枢也。吴姖天门，日月所入。有神，人面无臂，两足反属于头山，名曰嘘。"⑤ "大荒之中，有不庭之山，荣水穷焉。有人三身，帝俊妻娥皇，生此三身之国，姚姓，黍食，使四鸟。"⑥ "大荒之中有山，名曰北极天柜，海水北注焉。有神，九首人面鸟身，名曰九凤。又有神，衔蛇操蛇，其状虎首人身，四蹄长肘，名曰彊良。"⑦ "大荒之中有山，名曰成都载天。有人珥两黄蛇，把两黄蛇，名曰夸父。"⑧ "有氐人之国，炎帝之孙，名曰灵恝，灵恝生氐人，是能上下于天。"⑨这些见载于《山海经》的天地之神，其形象多为人兽合体，动物形象中又多以鸟首龙身为主，恰与三星堆人神面具与金沙遗址的鸟兽铜像相互印证，说明古蜀先民的神灵崇拜首先表现在对天地的祈祷和对山河的敬畏之中。

在这个神灵系统中，还建构一个安顿亡灵的世界，那就是由后土主宰的冥界。《海内经》曰："北海之内有山，名曰幽都之山，黑水出焉。其上有玄鸟、玄蛇、玄豹、玄虎、玄狐蓬尾。有大玄之山，有玄丘之民，有大幽之

---

① 袁珂校注：《山海经校注》，上海古籍出版社1980年版，第316页。
② 袁珂校注：《山海经校注》，上海古籍出版社1980年版，第348页。
③ 袁珂校注：《山海经校注》，上海古籍出版社1980年版，第329页。
④ 袁珂校注：《山海经校注》，上海古籍出版社1980年版，第430页。
⑤ 袁珂校注：《山海经校注》，上海古籍出版社1980年版，第402页。
⑥ 袁珂校注：《山海经校注》，上海古籍出版社1980年版，第367页。
⑦ 袁珂校注：《山海经校注》，上海古籍出版社1980年版，第426页。
⑧ 袁珂校注：《山海经校注》，上海古籍出版社1980年版，第427页。
⑨ 袁珂校注：《山海经校注》，上海古籍出版社1980年版，第415页。

国。"汉王逸注："幽都,地下后土所治也。地下幽冥,故称幽都。"①这个幽都,是一个黑暗的王国,所有动物、民众皆为黑色,故又谓之"九阴之地"。《山海经·大荒北经》曰："西北海之外,赤水之北,有章尾山。有神,人面蛇身而赤,直目正乘,其瞑乃晦,其视乃明,不食不寝不息,风雨是谒。是烛九阴,是谓烛龙。"②《淮南子·地形训》曰："烛龙在雁门北,蔽于委羽之山,不见日,其神人面龙身而无足。"③

《楚辞·招魂》记述了幽都的景象："魂兮归来,东方不可以止些。长人千仞,惟魂是索些。十日代出,流金铄石些。""魂兮归来,南方不可以止些。雕题黑齿,得人肉以祀,以其骨为醢些。蝮蛇蓁蓁,封狐千里些。雄虺九首,往来倏忽,吞人以益其心些。""魂兮归来,西方之害,流沙千里些。""赤蚁若象,玄蜂若壶些。""魂兮归来,北方不可以止些。增冰峨峨,飞雪千里些。"这个四方荒远、暗无天日的冥界,是亡灵们生存的空间,令人恐怖的鬼域地府。"幽都,地下后土所治。土伯九约,其角䚹䚹些。敦脄血拇,逐人駓駓些。参目虎首,其身若牛些。此皆甘人,归来归来,恐自遗灾些。""地下幽冥,故称幽都。土伯,后土之侯伯也。约,屈也。䚹䚹,角利貌。其身九屈,有角触害人也。"④后土为幽冥世界的统治者,他有老虎的头,额上有三只眼,其身九屈,体壮如牛,一对明晃坚利的角,逐赶着哀叫奔跑的鬼魂。

由天界、地界、冥界构成了巴蜀先民的信仰世界,而贯通天人、神鬼关系的是一批巫师。这些巫师借助高山、神树、神兽、神坛等,上下交通于天庭、冥界。三星堆出土青铜神坛,正是代表三界贯通的器物。神坛分为四部分,为兽形座、立人座、山形座和盝顶建筑。在兽形座,底部圈足侧面饰一周以凸圆点填充的歧羽纹,中间的立人座置于兽形的角、翅之上,底部圈足侧面饰一周以凸圆点填充的窃曲纹。其上面向外站立四人。山形座置于立人的帽顶上,底部圈足侧面有一周下凹的圆圈纹,上部呈四山相连状,各山均饰倒置的四面纹,边沿饰云目纹和窃曲纹。盝顶建筑迭于四山的顶闻,呈方斗形,内铸一排大小、造型相同的跪坐人像。顶部四角各立一鸟,夔龙状冠饰,钩喙,喙中有

---

① 袁珂校注:《山海经校注》,上海古籍出版社1980年版,第462页。
② 袁珂校注:《山海经校注》,上海古籍出版社1980年版,第438页。
③ 《诸子集成》第8册,岳麓书社1996年版,第66页。
④ (南宋)朱熹:《楚辞集注》卷七,文渊阁《四库全书》本。

小穿孔,双翅上扬,尾下垂,利爪,身上有羽状纹饰。这个由四部分组成的神坛,正是一种典型的三界空间,盝顶建筑应该与山形座同属天界,对照原物,把文字还原成图形,我们可以看到,对应冥界、人界、天界,分别居住着怪兽、人、神灵。居于冥界的怪兽"立耳""独角""四蹄""翼端向上",可与《楚辞》中描写层住在幽都的"雕题""黑齿""蝮蛇""封狐"相联系。而天上神界、典型的事物有山峰,有鸟身人像,这正是《山海经》中有关于神灵的住地昆仑山的描写。在神坛盝顶处,除鸟身人像外,还有一排跪坐人像,均"大眼、直鼻、大耳、阔口","双手呈环状,作执握状",这一形象与出土的面具、青铜神像十分相似。

由此可见,在古蜀先民的神灵思维中,灵魂、自然、天命三者是贯通的,反映出源于远古自然观念的具有母系氏族社会特征的自然主义神灵观。自然崇拜的通天之物是鸟与树,到图腾崇拜和祖先崇拜期间,通天神灵就要在巫师身上显现了。这些巫祝类神像模式中,昭示出巴蜀文化尚鬼尊神的传统。

巴蜀文化历史悠久、形态丰富,它不仅推崇神灵、崇拜自然,同时企求自身的长生不老,从而形成了仙道。这种悠久的仙道传统,从历代的蜀王及巴人的先祖中即已肇始。追求长生不老的理想在《山海经》中有着充分的显示,氐羌部落居住的海内昆仑就是神仙聚会的仙境。《山海经·西山经》说昆仑之丘,"是实为帝之下都,神陆吾司之"。"帝",即天帝,表明天帝的神宫就在此山之巅。"神陆吾"即《海内西经》所说的开明兽:"有开明兽守之,百神之所在。"又说:"开明北有视肉、珠树、文玉树、玗琪树、不死树。"① 所谓"珠树、文玉树、玗琪树",皆属琼玉之树。《列子·汤问篇》曰:"珠玕之树皆丛生,华实皆有滋味,食之不老不死。"② 则琼玉之树似皆属不死树之类。又说:"开明东有巫彭、巫抵、巫阳、巫履、巫凡、巫相,夹窫窳之尸,皆操不死之药以距之。"③ 根据以上这些记载,昆仑山有"不死树""不死之药","是百神之所在",是天帝神宫所在处。

《山海经》中的这些神话,后来在《淮南子·地形训》中也有系统的描述,除宣称此山有不死树,又有"丹水,饮之不死"外,还把此山描绘成可以

---

① 袁珂校注:《山海经校注》,上海古籍出版社1980年版,第299页。
② 《诸子集成》第8册,岳麓书社1996年版,第66页。
③ 袁珂校注:《山海经校注》,上海古籍出版社1980年版,第301页。

由此登天的天梯:"昆仑之丘,或上倍之,是谓凉风之上,登之而不死;或上倍之,是谓玄圃之山,登之乃灵,能使风雨;或上倍之,乃维上天,登之乃神,是谓太帝之居。扶木在阳洲,日之所睑;建木在都广,众帝所自上下,日中无暑,呼而无响,盖天下之中也。"①

海内昆仑是指四川西部地区的这一说法,还可以找到一些旁证。如《海内经》说:"西南黑水之间,有都广之野,后稷葬焉。"郭璞云:"其城方三百里,盖天下之中,素女所出也。"所谓"素女",是古之神女。徐锴《说文系传》说:"黄帝使素女鼓五十弦琴,黄帝悲,乃分之为二十五弦。"杨慎云:"素女在青城天谷,今名玉女洞。"②"都广",或作"广都"。杨慎《山海经补注》说:"黑水广都,今之成都也。"曹学佺《蜀中名胜记》则谓广都在今成都附近双流县境。《吕氏春秋·本味篇》说:"菜之美者,昆仑之苹,寿木之华。"高诱注称:"寿木,昆仑山木也;华,实也,食其实者不死,故曰寿木。"③

综上所述,黑水之间,都广之野,即昆仑所在之处,在今四川西部,为天下之中。既然这个位居天下之中的神仙胜境就在四川西部,那么,巴蜀文化后来发展成为道教思想的重要源头,也就是自然而然的事了。

这是一个令人神往的地方,有壮丽的宫阙、精美的园圃,各种奇花异草、珍禽怪兽,更奇妙的有不死树、不死药,食之令人长生不死,死者亦可用药救活。这里还是西王母居住的地方。《大荒西经》云昆仑之丘,"其下有弱水渊环之,其外有炎火之山,投物辄然。有人戴胜,虎齿,豹尾,穴处,名曰西王母。此山万物尽有"④。

岷山(昆仑)是氐羌族人的发祥地,故蜀人有魂归岷山之说。扬雄《蜀王本纪》记载:"李冰以秦时为蜀守,谓汶山为天彭阙,号曰天彭门,云亡者悉过其中,鬼神精灵数见。"⑤蜀人亡者魂归岷山,获不死之药,又可复生,这就叫作"化民"。三代蜀王蚕丛、柏灌、鱼凫,"此三代各数百年,皆神化不死,其民亦颇随王化去。鱼凫田于湔山,得仙,今庙祀之于湔"。其后的

---

① 《诸子集成》第8册,岳麓书社1996年版,第66页。
② 袁珂校注:《山海经校注》,上海古籍出版社1980年版,第445页。
③ 《诸子集成》第8册,岳麓书社1996年版,第160页。
④ 袁珂校注:《山海经校注》,上海古籍出版社1980年版,第348页。
⑤ 《全上古三代秦汉三国六朝文》第1册,河北教育出版社1997年校点本,第738页。

望帝、鳖灵等皆为"神化不死"的部族。"望帝治汶山下邑曰郫，化民往往复出。"蜀王鳖灵也是这样的化民，"灵死，其尸溯流而上，至汶山，忽复生"①。这种死而复生的观念，后来演变为道教的尸解之说。《后汉书·王和平传》李贤注云："尸解者，言将登仙，假托为尸以解化也。"

李冰以岷山（汶山）为天门所在，亦证明岷山即昆仑。纬书《河图括地象》记载："岷山之地，上为井络，帝以会昌，神以建福，上为天井。"②即岷山为上应二十八宿之"井宿"之地，而井宿朱雀星所在，正是传说中进入天庭的南天门所在。古史传说昆仑分三成，山顶即上帝之下都天庭。郦道元《水经注·河水》说："《昆仑说》曰：昆仑之山三级，下曰樊桐，一名板桐；二曰悬圃，一名阆风；上曰层城，一名天庭，是为太帝所居。"而广汉三星堆出土青铜神坛正是四方三层，顶层为天庭，底层为翼兽，中层为祭师；代表王者巫师的青铜大立人像，亦是立于四方形三层基座上。1956年在成都市北郊羊子山发掘的西周至春秋时期古蜀国祭祀土台，同样为四方形三层祭坛。考古发现证明，在古蜀人的观念中，上帝住在四方形的三层高山之顶。昆仑和都广之野皆位于天地之中，可证昆仑下的都广之野即今成都平原。正因为都广之野位于昆仑下，因而成为人们构想人间乐园的所在。

除了化形，"登遐"亦可成仙。《墨子·节葬下》说："秦之西有仪渠之国者，其亲戚死，聚柴而焚之，熏上，谓之登遐。"③仪渠在今甘肃，亦氐羌之属族。这种火葬的习俗是由于宗教上的信仰，他们相信人有灵魂，死后必须经过火的净化，方能到达天国。《吕氏春秋·义赏篇》曰："氐羌之民，其虏也，不忧其系累，而忧其死不焚也。"④

可见火葬仪式的举行，在氐羌族人的观念中非常重要。正如氐羌巫经《天路指明》所云："命父火九层，命母火七层。""火山人归化"，"飞仙由火化"。在《列仙传》中的仙人啸父、师门、赤松子、宁封子等，都是火化成仙的。氐羌民族的这些仙道传统，被张陵道教继承发展，其长生不老的观念遂成为中国道教思想的核心。

长生不死是道教最为重要的基本信仰，而这种思想的源头，也应追溯到

---

① 《全上古三代秦汉三国六朝文》第1册，河北教育出版社1997年校点本，第736页。
② ［日］安居香山、中村璋八辑：《纬书集成》下册，河北人民出版社1994年版，第1100页。
③ 《诸子集成》第5册，岳麓书社1996年版，第143页。
④ 《诸子集成》第8册，岳麓书社1996年版，第164页。

以《山海经》为代表的巴蜀文化。《海外南经》说："不死民在其东，其为人黑色，寿，不死。"①《海内经》说："流沙之东，黑水之间，有山名不死之山。"②《大荒南经》又说："有不死之国，阿姓，甘木是食。"郭璞注云："甘木即不死树，食之不老。"③故所谓"不死之山""不死之国"，均指不死之民；不死树，亦即不死之药。

巴蜀地区的仙道信仰相当广泛，它们往往与巫教文化相融合，各种神巫与仙人成为人们崇拜的对象，这在《山海经》中亦有明确的记载。《山海经·大荒西经》曰："有灵山，巫咸、巫即、巫盼、巫彭、巫姑、巫真、巫礼、巫抵、巫谢、巫罗十巫，从此升降，百药爰在。"④关于巫的职务，《商书·伊训》："巫者，事鬼神，祷解以治病请福者也。男曰觋，女曰巫。"这说明古代巫的主要职责：一是事鬼神，包括占卜、祈祷、祭祀、歌舞以迎降神等；二是治病消灾、延年益寿。正如《海内西经》所言，他们"操不死之药"，皆为神医。《大荒南经》还记载了巫载国的情形："有载民之国。帝舜生无淫，降载处，是谓巫载民。巫载民盼姓，食谷，不绩不经，服也；不稼不穑，食也。爰有歌舞之鸟。鸾鸟自歌，凤鸟自舞；爰有百兽，相群爰处，百谷所聚。"⑤

这个巫载国的具体地域，究竟在何处呢？任乃强先生认为，巫载文化区即位于瞿塘峡东口（大溪口）与巫峡西口（巫溪口）之间的宽阔地带，并与大宁河谷和大溪河谷紧紧相连，涵盖了今巫山县和巫溪县的全部地域。所谓"巫载国"之"国"，并非国家，只是氏族公社或部落联盟。任乃强先生认为：这里盛产丹砂和盐，盐发现初期，"在五千年前，约与中原的黄帝相当"。"巫盐外销初期，也可称为巫载民族形成期……已销到大巴山区的庸、濮诸部族去"；"巫盐出峡时期，也可称巫载民族的极盛时期……巫盐通过夔峡畅销于四川盆地，通过巫峡而畅销于云梦盆地，以及黔中高原等广阔地区……载民不耕而食，不织而衣，成了极乐世界，时间约在西周前后的六百年间。"⑥

前述大溪遗址，正是巫载文化的核心地带。墓葬中大量的鱼骨，任乃强认

---

① 袁珂校注：《山海经校注》，上海古籍出版社1980年版，第196页。
② 袁珂校注：《山海经校注》，上海古籍出版社1980年版，第444页。
③ 袁珂校注：《山海经校注》，上海古籍出版社1980年版，第370页。
④ 袁珂校注：《山海经校注》，上海古籍出版社1980年版，第398页。
⑤ 袁珂校注：《山海经校注》，上海古籍出版社1980年版，第371、372页。
⑥ 任乃强：《四川上古史新探》，四川人民出版社1986年版，第222页。

为：这表明这里有大量的巫䢅部落民聚居，且有用鱼殉葬的习俗。而鱼容易腐朽，为了保鲜，非用盐腌制不可，说明殉葬时必定使用了大量食盐。这只有拥有宝源山盐泉的巫䢅部落才能办到。

第二便是巫䢅国盛产丹砂。《大荒南经》载："有巫山者，西有黄鸟、帝药、八斋。黄鸟于巫山，司此玄蛇。"郭璞注："天地神仙药在此也。"① 任乃强根据十巫降灵山采药的记载，推想巫师就是到巫山采药，从而改进巫泉煮盐和开采丹山朱砂的祖师。丹砂即硫化汞，水银的硫化物，既可作装饰性颜料和涂料，又可当药物，更是道教外丹烧炼的必需药材。内服可以镇心养神、益气明目、通血脉、止烦懑、驱精魅邪思、除中恶、腹痛、毒气等；外敷可治疥、瘘诸症，故《神农本草经》称丹砂为药之上品。由此可见，原始先民视之为长生不死或起死回生的神仙之药，固不足为怪。十巫和巫䢅的活动证明，他们不仅是原始部落中"上天入地"沟通人与神灵、自然三者关系的宗教教主，而且还是致力于采药治病的神医，制盐、炼丹的祖师。

廪君是巴人最早的部族首领，他亦是这样的一位人物。"廪君之先，姓巴氏，故出巫䢅。""其时未有君长，俱事鬼神。廪君务相与樊氏、晖氏、相氏、郑氏，俱出皆争神权。于是约定乃共掷剑于石，约能中者，众奉以为君。廪君乃独中之，众皆叹。又令乘土船，雕文画之，而浮水中，约能浮者，当以为君。余姓悉沉，惟务相独浮。因共立之，是为廪君。"廪君源出巫䢅（载）部族的一支，任乃强先生认为"先有巫䢅文化，后才有巴文化和楚文化。巴族承巫䢅文化而兴，其时间晚于巫䢅约一千年，比蜀文化的开展亦可早几百年"②。《后汉书·南蛮西南夷列传》记廪君死后的情况说，"廪君死，魂魄世为白虎。巴氏以虎饮人血，遂以人祀焉"，这就是巴人最早的图腾崇拜——白虎。因此在巴蜀、鄂西、湘西历代出土文物多有虎图腾印记，这是巴人一直保持着白虎图腾信仰的证明。

巫教文化可谓南方文明之源。商周时期，覆盖南方半壁的荆楚文化就源出巫巴山地的巫教文化，巫教文化既孕育了巴文化，又进而扩散促进了荆楚文化。

此外，巫师又是后世礼仪制度的创始者，后世的礼仪活动就是从原始部

---

① 袁珂校注：《山海经校注》，上海古籍出版社1980年版，第366页。
② 任乃强：《四川上古史新探》，四川人民出版社1986年版，第228页。

落巫师主持的宗教仪式活动演变而来的。朱熹《楚辞集注·九歌序》云："昔楚南郢之邑，沅、湘之间，其俗信鬼而好祀。其祀必使巫觋作乐，歌舞以娱神。"如上所述，远古时代的巫，实际上就是原始社会的知识阶层，他们既是沟通人神，主持祭祀、祈祷、占卜、算卦等宗教的巫师，又是从事医疗治病、采药炼丹的始祖，还是社会礼仪制度的先驱。

"三巴"的巫教文化与西蜀的仙道信仰互相融合，神巫往往又是仙人，这又成为后来的道教崇拜的神仙真人原型。据《列仙传》所载，巴蜀的仙人颇多，有赤松子，神农时的雨师。"服水玉，以教神农。能入火自烧。往往至昆仑山上，常止西王母石室中，随风雨上下。"彭祖为殷大夫，姓钱名铿，"帝颛顼之孙，陆终氏之中子。历夏至殷末，八百余岁。常食桂芝，善导引行气。历阳有彭祖仙室，前世梼请风雨，莫不辄应。常有两虎在祠左右，祠讫，地即有虎迹云。后升仙而去"。"宁封子者，黄帝时人也。世传为黄帝陶正。有人过之，为其掌火，能出五色烟。久则以教封子。封子积火自烧，而随烟气上下。视其灰烬，犹有其骨。时人共葬于宁北山中，故谓之宁封子焉。""赤斧者，巴戎人也。为碧鸡祠主簿。能作水顽炼丹，与硝石服之三十年，反如童子，毛发生皆赤。后数十年，上华山，取禹余粮饵，卖之于苍梧、湘江间。累世传见之。手掌中有赤斧焉。"陆通，传为楚国的狂接舆。"好养生，食橐卢木实乃芜菁子。游诸名山，在蜀峨媚山上，世世见之，历数百年去。""葛由，羌人也。周成王时，好刻木羊卖之。一旦骑羊而入西蜀，蜀中王侯贵人追之，上绥山。绥山在峨媚山西南，高无极也。随之者不复还，皆得仙道。""邛子者，自言蜀人也。好放犬子，时有犬走入山穴，邛子随入十余宿，行度数百里。上出山头上，有台殿宫府，青松树森然，仙吏侍卫甚严。见故妇主洗鱼，与邛子符一函并药，便使还与成都令乔君。乔君发函，有鱼子也。着池中养之一年，皆为龙形。复送符还山上。犬色更赤，有长翰，常随邛子往来。百余年，遂留止山上。时下来护其宗族。蜀人立祠于穴口，常有鼓吹传呼声。西南数千里共奉祠焉。"①

---

① 《道藏》第5册，文物出版社、上海书店、天津古籍出版社1988年影印本，第64~75页。

第二章

巴蜀的道教文化

巴蜀地区是道教重要的发源地。自东汉时张陵在西蜀创立正一道开始，道教即在巴蜀地区发展、兴盛，并传入中原、江南，成为中国道教的主体。从早期天师道的二十四治，到遍布全国的洞天福地；从老君、三官的崇拜，到三清信仰的形成，都与巴蜀的道教有着非常密切的关系。长生久视的仙道思想来自岷山，一批丹经道书出自青城，众多的道派肇始于巴蜀。从古到今，蜀中的高道和道教学者不断涌现，他们传播道教、著书立说，从而使巴蜀地区成为道教人才的荟萃之所，为道教的传播、弘扬起了极为重要的作用。

第一节 汉晋时期的巴蜀道教

一、道教缘起的时代背景

巴蜀地区为什么会成为正一道的发源地？

其一，自古以来，即有蜀国多仙山之称，巴山蜀水之间神仙人物的传说甚多。从《山海经》中所载的"不死树""不死之药""不死之国""不死之山"及"轩辕之国"那样的长寿国度的描述来看，巴蜀地区有着十分悠久的仙道传统，而西王母居住的海内昆仑就是神仙聚会的仙境。在记载四川古代历史的一些著作中，还有许多关于巴蜀开国君主的神话故事。据扬雄《蜀王本纪》记载，上古蜀王自开明已上至蚕丛，"皆神化不死，其民亦颇随王化去。鱼凫田于湔山，得仙，今庙祀之于湔"①。其后的杜宇"从天堕止"，其妻"从江源井中出"；鳖灵死而"遂活"，号曰"开明"，皆是"神化不死"的神仙。不仅蜀王成仙化去，许多蜀民也随之化去，故被称之为"化民"。而那位开国蜀王蚕丛，亦被民间尊奉为蚕神，称为青衣神。《三教搜神大全》卷七说："青衣神即蚕丛氏也。按传，蚕丛氏初为蜀侯，后称蜀王，尝服青衣，巡行郊野，教民蚕事。乡人感其德，因为立庙祀之，祠庙遍于西土，罔不灵验，俗

---

① 《全上古三代秦汉三国六朝文》第1册，河北教育出版社1997年校点本，第737页。

概呼之曰青衣神，青神县亦以此得名。"①照此看来，上古西蜀犹如是一座仙国，道教由此发源，就成为一件理所当然的事了。

其二，是和巴蜀地区少数民族盛行的巫术有着密切的关系。据《后汉书·南蛮西南夷列传》记载，西南一带的少数民族"俗好巫鬼禁忌"，巴郡南郡蛮"俱事鬼神"，而张陵天师道也被人称为"米巫"或"鬼道"，称其道徒名为"鬼卒"。《华阳国志·李特雄期寿势志》曰："巴西宕渠賨民，种党劲勇，俗好鬼巫。汉末，张鲁居汉中，以鬼道教百姓，賨人敬信。"所谓"鬼道"，亦即"鬼巫"，实即巴蜀地区的古代巫教，这说明张陵所创的天师道与巴蜀巫教关系甚密。《米巫祭酒张普题字》载："熹平二年三月一日，天卒鬼兵胡九□□，仙历道成，玄施延命，道正一元，布于伯气，定召祭酒张普，萌生赵广、王盛、黄长、杨奉等，诣受微经十二卷，祭酒约施天师道，法无极才。"②所谓"鬼主""鬼兵"，即明确的说明了这一历史事实。蒙文通说："《晋书》又记：五斗叟郝索聚众为乱。叟即西南民族之称，知五斗米道原行于西南少数民族，符箓之事始于张道陵，符箓固非中国汉字也，故余疑其为西南民族之宗教而非汉族之宗教。"③由此可见，天师道的创立和传播，都与巴蜀地区少数民族的宗教信仰是分不开的。事实表明，天师道不仅在汉民族中传播，也在少数民族中传播，而且都受到了欢迎和拥护。

其三，巴蜀地区的黄老道术与今文经学甚为流行。两汉时期黄老方术之风，本来就很盛。《后汉书·方术传》称："汉自武帝颇好方术，天下怀协道艺之士，莫不负策抵掌，顺风而届焉。"这种风气，在四川地区尤其浓厚。据《华阳国志》《后汉书·方术传》载，严遵"雅性澹泊，学业加妙，专精大《易》，耽于《老》《庄》"。何宗"通经纬、天官、推步、图谶"。杨宣"受学天文、图纬于郑子侯"，"能畅鸟言，长于灾异，教授弟子以百数"。杨王孙"治黄老，家累千金，厚自奉养"。景鸾明达经术，"乃撰《礼略》《风角杂书》《月令章句》，凡五十万言"。杨由少习《易》并七政元气、风云占候，"其言多验"。段翳"习《易经》，明风角"，其言必中。折像"能通《京氏易》，好黄老言"。樊英"习京房《易》，兼明五经，又善风角星

---

① 《藏外道书》第31册，巴蜀书社1992~1994年影印本，第815页。
② 龙显昭等编：《巴蜀道教碑文集成》，四川大学出版社1997年版，第1页。
③ 蒙文通：《蒙文通文集》第1卷，巴蜀书社1998年版，第316页。

算、河洛七纬，推步灾异"。而任安、杨厚，更是当时的"内学权威"，而被朝廷待若神明。杨厚祖孙三代皆长于图谶，以黄老之道"教授门生"，其徒众有三千多名。死后，人们立庙祠之。在他们的影响下，蜀中的经文道术之风，非常盛行。

蒙文通说："蜀人有自己的传统文化，未能笃信儒家的学说。西汉一代，严遵、李弘、扬子云是道家；阆中的落下闳、任文公都长于律历灾异。在《华阳国志》著录的杨厚、任安等一派，自西汉末年直到晋代，师承不绝，都是以黄老灾异见长，共有三十余人，这在两汉最为突出。"[①]足见当时四川地区的风气所在。图谶术数与黄老之道的结合，正是道教产生的最佳土壤。东汉时候的四川，既然是"内学权威"的所在地，也是出产神仙方士较多的地方，因此，正一道在这里发源，便是很自然的了。

其四，道教在巴蜀的产生与形成，适逢汉末的衰世及连续百年的动乱。东汉晚期，"汉世衰微"，长期的社会动乱，造成"白骨露于野，千里无鸡鸣"。更值灾疫频繁，"六州大水"，"七州蝗"，饥民遍野。《太平经》说："今天地阴阳，内独尽失其所，故病害万物，帝王其治不和，水旱无常，盗贼数起，反更急其刑罚，或增之重益纷纷，连接不解，民皆上呼天，县官治乖乱，失节无常，万物失伤。上感动苍天，三光勃乱多变，列星乱行，故兴至道可以救之者也。"当时巴蜀的地方官吏大多贪赃枉法，巴郡太守李盛贪财重赋，恶名昭著；益州刺史侯参诬陷众富、敛财数亿，却俭贪残放滥，声名狼藉。社会连年动乱，经济凋敝，民不聊生，尤其是少数民族的苦难更为深重。正是这种黑暗的政治和动荡的社会，为道教组织在民间的建立提供了有利的外部条件，于是天师道兴起于巴蜀，太平道流布于中原。

张陵创教巴蜀，其基础一是源自古蜀的仙道，二是取自少数民族的鬼道，三是来自中原地区的神道、黄老道，神道、仙道、鬼道、黄老道的融合，在特定的历史条件下，中国唯一的本土宗教便在巴蜀大地诞生了。

二、张陵天师道的创立

张陵，天师道的创始人。天师道又称正一道、五斗米道。魏晋后的道教徒尊称张陵为"张道陵"，奉为"张天师""祖天师""正一真人"等。所谓

[①] 蒙文通：《巴蜀古史论述》，四川人民出版社1981年版，第97页。

"五斗米道",是教外人士根据入道者须交纳五斗米以供道给该派的一个俗称,其正式名称应为天师道、正一道、正一盟威之道。从东汉遗留的道教资料中,已可略见其端倪。东汉《米巫祭酒张普题字》碑言:"祭酒约施天师道,法无极才。"①"天师道"之称又见于东汉《太平经》中,其意是指天师代天行道,"故天遣吾下者,革其行,除其责"。至于"正一",《云笈七签》卷六说:"正一者,真一为宗,太上所说《正一经》。天师自云:我受于太上老君,教以正一新出道法。谓之新者,物厌故旧,盛新新出,名异实同。学正除邪,仍用旧文,承先经教,无所改造,亦教人学仙,皆用上古之法。"②唐孟安排《道教义枢》卷二说:"正一者,《盟威经》云:正以治邪,一以统万……言统万者,总摄一切,令得还真。"③这亦是《老子想尔注》中反复宣称的"真道",更是直接体现了该派的教义。

据葛洪《神仙传》卷五记载:"天师张道陵,字辅汉,沛国丰县人也。本太学书生,博采五经。晚乃叹曰:此无益于年命。遂学长生之道,得《黄帝九鼎丹经》,修炼于繁阳山。丹成服之,能坐在立亡,渐渐复少。后于嵩山石室中,得隐书秘文,及制命山岳众神之术,行之有验。初,天师值中国纷乱,在位者多危,退耕于余杭。又汉政陵迟,赋敛无度,难以自安。虽聚徒教授,而文道凋丧,不足以拯危佐世。陵年五十,方退身修道,十年之间已成道矣。闻蜀民朴素可教化,且多名山,乃将弟子入蜀,于鹤鸣山隐居。既遇老君,遂于隐居之所备药物,依法修炼。三年丹成,未敢服饵,谓弟子曰:神丹已成,若服之,当冲天为真人。然未有大功于世,须为国家除害兴利,以济民庶,然后服丹即轻举,臣事三境,庶无愧焉。老君寻遣清和玉女,教以吐纳清和之法。修行千日,能内见五藏,外集外神。乃行三步九迹,交乾履斗,随罡所指,以摄精邪。战六天魔鬼,夺二十四治,改为福庭,名之化宇。降其帅为阴官。先时,蜀中魔鬼数万,白昼为市,擅行疫疠,生民久罹其害。自六天大魔摧伏之后,陵斥其鬼众,散处西北不毛之地,与之为誓曰:人主于昼,鬼行于夜。阴阳分别,各有司存。违者正一有法,必加诛戮。于是幽冥异域,人鬼殊途。今西蜀青城山,有鬼市并天师誓鬼碑石、天地石、日月存焉。"④

---

① 龙显昭等编:《巴蜀道教碑文集成》,四川大学出版社1997年版,第1页。
② 《道藏》第22册,文物出版社、上海书店、天津古籍出版社1988年影印本,第37页。
③ 《道藏》第24册,文物出版社、上海书店、天津古籍出版社1988年影印本,第814页。
④ 《中华道藏》第45册,华夏出版社2004年版,第37页。

这里所说的"鹤鸣山",在今成都大邑县北十余公里处。其山势坐西北朝东南,势似仙鹤,鹤头双涧合抱,水似明镜牙月。明张景贤记曰:"鹤鸣山在大邑之北二十里许,自青城逦迤而来,起伏轩翔,状如鹤之背。有穴二十四,应周天节候。有龟山、琴山、剑山,有天谷、雪消三洞,而观居鹤之岭。岭以下□□平,至数百步,复突一高峰,郁然□秀,是为鹤顶。顶上旧有老子太清宫,观之创不可考,然隋唐之际尝有旧址。"①传说山有石鹤,石鹤鸣则仙人出,秦马成子、西汉周义山、马鸣生及张陵均到此修道。《后汉书·刘焉传》曰:"陵顺帝时客于蜀,学道鹤鸣山中,造作符书,以惑百姓。"《华阳国志·汉中志》称:"汉末,沛国张陵学道于蜀鹤鸣山,造作道书,自称太清玄元,以惑百姓。陵死,子衡传其业;衡死,子鲁传其业。"②

时值顺帝汉安年间,张陵隐居鹤鸣山,精思道法,感太上老君多次降临,授其道法经书、正一盟威秘箓、雌雄二剑、都功印、二仪交泰冠、驱邪帔等,令制科律,佐国行化。《道教义枢》卷二说:"昔汉末,天师张道陵精思西蜀,太上亲降,汉安元年(142)五月一日,授以三天正法,命为天师。又付正一科术要道法文。其年七月七日,又授正一盟威经、三业六通之诀,重命为三天法师正一真人……师即升天,以此法付嗣师等弟子一切内外至信者,修行传习,屡有得道之人。""太清金液天文地理之经四十六卷,此经所明多是金丹之要,又是纬候之仪,今不详辩,墨录所明,即汉安元年太上将此经付于天师。"③贾善翔《犹龙传》卷五曰:"太上降蜀之临邛,往大邑,至鹤鸣山,初授天师正一盟威秘箓、二十四阶品,次朝拜日月高奔郁仪结璘之诀,并三元八节谢罪灭黑簿超度七祖之文,此即三箓斋也。天师先于中岳已获黄帝九鼎丹书,而后在鹤鸣隐居,遂备药物,依法修炼,三年丹成。"④

当时巴蜀地区人鬼杂混,巫妖横行,残害百姓,时西城房陵间,"有白虎神,好饮人血,每岁其民杀人祭之。真人召其神,戒之遂灭。又告梓州有大蛇藏山穴中,鸣则山石振动,时吐毒雾,行人未及三五里,率中毒而死。真人以法禁之,不复为害"。北平山有猛兽扰户,张陵降而伏之。西蜀青城山,为八部鬼帅张元伯、赵公明等盘踞的"鬼城鬼市",他们"分形变化,混杂人

---

① 张景贤:《修鹤鸣观醮台公署记》,龙显昭等编《巴蜀道教碑文集成》,第232页。
② (晋)常璩著,刘琳校注:《华阳国志校注》,成都时代出版社2007年版,第54页。
③ 《道藏》第24册,文物出版社、上海书店、天津古籍出版社1988年影印本,第814、815页。
④ 《道藏》第18册,文物出版社、上海书店、天津古籍出版社1988年影印本,第24页。

间，布行疫沴，人莫知之"。张陵亲率弟子，"以汉安二年七月一日，佩盟威秘箓，往青城山"，扫荡鬼域龙宫，降伏诸天鬼魔，"遂命五方八部、六天鬼神，会盟于黄帝坛下，使人处阳明，鬼行幽暗，使六天鬼王归于北丰，八部鬼帅领众窜于西域，五行之毒，又戒而释之"。所谓"人鬼分涂"，"夺鬼城幽狱，复为二十四福庭。立二十四阴官，降二十八宿正气，以通地中"①。李思聪《洞渊集》卷一曰："天师禀命，入西川行化，降二鬼帅王长、赵升二人于门下，指使夺二十四鬼狱，为福庭，分别昼夜，禁誓鬼神，使宇宙清宁，民保遐寿。"②他自称"鬼主"，说："太上开化，不以吾轻贱小人，受吾真法，为百鬼主者，使开二十四治，以应二十四气。置署职箓，以化邪俗之人；黄老赤箓，以修长生。"③《无上玄元三天玉堂大法》卷二四亦说："鬼神之说，盖始以祖天师收六天鬼王、五部鬼帅，乃吹妖散毒之邪人，非阴魄之鬼也。今祖师以收其五部而归正，故总摄瘟司也。但五部之鬼自受祖师誓约之后，归心正道已久，故张元伯以忠信立雷府直符，赵公明以威直充玄坛大将，余皆为酆都丑狱之酋长，皆不复为妖也。"④原先盘踞在西蜀一带的众鬼部落，纷纷皈依道教，成为张天师的部属。

张陵到处降妖驱魔，巴蜀鬼怪消迹，社会日益安定。这些神奇的传说，曲折地反映了张陵吸纳改造巴蜀原始巫教，创立中国道教的历史过程。所谓"鬼""魔""龙""虎"，实际都是指古代巴蜀的少数民族，鬼王、鬼帅，即是少数民族的大巫师。"龙与鬼实际是山中少数民族的贬称，龙族是古蜀族，鬼族（虎族）是巴人，两族都是现实的人民。""正因为张陵继承了巴蜀的妖巫鬼道，又革新之；于是巴人的五斗米道发展成天师道。由巫鬼跃升为神仙。"⑤

张陵所创道教，奉老君为教主。这位教主，亦即老子。《三天内解经》卷上曰："老君千变万化，随世显现，度人救世。""以汉安元年壬午岁五月一

---

① （元）赵道一编：《历世真仙体道通鉴》卷十八，《道藏》第5册，文物出版社、上海书店、天津古籍出版社1988年影印本，第200～207页。
② 《道藏》第23册，文物出版社、上海书店、天津古籍出版社1988年影印本，第837页。
③ 《正一天师告赵升口诀》，《道藏》第32册，文物出版社、上海书店、天津古籍出版社1988年影印本，第593页。
④ 《道藏》第4册，文物出版社、上海书店、天津古籍出版社1988年影印本，第89页。
⑤ 王家祐：《道教论稿》，巴蜀书社1987年版，第155～156页。

日,老君于蜀郡渠亭山石室中,与道士张道陵将诣昆仑大治新出太上。太上谓世人不畏真正,而畏邪鬼,因自号新出老君,即拜张为太玄都正一平气三天之师,付张正一明威之道,新出老君之制,罢废六天三道时事,平正三天,洗除浮华,纳朴还真,承受太上真经制科律。积一十六年,到永寿三年岁在丁酉,与汉帝朝臣,以白马血为盟,丹书铁券为信,与天、地、水三官、太岁将军,共约永用三天正法。"①于是在老君神授的名义下,张陵的天师道成为道教的正宗。

在老君传授正一盟威之道的同时,即确定了"三天正法"的内容:"不得禁固天民,民不妄淫祀他鬼神,使鬼不饮食,师不受钱,不得淫盗,治病疗疾,不得饮酒食肉。民人唯听五腊吉日,祠家亲宗祖父母;二月八日,祠祀社灶。自非三天正法者,诸天真道,皆为故气。"②

张陵遍游各地,布教巴蜀,以天师道传世。所游历之处,后来多设治所,为天师道二十四治所在地。除北邙治在京兆府外,其余诸治均在当时的巴蜀境内。南朝宋张辩《天师治仪》谓阳平冶、鹿堂治、鹤鸣治、漓沅治、葛璝治、真多治、玉局治等七治在蜀郡,庚除治、秦中治、昌利治、隶上治、涌泉治等五治在广汉郡,具山治、稠梗治、本竹治、平盖治、平岗治、主簿治等六治在犍为郡,浕口治、后城治、公慕治在汉中郡,蒙秦治在越巂郡,云台治在巴西郡。明王汝霖《什邡公慕化开山记》云:"山川英灵清淑之气,其磅礴郁积发而为人,诘其所由,各有攸主。予尝观道迹灵化廿有四,其在蜀汉者廿有三,在伊雒者一。盖天有三元以生人,人有三部,部各八景,各化事迹景,三八凡二十有四,上应天之二十四气,下应地之二十四治。蜀于天地间在西南,终养之方,道家所谓人门者也。人生虽受气于天,而实受形于地,故山川孕秀,上应天象,下应人身,而灵迹所在,为仙灵之奥区,列宿之别府,以人门之故,在蜀化多,宜无足怪。"③

他在巴蜀建立二十四治,用道治的方式组织起奉道的民众。《三天内解经》卷上曰:"立二十四治,置男女官祭酒,统领三天正法,化民受户,以五斗米为信,化民百日万户,人来如云。制作科条章文万通,付子孙传,世为国

---

① 《道藏》第28册,文物出版社、上海书店、天津古籍出版社1988年影印本,第414页。
② 《道藏》第28册,文物出版社、上海书店、天津古籍出版社1988年影印本,第414页。
③ (明)曹学佺:《蜀中广记》卷七二引,文渊阁《四库全书》本。

师,法事悉定,人鬼安帖,张遂白日升天,亲受天师之任也。"①陆修静《道门科略》说:"罢诸禁心,清约治民,神不饮食,师不受钱。使民内修慈孝,外行敬让,佐时理化,助国扶命。唯天子祭天,三公祭五岳,诸侯祭山川,民人五腊吉日祠先人,二月八月祭社灶,自此以外,不得有所祭。若非五腊吉日而祠先人,非春秋社日而祭社灶,皆犯淫祠。若疾病之人不胜汤药针灸,惟服符饮水,及首生年以来所犯罪过,罪应死者皆为原赦,积疾困病莫不生全。故上德神仙,中德倍寿,下德延年。"②

二十四治中,以阳平治、鹿堂治、鹤鸣治为上三治,并以阳平治为中央教区。《老君变化无极经》说:"贞洁守节志当清,尔乃过度见太平。太平真君复能明,整理文书应鹄鸣。二十四治会阳平,主者赍籍户言名。除死著生诣太清,文字教案令分明。"③阳平治的教令各治皆应遵守,从而形成了以阳平治为中心的"教廷",并通过分布各地的道治构成了一个教团组织。

在治所中,设有祭酒、阴官、仙官等职,以管理道务。"每治立阴官一人,仙官一人,分掌世人罪福。有立功立行、修斋设醮、腾章拜表、谢过祈福、迁拔祖考昔, 仙官则录其功,行奏名于上宫,增其福寿。如不孝不忠,欺诈狠戾,常行恶事,不能改过者,则阴官录其罪,闻于地府,损其福寿,或绝其后,由是善恶报应,如影响焉。"④

张陵用道德教化民众,提倡忠孝仁义,慈爱众生,要他们自重自爱,互相帮助;废除刑罚,让有过错的人修桥补路,将功补过。他设立条制,令有疾病者疏记其生身以来所犯过错,手书之投水中,与神明盟誓,以生死为约,不得复犯,谓之"首过"。

天师道在各治的主要活动有"付天仓"及"三会"。"付天仓"即每年依会之十月一日,同集于天师治(阳平治),向师治交纳信米,以作饥年灾荒之用。"三会",即奉道者一年三次朝会于治所,进行箓籍、迁赏、庆生、建功、闻科戒等活动。并核实名籍,检查教徒有无违反禁约行为。正月七日为迁赏会,七月七日名庆生中会,十月五日名建功大会,旨在消灾散祸,以祈景

---

① 《道藏》第28册,文物出版社、上海书店、天津古籍出版社1988年影印本,第414页。
② 《道藏》第24册,文物出版社、上海书店、天津古籍出版社1988年影印本,第779页。
③ 《道藏》第28册,文物出版社、上海书店、天津古籍出版社1988年影印本,第373页。
④ (元)赵道一编:《历世真仙体道通鉴》卷十八,《道藏》第5册,文物出版社、上海书店、天津古籍出版社1988年影印本,第204页。

福，宣教正籍。

为了减轻道徒民众的负担，规定祭祖不准用酒肉，春秋季节不准宰牲酿酒。教区中还设立义舍义仓，救济路人与贫苦道友。这些措施具有某些劳动者反抗官府、相互救济的积极精神，受到了当地人民的拥护。史言："百姓翕然，奉以为师，居弟子数万家，立诸祭酒，分领民户，有如官长，并立条例，令民随事输出栗帛器物，纸物荐席樵薪，所在贮之，以备斋醮及供给行旅。而人禀行，无敢欺窃。教民立桥梁，修道路，置义井，谓之立功。或有州县官及人民疾病者，持一手状来投，真人检察其人所犯罪愆，二条列之，令设斋布施谢过，其疾即愈。又教以廉勤理民，不烦刑罚，蜀民畏罪迁善，盗贼不作，物无疵疠，皆天师之化也。"[1]永寿二年（156）九月九日，张陵逝世于阆中云台治，年寿一百二十三。其开创的道业则由其子张衡继承，并加以弘扬。

三、系师张鲁与汉中道教

张陵创教西蜀，立二十四治教区，以度化民众。《云笈七签》卷六言："自汉朝天师既升天后，以此法降与子孙弟子、嗣师系师，及诸天人，一切内外至信者，修行传习屡有传道之人。"[2]张陵去世后，其子张衡继承父业，被道众尊为"嗣师"。其后张鲁继传道教，世称"系师"。经过张陵祖孙三代的传教，特别是在张鲁的努力下，道教在川北、川东、汉中有了很大的发展，并建立了政教合一的汉中政权。

张衡，字灵真，为张陵之长子。精修至道，不与世接。永寿二年（156），袭承道统，居中央教区阳平治，执掌教权。他以经箓广传弟子，克彰正一之道。其言简约理明，闻者有感。其后以印剑经箓付子张鲁，并告曰："汝祖以天地为心，生灵为念，诚敬忠孝为本，周行天下，是以亲遇圣师，建立道教。故继嗣吾教者，非诚无以得道，非敬无以立德，非忠无以事君，非孝无以事亲。"灵帝光和二年（179），张衡逝世于阳平治。其子张鲁承其道业。

张鲁（？~216），字公祺，为张衡之长子。《后汉书·刘焉传》说："祖父陵，顺帝时客于蜀，学道鹤鸣山中，造作符书，受其道者辄出米五斗，故谓

---

[1] （元）赵道一编：《历世真仙体道通鉴》卷十八，《道藏》第5册，文物出版社、上海书店、天津古籍出版社1988年影印本，第204页。
[2] 《道藏》第22册，文物出版社、上海书店、天津古籍出版社1988年影印本，第37页。

之米贼。陵传子衡，衡传子鲁。"张鲁继承祖业，以符法治人疾病，以道德教化众生，使五斗米道的活动更加充实完备，进入最活跃、最兴旺的时期。

时刘焉任益州牧，治理巴蜀。张鲁的母亲好养生，"有少容"，"兼挟鬼道"，常往来刘焉家中，与刘焉关系颇好，因之张鲁受到重用。初平二年（191）刘焉任命他为督义司马，进驻汉中，与别部司马张修，带兵同击汉中太守苏固。张修时为汉中道教首领，统有万余信众，乃灵帝时期社会上三股较大的道教势力之一。《三国志·张鲁传》注引《典略》说，其时三辅有骆曜，东方有张角，汉中有张修。"骆曜教民缅匿法，角为太平道，修为五斗米道。太平道者，师持九节杖为符祝，教病人叩头思过，因以符水饮之，得病或日浅而愈者，则云此人信道，其或不愈，则为不信道。修法略与角同，加施静室，使病者处其中思过。又使人为奸令祭酒，祭酒主以《老子》五千文，使都习，号为奸令。为鬼吏，主为病人请祷。请祷之法，书病人姓名，说服罪之意。作三通，其一上之天，着山上，其一埋之地，其一沉之水，谓之三官手书。"①

张鲁、张修同袭杀苏固后，张鲁又杀张修，夺其信徒兵众，从而夺过教权，独占汉中地区。其后刘焉死，子刘璋代立，以张鲁不顺从他的调遣，尽杀鲁母家室。张鲁遂不听刘璋制令，拥兵独立割据汉中，以五斗米道教化人民，建立起政教合一的政权。当时曹操把持的东汉政权亦无暇顾及汉中，遂封张鲁为镇民中郎将，领汉宁太守。

从张鲁的祖父张陵在巴蜀创立道教之初，这个被称为"鬼道""五斗米道"或"正一盟威之道"的早期道教，它在俗世所追求的目的与同一时期的黄巾太平道截然不同。太平道高举"苍天将死，黄天当立"的旗帜，用武装起义的方式企图推翻东汉王朝腐朽的统治。正一道则力图挽救人心，扶持行将灭亡的汉室。

至张鲁之际，汉室已被三国瓜分。显然，继续佐汉的政策不现实。于是，趁着诸侯纷战的混乱局面，张鲁利用祖创的道业与手中的军队，占据汉中，并创建了一个政教合一的道教政权。这在中国历史上，是第一个宗教政权。那么，张鲁的道教政权是怎样运用的？其传教方式和组织形式又有什么特色？

首先，它有一套相当完整的组织系统。张鲁在继承其祖、父所传道教二十四治的基础上，进一步使之完善，使其成为宣教布道、管理基层政务的常

---

① 百衲本《二十五史》第1册，浙江古籍出版社1998年影印本，第1048页。

设机构，并通过分布各地的道治构成了一个巨大的教团组织。《三国志·张鲁传》曰："鲁遂据汉中，以鬼道教民。自号师君，其来学道者，初皆名鬼卒，受本道已信，号祭酒，各领部众，多者为治头大祭酒。""不置长吏，皆以祭酒为治，民夷便乐之。"他自称"师君"，来学道者初称"鬼卒"，受本道已信则号"祭酒"，各领部众。祭酒上又设大祭酒，层层统领。其中，都讲祭酒地位仅次于张鲁，主要职责是指导学习《道德经》。蜀汉刘备的五虎上将之一马超，就曾担任过都讲祭酒。祭酒在各自领域设立义舍，义舍中备有米、肉，供行旅之人、流民、信徒免费住吃。这种义舍可以说是道教的基层组织。对犯法者宽宥三次，如果再犯，才加惩处；若为小过，则当修道路百步以赎罪。又依照《月令》，春夏两季万物生长之时禁止屠杀，又禁酿酒。

这里所说的"祭酒"，本是古代主掌祭祀的长老，后亦以泛称年长或位尊者。张鲁用了这种古制，运用祭酒来统管政务教务，其下设有二十四气官祭酒、十六官祭酒，分别管理二十四本治及备治、配治和游治。在每一治中，以祭酒为首领，内又分监天、督治、贡气、大都功、领功、都功、领神、监神、领署、祭气、平气、上气、都气、威仪、领气、领诀、四气、行神、道气、圣气、承气、典气、廉平、行教、建义等二十四种道职，他们分司立置，协助祭酒宣教布道，治理社会。

张鲁在汉中建立了一个组织严密的政教合一的政权，并有一套从鬼卒、二十四道官、祭酒、治头大祭酒直到师君、天师、老君的宝塔式教阶制度，其中既有对上古巴蜀王朝政教合一制度的继承，亦有对秦汉官府行政组织的借鉴。通过这一套严密的组织系统，张鲁的汉中政权有效治理着所辖地区，并受到了生活在这一地区的各个民族的普遍拥护。

在道教神灵保佑的托词下，张鲁用道民命籍制度取代了朝廷的户籍制度。陆修静《道门科略》说："天师立治置职，犹阳官郡县城府，治理民物，奉道者皆编户著籍，各有所属。令以正月七日、七月七日、十月五日，一年三会，民各投集本治，师当改治录籍，落死上生，隐实口数，正定名籍，三宣五令，使民知法。其日，天官地神咸会师治，对校文书，师民皆当清静肃然，不得饮酒食肉，喧哗言笑。会竟民还家，当以闻科禁威仪，教敕大小，务共奉行。如此道化宣流，家国太平。"① 这是借用天神的名义设立户籍命簿，从而控制教

---

① 《道藏》第24册，文物出版社、上海书店、天津古籍出版社1988年影印本，第780页。

徒，管理政务，以维持道教政权的正常运行。作为道民，亦当交纳"信米"，以取代汉朝繁重的"口赋"与"更赋"。

《三国志·张鲁传》曰："从受道者出五斗米，故号米贼。"北魏郦道元《水经·沔水注》说："鲁至行宽惠，百姓新附，供道之费米限五斗，故世号五斗米道。"《正一法文天师教诫科经》亦说："受道以五斗米为信，俗令可仙之士皆得升度。"① 这种制度的建立经历了一个过程，且不统一，初期似为各尽所能地捐助实物或贡献劳务，其后才统一为交纳信米。

据任乃强先生考证："汉之一斗仅略多于今之一升。五斗，约为今一亩平常产量的六分之一。故贫民不难入道。入道时纳五斗米。治病一次，亦纳五斗米，意谓首过后，如再入道也。其他献纳，如义米，似亦限于一次五斗，不许或多或少，故曰'通限五斗米'。此种制度，随道徒发展，竟使农民普遍习惯于以五斗为单位。故魏晋以后全国均以五斗为斛。"② 可见张鲁在其治区内对信徒所收信米，是维持政务教务不可缺少的经济来源，且"付天仓及五十里亭中，以防凶年饥民、往来之乏行来之人"。比较切合一般平民的承受力，并非苛税。

在教区内，利用道教的教规与道德，来规范教民的行为。《正一法文太上外箓仪》曰："建立治舍，宣扬玄风，化恶还善，执正除邪，倾国倒家，供养三宝，远略权谋，诛鬼灭贼，平定四方，安宁社稷，救死济生，兴隆道教，尽力竭财，积无退悔。"③《正一法文天师教戒科经》亦说："但当户户自相，化以忠孝，父慈子孝，夫信妇贞，兄敬弟顺，朝暮清静，断绝贪心，弃利去欲，改更恶肠，怜贫爱老，好施出让，除去淫妒喜怒，情念常和同腹目，助国壮命，弃往日之恶，从今日之善行，灾消无病，得为后世种民。"④ 可见，张陵、张鲁提倡以忠孝为核心，行善积德为伦理教化。其创道化民的宗旨，在于使人人自觉自治，重廉耻，崇道德，行仁义，尽忠孝，畏天命，归清静。即将儒家的伦理观与道家的无为学相结合，用以教化民众，引导奉道的种民走上太平的王国。

张鲁以《道德经》为该教的主要经典，为便于向其徒宣讲《道德经》，

---

① 《道藏》第18册，文物出版社、上海书店、天津古籍出版社1988年影印本，第238页。
② （晋）常璩著，任乃强校注：《华阳国志校补图注》，上海古籍出版社1987年版，第75页。
③ 《道藏》第32册，文物出版社、上海书店、天津古籍出版社1988年影印本，第213页。
④ 《道藏》第18册，文物出版社、上海书店、天津古籍出版社1988年影印本，第237页。

乃为之作注，名《老子想尔注》。《传授经戒仪注诀》曰："系师得道，化道西蜀，蜀风浅末，未晓深言，托构想尔，以训初回。初回之伦，多同蜀浅，辞说切近，因物赋通，三品要戒，济众大航。"①这是第一部用神学注解、使之符合道教宗旨的作品。从宗教立场出发，注中阐述了道教的信仰与教义，其基本信仰是老子的"道"。他把老子的"道"人格化为有意志、能创生天地、主宰一切至高无上的神，内称："一者道也……一散形为气，聚形为太上老君，常治昆仑。""一"就是"道"，可以化聚为有形象，叫作"太上老君"的尊神。其基本教义是通过守一持诚，达到长生不死。"人不行诚守道，道去则死。""奉道诫，积善成功，积精成神，神成仙寿，以此为身宝矣。"认为，"生"是"道之别体"，道人"但归志于道，唯愿长生"。"道设生以赏善，设死以威恶。"只有"奉道诫"，将"积善成功"和"积精成神"二者结合起来，才能不死成仙。主张君主臣民皆须"顺道意，知道真"，"行诚守道"。"治国之君务修道德，忠臣辅佐在行道"，指出如此一来，"道普德溢，太平至矣。吏民怀慕，则易治矣。悉如信道，皆仙寿矣"。

张鲁对五斗米道的发展主要可以归纳为三项：一是实行政教合一，自号"师君"，集教权与政权于一身，其下以祭酒行长吏职，有司法权。二是设立义舍，救济和吸引流民、信徒。三是用宗教推行教化，去除鄙俗，淳厚风气。这样，在汉末战乱不休的岁月，巴中、汉中一带借助五斗米道的势力形成一个局部安定的社会环境，近三十年给该地区的生产和人民生活带来好处，汉中成了人民群众避难的"乐土"。张鲁采取宽惠的政策统治汉中，这些政治和经济的措施，不仅深深地受到了广大汉族人民群众的拥护和支持，而且还得到了巴夷少数民族首领杜濩、朴胡、袁约等人的拥护和支持。所以，范晔和陈寿同声称赞说："民夷便乐之，流移寄在其地者，不敢不奉其道。"②

当然，这种理想中的道教王国在本质仍是属于封建主义的，但毕竟反映在战乱与灾害之中的民众希望安居乐业，生活幸福的强烈愿望。因此张鲁的道教政权才能得到巴蜀民众的普遍拥护。即使在张鲁降曹和北迁之后，道教在巴蜀地区仍然有着广泛影响和众多的信徒。

---

① 《道藏》第32册，文物出版社、上海书店、天津古籍出版社1988年影印本，第170页。
② （北宋）司马光：《资治通鉴》卷六四，中华书局1956年校点本。

四、范长生与成汉政权

魏晋时期的巴蜀道教，尽管流派众多，但其主流是以张鲁、范长生为首领的天师正一道。前者建立了一个政教合一的道教政权，雄踞蜀汉四十余年；后者帮助李特反抗西晋王朝的暴政，并在成都建立了成汉政权。从而将道教追求太平王国的理想在巴蜀加以推广，为后世的道教如何与封建统治者相结合提供了典范。

西晋惠帝永宁元年（301），由李特、李雄所领导的流民起义，显然与天师道有直接的联系。《华阳国志·李特雄期寿势志》曰："李特字玄休，略阳临渭人也。祖世本巴西宕渠賨民。种党劲勇，俗好鬼巫。汉末，张鲁居汉中，以鬼道教百姓，賨人敬信。值天下大乱，自巴西之宕渠移入汉中。魏武定汉中，祖父虎与杜、朴胡、约、杨车、李黑等移于洛阳，北土复号曰巴。"①

李氏家族本为巴中一带的賨人，世代信奉天师道，并随张鲁北迁至关中、陇右各郡。李特的祖父李虎，便是当时率部北迁的賨人首领之一。至元康八年（298），李特又率其族人返归益州。其庞大的流民队伍中还有不少氐、羌、叟、胡人，他们也是古代西南、西北的少数民族，信奉道教。当流民队伍入蜀后，立即受到西晋新任益州刺史赵廞的厚遇。

关于这位赵廞，《华阳国志·大同志》介绍说："赵廞，字叔和，本为巴西安汉人，其祖世随张鲁内移。""初，廞以晋政衰而赵星黄，占曰黄者王，阴怀异计；蜀土四塞，可以自安。乃倾仓赈施流民，以收众心。以李特弟庠卫六郡人，勇壮，厚恤遇之。"②可见，赵廞与李特同是祖籍巴郡的天师道徒后裔。赵廞企图乘乱夺取巴蜀，而李特亦有"雄踞巴蜀之意"。共同的宗教信仰和政治野心，促使两者结为同盟，并为李氏的成汉政权的建立，打开了大门。

随着以李氏为首领的流民集团在巴蜀各地的大肆活动，却与当地土著地主发生尖锐斗争，益州豪强纷纷组织坞堡武装，配合官兵对抗流民，或者流亡他州，使流民军在蜀地难以立足。然而，在关键的时刻范长生支持了李特。范长生，一名贤，一名延久，又名九重。涪陵丹兴人。北魏崔鸿《十六国春秋》卷六曰："长生善天文，有术数，民奉之如之神。"其时范长生率千余家人，依

---

① （晋）常璩著，刘琳校注：《华阳国志校注》，成都时代出版社2007年版，第361页。
② （晋）常璩著，刘琳校注：《华阳国志校注》，成都时代出版社2007年版，第335页。

据青城山以自保。说明范长生是一位天师道首领，并拥有相当多的信徒。其先世所居地巴郡为天师道根据地，后移居西蜀青城山，亦是天师道圣地之一。而李特及其所领巴氐多系天师道徒，于是共同的宗教信仰促成两者的合作。

由于范长生与李氏在种族与宗教上这种相同的背景，使他能够以蜀中道教首领的身份，与外来的流民集团上层人物达成妥协与合作，支持李特推翻晋朝地方政府。据《魏书·李雄传》载，范长生"颇有术数，雄笃信之"。因此当李雄攻克成都后，即遣使致信，欲迎范长生以为君而臣之。但范长生以宗教家的口吻固辞之曰："推步天元，五行大会甲子，祚钟于李，非吾节也。"反劝李雄自立，雄遂于永兴元年（304）十月称成都王，国号大成，后改为汉，史称成汉。并拜范长生为丞相，尊曰范贤，加范长生"四时八节天地太师"尊号，封西山侯，"复其部曲不预军征，租税一入其家"。范长生卒，李雄又以其子范贲为丞相。①

这样，范氏家庭不仅得到了显赫的政治地位和优厚的经济特权，而且由国家正式肯定了他的宗教首领地位。在范长生的支持下，李雄的成汉国以道教清静无为的理念治理，实行类似张鲁汉中政权的各项政策，安养民众，使其地成为一方乐土。《晋书·李雄载记》曰："李雄性宽厚，简刑约法，甚有名称。""由是夷夏安之，威震西土。时海内大乱，而蜀独无事，故归之者相寻。雄乃兴学校，置史官，听览之暇，手不释卷。其赋男丁岁谷三斛，女丁半之，户调绢不过数丈，绵数两。事少役稀，百姓富贵，闾门不闭，无相侵盗。"②《资治通鉴》卷八九亦说："雄虚己好贤，随才授任……刑政宽简，狱无滞囚，兴学校，置史官。"从而受到蜀地民众的广泛拥护。

当巴氐李氏统治期间，天师道在巴蜀发展。从《晋书·周访附子抚传》中可知，成汉灭亡之后，成汉部将隗文、邓定等又起兵攻占成都，拥立范长生之子范贲为帝，利用天师道号召蜀民反抗晋朝。直至永和五年（349），东晋益州刺史周抚击杀范贲，叛乱才被平定。对此王家祐指出："范长生作为賨人宗法纽带的长老（廪君，兼鬼道的祭酒），宗教的首领，流民存亡关键时的支持者，这就是他崇高地位的根源。在成汉亡后，范贤尚能拥众万人也是民族与宗教的双重联系。""盖羌族之宗教，亦即中国西部夏民族最古之宗教也。当

---

① （晋）常璩著，刘琳校注：《华阳国志校注》，成都时代出版社2007年版，第362页。
② 百衲本《二十五史》第2册，浙江古籍出版社1998年影印本，第200页。

部落时代，政教杂糅，宗教领袖即政治领袖，宗教祭师即部落酋长。故每一部落皆有其鬼主，而较大部落之鬼主则称大鬼主或都鬼主，皆从氏族社会之'长老'演变而来。在祖国黄河折支河曲附近的昆仑神山所发源的黄帝轩辕氏文化，经过崇禹（夏部落）的扩播，形成了西南民族的原始文化。其中氐羌系的宗教文化经西汉以来的《太平经》传播，形成了天师道。张陵、范长生在氐羌的巫术基础上创立了道教初型的五斗米道。"[1]可见无论是张鲁自立的道教政权，还是范长生辅佑的成汉政权，他们仍然扮演巴蜀上古社会中宗教领袖兼政治领袖的双重角色，这是其深受巴蜀文化影响的结果，也决定了他们将道教推向上层社会、变为官方道教的趋势。

五、李八百（伯）、李弘与李家道

汉晋之际的巴蜀，除张陵、张鲁的天师正一道外，尚活跃着以李八百、李弘为代表的李家道。依史籍道书的记载，李家道的出现似略早于"三张"的正一道。汉末"三张"在巴蜀传播道教，设立的二十四治，多与此等人物有关。如金堂县昌利治，据称为李八百修道飞升之处。新津县平冈治，为李阿学道得仙处。可见李家道最初可能是汉末蜀中流传的一个道教集团，他们崇拜李八百，对正一道的创立有过影响。然而，李八百却不止一位，葛洪《神仙传》里就有好几位。

第一位李八百，蜀人，"莫知其名，历世见之，时人计其年八百岁，因以为号。时有位爱好道术的唐公房，因亲侍其病疮，李八百授以度世之诀和《丹经》一卷。唐公房后云台山合丹，丹成登仙而去"[2]。这位李八百即为昌利治的主仙。《云笈七签》卷二八云："山在怀安军金堂县东四十里，去成都一百五十里，昔蜀郡李八伯初学道处。八伯，唐公房之师也，游行蜀中诸名山，常自出戏于成都市，暮宿于青城山上，故号李八伯也。"[3]宋景焕《野人闲话》云："汉州昌利山李真人讳脱，自西周之初，于此山中炼水玉及九华丹，三往三反，八百余年，人谓之李八百。丹成，涂石成玉，变砂为珠，至今因雨往往拾得五色真珠者。后汉建武中，饵药骑龙上升。炼丹之处依然存在，

---

[1] 王家祐：《道教论稿》，巴蜀书社1987年版，第257页。
[2] （东晋）葛洪：《神仙传》卷三，《中华道藏》第45册，华夏出版社2004年版，第26页。
[3] 《道藏》第22册，文物出版社、上海书店、天津古籍出版社1988年影印本，第206页。

其石壁药气所逼，尽成金玉之色，光彩异常。"①

另有一位李阿，是新津县平冈治的主仙。《云笈七签》卷二八云："山在蜀州新津县，去成都一百里。昔蜀郡人李阿，于此山学道得仙，白日升天。"②葛洪说他"号为八百岁公"，所以也是一位李八百。《神仙传》卷三说："李阿者，蜀人也。蜀人传世见之，不老如故。常乞食于成都市，而所得随复以拯贫穷者。夜去朝还，市人莫知其所宿也。或问往事，阿无所言，但占阿颜色。若颜色欣然，则事皆吉，若颜色惨戚，则事皆凶；若阿含笑者，则有大庆；微叹者，则有深忧。如此之候，未曾不审也。有古强者，疑阿异人，常亲事之，试随阿还所宿，乃在青城山中……强年十八，见阿色如五十许人，至强年八十余，而阿犹如故。后语人云：被昆仑山召，当去，遂不复还耳。"③

还有一位李意期。《神仙传》卷十说："李意期者，蜀郡人也。传世识之，云是汉文帝时人也，无妻息。人有欲远行速至者，意期以符与之，并以丹书其人两足，则千里皆不尽日而还……或游行，不知所之，一年许复还于蜀中。乞食所得，以与贫乏者。于成都角中，作一土窟而居其中。冬夏单衣，发长剪去之，但使长五寸许。或食百日，不出窟则无所食也。"④时刘备打算伐吴，曾请他预测吉凶。但他闭口不言，只取纸笔画作兵马器仗数而已，又一一撕碎。接着又画一大人自掘坟墓，画完后抽身便去。后来刘备果然大败，病死白帝城。显然，这一位也属李家道的道士。

这个以崇拜李八百为特征的道教团体，到三国西晋时传播至江东。葛洪记述说，李家道由蜀中传到江南，大约是在东吴孙权时（222～252）。为首者是李阿和李宽："吴大帝时，蜀中有李阿者，穴居不食，传世见之，号为八百岁公……后有一人姓李名宽，到吴而蜀语，能祝水治病颇愈，于是远近翕然，谓宽为李阿，因共呼之为李八百，而实非也。自公卿以下，莫不云集其门，后转骄贵，不复得常见，宾客但拜其外门而退，其怪异如此。于是避役之吏民，依宽为弟子者近千人，而升堂入室高业先进者，不过得祝水及三部符、导引、日月行气而已，了无治身之要、服食神药、延年驻命、不死之法也。"从其"到

---

① （南宋）陈葆光：《三洞群仙录》卷十七引，《道藏》第32册，文物出版社、上海书店、天津古籍出版社1988年影印本，第346页。
② 《道藏》第22册，文物出版社、上海书店、天津古籍出版社1988年影印本，第208页。
③ 《中华道藏》第45册，华夏出版社2004年版，第27页。
④ 《中华道藏》第45册，华夏出版社2004年版，第59页。

吴而蜀语"，显然这个李宽也原本是蜀人，后来到吴地传道。从其传道方式是以祝水神符为人治病和设置"道庐"等情况来说，李家道与张陵的天师道颇相类似。

从葛洪的叙述来看，李宽死后，李家道于东晋时仍在江南盛行，因此他说"余亲识多有及见宽者"，又说"宽弟子转相教授，布满江表，动有千许"，足见其信从者不少。这里值得注意的是，李阿与李宽皆为蜀人，均号称李八百，说明李家道是发源于四川，并与李八百这个神仙人物有密切的关系。

李家道不仅流行于巴蜀江东，而且在北方中原地区也有传播。西晋末东晋初，有道士李脱、李弘从中州来江东传教。《晋书·周札传》对此有详细的记载："时有道士李脱者，妖术惑众，自言八百岁，故号李八百。自中州至建邺，以鬼道疗病，又署人官位，时人多信事之。弟子李弘，养徒灊山，云应谶当王。故敦使庐江太守李恒，告札及其诸兄子与脱，谋图不轨。时筵为敦咨议参军，即于营中杀筵及脱、弘。"

这位李脱屡见于道书史籍之中，他从中州来建邺传教，以符咒鬼道为人疗病，并署人官位，这与前述来自巴蜀的李宽相同，显然亦为巴蜀李家道士。他的弟子李弘，也是托名。汉晋时期的一些道经，在宣传老子神异变化时，常以李弘作为其化名。《太平经》中记载，李弘为金阙后圣太平帝君，总统群真，封掌兆民，作《太平复文》，以传青童君、西城王方平、帛和、干吉。《三天内解经》卷上曰："老君千变万化，随世浮沉，或一日九变，或二十四变"，"或姓李名弘，字九阳；或名聃，字伯阳"①。《上清后圣道君列纪》则言，李弘为地皇之后裔，出生于北国天刚山下李氏之家，好道乐真，潜室长斋，浮游名山。有紫微上真天帝来迎，以登上清宫，受书为上清金阙后圣帝君，"上升上清，中游太极官，下治十天，封掌兆民，及诸天河海，神仙地源"。至壬辰之年，圣君发自青城西山，令遣下教于学仙守诚者，"有马明、张陵、阴生、王褒、墨翟、司马季主，及洞台清虚天七真人、八老先生，凡二十四人"。并命西城总真王方平，总司二十四真人。所谓"二十四真人"，即指天师道二十四治主领。然后圣君擢以补官僚者，或位为仙伯，或拜为诸侯，助圣教民，理气布德，或封掌一邑，委政一国，"随才署置，以为大小诸侯，各皆

---

① 《道藏》第28册，文物出版社、上海书店、天津古籍出版社1988年影印本，第413页。

有秩，以君种民也"①。《老君变化无极经》曰："胡儿㺄伏道气隆，随时转运西汉中。木子为姓讳口弓，居在蜀郡成都宫。赤名之域出凌阴，弓长合世建天中。乘三使六万神崇，宜列三师有姓名。二十四治气当成，分符券契律令名。诛符伐庙有常刑，老君正法道自明。"②《太上洞渊神咒经》卷一反复地预言说："木子弓口，当复起焉。""真君者，木子弓口，王治天下，天下大乐。一种九收，人更益寿。"③李弘就是老君的化身，就是开劫度人、重建太平盛世的真君。

这位真君主治天下，天下就将太平，人民就会安居乐业。在东晋南北朝那种连年战乱、人民朝不保夕的年代里，这种号召自然深受群众欢迎。因而以李弘之名发动起义，前仆后继、连绵不绝。据《晋书》《魏书》《宋书》《南史》所载，从东晋至南北朝，发生了无数次李弘起义：如后赵建武八年（342），山东贝丘人李弘自言姓名应谶，举行起义；东晋永和十二年（356），江夏相刘岵、义阳太守胡骥讨妖贼李弘，破之；东晋太和五年（370），广汉妖贼李弘与益州妖贼李金根聚众反，李弘自称圣王；后秦弘始十六年（414），妖贼李弘反于陕西贰原，贰原氏仇常起兵应弘。正如北魏寇谦之《老君音诵诫经》所云："但言老君当治，李弘应出，天下纵横，反逆者众，称名李弘，岁岁有之。其中精感鬼神，白日人见，惑乱万民，称鬼神语，愚民信之，诳诈万端，称官设号，蚁聚人众，坏乱土地，称刘举者甚多，称李弘者亦不少。"④

汤用彤在《康复札记》中指出：公元322年到公元416年，前后不到百年，东起山东，西至四川、陕西，南到安徽等地，均有人以李弘名义领导农民起义。方诗铭《与张角齐名的李弘是谁？》说："不但晋朝有多次李弘起义，在此后南方的刘宋、萧齐和北方的拓跋魏，也都出现过以李弘名义为号召的起义。"在此基础之上，王明又发现隋代尚有李弘起义，则从东晋至隋朝"二百九十年间，假借李弘名义造化的人代代不绝。可见他的政治号召力很大，影响很远"。并进一步从宗教方面去追究李弘的来由："这个代代有之的李弘，不是别人，不是真实的历史人物，却是道教教祖李老君的化身。所以他富有神秘的感召力量。这件事说

---

① 《道藏》第6册，文物出版社、上海书店、天津古籍出版社1988年影印本，第745、746页。
② 《道藏》第28册，文物出版社、上海书店、天津古籍出版社1988年影印本，第372页。
③ 《道藏》第6册，文物出版社、上海书店、天津古籍出版社1988年影印本，第3、5页。
④ 《道藏》第18册，文物出版社、上海书店、天津古籍出版社1988年影印本，第211页。

明了被压迫人民利用民间道教做号召群众组织群众反抗封建统治的工具,这也是继承了汉末以来初期道教在民间开展活动的传统。"①

以李弘名义起事者,上起东晋,下迄于隋,上下二百余年之间,遍及安徽、山东、四川、湖北、陕西、甘肃、河南各地,时间如此之久、地域如此之广,且从汉族到少数民族皆有之。可见,这个发源于四川、以四川神仙人物李八百为崇拜对象的李家道,在当时社会中的影响是非常广泛的。

第二节 隋唐时期的巴蜀道教

经过魏晋南北朝的分化发展之后,到了隋唐,道教又呈现融合之势。隋朝的统一打破了地域分割,为融合创造了条件。唐承隋规,继续推进融合,带来了道教的繁荣兴盛。由于融合,使各个道派逐渐在教理教义和宗教仪式上都互相渗透,彼此吸收。西蜀原有的天师道进一步在全国范围内传播,江西的灵宝派、江苏的上清派则传入四川,而新兴的内丹派、重玄宗亦兴于蜀中,巴蜀又成为道教传播、发展的重要中心。就天师道、灵宝派、上清派而言,自隋唐以来,在西蜀地区多已融合,人们往往难以分其宗派,只是依其道法科仪,大致推其派别。

隋唐时期的巴蜀,道教宫观的兴建形成高潮。成都、新都、双流、新繁、温江、彭州、灌县、青城山、新津、德阳、绵竹、什邡、金堂、蒲江、大邑鹤鸣山、邛州、简州、资中、绵州、内江、嘉州、峨眉、江油、梓州、荣县、彭山、丹棱、泸州、合江、渝州、合川、铜梁、长寿、忠县、丰都、巫山、云阳、阆中、苍溪、巴中、南江、剑阁、梓潼、南充、西充、蓬安、射洪、中江、遂宁等巴蜀各地均兴建了多种道观,尤以青城山为道观中心,展示了隋唐时期巴蜀道教、道观兴盛于世的情况。

隋王朝建立伊始,即崇尚佛、道,复兴二教。隋文帝杨坚于开皇元年(581)即位,就下诏主张:"法无内外,万善同归;教有浅深,殊途共致。慕释氏不贰之门,贵老生得一之义。""五岳之下,宜各置僧寺一所。"他严禁对佛道不尊重者,沙门坏佛像,道士坏天尊者,以恶逆论罪。"②杨坚对毁坏

---

① 王明:《道家和道教思想研究》,中国社会科学出版社1990年版,第372~374页。
② 《隋书·高祖纪》,百衲本《二十五史》第3册,浙江古籍出版社1998年影印本,第962页。

佛道神像者给以如此严厉的处罚,用法律来庇护佛道二教,表明了他坚决实行佛道二教并重的政策。

杨坚是位相当迷信的皇帝,他的开国年号"开皇",即取自道教经典中所谓"开劫"的年号。杨坚执政期间,道教宫观及道士的数量都有所发展。正是在这种历史背景下,巴蜀地区的道教亦得以发展,出现了以刘珍、李播、黎元兴等为代表的一批高道。

一、隋代的巴蜀高道

隋代高道刘珍,字善庆。四川绵竹人。"自幼风神秀异","迨十余岁,即慕道求学","慕仰合江安乐山峰峦峭峻,乃神仙之地,遂隐居安乐山,披荆棘而上,遍登道教遗址,完葺宫观,辟洞以居,辟谷绝粒先后数十年"。隋文帝遣使访问其事迹,下诏建腾清观、安乐观、靖安观;至唐高宗显庆四年(659),唐高宗遣使取道经、钟磬,并刻碑山间以铭其迹。

安乐山今称笔架山,位于川南泸州市合江县境内。其山平地突起,"三峰俱秀,溪流绕其下",隋代称安乐山,唐代名为少岷山,清代名为笔架山。山中遍布道教遗迹,有仙人洞、仙人口、仙人石、九连洞、晒丹石、念经岩等二十八处,有石柜为仙人藏经之所。循山有八洞。黄庭坚记云:"安乐山刘真人飞升之所。"隋唐时期安乐山遂成为川南黔北道教文化中心。

在成都,又有高道黎元兴。据唐代诗人卢照邻《益州至真观主黎君碑记》记载,黎元兴为广汉雒人,出身显赫,家族世代官宦。黎元兴七岁即"非常材,初学儒家之学,笑孔墨之徒劳"。一见道教玄书,立以彭祖老聃为己任。他精研玉笈云囊之术,修炼观化内思之道,"初袭羽裙,才麾玉柄,已驰名天下"。于是广汉士人,恭请法师为至真观主,主持蜀中道教。

至真观乃隋开皇二年(582)文帝敕建,位于成都北郊学射山。该观规模宏大,有黄老君殿、三尊殿、讲堂、斋坛、房廊门宇,神像万座,成为西南地区最大的道观。"此观地当枢要,任切会昌,南邻覆锦之城,西通吞珠之界……大开流电之庭,广制明霞之宇。"其道观地位显赫。

黎元兴入主至真观,又大兴土木,先后建有天宫、仙居珠庭、大讲堂、长廊。最可贵的是,他用成都万岁池中发现的"乌杨木千余段,至有长百尺者用以起观,建黄老君殿,又依梦塑像,制三尊殿下及讲堂、斋坛、房廊、门宇"①。形成"兼造化之全模","连飞动之奇势"的成都空前绝后的乌木道观建筑的奇特风景。

黎元兴于观中升堂讲经,阐述重玄之道,作《道德经注义》四卷、《太上一乘海空智藏经》十卷。并与澧州道士方长,共造《海空经》十卷。他是隋代在巴蜀倡导重玄学的大师,巴蜀"重玄学派"从兹传承,不绝如缕,其思想对唐代的道教产生了大的影响。

《海空经》即《太上一乘海空智藏经》,特点是以道家虚静无为思想为本,融摄佛教大乘空宗理论,形成佛道仙禅融合的"一乘海空智藏"。所谓"一乘",即大乘法,意为于诸法中,此为普度众生最完备之法,故"具足无缺,是名一乘"。所谓"海空智藏",则有三义:一是乃身心空寂之义,经云:"三界皆空,三世亦空;知三世空,我身亦空;知我身空,诸法亦空;以法空故,故名海空。依文字故,度诸众生,得住海空真实法地,得神通力,见种种色。"二指大慈大悲的情怀,"海空之藏有大慈悲,怜愍一切,于诸众生作大慈父,于诸众生作大慈母,能度众生于生死河,能示一乘微妙道相。是则名为海空智藏"。三为修真达到的最高境界,"其身如海,其心若空,理包物外,是为智藏"。

经中详尽地论述了修习道果,以求寂静无为之智慧。道果有五种,一地仙果,二飞仙果,三自在果,四无漏果,五无为果。其曰:"是五道果用心虽别,同趣一源。若修此果,当用静心,静心专一,所习必成。何谓所习?夫五果者,习于五事,学者当知五事因缘,用心所趣。"②

尽管此五道果有高下之别,但从其思想论述来看,它已经超越了传统道教那种"天仙、地仙、真人"的层次论,而是从大众之修道的根基层次去判定一个人的修行结果,凡能达解脱之果者,皆能成道,关键是修道方法的运用,那就是静心专一。从这方面看,可以说"五道果"理论没有脱离道家的自然论和南北朝以来的自然道性论,它是佛教与道家思想结合的理论。

《海空经》中大量吸收了佛教大乘空宗的思想,那就是破除人的执着。经文还阐述了"法性与道性""道性与众生性""寂境与应感"等思想,指出

---

① (明)曹学佺:《蜀中广记》卷三引,文渊阁《四库全书》本。
② (隋)黎元兴:《太上一乘海空智藏经》卷一,《道藏》第1册,文物出版社、上海书店、天津古籍出版社1988年影印本,第609、610页。

道性与众生性的关系,才是修道成真的核心。其曰:"若能破坏一切众生贪欲等相,是则名为修行智慧。以修习故,得坏疑心,为修习道。修习道故,得见道性。见道性故,得入一乘海空之藏。得入藏已,为断众生诸生死法、诸烦恼法。一切诸魔既得断已,得入常乐清净自在,得入一乘海空法藏。"[①]

在道教的历史上,《海空经》曾经产生了巨大的影响,对当时道教重玄学的发展起到了推动的作用,并启发了王玄览、成玄英、李荣的思想,影响了其后百余年的道教思想,从其被《三洞珠囊》《上清道类事相》《道教义枢》及《云笈七签》等道经大量引用可以证明。

二、唐代的巴蜀道教

唐代是道教发展历程中最为辉煌的一个时期。唐王朝最高统治者对道教的恩宠和扶植,更加促进了道教的全面发展和繁荣。在唐代皇室大力扶持下,蜀中道教兴盛,高道辈出,名重全国。谈玄论道、注释《道德经》的重玄宗,四川就有六家:成都道士黎元兴,岷山道士张君相,绵竹道士李荣,剑南道士文如海,眉山道士任太玄、张惠超,他们或注疏,或集解,共阐老子奥义。此外,四川还出现了几位杰出的道教方术家,如精通天文地理、阴阳历数的袁天罡、李淳风,矿物学家梅彪,炼丹家彭晓,等等。而在西蜀青城、鹤鸣、金堂地区,居住着一批修炼丹道、精通道术的道士。他们传承着岷山丹法,炼丹修行,演衍为众多修炼法门,并开启了陈抟内丹一脉。众多高道活跃于巴蜀地区,使道教的发展达到了一个极盛的时期。

与此相应,成都地区的道教也有新的发展。经过南北清整改造的中原道教回传四川,改变了成都地区传统天师道的格局,形成高道辈出的局面。如朱桃椎、王柯、罗公远、玉真公主、傅仙宗、孙思邈等,或隐修于青城山、鹤鸣山、三学山、平冈山,或寄身于成都附近的宫观。其中孙思邈援道入医,写成《千金方》传世,成为中国古代最负盛名的医药学家,被后人誉为"药王"。唐玄宗避难入蜀,召见大量道士,罗公远为其座上客,赵昱则被封为赤城王。唐僖宗避难入蜀,多次派道士和朝臣至玄中观(即今青羊宫)设灵宝道场,青城丈人观设周天大醮,对成都地区的道教发展影响亦大。

---

① (隋)黎元兴:《太上一乘海空智藏经》卷二,《道藏》第1册,文物出版社、上海书店、天津古籍出版社1988年影印本,第620页。

"人间仙曲天上来",驰名古今的霓裳羽衣曲,原来与彭州道士罗公远有关。相传在中秋之夜,罗公远化拄杖为银桥,使玄宗飘然进入月宫。广寒宫内,素练仙女起舞,仙乐高雅悠扬。玄宗暗中记其舞姿韵调,后来归宫,召伶官依令表演,这就成了人间的霓裳羽衣曲。安史叛军的金戈,打破了风流天子的逸情仙趣。玄宗避乱入蜀,杨贵妃葬身马嵬坡下。后来玄宗返回长安,十分思念贵妃。什邡道士杨通幽,自称能出入三界,他为玄宗寻找贵妃,"上穷碧落下黄泉,两处茫茫皆不见"。最后在蓬莱山会到贵妃,贵妃取金钗钿合各半,托转玄宗,更引起玄宗的缠绵情意。这位神通广大的杨通幽,就是白居易所作的千古绝唱《长恨歌》所说的"临邛道士鸿都客"。

历史上蜀中高道,还有青城道士李珏、徐佐卿,成都的朱桃椎、刘无名,仁寿的谭宜,江油的窦子明,南充程太虚,眉山张远霄,以及尔朱、击竹子、赵法应、王帽子、胡德元等人,皆为著名道士,被民众神化成仙。

概而言之,由于李唐王朝的重视与扶持,在崇道奠祖的风气下,道教得到了巨大的发展。唐朝近三百年的历史,就是中国道教从发展走向鼎盛的历史。

三、翟乾祐与巴蜀天师道

在巴蜀荆楚地区,唐时兴起了天师道镇元宗。该宗由道士翟法言(715~836)创立,主要流传于荆蜀之间沿长江一带。据唐韦德融《云安洞灵观翟天师记》云:"天师姓翟,名法言,字乾祐,夔州云安(今重庆云阳县)县西玉石乡人也。本命乙卯,生于有唐开元三年。"①《仙传拾遗》说他的长相颇为奇特,眉毛粗大,额头宽广,双眼圆瞪,脸颊方方,身高六尺。年少时就好玄门之术,"喜习老子之道,有志清修,茹清素不食五辛,住山院而斋洁焚修,远世俗而纤尘不染。后来他经常到黄鹤山,师事来天师修行,尽得其道,能行气丹篆"。

翟法言学道有下面一个故事:唐玄宗天宝十四年(755),翟法言年四十一,至溪上盘石处,遇二真人,真人对他说:"吾近阅《灵异经》,知有若名,故持箓来。亟往云升宫,吾授若也。乾祐即往,真人乃授以宝炁灵文三科,一曰三将军秘术,二曰紫虚秘术,三曰太上正一盟威秘法。并赐神圆一百二十,使正月朔旦取一饵之,寿当如其数。且戒曰:西有储池,五龙居

---

① (明)曹学佺:《蜀中广记》卷七五,文渊阁《四库全书》本。

之，若可召而役焉，以利济群生。乾祐拜受其言，已乃更筑静居，恪行三科，于是真人与日月星君夜数降其室。邑人取汲于江，夏苦浊饮，乾祐凿井其庐傍，召一龙主之，虽隆暑，水亦甘洌。"①

肃宗乾元中（759~760），翟乾祐"自黄鹤山沂流入蜀，至巫山峡耽玩林泉，周历峰岫，踌躇岁余，南至清江，北及上庸，周旋千余里，神墟灵迹靡不临眺"。

"蠲痾疗疾，三峡之人大享其惠。"翟法言弟子还有舒虚寂，字得真，开州人。"世代业农，唯他独喜林泉，好黄老术，事翟天师。天师尝沂江游丰都仙都观，得《镇光策灵书》，乃葛洪于罗浮山神仙降授之文。因传授予舒虚寂。曰：镇元之道，乘大魁，履北极，视瑶光，蹑丹元，倚灵田，蹈阊阳，运元纲，握天枢，执持六气，指挥万灵，外可以召神，内可以延生。虚寂如所传而修之，无不神验。"有弟子向道荣。

向道荣，籍贯无考。为人朴略，师事舒虚寂，得授《镇元策灵书》，而名闻于西蜀。"向道荣有徒弟任何居，年四十，木讷愿悫，负囊岌事向道荣，道荣以《镇元策灵书诀》付之，戒曰：十八年后方可以示人灾福之验，勿窥荣利，毋妄传授。此道得之者神仙，泄之者夭柱。昔宋冲元传翟乾祐，乾祐传舒虚寂，虚寂传予，予今传汝，五世矣。必付人则当察其志行而后授之，毋自贻咎。可居遂秘之，常以他术自给，人亦莫能知。凡二十年，渐言人休咎，或为禳醮。每占，先令人斋戒，向壁列灯为斗魁之像，坐其前，祸福吉凶历历如见。

除翟法言所传一脉之外，巴蜀尚有众多的天师道徒，活跃在社会上。著名者有以下诸位。

许仲源，益州人。"时入蜀中酒阁中，遇一道人饮酒，道人童颜漆发，眉宇疏秀。酒酣微醉，据肩自歌。歌曰：尾闾不禁沧溟竭，九转神丹都谩说。惟有班龙顶上珠，能补玉堂关下穴。"许仲源听见后，乃起致敬，并希望道人讲解所歌之辞。道人曰："今日未当说，汝必欲知此，可于重九日丈人观相寻。"许仲源如约至日一早前往丈人观中，而道人先已在，"乃探怀中出一卷道授之，并曰此为老君返老还童之术，饵此丹药可长寿百年"。"若能济世度人，以阴功成就之，即当成仙。""道人所传丹决，即讲内炼精气、外服药饵

---

① （元）赵道一编：《历世真仙体道通鉴》卷四一，《道藏》第5册，文物出版社、上海书店、天津古籍出版社1988年影印本，第338页。

之道。"

薛季昌，汉州绵竹人。家世皆以官显。"然季昌自幼不好荣贵，不茹荤腥，衣常布素，酷好山水。后出家，入青城山修真。云游湖南桃源，遇正一先生司马承祯于南岳，授予三洞经箓。他研真穷妙，勤久不懈，故道法精妙。时唐玄宗闻知，召入宫廷，延问道德之旨趣，谈极精微。上甚喜悦，恩宠优异，寻即还山。"

傅仙宗，长安人。"其父伦，任资阳令，乃携仙宗入蜀。仙宗自幼聪明，而好道家学。年十二，隐居资阳山。不久，有道人告诉他玉案山乃福地，可往修行。既至，建玄龄观以居之。但仅一年，又迁居平冈山，建星坛静室，创老君殿于其间。"祝穆《方舆胜览》卷六三记载说："平冈山，在盘石县（今资中县城关镇）两三里，李阿、傅仙宗、崔中古、崔奎居之。""时唐明皇诏赴阙，所对称旨，命赐优厚。又于上清宫设醮，玄宗亲躬诣之。"

杨通幽，本名什伍，德阳什邡人。《仙传拾遗》云：他幼时遇一道士教以檄召鬼神之术，"授给《三皇天文》，故役命鬼神，无不立应。驱毒厉，剪氛邪，禳水旱，致风雨，凡道法皆能用之，千变万化，远近闻名。但性格木讷孤傲，不随凡俗。唐玄宗由于安禄山之乱来到四川，他非常思念死在马嵬坡的杨贵妃，常常辍食忘寐。于是他召到行宫，请其召请。杨什伍遂神游三界，回言贵妃现在东海蓬莱"，"上元女仙张太真者，即贵妃也"。并带回玄宗在开元年间赐给她的金钗、钿盒各一半，还有一玉龟子作为凭信。明皇睹物伤情，潸然泪下。唐明皇对杨什伍说，道长能升天入地、通幽达冥，是得道神仙之士，当时就提笔赐名"通幽"，对他优礼有加。唐代诗人白居易以杨什伍为唐明皇找寻杨贵妃之事为创作题材，写下了著名诗篇《长恨歌》，千古流传。

朱桃椎，益州成都人。宋人王刚中《重修安静观记署》云："妙通真人姓朱氏，其名字载《新唐书·隐逸传》。盖生于周、隋之间，历武德、贞观，得道仙去，莫知所终。然浮游四方，专务救民疾苦，贤士大夫往往遇之，或在长安，或在彭城，不但蜀也。而蜀人事之尤谨。"①《历世真仙体道通鉴》卷二一言，路大安曾以"混元针灸传之妙通朱仙"，则朱桃椎亦通医道针灸之术。据史籍所言，"其性格澹泊无为，隐居不仕，披裘带索，沉浮人间"。唐武德元年（618），朱桃椎居于蜀县白毛女村，织草鞋以自给。他织的草鞋，其

---

① （明）曹学佺：《蜀中广记》卷七三，文渊阁《四库全书》本。

草柔细软绵，其环结促密，故人争先求之。他将织好的草鞋放在行人经过的道上，路人看见了，说这是朱居士编织的草鞋，请以米易鞋，放置在原处。到了夜晚，朱桃椎悄悄从山林里出来取米，始终没有人遇见过他。

后来朱桃椎迁居简州灵泉县分栋山白马溪，山上有一大磐石，"山石色冰素，平易如砥，可坐十人，石侧有树，垂阴布瀌于其上，暑炽之月兹焉如秋。桃椎休偃修真于此，于是好道之士多来兹游"①。其后，遂于山中修建道观，出任祭酒。《历世真仙体道通鉴》卷四三曰："益之灵泉分栋山道观朱祭酒，名桃椎。得道正果，不乐飞升，混迹樵牧，往来城市山林间，以救世度人为念。异事接乎耳目者，未易殚纪。一云得道于蜀中玉珍山，有《养生铭》《茅茨赋》《水调歌》《撼庭秋》等作遗世，大较自述隐遁之乐与内丹诀云。"②

朱桃椎所居的灵泉县，在今简阳市境内。《成都文类》说："益部十县，多引江水溉田，咸为沃壤。惟灵池疏决不到，须候天雨，俗谓之雷鸣田。县东山下有朱真人洞，洞北冈岭连属，逾廿里，得褚圣母祠，化迹尤异，民咸事之，祈祷获应。"③从唐代始，郡人即在东山建有朱真人祠，祠中祭供朱真人绘像，为后蜀广政年间周元裕所画，十分精美。④北宋崇宁五年（1106），徽宗下诏赐号"妙通真人"；重和元年（1118）下诏，赐祠名"安静观"。朱桃椎逝世百年，又有皇甫坦传其学。

四、唐代巴蜀的女冠

唐代道教由于受到皇室的尊崇、扶持而特别兴盛。当时上至将相朝臣，下至凡夫走卒，炼丹服药，入道仙游，蔚然成风。而女冠的大量涌现及其产生的多方面影响，更成为唐代道教兴盛局面中的一大特色。据《唐六典》卷四载，当时全国宫观总数达一千六百八十七所，其中女冠观为五百五十所。在京师长安，就有景云观、金仙观、玉真观、咸宜观等十余所大型女观。唐代女冠的盛况，以众多公主的相继入道最为引人注目。据《新唐书》记载，高宗的女儿太平公主，睿宗的女儿金仙公主、玉真公主，玄宗的女儿万安公主、寿春公主，代宗的女儿华阳公主，德宗的女儿文安公主，顺宗的女儿浔阳公主、平恩公

---

① （明）曹学佺：《蜀中广记》卷七三，文渊阁《四库全书》本。
② 《道藏》第5册，文物出版社、上海书店、天津古籍出版社1988年影印本，第345页。
③ （南宋）琥仲荣等编：《成都文类》卷，文渊阁《四库全书》本。
④ （明）曹学佺：《蜀中广记》卷七三，文渊阁《四库全书》本。

主、邵阳公主，宪宗的女儿永嘉公主、永安公主，穆宗的女儿义昌公主、安康公主，等等，都曾入道为女冠。其中的金仙公主、玉真公主，则入蜀隐居青城山中。《青城山志》曰："玉真观，在上皇观前，世传唐玉真公主修养于此。储福宫，在天仓山，有玉真公主及明皇像。按《旧唐书》景云二年（711），改昌隆公主为玉真公主，仍置玉真观。天宝三载，玉真公主先为女道士，让号及实封，赐名摘盈，此之谓也。"①安史乱起，玄宗幸蜀，玉真公主随行。杜光庭《青城山记》："玉真公主，肃宗之姑也。筑室丈人观西，尝诣天下道门使萧邈字元裕，受三洞秘法，游谒五岳，寓止山中。就拜灵峰于宝室洞前，有仙云五色元鹤翔舞焉。"②

众多公主的相继入道，无疑具有榜样作用。民间女子纷纷效尤，要求出家者难计其数。流风所被，巴蜀地区亦出现了一批精诚修道的女冠，她们拜祀西王母，主习《黄庭经》法，修精思存神之道，并精通斋醮科仪，为民祈福禳灾，影响颇广。据杜光庭《墉城集仙录》和《仙传拾遗》、沈汾《续仙传》、李昉《太平广记》及赵道一《历世真仙体道通鉴后集》记载，巴蜀女冠著名者有谢自然、王法进、李真多、马道兴、黄观福、董上仙等。

谢自然（？~794），道教尊其为"东极真人"。祖籍兖州（今属山东）。谢自然生来聪明异常，不吃荤血之物。平常所谈论的多是道家之事，言词气质高雅。她家在大方山下，山顶有古像老君，自然就去拜见行礼，不愿回家下山。母亲听从她，她就迁居山顶，自此经常诵读《道德经》《黄庭内篇》。十四岁那年九月，因食新稻米饭，"云尽是蛆虫。自此绝粒，数取皂荚煎汤服之，即吐痢困剧，腹中诸虫悉出，体轻目明，其虫大小赤白，状类颇多，自此犹食柏叶，日进一枝。七年之后，柏亦不食。九年之外，仍不饮水。贞元三年三月，于开元观诣绝粒道士程太虚，受五千文紫灵宝"③。从此"辟谷不食，唯修道体真"。唐德宗贞元三年（787）三月，于果州开元观，诣绝粒道士程太虚受《五千文紫灵宝箓》。沈汾《续仙传》卷上亦曰："幼而入道，其师以黄老仙经示之，一览皆如旧读，再览诵之不忘。及长，神情清爽，言谈迥高。好琴阮，善笔扎，能属文。常鄙卓文君之为人，每焚修瞻祷王母、麻姑，慕南岳

---

① （明）曹学佺：《蜀中广记》卷七三，文渊阁《四库全书》本。
② （清）董诰、阮元、徐松等编：《钦定全唐文》卷九三二，中华书局1985年影印嘉庆本。
③ （北宋）李昉等编：《太平广记》卷六六引《集仙录》，文渊阁《四库全书》本。

魏夫人之节操。及年四十，出远游往青城、大面、峨嵋、三十六靖庐、二十四治。寻离蜀，历京洛，抵江淮，凡有名山洞府灵迹之所，无不辛勤历览。"①

"后归蜀，返果州而居。贞元六年（790）四月，刺史韩佾至郡欲试其真伪，延入州北堂东阁闭之累月，出而肤体宛然，声气朗畅，佾即使女自明师事之。七年（791）十一月，徙居于州郭。九年（793）告请于刺史李坚，筑室于金泉山修炼。"

谢自然的老师程太虚，亦为果州西充人。自幼好道，节操不类于常人。"年十五，登所居西充之东山，飘然有凌虚意。退而刻志修道，诵经愈勤。年十八，父母俱亡，即弃资产，隐居南岷山，绝粒辟谷，内修坐忘。""动逾岁月，有二虎侍左右，若备呼使，因名为善言、善行，乃抚皆授以三归之戒，遂跪伏而听，自是呼名则至。忽一夕大风拔木，雷电而雨，砌下坎陷，中水如沸涌，因以杖搅之，得碧玉印两钮。每岁农人乞符箓祈年，以印印之，则授者愈丰阜。凡有得以惠施之外，皆以构祠设像，无所私己。有女道士谢自然授法箓，印讫，则密收之。一日失所在。唐德宗贞元十年，自然白日升天。宪宗元和四年，太虚解化。"②

所谓"南岷山"，位置在南充西充县城以南七公里的永清乡，海拔五百一十五米，由九井十三峰组成，风景绝佳，四季宜人，山中地形开阔，土地肥沃，有幽泉数十处，终年不涸，分别流入磨剑、洗钵、清心、濯印、裕丹、蘸月、伏虎、漱玉、石鸡等九口井中，水质优良，清澈见底。山中峰奇壁怪，岩石万状，或似人物，或似禽兽，宿鹤、驾仙、伏龙、伏虎、丹峰等十三峰，皆因其岩石形景而得名。山上有程太虚之庙，素有"南岷仙境"之美誉。《蜀中广记》卷二七赞誉说："仙踪古迹特著"，"南岷山则有九井十三峰，汉何岷之所隐也。隋程太虚尝修炼于此"。

贞元七年（791）九月，韩佾舆于大方山，置立法坛，请程太虚传三洞箓。十一月，请谢自然居于州郭。贞元九年，刺史李坚至果州，谢自然告云："居城郭非便，愿依泉石。"李坚即筑观室于金泉山，移谢自然居之。《蜀中广记》卷二七曰："在城西果山之足。"

---

① （南唐）沈汾：《续仙传》卷上，《道藏》第5册，文物出版社、上海书店、天津古籍出版社1988年影印本，第83页。
② （元）赵道一编：《历世真仙体道通鉴》卷四二，《道藏》第5册，文物出版社、上海书店、天津古籍出版社1988年影印本，第340页。

贞元十年十一月十二日，传说谢自然在南充西山的飞仙石上飞升得道。其时士女数千人咸共瞻仰。临升天时，书于堂之东壁云："寄语诸眷属，莫生悲苦，可勤修功德，修立福田，清斋念道，百劫之后，冀有善缘，早会清源之乡，即得相见。""节度使韦皋奏闻于朝，李坚又表闻，诏褒美之。"于是李坚于金泉道场立碑，并撰《东极真人传》一卷述其事迹。韩愈、刘商均有诗言其飞升轻举事。其徒弟有郑仙姑姐妹等，刺史李坚亦师从谢自然学道。他常与夫人诵持道经，先读《黄庭经外篇》，次读《黄庭经内篇》，内容讲述精思法门，谓读经者得福，非薄者招罪。

谢自然得道飞升成仙的事迹，在当时朝野引起过很大的震动，其影响颇深。朝廷以此宣扬祖宗德泽，粉饰太平。谢自然成仙的事迹对地方文化发展的影响巨大而深远，其"白日飞升"的传闻便成为南充区域文化的新主题，南充文人以及到南充上任的官员、来川北游览的文人题词咏诗，多以谢女飞升为主题。南充、广安一带不少地名和观名因谢自然飞升而来，因谢自然飞升而显。如今南充的西山，即古之栖乐山。嘉庆《南充县志》载："在治西五里，上有栖乐池，与嘉陵江相通，谢自然飞升日，仙乐响峰顶，因名。"今南充之玉屏山，即古之果山、金泉山。"在治西二里，唐贞元十年，仙女谢自然于此白日飞升，尚有石像。"金泉山左有朝阳洞，两洞相通，户东向，因名，额刻"隐仙洞"三字。山上有金泉寺、步虚台遗迹，正殿祀真武，侧殿祀谢自然像。大方山，在治西三十里，又有小方山并峙，千峰万岭，周回缭绕，有神女泉。山崖壁上有"谢仙石室"，凿石而成，高五尺，纵横八尺，为谢自然所常居处。今南充的白塔山，即古之鹤鸣山。嘉庆《南充县志》载："在治东五里，相传谢自然升仙之日，有鹤飞鸣于上。"故名。据《四川通志》载，灵泉院即金泉院，谢真人升仙处。兴圣院，在南充城南二里，创自唐德宗贞元年间（785~805），相传为谢自然炼丹之所。广安的鹤栖山，亦以谢自然得名。传说谢自然"白日升仙"之时，先有双鹤栖宿此山，然后飞迎自然，驾之而去，自是俗呼为鹤栖山。总之，谢自然"白日飞升"在今天看来虽属荒诞不经之事，但在由唐而清的千余年里影响甚巨。巴蜀的道教昌盛于川西，而在川北地区的传播和发展十分缓慢，但自从谢自然于果州"白日飞升"后，道教在川北得到长足的发展，对地方文化发展的推助作用是不可低估的。

在川北，尚有另一位女冠王法进。据《仙传拾遗》记载，王法进为剑州临津县人。自幼年就好道。十多岁时，有个女道士从剑州游历外县，经过她家，父母因为她慕道，托付女道士保护她。女道士授给她一本《正一延生箓》，给起名叫法进。让她"专勤香火，护持斋戒，亦茹柏绝粒，时有感降"。

当时"三川"歉收闹饥荒，粮价飞涨，死的人占十分之五六，多数人采集野葛根山芋来充饥。这是"人不知天地养育之恩，轻弃五谷，厌舍丝麻。使耕农之夫、纺织之妇，身勤而不得饱，力竭而不免寒，徒施其劳，曾不爱惜。斯固神明所责，天地不祐也"带来的后果。她告诫信众，"使其悔罪，宝爱桑蚕，贵敬农事，惜五谷百果，知大道之养人，厚地之育物，宗奉正道，崇事神明。至于水火之用，不可厌弃，衣食之养，俭已约身。皆能行此明戒，天地爱之，神明护之，风雨顺调，家国安泰"。"即命侍女拿出《灵宝清斋告谢天地法》一卷付之，传行于世。又说：令世人都到深山高处清静之所，设斋悔谢，一年春秋做两次，春则祈于年丰，秋则谢于道力。如此则宿罪可除，谷父蚕母之神，为置丰衍也。"所受之书，即《灵宝清斋告谢天地之法》。"其法简易，与《灵宝自然斋》大率相类。但人间行之，立成徵效。""自是三川、梁汉之人，岁皆崇事，虽愚朴之士，狂暴之夫，罔不战栗兢戒，肃恭擎跽，知奉其法焉。或螟蝗旱潦害稼伤农之处，众诚有率勉于修奉之处，炷香告玄，旦夕响应，必臻其祐。与不虔不信之徒，立可较其徵验矣。巴南谓之清斋，蜀土谓之天功斋，盖一揆矣。"①

王法进在川北施行天功斋，其春祈秋谢的斋醮仪式，将民间的祭祀活动、节日庆典和道教仪式紧密相连，并对促进道教融入地方社会提供了桥梁。从此之后，川北地区，"梓、益、褒、阆间，自王法进受清斋之诀，俗以农蚕所务，每岁祈谷，必相率而修焉。至有白衣之夫、缁服之侣，往往冒科禁而崴事者，固以为常矣"②。梓州、益州、褒州、阆中，这些以农业、桑蚕为本的地区皆盛行祈谷丰年法会，其首倡者即为王法进。

杨正见，眉州通义县民杨宠之女。自幼聪明颖悟，富有仁慈怜悯之心，崇尚清虚之道。成年以后，父母把她嫁给了同郡的王生。王生家是巨富，喜好宾客。有一天早晨，正见的公婆聚会亲朋故友，买来了鱼，叫正见做鱼脍待客。宾客在厅堂上游戏，太阳已经西斜了，菜还没有做好。因为正见爱惜活鱼，不忍心

---

① （北宋）李昉等编：《太平广记》卷五三，文渊阁《四库全书》本。
② （北宋）张君房编：《云笈七签》卷一一五，《道藏》第22册，文物出版社、上海书店、天津古籍出版社1988年影印本，第799页。

杀它。已经到快吃晚饭的时候了，公婆着急，就催促她快做，责备她做得太迟。正见害怕了，就逃到邻居家，又从邻居家里逃到野外，只管在野外小道中一直走。已经走了几十里了，不觉有些疲倦。这时至一山舍，"有女冠在焉，具以其由告之"。女冠曰："子有愍人好生之心，可以教也。""因留止焉。山舍在蒲江县主簿化侧，其居无水，常使杨正见汲取涧泉以饮之。一日杨正见忽于汲泉之所，得一数斤重的茯苓，因以食之，自此容状益异，光彩射人。"

杨正见得道之处的主簿化，系东汉张陵创立道教时所设二十四治之一，位置今蒲江县六合村境内长秋山，现存有太清观遗迹及崖刻道教造像七龛。《蜀中广记》卷一三曰："主簿山治，在邛州蒲江县界。郡主簿王兴，于此学道得仙。一名长秋山。南有石室、玉堂，松柏生其前。"《临邛图经》曰："开元时入蒲江长秋山修炼，垦田艰水，忽见白牛语曰：我伏地下，有神水可穿，丈余得水。正见如其言，果有涌泉。后得道上升，羽士赵仙甫以事闻进，其衣履井迹见存。"① 宋蒲江令郭贤《长秋观石蟾记》云："县东十里山名长秋，观号太清。按《图志》汉唐王、杨二真人栖隐之所。观有龙洞。洞有石蟾。乡老相传。汉时县主簿王兴好道。一旦遇白蟾引至此山，升仙而去。后人以白石琢蟾像，置于洞中。"②

此外，杨正见亦曾修真于邻近的丹棱县。《蜀中广记》卷一二云："县北十五里龙鹄山三大字，宋孝宗书也。有松柏山，碑记云：山有三宫九观，乃成无为、杨正见、李炼师成道处，唐天宝年建。杜光庭题龙鹄山诗：抽得闲身伴瘦筇，乱敲青碧唤蛟龙。道人扫径收松子，缺月初悬天柱峯。"

在蒲江县飞仙阁，尚有十余龛唐代摩崖道教造像。如第44号龛天尊像十躯并列。题刻云："天尊一铺，天宝九载五月。……临邛郡白鹤现道士贾光宗造。"第74号龛真人像侧亦有刻云："长乐祖尊像一龛。惟大唐开元廿八年（740）岁次庚辰十二月。"在仁寿县牛角寨三宝龛，有重要道藏历史题记云："南竺观记……夫三洞经符，道之纲记。了达则上圣可登，晓悟（则金）真斯涉……大唐天宝八载……三洞道士杨行进，三洞女道士杨正真，三洞女道士杨正观，真元守宪、进第、彦高（等）共造三宝像一龛……"第40号龛正坐三清像，后立五真人。左壁有坐神及二童侍二真。右壁有《南竺观记》刻字及女真

---

① （明）曹学佺：《蜀中广记》卷七四，文渊阁《四库全书》本。
② （明）曹学佺：《蜀中广记》卷八〇，文渊阁《四库全书》本。

五人，造于公元749年。第36号龛并列二十七真仙，第44号龛并列三十五真仙。这些珍贵的唐代道教石刻，说明川西地区道教盛行，且多女冠，她们皆为三洞道士，其中杨正真、杨正观当为杨正见的师兄，故均为"正"字辈。

李真多，是神仙李八百的妹妹。《集仙录》曰："真多随兄修道，居绵竹中，今有真多古迹犹在。或往来浮山之侧，今号真多化，即古浮山化也，亦如地肺得水而浮。真多幼挺仙姿，耽尚玄理，八百授其朝元默贞之要。行之数百年，状如二十许人耳。神气庄严，风骨英伟，异于弱女之态，人或见之，不敢正视。其后太上老君与玄古三师，降而度之，授以飞升之道。"①此真多化为早期天师道二十四治之一，其地址在三学山。《云笈七签》卷二八记载："第八真多治，山在怀安军金堂县，去成都一百五十里。山有芝草神药，得服之令人寿千岁。山高二百八十丈，前有池水，水中神鱼五头。昔王方平于此与太上老君相见。"②

三学山位于今金堂县城东北栖贤乡三学寺村，海拔八百余米，山上有李八百修真的栖贤洞，李真多修真的仙女洞、仙人井等胜迹，自唐宋以来即驰名川西，为道教之胜地。《名山志》云："金堂三学山，乃汉州北山，一名云顶，一名石城，亦名栖贤、开照，其实一山也。"③《蜀志补罅》曰："栖贤山，山有巨松，常见一婴儿出没其傍，真多迹之，得茯苓，饵服既久身轻，登巨柟而仙去。足之所履有七窍，如斗状，号曰星柟。唐赐号妙应真人。"④

李真多与李八百卜居于筠阳之五龙冈，复炼丹于华林山石室。时人塑真多之像，乃祠于五龙冈。唐玄宗天宝十年（751），天师孙智凉始奏改元阳观，以显圣迹。宪宗元和七年（812），高安县令谌贲以县治，观基两易。"今瑞州城西二里逍遥山，妙真宫是也。其产经之地，今额仪天观。观中女真，世传其经。郡人每备香信诣观看经，以保产难焉。真多今号明香元君。"⑤瑞州筠阳，即今江西高安市。其境内有碧落山。"下临井邑，尽在目中，一名凤凰山。山后有五龙冈，前临蜀水。又有李八百洞，久塞，亦曰迷仙洞，在郡之后

---

① （北宋）李昉等编：《太平广记》卷六一，文渊阁《四库全书》本。
② 《道藏》第22册，文物出版社、上海书店、天津古籍出版社1988年影印本，第206页。
③ （明）曹学佺：《蜀中广记》卷八，文渊阁《四库全书》本。
④ （明）曹学佺：《蜀中广记》卷七一，文渊阁《四库全书》本。
⑤ （元）赵道一编：《历世真仙体道通鉴后集》卷二，《道藏》第5册，文物出版社、上海书店、天津古籍出版社1988年影印本，第460页。

圃。山之西脉曰逍遥山。"①此山即李真多连,炼丹隐居之处,时至清代,山中尚存妙真宫,为女冠居所,百姓求子保胎祈福之处。

马道兴,小字爱娘,世人尊称为黄鹿真人。唐末五代时东蜀中江县人。年七岁,父母俱亡,养育于祖父家。自小便有仙风道骨,不喜华饰,雅性冲虚清静,歆慕黄老之学,日诵千言,一览辄能记忆。一位黄冠道士年逾七十,颜如渥丹,货药于市。马道兴见之,延至内坐,请问修真之诀。道长与之相投甚洽,遂传予"铅汞符箓要术。于是束发顶冠,归身至道,因易道兴之名。"自此出家修道,迁居卞市,即今中江县黄鹿镇。

马道兴初至卞市,见其"地理山朝水会,气象郁然,真神仙修道之福地"。她寻访居民,询以史志所载,知其"东南之梓州、涪城、中江,西北之绵州、巴西、罗江,相距各五十里,为界卞市"。是时已为唐末五代,世道多灾多难,盗贼蜂起,岁荒歉收,百姓饥贫。马道兴捐出所有钱财,率领民众,"垦辟荒芜,疏凿污塞,播种以时,使民无艰食之患"。

马道兴于此定居,先后历四十余年,修真炼气,日复精勤,岁虽年迈,童颜不易。又营建道观,以延请修道之士。道观既成,其师黄冠道士又至,告诉她说:"汝之功业,渐已成矣,而外丹末应,故欲相授指诀。"因而赐以丹药,令其谨守,"坐历三年,丹砂自成,则汝脱身轻举矣"。至唐天祐三年(906),丹成轻举,羽化升仙。"时人以其道德深厚,度人无限,深爱之极,遂广饰其观,并上报蜀王。王建大加赞誉,'遂以卞市为黄鹿镇,因赐清虚观之名,而命高行黄冠焚献'。"②"黄鹿"一名,由此沿用至今。

五、岷山丹法与刘知古的丹道

秦汉以来,巴蜀地区即有一批从事炼丹的方士。《道枢》卷三七说:"昔黄帝周游四方,至青城之山,见歧伯、广成子、黄谷子,遂明大道。于是究百刻之法,金铅玉汞,采三元而下火,以烹之于百刻之中,而为造化。"③《列仙传》卷上载:巴戎人赤斧,"为碧鸡祠主簿,能作水汞炼丹,与硝石服之,三十年反如童子,毛发生皆赤。后数十年上华山,取禹余粮饵"④。《成都古

---

① (清)顾祖禹:《读史方舆纪要》卷八四,商务印书馆1937年《万有文库》本。
② 杨续:《黄鹿真人传》,龙显昭等编:《巴蜀道教碑文集成》,第111页。
③ 《道藏》第20册,文物出版社、上海书店、天津古籍出版社1988年影印本,第812页。
④ 《道藏》第5册,文物出版社、上海书店、天津古籍出版社1988年影印本,第74页。

今集记》云："鸱夷子范蠡，扁舟浮泛三江五湖间，已而入蜀，居湔上之治。今有炼丹井存。按《开山记》曰：彭州漓沅化，张天师二十四治之一也。战国之世，于越范蠡来主此治。秦韩仲为祖龙采药使者，既而入蜀，炼丹于德阳之秦中观。遇京兆刘根，授以神方五道，乃服九节菖蒲，十二年体生白毫，以端午日骑白鹿上仙。按《真诰》曰：广汉郡绵竹县东九里有山，昔韩众于上得仙，有大石铜为志。又云：易迁馆协辰夫人，名景华，得韩终所授岷山丹，服而得仙。夫人为汉司空黄琼女也。"①《云笈七签》卷六七云："岷山丹方，道士张盖蹹，精思于岷山石室中，得此方。其法鼓黄铜以作方诸，承取月水，以水银覆之，致日精火其中。长服之不死。又取此丹，置雄黄、铜燧中，覆以汞，暴之二十日，发而治之，以井花水服，如小豆大，百日盲者能视，百病即愈，发白还黑，齿堕更生。"②这些方士服药炼丹，"以求飞升之仙道，而启岷山丹法"。所谓"岷山"，即以青城山为第一峰。杜光庭云："岷山连峰接岫，千里不绝，青城乃其第一峰耳。高三千六百丈，周匝五千里，灵仙所宅，祥异则多于是，有瑶林瑰树，金沙玉田，甘露芝草，天池醴泉之异焉。"③

据葛洪《神仙传》卷五载，东汉和帝、安帝间有方士阴长生，"新野人也。汉阴皇后之属，少生富贵之门，而不好荣位，专务道术。闻有马鸣生得度世之道，乃寻求，遂得相见，执奴仆之役，亲运履之劳"。如此师事二十余年，毫不懈怠。故马鸣生率其"入青城山中，煮黄土为金以示之。立坛四面，以《太清神丹经》受之，乃别去。长生归，合丹但服其半，即不升天。乃大作黄金十万斤，布施天下穷乏，不问识与不识。周行天下，与妻子相随，举门而皆不老。后于平都山白日升天。临去时，著书九篇"④。

此《太清神丹经》即现存于《道藏》的《太清金液神丹经》，它的问世可追溯至西汉。东晋华侨撰《紫阳真人周君内传》谓西汉周义山精思微密，曾在蒙山（今雅安名山县境内）遇衍门子，得授《龙跷经》及《三皇内文》；登峨眉山，遇宁先生授《大丹隐书》；登岷山，遇阴先生授《九赤斑符》；登鹤鸣山，遇阳安君授《金液丹经》《九鼎神丹》；登都广，遇希谷子受黄气之法、太空之术、阳精三道之要。这些仙家传道之处，皆在今四川境内。如蒙山、峨

---

① （明）曹学佺：《蜀中广记》卷七一，文渊阁《四库全书》本。
② 《道藏》第22册，文物出版社、上海书店、天津古籍出版社1988年影印本，第468页。
③ （明）曹学佺：《蜀中广记》卷六，文渊阁《四库全书》本。
④ 《中华道藏》第45册，华夏出版社2004年版，第35页。

眉山、鹤鸣山、青城山,同为岷山一脉。①

后马鸣生师事安期先生,随之云游四海,"西之女几,北到圆丘,南至秦、庐、潜及青城、九嶷,周游天下。二十年中,勤苦备尝。安期乃曰:子真有仙骨,何专恭之甚耶!吾所不及也。遂授以《太清金液神丹经》"②。张陵亦学道于这些地方,得其经其术。现存《太清金液神丹经》三卷,卷中有葛洪之师郑隐言:"故书二君(马鸣生、阴长生)神光见世之言,自汉灵以来,称说故事,附于丹经。"③并谓经文及做丹法皆出自阴长生。

从阴长生自序中,可以略见这些炼丹先行者们的思想:"汉延光元年,新野山之子受仙君神丹要诀。道成去世,付之名山。如有得者,列为真人,行乎去来,何为俗闻。不死之要,道在神丹。行气导引,俛仰屈伸,服食草木,可得延年,不能永度于世,以至天仙。子欲闻道,此是要言。积学所致,不为有神。上士为之,勉力加勤。下愚大笑,以为不然。能知神丹,久视长安。"④

后汉延光元年(122),当2世纪初期。阴长生谓不死之要,道在神丹。且称行气导引,服食草木一类只可延年,不能成仙。这与魏伯阳的主张是一致的。《周易参同契》说:"巨胜尚延年,还丹可入口,金性不败朽,故为万物宝,术士服食之,寿命得长久。"⑤彼此重金丹轻呼吸导引及服食草木之意,先后皆相同。阴长生又有诗三章,以述生平及其志向。王明先生考知阴长生自序中金丹思想,与《周易参同契》相合,其诗三章文字,又和《周易参同契》相类。他说:"阴长生师事马明生得金液神丹之法,马明生随安期先生受九丹之道","然则阴长生者,其为魏伯阳之前辈欤?诗三篇,其为《周易参同契》之口簧矣欤"⑥!这些材料说明,西汉时《太清金液神丹经》已经成书,其丹法在西蜀岷山地区秘密传授,故周义山、马鸣生、阴长生、张陵皆于鹤鸣、青城得而传之。至隋唐时期,更为众多道流修奉,巴蜀亦成为丹道修炼的

---

① (北宋)张君房编:《云笈七签》卷一〇六,《道藏》第22册,文物出版社、上海书店、天津古籍出版社1988年影印本,第723页。
② (北宋)张君房编:《云笈七签》卷一〇六,《道藏》第22册,文物出版社、上海书店、天津古籍出版社1988年影印本,第725页。
③ 《道藏》第18册,文物出版社、上海书店、天津古籍出版社1988年影印本,第754页。
④ (北宋)张君房编:《云笈七签》卷一〇六,《道藏》第22册,文物出版社、上海书店、天津古籍出版社1988年影印本,第727页。
⑤ 《道藏》第20册,文物出版社、上海书店、天津古籍出版社1988年影印本,第108页。
⑥ 王明:《道家和道教思想研究》,中国社会科学出版社1990年版,第279页。

重要地区。以下就是一些著名的丹道之士。

刘无名,"本蜀先主刘备之后,居于蜀,生而聪悟,好道探玄,不乐名利。弱冠,阅《道德经》,学咽气朝拜、存真修炼之事,常以庚申守三尸,存神默睨,服黄精白术,以希延生。或见古方,言草木之药但愈疾微效,见火辄为灰烬,自不能固,岂有延年之力哉。乃涉经山川,访师求道。修行数年,又入大邑雾中山,遇异人教其服饵雄黄。凡三十余年,入青城山北崖之下,得遇青城真人。刘祈叩不已,愿示道要,以拯拔沉沦,赐度生死之苦。真人指以岩室,便柄止其中。复令斋心七日,而示其阳炉阴鼎,柔金炼化水玉之方,伏水炼铅成汞髓之诀,谓曰:'胡刚子、阴长生皆得此道,亦名金液九变神丹之经。丹分三品,以铅为君,以汞为臣,八石为使,黄芽为用,君臣相得,运火功全。七日为轻水,二七日变紫粉,三七日五彩具,内赤上黄,状如窗尘。复运火二年,日周六百,再经四时,重履长至。初则十月离其胞胎,已成初品,即能干汞成银,丸而服之,可以驱疾。二年之外,服者延年益算,发白反黑。三年后服之刀圭,萧散名山,周游四海。初品地仙,服之半剂,变化万端,坐在立亡,驾驭飞龙,白日升天。大都此药经十六节,已为中品,便能使人长生。药成之日,五金八石黄芽诸物,与君臣二药不相离乱矣。千日功毕,名上品还丹。谨而藏之,勿示非人。世有其人,视形气功行合道者而传之。刘受丹诀,还于雾中山筑室修炼,三年乃成。唐玄宗开成三年犹在蜀。自述无名,传以示后人,入青城山中,不知所终。'"①

"尔朱洞,字通微。少遇异人,授还元抱一之道,炼大丹不死之方,因自号归元子。唐懿宗朝,至蓬州,隐修于大小蓬山。久之,复舍去,卖药于蜀汉之间。唐昭宗大顺中,王建围成都,尔朱洞亦在焉。尔朱洞略显神通,告诫王建,不得一毫伤民。王建入成都,束息战,市不改肆,民既全济。尝大醉天封精舍,呕丹于其井中,曰:后当为良药。至今炎夏病痛者饮之,必差。时太守认为尔朱洞妖言惑众,纳之竹夆,沈于长江。至涪陵上流,有二人乘舟而渔,举网出之乃尔朱洞,叩铜缶瘗之。少焉,尔朱洞开目曰:此去铜梁几何,有三都乎?渔者曰:此去铜梁四百里,即丰都县平都山仙都观也。通微曰:吾师谓吾遇三都,白石浮水乃仙去,殆此。二渔者曰:我昔从海山仙人得三一之旨,

---

① (元)赵道一编:《历世真仙体道通鉴》卷四四,《道藏》第5册,文物出版社、上海书店、天津古籍出版社1988年影印本,第352页。

炼阳销阴，亦有年矣。""通微于是索酒，与剧饮，取丹分饵之。至荔枝园下，旌节自天降，导三人升云而去。涪州松屏出石山间，尔朱先生种松于此。映山之石，皆有松文，采者祈祷，得佳天然成文。其后通微再见于世，有成都胡二郎仙井，道上遇焉。"①

李浩，字太素，不知何许人也，隐青城山牡丹坪。"尝与尔朱先生同游，注尔朱菩萨蛮词，作《大丹诗》百首，行于世。其后不知所终，人或传举家仙去。其诗有云：混沌未分我独存，包含四象立乾坤。还丹须向此中觅，得此方为至妙门。煮石烹金炼太元，神仙不肯等闲传。人能认得无中理，夺尽乾坤造化权。百首荒辞义亦深，因传同道庾疑心。华池本是真神水，神水元来是白金。又将白金为鼎器，鼎成潜伏汞来侵。汞入金鼎终年尽，产出灵砂似太阴。"②

青城横源人王柯，字仙柯。"其幼颖异拔俗，家业巨富，不以经意。长则仁慈好善，见老弱穷困恻然哀之，周急施惠。每大雪时，施粒食以济禽乌。""后遇至人传丹诀，于乃居侧洞中修炼，历年无成。鼎忽破，丹乃化为金线石。后因遍行山园，一日至味江龙潭，又上西峰，遇道士炼丹，柯乃助其薪炭，奉事三年，寒暑不移。道士嘉其志，授以秘诀，令内修上道，外积阴功。丹成，复分遗之。柯服丹，渐觉神爽气逸，身轻意畅。门侧有大梧数株，腾身而举，已在梧杪，因此升天而去。今梧犹在。乃唐高宗仪凤三年中得道也，其地即今罗家山，道士乃罗公远云。"③这是一位修炼外丹的道士，说明其时西蜀的外丹术颇为流行。

道教史上，阐述丹道的第一部经典《周易参同契》为东汉魏伯阳所著。但问世之后，却一直仅在道门内部秘密传播，少人知晓。直至隋代苏元朗始推衍《周易参同契》，以倡内丹之说。继踵而起的是刘知古，他进一步确定了苏元朗的"归神丹于心炼"的内丹思想，成为蜀中内丹派的第一人。

据《罗浮山志》载，隋开皇时有苏元朗来罗浮，"居青霞谷修炼大丹，

---

① （元）赵道一编：《历世真仙体道通鉴》卷四五，《道藏》第5册，文物出版社、上海书店、天津古籍出版社1988年影印本，第361页。
② （元）赵道一编：《历世真仙体道通鉴》卷四四，《道藏》第5册，文物出版社、上海书店、天津古籍出版社1988年影印本，第353页。
③ （元）赵道一编：《历世真仙体道通鉴》卷三九，《道藏》第5册，文物出版社、上海书店、天津古籍出版社1988年影印本，第327页。

自号青霞子，作《太清石壁记》及所授《茅君歌》，又发明太易丹道为《宝藏论》。弟子从游者闻朱真人服芝得仙，竞论灵芝：'春青、夏赤、秋白、冬黑，惟黄芝独产于篙高，远不可得。'元朗笑曰：'灵芝在汝八景中，盍向黄房求诸。谚云，天地之先，无根灵草，一意制度，产生至宝，此之谓也。乃着《旨道篇》示之，自此道徒始知内丹矣"①。

苏元朗所谈的内丹之学，是依《周易参同契》为基础。他以《参同契》"金来归性初，乃得称还丹"的寓意，与老子"归根复命"思想结合，倡导性命双修。"又以《古文龙虎经》《周易参同契》《金碧潜通诀》三书文繁义隐，乃纂为《龙虎金液还丹通元论》，归神丹于心炼"。其言曰："天地久大，圣人象之，精华在乎日月，进退运乎水火，是故性命双修，内外一道。"所谓修性即是修心，这是师承老庄"养神"心法。修命即固精养气，这是道教独擅之术。苏元朗把道家性说与道教命功相结合，首先明白提出了性命双修，作为内丹修炼的核心。

继苏元朗之后，刘知古是又一名遵奉《周易参同契》、主张修炼内丹者。据北宋贾善翔《高道传》记载，"刘知古，字光玄，其先本彭城沛人。世代显达，为中山靖王远孙，曾祖英隋朝以孝廉登科，历官临邛令，故迁家于临邛"。"母吴氏，感异梦而生，明慧秀正，不喜利名，惟从事于道。"唐高宗龙朔（661~663）中，于蒲江太清观出家。"受三洞经箓，至于八公宝章、三洞宝箓、丹经脉诀之旨，出生入死之道，罔不洞晓。"②

时蒙唐睿宗召问，问以道家之事，刘知古对答称旨，深得皇帝喜爱。因此，睿宗特加崇锡，将知古送还蒲江太清观。开元中，玄宗复召，"为民蠲疫，真人视色代脉，布气除痾，民赖以安，十有八九。上宠锡不受，乞归蜀，请以居第为大千秋观，上亲书额，李邕文其碑"。后移居东阳伏牛山古观，"行三奔九道之要十年，而得成仙证道"。"真人尝为母荐福，置九幽灯，金箓白简式，至今遵用，幽冥利益，讵可量哉。又有《日月玄枢》《指迷歌》行于世。圣宋宣和中，改为仙隐观，在成都北城内。"③由上述记载可知，刘知

---

① 《古今图书集成》第51册，中华书局、巴蜀书社1985年影印本，第62217页。
② （元）赵道一编：《历世真仙体道通鉴》卷三九，《道藏》第5册，文物出版社、上海书店、天津古籍出版社1988年影印本，第327页。
③ （南宋）吕太古编：《道门通教必用集》卷一，《道藏》第32册，文物出版社、上海书店、天津古籍出版社1988年影印本，第7页。

古生于世宦家庭，不仅精通医术，有"视色代脉"之能，且擅外丹黄白术，精通斋醮科仪，并以内丹知名于世。他知遇于高宗、睿宗及玄宗三朝，有《日月玄枢》《指迷歌》行于世。

刘知古虽为道士，却主张三教合一。"以其兄为儒生，其弟信佛教，因设老子、孔子、释迦三教圣真像以祀事。燕国公张说闻其风而悦之，作三教铭以赞誉之，其辞曰：'正气生神，结虚为实。上清尊帝，中黄守出。华彩衣裳，虚无宫室。紫气乘斗，赤炉饮日。十天从此，万灵受役。莲华释门，麟角儒术，法共不二，心同得一。道心惟微，守而勿失。'"①

刘知古得魏伯阳《周易参同契》于蜀中，并将其理论用于指导内修。唐玄宗时，诏求丹药之事，刘知古上奏，谓神仙大药无出《周易参同契》。他结合炼丹体验，撰《日月玄枢》，阐述丹道秘法。他说："道之所秘者，莫若还丹。还丹可验者，莫若龙虎。龙虎之所出者，莫若《参同契》焉。"而《周易参同契》所讲的主要是"还丹"，而不是外丹。他说："《参同契》者，参考三才之理，取其符契者也。吾能陈其梗概焉。其要曰：乾坤为鼎，天地之道成矣；坎离为药，而南北之位分矣；龙虎为名，东西之界列矣；若论火候，定生成，莫不循卦节应钟律焉。"②这里所说的鼎、药与火候，正是内丹修炼的"三要"。

鼎器是炼丹的基本工具，包括鼎和炉两种对象。《周易参同契》以乾坤两卦喻鼎器，开端即曰："乾坤者，易之门户，众卦之父母。"刘知古说："天地为鼎，阴静阳动。"③所谓"乾坤，天在上，地在下，而阴阳变化万物终始皆在其间；以人身言之，则阳在上，阴在下，而一身之阴阳万物变化终始皆在其间，此乾坤所以为易之门户，众卦之父母也。凡言易者，皆指阴阳变化而言，在人则所谓金丹大药者，因此乾坤为其炉鼎"。这就是说，乾坤二卦所取象的天地好似一个大炉鼎，阴阳变化万物始终都在其中；人身则是个小炉鼎，精气变化采药炼丹也在其中。

---

① （元）赵道一编：《历世真仙体道通鉴》卷三二，《道藏》第5册，文物出版社、上海书店、天津古籍出版社1988年影印本，第282页。
② （南宋）曾慥编：《道枢》卷二六，《道藏》第20册，文物出版社、上海书店、天津古籍出版社1988年影印本，第736页。
③ （南宋）曾慥编：《道枢》卷二六，《道藏》第20册，文物出版社、上海书店、天津古籍出版社1988年影印本，第737页。

药物，是指炼丹的基本原料。就内丹而言，指人体的先天生命元素，可以扶正祛邪，维持人的生机，故谓之药。《周易参同契》以乾坤为鼎炉，以坎离为药物。与药物相关的术语还有"龙虎""水火""铅汞""日月""兔乌""戊己""阴阳"等，所有这些都是同义词，其实只是精气二者而已。其中坎离两卦最为简易明白，具现了阴中含阳、阳中含阴、阴阳不相离的意味，故后人用之最多。

刘知古认为，龙虎即为丹，为日月，为夫妇，为父母，为母子，为阴阳，关键看其居于何种时空关系下。他说："吾之所论丹者，龙虎也。流珠为青龙。青龙者日也。黄芽为白虎，白虎者月也。故日月之精气者，有变化之理，饵之者亦可以变化矣。变化者何谓也？丹砂变为水银，自阳而返阴也；水银复为丹砂，自阴而返阳也。故曰流珠者，大青丹也。黑铅变为黄丹，自阴而返阳也；黄丹化为黑铅，自阳而返阴也。二物者谓之阴，则倏然而成阳矣；谓之阳，则忽然而成阴也。互为夫妇，更为父母，此盖阴阳感激而成，虽圣贤莫测焉。"[1]

作为对立的统一体，从本源上说，日月是天地精华的体现者。他说："还丹者，何以度世耶？其食乎日月之精华者也。日月者，何也？天生玄女，地产黄男者欤！龙虎者，金汞也。金汞相包，得乎自然之性，此岂非其神乎！"故而龙虎之象征意义，仅是取其变化与躁烈的性质，实质上是阴阳之气，但此阴阳之气因所处环境不同，相互之间发生转化。而人体内炼而言，"肝青为父，曾青是也；肺白为母，铅银是也；肾黑为子，玄磁是也；脾黄为祖，雄雌是也。还丹白赤而为紫赤者，曾雄之气染之也。曾不知还丹者，阴阳之气所为变化，顺天地之生成，合金水之自然"[2]。

火候，是炼丹过程中最难把握的。因为它涉及时间、方位、质量变化和现代科学意义上的"场"的转换，涉及人体内部在常态下难以觉察的能量流的变化。人体能量流是极细微、极玄妙的存在，它的运转是无形无象的，也不可能有一个时针或刻度盘作标志。因此，《周易参同契》中使用的表示炼丹火候的时间符号也完全是一种象征性的比喻。这就是说，它是借常人所见到的昼夜四季和月圆月缺的循环，来比喻不可见的人体内能量流的周期与变化。对此，刘

---

[1] （南宋）曾慥编：《道枢》卷二六，《道藏》第20册，文物出版社、上海书店、天津古籍出版社1988年影印本，第737页。

[2] （南宋）曾慥编：《道枢》卷二六，《道藏》第20册，文物出版社、上海书店、天津古籍出版社1988年影印本，第736页。

知古有着精微的体验，他说："阴在上也，阳下奔也；首尾武也，中间文也。常于炉之上置杯水焉，何也？夫还丹起于阳生，修于阴极者也。阳伏在下，阴伏在上，其有水者，必俟乎金长之后，水王之时也，何谓也？自复至于观，历于十月，于是铅黄既树，丹道将成，子出于母之胞，不相涉入矣。阳消阴息，金盛水衰，魂魄相安，刚柔合体，然后设阴炉于上，列炎火于下，所谓举水以激火，奄然灭光荣者也。"①火候法象的正是宇宙的循环往复的阴阳消长，正如宇宙的洪炉陶冶万物一样。

需要说明的是，刘知古主张外丹、内丹双修，他强调长生之术，"必在保养服食，内外兼资，非专一端，而后可冀"。这种认识，是唐代较为普遍的观点，而为蜀中众多道士实践。但两者不是并列的存在，内丹修炼地位更突出。在《进日月玄枢论表》中，刘知古自称，"臣自幼年，与道合虚，情性守一，颇历岁月。至于留心药物，向此二纪，意谓无出《参同契》。但能寻究此书，即自见其道"。并对《周易参同契》给予了极高的评价，"且道之至秘者，莫过还丹。还丹之近验者，必先龙虎。龙虎所自出者，莫若《参同契》"②。故而他著《日月玄枢》一卷，"虽不尽露真诠，而亦颇闻玄要"，使《周易参同契》的内炼之道为更多的人所了解。在内丹学的发展史上，《日月玄枢》具有重要的地位。由于他简化了《周易参同契》的概念体系，使其药物、鼎炉、火候突出，并使炼丹所依据的阴阳五行学说的理论与炼丹的实践相结合，从而为后人提供了内炼之途径。

六、罗公远的内养思想

罗公远，亦名思远。《仙传拾遗》云："唐罗公远，彭州九陇人，又云武阳人。修道于漓沅。常往来青城、大霍二山。"③所谓"漓沅"，即早期天师道二十四治之一，位于今四川彭州九陇山。曹学佺《蜀中广记》卷五曰："治北五十里白石沟，即漓沅治也。上应房宿。治有鸿都观，下观名曰响石。"杜光庭《道教灵验记》云："罗真人，即神仙罗公远也。于濛阳罗江坝，接九陇、什邡之界，在漓沅化后，今相传号罗仙范仙宅，修道于青城之南，今号罗

---

① （南宋）曾慥编：《道枢》卷二六，《道藏》第20册，文物出版社、上海书店、天津古籍出版社1988年影印本，第738页。
② （清）董诰、阮元、徐松等编：《钦定全唐文》卷三三四，中华书局1985年影印嘉庆本。
③ （明）曹学佺：《蜀中广记》卷七三，文渊阁《四库全书》本。

家山。明皇朝，出入帝宫，辅导圣德，自有内传。至今隐见于堋口、什邡、杨村、濛阳、新繁、新都、畿服之内，人多见之。不常厥状，或为老妪，或为丐食之人。每风雨愆期，田农旷废，则必见焉。疑其仙品之中，主司风雨水旱之事也。杨村居人众以旱暵，又将祷于洛口后城李冰祠庙。热甚，憩于路隔树阴之下，忽有老妪，歇而问曰：众人欲何往也？悉以祈雨事答之。妪曰：要雨须求罗真人，其余鬼神，不可致也。言讫不见，众知妪即罗真人也，于是见处焚香以告焉。俄而风起云布，微雨已至，众乃还家。是夕，数十里内，甘雨告足。乃于其所置天宫，塑像焉。诸乡未得雨处，传闻此说，以音乐香花，就新宫祈请，迎就本村，别设坛场，创宫室，雨亦立应。如是什邡、绵竹七八县界，真人之宫，处处皆有，请祷祈福，无不征效。忽为乞士，于堋口江畔，谓人曰：此将大水，漂损居人，信我者迁居以避之，不旬日矣。有疑其异者，即移卜高处，以避水灾，其不信者，安然而处。五六日，暴水大至，漂坏庐舍，损溺户民，十有三四焉。居人以为信，立殿塑像以祠之。"①

时唐玄宗好方外道术，应召入对，每问无不称旨。"上每召公远与法善、金刚三藏试法，而公远常胜。凡出入禁中，或以微言规讽，或以直道献替，厌崇驱妖，召龙致雨，无善自隐。"②时玄宗以长生为请。对曰："我命在我，匪由于他，当先内求而外得也。刳心灭智，草衣木食，非至尊所能。因以《三峰歌》八首以进焉，其大旨乃玄素黄赤之使，还婴溯流之事。玄宗行之逾年，而神逸气旺，春秋愈高，而精力不惫。"③后离京返蜀，隐居青城，以宣其道。至天宝末，玄宗避安史之乱，车驾幸蜀，罗公远又于剑门奉迎銮辂，并护卫至成都，拂衣而去，不知所踪。

罗公远精通内修道法，尤其是房中阴丹之术。有《三峰歌》《真龙虎九仙经注》传世。所谓"玄素黄赤之使，还婴溯流之事"，即为房中修炼之术。《阳气黄精经》曰："阳气赤，名曰玄丹。阴气黄，名曰黄精。阴阳交合，二气降精，精化为神。"可见阴阳之气即为黄赤，合气之术也就是黄赤之道。《阴丹诗》亦曰："尘世名房术，仙家号隐书。三峰贻秘旨，五字著真枢。主

---

① （北宋）张君房编：《云笈七签》卷一一九，《道藏》第22册，文物出版社、上海书店、天津古籍出版社1988年影印本，第823页。
② （元）赵道一编：《历世真仙体道通鉴》卷三九，《道藏》第5册，文物出版社、上海书店、天津古籍出版社1988年影印本，第323页。
③ （北宋）李昉等编：《太平广记》卷二二，文渊阁《四库全书》本。

客防先动,阴阳贵合符。每调冲气顺,无使欲情舒。顾惠须生害,存终若慎初。三田金液满,凡质换冰肤。"①

在《真龙虎九仙经注》中,罗公远言内丹修炼,很有特色。他主张多用观想存思之法,其运炼精气不用任、督二脉,或沿"中脉"直达百会,或上下丹田、泥丸;又言开顶出神,夺胎移舍,夺位分身之要术。这与一般内丹功法显然不同,似类于唐代佛教密宗之法。又谓依炼丹功力之深浅,可成就九等仙,即天侠、仙侠、灵侠、风侠、水侠、火侠、气侠、鬼侠、剑侠,亦与其他丹经不同。

首先,经中借天真皇人名曰:"子欲修其身,先须静其意。无散乱,无烦怒,无起著,无妄想,无贪爱,无邪淫,无放逸。内安其神,外去其欲。当修其事,若众患起,以气理了。"即先要静意修心,做作"七无",才能继而再炼气。

对此,罗公远解释说:"凡修道散乱,其意不坚,何时得就。若有嗔怒,其心神燥,放逸成散乱也。又不得起诸缘著。故修之要一意精勤,无诸妄想。又其意多为贪爱起邪淫,故其心不忘,其事不成。但无贪爱,岂有邪淫。凡修身一志,不要放逸,若放逸则不成。假使一年功修得十一个月日已上,放却一两日再修之,前功皆失也。"

所谓内安其神之"神",是指身内脏腑之神。罗公远曰:"安神者,叩齿,想于三魂作仙真之形,人身之福神也,号曰胎光、爽灵、幽精。想之如有,愿具告之,必从其事,锁于脐下。三魂安则众神安,三魂不安则众神不安。故《黄庭经》去:三魂,阳神也,好人修生。若人淫欲,其精枯。精枯其命殂。是故魂神曰幽精,忧人精枯,泣告爽灵,爽灵既知,则离顶门。顶门胎光,光乃渐减,神乃散乱也。故众神不安,人则患生,神散曰死,故外去其欲也。"

至于以气调理身中疾病,主要是运用心、肾的能量。经中谓之"水火""龙虎"。罗公远曰:"凡用水火理病患,皆一息内也。用水,想肾藏两条黑气如烟,直上至顶,如烟满泥丸宫,化为水,自泥丸洗,下之至臂,洗之了,入五脏六腑,及至足了,举足起,以意想之,归本肾宫。若患痈疽等病,想入大肠,自然转动也。若用火者,心下火至左右足,上至手及项。一息之

---

① 《内丹秘诀》,《道藏》第24册,文物出版社、上海书店、天津古籍出版社1988年影印本,第180页。

中，九壮其气，病自除。热则用水，冷则用火。"

其观想存思之法，以鼻端、眉心为要窍，这在汉唐传统内炼术是罕见的，而与佛教的"观鼻端白"法十分相似。其经曰："瞑目鼻上望，寸丝亦不得想，离其本腔，趄之即为定。诸境不得逐，抽掣何模样。次入眉间，观白毫光，业现。眉上力极，移入顶中，三件定实，功乃腾矣。无心无着，外想不入，众祸不加，从九至九，炼七至七。"所谓"瞑目鼻上"，即于入静之际，微闭双目，集一丝微光，凝注于鼻端之上，此谓之"望"。罗公远注："玄牝门，鼻也。与肺合，其出入息，今为定法，鼻上住息，一意坚守为定，故曰守一也。"道教以鼻属脾土，脾主意，故意住鼻端，万缘皆息，一意存守，神光自现。此神光直入眉间，只见眉间白光毕现，三世之业可见。罗公远注："如鼻上定，则观诸境不动，如龟毛兔角抽掣，自然向眉间想之，白毫光明，见三世事，以定力故。切不在着诸境，必观之在眉间俱现。"如此，白毫之光又返照鼻端，再由鼻端、眉间，直上头顶百会。罗公远注："从九至九，一度鼻至眉，眉至鼻，鼻却至顶，皆三度，曰九。从九至九，每日造九度，乃九九八十一矣。造作至四十九日，必自定矣。一伏时，不出不入。"此为一段功夫。

其后，再修黄云撞顶、夺舍分身之法。经曰："若爱来与去，久隐在世间，当想开顶门，黄霞满天地。冥心细想，内自有神，用意行之，去来自在，欲离其腔，黄霞重盖。或归住本体，或离入他身，或别从初起。"这种黄云撞顶之法，亦以存想脾中之气为要害。罗公远注："此法修之，隐迹遁世也。以脾上起黄云撞顶。男左掩右，女右掩左。男修之，黄云举起，撞左，想左边高，然后圣身出时，用手压右，令下之。女修之，黄云撞右边，想圣身出，用手压左畔下之，然后方出。"黄气、黄云皆为人体脾藏真气所化。这类存思气法，早在魏晋之际已相当流行。如《上清大洞真经》卷五言"存思黄气君法，谓平坐，瞑目澄心，精思黄气君，其真气黄云罩于顶上"。

其中所言"圣身出"的境界，这是一种新的炼神出离的方法。所谓"圣身"，是指修炼者的元神，这是在炼气化神阶段出现的一种景象。圣身（元神）自头顶百会穴，出入自在，如此即达一种神妙的境界。罗公远曰："冥心细想，身上灵冥，坐在金堂玉阙之内。"此灵冥即元神，金堂玉阙即为泥丸丹田。"用意想此灵冥，乘黄云坐力极，归顶门内。闭顶门，却入在金堂玉阙。又想出入。如此数凡四十九度也，故经云，六时行道，四十九遍也。凡离身之时，须留黄云一朵，盖顶门。然后乘黄云一朵，下了，回面看本身也。但修行无间断，方成。至四十五日，当有水墨形现也，诸人亦见。一百八十日，自然去住自在。凡去时，身上下俱如冰雪也。回来时，还开顶门，归身上下俱暖也。"

在圣身显现之前，它尚为"婴儿"。经曰："然后想真精，两肾合一气。心血下结成，方成婴儿象。土上有黄芽，方为己之命。日初入照水，百度日践影。两肾日月光，各出赤白气。夜夜七七出，顶门自有应。十月与身等，冥冥为地仙。"罗公远曰："真精，内津也。身象鼎也，左脚压右足，两身俱身后，如鼎虚三足。凝结以心血盖之结之，方想成婴儿，如己之形貌无异也。其孩儿虽结，就黄芽脾土生，方为命之根也。"也就是说，所谓"婴儿""圣胎"，都是自身精气凝聚而成一种结合物，并非肉体的存在，而是存想意念的产物。

在"婴儿"显现之后，继续修炼，让其渐壮渐强。罗公远曰："凡结圣胎后，须炼圣身。每日日出卯时，冥心静坐，想右肾为月，月出赤气。赤气入水变白，如半月之状，乘圣身起。想左肾为日，日出白气。白气入水变赤，如火，在半月下，乘之渐渐举起，至金堂玉阙。乃被顶上前来，四十五日收者，太阳照之。其才被日光照着，惊投水中。一息内作也。每时作三十三度，自卯至辰、巳三时，共合九十九数。""圣身就，夜夜自精海中，乘紫云起来，至金堂玉阙中，一一遍观，从顶至足，备认之。然后突出顶门，乘紫云，定息，息极，方下来，入金堂玉阙也。方闭息，却再住息，准前出。如斯四十九遍也，十月满，当其二身，大小长短形貌同也。猎步离身，随意自在。"这是从顶门（百会），出入体内，降归丹田，以滋以养，壮其元神，所谓"十月满"，即成仙真，随意自在。

与众多丹经不同，此书所言"九仙"，皆为侠客。他们依炼丹功力之深浅，可成就九等侠仙，即天侠、仙侠、灵侠、风侠、水侠、火侠、气侠、鬼侠、剑侠。如仙侠，"已修上真升天之行，又复炼气为锤剑"。灵侠、风侠已是地仙，"闻有不平之事，飞剑立至"。水侠本是水仙，"无水不可飞腾也"。火侠成就，"身欲飞腾，须化火一团，乘而来往"。气侠"唯学定息气，便将精华炼剑，剑成如气，仗而往来"。剑侠，"或因遇于宝剑，亦得随意东西变化也"[1]。

---

[1] 《道藏》第4册，文物出版社、上海书店、天津古籍出版社1988年影印本，第317~321页。

这种仗义行侠的传统，源出先秦墨家。入唐，道教中许多高道推崇墨侠风尚，而提名为"墨子五行术""墨子闭气行气法"的变化术、气法亦在道门流传，以至唐末五代的吕洞宾，更以千里济难的剑侠而闻名于世。

七、梅彪《石药尔雅》与彭晓的炼丹思想

金丹也称为外丹，是先秦修仙方术之一。其具体方法是以丹砂、铅、汞以及其他一些药物为原料，在炉鼎中进行烧炼，经过化学合成的过程，会融合成一种新的物质，这就是金丹。这种炼制丹药的方法，也可以把普通的金属点化成金银，因而又叫作"黄白之术"。道教形成以后，道士们延续了先秦方士们的事业，继续进行着对不死仙药的研制。金丹道也是道教最早的派别之一。在众多道门中人的参与下，金丹之道获得了极大的发展。

自古以来，巴蜀地区一直有丹道传授的传统。早在东汉和帝时，青城山已经有炼丹家传习岷山丹法。《黄帝九鼎神丹经》和《太清金液还丹经》都产生于东汉时代的巴蜀地区，是早期炼丹术的代表作，分别开创了道教的还丹派和金液派。这两部丹经最早由安期生传授给马鸣生，再传给阴长生，汉末张陵得到这两部仙经，继而传给王长与赵升，其后也一直在巴蜀地区流传。

加之蜀地物产丰富，与炼丹合药具有得天独厚的条件：其一，炼丹所需要的原料，有很多都产自巴蜀地区。《史记·货殖列传》中说："巴蜀亦沃野，地饶卮、姜、丹砂、石、铜、铁、竹、木之器。"《本草》中说："丹砂出符陵。"符陵就是巴郡的涪州。丹砂，就是炼汞的主要原料。巴寡妇"清"，因为最先发掘到丹穴，并以此而致富。这一例子在《史记》和《汉书》中都有记载。另外在《神农本草经》中记载的一些炼丹合药的原料，也是产于蜀地。其二，巴蜀地区的峨眉山、青城山、绥山、鹤鸣山等，一直都是炼丹者炼丹合药的理想地点。葛洪将这些山列为炼丹合药的名山。在这些山上都有天神地仙居住其中，有灵芝妙草，可以避大兵大难，便于在山中合药，则丹药必然可成。所以，巴蜀地区的丹道也较其他地区更为流行。

唐元和时，西蜀江源人梅彪所撰《石药尔雅》，是道教历史上第一部专论丹药著作；五代时，西蜀永康人彭晓撰写的《周易参同契分章通真义》，被认定为是注《周易参同契》诸家中最早的注本。《石药尔雅》与《周易参同契分章通真义》都是在唐代炼丹术极为发达的背景下，在巴蜀地区出现的，它们也反映了唐代巴蜀地区炼丹术的发达程度。

梅彪，西蜀江源（今四川松潘）人，他最大的贡献就是撰写了《石药尔雅》。关于梅彪的生平，在今天可以看到的文献里几乎没有记载。唯一的线索，是他所撰写的《石药尔雅》的序言。序中云："余西蜀江源人也，少好道艺，惟攻丹术。自弱至于知命，穷究经方，曾览数百家，论功者如同指掌。用药皆是隐名，就于隐名之中，又有多本，若不备见，犹画饼梦桃，遇其经方，与不遇无别。每噫嗟此事，怅恨无师，由何意也。因见《参同契》云：未能悉究，当施直义。其理尽矣！""今附六家之口诀，众石之异名，象《尔雅》词句，六篇，勒为一卷。令疑迷者寻之稍易，习业者诵之不难。兼诸丹所有别名，奇方异术之号，有法可营造者，条列于前，无法难作之流，具名于后。时唐元和丙戌梅彪序。"①

这篇序言写于唐元和丙戌，即公元806年。而这个时候，梅彪大概是知命之年，也就是五十岁左右，从此向上推五十年，也就是756年，这个时候正是唐玄宗天宝十五年。这一年发生了著名的安禄山叛乱，玄宗仓皇逃往蜀地。当时中原的战乱并未波及蜀地，成都成为人民向往的乐土，又因为皇帝的入驻，所以一时之间"四海此中朝圣主"，形成了"天下人才皆入蜀"的局面，更促进了蜀文化在此后及五代时的繁荣。梅彪在这样的环境中成长，当然得天独厚。

梅彪自幼就倾心于道教，尤其醉心于钻研金丹之道。从弱冠到知命之年的三十年间，他孜孜不倦的研究各家丹经药方，悉数了然于心。他发现这些丹经中，多是运用隐名，若不明白这些隐名实际所指，就无法看懂那些丹经和药方。因而仿照《尔雅》的体例，列举各种金石药物、丹药、丹法及丹书之名目，并注释其别名异号，做了《石药尔雅》，以帮助后学，使"疑迷者寻之稍易，习业者诵之不难"。

《石药尔雅》中收集了唐代以前道家炼丹家的金石药物、丹药、丹法及丹书，解释古炼丹术术语和药石异名，是中国第一部专论丹药的著作，对研究古代炼丹术有重要参考价值。全书有六篇，共为一卷。第一篇《释诸药隐名》，内载水银、丹砂、金银等金石药名六十二种，乌头、附子、牛胆、猪脂等动植物药名九十七种，并注释其别名异号。第二篇《载诸有法可营造丹名》，列举太一金丹等六十八种丹药名目，均属于有法可造之丹。第三篇《释诸丹中有别名异号》，内载招魂丹等二十四余种丹名，并注释其别名异号。第四篇《叙堵

---

① 《道藏》第19册，文物出版社、上海书店、天津古籍出版社1988年影印本，第61页。

经传歌诀名目》，著录《太清经》《青霞子诀》等百余种外丹书名。第五篇《显诸经纪中所造药物名目》，内载黄舆伏火法、造朱雀符法、炼雄黄法等百余种炼丹方法名目。第六篇《论渚大仙丹有名无法者》，内载黄帝九鼎丹、大仙升霞丹等丹名二十余种。据说这些丹药都是往古得道者所服用过的仙丹，服了之后可以白日升天、身生羽翼、变化自在。

梅彪说："至药元君不许妄传，为盟誓重，此不敢载矣！"可见梅彪当时的记载还是有保留的。除此之外，他对于一些药物的隐名的记载也有不全的。例如汞，梅彪仅举出了二十二个名字，后来李约瑟对其补充了十六个，孟乃昌又补充了二十二个。陈国符曾作《石药尔雅补与注》，以补梅彪之疏漏，甚为有益。

《石药尔雅》是中国道教炼丹术史上具有标志性意义的著作，对我国的中医药学也产生了的重要影响。它既是重要矿物文献，又是世界最早的化学辞典。对于今天的古文献学、医药学、化学、矿物学、科学史的研究都是有益的。

继梅彪之后，西蜀又出现了一位炼丹家彭晓。彭晓，字秀川，五代后蜀永康（今成都崇州）人。据宋陈葆光《三洞群仙录》卷十二载："祠部员外郎彭晓，字秀川，自号真一子。常谓人曰，我彭篯之后，世有得道者，余虽披朱紫，食禄利，未尝懈怠于修炼，去作一代之高人，终不为下鬼矣。宰金堂县，则恒骑一白牛，于昌利山往来，有会真之所，往往有白鹤飞鸣前后。晓注《阴符经》《参同契》，每符篆谓之铁扇子，有疾病者，饵之则愈。"①元赵道一《历世真仙体道通鉴》卷四三则曰："昌利化飞鹤山彭晓，本姓程，西蜀永康人。少好修炼，自号真一子，与击竹子、何五云善。孟蜀时明经登第，累迁金堂令。遇异人得丹诀。注《阴符经》《参同契》《金钥匙》《真一诀》。篆符以施病者，号铁扇符。能长啸，为鸾凤声，飞鸟闻而皆至。蜀王孟昶屡召，问以长生久视。晓曰：以仁义治国，名如尧舜，万古不死，长生之道也。累迁祠部员外郎、蜀州判官，权军州事。广政十七年（954）十二月卒。十日颜状如生，后有人见于青城山，立松柏之上飞去。"②

今天能够见到的彭晓的著作中，最重要的就是《周易参同契分章通真义》。《周易参同契》原书本为三卷，彭晓将其分为九十章，以应火候九转。计上卷分四十章，中卷分三十八章，下卷分十二章，每章各取章首数字为章名。九十章

---

① 《道藏》第32册，文物出版社、上海书店、天津古籍出版社1988年影印本，第317页。
② 《道藏》第5册，文物出版社、上海书店、天津古籍出版社1988年影印本，第347页。

之外,还有《鼎器歌》一篇,独自称为一章,以应真铅得一,末尾有赞序。卷末还附有彭晓所做的《明镜图诀》一篇。明镜图由八个同心圆构成,由外向内依次标以八卦、二十八宿、月像、十二复卦、十二月、十二地支,以及四季和五行之名,以图形来解释《周易参同契》,使之更加简明易懂。

彭晓所著《周易参同契分章通真义》,是现存《周易参同契》最早的注本,在《周易参同契》的传播史上占有重要地位。《四库提要》中称:"诸家注《参同契》者,以此本为最古。"陈抟就曾受到彭晓的直接影响,其所作的《无极图》,即有模仿彭晓《水火匡廓图》和《三五至精图》的痕迹。宋代大儒朱熹曾作《参同契考异》,他对《周易参同契》所分的章次和彭晓是一致的。由此可见,后世对彭晓及彭晓本《周易参同契》的重视。

此外,彭晓还著有《还丹内象金钥匙火龙水虎论》,进一步阐发了"仙道"学说。他说,乾坤之气有阴有阳,有清有浊。清阳者主生,积之者成仙;浊阴者主死,积之者成鬼。人通过修炼今液还丹,可以天地无涯之元气,续个人有限之形躯,使自身成为纯阳真精之形,就可以与天地同寿,长生不死,即身成仙。彭晓孜孜以求金液还丹的方法与秘诀,并且著书开示后学,这种诲人不倦的精神,令人敬佩。唐末五代正是道教方术由外丹转向内丹的转折点,彭晓的修炼成仙思想,顺应了这一历史趋势,起到了承前启后的作用,对后世道教有一定的影响。

八、李荣、王玄览的重玄思想

"重玄"一词,最早出现于魏晋时期,其意多指高远的天空。在道教重玄学的语境下,"重玄"指的是《道德经》第一章的"玄之又玄,众妙之门"。对此,成玄英解释说:"玄者,深远之义,亦是不滞之名。有无二心,徼妙两观,源于一道,同出异名。异名一道,谓之深远。深远之玄,理归无滞。既不滞有,亦不滞无,二俱不滞,故谓之玄也。""有欲之人,唯滞于有,无欲之士,又滞于无,故说一玄,以遣双执。又恐行者,滞于此玄,今说又玄,更祛后病,既而非但不滞于滞,亦乃不滞于不滞。此则遣之又遣,故曰玄之又玄。"①在成玄英看来,老子之道既不滞于"有",也不滞于"无",故名为

---

① (唐)成玄英:《道德经义疏》,蒙文通辑校《道书辑校十种》,巴蜀书社2001年版,第377页。

"玄";以玄遣有和无;但又不可滞于"玄",故以"又玄"遣前"玄",使"玄"亦不存,归于虚无大道,这就是双遣两边,否定之否定的重玄之道。

重玄既是指一种双遣两端,否定之否定的体道修仙方法,又是一种体道修仙所追求的最高境界——重玄之境。隋朝道经《本际经》说:"何谓重玄?太极真人曰:正观之人,前空诸有,于有无著;次遣于空,空心亦净,乃曰兼忘。而有既遣,遣空有故:心未纯净,有对治故。所言玄者,四方无著,乃尽玄义。如是行者,于空于有,无所滞著,名之曰玄;又遣此玄,都无所得,故名重玄,众妙之门。"[①]意即修仙体道应先破心想幻相,既不滞有,亦不执无,有无兼忘,乃至于忘亦忘,这样才能达到兼忘重玄的妙境。

重玄学是在魏晋玄学的基础上,融摄了佛教中观思想,并经过数代道教学者不断地创造与积累而形成的道教学派。这个学派虽无明显的师承系统,但都以重玄为宗。后经唐代学者成玄英、李荣、王玄览、唐玄宗等人的努力,则蔚然成为一大学派,重玄学也成为唐代道教哲学中最富有思辨性的部分。当时以重玄为宗的学者颇多,如黎元兴、成玄英、李荣、王玄览、司马承祯、蔡子晃、黄玄颐、车玄弼、张惠超等,皆明重玄之道。他们皆"以释言玄",而又"不舍仙家之术",丰富和发展了道教的义理和教义。重玄宗成为当时道教老学中最有影响力学派,对唐代及后世道教产生了极大的影响。

蒙文通说重玄一派,盛于唐初,天宝以后,流风余韵犹存蜀中。[②]唐时,巴蜀地区有较浓的重玄之风,谈玄论道颇多,不仅有道士,还有僧人,蜀僧晏即是一个例证。李白《送蜀僧晏入中京》诗称"黄金狮子乘高座,白玉麈尾谈重玄"[③]。以重玄为宗,注解《道德经》的也很多,如成都道士黎元兴,岷山道士张君相,绵竹道士李荣,剑南道士文如海,眉山道士任太玄、张惠超。他们或注疏或集解,共阐老子奥义。李荣和杜光庭即是其中的佼佼者。被称为"老宗魁首"的李荣,即是从蜀地走出来,名满天下,是当时领袖道教群伦的人物;而被称为"道门领袖"的杜光庭,则在蜀中生活多年,他们一个是唐初重玄学的杰出代表,一个是唐末五代重玄学的总结。

李荣,道号任真子,绵州巴西人。他是唐初著名的重玄师,也是当时

---

① 《太玄真一本际经》卷八,《中华道藏》第5册,华夏出版社2004年版,第253页。
② 《校理〈老子成玄英疏〉序录》,蒙文通辑校《道书辑校十种》,巴蜀书社2001年版,第367页。
③ (清)曹寅、彭定求等编:《御定全唐诗》卷一六七,文渊阁《四库全书》本。

道教重玄学派的中流砥柱,素有"老宗魁首"之称。其生活的时代在唐高宗(650~683)时,约与成玄英同时,因其解老的路子与成玄英相近,蒙文通推测他是成玄英的弟子。

李荣出身于道教世家,为李特、李流之后。少时即恋慕神仙,立志苦修。"自言少小慕幽玄,只言容易得神仙";"漫道烧丹止七飞,空传化石曾三转"①,就是他早年学道炼丹生活的写照。苦修加上颖悟,使得李荣道术日趋精深,成为蜀中道教名流。李荣颇有诗名与辩才,声名达于京师,唐高宗曾召其入京。卢照邻曾作诗记其事:"锦节衔天使,琼仙驾羽君。投金翠山曲,奠壁清江濆。圆洞开丹鼎,方坛聚绛云。宝贶幽难识,空歌迥易分。风摇十州影,日乱九江文。敷诚归上帝,应诏佐明君。"②卢照邻对李荣的道术与文采给予很高的评价与赞誉,称其堪佐明君。

入京之后,李荣常住东明观讲学,为京城"羽流之冠"。当时佛、道相争非常激烈,李荣经常奉帝命进入宫廷,代表道教与佛教名僧往复辩难。据《集古今佛道论衡》记载,显庆三年(658)诏僧会隐、神泰,道士黄赜、黄寿、李荣等至内殿展开辩论。这样的争论进行了好几次,李荣虽"屡遭勍敌,仍参胜席",风头颇健。显庆五年(660)神泰和李荣就《老子化胡经》进行辩驳,这次李荣却辩输了。李荣"由是失厝",被贬回到梓州,体会到了巨大的挫败感,"形色摧恶",声誉顿折。而"道士之望,唯指于荣,既其对论失言,举宗落采"③。由此也可见李荣在当时道教界之地位。到龙朔三年(663)五月,李荣再度入京,后不知所踪。

李荣的主要著作为《老子注》二卷,今《正统道藏》存其残本。蒙文通据《道藏》残本,以及北京图书馆和巴黎图书馆所藏敦煌本辑成李荣《老子注》,恢复了其原貌,使我们得以见全豹。

李荣以庄解老,以佛解老,这与成玄英是一致的。他的重玄思想以老庄道论为基础,对魏晋玄学进行了吸收与再创造,并融摄了佛教,特别是三论宗的中道思想,形成了一个完整的思想体系。

李荣在《道德真经注》第一章中,指出:"道者,虚极之理也。"那么

---

① (清)曹寅、彭定求等编:《御定全唐诗》卷七七,文渊阁《四库全书》本。
② (唐)卢照邻:《卢照邻集》卷一,文渊阁《四库全书》本。
③ (唐)道宣:《集古今佛道论衡》卷丁,《大正藏》,第52册。

何谓虚极之理呢？他继续解释道："夫论虚极之理，不可以有无分其象，不可以上下格其真，是则玄玄，非前识之所识。至至，岂俗知而得知。所谓妙矣难思，深不可识也。"①

李荣认为，道为空极之理，无形无体，无内无外，无上无下，所以不能以经验感知其存在与否，更不能探究其内、外与高下。若仅以有、无来论者虚极之道，则流于简单和浅薄。这里表现出李荣对魏晋玄学"崇有、贵无"之论的否定。李荣提出了"真道"和"俗道"的概念。他说："非常道者，非是人间常俗之道也。"所谓的"人间常俗之道"，即"贵以礼仪，尚之以浮华，丧身以成名，忘己以徇利"。只有"去仁义之浮华，取道德之实，归醇厚之源"方能回归真道。②

那么如何认识道呢？李荣进一步论述了他的重玄方法论。他说："道德窈冥，理超于言象；真宗虚湛，事绝于有无。寄言象之外，托有无之表，以道幽路，故曰'玄之'。犹恐迷方者、胶柱失理者，守株即滞此玄，以为真道，故极言之，非有无之表，定名曰玄。借玄以遣有无。有无既遣，玄亦自丧，故曰'又玄'。又玄者，三翻不足言其极，四句未可致其源，寥廓无端，虚通不碍，总万象之枢要，开百灵之户牖，远斯趣者，众妙之门。"③

"道"是无比幽远虚湛的，仅用"言、象"和"有、无"这样的概念是无法表达其内涵的，而圣人寄言于"有、无"，只是向人描述道，并非道的本身。因此，必须以玄之又玄的"重玄"来体解"真道"。首先，遣"有"与"无"，即"非有非无"，达到"玄"的境界，玄即为"中道"，这是重玄认识论的第一个层次。李荣说："中和之道，不盈不亏，非有非无，有无既非，盈亏亦非，借彼中道之药，以破两边之病，病除药遣，偏去中忘，都无所有。"④进一步，以"又玄"遣"玄"，即将中道也遣去，达至至虚至空的境界，这是重玄认识论的第二个层次。这种遣之又遣的思维方式，就是典型的重玄思维方法。李荣说："夫重玄之境，气象不能移，至虚之理，空有未足议，迎随不得，何始何终乎！盛衰无变，何兴何废乎！"⑤可见重玄之境的内涵，

---

① （唐）李荣：《道德真经注》，蒙文通辑校《道书辑校十种》，巴蜀书社2001年版，第564页。
② （唐）李荣：《道德真经注》，蒙文通辑校《道书辑校十种》，巴蜀书社2001年版，第564页。
③ （唐）李荣：《道德真经注》，蒙文通辑校《道书辑校十种》，巴蜀书社2001年版，第566页。
④ （唐）李荣：《道德真经注》，蒙文通辑校《道书辑校十种》，巴蜀书社2001年版，第570页。
⑤ （唐）李荣：《道德真经注》，蒙文通辑校《道书辑校十种》，巴蜀书社2001年版，第588页。

是无比幽远丰富，无法言尽的。

在唐代独特的政治环境下，修身理国必然成为重玄学的一项重要内容。李荣的重玄说，其现实指向也不离于修身与理国这两方面的内容，他对此多有论述："是以理国者以道，百姓无以窥觎，修身者以道，声色无由开凿。"又说："理国者若能以谦为德，以道为用，必可破之于强敌，摧之于骁雄，而道最为先，故无易于道也。修身者，能守雌柔之至道，自破刚强之人我，解宅虚静之理，妙绝是非之交争，唯道为胜，无以代之也。"①李荣是唐代重玄学的一个杰出代表，他的重玄思想以老庄的道论为基础，扬弃魏晋玄学的有无之辩，吸取佛教三论宗的"中道说"而自成一体；他继承了成玄英的学说，又开发出新的意境，也显示了唐初蜀地重玄学的最高水平。

王玄览（626~697）为唐初著名道教学者。俗名晖，法名玄览。其先祖于晋末从并州太原（今山西太原）移居广汉绵竹。他的身世略见于其弟子王太霄《玄珠录序》："师年十五时，忽异常日，独处静室，不群希言。自是之后，数道人之死生，儿童之寿命，皆如言，时人谓之洞见。至年三十余亦卜筮，数年云不定，弃之不为，而习弄玄性，燕反折法，捷利不可当。耽玩大乘，遇物成论。抄严子《指归》于三字，后注《老经》两卷，及乎神仙方法，丹药节度，咸心谋手试。既获其要，乃携二三乡友往造茅山，半路，觉同行人非仙才，遂却归乡里。叹长生之道，无可共修，此身既乖，须取心证，于是坐起行住，唯道是务。二教经论，悉遍披讨，究其源奥，慧发生知……亦教人九宫六甲、阴阳术数，作《遁甲四合图》，甚省要。年四十七，益州长史李孝逸召见，深礼爱，与同游诸寺，将诸德对论空义，皆语齐四句，理统一乘，问难虽众，无能屈者，李公甚喜。时遇恩度为道士，隶籍于至真观，太霄时年两岁也。既处成都，遐迩瞻仰，四方人士，钦挹风猷，贵胜追寻，谈经问道，将辞之际，多请著文。因是作《真人菩萨观门》两卷，贻诸好事。年六十余，渐不复言灾祥，恒坐忘行心。时被他事系狱一年，于狱中沉思，作《混成奥藏图》。晚年又著《九真任证颂道德诸行门》两卷。益州谢法师、彭州杜尊师、汉州李炼师等及诸弟子，每咨论妙义，询问经教，凡所受言，各录为私记。因解洪元义，后诸子因以号师曰洪元先生，师亦不拒焉。又请释《老经》，随口

---

① （唐）李荣：《道德真经注》，蒙文通辑校《道书辑校十种》，巴蜀书社2001年版，第662页。

便书，记为《老经口诀》两卷，并传于世。"①时年七十二，王玄览至洛州三乡驿羽化。王玄览早年偏重于道教方术，好为人卜筮吉凶，看相算命，约四十岁左右，开始习弄"玄性"，深入佛老，究其源奥。六十岁后不再讲灾祥，但行坐忘修心，著书立说，传授道教思想。王玄览曾注解《老子》，著述颇丰，可惜已亡佚，只有王太霄据诸人听讲笔记汇集而成的《玄珠录》两卷流传至今，成为研究王玄览道教思想的主要材料。

王玄览隶籍于至真观，至真观位置成都凤凰山，乃黎元兴所建道观。故他颇受黎元兴影响，对佛理做过深入研究，尤其是当时蜀中流传的佛教三论宗中观学说对他的启迪不可低估，观其与佛教大德高僧讨论"空"义，熟练运用中观"四句"范式即可明白。从这一点看，他的哲学思想特色颇与黎元兴、李荣雷同，三人又都是成长于蜀中，表明初唐时蜀中道教深受佛教中观学影响，具有较强的理论思辨性。

王玄览的思想渊源于道家，兼有浓厚的佛教色彩。他在《玄珠录》中，仿照佛学中"佛"与"众生"非一非二的命题，认为"道"先于"众生"而存在，"众生未死，已先有道，有道非我道，犹是于古道"。并认为："众生有生灭，其道无生灭"，众生虽死，道仍长存。他又把"道"分为"可道"和"常道"，认为"常道"生天地，"可道"生万物。万物有生有死，而天地则永恒不死，故"可道"无常，而"常道"是实此乃因袭老子之"道，可道非常道"之说而来。认为欲得"道"，不应外求，当为内求。

因为"道"不在人心之外，而是在人心中具有的"道性"。道生万物，即是心生万物。"心生诸法生，心灭诸法灭"，"心之与境，常以心为主"。他以事物之动静为例，"眼摇见物摇，其物实不摇；眼见其物静，其物实不静。为有二眼故，见物有动静，二眼既也无，动静亦不有"。又称"法本由人起，法本由人灭，起灭自由人，法本无起灭"；"一心一念里，并悉含古今"，"十方所有物，并是一识知"②。他认为修道成仙的要旨，是要达到一个清静不变的"实体"。既要坐忘修心，又要定慧双修。

王玄览思想的内核是道体的求证和修道的论述，其思维方式和论证方法则取自于佛教中道观。由于他对《道德经》的某些观念作了新的诠释，援佛入

---

① 《道藏》第23册，文物出版社、上海书店、天津古籍出版社1988年影印本，第619页。
② 《道藏》第23册，文物出版社、上海书店、天津古籍出版社1988年影印本，第623页。

老，从而使老学披上了一套佛学的外衣。同时，道教传统的神仙长生思想经他的发展和充实后，亦发生了重大变化，不再是早期道教所注重的"炼形"，而是强调"炼神"，其生死观不在执着于肉体的永恒，而趋于接近佛教的"无生"，从六道轮回中解脱。

道体的求证是修道的核心，"道体"的真实本相是什么？王玄览认为："道体实是空，不与空同。空但能空，不能应物；道体虽空，空能应物"。道体的实相是"空"，但又与佛教《成实论》的"空"不同，《成实论》的空义是"空无"，不包含"有"的成分。而道体的"空"能够应物，其含义接近三论宗的"空"，盖三论宗之"空"包含"有"的意思，是即空观有，即有观空。道体的"空"也是如此，既能由空观有，又能由有观空。打个比喻来说："道体如镜，明不间色，亦不执色，其色变改去来，而镜体不动。"就是说，镜子照物，但又不执着于物，所照之物千变万化，而镜体自身不变，空空如也。道体的"空"即与此相类似，它能映出物相，而又不为物所累。

道体的"空"又呈现为静寂不动，他说："大道师玄寂。其有息心者，此处名为寂；其有不息者，此处名非寂。明知一处中，有寂有不寂。其有起心者，是寂是不寂。其有不起者，无寂无不寂。如此四句，大道在其中。"正是通过对"寂"与"非寂"这二边的否定，以证明道体的"玄寂"。在王玄览看来，道体本来就是"空寂"，"持一空符以应诸有，有来随应，有去随亡。有若不来，还归空净。空中有分别，有分别亦空；空中无分别，无分别亦空"。不论有分别无分别，最终只是个"空"。就"色""空"与"名"来说："色非是色，假名为色。明知色既非空，亦得名空。无名强作名，名色亦名空。若也不假名，无名无色空，亦无无色空。"这意思是说，色即空，空即色，色空都不过是假名，抛去其假名，不但要否定有名号的"色空"，而且要否定无名号的"色空"。在王玄览看来，只有通过这种连续的、彻底的否定，才算参透了"空"，这样的"空"才是道体的实相。这是种不落二边的中道实相，既不拘泥于"有"，也不执着于"空"，非空非有。正如《玄珠录》卷下所说："空法不空，不空法不空；有法不有，不有法不有。空法豁尔，不可言其空，若言空者，还成有相，不空而有，有则不碍。"[①]如此说"空"与佛教三论宗的看法十分接近。

---

① 《道藏》第23册，文物出版社、上海书店、天津古籍出版社1988年影印本，第629页。

"空空"在王玄览笔下,又称"无空亦无色"。他说:"若住在色中,无空而可对;若住于空中,无色而可对。既住而无对,无由辄唤空,无由辄唤色。若许辄唤者,唤空亦唤色;若也不许唤,无空亦无色。"通过否定"空""色"二边,不仅证明"色"不能成立,而且论证"空"亦不能成立,这仍是佛教中道观的论证方式。对道体之"空"就当作如是观。

道体之"空"又是无分别的,是一种没有差别的境界。他说:"烦恼空,故不可得。至道空,故不可得。二相俱是空,空相无分别。以其迷见故,即为烦恼;以其悟见故,即为至道。烦恼不可得,还是烦恼空;至道不可得,还是至道空。二空不同名,名异体亦异,优劣亦尔。又言:对二有二故,所以言其异;若合二以为一,其一非道一,亦非烦恼一。"①大千世界,万有诸相,主体客体,其实并无差别,本质上都是"空"。总之,王玄览这样反复说明世界万物相性的虚妄假幻,无非是要从这一层面反证真常之道的"空寂",现象界正是由这样一种空寂的最高本体幻化而成。

人的生命存在终极的解决在于得道,而得道是靠修行而来的,故王玄览苦口婆心地劝芸芸众生修道:"众生无常故,所以须假修;道是无常故,众生修即得。"生命无常,若想求得生命之恒常存在,必须借助于修道,道与众生不相离,众生修道肯定能证道圆满。这里的关键问题在于:采取什么方法修道才能得大圆满、得大自在?王玄览的主张是坐忘修心,定慧双修。

他说:"谷神不死。谷神上下二养:存者坐忘养,存者随形养。形养将形仙,坐忘养舍形入真。"这是把修道分为上下两个等级:形养是炼形,只能获得低品位的"形仙",故属修道方法的下乘;坐忘则是炼神,最终舍形入于高品位的真常之道,故属修道方法的上乘。可见他推崇的方法是坐忘。那么,如何坐忘?

坐忘首先需要灭知见。他说:"一切众生欲求道,当灭知见,知见灭尽,乃得道矣。"要坐忘得道,第一件该做的事就是关闭对外界的认知,断灭认识的感觉器官和思维器官的种种活动,无见无知。既不用耳目去听去看,也不让心灵波动,"离形去知",以使"同于大通",入于坐忘之境。

其次,修习坐忘还必须保持自我主体的常清净。他说:"识体是常是清净,识用是变是众生。众生修变求不变,修用以归体,自是变用识相死,非是

---

① 《道藏》第23册,文物出版社、上海书店、天津古籍出版社1988年影印本,第632页。

清净真体死。"认识主体本为常清净,变动不常不过是识体之用,众生修行就是向识自体回归,变中求不变,以求得不变之常清净。

要使心不移变、不动散,还应当定慧双修。他说:"若将寂心以至动,虽动心常寂;若将动心至寂,虽寂而常动。常有定故破其先,常有先故破其定。违则交相隐显,合则定慧二俱。"这是教人定慧双修,不可顾此失彼。普通人或者只知心定无边,不识慧观也无边,或者只见心定有边,不见慧观也有边,患有二偏之病。实际上定慧二者既有边又无边,正因为如此,所以定慧不可偏废,必须同时修为,做到"定慧二俱","定慧相容入"。定慧双修中,修慧对于入定起关键作用,故称"慧为定元";修慧恰当可以入定,否则将"不定",故称"若将慧以当世,定与不定俱在其中"[①]。

概而言之,王玄览的思想不完全是玄思的产物,在其玄之又玄的思想外衣里面包裹着可实际应用的修道方法,充分体现了道教思想那种实证性、可操作性的特征。王玄览的心思不仅是要人悟道,而且更重要的是教人修道证道,而坐忘即是其教人修证仙道的核心方法。

九、杜光庭的修道思想

杜光庭,字宾圣,晚号东瀛子,处州缙云(今属浙江)人。唐僖宗李儇和前蜀王建两位帝王视杜光庭为帝佐国师,并将他类比轩辕黄帝之师广成子,进其号为"广成先生"。他是著名的文学家,在《全唐诗》中有诗一卷,特别是他的传奇小说《虬髯客传》在文学史上有很高的地位,曾得到鲁迅先生的高度肯定。当代武侠小说大师金庸考证认为,杜光庭的《虬髯客传》是中国"武侠小说"的鼻祖。他精通医学、书法,所著的脉学著作《玉函经》《了证歌》等都很受历世医家推崇,对我国中医脉学的发展和普及发挥了巨大的作用。《宣和书谱》说杜光庭"喜自录所为诗文,而字皆楷书,人争得之,故其书因诗文而有传。一蹴是得烟霞气味,虽不可拟羲、献,而迈往绝人,亦非世俗所能到也"。可见其楷书之精。

杜光庭少年习儒,博览群书,初意喜读经史,工词章翰墨之学,志趣高远,慨然有经国之志。清人吴任臣《十国春秋》称其:"为人性简而气清,量宽而识远。"时懿宗设万言科选士,光庭试其艺不中,乃弃儒衣冠入道,入天

[①]《道藏》第23册,文物出版社、上海书店、天津古籍出版社1988年影印本,第628页。

台山修道。在天台山，他跟随道士应夷节学习上清经法，成为唐代著名的上清派宗师司马承祯的五传弟子。因有感于道法科教几将废坠之现状，杜光庭遂考校真伪，条列始末，整理和撰修道门科仪，大惠天下道教。他"游意澹漠，著道家书，颇研极至理，至条列科教。自汉张道陵，暨陆修靖撰集已来，始末备尽于今，羽流咸宗之。僖宗临御，光庭始充麟德殿文章应制，一时流辈，为之敛衽，皆曰学海千寻，辞林万叶，扶宗立教，海内一人而已"①。"蜀因二帝驻跸，昭宗迁幸，自京入蜀者，将到图书名画，散落人间，固亦多矣。杜天师在蜀集道经三千卷，儒书八千卷。"②郑畋"荐其文于朝，僖宗召见，赐以紫服象简，充麟德殿文章应制，为道门领袖"③。

中和元年（881），杜光庭随僖宗入蜀，因喜青城山白云溪，遂结茅屋，而居之溪畔。僖宗返京之时，杜光庭深知国难未靖，遂留成都，以图重振道教的雄风。后事前蜀王建、王衍父子，官谏议大夫，户部侍郎上柱国蔡国公，赐号"广成先生"。后辞官，隐居青城山白云溪，卒后葬于青城山清都观。

杜光庭学识渊博，善属文章，一生著述颇丰。今《道藏》存其著述二十余种，其中尤以《广成集》《道门科范大全集》《道德真经广圣义》《太上老君说常清静经注》《墉城集仙录》《金箓斋忏方仪》《洞天福地记》等著称。在青城山隐居期间，曾利用他搜集到的三千多卷道经，编成了《三洞藏》。他一生撰集修订的斋醮科仪非常多，对金箓、黄箓、玉箓大斋、醮法仪轨都进行了整理和规范，已成为道教斋醮法坛的范本。他所制定的道门科范，道教一直沿用至今。

他对《道德经》的研究颇有成就，将注解诠释《道德经》的六十余家进行比较考察，概括意旨，宣称"《道德经》自函关所授，累代尊行。哲后明君、鸿儒硕学，诠疏笺注六十余家"，"所释之理，诸家不同。或深了重玄，不滞空有；或溺推因果，偏执三生；或引合儒宗，或趣归空寂。莫不并探骊室，竞掇珠玑，俱陟钟山，争窥珪瓒，连城在握，照乘盈怀。敷弘则光灿缣缃，演畅则彩文编简。语内修则八琼玉雪，雪霭于丹田；九转琅膏，晶荧于绛阙。尽六

---

① 《宣和书谱》卷五，文渊阁《四库全书》本。
② （北宋）黄休复：《益州名画录》卷上，车吉心总主编《中华野史》第3册，泰山出版社1999年版，第126页。
③ （元）赵道一编：《历世真仙体道通鉴》卷四〇，《道藏》第5册，文物出版社、上海书店、天津古籍出版社1988年影印本，第330页。

气回环之妙,臻五灵夹辅之功。忘之于心,息之于踵,得无所得,而了达化元矣。语品证也,则摆落细尘,超登上秩,游八外而放旷,指三境而跻升,蹈太一之位矣"①。而分老子之学为"五道""五宗",对"重玄之道"尤其推重。

他调和儒、道二家的思想,认为老子的思想主旨,"非谓绝仁、义、圣、智,在乎抑浇诈聪明,将使君君、臣臣、父父、子子,见素抱朴,泯和于太和,体道复元,自臻于忠孝",把孔孟之道统一于老君之道。他推崇唐玄宗的《御注道德经》,发挥其玄旨,撰成《道德真经广圣义》五十卷,"内则修身""外以理国",囊括无遗。又主张"仙道非一",不拘一途,推动了道教的传播和发展。

杜光庭继承了重玄学以庄解老和以佛解老的传统,同时更多地融入了儒家的思想,以迎合封建王朝统治的需要。他还以重玄学为中介,将心性论与修道论结合起来,使心性论成为修道论的理论基础,从而促进了道教从向外追寻长生之路,回归到从自我心境的修为而实现生命的超越。

老子是道的化身,并且是重玄教主。他说:"玄,深妙也,亦不滞也。宗,主也。尊也。言太上老君为深妙道之主也。老君既不滞有,亦不滞无,因果两遗……故云玄玄道宗也。"因而,道既是"有"又是"无","有"和"无"是一体两面,二者统一于道。他说:"夫道之无也,资有以彰其功,无此有则道功不彰矣。物之有也,资道以察其质,无此道则物不生矣。"②

"有"与"无"这一对矛盾,在"道"这个层面上的统一,在于解决道生万物这样的逻辑问题。他说:"妙本之道,出乎虚无。虚无之体,清浮在上,欲生化品物,运道神功于妙无之中而生妙有。妙有融化,自上而下,降于人间,兆见物象。妙无为本,妙有为迹。本则澹然常存,迹乃资生运用,由是言之,一切物象,皆由道生,一切形类,皆道之子矣。"③以"无"为本,以"有"为迹。所以"无"是永恒的,而"有"则是短暂的。道体既是"既有既

---

① (五代)杜光庭:《道德真经广圣义》序,《道藏》第14册,文物出版社、上海书店、天津古籍出版社1988年影印本,第310页。
② (五代)杜光庭:《道德真经广圣义》卷三,《道藏》第14册,文物出版社、上海书店、天津古籍出版社1988年影印本,第325页。
③ (五代)杜光庭:《道德真经广圣义》卷六,《道藏》第14册,文物出版社、上海书店、天津古籍出版社1988年影印本,第344页。

无"的，同时又是"非有非无"，道本身是超越性与现实性的辩证统一。由于道体的这一特性，也向我们展示了两个世界的向度，一个即是超越的彼岸世界，一个即是短暂的现实世界。

那么如何沟通这两个世界？杜光庭追随唐代道教思想的发展趋势，进一步将道体引入心性，运用重玄学方法强调修道即是修心。他说"道性既清静，乃得真性，既得真性，返归于无得之理也"。因而只有复归于清静的道性，才能得道成仙。欲得清静，必从心上求。杜光庭认为：心含万法，世间的一切都随心而生灭。因此，习道之士必须做到"七心"，即无心、定心、息心、制心、正心、净心、虚心。"所谓无心者，令不有也；定心者，令不惑也；息心者，令不为也；制心者，令不乱也；正心者，令不邪也；净心者，令不染也；虚心者，令不著也。明此七者，可与言道，可与言修其心矣。所以教人修道即修心也，教人修心即修道也。"

杜光庭还进一步提出了修道阶次理论，他说："道以三乘之法，阶级化人，从初发心至于极道，舍凡证圣，故有一十四等观行之门。小乘初门有三观法。一曰假法观，谓对持也；二曰实法观，谓心照也；三曰遍空观，入无为也。中乘法门观行有四。一曰无常观，二曰入常观，三曰入非无常观，四曰入非常观。大乘门中观行亦四。一曰妙有观，二曰妙无观，三曰重玄观，四曰非重玄观。圣何门中复有三观。一曰真空观，二曰真洞观，三曰真无观。以此观行修炼其心，从有入无，阶粗极妙，得妙而忘其妙，乃契于无为之门尔。无为有为，可道常道，体用双举，其理甚明。"①

三乘之法都以"观"作为修行之径，所以三乘同"工"。小乘初门当中有三个观法，一是假法观，观世俗的一切均非实相，而是假法。二是实法观，世俗的一切虽假，但心照之则呈现出实有相。三是遍空观，呈实有相的假法具有普遍的空性，了知此空性则可入于无为之境。中乘法门中的观行有四个方面：一是无常观，观世俗的一切都处于流逝无常的状态；二是常观，观世俗流逝的一切又有不变的常性；三是非无常观，因常性而观无常之非；四是非常观，因无常而观常之非常。通过中乘四观，破除各种执著，从而达到无为的境界。大乘法门中的观行亦有四个方面：一是妙有观，观常无中有妙有；二是妙无观，

---

① （五代）杜光庭：《道德真经广圣义》卷三二，《道藏》第14册，文物出版社、上海书店、天津古籍出版社1988年影印本，第477页。

观万有之中蕴妙无之性；三是重玄观，观世俗一切既非有，亦非无，归之于重玄之境；四是非重玄观，对于上述之重玄观，亦应破除，此为非重玄观。由此可达大乘无为之境。

杜光庭指出，道法甚多，千门万行，但核心仍是心性的修持。他说："大道好生，诱人垂法，千门炼性，万行修心，因悟乃修，因修乃证……殊不知得道者，自仙登真，从真证圣，登圣极果，与道合真，无寿考之期，无终尽之数，斯须而经亿劫，指掌而越万天。"[1] 杜光庭认为道以三乘之法教化世人，从初地至于极道，从凡人修成圣人，有三个阶次的不同，有境界高低之分，通常情况下，修道者要依次经历这三个不同阶次，方可达到无为的最高修道境界。这种修道阶次的理论，对于唐五代以后的道教内丹修炼的阶次理论都有重要的启示作用。同时为道教内丹心性学的建构提供了理论思路，也对唐宋道教的理论转型产生了重要影响。

十、陈朴的九转内丹诀

陈朴，其出生、籍贯无考。有著作《陈先生内丹诀》传世。《通志·艺文略》著录，不题撰人。《道藏》太玄部收《陈先生内丹诀》，署陈朴冲用撰。其序言叙作者生平："先生名朴，字冲用，唐末五代初人也，五代离乱，避世入蜀，隐居青城大面山，受道于钟离先生，与吕洞宾同师也。先生才质奇伟，德行高妙，积年累功，今不知其几百岁。或出世间，为性不常，以歌酒为乐。元丰戊午年间（1078），游南都宋城，宋城张方平官保，以其年高，传接气之术，延寿一纪。盘桓南都，不啻半载，携一无底土罐，游于市，人少有识之者。淮南野叟敬信尊崇，或师事。先生怜其至诚，授以内丹诀，因以记之。"[2] 南宋李简易《玉溪子丹经指要》卷首《混元仙派之图》中，列有正阳真人（钟离权）、陈朴真人、淮南叟的传承系统。这些记述难以确证，然可以告诉我们，此书系野叟"记之"而成，出世于北宋元丰年间。至于陈朴所述丹法，与《钟吕传道集》《灵宝毕法》所代表的钟吕丹法大不相同，所以当为另一传承。

---

[1] （五代）杜光庭：《道德真经广圣义》卷一四，《道藏》第14册，文物出版社、上海书店、天津古籍出版社1988年影印本，第383页。

[2] 《道藏》第24册，文物出版社、上海书店、天津古籍出版社1988年影印本，第225页。

《陈朴内丹诀》另有一传本，收入《修真十书·杂著捷径》卷十七，题为《翠虚篇》，副标题《九转金丹秘诀》，署泥丸先生陈朴传，与《陈诀》文字大同小异。《陈朴内丹诀》序言中未提到陈朴有号，而同为宋代道士的南宗四祖陈楠则号泥丸先生，著有《翠虚篇》，与《修真十书》所收的《翠虚篇》迥异，多半是《陈朴内丹诀》另一传本。《陈朴内丹诀》与《修真十书》中的《翠虚篇》体例相同，都将炼丹工夫分为九转，即九个步骤，每一转以七言四句歌一首、《望江南》词一阕颂之，复以口诀一段，评述行持过程及注意事项。两种本子主要差别如下：第一，《陈朴内丹诀》有序，《修真十书》本无序。第二，《修真十书》本篇首将丹法工夫纲领列出"一转降丹，二转交媾，三转养阳，四转养阴，五转换骨，六转换肉，七转换五脏六腑，八转育火，九转飞升"，此纲领为《陈朴内丹诀》所无。第三，《陈朴内丹诀》于每首歌诀、《望江南》词皆逐句作注，夹杂其中，而《修真十书》本则于每首歌诀、词之后，以"解曰"另起一段作注，注文内容大致相同。第四，对第一转歌第一句"一转之功似宝珠"，《陈朴内丹诀》注解为"天一真水，藏之于胆，阴阳和合，降而为丹"。《修真十书》本则在这段解释之前加了一段关于内丹的数论："内丹之功起于一而成于九，一者万物之所生也，天一生水，地二生火，天三生木，地四生金，天五生土，五行之序起于一，故内丹之功亦起于一转，而成于九者，九为阳数之极，故至于九则道果成矣。"第五，《修真十书》本第九转缺《望江南》词、词注。可以判定，《修真十书》本当系由《陈朴内丹诀》本传抄改编而得。

关于"内丹"，自问世以来，各家的解释都不一样。如唐张果说："内丹者，真一之气。外丹者，五谷之气。以气接气，以精补髓。补接之功，不离阴阳二气。阳气升即为返，阴气降即为还，昼夜还返，至于丹田。阳不得阴而不升，阴不得阳而不降，自然还丹之要，秘于此也。"[①]《钟吕传道集》曰："内丹之药材出于心、肾，是人皆有也。内丹之药材本在天地，天地常日得见也。火候取日月注复之数，修合效夫妇交接之宜，圣胎就而真气生，气中有气，如龙养珠；大药成而阳神出，身外有身，似蝉脱蜕。"[②]

---

① （北宋）张君房编：《云笈七签》卷五九，《道藏》第22册，文物出版社、上海书店、天津古籍出版社1988年影印本，第414页。
② 《修真十书》卷一五，《道藏》第4册，文物出版社、上海书店、天津古籍出版社1988年影印本，第667页。

陈朴则明确地指出，所谓"内丹"，是由人体心与肾及精气交媾而成。他说："且人之有身，父精母血交媾而成，此形交也；丹之所降，心火肾水交媾而成，此心气交也。故曰形交则生人，气交则成丹。"①这就是说，人体内部的生命运动，是产生内丹的根源。根据中国传统医学理论，心藏神，肾藏精；心属火，肾属水。心肾相交，水火既济，也就是神精和合，气在其中，三宝合炼，即成内丹。陈朴的这种解释是比较科学的，它减少了长期笼罩在内丹头上的神秘色彩。

陈朴认为，内丹的修炼是一个渐进的过程。他说："内丹之功，起于一而成于九。一者，万物之所生也。天一生水，地二生火，天三生木，地四生金，天五生土，五行之序起于一，故内丹之功亦起于一转，而成于九者。九为阳数之极，数至于九，则道果成矣。"②这是用魏伯阳的学说来解降炼养的程序。《列子·天论》说："一变而为七，七变而为九，九者究也，乃复变为一。"《周易参同契》说："子南午北，互为纲纪，九一之数，终则复始。"从一至九之数，表示了事物经过一定的量变，就会产生质的变化。陈朴以此哲学观念作为内炼程序的理论依据，认为人经过一些特殊程序的修炼，也会产生本质上的变化，超乎常人，这就是"仙真"。

然而，这个"仙"是由人修炼而成的，因此质量演变的过程，必须是自我亲身的参与，否则毫无意义。他说："天一生气，名曰中黄，其气藏于胆，以为性命之根，其味苦，故人之胆气味亦苦，如草木之根华，其味亦苦。乃知万物非生气不能生也。内丹之药，光闭舌下之窍，内通胆中生气，至喉舌之间，微觉味苦，是丹气流通，然后汞水凝结，而成丹也。天地生气萌之于春，万物得生气然后能生，人之得生气藏之于胆，人能通胆之气，然后内丹成就一转之功，如四时之春。"③可见，内丹修炼的下手功夫，就必须从自身做起，先通胆藏之气，以炼中黄。

就道教内丹学说而言，它所炼养的体内物质为精气神，故多涉及五脏六腑。如《钟吕传道集》说："惟人也，头圆足方，有天地之象；阴降阳升，又

---

① 《修真十书》卷一七，《道藏》第4册，文物出版社、上海书店、天津古籍出版社1988年影印本，第682页。
② 《修真十书》卷一七，《道藏》第4册，文物出版社、上海书店、天津古籍出版社1988年影印本，第682页。
③ 《修真十书》卷一七，《道藏》第4册，文物出版社、上海书店、天津古籍出版社1988年影印本，第682、683页。

有天地之机。肾为水，心为火，肝为木，肺为金，脾为土。"五脏之中，又最重视心、肾，称："一点真阳，而在二肾。"心肾说可以说是唐宋以来内丹学的基础理论之一。陈朴的内丹学说亦以心肾交合而成丹，但其下手功夫却以炼胆为要诀，这是与钟吕派丹法不同之处。他说："黄中宝，须向胆中求。春气令人生万物，乾坤膝下与吾俦，百脉自流通。施造化，左右火双抽。浩浩腾腾光宇宙，苦烟烟上霭环楼，夫妇渐相谋。"①认为打开"胆窍"为炼丹首务，"其下手之初也，先闭舌下两窍，不令气泄于外，其左边之气贯于左太阳而入脑，右边之气贯于右太阴而入脑，左右俱入顶于泥丸宫，合成一处。下重楼十二环，入心经，传入胆，冲开胆窍，使胆中生气上行，随心、胆之脉，贯于舌窍，觉舌有苦味，乃是生气注，将欲降丹也。然后闭定舌窍，左右之气上行，故有腾腾之状也。胆窍既开，则生气袅袅，上重楼十二环，自舌下之窍而升，满口觉苦，乃是生气流通也。夫妇者，阴阳也。夫者，阳也。妇者，阴也。生气流通，则阴阳大和，心肾交媾，故曰渐相谋也"②。

陈朴的这种思想相当独特，如究其渊源，则出自《黄帝内经》。其曰："心者，君主之官也，神明出焉……胆者，中正之官，决断出焉。"③《黄帝内经》于藏腑学说中虽持主心论，但又说："凡十一藏，取决于胆也。"④道教发展了这一学说，在一些经典中将胆提高到脏腑统率的地位。如《黄庭内景经》曰："胆部之宫六府精，中有童子曜威明。雷电八振扬玉旌，龙旗横天掷火铃。主诸气力摄虎兵，外应眼童鼻柱间。头发相扶亦俱鲜，九色锦衣绿华裙。佩金带玉龙虎文，能存威明乘庆云，役使万神朝三元。"⑤《老子中经》说："肺为尚书，肝为兰台，心为太尉公，左肾为司徒公，右肾为司空公，脾为皇后贵人夫人，胆为天子大道君……老君曰，万道众多，但存一念子丹耳。

---

① 《修真十书》卷一七，《道藏》第4册，文物出版社、上海书店、天津古籍出版社1988年影印本，第682页。
② 《修真十书》卷一七，《道藏》第4册，文物出版社、上海书店、天津古籍出版社1988年影印本，第683页。
③ （唐）王冰：《黄帝内经素问补注释文》卷八，《道藏》第21册，文物出版社、上海书店、天津古籍出版社1988年影印本，第42页。
④ （唐）王冰：《黄帝内经素问补注释文》卷九，《道藏》第21册，文物出版社、上海书店、天津古籍出版社1988年影印本，第50页。
⑤ （北宋）张君房编：《云笈七签》卷一一，《道藏》第22册，文物出版社、上海书店、天津古籍出版社1988年影印本，第73页。

一,道也,在紫房宫中者,胆也。"①将胆作为身中的"天子大道君""紫微无极府",谓之能"役使万神朝三元",说明胆腑在五脏六腑中地位相当高。众所周知,钟吕内丹道兴起以后,主心、肾说在内丹,取得了主导地位。但在道教关于脏腑的理论的发展过程中,确实曾有一些人倡主胆说,而陈朴的内丹诀则反映了主胆之说对道教内丹修炼的影响。

和钟吕内丹学说一样,陈朴亦谈天人合一、天人相应的大系统修炼论。他说:"丹成三转,逢天行阴,以养真阴之气。"②"四转,养内阴。三转,养内阳。五转,内外阴阳数足,造化之功已成,养就圣胎,神通自在,故曰造化成也。五转之后,内丹圣胎养就,灵躯身长尺余。自此采日之精,以养外阳,夺天地造化之功。"③"丹至六转,内外阴阳皆成,圣胎全具,真人与内身一体,每遇月圆之夜,采月之华,以积其阴。"④至后,七转、八转皆当依天地日月的运行,遵循阴阳消息的规律炼养。

在陈朴看来,只要在特定的节候时辰,按照特殊的方法锻炼,就能使自己的体质逐渐发生变化,以致产生本质上的飞跃,返还生命的最佳存在状态。

陈朴的内丹诀法非常有特色,其功夫具体切实,九转之功,转转皆可应证。每一阶段的功法不同,目的不同,境界不同。据陈朴所列,第一转降丹,第二转交媾,第三转养阳,第四转养阴,第五转换骨,第六转换肉,第七转换五脏六腑,第八转育火,第九转飞升,依之修炼,便可证道。

和汉唐以来的内炼方法比较,陈朴的内丹功法无疑的有几个优点。第一,非常具体详尽。内气的运行部位,所历经络穴位,怎样呼吸吐纳,怎样采天地日月之精华,一步一环,毫不含糊,步步有验,转转有成。第二,非常系统完整。从炼养胆气着手,依次炼养心、肾,再行养阴、养阳之功,炼骨、炼肉、炼脏腑,以至丹成功圆。第三,它以祖国医学的脏腑经络学说为基础,因此功法很少宗教神秘主义的色彩。此外,这套功法还有一个与众不同的特点,那就

---

① (北宋)张君房编:《云笈七签》卷一九,《道藏》第22册,文物出版社、上海书店、天津古籍出版社1988年影印本,第142页。
② 《修真十书》卷一七,《道藏》第4册,文物出版社、上海书店、天津古籍出版社1988年影印本,第684页。
③ 《修真十书》卷一七,《道藏》第4册,文物出版社、上海书店、天津古籍出版社1988年影印本,第685页。
④ 《修真十书》卷一七,《道藏》第4册,文物出版社、上海书店、天津古籍出版社1988年影印本,第686页。

是它并不首先打通督脉，由督脉上运。而是着重任脉一路的运炼，从第一转至第七转，运气炼丹都没有通过督脉，活动的范围上下于心肾、三焦之间。直至第八转，才由泥丸过夹脊，沿督脉而下行，复归丹田。这种功法不仅汉唐时期未见，即使在宋元明清的丹经中也很少见。毫无疑问，这套功法是陈朴经过长期的研究实践才总结出来的。

第三节　宋元时期的巴蜀道教

继唐以后，宋代是道教发展的又一高峰时期，也是道教发展的重大转折时期。不过，宋代道教的情况，在北宋和南宋之间有一条十分明显的分界线。概而言之，北宋的道教基本上是沿袭隋唐道教的旧传统，以推重道法为主体。但南宋以后，由于金、元的兴起，社会和政治的环境已发生了巨大的变化，旧道教有所衰落，以炼养为主的南宗和全真道等新道派相继产生，使道教的发展更呈丰富多彩的面貌。

元代统治者对道教也是十分尊崇的。其所尊崇的重点则前后略有不同。在灭南宋之前，主要是对北方的全真道、真大道教和太一教等道派的大力争取和利用，尤以争取利用全真道最为突出。这是由于全真道的影响远在大道教和太一道之上，特别是在山东地区，成为蒙、金、宋三方争夺的对象。在灭南宋以后，其重点转为争取南宋统治区内最有影响的天师道。这种前后重点的不同，是从建立和巩固其统治出发的。而道教在元代统治者的崇奉下也获得很大发展。在元统一全国之后，天师道在北方得到迅速传播，全真道则在江南有较大发展。其他力量较为薄弱的各派道教则逐渐分别与天师道和全真道相融合，符箓各派融入天师道之后统称为正一派，从而形成正一道与全真道两大派别，在明以后继续流传。在南宋与金、元对峙及元统治的历史背景下，当时文士入道者较多，形成汉族士人与道士的结合，许多道教领袖人物均具有较高的文化修养，与名士交往密切，这对提高道教的素质和促进道教的发展，都提供了有利的条件。道教的教理、教义在道教内部各派相互融合以及道、儒、释融合的基础上，以内丹学说为主流，呈现蓬勃发展的趋势。

一、陈抟及其学派的思想

中国道教史上，陈抟是一位继往开来、具有相当影响的重要人物。他上承秦汉以来《周易》象数学之绝脉，开辟了易学史上辉煌的一页，那就是对宋元学术思想有着很大影响的先天易学。其创立的先天易学，开创了宋元以来易学研究的规模与传统。他以易证道，融合易学、道学为一体的内丹之学，为道教内丹派的形成奠定了理论基础。从宋代理学的形成和发展来看，陈抟对于理学的奠基人邵雍、周敦颐有重要的影响，于理学具有不可忽视的开源之功。

陈抟是一位传奇性的人物。关于他的生平事迹，历代史籍文献载之颇多，但迷离恍惚，让人难以把握。尤其是他的籍贯，宋人即有几种说法，故当代学者亦各有主张。概括而论，主要有"普州崇龛说""亳州真源说"。

主张陈抟为普州崇龛人的学者主要有王家祐、李远国、胡昭曦、黄钊、蔡东洲、白中培、游时敏、汪毅等，他们的主要依据史料有宋人李宗谔《普州图经》、王象之《舆地纪胜》、祝穆《方舆胜览》、杨泰之《普州志》及明曹学佺《蜀中广记》，并援宋明文人之诗句做辅证，实地考察之后做出的判断。如王家祐认为：陈抟应是崇龛人，"在今四川乐至、安岳县境，即古普州普慈县地，所以陈抟应是乐至县人"。并考辨《宋史·陈抟传》所载陈抟"四五岁戏涡水岸侧"的"涡水"，并非安徽亳州之涡水，而是指乐至境内的角带河："涡水得名是角带河经过旋涡形的太极图（螺蛳坝），形成旋涡形的倒流而命名。"胡昭曦则据对安岳、潼南地区的考察，认为陈抟的故乡普州崇龛，当在今重庆潼南县。李远国等则认为崇龛当在今四川安岳县境，至今境内仍保存着明代的陈抟墓及多处遗址。概而言之，他们均认为陈抟当为崇龛人，但今址何地，又分乐至、潼南、安岳三说。究其原因，宋代的普州以安岳为州治，包括乐至、潼南、遂宁等地。

主张亳州真源说的学者主要有羊华荣、唐代剑、闵智亭、梁淑芳、张应超、张存道等。依据的史料主要有《宋史·陈抟传》、宋人张方平《乐全集》、杨亿《谈苑》、司马光《资治通鉴》、王称《东都事略》、李焘《续通鉴长编》，皆认为陈抟为亳州真源人。如羊华荣认为《普州图经》自相矛盾，叙述不清，难以否定《宋史》等书的记载。唐代剑则以《乐全集》等史书为根据，认为陈抟是亳州真源人的说法是经得推敲的。①除以上这两种观点外，史籍中尚有西洛人、华州人、夔州人、吴地人、谯郡人诸说。各种言谈皆非无根之言，但都难以确证。因此，陈抟的里籍究竟在何处，尚可进一步讨论。

关于陈抟的生平，经众多学者如蒙文通、王家祐、李远国等考辨，基本上比较清楚。陈抟出身低微，早年熟读经史百家之言，"颇以诗名后唐"。宋庞觉《希夷先生传》说："年十五，《诗》、《礼》、《书》、数及方药之书，莫不通究。"②后唐长兴年间应考不弟，遂访道求仙，寻求精神上的解脱。《宋史·陈抟传》说："遂不求禄仕，以山水为乐。自言尝遇孙君仿、獐皮处士，二人者高尚之人也。语抟曰：武当山九室岩可以隐居。抟往栖焉，因服气辟谷，历二十余年，但日饮酒数杯。移居华山云台观，又止少华石室，每寝处，多百余日不起。"后晋天福年间，陈抟返归四川，师事邛州天庆观高公何昌一，学锁鼻术。文同《丹渊集·拾遗下》说："闻是州天师观都威仪何昌一有道术，善锁鼻息飞精，漠然一就枕辄越月始寤。遂留此学，卒能行之。后归关中，所修益高，蜕老而婴，动如神人。"入宋，隐修华山四十余年。陈抟数次入阙，太宗礼待甚厚，赐号"希夷先生"，令增葺所居华山云台观，数月后送还归山。陈抟在京之时，太宗多延入宫中与语，"自契崆峒之问，八素九真之要诀，四觉七缘之妙门"③。

关于陈抟著作的真伪，是学术界关注的另一焦点。据史籍所载，陈抟的著述甚富，共有十余种。《宋史·陈抟传》说："抟好读《易》，手不释卷。常自号扶摇子。著《指玄篇》八十一章，言导引及还丹之事。宰相王溥亦著八十一章，以笺其旨。""又有《三峰寓言》及《高阳集》《钓潭集》诗六百余首。"《通志·艺文略》道家书类提及："《赤松子八诫录》一卷，陈抟

---

① 李远国：《陈抟籍贯小考》，《中国史研究》1984年2期；白中培等：《陈抟的故乡在哪里？》，《四川文物》1985年第4期；胡昭曦：《陈抟里籍考》，《四川文物》1986年第3期；羊华荣：《关于陈抟的籍贯》，《世界宗教研究》1988年第2期；张景志：《陈抟是河南省鹿邑县人：兼与〈陈抟里籍考〉的作者商榷》，《中州今古》1991年第4期；唐代剑：《陈抟、张守真事迹考》，《中华文化论坛》1996年第2期；刘联群：《陈抟故里考证综述：兼与唐代剑先生商榷》，《中华文化论坛》1997年第2期；陈广忠：《再谈陈抟里籍》，《中国道教》1997年第4期。
② 《藏外道书》第18册，巴蜀书社1992~1994年影印本，第821页。
③ （元）张辂：《太华希夷志》卷上，《道藏》第5册，文物出版社、上海书店、天津古籍出版社1988年影印本，第738页。

撰。"道家外丹类有"《九室指玄篇》一卷,陈图南撰",五行相法类:"陈抟《人伦风鉴》一卷"。《人伦风鉴》又称作《龟鉴》。史载陈抟精通相法,此书即其相法专著。别有诗文四种。《太华希夷志》卷下记述了这些著作的传播情况:"先生没后,有弟子曾孙武尊师,因文正范公指教,得《入室还丹诗》于京师凝真院,得《三峰寓言》于太华李宁处士,得《指玄篇》于赤城张无梦,得《钩潭集》于张中庸进士,共三百篇余。"①可见其内容丰富,篇幅颇大。此外,《宋史·艺文志》易类载:"麻衣道者《正易心法》一卷。陈抟《易龙图》一卷。"另《道枢》卷十有《观空篇》,内为"希夷先生曰",则亦为陈抟所著。《道藏》中尚收有《阴真君还丹歌注》,题"希夷陈抟注",考其注文,其内容与陈抟的其他著述相合,亦当为其著作。又据史载,陈抟曾刻《无极图》于华山石壁,著《太极图》《先天图》流传世间。这些著作或存或佚,自宋元以来,历代学者对其真伪看法不同,分歧颇多。时至今天,仍难以统一。

如《正易心法》一书,从宋代以来,即有真伪之辩,朱熹、陈振孙、胡应麟等认为系宋人戴师愈伪作,李潜、张栻、志盘、陈显微等十分推重此书,力主其为陈抟所撰。李远国的《正易心法考辨》对该书的渊源传授、语言文字、思想内容及社会影响几个方面做了分析,认为当是陈抟的一部重要著作。其后,又在《陈抟易学思想探微》中进而论述了该书与佛学之关系。陈进国《论正易心法的易学思想》亦主张该书为陈抟所撰,并进一步揭示了《正易心法》的思想价值。刘国梁《陈抟的易学思想》也说,陈抟确实从麻衣道者处"得到了《正易心法》,并且对之作了注释"。他们皆认为《正易心法》当是陈抟的一部重要著作。

关于《易龙图》《河图》《洛书》,卿希泰主编《中国道教史》第二卷《陈抟及其〈易龙图〉等著述的象数体系》做了颇为翔实的考证,认为陈抟著述虽富,"惜多亡佚,流传至今,可以确定为陈抟自著、并且体现了陈抟的象数观念的,是《易龙图》及其序。正如蒙文通先生所说:观于希夷、鸿蒙受诏酬对之际,正其宗风所在,视林灵素辈之术,非能之而不言,殆有不屑为者。则已厌上来隋唐之旧辙,而极深研几于图书象数,此又新旧道流之一大限也。吕东莱编《宋文鉴》,于希夷取《龙图序》一篇,此正宋之道家,所以异于隋

---

① 《道藏》第5册,文物出版社、上海书店、天津古籍出版社1988年影印本,第741页。

唐符箓丹鼎之传者"。李远国、刘国梁则认为《河图》《洛书》皆系真作，其内涵思想与陈抟的其他著述完全一致。

《先天图》《无极图》《太极图》，大多数学者认为当为陈抟所传，应是研究陈抟思想的重要资料。如黄钊主编的《道家思想史纲》中的《陈抟及其内丹理论》一文曰："陈抟在学术上成就最大的，是他研究《周易》所得的《龙图》《先天图》和《无极图》。"唯李申《话说太极图：〈易图明辨〉补》一书中，广征博引，详加考辨，认为皆属后人伪书，不能援用。

此外，《道藏》中收有题名陈抟注《阴真君还丹歌注》，任继愈主编《道藏提要》认为是陈氏所作，"陈抟之注据《黄庭经》叙说丹道，涉及外丹、阴丹，但以内丹为主"。卢国龙《道教哲学》之《〈参同契〉与唐宋道教的内丹理论》中亦曰："陈抟有《阴真君还丹歌注》，见收于《道藏》，其说亦以《黄庭》与《参同》互训。"此外，刘国梁、朱越利等人亦认为，此书系陈抟真作。

陈抟的《人伦风鉴》专述相法，据美国科恩考证，确为真作。该书保存完整，对全面了解陈抟思想颇为重要，但今人大多对之忽视。唯美国、日本学者略有论及，湖南《船山学刊》1992年10月增刊《易经与方术》中予以收录，并略加评述。显然，学界在继续研究陈抟思想时，应该重视这部著作，以客观地评价陈抟。

其余一些著述如《指玄篇》《三峰寓言》《高阳集》《钓潭集》《入室还丹诗》《赤松子诫》《诗评》等，今已散佚。经李远国十余年的用心辑录，今已整理陈抟著作佚文四五万字，即将陆续发表。内容主要有《指玄篇》《观空篇》《陈希夷胎息诀》《答金砺问睡》《广慈禅院修瑞像记》《太一宫记》《帝出震图说》《三陈九卦图说》《先天卦图说》《陈希夷自赞碑》等，这些基础工作将为陈抟研究提供方便。

在这些著述中，陈抟建立了一个相当完整的思想体系。这个体系以传统道教学说为核心，并吸收了儒家的易学观念与佛教禅定学说，构成了一套系统的内丹理论。陈抟的各幅易图，形象地阐述了他的学说。其中以《无极图》影响最大，它集中地显示了陈抟的内丹理论。

在黄宗炎《太极图说辨》中，记述了《无极图》的基本模式："其图自下而上，以明逆则成丹之法。其重在水火。火性炎上，逆之便下，则火不燥烈，惟温养而和煦；水性润下，逆之使上，则水不卑湿，惟滋养而光泽。滋养之至，接续而不已；温养之至，坚固而不败。其最下圈，名为玄牝，玄牝即谷神。牝者窍也，谷者虚也，指人身命门两肾空隙之处，气之所由以生，是为祖气。凡人五官百骸之运用所觉，皆根于此。于是提其祖气，上升稍上一圈，名为炼精化气，炼气化神。炼有形之精，化为微芒之气；炼依希呼吸之气，化为出有入无之神，使贯彻于五脏六腑，而为中层之左木、火，右金、水，中土相联络之圈，名为五气朝元。行之而得也，则水火交媾而为孕。又其上之中分黑白而相间杂之一圈，名为取坎填离，乃成圣胎。又使复于无始，而为最上之一圈，名为炼神还虚，复归无极，而功用至矣。盖始于得窍，次于炼己，次于和合，次于得药，终于脱胎求仙，真长生之秘诀也。"①

按照黄宗炎这一记载，《无极图》共分五圈，自下面逆行而上，开始于"得窍"，终于"脱胎"，完整地阐述了内丹修炼的全部过程，即得窍、炼己、和合、得药、脱胎、还虚五个阶段。

《无极图》的关键在"水火"。"水火"是指什么呢？中国医学理论认为，人体五脏与五行相配。心在上焦，属火；肾在下焦，属水；心中之阳下降至肾，则温养肾阴；肾中之阴上升至心，则滋补心阳。在正常情况下，心火和肾水是相互升降，彼此协调，以维持人体生理动态的平衡，这就叫作"心肾相交，水火既济"。相反，如果肾水不足，不能上济心火；或心火炽盛，下伤肾阴，便失去了这种协调，出现心烦、失眠、遗精等多种病变。长期如此，就会伤身损寿，以至病夭。心火与肾水交济，这就是《无极图》的核心内容。这个核心主要由两部分组成，一是修性，一是修命。

在《无极图》中，陈抟阐述了性命双修的具体步骤。首先从修命开始，即识"玄牝之门"，守一"得窍"，这是第一圈所示。所谓"玄牝"，亦称"玄根"。陈抟说："从玄根而论之，则混元一判，三才具焉，四时迁焉。则内景而论之，则洪蒙一判，三宫具焉，万象生焉，四时运焉。此天地人皆生于一者欤，其妙在乎合三五之气，用九九之节符。三五者何也？水火土也。于是闭幽门，研八遁，分三明。其父泥丸，其母雌一，以收三光，归于子室，精神不失矣。八遁者，何谓也？戴九履一，左三右七，二四为肩，六八为足，是

---

① （清）黄宗羲、全祖望：《宋元学案》上册，世界书局1936年版，第302页。

也。"①所谓"得窍",是指炼功之际要澄思息虑,意念集中在玄牝一窍,一心一意固守命门,一呼一吸气沉丹田。这类似现代气功锻炼中的调息入静,意守丹田。后来的内丹家,把这些功夫归属丹法修炼中的筑基阶段。"筑基"一词,亦是比喻,如造屋建阁,必先奠基使基础稳定,结构坚实,然后才能竖柱安梁,砌砖盖瓦。修炼内丹,也是同样的道理。

《无极图》的第二圈叫作"炼精化气,炼气化神"。这个是在筑基的基础上,炼有形之精,化为无形之炁;炼依希之炁,化为莫渺之神,属于陈抟丹法的第二个"炼己"阶段。按照内丹理论,炼丹的药物是由精、气、神构成的,精气神是生命的三大元素,丹经中称为三宝。陈抟说:"故曰存精、养神、炼气,此乃三德之神,不可不知。"②三宝之中,以精为物质基础。元精本身虽属先天,但亦多杂质,为有形有质之物,不能通过督脉、任脉,上升至头顶上丹田。所以必须将精与气合炼,化为精气相合之阳"炁",轻清无质,始能随意念沿任、督二脉运转。此合三(精气神)为二(炁神)的过程,就叫作炼精化炁。

据丹经所载,经过炼精化炁三百次后,即可转入炼炁化神。炼精化炁为初关,将精与气合炼而成为阳"炁"作为丹母,为三归二;炼气化神,则"炁"与神合炼,以炁归神,则为二归一,亦称中关,或大周天。大小周天的区别有于,小周天是采药运转入下丹田,经过上顶泥丸宫到下炉丹田而封存;上顶曰乾鼎,下田曰坤炉。即运精炁沿督脉而上,顺任脉而下,二脉通则百脉皆通,自然周身流转,无有停壅之患而长生。陈抟说:"一马自随天变化,六龙长驾日循环。"③"炼三元之气既久,则五脏之灵光夜烛矣。三魂宁者,梦寐灭矣。三田各有室焉,其室一寸有二分,阳驰阴走,圣人状之为龙虎,谓其难制伏也。曰鼻曰目曰心,此身前之三关也。曰尾闾曰肘后曰辘轳,此身后之三关也。曰口曰手曰足,此身外之三关也。呼吸进退,阙一不可焉。三田者,存炼北方之正气,采之有时,还之有数,自然变化,九玄金液之大丹也。地户者,

---

① (南宋)曾慥编:《道枢》卷七,《道藏》第20册,文物出版社、上海书店、天津古籍出版社1988年影印本,文物出版社、上海书店、天津古籍出版社1988年影印本,第644页。
② 《诸真圣胎神用诀》引,《道藏》第18册,文物出版社、上海书店、天津古籍出版社1988年影印本,第436页。
③ (元)俞琰:《周易参同契发挥》卷五引《指玄篇》,《道藏》第20册,文物出版社、上海书店、天津古籍出版社1988年影印本,第226页。

口中也。帝乡者，额心也。鼻之气，出清入玄者也。夫存想发火，运载河车，不离乎呼吸而已。于此炼其津液，而入于玄宫，肾之铅汞飞出于上道，于是上下关键而不泄，圣胎斯成矣。舌之吐缩，漱津咽液，当如江河之注，五内源源不绝者可也。养三田，净六府，固神室，闭邪关，于是结五内之精华，育大化之元胞，使气住于神宫，丹回于脑，可以变朽为荣矣。三田修炼之功，至则留精止胎，自然三气右旋于脑户，六阳左绕于乾宫，上下顺流，百关俱爽，则九窍洞达矣。"①

大周天则以鼎下移，以黄庭中丹田为鼎，以下丹田为炉，元气只氤氲二田之虚境，修持只守二田之间，不固定于一处，任其自然灵活，待守到昏冥全无，灵光不昧，用绵密寂照之功，入定之力，使元神发育成长而已。陈抟说："二肾之宫，其左为日，其右为月，而斗所居者是也。吾身有日月焉，使之高奔，上彻于泥丸，中行于五内，上下三宫，循环无穷，则百骸固而精髓实矣，此黄庭之道也。"②"苗苗裔裔绵绵理，南北东西自合来。"③"必知会合东西路，切在冲和上下田。"④这即是指明大周天非运气循环而是洗心涤虑，以真气薰蒸，以目绵密寂照，冲和丹田，由有为到无为，"炁"的本身由微动到不动而尽化，炁神合一，最后只余元神而已。

接着逆而上之，即第三圈所示的五气朝元。此阶段调动元神，炼化元气，使之贯彻五脏六腑，内炼五脏。图中所列五行，即指五脏。五行之中，水指肾脏，火指心脏，木指肝脏，金指肺脏，土指脾脏。陈抟说："五行者，散而为五，混而为一者也。一者，道之始，药之祖也。故天以一阳降而生复，六降而生乾。阳极矣，则一阴降而生姤，六降而生坤。圣人收采天地之真气，分成二体，一曰铅，二曰汞，各八两，合乎三百八十四铢，以应于卦爻者也。仰观天道，俯推漏刻，以均分其火候，夺取一千八十之火功，以脱凡胎。斯盖起于

---

① （南宋）曾慥编：《道枢》卷七，《道藏》第20册，文物出版社、上海书店、天津古籍出版社1988年影印本，第644页。
② （南宋）曾慥编：《道枢》卷七，《道藏》第20册，文物出版社、上海书店、天津古籍出版社1988年影印本，第644页。
③ （元）俞琰：《周易参同契发挥》卷五引《指玄篇》，《道藏》第20册，文物出版社、上海书店、天津古籍出版社1988年影印本，第220页。
④ （元）俞琰：《周易参同契发挥》卷五引《指玄篇》，《道藏》第20册，文物出版社、上海书店、天津古籍出版社1988年影印本，第244页。

一，终于一，金丹之火候也。"① "大功欲成者，其邪关外塞，命门中关乎！肺者主乎荣卫二气，其在肾，是为金水相生，父子之道也。行三十六咽于玉池，则百脉逆而血液滋也，此七返者也。何谓也？腾脑则成云，降口则成水，传肺则成唾，传心则成血，传肝则成精，传脾则成液，传肾则成二脉，而为阴精阳粹者也。金津玉液者，阴阳之所生也。夫能上经七返，传入于二肾；下变九还，传之于脑。上下往来而不息，于是为琼膏玉霜者欤。大功渐着，则元气充实，八素之液流通。其肾受精，贯于五内，更九九之真火，气满候足，则金丹成矣。"②

内炼五脏，要求五官封固，五气混触，聚于丹田，和合而成"圣胎"，即取坎填离阶段，这是第四圈所示，为内丹术的核心。左为坎卦，阴中含阳，为肾，为水；水中生气，谓之真气，或叫作虎。右为离卦，为心，为火；火中生液，谓之真水，或叫作龙。陈抟《胎息诀》说："龙虎相交，谓之曰丹；三丹同契，谓之曰了。若修行之人，知此根源，乃可入道近矣。"③ 即是指心肾相交，水火既济。所谓取坎中之一阳，填离中之一阴，使离卦变为纯阳之乾卦，由后天复归先天，这就叫作"得药"而结"圣胎"，或称"婴儿"。陈抟说："夫存想发火，运载河车，不离乎呼吸而已。于此炼其津液，而入于玄宫，肾之铅汞飞出于上道，于是上下关键而不泄，圣胎斯成矣。舌之吐缩，漱津咽液，当如江河之注，五内源源不绝者可也。养三田，净六府，固神室，闭邪关，于是结五内之精华，育大化之元胞，使气住于神宫，丹回于脑，可以变朽为荣矣。三田修炼之功，至则留精止胎，自然三气右旋于脑户，六阳左绕于乾宫，上下顺流，百关俱爽，则九窍洞达矣。"④《指玄篇》说："邈无踪迹归玄武，潜有机关结圣胎。"⑤ 这里所说的"圣胎""婴儿"，都是神气凝合的

---

① （南宋）曾慥编：《道枢》卷七，《道藏》第20册，文物出版社、上海书店、天津古籍出版社1988年影印本，第644页。
② （南宋）曾慥编：《道枢》卷七，《道藏》第20册，文物出版社、上海书店、天津古籍出版社1988年影印本，第645页。
③ 《诸真圣胎神用诀》引，《道藏》第18册，文物出版社、上海书店、天津古籍出版社1988年影印本，第436页。
④ （南宋）曾慥编：《道枢》卷七，《道藏》第20册，文物出版社、上海书店、天津古籍出版社1988年影印本，第644页。
⑤ （元）俞琰：《周易参同契发挥》卷一引，《道藏》第20册，文物出版社、上海书店、天津古籍出版社1988年影印本，第196页。

比喻。明伍冲虚《天仙正理直论》说："婴儿喻神之微。"①

至此，经过得窍、炼己、和合、得药四个阶段，精气神合炼的结果只余元神，由有为过渡到无为，由命功转入纯粹的性功，常定常觉，寂空观照，做到一切归乎自然，进入炼神还虚阶段。炼神还虚，复归无极，这是《无极图》的最高境界。陈抟《指玄篇》说："若得心空苦便无，有何生死有何拘。一朝脱下胎州袄，作个逍遥大丈夫。"②即四大归空，脱离生死，很大解脱。后来的丹经中常以"〇"代表无极，代表虚无，即一切归于虚，一切融入圆明，一切复归最终的本源。

总结以上论述，陈抟《无极图》系统地阐述了内丹修炼的全部过程。其核心内容是修心养肾，所谓"心即佛之道"，"肾即仙之道"。佛道双修，以求脱离生死，跃出轮回。它的理论基础是类比宇宙论的人体生命哲学。陈抟由儒入道，兼通佛学医理，又明天文地理，所以《无极图》丹法不作鬼神之谈，只讲克制身心，培养三宝，探索生命本源，指明修炼途径，为后代内丹家和养生者所沿用。他以精为生命基础的看法，强调精气神合凝的作用，以意念专注引导真气运行、去疾健身、开发智力的修炼法，都不悖于中国医学理论。这种由探究生命起源，以求达到延寿的途径，人体的健康在于人身自己的修养观点，颇具有古代朴素的唯物的生命哲学因素。

陈抟《无极图》和魏伯阳《周易参同契》也有着渊源关系，并受到彭晓的影响。自《周易参同契》问世，长期都仅限于道教内部秘密传授。至彭晓分章详解，《周易参同契》才得以在社会上公开流传。广政十年（947），彭晓《周易参同契分章通真义》脱稿，此际陈抟亦正在蜀中，很有可能得到此书，以明《周易参同契》大旨。后隐华山，以著《无极图》。《无极图》中主要部分，即是模仿彭晓的《水火匡廓图》和《三五至精图》而来。

《周易参同契》说："乾坤者，易之门户，众卦之父母，坎离匡廓，运毂正轴。"③依据此说，彭晓绘制了《水火匡廓图》。图的右半为坎，即水；左半为离，即火。这正是《无极图》中的《取坎填离图》。

---

① 《藏外道书》第5册，巴蜀书社1992~1994年影印本，第808页。
② 《性命圭旨》亨集引，《藏外道书》第9册，巴蜀书社1992~1994年影印本，第536页。
③ （元）俞琰：《周易参同契发挥》卷一，《道藏》第20册，文物出版社、上海书店、天津古籍出版社1988年影印本，第194页。

《周易参同契》说:"三五与一,天地至精。"①依据此说,彭晓又绘制《三五至精图》。后来陈抟略加修改,便成为《无极图》中的《五气朝元图》。朱熹说:"魏伯阳《参同契》,恐希夷之学有些是其源流。"又说:"《先天图》传自希夷,希夷又自有所传?盖方士技术用以修炼,《参同契》所言是也。""邵子得于希夷,希夷源流自《参同契》。"②这些都说明陈抟内丹理论与《周易参同契》的关系。

陈抟潜心内丹,并以先天睡功闻名天下。据《宋史·陈抟传》记载,陈抟曾修道武当山九室岩,辟谷服气,达十余年,每天只是饮酒数杯。后隐居华山,更加喜睡,"每寝处多百余日不起"。

陈抟的睡功别具一格,深受历代丹家重视。实际上,陈抟的睡不同于常人,是一种非常高深的内修功夫。这种睡功又叫作锁鼻术,是由四川邛崃天庆观高道何昌一传给陈抟的。宋陆游《老学庵笔记》卷六记载:"予游邛州天庆观,有陈希夷诗石刻云:因攀奉县尹尚书水南小酌回,舍辔特叩松扃,谒高公。茶话移时,偶书二十八字。道门弟子图南上。其诗云:我谓浮荣真是幻,醉来舍辔谒高公。因聆玄论冥冥真理,转觉尘寰一梦中。末书'太岁'丁酉(937),盖石晋天福中也。天庆本唐天师观,诗后有省文与可跋,文略云:高公者,此观都威仪何昌一也。希夷从之学锁鼻术。"十分明显,这种能够"息飞精"的锁鼻术,即是睡功。

陈抟内丹理论为宋元道教内丹派的形成奠定了初步的理论基础。在陈抟的后学中,张无梦、刘海蟾继承了陈抟的内丹学说。张无梦,字灵隐,号鸿蒙子。凤翔(今陕西界内)人。永嘉开元观道士。《高道传》说他"好清虚,穷老、易。入华山,与刘海蟾、种放结方外友,事陈希夷先生,无梦多得微旨。久之入天台山"③。张无梦作《还元篇》诗百首,阐述陈抟丹法。其曰:"初九潜龙向一阳,分明变化在中黄。才逢大吕吹天火,敢见蕤宾覆地霜。坤母若来相制伏,震男争敢放颠狂。仙翁秘密曾留语,认取金丹水里藏。"其发挥内

---

① (元)俞琰:《周易参同契发挥》卷七,《道藏》第20册,文物出版社、上海书店、天津古籍出版社1988年影印本,第241页。
② (元)俞琰:《周易参同契发挥》阮登炳序引,《道藏》第20册,文物出版社、上海书店、天津古籍出版社1988年影印本,第192页。
③ (南宋)彭耜:《道德真经集注·杂说上》引,《道藏》第13册,文物出版社、上海书店、天津古籍出版社1988年影印本,第255页。

丹理论，亦以陈抟的主静思想为基础。他说："游玄牝之门，访赤水之珠者，必放旷天倪，囚千邪，剪万异，归乎抱朴守静。静之复静，以至于一。一者道之用也，道者一之体也，一之与道，盖自然而然者焉。是以至神无方，至道无体，无为而无不为，斯合于理矣。"①静之复静，只有一条无思无欲的通道，才能进入他们理想中的神秘世界。

张无梦的思想后来又被陈景元继承。陈景元，字太初，号碧虚子，建昌人。出家为道士，入天台山师事张无梦，"得老氏心印，有《道德经藏室纂微篇》。盖撷诸家注疏之精微，而参以师传之秘。文义该赡，道物兼明，发挥清静之宗，丕赞圣神之化。熙宁中召对便殿，因进所著，睿眷殊渥，宣附道藏，镇诸名山，四海学徒典刑是赖"②。在陈景元《纂微篇》首，附有葛次仲《老子论》，以明孔、老之为一，这也是陈抟的思想特征。正是从这点出发，张伯端撮合三教，周敦颐、邵雍出入儒、道。从刘海蟾到张伯端，至南宋白玉蟾创立南宗，金元王重阳创立北宗，他们或先修命，或先修性，各有侧重，但其理论都深受陈抟的影响。所谓"顺去生人生物，逆来成仙成佛"，这一《无极图》包含的大旨，正是宋元道教内丹学说的核心。

陈抟的宇宙生成论被周敦颐、邵雍吸收推演，遂成为宋明理学的重要组成部分。陈抟《无极图》传世以后，被道教内丹派奉为长生秘诀。几经辗转，至周敦颐手中，又被改造成为发明理学秘奥的《太极图》。这样一来，一幅简明扼要的《无极图》，既阐述了宇宙万物发展的程序，又概括了人体修炼的要旨。所谓"顺则生人，逆则成丹"，正是高度评价了《无极图》的价值和重大影响。

黄宗炎《太极图说辨》说："周子得此图，而颠倒其序，更易其名，附于大易，以为儒者之秘传。盖方士之诀，在逆而成丹，故从下而上。周子之意，以顺而生人，故从上而下。太虚无有，有必本无，乃更最上圈，炼神还虚、复还无极之名曰无极。而太极太虚之中，脉络分辨，指之为理，乃更其坎圈，取坎填离之名，曰阳动阴静。气生于理，名为气质之性，乃更第三圈，五气朝元之名，曰五行各一性。理气既具，而形质呈，得其全灵者为人，人有男女，乃

---

① （南宋）曾慥编：《道枢》卷一三，《道藏》第20册，文物出版社、上海书店、天津古籍出版社1988年影印本，第674、675页。

② （北宋）陈景元：《道德真经藏室纂微篇·开题》，《道藏》第13册，文物出版社、上海书店、天津古籍出版社1988年影印本，第655页。

更第四圈，炼精化气、炼气化神之名，曰乾道成男，坤道成女。得其偏者，蠢者为万物，乃更最下圈玄牝之名，为万物化生。"①即又成为论证世界本体及其形成发展的图式，建立了一个相当精致而完备的宇宙起源说。

其后周敦颐的学说下传"二程"，故"二程"亦受陈抟思想的影响。朱震《汉上易解》云："（穆）修以《太极图》传周敦颐，敦颐传程颢、程颐，是时张载讲学于程、邵之间。故雍著《皇极经世书》，牧陈天地五十有五之数，敦颐作《通书》，程颐述《易传》，载造《太和》《参两》等篇。"谓周、程同出一源。这种看法是有内在根据的。

蒙文通考辨说："伊洛之学，得统于濂溪。而周子之书，仅《通书》《太极》而已。重以邵氏、刘氏所传，致后人每叹希夷之学，仅于象数图书焉尔。及读碧虚之注，而后知伊洛所论者，碧虚书殆已有之。其异其同，颇可以见学术蜕变演进之迹。皆足见二程之学，于碧虚渊源之相关。"即指明"二程"思想与陈抟的渊源关系。

陈抟的内修学说还被邵雍继承。邵雍《恍惚吟》说："恍惚阴阳初变化，氤氲天地乍回旋，中间些子好光景，安得功夫入语言"②，即形象地表达了《无极图》中得窍采药的情景。《观物吟》诗曰："耳目聪明男子身，洪钧赋与不为贫。因探月窟方知物，未蹑天根岂识人。乾遇巽时观月窟，地逢雷处识天根。天根月窟闲来往，三十六宫都是春。"③其中以阳生之处为天根，阴生之处为月窟。黄梨洲《易学象数论》评述说："康节因《先天图》而创为天根月窟，即《参同契》乾坤门户牝牡之论也……所谓天根者，性也；所谓地窟者，命也。性命双修，老氏之学也。"④邵雍还把陈抟"心法"推演宏大，他说："心为太极。""先天之学，心也。后天之学，迹也。"⑤他创立一套庞大的完整的象数体系，用来概括宇宙的一切。这一学说影响甚大，从而形成了先天学派，开创了宋明以来易学研究的规模与传统。

---

① （清）黄宗羲、全祖望：《宋元学案》上册，世界书局1936年版，第302页。
② （北宋）邵雍：《伊川击壤集》卷一二，《道藏》第23册，文物出版社、上海书店、天津古籍出版社1988年影印本，第539页。
③ （北宋）邵雍：《伊川击壤集》卷一六，《道藏》第23册，文物出版社、上海书店、天津古籍出版社1988年影印本，第557页。
④ （清）黄宗羲、全祖望：《宋元学案》上册，世界书局1936年版，第228页。
⑤ （清）黄宗羲、全祖望：《宋元学案》上册，世界书局1936年版，第216页。

在唐、宋之际儒、释、道三教合一的思想潮流中，陈抟顺应时代，融贯诸家学说，改外丹黄白之术为内丹修炼之道，鄙弃符箓小数而深研易理象数，启宋元道教内丹一派，其历史功绩是不可忽略的。正如蒙文通所评述的："观于希夷、鸿蒙受诏酬对之际，正其宗风所在；视林灵紫辈之术，非能之而不言，殆有不屑为者。则已厌上来隋唐之旧辙，而极深研几于图书象数，此又新旧道流之一大限也。吕东莱编《宋文鉴》，于希夷取《龙图序》一篇，此正宋之道家，所以异于隋、唐符箓丹鼎之传者，故东莱取之耳。就《高道传》言之，刘海蟾出于希夷，殆所谓南宗之祖。后乃易之钟、吕传道无稽之说，而五祖葛长庚、彭鹤林辈，若皆无系于钟、吕，且并希夷而系之于钟、吕。全真既盛之后，而重阳北七真出于钟、吕之说又兴，陈抟之事，若存若亡，而钟、吕传达之说大盛。钟吕之事，尚犹释氏之有惠能，要为唐、宋新旧道教之一大限，而前茅实为希夷，安有所谓钟、吕哉！此因究碧虚之书，有足以见者。碧虚之书于篇首附以葛次仲之《老子论》，以明孔、老之为一，此宜亦希夷以来之旨，亦周、邵所内入于儒家者也。是亦不异于重玄之风，特唐人阐发之精，未至于是。希夷诚为存开来之功。""则图南不徒为高隐，而实博学多能；不徒为书生，而固有雄武大略。真人中之龙耶！方其高卧三峰。而两宋之道德文章，已系于一身。""观其流风所被，甄陶群杰，更足验也。"①

二、张继先与青城道教

两宋之际，不仅内丹之学流行于巴蜀，其符箓诸宗亦兴盛于西蜀，遂使青城又成为道教之胜地。此际，三十代天师张继先亦隐居青城，再兴正一道于常道观。据《汉天师世家》卷三记载，张继先，字嘉闻，又字道正，号翛然子。父亲处仁，曾仕宋为临川县令。继先为处仁第二子。宋哲宗元祐七年（1092）十月二十日，生于蒙谷庵。至五岁时尚不开口言说，一日闻鸡鸣，忽然笑言，赋诗曰："灵鸡有五德，冠距不离身，五更张大口，唤醒梦中人。"翌日宴坐碧莲花上，人皆称异为真仙。其为人渊默寡言，清癯白皙。年九岁，承袭真人之教。自徽宗崇宁年以来，凡四次被召至京，以治盐池妖孽及建醮内廷，屡受褒赐。

崇宁二年（1103），濉州上奏朝廷，言盐池水溢为灾。徽宗以问道士徐神

---

① 蒙文通：《陈碧虚与陈抟学派》，《蒙文通文集》第1卷，巴蜀书社1998年版，第375页。

翁，谁可解厄。徐神翁回答说："蛟蜃为害，宜宣张天师。"故令有司聘之。崇宁三年（1104），张继先应诏赴阙。徽宗召见问曰："卿居龙虎山，曾见龙虎否？"对曰："居山虎则常见，今日方睹龙颜。"上心大悦，令其画作符进之。上览后笑曰："灵从何来？"对曰："神之所寓，灵自从之。"上问："能书否？"对曰："臣尝书《道德经》。"遂取之进献。上问："修丹之术若何？"对曰："此野人事也，非人主所宜嗜。陛下清静无为，同乎尧舜，足矣。"上悦，侍入寝殿，"宫人竟以扇求书经语，书之皆密契其意。中举一握，稽首书曰：保镇国祚，与天长存，乃上之所御也"。赐宴而出。

十二月望日召见，上曰："澥池水溢，民罹其害，故召卿治之。命下即书铁符，令弟子祝永祐同中官投澥池岸圮处，逾顷雷电昼晦，有蛟蜃磔死水裔。上问卿：何治蛟蜃，用何将？还可见否？曰：臣所役者关羽，当召至。即握剑召于殿左，羽随见，上惊掷崇宁钱与之，曰：以封汝，世因祀为崇宁真君。"

崇宁四年（1105）五月，又应召入对。徽宗赐坐，问道法之同异。对曰："道本无为而无不为，体即道也，用即法也，体用一源，本无同异。若一者不立，二者强名，何同异之有。上曰：然。若有同异，便与言为三矣。因进天心、荡凶诸雷法。上亲祀之。七月，建坛传授经箓，演法讲说道妙，参礼者云集，皆领悟而去。上御天祥殿，从容问道及时政。对曰：元祐诸臣皆负天下重望，乞圣度从容。悚然曰：朕何所不容？对曰：陛下弘建皇极，无偏无党，以天下苍生为念，幸甚。力乞还山，上奖谕许之，赐金帛皆不受。"这是张继先利用入对机会，劝说徽宗改革弊政，以求挽救腐朽衰败的北宋王朝。

崇宁五年（1106），复召建醮内廷，"因密奏赤马红羊之兆，请修德"。徽宗下诏，赐号"虚靖先生"，视秩中散大夫，并赐昆玉所刻"阳平治都功印"及金铸老君、汉天师像。不久又赐缗钱大修龙虎山。"命江东漕臣即山中度地迁建，赐田以食其众，复立庵于山之北，为天师修炼之所，御书靖通庵，额赐之，有亭曰翛然，并建灵宝、云锦、真懿三观，改祖师祠为演法观，奉玉册，上祖师号，封为真君。"① 同年十二月，乞归还山，四方学者数千百人往观参拜。

大观元年（1107）端阳，又应召入宫，徽宗言宫中若有妖祟，请卿祛之。

---

① 《汉天师世家》卷三，《道藏》第5册，文物出版社、上海书店、天津古籍出版社1988年影印本，第209~211页。

对曰："闻邪不干正，妖不胜德，陛下修德，妖必自息。""上复命以瓮数十，贮水京畿，取符投水中，以饮有疾者，凡饮者皆愈。"是岁大旱，上命祷雨有应，又赐太虚大夫，辞而不受。大观二年（1108）还山，徽宗赐以金帛，力辞曰："臣一野褐尔，得以无用。"这是张继先最后一次上朝入对，从此便隐居山林，出入洞天福地。他对弟子说："江湘入蜀，有二十八治。"遂率弟子自秦入川，隐居青城。

政和二年（1112），遣使复召，以疾辞而不应。至靖康元年（1126），"金人寇汴，上与太上皇思天师预奏之言，遣使极召，至泗州天庆观，索笔作颂曰：一面青铜镜，数重苍玉山，恍然夜缸发，移迹洞天间。宝殿香云合，无人万象闲，西山下红日，烟雨落潺潺。书终而化，时靖康丙午十一月二十三日，京师亦以是日陷。族父武功大夫张宪适至，率士民葬于龟山之下"。享年三十六。

然而，越十六年后，绍兴十一年（1141），"西河萨守坚游青城，遇于峡口，授以符法及水调歌头一阙，授书一缄，履一只，令达嗣天师。抵山，嗣天师发书异之，令人启泗州窆，惟一履存，方知其尸解。后亦有遇于武夷、罗浮者"。对此异闻，《玄品录》曰："后萨道人守坚，复遇先生青城山。"《历世真仙体道通鉴》卷十九亦说："是年大盗入境，先生预告众而去，至今道侣往还，多见在罗浮、西蜀，隐显不定。"据此所言，似张继先在应召途中，深晓时局严重，谁也无回天之力，于是借"胎息"假死，以保全其身。其后深隐山林，宣教于西蜀、闽粤之间，传道授徒，著书立说。据史传所载，张继先著有《大道歌》《心说》等传世。今《道藏》中收有明张宇初所编《三十代天师虚靖真君语录》七卷。

在四川期间，张继先主要居住在青城山。他承正一法脉，并广泛吸收北帝派、神霄派的雷法，而倡"地祇温元帅大法""张元帅考召法""关元帅秘法"等于世。其嗣法弟子萨守坚、朱梅靖、卢养浩、陈希微等均为道教重要人物，活跃于南宋之际。

从唐宋以来，道教北帝派流行巴蜀地区，对紫微大帝、天蓬元帅的信仰与崇拜相当盛行。据杜光庭《道教灵验记》记载，蜀州唐兴县大通观，"有紫微阁，是开元中道士蔡守冲以敕赐匹帛所造。成都玉局治中专设北帝院，云是天曹库，收贮玉局化所奏钱"。凡有厄难，"先就玉局化北帝院天曹库中"，拜斗而可解之。①成都双流县道士王道珂，"行坐常诵天蓬咒"，为民辟邪诛妖，屡见灵异，是知"天蓬将军是北帝上将，制伏一切鬼神"②。成都至真观道士张乾曜精奉香火，"虔诚斋法，首冠于众人。节度使敦煌李公，有男无疾暴卒，举体犹暖。仓惶之际，不知所为，召医巫禁术者数十人，皆不知救理之法。良久，请乾曜到，告以食卒之事。乾曜素无他术，止于精奉经科而已，情理既切，因请剑水为敕，水喷洒了，焚香念天蓬咒一百余遍。卒者忽能运动，良久乃苏"③。成都人范希越，"得北帝修奉之术，雕天蓬印以行之，祭醮严洁，逾于常法。广明庚子岁，三月不雨，五月逾望，人心焦然，谷稼将废。愿于万岁池试行神印，为生灵祈雨，于是诣至真观致斋。是日庚辰，以戌时投印池中，阴风遂起，云物周布，亥时大雨达晓，及辰，大电迅雷，惊震数四，至巳少霁，乃得归府。升迁桥水渐马腹，罗城四江，平岸流溢，螟蝗之属，淹溃皆死，自是有年矣"④。

张继先亦习北帝大法，并传于世。南宋黄公瑾《地祇上将温太保传》载宣和年间，张继先游历东岳，召温琼至丹墀。虚靖曰：吾将为你"作地祇一司，正法符箓咒诀"。"然后又以云篆而书画诸符，地祇一司之法盖始于此"⑤。所谓"地祇"，原指山川河海之神。《说文》曰："祇：地祇，提出万物。"宋代道教谓地祇乃人鬼之神，如关羽、温琼、张巡等，他们皆为护法神将，为驱邪荡魔之元帅。《地祇法》曰："乃知万法易动，莫如地祇，地祇勇猛，无越温将。盖尝思之召天神，必自天门而降。召雷神，必自中天而来，巽户而至。召酆都，则自地户而出。维地祇帅将，盻矚只在眼前，召之则在于阳间，平步而来，略无障碍。末学之士专务贪高，每卑地祇之法，谓人间之神不足治强邪荡凶。不思地祇乃灵宝侍卫之官，受命上清，护玄帝教，神通至大，岂轻

---

① （五代）杜光庭：《道教灵验记》卷一五，《道藏》第10册，文物出版社、上海书店、天津古籍出版社1988年影印本，第852页。
② （五代）杜光庭：《道教灵验记》卷一〇，《道藏》第10册，文物出版社、上海书店、天津古籍出版社1988年影印本，第835页。
③ （五代）杜光庭：《道教灵验记》卷一一，《道藏》第10册，文物出版社、上海书店、天津古籍出版社1988年影印本，第840页。
④ （五代）杜光庭：《道教灵验记》卷一三，《道藏》第10册，文物出版社、上海书店、天津古籍出版社1988年影印本，第847页。
⑤ 《道藏》第18册，文物出版社、上海书店、天津古籍出版社1988年影印本，第91页。

易可言耶。"①

地祇诸法,尤以温元帅大法、张元帅考召法、关元帅秘法为要。张继先说:"法中之灵,无如温琼。上世宗师不授于人者,恐其易感通而轻泄怠慢也。"②据《地祇上将温太保传》记叙,温琼字子玉,温州平阳县人。曾为唐朝名将郭子仪部下猛将,拜帐前都捡点。后因受郭猜忌,逃归泰山屠牛卖酒,一日遇道人指点,从此不再杀生,"只出入东岳庙,为化主打供,精进三年。忽一日,岳峰遇黄衣蓬头道者,长揖琼曰:今日岳帝书上,汝名若天年终,则为岳府太保。汝可立像于殿前,身后当任其职。琼如其言,立像于岳府。自此诸太保时复来访琼。一日殿前太保灌丘休语琼曰:汝像若变,则归职矣"③。化为东岳太保。宋徽宗时,温州大旱,道官百姓设醮祈雨,有旗见云端,上有"温琼"二字。雨迅风飞,温琼降雨,以济民生。之后,张继先创温元帅地祇法,并弘扬于世。他于青城天宝洞,降伏民间之巫神。

据史籍所载,唐宋之际的巴蜀地区,民间神祠的兴建空前兴盛,鬼神崇拜蓬勃展开。此际恰为张继先入川之时,他至青城山朝拜祖庭,见山背后有大溪洞,"以为洞中必有仙境,欲入观看,不知洞中乃汉祖天师灭伐魔鬼之所余党,结连万众,居此立庙,出入洞中,或行瘟疫时气以害民,或飞霆烈风以求血食。国封曰显济庙,神曰灵佑普利广德博济王,民称曰慈利大帝,四川居民香火毕集"。成为西蜀地区最大的一座神祠。张继先至此,携弟子三十人同进,并召温琼以灭害去魔。于是温琼遵命,"斩妖魔于青华观左山。斩毕,但见水枯草死,血滴处石为之透。至今此山有石如丹"④。这段神异的传闻,反映了张继先镇服巴蜀民间俗神以宏大道的事实。

其后,道士王宗敬至青城天宝洞,师事张继先学习温太保地祇秘法,张继先"分独体地祇温太保秘法一阶付之。其宗敬专志一念,奉祀玄帝行法,立功于世,显应甚多。其在衡门、洛水济人,但念太阴化生咒,及丙丁生鬼符,用驱邪院印一颗,无不感应。其潭湖江河之民,来求水者,日以数千计"。他传

---

① 《道法会元》卷二五三,《道藏》第30册,文物出版社、上海书店、天津古籍出版社1988年影印本,第555页。
② 《道藏》第30册,文物出版社、上海书店、天津古籍出版社1988年影印本,第556页。
③ 《道藏》第18册,文物出版社、上海书店、天津古籍出版社1988年影印本,第90页。
④ 《道藏》第18册,文物出版社、上海书店、天津古籍出版社1988年影印本,第91页。

播温太保地祇法于三秦大地,"主掌秦境人民香火"①。

王宗敬后以秘法传吴道显,并命其入福建布道。吴道显借天蓬、温琼之神威,降魔诛妖,普济世人。晚年返归青城,度弟子五百三十二人,唯青州柳伯奇、果州钟明真得其真传。《道法会元》卷二五三曰:"地祇一司之法,实起教于虚靖天师,次显化于天宝洞主王宗敬真官,青城吴道显真官,青州柳伯奇仙官,果州威惠钟明真人,相继而为宗师。其后如江浙闽蜀湖广嗣法者,何限姓名,昭揭宁几人。其书始则有石碑本,继则有铁林府地祇,原公夫人庙地祇,五雷地祇,五虎地祇,索子地祇,十字地祇,四凶地祇,圣府地祇;后则有苏道济派,温州正派,李蓬头派,过曜卿派,玄灵续派,如此等类,数之不尽,千蹊万径,源析支分。"②

此外,又有卢埜于青城山得张继先所传道法,并传播于南方。卢埜字伯善,号养浩。其好道求真,先后师事张继先、陈道一、郑知徽等高真,尽得神霄、北帝道法秘旨。《雷奥序》谓卢埜游青城山,"遇虚靖天师,传诸阶之法。自婺州来至洪州,寓于丰城清都白鹤观,往来居止"。"行六阴洞微诸阶之法,无不灵验。凡符法一至,立时而愈。盖虚靖天师一流人耳,葛巾布服,不爱装束,惟好清静。"③刘玉说卢埜又得陈道一传授《神霄金火天丁大法》,卢临终之际又传法于刘玉。卢埜自述其得道经历,他说:"切闻战邪治瘟,全在断后,神功妙用,无出斯文,诸行法之士,未得妙处,终不能绝妖邪之路。埜广参玄徽,蒙冲妙真人曰:断后之法,无如北阴酆都连天铁障之妙。上古圣人所受黑律,必全是文于其中。自后执法朱真君,知其妙用而秘之。埜勤苦参学,以全其文。后学之士,宜精宝焉。"④可见,卢养浩是集多家大法于一身的高道。其弟子徐必大、刘玉继其道脉。

据黄公瑾《刘清卿事实》所言,刘玉名世仍,字清卿,法讳玉,世代为河朔人。为南宋勋臣刘玠之孙,因敕葬临川,其父赘于丰城,迁家居丰。"受祖荫承信郎,幼慕清虚,年未弱冠,弃官从事道法,遍历江湖,捐赀无所靳,

---

① 《道藏》第18册,文物出版社、上海书店、天津古籍出版社1988年影印本,第92页。
② 《道藏》第30册,文物出版社、上海书店、天津古籍出版社1988年影印本,第557页。
③ 《道法会元》卷二二七,《道藏》第30册,文物出版社、上海书店、天津古籍出版社1988年影印本,第412页。
④ 《道法会元》卷二六六,《道藏》第30册,文物出版社、上海书店、天津古籍出版社1988年影印本,第634页。

参礼名师。初行小四直符水,继行灵官酆都地祇考附,悉有灵著。后因养浩卢君伯善来江西,以诸法付度于徐洪季,洪季以所得授清卿。清卿得法,方从卢游。"①可见刘玉广求道法,先师徐必大,再师卢养浩。待卢养浩临终之际,"清卿以神霄中独体金火天丁一阶为请。卢悉以心章隐讳、内炼秘诀,倾付之。笔录才竟,诸弟子辐辏,则卢复瞑目化去。清卿自后朝斯夕斯,念兹在兹,不过此耳。单符只将,千变万化,所向无前。凡祷祈鹹伐,刻日动雷,皆出于十手目之所指。视其救危难,则多用玉天心章、七十二冢论章,三十六冢论章,万法不救告急皂章。其保生治病驱邪,则多用神霄告斗传忱表,只一天丁"②。这是刘玉得承酆都地祇考附法、神霄天丁大法的缘由。

刘玉尚别有师授,其《地祇法》则得自多位高道。他自述曰:"地祇一法,凡数十阶,温将军专司,亦十余本,使学者莫之适。余初得之盛仙官椿,继得之李真君守道,再得之于元阴洞微卢仙卿埜,所授之本已大不同。继而遇时真官,则符篆愈异。晚参之闻判官天佑,及传之吕真官希真,玄奥始全备矣。吕以道法自青城而来江浙,名动一时,凡祈晴祷雨、伐庙鹹邪,莫非用此吕之书,悉要而简。"③由此可见,其《地祇法》得之不易,先后参拜了盛椿、李守道、卢养浩、时真官、闻天佑、吕希真,才得以了解全部玄奥。

针对当时道法杂乱、真伪并行的混乱状况,刘玉力主正统大道,坚持修真十戒,明辨法派,他考其源流,示其传承。他说:"语及大藏奥旨,虽未能由顿门而觉。然好生一念,三教殊途而归。因得以管窥天隐显之机,阴阳变化之理,幽明有无相关之脉络。""二竖子告急,乃从事于道法,一符而顷刻奏功,通真达玄之趣,有开于此。后乎忧患屡见,叩之大则大鸣,小则小应。愤悱一念,研覃七年,方受雷霆符水。又七年,谙练颇熟,蹊隧稍通,内外之神气出入惯,鬼神之变化情态识,行持之要妙,十得其一二。"④自后,刘玉以法统授其弟子黄公瑾。

---

① 《道法会元》卷二五三,《道藏》第30册,文物出版社、上海书店、天津古籍出版社1988年影印本,第555页。
② 《道法会元》卷二五三,《道藏》第30册,文物出版社、上海书店、天津古籍出版社1988年影印本,第558、559页。
③ 《道法会元》卷二五三,《道藏》第30册,文物出版社、上海书店、天津古籍出版社1988年影印本,第555页。
④ 《道法会元》卷二五三。《道藏》第30册,文物出版社、上海书店、天津古籍出版社1988年影印本,第556页。

此外，青城山还出现了八卦洞神一派。该派亦奉张继先为祖师，青城紫虚妙道真君张元真、金阙左辅真君刘致清为宗师，主传《混元一气八卦洞神天医五雷大法》。张继先《洞神后序》曰："八卦自然之法，包含万象，运使八卦大神，通幽玄之理，达造化之机，探鬼神不测之妙，幽微显奥，有脱死超生之要道，祛邪守正，自然变化之妙门，运动自然，故有目前报应。""历代神仙修炼金丹，祛遣内外之魔障，至于脱质升仙，摄邪皈正，禹步超神，安危定乱，亦无出于斯文也。吾家大法，上可以动天地，下可以撼山河，明可以伏龙虎，晦可以伏鬼神，大可以助国家，小可以驱灾患，此灵验难量，亘古亘今。"①《八卦洞神玄妙序》指出："此八卦内景之法，古今所未易闻也。有西蜀张公真人授受之，故其证验之效，只在片饷。续其法派，刘君致清所行者，加进修持，则应验无虚妄矣。"②此派以后的传承无考，似当融入其他道派之中。

三、薛道光与南宗内丹法

入宋，继钟离权、陈抟之后，呈现了一个"内丹热"的时代，开始形成以南北二宗为主体的内丹派。其南宗一派，指宗承北宋张伯端内丹说，主要在南方流传的一派。北宗则是以金元王重阳为教祖，主要流行传于北方的全真道。全真道与南宗，皆以修炼内丹而期成仙为旨，但因其历史背景与内炼学说的差异，故有南北之分。

南宗以张伯端为开山祖师。张伯端自幼好学，涉猎三教经书，以至刑法、书算、医卜、战阵、天文、地理、吉凶死生之术，靡不留心详究。后为府吏，因触犯"火烧文书"律，遣戍岭南。宋英宗治平（1064~1067）中，陆诜镇桂林，引置帐下，掌管机要。熙宁二年（1069），张伯端随陆诜自桂林至成都。在成都期间，张伯端遇异人授以金丹秘诀。其《悟真篇序》自述说："至熙宁己酉岁，因随龙图陆公入成都，以夙志不回，初诚愈恪，遂感真人授金丹药物火诀。其言甚简，其要不繁，可谓指流知源，语一悟百，雾开日莹，尘尽鉴

---

① 《道法会元》卷一九六，《道藏》第30册，文物出版社、上海书店、天津古籍出版社1988年影印本，第247页。
② 《道法会元》卷一九五，《道藏》第30册，文物出版社、上海书店、天津古籍出版社1988年影印本，第234页。

明，校之丹经，若合符契。"①其后翁葆光《悟真篇注疏序》则谓其师为青城丈人，留元长谓"张得之刘海蟾，刘得之吕洞宾"②。陈守默曰："昔者钟离云房，以此传之吕洞宾，吕传之刘海蟾，刘传之张平叔，张传之石泰，石传之道光和尚，道光传之陈泥丸，陈传之白玉蟾。"③

张伯端丹法来自西蜀青城，其后传播于南方，并演化为二派。其中清修一派，历来被视为张伯端嫡传。其传法谱系为：张伯端传石泰，石传薛道光，薛传陈楠，陈传白玉蟾，是为南宗五祖。另有南宗双修一派，始于刘永年，刘传翁葆光，翁传若一子。其后主要人物有陈致虚、李文烛、彭好古、甄淑、陶素耜、仇兆鳌、付金铨等。

南宗清修一派，以石泰为首。石泰字得之，号杏林，一号翠玄子。常州（今属江苏）人。《石泰传》说："初紫阳得道于刘海蟾，海蟾曰：'异日有为汝脱缰解锁者，当以此道授之，余皆不许。'其后紫阳三传非人，三遭祸患，誓不敢妄传。"《逍遥墟经》亦说，张紫阳悟真得道以后，开始曾普传道法，从学者数百人。但皆为治病而来，病愈后皆"翩翩然逐名利去"，并没有一个诚意门徒。后来，张伯端因得罪凤州太守，"按以事坐黥窜"，经由邠境，因大雪与押解者同饮酒村肆，恰遇石泰，通过石泰的努力，邠守予以赦免。张伯端说："此恩不报。岂人也哉！子平生学道，无所得闻，今将丹法用传于子。"遂将所得金丹秘诀，倾囊以授石泰。石泰拜谢，苦志修炼。道成，作《还源篇》行世。石泰于宋高宗绍兴二十八年（1158）八月十五日逝世，享年一百三十七岁。有颂一首云："雷破泥丸穴，真身驾火龙，不知谁下手，打破太虚空。"④

石泰下传薛道光。薛道光一名式，一名道源，字太原。陕府鸡足山人，一云阆州（今四川阆中）人。他本系僧人，自幼出家，法号紫贤，一号毗陵禅师。《薛道光传》说他云游长安，留开福寺参长老修严、僧如环，习禅观佛

---

① 《修真十书·悟真篇》，《道藏》第4册，文物出版社、上海书店、天津古籍出版社1988年影印本，第714页。
② 《海琼问道集》序，《道藏》第33册，文物出版社、上海书店、天津古籍出版社1988年影印本，第140页。
③ 《海琼传道集》序，《道藏》第33册，文物出版社、上海书店、天津古籍出版社1988年影印本，第147页。
④ （元）赵道一编：《历世真仙体道通鉴》卷四九，《道藏》第5册，文物出版社、上海书店、天津古籍出版社1988年影印本，第384页。

法。"因桔槔顿有省悟，有颂曰：轧轧相从声发时，不从他得豁然知。桔槔说尽无生曲，井里泥蛇舞枯枝。二老然之。自尔顿悟无上圆明真实法要，机锋迅捷，宗说兼通。"可见，薛道光精通佛学，尤擅禅宗顿悟之机。间时，"且复雅玄金丹导养。宋徽宗崇宁五年丙戌冬，寓郿县之青镇，听讲佛寺。适遇凤翔府扶风县杏林驿道人石泰，字得之，年八十五矣。发绿朱颜，神宇非凡，夜事缝纫。紫贤心因异之。偶举张平叔诗曲。石矍然曰：识斯人乎！吾师也。备言紫阳传道之由。紫贤乃稽首皈依，诸因受业，卒受还丹，传受口诀真要。且戒令往通邑大都，依有力者即可图之。紫贤遂来京师"。从此薛道光弃僧从道，和光混俗。作《复命篇》《丹髓歌》行世。光宗绍熙二年（1191）九月初九逝世，享年一百一十四岁。有颂云："铁马奔入海；泥蛇飞上天，蓬莱三岛路，无不在西方。"①

三祖薛道光，世人多误认其为阴阳派，这是因为《悟真篇三注》引起的。传世的《悟真篇三注》提名"紫贤薛道光、子野陆墅、上阳子陈致虚注"，内容以阴阳丹法为主。但考其内容，提名"道光曰"者，实系翁葆光注文。尽管其中个别章节有所不同，但绝大多注文和翁葆光《悟真篇注释》相同。戴起宗得薛道光注本与翁葆光注本，读之累月，比之其文皆同，确定"世传紫贤所注，实为无名子之注。迷以葆光讹为道光，何其讹传之久，而人未之订耶？何以言之，真人传石杏林，杏林传紫贤，为第三传，此世之知也。真人传广益子，广被子传无名子，亦为第三传，此世之罕知也。好事者欲其所注取信当世，遂节无名子之注以传流之"②。所言有据可依。

从薛道光的著作《还丹复命篇》来看，确系以自身独修为主。五言绝句说："有物含灵体，无名本自然，赤龙藏宇宙，白虎隐丹田。北斗南辰下，眉毛眼睫边。灰心行水火，定息见真铅。""尘市通人处，明明与性还，悟来惟一物，昧处陋千山。神水丹田下，华池水火间，一元能造化，返老作童颜。"七言绝句亦曰："恍惚之中寻有物，杳冥之内吸真精。真精便是长生药，须假黄婆养育成。""归根复命发元真，气入四肢精养神。神气若还俱不散，混同尘世一闲人。"也都主张独身清修，并无阴阳双修之论。

---

① （元）赵道一编：《历世真仙体道通鉴》卷四九，《道藏》第5册，文物出版社、上海书店、天津古籍出版社1988年影印本，第385页。
② （元）陈致虚注：《悟真篇三注》，《道藏》第2册，文物出版社、上海书店、天津古籍出版社1988年影印本，第1025页。

薛道光指出，人心的灰暗与沉沦是相当长久。人们以名利盗其心，以是非贼其志，日渐一日，渐成鄙吝，日趋阴暗，难以超脱。然而至道不远，常在我们的眼前。"初年学道，所亲无非理性之士，若禅宗之上乘，一悟则直超佛地；如其习漏未尽，则尚循于生死。至于坐脱立亡，投胎夺舍，未免一朝而长往。常思仲尼穷理尽性以至于命，释氏不生不灭，老氏升腾飞举。由是圣人之意，不可一途而取之。"可见三教宗旨，皆言性命修持之道。丹道长生秘诀，托言日月，名之龙虎，依循阴阳，"一清一浊，金木间隔于戊己之门；一情一性，阴阳会聚于生杀之户。采二仪未对之气，夺龙虎始媾之精，入于黄房，产成至宝。别有法象枢机，还返妙用，长生秘诀，毕于此矣！由是方知大道不繁，须逢至人授之口诀，始能造于真际耳"。"依师口诀，辄成五言一十六首，以表二八一斤之数；七言绝句三十首，以应三十日之大功；续添《西江月》九首，以应九转之法。辩药物采取，五行相杀，主客先后，刑德图诀，抽添运用，火候斤两，无不备悉。好道之士，请熟究斯文，或以宿缘契合，自然遭遇，文虽鄙陋，一一皆言其实矣。"

四、清微派、太乙派、忠孝派的传播

道教的清微派，始见于南宋时期。该派道法以"清微"名者，谓其法出于清微天元始天尊。《清微神烈秘法》说："夫清微者，以象言之，乃大罗天上郁罗萧台玉山上京上极无上大罗玉清，诸天中之尊也。肇自混沌溟涬鸿蒙未判之先，大梵大初之境，即元始至尊之所治也。乃一气开明祖劫，是谓天根，且清微法者，即神霄异名也。实道中之妙法。道乃万法之祖，雷乃诸雷之尊，非法中之法也。故禀元始一炁，统御万灵。"①他们倡导清微雷法，以之救世济民。宣称外用则可安民济世，扶邦佑国，祈雨祷晴，除妖祛邪；内则可修身炼性，成仙入圣，飞腾上升。

清微派尊奉元始天尊，并编造了一个谱系。元初陈采《清微仙谱》序云："其传始于元始，二之为玉晨与老君，又再一传，衍而为真元、太华、关令、正一之四派。十传至昭凝祖元君，又复合于一。继是八传，至混隐真人南公。公学极天人，仕宋为显官，遇保一真人授以至道。遂役鬼神，致雷雨，动天

---

① 《道藏》第4册，文物出版社、上海书店、天津古籍出版社1988年影印本，第135页。

使,陟仙曹。晚见雷渊黄先生,奇之,悉以其书传焉。"①

从历代祖师的生平籍贯来看,许多皆为四川地区的人。如九天洞明元君许龄卿,秦时降"剑州";玉堂天山真人朱轩,因世道混乱,入阆州拜许元君,证道登真;太玄扶桑真君卜冀,因避患入阆州,拜朱真人,潜虚道妙,位证太玄;西华通惠元君庞俏道,于西汉宣帝神爵年间入川,后寓居汉州县绵竹县庚除治;灵妙和澄元君需东为东汉彭州人,仙姿端肃,会道自然,应世为师。这些有关清微派历史的记述似乎告诉我们,清微派的产生与巴蜀道教有着较深的关系。因此,南宋朱洞元、李少微、南毕道三代祖师皆隐居青城山,并传其法于南方。

从祖舒以来,下传休端、郭玉隆、傅央焴、姚庄、高奭、华英、朱洞元、李少微、南毕道等九代宗师。诸书中对朱洞元以前的宗师的事迹所记极简,且未注明其活动的时代,故难据以判定清微派在唐时已经成立。朱洞元、李少微、南毕道等皆为南宋人,说明清微派当形成于南宋,且以青城山为祖庭。

朱洞元为成都人,尊号青城通惠真人。其形象圆目,美须。曾入仕宦至安抚使,遂弃官修道,隐居青城,敷宣清微雷奥。后以道法传授给李少微。

李少微,尊号云山保一真人,房州保峰一水人。所居故址犹存,人称为李雷公宅。真人先以宦族世家房陵,后弃俗悟真,入青城修真,感朱洞元授以清微大道,游戏三界,隐显莫测。后以道法传授给南毕道。

南毕道,字斗文,号西滨,尊号混隐真人。《清微仙谱》云:"本复姓东南,名珪,丙辰十一月初三寅时生于眉山(今属四川)。幼擢儒科,登仕版。尝倅湖右,夜梦神人语以师至,达旦郊迎,果肖梦中之相,询其姓名,即保一真人也。迎归待以师礼,数以难事试之,坚心如金石,遂悉付以隐奥……后佐宋理宗,数谏不从,归隐不知所在,人以为仙去。"②《清微斋法》云:"南毕道,字斗文,乃清微保元仙卿,眉州人。丙辰十一月初三日寅时降生眉山,性淡荣利,学通天人,仕宋累官至广西宪。尝遇保一真人授以至道,能役使神祇……隐青城山。"③《道法会元》卷二云:"李真人数试之,不怠,以四派玄奥授之……后西滨仕至广西宪司,休官入青城山。"④略其歧异之文不

---

① 《道藏》第3册,文物出版社、上海书店、天津古籍出版社1988年影印本,第326页。
② 《道藏》第3册,文物出版社、上海书店、天津古籍出版社1988年影印本,第331页。
③ 《道藏》第4册,文物出版社、上海书店、天津古籍出版社1988年影印本,第286页。
④ 《道藏》第28册,文物出版社、上海书店、天津古籍出版社1988年影印本,第682页。

论，南毕道盖生于宋宁宗庆元二年（1196），至理宗即位之甲申（1224），已三十岁。他在理宗朝仕至广西宪司。曾受李少微传清微法，后隐青城山，不知所踪。

南毕道的清微法脉，后传予黄舜申。黄舜申，南宋福建建宁人。《清微仙谱》云："碧水雷渊真人黄舜申。先生闽中世家，名应炎，丹山人也，即今建宁府。甲申（1224）闰八月初五日未时生，以祖父荫。生而奇异，貌古清绝，性质颖悟，经史百家靡不通贯。年十六侍父为广漕幕，师病，南真人以符疗之，雷震于庭，其疾顿痊。观其骨相合仙，悉以所传付之。宝祐中，出为检阅，宋皇兄赵孟端节使皆师事之。理皇召见，御书雷渊真人四字以赐之。至元丙戌，诏赴阙庭，奏对明敏，上礼敬之。未几乞请归山，得旨俞允，仍赐轻车以还。先生门弟几百余人，今清微道法大行于世，然得其枢奥，阐扬灵验，亦多其人抑。"①

至黄舜申时，清微派组织始正式宣告成立。黄舜申既是清微派的组成者，又是清微法理论的集大成者。陈采《清微仙谱》云：黄舜申"覃思著述，阐扬宗旨，而其书始大备"②。张宇初《道门十规》也称："清微自魏（华存）、祖（舒）二师而下，则有朱（洞元）、李（少微）、南（毕道）、黄（舜申）诸师，传衍犹盛。凡符章经道斋法雷法之文，率多黄师（舜申）所衍。"③

清微派以行雷法为事，其雷法理论，亦类于神霄派。仍主天人合一，内外结合，而以内炼为基础。强调诚于中，方能感于天；修于内，方能发于外。《清微斋法》卷上云："盖行持以正心诚意为主。心不正则不足以感物，意不诚则不足以通神。神运于此，物应于彼，故虽万里，可呼吸于咫尺之间。"又说："将吏只在身中，神明不离方寸。"④将吏、神明，皆指施行雷法时所劾召的鬼神。能劾召鬼神，全在于心诚意正和深厚的内炼工夫。《道法会元》卷一亦称："五行之妙用，寂然不动，感而遂通。夫天地以至虚中生神，至静中生气。人能虚其心则神见，静其念则气融。""凡气之在彼，感之在我；应之在彼，行之在我。是以雷霆由我作，神明由我召，感召之机在此不在彼。"⑤

---

① 《道藏》第3册，文物出版社、上海书店、天津古籍出版社1988年影印本，第331页。
② 《道藏》第3册，文物出版社、上海书店、天津古籍出版社1988年影印本，第326页。
③ 《道藏》第32册，文物出版社、上海书店、天津古籍出版社1988年影印本，第149页。
④ 《道藏》第4册，文物出版社、上海书店、天津古籍出版社1988年影印本，第286页。
⑤ 《道藏》第28册，文物出版社、上海书店、天津古籍出版社1988年影印本，第673页。

该宗所传《清微丹诀》，专言内丹修炼之道，黄舜申曰：风、云、雷、雨、火等，皆以行法者深厚的内炼工夫为基础，待临场时，靠运气从体内发放出来。"耳热生风，眼黑生云，腹中震动即雷鸣，汗流大小皆为雨，目眩之时便火生。入息静定良久，神息既调，直待内境不出，外境不入，但觉身非我有，天地虚无，入定光中，或见祖师，出令雷霆，万真随行，意欲五事皆集，丁宁发遣、次复收敛，运一气七遍之妙，近视天气下降、地气上腾，蒸山煮海，交合混沌于黄中，酿成五事。临坛之际，拨动关捩，随窍而发也。耳热，则双手玉文运起，从腰肾间，上升至耳，一拂而上，即南风；下，北风；前，东；而后，西也。眼黑，即如上运升，以目光直视长空，散云沥黑，目动而止。腹霆动，即以局运，从腰间上升至耳，以局提，提耳三，按而发，汗流不止。或大小迸急，则以身振动，窍穴俱开，大雨如注。目眩之时，即如上运升，以目闪左则左，右则右。已上关捩，在大静定中，所谓无中生有，不可以为无心作，不可以有心求，平日工夫纯熟，至此自然而神，不知其所以神。"①

清微派至元代取得很大发展，名目甚多。郑所南《太极祭炼内法序》："正一法外，别有清微法雷，名逾数百。"②元代清微派，仍以黄舜申一系所传最盛。他的弟子分为两支，一支以福建建宁为中心，传行于南，一支以武当山为中心，传行于北，从而使清微道法很快传播于大江南北。南传一系为黄舜申弟子西山熊道辉，道辉传安城彭汝励，汝励传安福曾贵宽，贵宽传浚仪赵宜真。北传一系的主要传人是黄舜申弟子张道贵，其主要特点是全真道士兼传清微法，传人甚众。

南宋之际的青城山，又出现了太乙道派。该派奉刘浩然、许志高等为宗师，主传《太乙火府五雷大法》。据黄一炫《法源事迹》曰："太乙火府雷者，乃玉清内院之秘法，北斗真气之化身，太乙月孛之主法也。祈祷驱邪，斩妖伏精，极有灵验。"唐天宝元年（742）七月，水旱虫蝗，毒气流行，灾害巴蜀，是时绵州太守冯祐崇敬道教，持诚启奏太上，夜梦北阴圣母降言："吾今付汝道法，普济人民。凡有水旱妖孽，立坛呼召，其神立应。太守惊觉，次日于香案上得秘文一轴，视之乃太乙雷也。冯祐得之，乃依法立坛呼召，雷声大

---

① 《道藏》第4册，文物出版社、上海书店、天津古籍出版社1988年影印本，第962页。
② 《道藏》第10册，文物出版社、上海书店、天津古籍出版社1988年影印本，第441页。

震,是时太乙元君现形于坛中应感。太守辞禄弃家,行符咒水有功,蒙上帝赐为紫府真人。后隐青城山丈人观。有道士江元亨以师事之,三年遂授玄文。厥后吕政卿、李巨川、张伸之等师资授受,区分人鬼,协赞乾坤,不可具纪。五季之乱,至人多隐,遂无闻焉。"①

北宋之际,陈抟居于华山,得其法于石室中,并将此书传于西蜀。有刘浩然得其道法。刘浩然,字仲方,讳晋,系成都青城大面山丈人观主。时有魔女入观作怪,道中道众惧而散之。刘浩然下山,忽遇太上于松树下,授以太乙火府五雷大法,而"收九天魔女,锁之于八角井,由是大教愈彰。得其雷祖宗派者,孙太初、赵师古、杜昌宗、吕真人。近有刘虚正、王法进、监军赵必渥,其徒甚众,独许志高真人得法大显"②。这里所说的"八角井",位置今都江堰市内,现存八角庙即是。

许志高为四川阆州(今阆中)人,讳翙。自幼爱清净,尝为仕任"四川机宜",后弃官修道,入青城山丈人观出家,拜刘浩然为师,先后随伴十四年。刘浩然羽化之前,曰:"汝急来,吾以法授汝,汝道南行,流传六百弟子。"③许志高自得法之后,遵师所嘱,出离西蜀,南游江南,至京师内院,"有妖作孽,诸法师不能治之,真人以一符緘妖精长丈余。蒙上帝赐号伏魔,以此号为伏魔许真人"。时当南宋高宗之际。其后云游至福建延平,赴马坑龟山纯阳会,见纯阳会主持杨教授身体衰弱,遂与之丹药令服,返老还童,并生一子。杨教授归寂,许志高又至延平,取其子携回西蜀,此子即为杨耕云。迨至理宗宝庆元年(1225)六月六日,许志高"火化"于茅山玉宸观天市坛。"真人未升仙时,分付将道法及雷篆家书秘印、雷霆都司印、都天大雷火印、统天印、天宝家书印,尽数传与披云杨真人。"④

披云杨真人字耕常,讳燮。福建延平马坑巷人。得许伏魔传法,许伏魔带披云至延平、西蜀、建康、茅山等处。许志高逝世后,杨披云以其母尚健在,

---

① 《道法会元》卷一八八,《道藏》第30册,文物出版社、上海书店、天津古籍出版社1988年影印本,第188页。
② 《道法会元》卷一八八,《道藏》第30册,文物出版社、上海书店、天津古籍出版社1988年影印本,第189页。
③ 《道法会元》卷一八八,《道藏》第30册,文物出版社、上海书店、天津古籍出版社1988年影印本,第190页。
④ 《道法会元》卷一八八,《道藏》第30册,文物出版社、上海书店、天津古籍出版社1988年影印本,第189页。

复回故乡延平。"有建宁府浦城县黄止堂，出守延平，贰车见披云真人，驱役雷电，开现星斗，祈祷雨阳，卷舒云霓，皆在指呼。有黎君亦川人，而力荐之。以此先君止堂，令云庄拜披云为师。"①杨披云遂收黄云庄为徒，传以雷法秘印。

至淳祐年间，杨披云曾于西湖苏堤祷雨有验，朝廷赐以"清隐"，杨披云却而不受。其弟子尚有三茅山玉晨观薛管辖、西蜀宣哥真人。黄云庄说："云庄奉此法三十余年，江湖之士慕名求者，亦然以伏魔家书付之崇奉，苟能勤恪虔恳，一达家书，亦可治病驱邪，祈晴祷雨，无不应者。而太乙火府之文，例不敢泄，非惟此法不可得遇，而江南之人闻之者亦罕矣。尝受师言，向遇西人，则可授之。昨授成都碧源李拱祥，得之西矣。念云庄榆景向暮，志乐林泉，懒于出山，深虞此文湮没，他时后学无传，遂传之邑人祖审斋逢吉、黄澄心、詹山立、陈清溪等，代余之阐教也。庸考传记之载，并撼师训之音，著之篇首。盖西来之法，皆简而要，符无散形，咒无韵丽，与江南之法不同，见者其无忽焉。"②此外，杨披云还传《飚火律令邓天君大法》于世。

从唐代冯祐肇始太乙雷法，始终以四川青城山为祖庭，先后递传于江元亨、吕政卿、李巨川、张仲之等，再经陈抟、刘浩然、许志高、杨耕常、黄云庄、李拱祥等，此宗已传至南宋末年，且门徒颇多，遍布西蜀、江南、福建地区。

此外，又有以李清叔为祖师的鹤鸣忠孝派。据该派弟子高仓所言，该派所传正一忠孝家书白捉五雷大法，为昔太上老君授祖天师于四川鹤鸣山，其后子孙皆异人亲授。南宋时李清叔得之，以传授赵履，赵履传高仓，该法始又重显于世。

李清叔名渐，字清叔。生平籍贯无考。他自称"玉帝御前伏魔上相李真君"，亦即张宇初所列举的神霄派宗师中的"伏魔李君"。可见他曾修习神霄派道法。于青城山丈人观得忠孝大法，又隐居鹤鸣山以体真。其后，李清叔巡游天下，至湖南潭州，忽遇赵贯夫，"因缘际合，乃召苟、毕二帅出现于前，遂以衫袖写咒四句，并缺角印文，授与松隐赵先生，临行付嘱曰：以忠孝为

---

① 《道法会元》卷一八八，《道藏》第30册，文物出版社、上海书店、天津古籍出版社1988年影印本，第190页。
② 《道法会元》卷一八八，《道藏》第30册，文物出版社、上海书店、天津古籍出版社1988年影印本，第189页。

念。而又赐学真童子"①。

高仓《传派实由实录》详细记载其师赵贯夫得道于李清叔的经过：赵履，字贯夫，自号松隐。温州平阳人。生于丙寅二月初三。"父名珏，迪功郎湖南潭州，知甘泉酒官。公侍采宦游，岁在庚辰，其父客丧于任。公为人赋性刚直，姿禀不凡，肃敬有落魄不羁，名缰利锁不屑就，乃脱然弃俗，游于湘乡县郭之南，寓上真道院修真焉。一日忽有羽衣至，龙眉皓首，不知其几岁，亦不知其何人也。"相处甚洽，欲授其秘法，"告之曰：吾非凡人，乃玉帝御前伏魔上相李真君者，即我也，职在雷部掌籍。于是袖中出笔砚各一，四顾荒野，无楮可书，遂云：肯出尔袖，记我所传否？公欣然，敢不唯命是听，遂拆白绢衣袖与之。写讫，口传之秘，一一指示，公跪受礼谢而别，将行一里，高呼于山之麓，且令公还，吾有一印藏之青城山丈人观石匣中，适令雷将取到付汝，此法名忠孝白捉五雷大法。本朝惟徽庙佩受。禁藏之秘，非下世所可传也。今气运当出，以汝凤有仙骨，故亲授之。切宜虔恪自重珍惜。如薄德殄行，不忠不孝之徒，慎勿轻泄。凡祈祷追摄，除邪黝妖，但以篆书祖印合同，符命到来，即与施行"②。

赵贯夫得法，遂往城中天庆观居之，并谓观主说，此法甚验，法印一下，二帅立见。"主初未信，公召之，一瞬息间，二帅果见。"所谓"二帅"，是指雷部左伐魔使苟元帅、右伐魔使毕元帅，他们为忠孝五雷大法的主帅，下辖三十六部雷神、七十二考召官吏，有雷霆邓天君、雷霆辛天君、雷霆张神君、灵官马元帅、地祇温元帅、丰都关元帅。应命驱邪荡魔，济物利人。李清叔曰："心火肾水，其理自然。心水肾火，道之枢机。交阳混阴，阴升阳降，颠倒坎离，混融二气，化生万物，变化无穷焉。荡凶者，三五交姤之道。内以忠孝为本，外以体用为宗。不假符咒罡诀，全资精气神，凝合大道也。洁己之为忠，尽诚之谓孝。忠者正性而不欺，孝者保精而不散。气聚神全，自然交姤，以成至真妙道也。"该派亦修丹法，其《炼将坐功口诀》曰："造化由来是五行，五行全备始通灵。但教水火混成一，却把离宫入坎庭。舌拄天关封地户，静默存神上紫云。两手相叉交脚膝，不关人事即心澄。学仙童子能依此，白日

---

① 《道法会元》卷一四六，《道藏》第29册，文物出版社、上海书店、天津古籍出版社1988年影印本，第761页。
② 《道法会元》卷一四六，《道藏》第29册，文物出版社、上海书店、天津古籍出版社1988年影印本，第762页。

乘云谒太清。""夹脊双关透顶门，修行只此是宗根。华池玉液频吞咽，紫府元君直上奔。"①

赵贯夫后离开天庆观，挑抱云游南方各地，"开化赵、缪、周、高四人。公十月羽化于门人周监簿宅"。高仓亦为弟子之一，"每历州郡，必扬先师所传开化，万一缘分契合，其嘘呬之妙，如响斯答"。其后，高仓又授道于南涧岳先生，"南涧授与庐山清虚成先生，成先生授与冯先生，冯先生授与周先生，周先生授与张洞渊先生，洞渊授与某人，俱亦亲传"②。据此，该派的传承如下：李清叔—赵贯夫、学真童子—高仓—岳先生—成先生—冯先生—周先生—张先生，先后达七代之多。

五、范应元的老学思想

范应元，南宋之际蜀中的道教思想家，其生平事迹不见史籍记载。其弟子褚伯秀言："师讳应元，字善甫，蜀之顺庆人，学通内外，识究天人，静重端方，动必中礼，《经》所谓不言而饮人以和，与人并立而使人化者是也。江湖宿德，稔知其人，不复赘述。"③范应元的籍贯为"蜀之顺庆"，在今四川省南充市。自唐以来，先后有高道程太虚、谢自然在此修真，并留下了金泉院、兴圣院等道教观宇。而他自谓为"前玉隆万寿宫掌教，南岳寿宁观长讲果山范应元"，"湛然堂无隐斋谷神子范应元"，可知范应元字善甫，自称谷神子。他以"无隐"为书斋名，故名"无隐范先生""无隐讲师""西蜀无隐范讲师"。

宋理宗淳祐六年（1246）范应元游历京城，其间大约两年，曾主讲《庄子》，听讲者甚众，褚伯秀获侍讲席，大受启发。他说："淳祐丙午岁，幸遇西蜀无隐范先生游京，获侍讲席，几二载。"之后十年，褚伯秀收集历代《庄子》批注。宝祐六年（1258），开始编写《南华真经义海纂微》。褚伯秀在批注过程当中，想要引用老师的观点，但是笔记有所遗缺，想向老师请益，范无

---

① 《道法会元》卷一四六，《道藏》第29册，文物出版社、上海书店、天津古籍出版社1988年影印本，第758页。
② 《道法会元》卷一四六，《道藏》第29册，文物出版社、上海书店、天津古籍出版社1988年影印本，第761页。
③ （南宋）褚伯秀：《南华真经义海纂微》卷一〇六，《道藏》第15册，文物出版社、上海书店、天津古籍出版社1988年影印本，第687页。

隐已过世；想求问于同学，但当时一同听讲的同学却流亡南北，无从质正，因此有很深的慨叹。他说："务学不如务求师。至哉师恩，昊天罔极。兹因纂集诸解，凡七载而毕业，恭炷瓣香，四望九拜，俨乎无隐讲师之在前，洋洋乎南华老仙之鉴临于上也。所恨当时同学流亡南北，旧聆师诲，或有遗缺，无从质正，徒深慨叹耳。"①

范应元曾经担任"玉隆万寿宫掌教，南岳寿宁观长讲"。玉隆万寿宫位于江西省新建县西山，为净明道之祖庭。净明道奉晋代的许逊为祖师，相传许逊曾为百姓镇斩蛟蛇，治平洪水，里人在其故居建许仙祠祀之。南北朝时，据说空中常有红锦雉飞来旋绕，故改名游雉观。宋真宗大中祥符三年（1010），升观为宫，改称玉隆宫。宋徽宗喜好道术，极力提倡道教，政和六年（1116），自称梦见许逊为他降妖治病，于是诏令在"玉隆宫"前加"万寿"二字，并以当时西京豪华的崇福宫为蓝本，对其进行扩建，殿阁楼堂，蔚为壮观，富丽堂皇，江南仅见。宋代名臣黄山谷、洪迈等人，都曾经在西山玉隆宫任过职。而范应元担任掌教在万寿玉隆宫扩建之后，可见地位之崇高。范应元既曾任职万寿玉隆宫与南岳寿宁观，他学通道、禅诸学，静重端方，动必中礼，因此褚伯秀赞他为"江湖宿德"，学通内外，识究天人。

范应元除主讲《庄子》之处，尚撰有《老子道德经古本集注》二卷。该书搜罗校释宋代以前古本旧注《道德经》，除了除古本外，范氏先后共引用了韩非、刘安、司马谈、司马迁、淮南子、河上公、严遵、王弼、杨孚、孙登、马诞、王雱、郭云、阮籍、阮咸、董遇、陈韶、李奇、梁王尚、张嗣、梁帝简文、应吉父、张玄静、张君相、朱桃椎、开元御注、傅奕、李若愚、陈碧虚、苏辙、司马光共三十一家注文，其中相当一部分如杨孚、马诞、王雱、郭云、阮咸、陈韶、应吉父、李奇、朱桃椎等注文为书志所未著录，其他《老子》集注亦未提及，吉光片羽，弥足珍贵。此外，还引用韩康伯、郭璞、成玄英、陆德明、伊川、王雱、张冲应等人的相关文字，保留不少古代文献。在注解方面，范氏在引用了韩非、河上公、王弼、韩康伯、郭璞、张冲应、陆德明、傅奕、成玄英、苏辙、司马光、程颐、王雱、朱熹十四家注文的基础上，再加上自己的解释，这样，我们不仅可以借此研讨范应元的老学思想，而且可以窥见

---

① （南宋）褚伯秀：《南华真经义海纂微》卷一〇六，《道藏》第15册，文物出版社、上海书店、天津古籍出版社1988年影印本，第686页。

南宋解老之时代风气。

范应元精通老子之道。他在诠释老子时，首先对老子的自然之道加以阐释。他说："常久之道，自然而然，万物得之以生而不知。""道者，自然之理，万物之所由也。"这里说的是常道，即自然之道，也即自然之理，乃是万物产生和存在的根源，这就开宗明义地点出了"道"的本体意义，并暗示了道的最大特点是自然，所谓"自然"，亦即自然而然，这是老子之本意。

范氏指出，道可分体用，常道为体，可道为用，但体用一源，非有二道。而日用常行，随事著见之可道，其中也包含着自然之理。当然，相对来说，常道处于更重要的位置："夫常久，自然之道，有而无形，无而有精。其大无外，故大无不包；其小无内，故细无不入，无不通也。求之于吾心之初，则得之矣。人物莫不由此而生，圣贤莫不体此而立。然此道虽周行乎事物之际，相传乎典籍之中，而其妙处，事物莫能杂，言辩莫能及，故人鲜造诣于是。"①

由于老子之道只可意会不可言传，故常人难以领悟。如果真正要有所得的话，就必须紧紧抓住道的这一重要特点。例如道生万物，乃出于自然："观道生一，一生二，二生三，三生万物，万物负阴而抱阳，盅气以为和，皆自然之理也。人能体是而行，一动一静，循乎自然，则事无不成，物无不和也。"②人应万物，要遵循自然，"故圣人循自然之理，行而中节，不自矜伐，以为美善也。爱己是出于自然"。《老子》云："吾所以有大患者，为吾有身。苟吾无身，吾有何患。"范应元注："是知有身斯有患也，然则既有此身，则当贵之爱之，循自然之理，以应事物，不纵情欲，俾之无患可也。"③

修身养性亦是自然。他说："吾之身清静无欲，则不妄作。不妄作，则和气充盈。和气充盈，则三田通畅。三田通畅，则百脉调荣。百脉调荣则遍体康健，髓坚骨实，此皆抱道自然之效也。是以圣人以身喻国，以心喻君，以气喻民。心正则气自顺，气顺则身自安。"处世接物，亦当效法自然。他说："人

---

① （南宋）范应元：《老子道德经古本集注》卷上，《中华道藏》第11册，华夏出版社2004年版，第499页。
② （南宋）范应元：《老子道德经古本集注》卷下，《中华道藏》第11册，华夏出版社2004年版，第531页。
③ （南宋）范应元：《老子道德经古本集注》卷上，《中华道藏》第11册，华夏出版社2004年版，第507页。

不知自然之道，则处事接物牵于人欲，或偏或倚，或过或不及也。"① "人为物灵，其本心真实无妄，凛不可欺，能于日用之间，循乎自然之理而真实无妄，则事事物物莫不各有当行之路，合乎天之道也。"治国治民，亦是依循自然。他说："君正则民自顺，民顺则国自安，自然之理也。"②

自然之理，即为"天理""天道"。他说："治，理也，理身以理天下也。上无贵尚，则民不妄想，人欲去也，兹不亦虚其心乎？上怀道德，则民抱质朴，天理存也，兹不亦实其腹乎？上守柔和则民化而相让，气不暴也，兹不亦弱其志乎？上无嗜欲则民化而自壮，体常健也，兹不亦强其骨乎？"③

天理、人欲本是理学家的范畴，范应元用以解释《老子》，其内涵是有差别的，亦即范氏使用"天理"一词时，并未赋予它道德本体的含义，而是指自然之理，这种自然之理体现在人身上，则表现为虚静、质朴、清静、无欲。在"天道自然，人道虚静"的道旨下，人们的修为则当虚其心，实其腹。所谓"心"，即指"本心"。他说："体道之士，自然谨善，无慢与恶，盖明本心元善也。但循天理而发，则全乎善。纵人欲而发，则流乎恶。故老氏举唯阿善恶相去何若，教人省察之方，此与舜之惟精惟一之意同。未明乎道者，当观未发之时，方寸湛然，纯乎天理，无有不善，此乃本心也。至于唯阿善恶将发之时，相去多少，相去何似，不过特在乎此心一发之间耳。则知唯与善循乎天理也，阿与恶牵于人欲也。于此治之，常守本心之正，去人欲而循天理。"④

"本心"又称为"初心"。他说："吾心之初，本来虚静，出乎自然，初不侍治之守之。逮乎感物而动，则致守之功不容一息间断矣，是以老子教人致虚守静。"致虚守静，则各归其根。"在人言之，根者，本心也。归根者，反本心之虚静也。吾心之初，本来虚静，于此可以见道之令也，即天之所赋者。" "人为物灵，其本心真实无妄，凛不可欺，能于日用之间，循乎自然之理，而真实无妄，则事事物物莫不各有当行之路，合乎天之道也。"心之初虚

---

① （南宋）范应元：《老子道德经古本集注》卷上，《中华道藏》第11册，华夏出版社2004年版，第513页。
② （南宋）范应元：《老子道德经古本集注》卷下，《中华道藏》第11册，华夏出版社2004年版，第538页。
③ （南宋）范应元：《老子道德经古本集注》卷上，《中华道藏》第11册，华夏出版社2004年版，第502页。
④ （南宋）范应元：《老子道德经古本集注》卷上，《中华道藏》第11册，华夏出版社2004年版，第513页。

灵微妙，私欲未兆，此种状态即与道心或本心相吻合。

大道之妙，归于自然。既然人的本心反映了自然之理，与天道相合，那么，求道即复归于初心，"人不可外此心，而求天道于高远"。关于这一点，范氏反复强调："老子应运垂教，首曰道可道，非常道"，"意欲使人知常久自然之道不在言辞，当反求诸己，而自得之于吾心之初也"。"无名之朴，道也，求之于吾心之初，则得之矣。岂可不知止而更欲外起妄情，自取危殆邪。"① 范氏认为，如果能够直指此心之初，而不被有无同异所迷惑，就能够得意忘言，升玄极妙，此乃入道之门、立德之基，是每一个修道者应该加以充分注重和重视的。这实际上也等于告诉道教人士，其修道主要不在于吐纳导引、服药烧炼，而在于修心。

范应元所谓的"修心"，其特点在于虚静谦柔、至善无恶、合乎天道。在内容上，体现了由精气至性命，最后归结为修心的解老思路，与张伯端的内丹理论颇为契合。他说："心者神之所居，身者气之所生，神气同出于道。今夫人之运用，非神气则不能矣，神气不可须臾离也。神清则气爽，气浊则神昏，故常当虚静以存神，谦柔以养气，循自然之理以应物。倘不能虚其心，弱其志，而使情欲得以窃入伤害，则是戏玩其所居之神，厌弃其所生之气也。"修神即修性，修气即修命，神气不可须臾离，也即性命必须"双修"，两者是缺一不可的。

他还借引朱桃椎的话说："道者，气也。道体者，虚无也。虚无者，自然也。自然者，无为也。无为者，心不动也。内心不动则外境不入，内外安静则神定气和，神定气和则元气自正，元气自正则五脏流通，五脏流通则精液上应，精液上应则不思五味，五味已绝则饥渴不生，饥渴不生则三田自盛，三田自盛则髓坚骨实，返老还元。如此修养，则真道成矣。"② 从中可以看出，修心乃修道的关键和本质之所在。只有做到内心虚静，寂然不动，才能抵制住芸芸万物之诱惑，从而神清气和，元气自正，五脏流通，三田自盛，最终返老还元。

---

① （南宋）范应元：《老子道德经古本集注》卷下，《中华道藏》第11册，华夏出版社2004年版，第359页。
② （南宋）范应元：《老子道德经古本集注》卷下，《中华道藏》第11册，华夏出版社2004年版，第443页。

六、元代巴蜀的道教

在元代,有一系以雷默庵为宗师的门派,该派系神霄分支,但主传混元六天如意大法,门徒甚众,分布西蜀、东南一带。据《历世真仙体道通鉴续编》卷四载:"雷时中(1211~1295)字可权,号默庵。祖籍江西豫章,迁居武昌金牛镇,又号双桥老人。幼习词赋,后通诗经,三领乡荐,精心道学,专务性理。因太平宫知宫点悟,愈留心道法,绝念功名。庚午(1270)三月三日,玄武诞辰,雷时中具表贺、设坛焚香,朗诵《度人经》。忽有一道人自外至,授以袖中书一卷,令祭坛中,斋戒七日,方可开看。师遵其旨,持诚斋戒七日,拜礼开看其文,乃混元六天如意道法。""看毕,坛中白昼如夜,须臾雷火布满,雷霆辛天君立案上,曰:吾奉昊天敕命,付卿开阐雷霆之教,普济众生。吾教上帝为主,以吾佐之,以卿行之。前日授卿之文者,乃祖师路真君也。卿名在仙籍,七世为儒,三世行法,并无纤过,当大兴吾教。"①《道法会元》卷一五四《混元六天妙道一气如意大法》中所述师派首位祖师即为混元开教大慈普惠路真君大安,其下依次为混元演教一气妙道雷真人时中、天隐卢真人、九天金阙少宰仙官雷使查真人、天全张真人。

该派所主之道法仍为神霄传统,但非常重视《度人经》大乘思想。"专以《度人经》为主,师每化导世人,及开度弟子,皆先令其精心诵经,各获果报。且尝论《度人经》旨,以开后学,其要在十回度人。非惟十遍可以度人,乃在平日修练自己,以究返还之妙。切须先度祖宗,终得道备,飞升上清,经旨之明,莫越是矣。"②

雷默庵以道为本,兼及儒学,博采旁求,一贯混融,四方闻其道行卓异,及其门者日众,弟子数千人,因其传播范围,分为二派。西蜀一派以卢真人为首领,东南一派以查真人为宗师。"弟子数千人,分东南、西蜀二派,首度卢、李二宗师及南康查泰宇。由是卢、李之道行于西蜀,泰宇之道行乎东南,混元之教大行于世。所《心法序要》《道法直指》《原道歌》,皆发扬混元道化之妙。"③此外,雷默庵又传《负风猛吏辛天君大法》于世。至元乙未

---

① 《道藏》第5册,文物出版社、上海书店、天津古籍出版社1988年影印本,第446页。
② 《道藏》第5册,文物出版社、上海书店、天津古籍出版社1988年影印本,第447页。
③ 《道藏》第5册,文物出版社、上海书店、天津古籍出版社1988年影印本,第447页。

（1295）四月五日逝世，弟子奉葬于郡之颜山，享年八十五。

此外，三十六代天师张宗演亦曾入川修道，并传宝珠雷法于世。张宗演，字世传，号简斋。其性格渊静，少即颖敏。年仅十九，即继承道统，成为嗣教天师，亦以道术闻名于世。宋度宗咸淳（1265~1274）间，江西上饶郡旱灾，守臣唐震请其设坛祈雨，灵应如期。入元，世祖至元十三年（1276）遣使召之，待以客礼。《元史·释老传》曰："乃见，语之曰：昔岁己未（1259），朕次鄂渚，尝令王一清往访卿父，卿父使报朕曰：后二十年天下当混一。神仙之言，验于今焉。因命坐，锡宴，特赐玉芙蓉冠，组金无缝服。命主领江南道教，仍赐银印。"六月，上命设醮于内庭。明年（1277），又醮于长春宫，"赐号演道灵应冲和真人，给二品银印，命主江南道教事。得自给牒度人为道士。路设道录司，州设道正司，县设威仪司，皆属焉"。元世祖赞誉曰："三十六代天师张宗演卿，心传法统，体粹真风，广《黄庭》《大洞》之科，持正一盟威之箓，爱清爱净，以信以诚。三尺青蛇，役鬼神于冥漠；一杯明水，净天孽于迩遐。既弘开济之功，宜畀褒崇之号，特赠演道灵应冲和真人。"①

从史籍的记载，可见元世祖对张宗演礼遇之隆重。尤其需要指出的是，通过这几次接见，张宗演获得"天师"的头衔。在此以前，张陵子孙虽有"天师"的头衔，民间也流行此称呼，但从未被官方正式承认过。正式用政府名义承认其子孙为天师，则自元世祖始。此外，张宗演又得主领江南道教的职权，这也是史无前例的。之后作为定制，被元代诸帝所沿袭，每代嗣教者都沿制承袭"天师""真人"，"主江南道教"如故事，直至元亡。

作为元代最为著名的南方道教领袖，张宗演亦兼传雷法。《道法会元》中所载《帝令宝珠五雷祈祷大法》，即为张宗演所传。其《序法》曰："夫宝珠雷法者，玄之又玄，实众法之祖也。世间罕传，自前宋枢密宣使李闲云先生，得传于驾前承应法师集贤院学士朱梅靖先生。后朱入蜀，于青城山羽化之时，止传之三人。一乃新淦州郭提举，二乃三十六代天师张真人，三乃闲云李先生也。此法行诸天之号令，总三界之雷霆，以先天一气而运用，以后天八卦而成符，名曰宝珠。""遇之者精勤修炼，行持既久，可以坐役鬼神，可以指挥将

---

① 《汉天师世家》卷三，《道藏》第34册，文物出版社、上海书店、天津古籍出版社1988年影印本，第829页。

吏，可以啸命风雷，可以超凡入圣，非特能保命护身，其实可登真度世。"①于此，可见张宗演曾入蜀修道，得宝珠雷法于青城。

之后，龙虎山道士汪集虚亦入主青城，并整顿道教，恢复二十四治教区。据元陈旅《贞白庵记》记载："道家相传，谓汉时张天师，由龙虎山入蜀，炼大丹于鹤鸣、青城之山，感老君来授其道，阅二十四治，以正一法箓，厌伏鬼物之为人灾者，立石象天地日月，以誓之曰：石天地运，石日月明，汝则复出，鬼物之属，皆谨受誓去，不敢更为人灾。盖千有五百余年，而蜀人大残于兵，沴气充盛，向所誓者，往往乘之以兴。至元甲午（1294）龙虎山汪君集虚，以所传正一之秘，规复二十四治以治之，乃作贞白庵于青城，以居十年，遂近皆知求汪君。人以所苦来告，则立禜除之。于是见者辄敬拜，谓是汉天师所使来者。""其庵以石为址，以茅为宇，若覆瓮然，前为户，东西为牖，青城三十六峰与上皇、大罗、六顶、大人诸山，森秀环列，老人村与麻姑诸洞，皆在傍近，其地最胜，成为青城一大宫观。汪集虚以此为基地，并出入群治，整顿教务，蜀人得以安宁。其后赴京，皇上以汪君能用其道安宁西蜀，赐号'太无贞白静明玄昊真人，青城诸山正一宗主'。"②

虞集《成都路正一宫碑》赞誉说："蜀之山川，高厚而深远，故其生物也特异，文武材能、豪杰之士，世世不乏，然犹不足尽其神气之秘缊。于是有神人仙者图赤斧之流，出乎其间，而世所共知者。汉正一天师张陵遗迹，几遍西南，事最著，其兴利若盐井之属，至于今赖之。其后者朱桃椎、王保和等，尤不可胜数。最近者且百年，有法师刘浩然，碧云庵道士张仝者，高行奇术，近接耳目，里中儿女子能道之。故成都青阳、玉局诸宫，桀然以名天下者，非一日矣。"故汪集虚"修汉天师张氏正一法，持戒严甚，饮食起居之坚苦，自其徒有不能堪。蜀大旱，祈祷无所应，吏民走以要汪君，君以其法致之，雨立至。大水，又以要汪君雨立止，岁以不害。若夫疫疠鬼怪之挠吾民者，得汪君指顾，皆帖息如常。时汪君出道，见者无男女老稚，皆拜伏车下，如见神人"③。

---

① 《道法会元》卷一一一，《道藏》第29册，文物出版社、上海书店、天津古籍出版社1988年影印本，第497页。
② （元）陈旅：《安雅堂集》卷九，文渊阁《四库全书》本。
③ （元）虞集：《道园学古录》卷四七，文渊阁《四库全书》本。

第四节　明清时期至当代巴蜀的道教

明清时期的道教，总体发展的趋势是从兴盛、停滞走向衰落。由于理学的强力排斥、民间宗教的兴起、内部教团的腐化等多种因素，道教的地位发生了巨大变化。就统治者的态度而言，明清两朝皇室对道教颇有不同。明代诸帝对道教皆相当尊崇，不少道士被朝廷委以重要官职，深入宫廷，参与朝政，有的位极人臣，声势显赫，权势之重，为历代罕见。从而使道教对明代的政治、社会、思想、文化的各个方面均产生了广泛而深刻的影响。从明太祖朱元璋开国依始，即制定了三教并用的宗教政策。他扶持正一派道教，先后优礼天师张正常、张宇初，重用邓仲修、傅若霖、张友霖、黄裳吉、宋宗真、周玄真、赵允中、刘渊然等人，令其整编斋醮科仪，突出宣扬封建伦理的内容，定为玄教轨制。

进入清代，由于清贵族素无道教信仰，入主中原后重在利用理学治世，对道教虽大体沿明制进行管理、保护，但不如明代重视。从笼络汉人、管理社会的角度出发，清初顺治帝对道教尚加保护，并敕天师张应京、张洪任入见，并授职赐印，赦免本户及上清宫各色税役。康熙帝对道教略有兴趣，曾令天师张继宗进香五岳，祈雨治河，并召见神仙王文卿、道士谢万诚、王家营等，置于西苑炼丹修行。雍正帝笃信禅宗，重视丹道符法。他说："释氏之明心见性，道家之炼气凝神，亦于吾儒存心养气之旨不悖。且其教皆主于劝人为善，戒人为恶，亦有补于治化。道家所用经箓符章，能祈情祷雨、治病驱邪，其济人利物之功验，人所共知。"①他曾召白云观道士贾士芳入内为自己治病，继召龙虎山道士娄近垣驱邪，敕封真人，予以宠爱。此外，雍正帝还封张伯端为"大慈圆通神仙紫阳真人"，并敕命在其故里建崇道观以崇祀。

明清时期的道教，出现了一批精通炼养的大家，并形成了一些新的派别，其中以张三丰的三丰派、明陆西星的东派、李西月的西派影响比较大。而在内丹功理功法的研究方面，则以伍守阳、柳华阳、闵一得以及刘一明的著作特别引人注目。被通俗化了的内丹术传向社会，在儒生中影响尤深。明儒王守仁、罗汝芳、林兆恩等皆热衷于道教内丹术，清初大思想家王夫之对内丹术涉足甚深，撰《愚鼓词》《楚辞通释》《十二时歌》等，论述道教内丹实践和理论。

---

① （元）元明善撰，（明）张国祥续修：《龙虎山志》卷六，文渊阁《四库全书》本。

道教思想进一步通俗化，流传于广大社会，渗入民间。大大小小的道教神庙，尤其是城隍庙、真武庙、吕祖庙、文昌庙、关帝庙等，林立遍布于城镇乡村。各种民间宗教，亦多吸收道教思想，招纳信徒。至清末民国时期，道教虽已十分衰微，但其宗教思想作为一种传统信仰，在民间影响还是很深的。

一、张三丰与巴蜀道教

张三丰是明清时期道教史上影响最大的人物。英国李约瑟博士在谈到明代内丹术时说："生命之丹的观念在中国踯躅了几个世纪以上，虽然并未曾有炼丹术普遍复兴的迹象，但确实引起了明代几个皇帝的爱好。历史告诉我们，明太祖接见了名家刘渊，并派遣使者在1430年去寻找一个叫张三丰的炼丹家……永乐年代的成祖皇帝，仍在寻求张三丰。并在1459年英宗终于给张以通微显化真人称号的荣誉。张三丰的名字，现今一般与中国拳的一个派别太极拳联系在一起，而关于他的历史我们所知甚少。"[①]

据《明史·方伎传》言，张三丰为辽东懿州人。生于元定宗二年（1247）四月初九，卒年不详，原名全一，字君实，号玄素、玄玄子，因其不修边幅，又号张邋遢。祖籍江西龙虎山，自称天师后裔。其为人丰姿魁伟，龟形鹤背，大耳圆目，须髯如戟，寒暑惟一衲一蓑，一餐能食升米，或数日一食，或数月不食。看书过目不忘，浪游住处无常，或云一日千里。善于嬉谐，旁若无人。尝游武当，时五龙、南岩、紫霄诸宫俱毁于兵火，张三丰与其徒去荆榛辟瓦砾，创草庐居之。并预言此山异日必定大兴。明太祖闻其名，洪武二十四年（1391）遣使觅之不得。后居陕西宝鸡金台观，曾死而复活，道徒称其为"阳神出游"。乃游四川，曾在青城、鹤鸣山中访道求真。复入武当，历襄汉，踪迹益奇，隐显莫测。永乐年间，明成祖遣使四处屡访，遍历中国，积数年而不遇。至天顺三年（1459），英宗封其为"通微显化真人"。

张三丰为懿州人，即现今辽宁省彰武县人，此外，尚有张三丰出生辽阳、宝鸡、朔方、义州、辽阳、闽县、金陵、舞阳等之说。对张三丰籍贯的纷纷异说，追其原因，与道教羽士云游各地参访有关，与那种孤云野鹤、栖无定止、到处为家的生活方式有关。

---

① ［英］李约瑟：《中国科学技术史》第五卷第三分卷，剑桥大学出版社1978年英文版，第209页。

张三丰的一生洒脱不羁，颇具神仙风度，足使世之好神仙者钦羡，乃至将他神化，故其传闻甚多，难以确证。

张三丰云游西蜀、贵州、陕西、襄汉，留下不少墨迹和传述，如夔州（今奉节）开元寺。"张三丰与僧广海善，寓于寺者七日，临别赠诗云：深入浮屠断事情，奢摩他行恰相应。天花隐隐呈微瑞，风叶琅琅咏大乘。密室书间云作盖，空亭夜静月为灯。魂销影散无何有，到此谁能见老僧。"①

明初，张三丰入川云游，足迹遍及鹤鸣山、青城山、青羊宫等道教圣地。《峨眉山志》载：张三丰自成都青羊宫上青城山，又到鹤鸣山，转而又到峨眉山，晤旧友。在成都青羊宫，张三丰应道人之邀，曾作《青羊宫留题·道情四首》，反映了张三丰的内丹思想。张三丰游蜀之时，会见蜀王朱椿，劝其长生修道。今大邑鹤鸣山迎仙阁，正是龙虎山道士吴伯理等奉永乐皇帝之谕旨为迎接张三丰而于永乐十八年（1420）所建。

关于张三丰的著作，从明清两朝目录学家的记载中，可以窥见概貌。《明史·艺文志》载有张三丰《金丹直指》一卷、《金丹秘诀》一卷。张三丰原有文集传世，"中有《无根树》《大道歌》《炼铅歌》《琼花诗》《丽春院》二阙、《青阳宫留题》《金液还丹歌》《真仙了道歌》等作"。这些著作现多收入《张三丰先生全集》，为清李西月重编，其中比较可信为张三丰所著或所传的有《大道论》《玄机直讲》《玄要篇》《云水集》。此外多系李西月一派所撰。

张三丰的学术渊源于陈致虚、陈抟。《道统源流》说："陈上阳先生传张三丰，名君宝，字玄玄。元季辽东懿州人。好道善剑，与明太祖友，在鸡足、武当等山开派，即今王屋山自然派，又分三丰派、三丰自然派、三山蓬莱派、日新派。"比较张三丰与陈致虚的内丹说，不难看出其间的相承之迹。从时代地点看，张三丰得陈致虚传授也很有可能。

张三丰学术渊源于陈抟，则见于张三丰《玄要篇》自序云："延祐间，幸天怜我，初入终南，得遇火龙先生，询是图南高弟。绿鬓朱颜，俨乎物外神仙，春秋不知其几许矣。玄素异之，礼拜师事，跪问大道，蒙师慈悯，鉴我精诚，初指炼己功夫，次传得药口诀，再示火候细微，与夫温养节度、脱胎神

---

① （明）祝允明：《野记》，车吉心总主编《中华野史》第10册，泰山出版社1999年版，第3506页。

化、了当虚空之旨，无不一一备悉，真所谓口口相传，心心相印。得闻斯道，何幸如之！"①则其学术渊源于陈抟，亦有所本。从张三丰的隐逸之风来看，确实为陈抟一派的传统。张三丰承袭陈抟、陈致虚所传丹法，遂开三丰一派。其后推演发展，至清末时奉张三丰为祖师的道派就有十七个之多。

和宋元道教内丹派的传统一样，张三丰亦倡导三教同一之说，并被其后学奉为"三教宗师""三教真宰""救难天尊邋遢静光佛"。他认为儒、释、道三教，仅为创始人之不同，实则"牟尼、孔、老皆名曰道，修己利人，其趋一也"。他以"道"为三教共同之源，认为此道统生天地人物，含阴阳动静之机，具造化玄微之妙，统无极，生太极，是万物的本根、本始和主宰。他说："窃尝学览百家，理综三教，并知三教之同此一道也。儒离此道不成儒，佛离此道不成佛，仙离此道不成仙。而仙家特称为道门，是更以道自任也。复何言哉！平充论之曰，儒也者，行道济时者也。佛也者，悟道觉世者也。仙也者，藏道度人也。各讲各的妙处，各讲各的好处，何必口舌是非哉！夫道者，无非穷理尽性以至于命而已矣，孔子隐诸罕言，仙家畅言之喻言之，字样多而道义微，故人不知耳。"②据此推论，可见世人多以异端看待道教是毫无道理的。他说："夫黄老所传，亦正心修身、治国平天下之理也，而何诧为异端哉！人能修正身心，则真精真神聚其中，大才大德出其中。"③如张良、诸葛亮、李靖、葛洪、许逊等，皆先深隐修身，后出而安民济世，"彼其心不皆有君父仁义之心哉"！

在张三丰看来，理综三教的大道就是无极。无极而太极，太极分阴阳，一阴一阳之谓道。他引《中庸》之说曰："修道之谓教。三教圣人皆本此道，以立其教也。此道原于性，本于命，命犹令也。天以命而赐人以令也。性即理也，人以性而由天之理也。"④

张三丰认为，儒家一派首重人道，道家一派则主仙道。然仙道必以人道为基，人道不全，焉有仙道？他说："不拘贵贱贤愚，老衰少壮，只要素行阴德，仁慈悲闵，忠孝信诚，全于人道，仙道自然不远也。"⑤修道者须从

---

① （清）李西月编，郭旭阳校订：《张三丰全集合校》，长江出版社2010年版，第201页。
② （清）李西月编，郭旭阳校订：《张三丰全集合校》，长江出版社2010年版，第94页。
③ （清）李西月编，郭旭阳校订：《张三丰全集合校》，长江出版社2010年版，第95页。
④ （清）李西月编，郭旭阳校订：《张三丰全集合校》，长江出版社2010年版，第201页。
⑤ （清）李西月编，郭旭阳校订：《张三丰全集合校》，长江出版社2010年版，第92页。

"中"字入门。所谓"中"者,一在身中,一不在身中。功夫须分两层做,第一寻身中之中。第二,"《中庸》云:喜怒哀乐之未发"。"此求不在身中之中也。以在身中之中,求不在身中之中,然后人欲易清,天理复明。千古圣贤仙佛,皆以此为第一步功夫。"①

张三丰三教归一论的特点,是极力援引儒学,从而具有浓厚的理学气味。他"性命"二字,道门喻为真铅真汞,佛门叫作真空真妙觉性,儒家名为无极而太极,名虽不同,其实只是一物。性即理,理乃人性中天赋、合于天理的东西。外而儒家之论常,内而仙家之内丹,皆由此理而致,人以性而由天之理也。"修道以修身为大,然修身必先正心诚意。意诚心正,则物欲皆除,然后讲立基之本。"②儒家入世的伦理之道,与仙家出世的内丹之道,彼此相融,契为一体,成为性命双修理论的核心思想。

炼己的方法之一,就是要扫除杂念,建立正念。不断排除杂念,保持清醒的炼功意志,从而达到无欲无念的地步。这一正念,张三丰又称作"真神""真念"。他说:"神要真神,方算先天。真神者,真念是他,真心是他,真意是他。"所以,炼己的方法主要是如张三丰所说:"凝神调息,调息凝神,八个字就是下手功夫。须一片做去,分层次而不断乃可。"凝神是指排除杂念,精神安宁,意念专一。

调息则是在凝神的基础上进行。张三丰指出:"调息不难,心神一静,随息自然,我只守其自然,加以神光下照,即调息也。"

通过以上的锻炼,炼己筑基功成,心不外驰,神不外游,精不妄动,即可转入炼精化气小周天功夫:当微微凝照,守于中宫,温养元神。

张三丰有关大小周天的论述,基本上继承了南宗一派的法统,炼精、炼气、炼神、还虚,这是南宗传统的四阶丹法。张三丰则将此四阶丹法加以实际体验,每一阶段的功夫,皆有证验证候,非亲历实证者所难知晓。

除内丹法外,张三丰还精通睡法、武术。他以陈抟正宗传人自居,作《蛰龙吟》一首,即咏陈抟睡功神趣:"睡神仙,睡神仙,石极高卧忘其年,三光沉沦性自圆。气气归玄窍,息息任天然。莫散乱,须安恬,温养得汞性儿圆,等待他铅花儿现。无走失,有防闲,真火候,运中间,行七返,不艰难,炼九

---

① (清)李西月编,郭旭阳校订:《张三丰全集合校》,长江出版社2010年版,第113页。
② (清)李西月编,郭旭阳校订:《张三丰全集合校》,长江出版社2010年版,第91页。

还，何嗟叹。静观龙虎战场战，暗把阴阳颠倒颠。人言我是朦胧汉，我却眠兮眠未眠。学就了，真卧禅，养成了，真胎元，卧龙于起便升天。此蛰法，是谁传？曲肱而枕自尼山，乐在其中无人谙。五龙飞跃出深潭，天将此法传图南，图南一派俦能继？邋遢道人张丰仙。"①这种蛰龙功是一种以侧卧姿势修炼胎息，其凝神守窍调息等口诀，与内丹法基本相同。

张三丰还被尊奉为武当内家拳的创始人，在各阶层中享有很高的威望。内家拳取道家思想为指导，以静制动，将道教内丹炼养无为、虚静、柔弱、自然之旨融化于武术中，形成贵柔尚和的独特风格。晚近流传的太极拳、八卦拳、形意拳等，皆从内家拳演绎发展而成。内家拳在气功、武术、体育方面价值甚高，至今世界范围内有上亿人长年坚持锻炼，可谓道教文化的精品，张三丰创编之功，实不可灭。

二、李西月与内丹西派

清代道光、咸丰年间的四川，产生了一位颇为重要的道教人物，那就是被世人誉为道教内丹西派创始人的李西月。任继愈主编的《中国道教史》中指出："道光初，又有川蜀嘉州儒生李西月，自号涵虚生、长乙山人，亦称遇张三丰，又遇吕洞宾授以丹诀，隐居修炼，并集撰《三丰全书》，编辑吕洞宾年谱《海山奇遇》七卷，撰《三车秘旨》等阐扬内丹学。李西月为人仿效明陆西星，虽然继承陆西星、张三丰及全真派炼养之道，却不受全真、三丰教团的约束，有意自立一家，世称西派。"②

严格地讲，李西月的西派并不像传统道教如正一派、全真派那样，建立一个系统的教团，实际只是一个内丹学派。但因其学上承吕洞宾、张三丰，下启汪东亭、徐海印等丹家，法脉延续至今，传代有九字："西道通、大江东、海天空。"今有第七代马炳文（合阳）在台湾地区传播西派丹学，影响甚深。

据史料记载，该派源出巴蜀，其最初成立之际，除了作为领袖的李西月外，尚有活跃人物三十余人。依《张三丰先生全集》和《乐山县志》所载来看，主要有刘卓庵、刘遁园、刘光烛、杨蟠山、藏崖居士、白白子、李迦秀、董承熙、张君瑞、李退谷、李元琏。他们大多籍属乐山，或隶同省他县，而其

---

① （清）李西月编，郭旭阳校订：《张三丰全集合校》，长江出版社2010年版，第159页。
② 任继愈主编：《中国道教史》，上海人民出版社1990年版，第659页。

本身的活动范围亦以乐山、西蜀为中心。李西月在世之时，以"隐仙派"或"犹龙派""大江西派"自称。后之所谓"西派"，似为对比东派而言。东派始祖陆氏名西星，李氏亦称西月；陆氏号潜虚，李氏则号涵虚，二者的名号都有相似之处，这大概是李西月有意仿效，以表示其西派可与明代的东派分庭抗礼。东、西两派称谓的由来，大概是由地理环境不同所致。西派以四川为活动中心，故称西派；东派流行于江、浙，故称东派。

李西月（1806~1856），四川嘉定府乐山县李家河长乙山人。出生于嘉庆十一年（1806）。"生时母梦一道人怀抱金书一函入门，寤时则真人生焉。伯仲三人，师居其二。"

据清黄镕纂《乐山县志》曰："李平权，号涵虚，乐邑诸生也。住凌云乡之李家河……时李嘉秀主讲九峰书院，权为其门人。久之，嘉秀知其有异，转师之。著有《无根树》。临终时与族人宴坐，联句结云：儿女英雄债，从今一笔勾。吟毕，偈曰：清风明月，才知是我。"溘然而逝。

李西月名号甚多，如"长乙山人""圆峤外史""紫霞洞主人""卷石山人""树下先生""白白先生""火西月""火涵虚"。这些异名别号不仅体现出他的个性特征，也反映了他的思想渊源。

藏崖居士所作《三丰全集·后列仙传》记述李西月生平："白白先生者，不言其姓氏。所居在青城、大峨、嘉州山水之间，鼓琴读书，酷好老庄。道光初，遇张三丰先生于绥山，传以交媾玄牝、金鼎火符之妙，既更遇纯阳祖师，得闻药物采取之微。以是决意精修，日与二三隐士坐论烟霞，品评水石，名心之冷，殆如冰焉。所著有《河洛易象图解》《道德经正父》《圆峤内篇》，发明内外丹法层次，为前古仙经忻未有。"此段所记李遇张三丰，另未见之事，未必真实，但确是道出了李西月的师学渊源。[①]

李西月的著作，主要有《太上十三经注解》《大洞老仙经发明》《二注无根树》《九层炼心》《后天串述》，还编辑有《海山奇遇》《三丰全集》，俱刊行于世。另外尚有《圆峤内篇》《三车秘旨》《道窍谈》三书，李在世时皆未刊行。其《三车秘旨》《道窍谈》已于民国26年（1937），由陈撄宁校订、印行。其时，《圆峤内篇》已不得见。藏崖居士提到了李有《圆峤内篇》，而且说李还有《河洛易象图解》，这两种书今已失传。李西月在《后天串述》的

---

① 《道藏辑要》第7册，巴蜀书社1995年影印本，第309页。

序中说:"予著《道德》《黄庭》《大洞》《无根》诸注,皆言先天之用。"可见他尚有《黄庭》《大洞》注解。其中《大洞》注也许就是《小传》所说的《大洞老仙经发明》。李西月著作之总集最初名曰《圆峤外史》,立意在与陆潜虚《方壶外史》对峙,刊行了《太上十三经注解》的弟子朱道生等"蜀山三隐者"就曾见过这个本子,今日亦不得见。在《海山奇遇》《三丰全集》中还夹杂着不少李西月的批注、诗文、题记,这些都是研究李西月丹道思想的珍贵史料。

考南宗一系,自张伯端之后,翁葆光、刘永年、陈至虚、李文烛、彭好古、甄淑、陆潜虚、孙教鸾及清代的陶素耜、仇兆鳌、付金铨、汪启贤等,他们皆主阴阳丹法,从而形成了南宗阴阳双修法系。显然,李西月是渊源于阴阳一脉,所主丹法的内容亦有前后相承之关系,但他更加强调清静自然。

进而,李西月还把内丹逆修之道的核心,归结为阴阳双修。他说:"逆修之道,则精化为气,气化为神也。问何以逆取?盖自本元走漏,精气神皆落于后天,不能求之我,则必求之于彼。求之于彼,斯为逆矣。精化气者,此精在阴蹻,逆入紫府而炼之,乃化为气。气化神者,此气在阳炉,逆入黄庭而炼之,乃化为神。夫此逆取之道,虽从精始,而其顺修之道,则从神始。二者有相需之妙,不相悖也。逆修元精,先要凝神,神凝则气聚,气聚则精生,盖其神气交媾,自然产出元精。此精乃天一之水,在坎为壬,一名母气,一名外精。学人以母气培子气,以外精补内精,是为同类施功。子气者,心气也。内精者,心精也。后天培养之学,自外入内,故必先修外药,以返内药也。又有神化精,精化气之理,所谓绛宫化液,流归元海,液乃化气,后转河车者是也。更有气生精,精生神之理,所谓白云上朝,甘露下降,抽出坎阳,去补离阴是也。"①这些论述画龙点睛,表明了李西月主阴阳双修的面貌。

李西月的内丹理论,有着相当完整谨密的体系,其层次分明,条理清晰,尤其是在细节分析上显得相当深入和精致,大有峰回路转之势。其丹法功诀烦琐复杂,如其言筑基,则严格小筑基、大筑基之分;言炼己,则有外炼己、内炼己之别。又将筑基中间,分出养己一层;养己又有自养、相养之异。此外,把炼功分为五关,药物析为三层,炼心剖为九层,余多类此。这样一来,显得层次重重,烦琐庞杂,固有其弊,但其中亦不乏精微之处,利于炼功养生者。这就是李西月能够自开法脉,独成一派的重要原因。

---

① 《藏外道书》第26册,巴蜀书社1992~1994年影印本,第613页。

总结以上所说，作为清代双修派中最有代表性的一家，李西月较之前辈不同的是，他在讲述阴阳丹法时，对其中最为隐秘的环节上虽仍然保持着传统的晦涩与隐秘的风格，但对全部过程的描述比以前的所有论述更加具体化了，细节更加清晰，层次更加分明，体系更加完整，这反映出内丹学发展的一种根本性趋势。因此，如果我们仔细地分析李西月的各种言论，然后再参之以历史上阴阳双修派各家的诸多说法，那么就不难发现李著是了解道教史上双修派丹法的一个重要的入口。①

三、黄元吉内丹理论与丹法

清末之际的四川，还出现了一位内丹学家黄元吉。关于他的生平事迹，缺乏翔实的史料。据其所著《道德经讲义》自序，其名裳，为江西省丰城县人。序中又标明是写于光绪十年（1884），可见他为晚清时人。黄元吉曾寓居四川富顺。他看到"日今大道，危如累卵"，便和当地的好道人士一起开设乐育堂，传授丹道。其弟子称："先生自丰城应运而来，设帐于兹，十有余载，每于注《醒心经》《求心经》《道德经》之余，辄与及门讲究性命双修之理，天人一贯之原。无一不阐发尽致，意欲造就人材。上为往圣承道统，下为后学肇心传。"②

今传世著作有《道德经讲义》（一名《道德经注释》）、《乐育堂语录》，由弟子笔录其讲谈整理而成。其本意不在著书传世，故略显烦冗琐碎。唯《道门语要》一书，层次分明，条理清楚，简明扼要。至于注《醒心经》《求心经》等，早已失传。

现代的内修家多重视黄氏的著作，并给予相当高的评价。萧天石说："《乐育堂语录》一书，虽为道籍，实可视为三教真传之要典。""本书理事兼举，性命双重，外遗物象，内契造化。养性于太虚，寂心于无为，潜神于幽眇，炼形于有作，而可达于心物交融，天人合一之境界。"陈撄宁先生亦十分推崇黄元吉，并引为私淑，认为黄氏宗承陈抟、邵康节一脉，为非南非北派。他说："道家南北两派，各走极端，而实行皆有困难，其势不能普及。惟有陈希夷、邵康节一派，最便于学者。黄元吉先生所讲，即是此派，亦即

---

① 卿希泰主编：《中国道教史》第四卷，四川人民出版社1995年版，第360页。
② 《乐育堂语录》序，《藏外道书》第25册，巴蜀书社1992~1994年影印本，第689页。

顿所私淑。而且乐为介绍者。"①"天元丹法，证明先天一气，从虚无中来之语，决非欺人者，但其入手法门亦有上中下三等，故见效之快慢、用功之巧拙，遂由此而分。伍柳一派，不是上乘，惟李清庵、陈虚白、黄元吉诸公庶几近之。"②并依黄元吉《道德经讲义》《乐育堂语录》为据，编纂《口诀钩玄录》，刊行于世，倡其丹道。

黄元吉的丹道理论较前人相比，最大的特点在于其倡导的"守中"，故被后人称为"中派"。

他说："此个中字，所包甚广。其在人身，一在守有形之中。朱子云：守中制外。夫守中者，回光返照，注意规中，于脐下一寸三分处，不即不离是。一在守无形之中。《中庸》云：喜怒哀乐未发谓之中。罗从彦教李延平：静中观喜怒哀乐未发气象，此未发时不闻不睹，戒慎恐惧，自然性定神清，方见本来面目。然后人欲易净，天理复明。自古圣贤仙佛，皆以此为第一步工夫。但始须守乎勉然之中，终则纯乎自然之中。""三圣人名目各有不同，总不外地中字为之宗，为之君。即如吾教以凝神调息为主，然后回观本窍，心无其心，气无其气，乃得心平气和。心平则神始凝，气和则息始调。其要只在心平二字。心不起波谓之平，能执其中谓之平；平即在此中也。心在此中，即丹经的玄关一窍。到得神气相依，玄关之体已立，此为大道根源，金丹本始。它如进火退符，搬运河车，有为有作，总贵谦和柔顺。以整以暇，勿助勿忘。有要归无，无又生有。至有无不立，方合天然道体。"③由这些论述可见，"中派"没有明确的师徒承传，也没有固定的组织，主要是有几个代表人物，他们糅合道儒释思想，所倡导的内丹修炼方法与南派北派等其他派别相异，并且"中派"人物所传的方法又都推崇一个"中"字，在修炼内丹的方法上具有相似性，所以才被后人称为"中派"。内丹"中派"不是从黄元吉开始的。最初的倡导者是元代李道纯，继其后者有明代尹真人、清代黄元吉。黄元吉既然自成一家，必然在丹道理论和修炼方法上有异于他人之处。

黄元吉内丹学说的核心是关于玄关一窍的理论。他说："圣门一贯之道

---

① 陈撄宁：《復濟南財政局楊少臣君》，洪建林编《道家养生秘库》，大连出版社1991年版，第92页。
② 陈撄宁：《答江蘇如皋知省廬》，洪建林编《道家养生秘库》，大连出版社1991年版，第157页。
③ 《道德经讲义》第70章，肖天石主编《道藏精华》第四集，台北自由出版社影印版。

也,何道也?即吾所示玄关一窍是也。若离此一窍,即是旁门。夫以人之生也,生于此一气,人之死也,死于此一气。究之人身虽灭,此气不灭。未有天地之前,此气自若;既有天地之后,此气依然。人未生,而此气在于虚空;人既生,而此气畀于人身。"①"吾常言玄关一窍,乃天地人物发生之本。其故何也?盖以天地人物,其始皆混混沌沌,一团太虚,杳无朕兆可寻,此即万物之生于虚也。及气机有触,偶感而动,忽焉从空一跃,而有知觉之灵,即是天地人物之真主宰也。"②

他引老子"至虚极,守静笃,吾以观其复"之说,认为这正是养道求玄之法。修士要得玄关,唯有收敛浮华,一归笃实,凝神于虚,养气于静,至虚之极,守静之笃,自然万象咸空,一真在抱。"学者会得此旨,则恪守规中,绵绵不息,从无而有,自有而无,虽一息之瞬,大道之根本具焉;即终食之间,大道之元始存焉。从此一线微机,采之炼之,渐渐至于蓬勃不可遏抑,皆此一阳所积而成也。"③

显然,这个玄关并非身中一窍,而是指体内真阳始生,元气流行。内丹的修炼是一个人天互动交流的过程,它比其他任何一种行为都更依赖于人与自然之间在能量方面的交流,而黄元吉的贡献之一就是以宇宙本体论的高度分析了玄关现象对于内炼过程的意义,指出其实质在于人天之间的元气流行。正如黄元吉所指出的那样:"玄关一窍随时都在,只须一觉心了照之,主宰之,则玄关常在,而太极常凝矣。"④

元气的流行是处于一个流动的状态,因此玄关亦是变动不拘的。"须知此一觉中,自自然然,不由感附,才是我本来真觉,道家谓之玄关妙窍,只在一呼一吸之间。""人欲修成正觉,惟此一觉而动之时,有个实实在在、的的确确、无念虑、无渣滓、一个本来人在。故曰:天地有此一觉而生万物,人身有此一觉而结金丹。"⑤

心有心之玄关,肾有肾之玄关。"一身之内无处不是玄关,一日之间无事不是玄关。"这些观点,颇与李西月相类。李西月论玄关,有死有活之说,人

---

① 蒋门马编:《道德经讲义·乐育堂语录》,宗教文化出版社2003年版,第435页。
② 《乐育堂语录》卷二,《藏外道书》第25册,巴蜀书社1992~1994年影印本,第716页。
③ 《道德经讲义》第16章,《藏外道书》第22册,巴蜀书社1992~1994年影印本,第24页。
④ 《乐育堂语录》卷二,《藏外道书》第25册,巴蜀书社1992~1994年影印本,第711页。
⑤ 《道德经讲义》第1章,《藏外道书》第22册,巴蜀书社1992~1994年影印本,第12页。

体中固定部位黄庭、气穴、丹田而论的玄关,这是死的;神气凝注出现的景象玄关,就是活的。实际上玄关是死是活,从根本上讲,取决于是否天人相通,神气合一。很显然,黄元吉的"玄关一窍"的内丹学理论是对李西月"丹学"论的传承和发展。但他的特殊贡献则是把"玄关一窍"的内丹学理论,应用于中医药学,以他的"丹法",发展了《黄帝内经》以来健康养生药学。

在对玄关的讨论中,已涉及内丹修炼中至关重要的另一个问题,即"药物"。只有身体内的玄关被打开时,天地间的元气才能成为炼丹的药材。内丹修炼以药物、炉鼎、火候为三要素,精气神即是其中最为基本的"药物"。黄元吉说:"道家修炼,却病延年,成仙作圣,不外精气神三宝而已。"① 精气神是"人身之大药,即人身之大丹也"。

精气神三宝凝合的"药物",又分为外药、内药,小药、大药。"外药"是指太虚中之元气。

内药则为身中之元气。他说:"虽然名为内药,其实皆一气也,不过在外时,纯是天然一气,及引之入内,则有后天之精气神在,稍不同耳。然以外药来归,无非欲化内之精神,皆成先天一气,故必需内呼吸之神息,故丹经谓之阳生采取,药动河车,皆自然之道,无非气机之大小有不同,而河车之大小亦各别也。"

"欲求先天之气,必先向色身中,调和坎离水火。"坎离水火指心肾,当玄关未开时,心肾气液俱属后天。待到心肾相交之时,"阴精与阳气两相交融,凝于丹田土釜之中,自然阴精化为真阳之精,凡气化为真阴之气,蓬蓬勃勃充周一身,此即真阴真阳,与元气不相远也"。身中阴阳即一呼一吸,"学人打坐,必先调外呼吸,以引起真人元息。调外呼吸,必先以意为主"。内药与外药,"两相交融,凝于丹田土釜之中,自然阴精化为真阳之精,凡气化为真阴之气,蓬蓬勃勃充周一身,此即真阴真阳,与元气不相远也"②。

可见黄元吉的丹道和丹药理论,继承了传统丹道的理念,同时又对中医"汤液篯石百药"学,加以中华医学文明传统的哲学智慧加以解读,用阴阳五行为基,"天人合一,阴阳相济",生命疾病的"生死之分",内外呼吸的元气元息,"乾坤合一"的"大生命观""大宇宙观"来解析"内药、外药,大

---

① 《道德经讲义》第42章,《藏外道书》第22册,巴蜀书社1992~1994年影印本,第47页。
② 《乐育堂语录》卷二,《藏外道书》第25册,巴蜀书社1992~1994年影印本,第714页。

药、小药"等医药医技概念,是对传统"汤药医学"理念的一大发展。

四、陈清觉与全真道丹台碧洞宗

邱处机的全真道传入四川,当始于元初世祖年间。据郭武考证,至元十三年(1276)有全真道士高道宽,授命提点"西蜀道教"。至元十四年(1277),又有全真高道李道谦元,"提点陕西五路西蜀四川道教"。之后,尚有其徒孙德彧,继任"陕西五路西蜀四川道教提点"。仁宗延祐年间,又有全真道领"四川云南道教提点"。这说明元代中后期全真道继续在四川流传,并进一步传播到了邻近的云南行省。郭武指出,早在陈清觉入蜀传教之前,已有陈通微、周大拙、张无我、沈顿空等明代"龙门律宗"人物在青城山活动。陈通微先学正一驱邪祈禳法,后至西岳华山谒龙门律宗第二代律师张德纯,并从其受三大戒,于秦晋间多所阐扬,不得其人而入四川青城山,至洪武二十年(1387)正月望日以戒法传周大拙。周大拙得陈通微传戒法,"隐青城山,不履城市五十余载"。到了晚年,周大拙、张无我始得天台承授戒法,复得沈顿空承传宗教,此后龙门律宗"始有律师、宗师之分"。张无我、沈顿空于青城山得周大拙传戒法后,曾分赴天台桐柏山、吴兴金盖山,并分别传戒法于赵复阳、卫平阳,赵、卫又再传戒法于王昆阳、沈太和等,令龙门律宗乃至整个全真道的发展中心移至江南地区。①

清初,蜀中道教又迎来一股发展的生机。时有陈清觉、张清湖、张清云、张清仕、张清夜等先后入蜀,而开龙门派碧洞宗,从而对四川道教产生了很大的影响。据《龙门正宗碧洞堂上支谱》载:陈清觉,道号寒松,又号烟霞,系湖北武昌人氏,生于明万历三十四年(1606)三月初五。弱冠登第,为少年名进士,入庶常,后因勘破宦途险恶,辞官去职,隐姓埋名,至武当山太子坡,拜投詹公太林,簪冠受派,改儒为道。于康熙八年(1669)游川参访,止杖于青城山天师洞,见山川奇秀,殿宇荒凉,因停鹤驾,整饬洞天。诸事甫毕一新,即把青城山天师洞庙务交与道友张清湖经理,于清康熙二十六年(1687)只身来到成都青羊宫挂单养静,遇臬宪赵良璧于青羊宫,赵为之修建二仙庵,邀请陈清觉担任住持。

---

① 郭武:《近现代四川地区全真道发展概论》,盖建民编《卿希泰先生八十寿辰纪念文集》,巴蜀书社2010年版。

二仙庵原是青羊宫东边的一个花园，过去专作接待达官贵人及知名人士之用。清康熙三十四年（1695），臬宪赵良璧来青羊宫访胜求真。他游于青羊宫东边的花园中，寻张三丰真人诗碑遗迹，"恍惚若有所遇，踪迹之，不觉步入丛篁中，见草团瓢，有道士跏趺习静，内供小图，画仙人二像，问之道士，以吕、韩二仙对，公睇视，大惊异。道士楚人，自青城来，名陈清觉，公与语，深契元旨"①，"敬其为全真养性之士，遂延入署中，事以师礼，膝谈数日，领受微言，旋发捐俸，为陈清觉修建养静之所"。赵良璧"爱度其地，经营基址，采购木植，付彼梓人，构亭一座，坚静室三间，东西朔南，各建静室，另立安单六间，接大众也。客座三间，待随喜也，又另立安室三间，为养老之堂也，以及门厨舍，共二十四间，前后栽以竹木"。他为解决道众衣食之源，"又计道粮之所需，即于近庵处二契，共享价八十两，每年可栽谷种十七石，以供本庵之道，供即一切大众，往来安单，来不拒去不追，一体供养，以溥大同之志"②。当时四川藩司高君乐也助银三十两，护府李牧同各县令共建外山门一座。

道观建成，同祀吕洞宾、韩湘子，名"青羊二仙庵"，所以辅翼修行，即青羊宫的别馆。赵良璧新书门匾"二仙庵"，还书一横匾"心性"。赵良璧亲请陈清觉主持庵事，于是陈清觉便成为二仙庵开山真人。

其后赵良璧升任两广，进京引见，将陈清觉之贤能事奏闻。承康熙皇帝诏见陈清觉，他携带青城山毛茶数斤进京觐见，康熙品茗，夸其味美，令他将青城山毛茶常年进贡，青城山贡茶由此得名。康熙四十一年（1702）十二月，钦赐御书"二仙庵""丹台碧洞"匾额，及张紫阳真人《悟真篇》中"赤龙黑虎各西东，四象交加戊己中，复姤自兹能运用，金丹谁道不成功"诗一章，敕封陈清觉"碧洞真人"，还赐珊瑚、金杯等物。

陈清觉主持庵事时，为了培修道观，节衣缩食，稍有薄蓄便拿出白银数十两，置买枣子巷田业两大股，复以余资创建来鹤亭，塑吕洞宾、韩湘子骑白鹤塑像于其中，随后又建吕祖殿，祀吕洞宾；建斗姆殿，祀斗姆；建御书坊于来鹤亭之西，供奉康熙皇帝御书《赤龙黑虎诗》石碑于其中；建二仙殿，祀吕洞宾、韩湘子，由此奠定了整个二仙庵的建筑格局。

---

① 洪成鼎：《重修二仙庵碑记》，《道藏辑要》翼集一，青羊宫二仙庵刊本。
② 赵良璧：《新建青羊二仙庵碑记》，《道藏辑要》翼集一，青羊宫二仙庵刊本。

清乾隆四十一年（1776），二仙庵住持吴本固和其徒弟甘合泰募捐重修各殿，有来鹤亭、斗姆殿、二仙殿、静室、单房等。又见张三丰诗碑久仆废圃，力为辇竖庵前；四川潼川府安岳知县洪成鼎见张三丰诗碑心喜而题诗于碑阴。清嘉庆十九年（1814），四川省布政使方积请准，饰建四川省崇祀吕洞宾专祠于二仙庵之吕祖殿。嘉庆十年（1805），敕加封吕洞宾为"燮元赞运警化孚佑帝君"，列入国家祀典，每年春秋二次祭祀。嘉庆皇帝要求各省都要建专祠祀吕洞宾，方积认为没有必要新建专祠，决定在已有宫观里落实。他查访成都府里宫观，原有的纯阳观已经毁坏，于是决定把二仙庵吕祖殿建成四川省崇祀吕洞宾专祠。方积见二仙庵"年祀既久、风雨所侵，井幹庸廞，宗廇陊剥，花残鹭沼，烟辍龙香，石径苔埋，霉梁蠹蚀"。报请当时四川总督常明拨款重建吕祖殿，专祀吕祖。自此以后，二仙庵吕祖殿便成为四川崇祀吕洞宾专祠。

清道光二十九年（1849），四川总督裕诚带领僚属游览二仙庵，要求二仙庵改为"十方丛林"，并为之书写"十方丛林"四个字。"嗣该知宾罗道士抬送盆花至署。本爵部堂唤至后厅，询其往来，言与志符，故给与'十方丛林'四字，与衔铃印，令其付梓刻额，张挂殿堂，以接十方大众，共登蓬莱，以续海岸前志。该住持等不得视为己物，独行把持，遗徒传孙，方可谓物为众有，一尘不染，真修炼之实行也。"于是，张永亮、苗理圭遂将二仙庵改为"十方丛林"。道众所有制度，化私庙为公庙，悬挂裕诚手书"十方丛林"匾额于殿堂，安单接众。西南各省裔来庵中挂单任职者日益增多，选贤举能，有德者居之。斯时，张永亮监院年老倦事，遂托阎永和担当庙事。

清同治六年至光绪十三年（1867~1887），二仙庵百废待兴，阎永和遂重建各殿堂宇。还创修藏经楼和方丈法堂等，其中吕祖殿所用石料，系淮州的峡石柱。二仙庵建筑规模更加宏大，布局也更别致清幽。

清光绪十三年（1887），二仙庵开期传戒。民国5年至10年（1916~1921）重修二仙殿，王伏阳、熊理斌、申信笃共同调度修建工程，资金均系募化。又在西面另建房铺六间。斯时，二仙庵经常保持道众百余人。宗教活动较兴盛，除保持每日做早晚课外，经常外出做道场等，但其主要活动是从每年二月十五日老子生日起，直至三月底。二仙庵有田、地四百余亩，其中自耕百余亩——自己种蔬菜，其余田产佃出收租——供全观主食，每年约收粮食四百担。另有街房六间出租。二仙庵主要经济来源是花会收入、在外做法事收入和传戒收入。另外，也开办过一些手工业（如养蚕、织布等）和中药铺，丹台碧洞书房还刻印《重刊道藏辑要》以及其他道教经典出售。

自陈清觉主持二仙庵,他传有弟子多人,且多为四川各地宫观的住持。主要有:陈一庆,称弘道真人,曾住青城山天师洞;吉一法,在陈清觉之后任二仙庵住持;刘一贞,称含玄真人,青城山朝阳洞住持;孟一贵,开建并且住持大邑县龙凤场云台山观音寺;石一含,开建并且住持茂县欧阳观;龙一泉,开建并且住持三台县云台观。

协助陈清觉传教创派的还有其师兄张清湖、张清云、张清仕、张清夜等。张清夜(1676~1763)字子还,号自牧道人,原名尊,江南长洲人(今江苏苏州)。杨润六《自牧道人别传》云:"少为诸生,博学工诗,书法颜鲁公,东吴名士也。尝游历四方,浩然有物外想。至武当太子坡,遂从余太源真人为黄冠。雍正元年(1723),溯江入蜀,遍览峨眉、青城之胜,见山水之险异,察人事之变迁,益信事物有有无无之微妙。先后居蓉垣临江寺、惜字宫,一琴一榻,萧然自得。"①蜀抚宪张德地敬重其才,请他出仕为官,他坚辞不就。雍正七年(1729)主持成都武侯祠,不务尘俗,日夕研读《阴符经》。张清夜自序云:"余少壮时,历游四方,洞悉人世蛣蜣。癸卯冬,得入蜀。见山水之险异,事物之变迁,益信造化之有而无无也。已酉秋,即遁迹于蓉城之柏森森处。谢尘俗,习清虚,惟日夕展玩《阴符》。"②已酉秋即雍正七年,此与杨润六所记相符。

成都武侯祠自康熙十一年(1672)于旧址恢复重建,工程主要是集中在陵、祠庙方面,而与其相辅的设施却疏于完成,故《华阳县志》描绘张清夜所见"武侯祠者,近昭烈之惠陵,久芜不治"。于是张清夜为祠庙进行了一系列园庭建设,"庭宇修洁,植柏森森成列,又垣以卫陵"。张清夜修建圆通境于诸葛亮殿西侧,其遗址范围包括今西厢房、桂荷搂、船坊、观星楼。又在圆通境内开挖水塘,种植荷花,至今仍是武侯祠一大园林景观。乾隆三十九年(1774),四川臬使顾光旭偕观察查榕巢于圆通境观赏荷花,谓"圆通境者荷,为张子还道人所种,岁岁作花,而道人鹤化已久",于是他将其更名为"藕船"。紧邻圆通境南面,张清夜兴建有紫阳洞,其遗址即今香叶轩一带。紫阳洞方位坐北朝南,其范围内还有香叶亭、听鹂馆等,张清夜在此"自居特

---

① 蒙文通:《蒙文通文集》卷六,巴蜀书社2001年版,第1179页。
② 蒙文通:《蒙文通文集》卷六,巴蜀书社2001年版,第1203页。

室三楹。在黄篁丛桂间，荷池绕其西，夏虚敞而冬燠"，居住三十余年，是他研习道教经典和清修之所，沿墙还种有翠竹、丹桂等。为保持陵庙柏森森的古貌，他于乾隆七年（1742），以六十七岁的高龄在诸葛亮殿后补种大量柏树，到道光九年（1829）时，据住持张合桂道人统计，成材者还有十一株。乾隆六年（1741），张清夜募铸了一只高四尺、围径七尺、重约六百斤的铁香炉，放置在诸葛亮殿武侯座前。乾隆八年，他再次募铸一只高三尺、围径八尺、重八百余斤的铁香炉，置于刘备殿前。①

乾隆十一年（1746），七十一岁的张清夜于武侯祠紫阳洞作《玄门戒白》，其文说："皇天无二道，圣人无两心，教象虽殊，制行惟一，乃知孝悌忠信为三教之主宰，礼义廉耻实列圣之纲维，立基既固，冲举何难！大本一亏，飞升奚自？其他异端邪说，皆因传者之讹，至若惑世诬民，盖缘学之不正。且《道德》五千言，总以清静为宗。《金丹四百字》，惟期守真是务。《参同契》《悟真篇》，并未及役鬼驱神。《心印经》《青华录》何尝是烧茅炼汞。无论功修内外，胥依德行浅深。若圣石《指玄篇》、崔公《入药镜》，字字专精。似《金碧龙虎经》《铜符铁卷文》，言言的确。""今我发大慈悲，立洪誓愿，直指真机，敷陈道要，披肝作誓，敢希谛听。夫自古拔宅飞升者，无非功高德厚之人；凝神驭气者，悉皆专心致志之士。""步步踏矩循规，事事敦伦饬纪，尽力乎孝弟忠信，黾勉乎礼义廉耻，须知大道出自纲常，纲常外无大道，广行方便，多积阴功，庶几修内丹者龙虎伏而鬼神钦，专炉火者魔障消而福缘凑，准是以求，得同操券，爰兹而取，易若探囊，谓不信者，请质心于三清圣人，如涉是诬，愿投灵于四生别壳。"②

乾隆十九年（1754）又作《阴符发秘》，以内丹之义解《阴符》，谓《阴符经》之"经旨"，全在"时动知修"四字。"夫时动者，即天人合发之时也。故时之动，介乎先天、后天之际，作圣作凡之间，或因其时之动也，则情扰乎其中，变先天为后天，此时动必溃之诫也；或因其时之动也，能运我自然之杀机，可以返后天为先天，岂非万化定基之始乎！至于知之者，即是知此时之动机也，修之者，即于机动之际，及时下功行，一得永得之道也。"③蒙文

---

① 梅铮铮：《清初住持张清夜与武侯祠事研究》，《四川文物》2004年第5期。
② 蒙文通：《蒙文通文集》卷六，巴蜀书社2001年版，第1200页。
③ 蒙文通：《蒙文通文集》卷六，巴蜀书社2001年版，第1183页。

通称誉此书，融汇了唐朝之后的儒释思想而独取它们的精华，皆会心自得之言，固非泛泛的解释文句之可比。

自雍正七年（1729）至乾隆二十八年（1763），即张清夜从五十四岁至八十八岁，凡三十四年间，他在武侯祠一面清修，一面完善祠庙的辅助建设，一面植柏、种荷，美化环境，间或到青羊宫指导道教事业，到晚年则专注于道教经典《阴符发秘》注释，并作《玄门戒白》以警诫世人。

乾隆八年（1743），华阳县令安洪德、成都令夏绍新重修青羊宫。他们看重张清夜之高隐，请他任住持，张清夜以"老无能也"推辞了。后成都知府王时翔又出面诚邀，他仍故辞不就，并力荐其徒汪一萃任之。不过，张清夜也常往来于青羊宫、武侯祠之间。数年间，"于青羊宫创悬钟板，接待十方，一时道众闻声云集，清规复振，俨然一大丛林矣"①。

明末清初，因张献忠的滥杀，四川道教遭到沉重打击，正是陈清觉、张清夜、穆清风三位来自武当的全真教徒入川，方使道教在四川得以恢复。对此，蒙文通先生评价极高，他认为，蜀中道冠均承继三家之法嗣，"而自牧道人重开武侯祠、青羊宫两道场，其迹更幸"②。虽然如此，张清夜于武侯祠清修数十年，却并未将这里变成道众云集、清规严密的丛林道观。据《庙志》所载，康熙年间重建祠庙后，道士就接手管理，直到1950年初。其中，雍正七年到道光七年近百年间，从张清夜后武侯祠有名有姓的道士住持，有唐复雄、徐本衷、黄合初、裴合杭、倪教合、罗教恕、张合桂等，均是张清夜的徒子徒孙。张合桂后武侯祠记载中断，但道士管理此处的状况没有改变。

张清湖接替陈清觉，住持青城山天师洞。张清云曾任三台县云台观住持，张清仕任青城山文昌观住持，后开建都江堰二王庙，传徒赵一柄等。陈清觉与师兄张清湖、张清云、张清仕等各传有若干徒弟，这些弟子递相传授，逐渐形成一个有较多徒众的龙门支派，共尊陈清觉为开山宗师，以碧洞真人号之，以"丹台碧洞"作宗名，称为"丹台碧洞宗"，成为四川道教清代至民国时期一个很有影响的宗派。

碧洞宗仍据龙门派所订派字，传承宗派是：道德通玄静，真常守太清，一阳来复本，合教永圆明，至理宗诚信，崇高嗣法兴，世景荣维懋，希微衍自

---

① 蒙文通：《蒙文通文集》卷六，巴蜀书社2001年版，第1204页。
② 蒙文通：《蒙文通文集》卷六，巴蜀书社2001年版，第1183页。

宁。后加六十字：住修正仁义，超升云会登，大妙中黄贵，圣体全用功，虚空乾坤秀，金木姓相逢，山海龙虎交，莲开现实新，行满丹书诏，月盈祥先生，万古续仙号，三界都是亲。合为一百字。

全真龙门派碧洞宗以青羊宫、二仙庵、青城山为传播中心，逐渐向其他州县发展。后来四川许多州县的宫观都有该宗道士做住持。据《龙门正宗碧洞堂支谱》记载，该宗道士做过主持的地区的宫观有：成都二仙庵、青羊宫、小北门太清宫、太清宫、三圣祠、东御街敬佛堂、外北报恩堂。青城山天师洞、文昌宫、朝阳洞、郭家庵。灌县（今都江堰）二王庙、三台山东岳高、太平场药王山。华阳县白家场高桥文昌宫，双流县天成宫，新津县天社山老子庙，温江县东岳庙、盘龙寺，郫县寿尊寺，大邑县鹤鸣山文昌宫、龙凤场观音寺、老君观，蒲江九仙山，邛州慈云寺，彭县三教寺、三圣寺、九尺铺禹王宫、楠木场真武宫、敖家场五显庙，崇庆州毛郎镇千佛山、南华宫、邹家庵、丹凤山南岳庙、娘娘冈龙驹寺、菩萨堂，广汉老君观（后改名为元妙观）、小汉镇陕西馆，潼川（今三台县）云台观、宝河观、东岳庙、三圣宫、川主庙、河嘴文昌宫、云台场文昌宫、金村场川主宫、广利井真武宫，中江县普兴场三圣宫，绵竹东岳庙、武都山严仙观，眉山县重瞳观，资阳县玉皇观，乐至县川主宫，汶川县娘子岭，天全县大川村毗罗寺、冷村围塔大明寺，雷波县雷神庙，等等。

四川全真道龙门碧洞宗道人历来奉行真功真行，济世度人。其对道教界和社会所做的贡献及其影响主要有：

碧洞宗第十三代弟子王来通（？～1779），乾隆间为灌县二王庙住持，他努力整饬庙规，培修道路，广植林木，颇有成就。又布施药物，岁以为常，而自奉甚俭。他很关心地方水利工程，发起新修横山的长同堰，造福于地方，并立志要把都江堰的治水经验加以推广，后主持刊印了《灌江备考》《灌江定考》《汇集实录》三书。这是现存都江堰治水经验总结最早的专书，有一定科学价值。

第十四代弟子陈复慧（1736～1795），住持温江盘龙寺，对道教斋醮仪式及音乐颇有研究和贡献，著有《雅宜集》行世。曾校正《广成仪制》数百种，约二百八十余科，此后《广成仪制》即成为成都全真道观及民间广成坛道士奉行的科书。他所承传的道教斋醮乐曲以细腻含蓄著称，被称为"广成韵"或"南韵"，成为后来四川两个民间道坛之一的"广成坛"之祖。清乾隆年间，邑人患疫，陈复慧为建水陆斋醮，会川督巡境临灌县，闻于朝，敕赐"南台真人"。

第二十一代弟子彭椿仙（1883~1942），法名至国，清末民国间为青城山天师洞道士住持。清末，曾就读四川劝业道周善培所办之四川通省农政学堂蚕别科方外班，毕业后回青城山推广蚕桑，并广植楠、杉树。民国8年（1919）受到四川省长杨庶堪表扬，颁给"道在养生"题额，以资鼓励。抗战期间，彭椿仙还从本庙每年收入中提取若干，以补助应征入伍壮丁家属，帮助他们克服困难。他还曾保护过成都文艺界抗敌协会领导人杨波。彭椿仙关心贫苦农民，他常常给青城山附近贫苦农民以粮、钱帮助。他一生热爱种树，不仅自己种，还要周围群众种树爱树，还革除佃户新年向寺庙送礼的惯例，让佃户种树、护树，年复一年，而今许多参天大树，就是彭椿仙苦心经营留下的。他热爱教育事业，1917年在青城山麓双钟寺创办小学。1919年，又在石笋堂建小学一所，解决贫苦子弟入学困难。

清光绪十三年（1887），二仙庵开期传戒。重庆水月庵宋慧安方丈于光绪十三年来二仙庵传授戒律。三年后，宋慧安方丈受京师白云观传给衣钵，接法眷回四川，开期传戒。后阎永和方丈继宋慧安之法席，倡导三坛戒律，传戒演钵。于是，阎永和传王宗生，王宗生（王伏阳）传熊理斌，熊理斌传申信筠，共传五代方丈。至民国34年（1945）二月最后一期，二仙庵计共传戒六十余期，受戒弟子约六千多人，遍及四川、西南乃至全国各地。

光绪十八年（1892），阎永和方丈在传戒之期，又发起重新刊刻《道藏辑要》。阎方丈与井研贺龙骧、新津彭翰然等，根据成都著名藏书家严雁峰家藏的蒋元庭本《道藏辑要》，又增补了十七种道书和二十三种道经书目，共为四十种，为了区别于蒋元庭本《道藏辑要》，名为《重刊道藏辑要》。清光绪十八年，至清光绪二十七年，历时九年时间，《重刊道藏辑要》才宣告完成编纂。清光绪三十四年（1908），阎永和方丈羽化归真，经版雕刻的组织工作由王伏阳和宋智和承继下来，前后经历十五年之久，至民国4年（1915）才竣工。《重刊道藏辑要》经版采用梨木为材料，每块两面刻字，一面两页，共雕刻一万四千块，以二十八宿为次序，印刷成为二百四十五册。书目集周秦以下道家子书，六朝以来道教经典，辑道家哲学、道教历史、气功丹法、天文地理、医学易学等，集道教文化之精粹。

抗日战争爆发后，成都屡遭轰炸，为保护好《重刊道藏辑要》经版，二仙庵退隐方丈王伏阳特将经版全部运往青城山真武宫保存，直至抗日战争结束，才将《重刊道藏辑要》经版安全运回二仙庵，经版得以安全传世，现存放于丹台碧洞书房内。经版原存于二仙庵印经院。

在艺术方面，道教界出现一位音乐大师，他就是近代蜀派古琴家的主要代表人物——张孔山。张孔山，亦名张拱山，法名合修，自号半髯道人，生卒年不详。其籍贯和所居道观有二说：据许健《琴史初编》说张孔山为浙江人，幼年曾学琴于冯彤云，清咸丰年间（1851～1861）在青城山中皇观为道士，即开始习蜀派古琴。而民国《灌县志》却说其为重庆人，"丰体而美须髯，清咸丰初寓漩口川主宫，一时与游者皆知其名，以其能弹琴且善书也，后住县城城隍庙"。虽然他的籍贯还无法肯定，但其为虞山派传人来蜀则可肯定。他是融蜀派古琴与虞山派古琴而创新近代蜀派古琴的第一人。其遗留字迹颇多。光绪元年（1875），住成都康公庙，与弟子叶介福、唐彝铭在成都共同收集古琴秘谱，挑选一百四十五首编成《天闻阁琴谱》。光绪三十年（1904）云游至武昌，以授琴为业，求授者颇多。张孔山所传曲谱有《流水》《高山》《化蝶》《醉渔唱晚》《潇湘夜雨》《渔樵问答》等，后辑成《半髯子琴谱》行世。张孔山尤善古音、古节，名人雅士多拜为师。乐曲极富道家旨趣，其中《流水》一曲，为近代蜀派古琴的代表作。张孔山为表现流水激浪奔雷的气势，逐独创"转团"指法，成为蜀派独特的《七十二滚拂流水》。该乐曲包括九段和一个尾声，通过深沉流畅的旋律描绘出一幅涓涓小溪汇成滔滔大江，奔腾入海的气势。由于发展和阐扬《七十二滚拂流水》而受到音乐界推崇。《流水》被选为世界上优秀乐曲之一。由于张孔山在古琴谱曲和演奏上有极高的造诣，被认为是蜀派琴家的主要代表人物。他的传人已有七代，叶介福、叶婉员、廖文甫、喻绍泽、曾成伟、曾河，皆是蜀派古琴非物质文化遗产的重要传承人。

五、当代巴蜀的道教

中华人民共和国成立以后，道教的发展进入一个崭新的时代。

在政治上，摆脱了封建反动统治阶级的利用和控制，成为新中国爱国统一战线的组成部分，这是道教历史上的一次根本改变。中共中央和中央人民政府以马列主义宗教观的基本观点为指导思想，制定了宗教信仰自由政策，使宗教信仰成为公民个人的私事，这样一来宗教（包括道教）也便彻底摆脱了封建反动统治阶级的控制，成为教徒自主、自办、自传的事业。

道教是我国土生土长的宗教，它的绝大多数信徒，具有纯朴的民族道德素质，具有爱国的优良传统。在共产党领导的工农大革命、抗日战争、解放战争中，爱国的道教界人士拥护共产党的领导并支持和参加革命斗争。如1931年土地革命战争时期，以武当山紫霄宫监院徐本善道长为首的武当道士，不顾个人安危，支持和帮助贺龙领导的工农红军，赤忱救护伤病员，支援粮食，侦探敌情，并配合红军夺取敌人的武器，也有不少道士献出了宝贵的生命。1937年工农红军西路军三十军代军长程世才率部穿行于甘肃安西县境的茫茫戈壁中，粮食断绝，幸得蘑菇台子庙道士郭元亨的大力支持，尽庙中所有粮食、油盐、羊马，捐充军用，使处困境中的红军摆脱困境，得以顺利进军。抗日战争时期，以茅山乾元观监院惠心白道长为首的茅山道士，曾支持和帮助陈毅、粟裕率领的新四军，救护伤病员，侦探敌情，并因此遭到日寇的屠杀，数十名道士壮烈牺牲。1939年春叶剑英到南岳开创南岳游击队干部训练班，以李光斗为首的衡山道众，联合佛教，成立了"南岳佛道教救难协会"，喊出了"上马杀贼、下马学道"的口号，投入火热的抗日救亡斗争。解放战争时期，1949年5月国民党军队据华山顽抗，以叶兴文、杨礼效道长为首华山道士，曾协助解放军智取华山，并诱敌人黄甫峪迫降。又如广东罗浮山道众在抗日战争、解放战争中，均曾支持和帮助东江纵队，为人民革命事业做出过贡献。在新中国土地改革及其他民主改革中，在社会主义改造与社会主义的经济建设中，道教界的主流是坚定地跟着共产党走社会主义道路的。当时在各省、市、县、区凡道教徒较多的地方，在人大、政协组织中，均有任人大代表、政协委员的，这标志着爱国的道教界人士已成为中国共产党为核心领导的爱国统一战线的组成部分。

在经济上，革除了宫观封建经济，逐渐走向劳动自养之路，因地制宜，从事农业、造林护林、采药种药、旅游服务等工作。正是社会主义的经济制度，促使道教能出现适应时代的新面貌，向自食其力的劳动集体转化，成为光荣的劳动生产者的一部分。

在宫观管理上，实行整顿与改革，并建立了民主管理体制，改变原来的封建家长制，成立民主管理委员会，选举有才能的道士参与宫观管理。凡宫观人事、财务、宗教活动等方面的大事，概由该委员会议定，然后由监院及诸执事执行。委员会受监督，亦定期改选。有事大家商量，实行民主集中制。这都是宫观在管理体制方面的改革，也正是道教新面貌的一大特色。

1957年4月8日在北京前门饭店举行了道教界第一次全国代表会议。参加会议的有二十个省、自治区、三个直辖市的九十二名代表会议首先讨论了《中国道教协会章程》，确定中国道教协会的性质是爱国道教团体。其宗旨是："联系和团结全国道教徒,继承和发扬道教的优良传统;在人民政府领导下,爱护祖国,积极参加国家的社会主义建设和保卫世界和平运动,协助政府贯彻宗教信仰自由政策。"

会议选举产生了第一届理事会,选举岳崇岱为会长,汪月清、陈撄宁、易心莹、孟明慧、乔清心为副会长,陈撄宁兼秘书长。会址设在北京白云观内。1957年5月20日,中华人民共和国内务部部长谢觉哉正式批准中国道教协会成立登记,发给社宗002号社会团体登记证。从此中国道教协会以合法社会团体开始教务工作,并在社会活动中崭露头角。①

在四川,道教的发展亦进入一个新的阶段。新中国成立前,全国各地来成都青羊宫挂单的常住道士百余人,庙上有水田三百余亩,土地一百多亩,共有田、土五百亩,其中自耕地七十亩。每年共收入粮食四百余担。另有街房七十多间,每年收入三十余担粮,生活富裕。新中国成立后,青羊宫二仙庵内有常住道士六十多人,正殿五重,侧殿、侧房、戒堂、讲堂数十余间。青羊宫被省文化局列入重点保护的寺庙,并派专职干部在此负责保护庵中文物古迹。土改时,青羊宫大部分道士回籍生产,部分自动转入别庙,少部分还俗(六人),留庙者三十八人。土改时除个别年老体衰(两人)无劳动力及少数地主成分(五人)未分得土地外,其余均分有土地。计共分土地三十五亩,原有街房大部在减租退押时变卖,尚存十三间出租。宗教活动较兴盛,除坚持每日做早晚课外,还经常外出做道场等,但其主要活动是在每年农历二月十五日老君生日起直至三月底。这期间为成都花会期,各地信徒来此烧香、求签等近万余人,宗教收入极为丰厚。

1955年3月,青羊宫与二仙庵合并。从此,两庙统一推选庙上负责人及生产领导人,并实行经济统一收支。合并后,根据劳动力强弱进行分工,四十八人分为生产组(有二十四人主要负责种地)、卫生组(亦有二十四人包括负责打扫清洁、煮饭、看门、会计及庙里负责人等),劳动力的强弱得到了较合理地使用,因此生产搞得较好,道士生活亦较好。每人每月除粮食外,最高工资十至十二元,一般工资亦能收入五至八元,卫生组少数老弱者尚能收入二至四元。②1958年第八届花会结束后,青羊宫、二仙庵改建为青羊宫花园(后改称

---

① 李养正:《当代道教》,东方出版社2000年版。
② 《青羊宫·二仙庵道教情况调查报告》,四川省档案馆资料,第3~5页。

文化公园），两道观的道众成为园林工人，历时二十三年。

1980年，青羊宫和文化公园划分开了。1984年，政府贯彻落实宗教政策，青羊宫与文化公园正式筑墙划界。青羊宫道观主持、成都市道教协会副会长张元和，道教协会秘书长刘理钊，不顾自己年迈体衰，呕心沥血，力振道教古观风貌。在各级政府的关怀下，修葺各殿宇，建山门，终于在1986年12月19日将"青羊宫"金字横匾挂在了山门正上方。新塑神像，绿化宫观，对新学道童加紧培养，阐扬道法，恢复宗教活动，带领道众"祈祷世界和平"，使青羊宫香火绵长，祖师祥光重照。现青羊宫已修饰一新，环境清幽雅致，殿堂庄严静穆，钟鼓常鸣，香云缭绕，步虚韵曲悠扬动听，成为道士理想的修真之所。

2002年，经多方协商，落实宗教政策，将文化公园内二仙庵主体建筑区域划归青羊宫，使青羊宫、二仙庵两道观成为一个整体。青羊宫、二仙庵在监院陈明昌的主持下，通过募捐和自筹资金，将二仙庵这一著名十方丛林重新恢复，让它重放昔日的光彩。

除数量众多的珍贵明清建筑和文物外，青羊宫还保存有堪称"国宝"的《重刊道藏辑要》经版。张元和、刘理钊、邹崇品等道长，为保护《重刊道藏辑要》经版做出了贡献，使绝大部分经版保存下来。1961年，二仙庵部分房屋被拆，张元和等道长特意将《重刊道藏辑要》经版搬到青羊宫保存。1966年，"文化大革命"爆发，青羊宫、二仙庵遭受冲击，殿宇内的神像被推倒毁坏，匾额被砸毁，经书被搬走，文物被打坏，连青羊宫内珍藏的《重刊道藏辑要》经版，也被当作木材拿走四百余块，道士被撵出还俗，张元和等道长因参加花木种植及事务工作，因而得以宿于青羊宫。他们利用公园工人的身份，竭尽全力保护道教文物，特别是保护好《重刊道藏辑要》经版。他们深晓这部经版的珍贵价值，向那些"造反派"细说经版的文物价值，向那些蓄意抢夺者冒着生命危险进行交涉，竭力保护，以后经版没再短缺。

1978年中共十一届三中全会以后，党和政府拨乱反正，宗教政策得到落实，张元和与在文化公园工作的五位道长，辞去工作，回到了青羊宫，由他带头担负起了恢复青羊宫的工作。不几年，他募资将青羊宫的殿堂、神像、陈设和绿化都恢复了原貌。为搞好和弘扬道教事业，张元和深感道教经籍缺乏，遂决心要使保存在青羊宫的《重刊道藏辑要》发挥作用。1984年，作为成都道教协会会长、青羊宫住持的张元和与巴蜀书社达成协议，联合重印《重刊道藏辑要》。他带领道众对经版进行清洗、检查，登记缺少了哪些部分，尔后，对照原刻印本补刻了四百多块经版。这样，整部经版齐全，我国道教唯一幸存下来的清代刻板《重刊道藏辑要》才又得以重新印刷行世。

《重刊道藏辑要》经版印行时，特聘请当年在成都著名书坊志古堂工作过的经验丰富的木刻印刷师傅施工。《重刊道藏辑要》版本质量极高，保持了原版刻工精犷豪迈，字体厚重浑朴，原刻风格尽览无余，是近代蜀刻中具有代表性的刻本。书版《重刊道藏辑要》则使用四川夹江特产对方纸和连史纸，仿古锦函装，考究精美，该书在1979～1989年四川优秀图书评奖中获荣誉奖，它以自己特有的风采，为传扬中华道教文化做贡献。[①]

道教学者易心莹（1896～1976），原名良德，字宗乾，法名理轮。1913年，他离家只身寻至青城山天师洞寻师学道，在庙里做杂活。1914年到成都二仙庵蚕桑传习所作杂役。1917年，天师洞道士魏至龄有事去二仙庵，见其能耐劳苦，虔诚好道，将其领回青城山收为弟子，为全真龙门派碧洞宗第二十二代。住持彭椿仙为提高道教徒文化素质，命易心莹往本山朝阳庵吴君可门下就学，读儒家五经，又学道书《云笈七签》。民国15年（1926）成都名儒颜楷来游天师洞，受住持委托将易心莹带回成都，入崇德书院深造，攻读经史一年多。民国17年（1928），易心莹回到天师洞后，担任知客兼文书，记账一年有余。他在接待四方名流的同时，撰成《青城指南》《青城山风景导览》。民国20年（1931），彭椿仙为了使易心莹专门从事道教学术研究，卸去其知客职务。此后，他专心致志，广积道书，深入研究，并实地考察蜀中道观，曾多次赴三台云台观，成都青羊宫、二仙庵等蜀中道教胜地考察。与当时研究道教的知名学者，如西南联合大学化工系教授陈国符，《仙学月刊》《扬善半月刊》的主编陈樱宁，四川大学教授蒙文通等人交流学术，相互切磋。易心莹以伏案所得先后写成《老子通义》《道学系统表》《道教分宗表》《道学课本》《道教养身》等书，并辑集《女子道教丛书》。民国31年（1942）彭椿仙逝世，易心莹被选为天师洞住持。越年即去职，专事道教学理研究，著《道教三字经》等书。1956年任四川省政协委员。1957年出席中国道教协会，并被推选为副会长兼副秘书长；后又当选为四川省道教协会会长。1962年去北京为中国道教协会道教徒进修班讲学于白云观。1963年后受命为《四川省宗教志》编纂，完成《四川省道教史》初稿。易心莹一生治道学孜孜不倦；讲学以"常道"为纲，

---

① 李合春、丁常春编著：《青羊宫二仙庵志》，2006年内部印刷本。

参及儒学。收藏道书一千余册，他还收藏名人题词、绘画，汇成七册，定名为《时贤文综》。他的著述在海内外受到尊崇。其弟子有四川省博物馆王家祐等。

"文化大革命"动乱开始，易心莹为保护道观文物，连夜率道众将观内外匾联刻石等珍贵文物全部用纸张覆盖，上书"最高指示"和"三大万岁"，"红卫兵"上山无法下手，愤愤而去。如今青城山文物基本完好，多赖易心莹与道众的精心保护。易心莹因积劳成疾，心力交瘁，于1976年2月7日羽化归真，享年八十岁。骨灰埋在青城山白云溪旁问道亭下。

江至霖（1908～1996），又名江诚霖，四川彰明县人，全真道著名高功。江至霖生于清光绪三十四年（1908）八月二十六日卯时，自幼家庭贫寒，十九岁时到彰明县三清宫出家，拜师龙门派欧阳更生，为全真派道士，头一年在庙中作劳动杂事，从师学习道教仪范。第二年到成都二仙庵受戒，并开始学习道教斋醮音乐，几年后，以挂单道士常住二仙庵，先后担任过上房、库房、知客、经师、高功等宫观执事等，住二仙庵共二十四年。他为人朴实寡言，勤谨好学，他既熟晓道教经典，也熟谙道教斋醮科仪，特别是法事音乐，技艺造诣颇高。成都二仙庵为全真道著名十方丛林，其音乐系全真道十方经韵音乐，江至霖学习勤奋，能完整唱出近五十首全真十方韵歌曲。江至霖嗓音洪亮，音区宽广，声音圆润丰满，他对演唱风格把握准确，注意自然朴实，唱法事中的吟诵曲时，讲究韵味，生动贴切，富有音乐性。他作法坛高功，步履稳健，动作准确，掐诀踏罡，持重自如。他还是道教界中少有的书法家，书写的隶书方正凝重，刚劲有力，笔画自然流畅，秀逸可爱。

1980年以来，贯彻落实党的宗教政策，青城山的道观均由道教界收归管理，年轻的道徒增多，懂道教音乐的人才尤为缺乏。江至霖被礼聘，肩负培训年轻道徒的责任。通过他的努力，青城山组建了"道教音乐班"，培养出一批懂道教音乐的经师。1989年冬，北京白云观举办了中断六十年的传戒盛典，恭请江至霖道长到京传授演礼科仪，并担任律坛临戒大师。1995年秋，中国道教协会在青城山举办全真道第二次传戒法会，江至霖荣任玄都律坛登箓大师，策划安排坛场仪轨，井然有序。终因年迈积劳，未及圆满而致疾。他病中仍坚持教务，可谓以身殉道。1996年3月9日午时江至霖羽化于天师洞，享年八十九岁，葬于青城山青龙冈。

彭鹤年（1904～1992），名宗仁，号鹤年，全真龙门派丹台碧洞宗第二十三代。生于清光绪三十年十一月四日，四川省荣昌县（今划归重庆）双河乡彭家大冲人氏。他未及六岁，父母双亡，依靠祖父母生活，备受慈祥恩被。八岁入本乡私塾念《三字经》《增广贤文》，习毛笔书法；三年诵完"四书"等古籍。十四岁时祖父逝世，后随二姨母及表兄来成都牛市口经营小店，并收取祖父外放债务。次年返回荣昌在乡人开设的当铺中学习记账，继又在重庆市江合煤炭公司记账，后因病回乡。1926年，二十二岁时从荣昌县步行至青城山天师洞出家学道，当家炼师彭至国（椿仙）安排他做庙内杂务。次年，见他勤劳苦干，为人诚笃，被调到祖师殿守庙兼管山林与种茶。师抓紧时间潜心学习《道德经》及早晚功课。因信仰虔诚，于1933年选送成都二仙庵学戒，于本年传戒大会恭受全真《三坛大戒》。受戒圆满后仍回祖师殿看庙，劳作之余读书习静，喜读《天仙金丹心法》，试炼内丹功。

1941年，彭椿仙道长仙逝，继任当家易心莹请彭鹤年来天师洞协理庙内账务。彭鹤年账目清楚，有暇即洒扫殿堂。1946年，胡佐全任天师洞当家，彭鹤年仍管现金。他理财严谨，廉洁自律。1948年他查出刘和清挪用庙款经营沙金业，后决意引退，仍回祖师殿。1955年他回到天师洞，辅助易心莹当家料理庙务。1957年出席中国道教界第一次全国代表大会，1962年担任四川省道教协会副会长。1992年4月1日（农历二月二十九日）10时半（巳时），羽化于飞仙观。王宗吉先生撰写《彭鹤年大师行传》云："道家三宝，一慈二俭，三不敢为天下先。彭大师幼沐祖妣慈俭之身教，谦诚恭敬，体'不敢'之仁德。由仁入仙，净明忠孝正道之仁范。且昊天垂佑，有清、一之嗣子，全真全福，不愧真人大师。入道六十七年中，初为彭至国大师至助手；继辅易理轮大师祖堂至参谋；晚尊老成，作傅圆天大师之顾问。襄赞三大师，宏扬全真道，诚一代之真师，千古之道统。抱朴守一，正法天心，爱国爱教，护育群生。"[①]

张至益（1902~1992），又名张信益，生于清光绪二十八年（1902），原籍四川资中。他生于成都，幼年父母双亡，依舅父住乐山。十六岁患重病，病愈后出家学道。1919年拜王明月为师，随师到重庆水月庵出家，两年后随武林高手去合川大益山修炼。1927年到成都二仙庵熊诚斌方丈座下受全真三坛大戒，在青羊宫等处学道经、教仪、武功。旋又师传戒大师、武林高手朱智涵学习道教秘传武功。他在不断学习和实践中，创造了融气功、武术为一体，以静

---

① 王纯五主编：《青城山志》，四川人民出版社1995年版，第221页。

制动，动静结合，具有自己独特风格的武功拳术。五年后隐居大邑鹤鸣山，潜心修持。20世纪80年代，张至益受聘在青城山传授道教武功。1987年，鹤鸣山被批准为道教活动点，张至益被迎回鹤鸣山任住持。1989年，全真龙门派在北京白云观传戒，张至益被礼请为传戒法会的演礼大师。1992年冬，张至益在大邑鹤鸣山羽化，享年九十三岁。四川省、成都市道协和大邑县有关人士参加了悼念仪式，后由弟子集资在鹤鸣山慈航殿后山建墓。

当代道教领袖——傅圆天。傅圆天（1925～1997），俗名傅长林，四川简阳九龙乡人。父母务农，全家都是虔诚的道教信徒。因为少时体弱多病，他十二岁便因缘际会，皈依道教，十九岁时遵从母命，在成都灌县水磨乡黄龙观出家，拜张永平真人为师，成为全真龙门派道士。出家以后，他刻苦学习道教教理教义，深悟《道德经》真义，不仅能背诵，而且能用道教义理详解全文，并依旨修持。1955年傅圆天在青城山常道观参拜易心莹大师，因见易心莹道德高尚、学识渊博，便留居常道观，聆教于易大师。1964年，出任青城山上清宫当家。他在学习经典的同时，又在深山开荒自食，养成了清修与劳作并重的优良传统，并将之发展。

傅圆天为四川省道教发展做出了重要贡献。民国初年，由于政府宣布废除"真人"称号，四川省的道观和道士数量锐减。道教发展处于瓶颈时期，据1949年统计，四川省仅有道士四千余人散居于民间，庙宇荒废。傅圆天当时任青城山庙务，在竭力修行的同时，还不遗余力地保护并恢复青城山道场的建设。在宗教政策还没有落实、庙宇耕地还没有归还以前，他带领全山道众下山挑粮，开办为香客、旅游服务的餐馆，营薄利以解决全山一百多道众的最低生活问题，进而又多方筹募资金，维修危旧庙宇殿堂，还筹办道家洞天乳酒厂，尽力使全山常住道众能够安定生活。

1980年，青城山道教协会成立。傅圆天众望所归，当选为会长，并兼任常道观监院，接着他又当选为中国道协常务理事、成都市道协会长、灌县政协副主席、成都市政协常委、四川省政协常委。他既要负责青城山七座宫观、两个工厂的经营管理事务，还要兼顾新津老君山、大邑鹤鸣山、彭县葛仙山、彭县丹鼎山、成都青羊宫、灌县二王庙等地的道教教务，定期出席中国道协的会务会议及县、市、省政协的参政议政会议，工作极为繁重。

傅圆天自从出家以后，严守规戒，被道徒奉为楷模。自1980年以后，尽管他身兼数职，地位高了，宫观经济也宽裕了，但他却保持俭朴生活，住小寮房，三餐素食，保持换洗两身道袍。即便是在花甲之年，傅圆天仍然操劳于教务，奔走于山上山下。由于爱国爱教，道德高尚，在全国道教界中受到崇敬，在1986年中国道协第四届代表会上被选为中国道教协会副会长，1989年被推选为中国道协道教文化研究所名誉所长和中国道教学院副院长，担任这一重要职务以后，便立志以"为道育才"，"培养年轻一代道教人才"为己任，为新时代道教界培养人才，为道教的长远发展补充新鲜血液。1988年7月，他又创办了青城山道教学校。1992年3月，在中国道协第五届全国代表会议上，他被选为中国道教协会会长。1995年11月全真派在四川青城山举行传戒仪典，傅圆天被推举为方丈、全真第二十三代大律师。1997年7月3日，劳累一生的傅圆天在成都仙逝，安葬于青城山。

第三章 巴蜀的佛教文化

佛教自古印度辗转进入中国后，经历了一个跨文化的传播过程，且由于诸多因素的综合作用，渐次形成三大板块：汉语系佛教、藏语系佛教和巴利语系佛教，尤以前两者为重。四川由于特殊的地理位置和历史原因，汉、藏语系佛教都曾传入、流播，且大体上分据东、西两部，这一分布状态至今依然。

在中国，佛教经历了梵化佛教到华化佛教的演变。以汉地佛教论，佛教在中国的演进可分为四段：一是初传时期，为汉魏两晋南北朝，是外来僧侣传教、中土人士被动接受、消化、理解的时期。二是盛传时期，是隋唐五代时期，这一时期中国僧俗在吸纳外来佛教基础上，结合中华本土文化资源，然后自出胸臆，开创新思新学新派，自立"中国佛教门户"。三是衰微时期，为两宋元明清，这一时期的最大特点是佛教已深入中国民众的日常生活，确立了"中国第一大宗教"的地位，但从思想的创新性来看，已没有多少新见新思了。四是转型时期，为近现代，实际上，转型时期至今尚未完结。这一时期时代巨变冲击旧形态的佛教，外来特别是西方思想文化冲击古老的佛教，迫使佛教为挽救颓势而图革新。反观四川地区的佛教发展演变史，亦有上述四个阶段。

第一节　佛教传入巴蜀

佛教传入四川的具体时间，如根据正史的记载，似乎大大晚于中原地区，也比江浙地区要晚。但随近十多年的考古发现及其材料对比分析，以下说法离历史真相似不会太远：佛教在川存在的起始时间可上溯至东汉末年，至迟也不会晚于三国蜀汉时期。与中原、江浙相比较，佛教传入四川地区比中原稍晚，而与江浙同时。

一、佛教传入四川的考证

东晋以前的巴蜀佛教，史籍上没有记载。迟至三国蜀汉时，佛教也未在四川留下其活动的痕迹，故唐代道宣等在《简诸宰辅叙佛教隆替状》中称："蜀中二主,四十三年,于时军国谋猷,佛教无闻信、毁。"①就是说,在刘备、刘禅父子统治蜀汉的四十三年里,时人没有听说过他们信仰佛教或毁灭佛教的事。再从佛经流传看,历史上的佛教史专家也承认,三国时代不曾有过蜀汉翻译佛教经典之事,隋费长房(成都人)曾说:"魏、蜀、吴三国鼎峙,其蜀独无代录者何?岂非佛日丽天而无缘者,莫睹法雷震地比屋者弗闻哉?且旧录虽注蜀《普曜》《首楞严》等经,而复阙于译人年世。设欲纪述,罔知所依,推人'失翻',故无别录。"②

在后起的一些方志中,有人将佛教传入巴蜀的起始时间往上推,并与中原的佛教故事挂钩。这种做法至今仍屡被称引,且广为流播,造成误读,实有必要纠谬显正。下举很有影响的二例:

其一,峨眉山蒲公追鹿。据明清之际四川井研人胡世安记述:"汉永平癸亥(63)六月一日,有蒲公者采药于云窝,见一鹿迹如莲花,异之,追之绝顶无踪,乃见威光焕赫,紫气腾涌,联络交辉成光明网,骇然叹曰:'此瑞稀有,非天上耶?'迳投西来千岁(宝掌)和尚,告之。答曰:'此是普贤祥瑞,于末法中,守护如来,相见现相于此,化利一切众生。汝可诣腾、法二师究之。'甲子奔洛阳,参谒二师,俱告所见。师曰:'善哉!希有汝等,得见普贤,真善知识。昔我世尊,在法华会上,以四法付之,一者为诸佛护念,二者植重德本,三者入定正聚,四者发究一切众生之心,普贤依本愿而现相于峨眉山也。"③后《峨眉山志》又续"豹尾":"蒲公归而建普光殿。"了解中国佛教史者一眼就可看出,这是把中原汉明帝永平年间佛教传入中国的说法"四川化""峨眉山化"。而汉明帝感梦遣使求法说的真伪,专家多有考证④,此处不赘。

在此只提出二点:一是千岁宝掌和尚并非东汉人。据《五灯会元》卷载:"千岁宝掌和尚,中印度人……魏晋间东游此土,入蜀礼普贤,留大慈(寺)。"《峨眉山志》"高僧"章中亦说宝掌是南朝梁武帝时来中国入蜀

---

① (唐)道宣:《广弘明集》卷二五,苏渊雷、高振农选辑《佛教要籍选刊》第3册,上海古籍出版社1994年版,第1040页。
② (隋)费长房:《历代三宝记》卷五,苏渊雷、高振农选辑《佛教要籍选刊》第2册,上海古籍出版社1994年版,第471页。
③ (明)胡世安:《译峨籁》卷六《宗镜纪》。
④ 任继愈主编:《中国佛教史》卷一,中国社会科学出版社1981年版,第94~105页。

的。二是此故事太完备，如鹿、莲花、光明网、末法、法华会、付法、谒二师，一般佛教故事中的"元素"它都具备，且条理分明。而按故事发生学规律看，愈是早期的愈是简陋的，愈是后起的愈是丰富的。明清之交的胡世安"追述"东汉时的事情就属于后一种情况，它的"丰富"源于编造、附会，而不是历史真相。

其二是东汉时摩腾、法兰来到四川大邑县雾中山开山建寺说。最近出版的《大邑县志》就有如下文字："据清《四川通志》、清《邛州志》、清《大邑县志》载，东汉永平十六年（73），中印度迦叶摩腾、竺法兰来县境雾中山卓锡，建大光明普照禅寺。"故得出结论说："雾中山系中国早期佛教传播地之一。"①查《四川通志》，在雾中寺（又名开化寺）条下引载有明代杨慎所写的该寺碑记，其中有如下文字："开化寺者，雾中之丛林，禅敦之总持也。相传西汉时此境时有金色布地，玉砌天峦，异相无穷……至汉永平十六年（73）始建住持，则摩腾、法兰两尊者游历所止。"②这则故事也是从汉明帝感梦遣使求法中脱胎而来。但与上则故事不同的是，摩腾、法兰二师已到了大邑雾中山。摩腾、法兰上山创寺的具体经过，杨慎语焉不详。而据专家考证，摩腾、法兰可能是佛教徒为了增加说服力而虚构出来的："关于摄摩腾的名字，刘宋以前不见记载，到底有无此人？……现虽难以考证，但说他是汉明帝时人，是没有充分根据的。至于说竺法兰，则可以明显看出是伪造的。"③结论只有一个：大邑雾中山是由摄摩腾、法兰二师开山的说法也是虚构的。④

二、从文物考古发现所见到巴蜀早期佛教

20世纪40年代以来，相继出土了许多文物。经一些专家考证，这些文物中有部分是佛教文物，而且是汉代文物。这就填补了三国以前巴蜀佛教史的空白。属于典型的东汉—蜀汉佛教文物有：东山麻浩墓浮雕佛像、乐山柿子湾崖墓浮雕群像、什邡汉墓画像砖上的佛塔和菩提树、彭山东汉崖墓摇钱树树座上一佛二菩萨像、绵阳何家山东汉崖墓摇钱树干上佛像、忠县（今属重庆市辖）

---

① 《大邑县志》，四川人民出版社1992年版，第718、675页。
② （清）常明、杨芳灿等：《四川通志》卷四三，巴蜀书社1994年影印清嘉庆本。
③ 任继愈主编：《中国佛教史》卷一，第100页，参阅汤用彤《汉魏两晋南北朝佛教史》上册，中华书局1983年版，第15～22页。
④ 杨慎碑记中还记有："在晋永和，有佛图澄之孤创。"但在僧传中，不见佛图澄入蜀之事。

蜀汉墓摇钱树干一佛二菩萨像、宜宾黄山东汉墓坐于青狮上的佛像、西昌汉墓砖上梵文朱书佛号、芦山汉墓青铜像（具有佛像特征，如眉间白毫等）等。

其中值得一提的是：乐山麻浩崖墓享堂梁上的坐佛像，该像高三十七厘米、宽三十厘米，头有圆光，身着通肩式大衣，结跏趺坐，右手似作施无畏印（手上举，伸五指，掌向外），左手似有所执。在其附近与其形制相合的崖墓中，有顺帝"永和"（136~141）和桓帝"延熹"（158~167）等年号，可证该佛像是东汉末年作品。①绵阳何家山东汉崖墓出土的铜摇钱树干上铸有铜佛像五件之多，五佛像各高六点五厘米，形象一致，纵列铸于树干上。像头后有椭圆形顶光，顶有肉髻并刻发纹，唇上有髭，结跏趺坐，穿通肩式袈裟，右手施无畏印，左手执袍角，两袖衣纹清晰。钱树叶已碎，但仍可看出上面铸有仙人、骑者、象等纹饰。这似乎是中国最早的铜佛像之一。②耐人寻味的是，1986年，在什邡一座东汉画像砖墓上曾发现一块佛塔砖：画面中部及两边有三座佛塔，间以两棵菩提树。这可能是在中国迄今发现的最早的佛塔图案。③它表明东汉晚期，巴蜀地方已建佛塔，且有"寺塔一体，塔踞中心"的寺庙。

从上述出土文物地点来看，佛像分布相当广泛，川中、川北、川西、川南、川东都有，这表明在东汉晚期，佛教在巴蜀各地区相当普及。而且从这些佛像及其周边装饰、出土地方来看，当时的佛教已进入民众生活中，与本土习俗、信仰有混融现象。但从上述墓葬规模看，佛教主要在上层人士中传播。

巴蜀早期佛教图像的发现，给佛教史学界提出一个问题，佛教是从什么途径穿山逾岭而进入四川盆地的？从古代巴蜀交通和佛像发现地点来看，似有三条路线：第一条是由天竺经西域传入中原，再由长安、洛阳南下入蜀。这条传播路线简称"中原入传说"，为传统史学界、古代佛教史学家多所认可。第二条是"西北入传说"，即认为佛教是从西域经敦煌、过阿坝再进入四川盆地，因为在这条路线上曾发现佛教图像遗存，如阿坝州茂汶羌族自治县出土的"西凉曹比丘释玄嵩"所造齐永明元年（483）无量寿佛像、蒲江龙拖湾发现的西凉嘉兴元年（417）题名碑记。上两条道路统称为"北路"。还有一条"南路"，近十年来，包括中日学者在内的一批佛教史、历史学家曾联合对这条路线进行

---

① 俞伟超：《东汉佛教图像考》，《文物》1980年第5期。
② 何志国：《四川绵阳何家山1号东汉崖墓清理简报》，《文物》1991年第3期。
③ 谢志成：《四川汉代画像砖上的佛塔图像》，《四川文物》1987年第4期。

实地考察、对比分析，结论是佛教不仅从北边（天竺—西域）传入中土，也从南路进入中国。[①]

在没有大量的出土文物进一步提供证据（如有明确纪年、继承关系等）之前，上述三条道路传入佛教的先后时间还需要等待论证。

第二节 魏晋六朝时期的巴蜀佛教

进入两晋，四川地区的佛教活动才在史籍、僧传中有所记载。迈入南北朝，在佛教遍盛于大江南北的大环境的主导下，四川佛教也渐有发展。在教内，外国、外省僧侣频繁入川或过境，给巴蜀佛教的生长不断给予刺激，本地僧尼或传教于都邑、边荒，或求法于省外、国外，或学成归来在巴蜀大弘佛法。在教外，官员、贵族、士绅多有扶持和资助，平民百姓多有崇信和供养。开山创寺、迎请僧尼、诵经镌像、过佛教节日等也成为巴蜀各地的普遍现象。佛教渐渐争取到了大量信众，地盘扩展更是惊人。四川佛教的本土特色也逐步形成并得到适当展示。

在两晋南北朝，佛教始大规模传入四川，并在发展过程中呈现出两个明显特征：外来僧侣的影响非常明显；随着时间推移，本土僧侣有感于闻见狭陋而纷纷出省求学，有的学成归来又在巴蜀弘传新的佛教思想，从而给当地佛教发展以有力推动。由于四川佛教与外省佛教，特别是凉州、荆州、建康等地相比差距较大，因此，僧侣又在传教过程中创造出许多方法方式导民入教。信众一多，又为佛教的迅速传播奠定了基础。

一、四川佛教传播的三个来源

纵观两晋南北朝，向四川传播佛教的力量主要来自三个方向：一个是西北方向的凉州等地，一个是正北方向的长安，再一个是正东方向、处在长江中下游的荆州、建康。

以凉州为中心的西北地区处于佛教起源地天竺（古印度）与中国的交通要道上，而西域很早就盛行佛教，流风所及，"凉州自张轨后，世信佛教，敦

---

① 何志国：《"早期佛教造像南传系统"中日学术研讨会述评》，《东南文化》1991年第6期。

煌地接西域，道俗交得其旧式，村坞相属，多有塔寺"①。后凉州等地僧人源源不断地南下。东晋时有凉州僧释贤护来止广汉阎兴寺，习禅定为业，兼善律行，卒于东晋隆安五年（401）。②高昌僧释法绪，德行清谨，疏食修禅。"后入蜀，于刘师冢间头陀山谷，虎兕不伤。诵《法华》《维摩》《金光明》。常处石室中，且禅且诵，盛夏于室中舍命。"③宋文帝元嘉十四年（437），从天竺求法归来的智猛由凉州入蜀，元嘉末年卒于成都。④凉州僧法成，"十六出家，学通经律。不饵五谷，唯食松脂，隐居岩穴，习禅为务。元嘉中东海王怀素出守巴西，闻风遣迎会于涪城。夏坐讲律，事竟辞反。因停广汉，复弘禅法。后小疾便告众云。成常诵《宝积经》，于是自力诵之"。入蜀后相继在涪城、广汉传授禅法，后卒于广汉。⑤又有敦煌僧人道法至成都，被佛教信徒迎请为兴乐、香积二寺主，宋后废帝元徽二年（474），卒于成都。他的传法特点是："专精禅业，亦时行神咒"，"乞食所得，常减其分以施虫鸟。每夕辄脱衣露座，以饴蚊虻，如此者累年"⑥。大体上来说，凉州僧多是禅僧，来蜀传的也多是禅法，这与长安、建康来的僧人多传义学不同。

又由于四川位处西北至长江中下游的中间地带，而南朝时，政治、经济、文化、佛教中心是京城建康，因而从西域、天竺来的僧人多经由巴蜀而赴建康，四川仅是其中转站。如罽宾僧人昙摩蜜多经龟兹、敦煌、凉州，于宋元嘉元年（424）辗转至蜀，俄尔出峡，止荆州长沙寺。⑦西域僧人畺良耶舍以禅门专业，曾译出《观无量寿经》。元嘉十九年（442），他从建康、江陵出发西游

---

① 《魏书·释老志》，百衲本《二十五史》第3册，浙江古籍出版社1998年影印本，第416页。
② （梁）慧皎：《高僧传》卷十一《释贤护传》，苏渊雷、高振农选辑《佛教要籍选刊》第12册，上海古籍出版社1994年版，第423页。
③ （梁）慧皎：《高僧传》卷十一《释法绪传》，苏渊雷、高振农选辑《佛教要籍选刊》第12册，上海古籍出版社1994年版，第423页。
④ （梁）慧皎：《高僧传》卷三《释智猛传》，苏渊雷、高振农选辑《佛教要籍选刊》第12册，上海古籍出版社1994年版，第370页。
⑤ （梁）慧皎：《高僧传》卷十一《释法成传》，苏渊雷、高振农选辑《佛教要籍选刊》第12册，上海古籍出版社1994年版，第426页。
⑥ （梁）慧皎：《高僧传》卷十一《释道法传》，苏渊雷、高振农选辑《佛教要籍选刊》第12册，上海古籍出版社1994年版，第426页。
⑦ （梁）慧皎：《高僧传》卷三《昙摩蜜多传》，苏渊雷、高振农选辑《佛教要籍选刊》第12册，上海古籍出版社1994年版，第369页。

岷蜀，处处弘道，禅学成群，在四川住五年以上，后还江陵。①康居僧人明达以梁天监初年（502）至蜀，化行巴峡蛮夷，使江路肃清。又在汶中、梓州牛头山化行，并于牛头山创修堂宇，架塔九层，"故化行楚蜀，德服如风之偃朴〔扑〕也。故使三蜀岷流或执炉请供者，或散花布衣者，或舍俗归忏者，或剪落从法者，日积岁积，又不可纪。以天监十五年（516）随始兴王萧憺还荆州，冬十二月终于江陵"②。

释玄续，俗姓桑，蜀郡成都人。出家既久，经纶道业，涅槃成实所学之宗，常讲《法华经》，导引蒙晓。且通达外书，精工草隶书法。尝为宝园寺制碑铭，中有弹老庄曰："老称圣者，庄号哲人，持萤比日，用岳方尘。""后疾甚召僧，集已罄舍都尽，曰：生死常耳，愿各早为津济。其夜命终。"③

"释法进，不知氏族，住益州绵竹县响应山玉女寺。为辉禅师弟子，后于定法师所受十戒。恭谨精诚，谦恪为务，惟业坐禅。寺后竹林，常于彼坐，有四老虎绕于左右。开皇中，蜀王秀临益州，妃患心腹，诸治不损。蜀王请法进为妃治疗，法进径入妃堂，见进流汗，因尔除差。施绢五百段纳衣袈裟什物等。进令王妃，以水盥手，执物咒愿。总用回入法聚寺基业，即辞还山。大业十三年（617）正月八日终此山中，龙吟猿叫，谊寺三日。"④

"释慧熙，益州成都人。童稚出家，善明篇韵，文笔所趣，宛而成章。与绵州震响寺荣智齐名，俱为沙弥，卓异翘秀。后与成都大石寺沙弥道微，连韵赋诗。年登受具，周闻经律，摄论杂心，精搜至理，尤耽三论，是所观门。晚住州南空慧寺，立性孤贞，不群诸偶，弊于食息，专想虚玄，一坐掩关，二十余日。由是迄今，将三十载。""一身独立，不畜侍人。一食而止，不受人施。有讲便听。夜宿本房，但坐床心两头尘合。自余房地，惟有一踪。余并莓苔，青絮衣服弊恶，仅免遮羞。冬则加纳，夏则布衣，以冬破纳悬置梁上。"

---

① （梁）慧皎：《高僧传》卷三《畺良耶舍传》，苏渊雷、高振农选辑《佛教要籍选刊》第12册，上海古籍出版社1994年版，第370页。
② （唐）道宣：《续高僧传》卷二九《释明达传》，苏渊雷、高振农选辑《佛教要籍选刊》第12册，上海古籍出版社1994年版，第717页。
③ （唐）道宣：《续高僧传》卷一三《释玄续传》，苏渊雷、高振农选辑《佛教要籍选刊》第12册，上海古籍出版社1994年版，第557页。
④ （唐）道宣：《续高僧传》卷一八《释法进传》，苏渊雷、高振农选辑《佛教要籍选刊》第12册，上海古籍出版社1994年版，第602页。

年九十卒。①

　　从东方进入四川的僧人也源源不断。文献中记载僧人法和就是从湖北新野入蜀的。法和是北方名僧道安的弟子。继法和之后，道安另有两个弟子慧持、昙翼也先后来蜀传法，特别是慧持，可说是东晋时四川佛教中名气最大者。慧持为慧远之弟，少聪敏，能通经史，有文才，年十八与兄慧远同依止道安出家。遍学三藏，并及外典，兼善老庄易史，谈玄之次寄言洗理。后与兄共入庐山。因故曾至京师建康（南京），住东安寺，颇见重于晋卫军琅琊王司马珣。时僧伽罗叉善诵四阿含，王乃请出中阿含，令师特为校文详定。后还山，讲说《法华经》《阿毗昙论》。晋隆安三年（399），闻巴蜀有峨眉之胜，意欲观瞻，遂西行至成都，住在龙渊寺，大力弘扬佛法，受到四方人士的钦慕。在当时，僧人慧岩、僧慕，已先在岷蜀，受到当地人的尊敬，待慧持入主龙渊寺后，"大弘佛法，并络四方，慕德成侣"，益州刺史毛璩、蜀中高僧、平民信徒皆"望风推服，有升持堂者，皆号登龙门"。义熙八年（412）圆寂，世寿七十六。临终时遗命弟子曰："戒如平地，众善由生。"②

　　南齐恭王延兴元年（494），又有高、何二僧自明州象山入蜀，止于临邛四明山，披榛薙草而建鹤林寺。"梁武帝时建康僧人慧韶入蜀，止于龙渊寺。释慧韶，性恬虚寡嗜欲，沉毅少言。童幼早孤，依兄而长。悌友之至，闻于闾阎。十二厌世出家，具戒便游京杨，听庄严旻公讲释成论，才得两遍记注略尽。时梁武陵王出镇庸蜀，闻彼多参义学，便邀之至蜀。""于诸寺讲论，开道如川流。当于龙渊寺披讲将讫，静坐房中感见一神，青衣帢服，致敬曰：愿法师常在此弘法，当相拥卫，言讫而隐。遂接席数遍，清悟繁结。昔在杨都尝苦气疾，缀虑恒动。及至蜀讲，众病皆除。识者以为寺神之所护矣。于时成都法席恒并置三四，法鼓齐振，竞敞玄门。而韶听徒济济，莫斯为盛。又率诸听侣，讽诵《涅槃大品》，人各一卷，合而成部，年恒数集，伦次诵之……武陵布政于蜀，每述大乘及三藏等论，沙门宝象保该智空等，并后进峰岫，参预撰集，勒卷既成。王赐钱十万，即于龙渊寺分赡学徒，频教令掌僧

---

① （唐）道宣：《续高僧传》卷二〇《释慧熙传》，苏渊雷、高振农选辑《佛教要籍选刊》第12册，上海古籍出版社1994年版，第620页。
② （梁）慧皎：《高僧传》卷六《释慧持传》，苏渊雷、高振农选辑《佛教要籍选刊》第12册，上海古籍出版社1994年版，第388页。

都，苦辞不受。"①

从东方入川的高僧除一部分是自发前来的外，还有一部分是诸王出镇巴蜀时带来的，如前述的僧侯、僧副等。这些僧人学识、名望很高，入川后对四川佛教的普及有极大的作用。

南北朝时，南北双方不断争战，僧人或北上或南下。但从两晋到南北朝，南下僧人大大多于北上僧人，而后者多半出现在后来出外求法的川籍僧人身上。刘宋初，长安县弘法师"迁流岷蜀，道洽成都"②。北方僧入蜀在西魏袭取巴蜀和荆州后很普遍。犍陀罗僧人阇那崛多到长安，住草堂寺，周武帝天和中，宇文俭为益州总管镇蜀时，便带阇氏入蜀。阇氏不仅出任益州僧主，还在成都龙渊寺译出《种种杂咒》一卷、《佛语经》一卷、《妙法莲花经·普门品·重说偈》一卷，这是四川最早的译经活动之一。

二、不同派别的佛教思想先后传入巴蜀

从地域上划分，四川佛教在西晋南北朝时期主要集中在两个区域，一个是位于川西北高原的吐谷浑，一个是以成都为中心的三蜀之地。前者将在藏传佛教的有关章节述及，这里略过不论。需指出的是，由于吐谷浑是少数民族政权，加上该地争战、政权交替频繁，因此佛教的传播程度及存续时间不及四川盆地的蜀区，而且还因吐谷浑势力被逐出而一度急剧衰退，直至11世纪后又才再兴。

佛教在其发展和在华传播过程中，不断衍生出新的思想和派别，各种学说亦相继传入四川。今举其大者申述之。

东晋时，法和、慧持把北方很有影响的学说，即佛图澄—道安系涅槃学带进四川。慧持死后，弟子道泓、昙兰继其法门。刘宋中期，释道汪由庐山来蜀，又把江南最负盛名的庐山慧远思想传播到四川。道汪由庐山经梁州入蜀，"道为羌贼所围，垂失衣钵。汪与弟子数人，誓心共念观世音，有顷觉如云雾者覆汪等身，群盗推索不见，于是获免"。旋于成都，征士费文渊初从受业。"乃立寺于州城西北，名曰祇洹，化行巴蜀，誉洽朝野。"深得蜀中道俗敬

---

① （唐）道宣：《续高僧传》卷六《释慧韶传》，苏渊雷、高振农选辑《佛教要籍选刊》第12册，上海古籍出版社1994年版，第497页。
② （梁）慧皎：《高僧传》卷一〇《释玄高传》，苏渊雷、高振农选辑《佛教要籍选刊》第12册，上海古籍出版社1994年版，第424页。

重,为历任益州刺史所推服,连孝武帝亦下诏召道汪进京城作中兴寺主。①

随着僧尼的增多,各学说不断传入,四川僧人在学习钻研中发现,传入的佛教学说还不完备,刘宋时的释法琳就是这样的僧人。释法琳是晋原临邛(今四川崇州)人,出家后住蜀郡裴寺。"专好戒品,研心《十诵》,常恨蜀中无好宗师。"戒品即指戒律,从佛教经典分类来说,律藏与经、论鼎足而三;从佛教义学来看,律学也是一大学问;从宗教行持看,戒与定、慧同称"三学";而从宗教组织(僧团)来看,戒律是捍卫僧团僧格的基石。释法琳对"好宗师"的渴盼,正说明四川佛教发展处于起飞阶段。不久,"隐公至蜀,琳乃克己握锥,以日兼夜。及隐还陕西,复随从数载,诸部毗尼,洞尽心曲"②。隐公即释僧隐,曾于刘宋元嘉时"西游巴蜀,专任弘通"。僧隐是秦州陇西人,八岁出家,"常游心律苑,妙通《十诵》",后师从"禅慧双开"的玄高法师,"学尽禅门,深解律要"③。释法琳学成归来,住灵建寺,"益部僧尼,无不宗奉"④。

刘宋孝武帝时还出了个律学大家,这就是释智称。"释智称,姓裴,本河东闻喜(今山西闻喜)人,魏冀州刺史征之后也,祖世避难,寓居京口……宋孝武时,迎益州仰禅师下都供养,称便来意归依,仰亦厚相将接,及仰反汶江,因扈游而上,于蜀裴寺出家,仰为之师,时年三十有六。乃专精律部,大明《十诵》,又诵《小品》一部。"⑤后智称东下江陵、京师,先后拜多个名家为师。他撰写的《十诵义记》八卷,盛行于世。

由上可知,在四川弘传的戒律是《十诵》,这与中国其他地方差不多。因为佛教在印度发展到部派佛教时期,律藏也相继分成了五部,这就是通常称的《四分律》《十诵律》《五分律》《僧祇律》及未传入中国的"一部律"(迦

---

① (梁)慧皎:《高僧传》卷六《释道汪传》,苏渊雷、高振农选辑《佛教要籍选刊》第12册,上海古籍出版社1994年版,第398页。
② (梁)慧皎:《高僧传》卷一一《释法琳传》,苏渊雷、高振农选辑《佛教要籍选刊》第12册,上海古籍出版社1994年版,第429页。
③ (梁)慧皎:《高僧传》卷一一《释僧隐传》,苏渊雷、高振农选辑《佛教要籍选刊》第12册,上海古籍出版社1994年版,第428页。
④ (梁)慧皎:《高僧传》卷一一《释法琳传》,苏渊雷、高振农选辑《佛教要籍选刊》第12册,上海古籍出版社1994年版,第429页。
⑤ (梁)慧皎:《高僧传》卷一一《释智称传》,苏渊雷、高振农选辑《佛教要籍选刊》第12册,上海古籍出版社1994年版,第429页。

叶遗部）。但是，在南朝所传律学中，却有冷热不同，"自大教东传，五部皆度……而《十诵》一本，最胜东国"①。《十诵》在南方盛传，与智称的开创性成就分不开："法师之于《十诵》也，始自吴兴，迄于建业，四十有余讲，撰《义记》八篇，约言示制，学者传述，以为妙绝古今。"②智称三十六岁在蜀出家，而速成为律学巨匠，也可谓大器晚成。

在南北朝，对四川佛教影响最大的思想有两种，一种是《成实论》思想，一种是有关禅法的思想和实践。前者主要是川僧从南朝京城建康学来的，后者主要是北方禅僧南下授法的结果。

在四川传播"成实论"思想的大多是当时名僧，其影响很大。个中原因有二，一是这些川中名僧所师从均为当时名满天下的成实大师；二是《成实论》融合的小大乘思想（《成实论》有"小乘空宗"之称）在当时很流行。齐梁时，有释宝渊，俗姓陈，巴西阆中人。年二十三，于成都出家，居成都罗天官寺，"欲学《成实论》，为弘通之主"。齐建武元年（494）住龙光寺，先后师从《成实论》大师僧曼、智藏学习了几年，并"广写疏义……后带帙西返，还住旧寺，标定义府，道俗怀钦。于是论筵频建，听众数百"③。

到萧梁后期，并出两个《成实论》名僧，释宝海与释智方。释宝海，俗姓龚，巴西阆中人。少出家有远志，承杨都佛法崇盛，便决誓下峡。既至金陵（今南京），依云法师听习成实，旁经诸席，亟发清誉。于时梁高重法，自讲涅槃。命海论佛性义，便升论榻。"及后还蜀，住成都谢镇寺，大弘讲肆。武陵王纪作镇井络，敬爱无已，每就海宿清谈玄理，乃忘昼夜。"时年八十，谓门人法明曰："吾死至矣，一无前虑，但悲去后，图塔湮灭耳，当露尸以遗鸟狩。"及建武之年，果被除屏，院宇荒芜，惟余一堂，容像存焉。④

与宝海同往金陵的资中人释智方，童稚出家，止州廓龙渊寺轮法师所。早与宝海周旋，同往杨都云法师讲下，学得《成实论》。智方比宝海更善言辞，

---

① （梁）慧皎：《高僧传》卷一一，苏渊雷、高振农选辑《佛教要籍选刊》第12册，上海古籍出版社1994年版，第430页。
② （唐）道宣：《广弘明集》卷二三《南齐安乐寺律师智称法师行状》，苏渊雷、高振农选辑《佛教要籍选刊》第3册，上海古籍出版社1994年版，第1025页。
③ （唐）道宣：《续高僧传》卷九《释宝渊传》，苏渊雷、高振农选辑《佛教要籍选刊》第12册，上海古籍出版社1994年版，第500页。
④ （唐）道宣：《续高僧传》卷六《释宝海传》，苏渊雷、高振农选辑《佛教要籍选刊》第12册，上海古籍出版社1994年版，第518页。

在梁都就有声名,"机辩爽利,播名扬越,每讲商略,词义清雅泉飞,故使士俗执纸抄撮者常数百人"。智方在川内弘扬佛教,至九十余岁卒于成都。①

与僧人阐发义学相比,四川佛教在两晋南北朝时更为突出的是对禅法的传承、弘扬。尽管有南朝"江东佛法,弘重义门,至于禅法,盖蔑如也"②的评价,但禅法在四川的传布和受欢迎的程度大大高于建康佛教。东晋末刘宋初,禅法一度盛行于建康、江陵和蜀郡。蜀中传禅法的僧人甚多,这与上述的北来僧人有关,如法成、慧览、道法都是北人。从刘宋末到陈朝,南朝偏重义学已成大趋势,建康几不闻禅法,唯荆州、蜀郡有行禅法者。从传承关系看,在蜀传播的禅法主要有以下几系:

传佛陀跋陀罗禅法的,有昙弘、慧览、玄高的弟子玄畅、僧隐、玄畅的弟子法期、僧隐的弟子法琳、智称。其中,僧隐、法琳、智称就是前面提到的在川传布律学的僧人。

在此仅略述玄畅、法期师徒的情况。"释玄畅,姓赵,河西金城人。少时家门为胡虏所灭……往凉州出家。"后遇著名禅师玄高,事为弟子,"洞晓经律,深入禅要,占记吉凶,靡不诚验。坟典子氏,多所该涉。至于世伎杂能,罕不必备"。玄畅在义学上也有所崭露,最早解释传讲《华严经》大部,"又善于《三论》,为学者之宗,宋文帝深加叹重,请为太子师"。玄畅在"宋之季年,乃飞舟远举,西适成都。初止大石寺,乃手画作金刚密迹等十六神像。至升明三年(479),又游西界,观瞩岷岭。乃于岷山郡北部广阳县界见齐后山,遂有终焉之志。仍倚岩傍谷,结草为庵",后建齐兴寺。后召还京师,卒于灵根寺。③

玄畅的弟子法期,姓向,蜀郡阆人,十四岁出家,先与灵期寺法林从智猛习禅法,后遇玄畅,复从进业,"十住观门,所得已九。有师子奋迅三昧,唯此未尽。畅叹曰:'吾自西至流沙,北履幽漠,东探禹穴,南尽衡罗。唯见此一子,特有禅分'"。可见法期禅法境界甚高。后法期随师下江陵,卒于长

---

① (唐)道宣:《续高僧传》卷九《释智方传》,苏渊雷、高振农选辑《佛教要籍选刊》第12册,上海古籍出版社1994年版,第500页。
② (唐)道宣:《续高僧传》卷一七《释慧思传》,苏渊雷、高振农选辑《佛教要籍选刊》第12册,上海古籍出版社1994年版,第589页。
③ (梁)慧皎:《高僧传》卷八《释玄畅传》,苏渊雷、高振农选辑《佛教要籍选刊》第12册,上海古籍出版社1994年版,第404页。

沙寺。①

传洛阳勒拿摩提禅法的有僧渊。释僧渊，俗姓李，广汉郡（今四川三台）人。"家本巨富，为巴蜀所称。自少至长，志干殊人。年十八，身长七尺，其父异之，命令出家，即而剃落住城西康兴寺。博寻人法，访无远迩。奉戒守素，大布为衣，瓶钵之外，无所蓄积。与同寺毅法师交游，二人即蜀郡僧中英杰者。相随入京（即长安），博采新异。有陟岵寺沙门僧实者，禅道幽深，帝王所重。便依学定，豁尔知津。后因北周周武帝灭佛，二人一同回蜀仍住康兴寺"，"渊、毅二师并为物轨，晨夕问法，无亏遗寄"。"又以锦水江波没溺者众，便于南路欲架飞桥，则扣此机众事咸集。昔诸葛武侯指二江内，造七星桥，造三铁鐏，长八九尺径三尺许，人号铁枪，拟打桥柱。用讫投江，顷便祈祷，方为出水。渊造新桥，将行竖柱，其鐏自然浮水，来至桥津。及桥成也，又自投水，道俗歌谣于今逸耳。"②

传嵩山菩提达摩禅法的有僧副。僧副因仰慕四川峨眉名胜而随西昌侯萧渊藻入蜀，是太原祁县人士，后"裹粮寻师，访所不逮。有达摩禅师，善明观行，循扰岩穴，言问深博，遂从而出家"。僧副入蜀后，"虽途经九折，无忘三念，又以少好经籍，执卷缄默，动移晨昏，遂使庸蜀禅法自此大行"③。可见，僧副传法很独特。但《续高僧传》作者道宣所写最后一句话有溢美之嫌。因为，禅法盛行四川早在僧副入蜀之前。再从史籍看，他之后四川禅师已无知名者了。

除以上有明显传承关系的禅师外，四川还有许多知名禅师，如僧生、法成、道法、普恒、贤护、法绪等。

三、巴蜀佛教风气的转变

先是吸收，次是主动求教，再则阐发己解，四川佛教义学的逐渐成长就经历了上述阶段。并且在梁、周时期便获得了外地好评，进而，蜀中高僧亦有向

---

① （梁）慧皎：《高僧传》卷一一《法期传》，苏渊雷、高振农选辑《佛教要籍选刊》第12册，上海古籍出版社1994年版，第426页。
② （唐）道宣：《续高僧传》卷一八《释僧渊传》，苏渊雷、高振农选辑《佛教要籍选刊》第12册，上海古籍出版社1994年版，第600页。
③ （唐）道宣：《续高僧传》卷一六《释僧副传》，苏渊雷、高振农选辑《佛教要籍选刊》第12册，上海古籍出版社1994年版，第576页。

外输出的情况发生。

川僧或北上或东下，虚心拜师求法。前述梁时释宝海与智方就属于东下建康求法的事例，僧渊属北上学法的例子。为什么川僧要出外？因为四川与长安、洛阳、建康相比落后了。第一种情况是：感到蜀中没有学养高的僧人。如刘宋时释法琳"常恨蜀中无师宗"，后遇律学大师僧隐便追随他到陕西学了几年。第二种情况是：感到蜀中没有或缺乏纯正成熟的佛教思想。如释宝渊于成都出家后，觉得"州乡术浅，不惬凭怀。齐建武元年下都住龙光寺，从僧旻法师禀受《五聚》，经涉数载，义颇染神"。第三种情况是：到佛教活动中心去学习最新思想。如释宝海"有远志，承扬都佛法崇盛，便决誓下峡，既至金陵，依云法师听习《成实》，旁经诸席"。智方亦与宝海"同往扬都云法师讲下"。第四种情况是：通过向高僧拜师来证得佛教所说的最高境界。如北周时，成都人慧恭和同寺的慧远"立誓望证道果"，两人遂出川访求高僧新学。慧恭东下出峡，到长江流域的佛教中心荆（州）扬（建康）访道，而慧远则北上出关，到北方的佛教中心长安求解新知。"还益州讲授，卓尔绝群，道俗钦重，嚫施盈积。"①总之，南北朝四川佛教义学的兴盛是与四川僧人出外求学分不开的。

内外相激遂有四川佛教义学的繁盛。齐梁时，好学的四川僧人把本土义学推到了一个新高度。有的僧人义解出众，名声远扬。如南齐时蜀中巴西人释法绍就长于义学，与当时住琅琊嶘山的释法度齐名："时有沙门法绍，业行清苦，誉齐与度，学解优之，故时人号曰'北山二圣'。绍本巴西人，汝南周颙去成都，招共同下，止于山茨精舍。度与绍并为齐竟陵王子良、始安王遥光恭以师礼，资给四事"。②

在川僧求学于外、外地僧讲学于内刺激之下，四川本土也产生了义学大家。典型人物即是曾在慧韶法席下，听讲《成实论》的释宝彖。"释宝彖，姓赵氏，本安汉（今四川南充）人，后居绵州昌隆之苏溪焉……初为道士童子，未学佛法……因见佛经，欣其文名，重其义旨，就检读诵……年二十有四方得出家，即受具戒。先听律典，首尾数年，略通持犯。回听《成实》，传授忘倦，不吝私

---

① （唐）道宣：《续高僧传》卷二八《释慧恭传》，苏渊雷、高振农选辑《佛教要籍选刊》第12册，上海古籍出版社1994年版，第712页。
② （梁）慧皎：《高僧传》卷八《释法度传》，苏渊雷、高振农选辑《佛教要籍选刊》第12册，上海古籍出版社1994年版，第407页。

记，须便辄给。研心所指，科科别致。末又听韶法师讲，偏穷旨趣。"基础打好了，释宝象运用多种手段不同方法广传佛法。武陵王于龙渊寺摩诃堂令释宝象讲《观音经》，释宝象"初未缀心，本无文疏，始役情慧，抽帖句理，词义洞合，听者盈席"。释宝象的讲义被集成小册子，广传于世。他回到涪川后，"开化道俗，外典、佛经相续训导，引邪归正，十室而九，又钞集医方，疗诸疾苦"，但这与他弘扬纯正佛法的本意还有一段距离："虽道张井络，风播岷峨，而志意颓然，唯在通于正法。"见《大集》一经未弘蜀境，便"欲为疏记，使后学有归，乃付著经律，就山修缵"。时益州武担寺僧宝愿最初请讲，大众云集，闻所未闻，莫不叹悦。"又属僧崖菩萨出世，为造经本，因而传持至今不绝。故宝坊一学，曲被江南。"又制《法华经》《涅槃经》等疏本，省繁易解，广泛流传。五十岁时因感风疾，释宝象卒于潼州光兴寺（即绵州大振响寺）。①释宝象注疏经本可看作四川佛教发展到新阶段的标志：结束了四川佛教单纯输入、被动宣讲的历史，开始了义解、弘通的新阶段。

释植相，姓郝氏，梓橦涪人。当任巴西郡吏，太守郑贞令相赍献物下杨都，见梁祖王公崇敬三宝，便愿出家。"自出家后，专习苦行，正心佛理。时齐梁国运渐衰，涪土军动。与宝象法师分飞异域，宝象入静林山，植相入青城山，聚徒集业。未暇便感重疾，知命不救，俨然迁化。""其山四面獠民，见其坐亡，皆来叹异，礼拜供养，改俗行善。"②

北周时四川出了个有经国之量的僧人释亡名。释亡名本是荆州南郡人，为本地望族。早年在梁元帝萧绎府中任职。西魏占领荆州后，亡名即逃难岷蜀，出家为僧。"初投兑禅师，兑亦定慧澄明，声流关邺。名乃三业依凭，四仪恭仰，纯假于禅诵，兴著虑于篇什。"后北周据有四川，少保蜀国公宇文俊入蜀后对释亡名相当敬重。周明帝武成初年齐王宪入蜀后，也敬重释亡名。齐王宪任满回长安，带释亡名入朝，"帝劳遗既深，处为夏州三藏（僧官）"。朝廷见释亡名文翰可观，器宇有经国之量，欲征调其入朝任职，但释亡名固辞不应，终生为僧。释亡名著有《至道论》《淳德论》《遣执论》《去是非论》《影喻论》《修空论》《不杀论》等，皆为传教劝善之作，又"有集十卷，盛

---

① （唐）道宣：《续高僧传》卷八《释宝象传》，苏渊雷、高振农选辑《佛教要籍选刊》第12册，上海古籍出版社1994年版，第512页。
② （唐）道宣：《续高僧传》卷二五《释植相传》，苏渊雷、高振农选辑《佛教要籍选刊》第12册，上海古籍出版社1994年版，第720页。

重于世"①。

释法建，俗姓朱氏，广汉雒县人。"以持诵经论闻名当时，诵经一千卷。时魏遣将军尉迟迥来伐蜀，惊疑不信，乃设高座，令诸僧众并执本逐听。""法建登座为诵，或似急流之注峻壑，其吐纳音句呼噏气息，或类清风之入高松，聪明者才似闻余音，情疏意逸者空望尘躅。七日七夜，数已满千，犹故不止。"迥既出叹息曰："自如来寂灭之后，阿难号为总持，岂能过此。蜀中乃有如此人，所以常保安乐。"②

释法泰，俗姓吕氏，眉州隆山县人。"初为道士十余年，中间忽自悟，因即剃除。始诵《法华经》，寻即通利。乃精勤写得《法华经》一部，数有灵瑞。欲将向益州庄潢，以檀香为轴，表带及帙并函，将还本寺别处安置，夜夜有异香。"③

释道积，蜀人，住成都福成寺。"诵通《涅槃》，生常恒业。凡有宣述，必洗涤身秽，净衣法座，然后开之。立性沉审，慈仁总务，诸有厉疾洞烂者，其气弥复郁勃，众咸掩鼻，而积与之供给。身心无贰，或同器食，或为补浣。"唐太宗贞观初年（627）五月终于福成寺，年寿七十余。④

释宝琼，益州绵竹人。"小年出家，清贞俭素，读诵大品，两日一遍。历游邑洛，无他方术，但劝信向尊敬佛法。晚住成都福寿寺，组织诵经会。每结一邑必三十人，合诵大品，人别一卷。月营斋集，各依次诵，如此义邑，乃盈千计。""四远闻者皆来造款，琼乘机授化，望风靡服。而卑弱自持，先人后德。"可见影响甚大。"时既创开释化，皆授菩萨戒焉。县令高远者，素有诚敬，承风敷导。更于州寺召僧弘讲，合境倾味，自此而繁。"贞观八年（634），终于所住州寺。⑤

释僧晃，俗姓冯氏，绵州涪城南昌人。"形长八尺，颜貌都伟，威容整

---

① （唐）道宣：《续高僧传》卷七《释亡名传》，苏渊雷、高振农选辑《佛教要籍选刊》第12册，上海古籍出版社1994年版，第507页。
② （唐）道宣：《续高僧传》卷二八《释法建传》，苏渊雷、高振农选辑《佛教要籍选刊》第12册，上海古籍出版社1994年版，第712页。
③ （唐）道宣：《续高僧传》卷二八《释法泰传》，苏渊雷、高振农选辑《佛教要籍选刊》第12册，上海古籍出版社1994年版，第712页。
④ （唐）道宣：《续高僧传》卷二八《释道积传》，苏渊雷、高振农选辑《佛教要籍选刊》第12册，上海古籍出版社1994年版，第713页。
⑤ （唐）道宣：《续高僧传》卷二八《释宝琼传》，苏渊雷、高振农选辑《佛教要籍选刊》第12册，上海古籍出版社1994年版，第714页。

肃，动中规矩，声气雄亮，志略宏远，故使岷巴领袖咸所推仰。晃然厌俗，欣慕出家，私即立名为僧晃。依宝象法师出家受业，学通大小，夙夜匪懈。又于昙相禅师禀受心法，观道圆净由此弥开。又于开禅师方等行道，洞入时伦无与相映。既而遐迩讽德，声闻天庭，武帝下敕，延于明德殿。""言议开阐，弥遂圣心，乃授本州三藏。大隋启祚，面委僧正，匡御本邑。而刚决方正，赏罚严平，绵益钦风，贵贱攸奉，前后州主十有余人，皆授戒香，断恶行善。开皇十五年（595），又于寺中置头陀众。僧事蠲免，以引堕者。仁寿（601～604）以后，重率寺众共转藏经，周而复始，初不断绝。"武德初年（618）终于所住振向寺，享年八十五。[①]

释慧震，俗姓庞，住梓州通泉寺。身长八尺，精通佛法三论。他常常弘扬三论，来听他讲经的僧人有上百人。"福力所被，蜀部遥推。"一次，释慧震在讲经时，突然在高座上沉思起来，好似看见一个人对他说："西山头很适合造一尊大佛像。"等释慧震惊觉，他随即带着众人去西山查找该地。释慧震找到了一处两边清泉流淌，颇为安静的所在。于是，释慧震让工匠在此开始凿石，建造佛像，佛像高一百三十尺，贞观八年（634）建成。建成那日，百姓从四处涌来，道俗共有三万人共同庆贺佛像完工。当时，佛像的口中放射出了巨大的白光，远近人等都目睹了。释慧震预知辞世的时间，手执香炉绕卢舍那三圈，并在佛像前跪拜，秉持正念，已然逝世，终年六十六岁。"兄弟三人各舍五十万，于墓所作僧德施及以悲田，作石塔高五丈，龛安绳床，扶尸置上，经百余日犹不委仆，道俗万余悲凉相送。"[②]

释僧林，深有德素，行善及济动物。"梁大同年间入蜀至潼州，城西北百四十里有豆圌山，上有神祠，士民敬之，每往祭谒。林往居之，禅默累日。""忽有大蟒，萦绳床前，举头如揖让者。林为授三归，受已便去。因尔安帖，卒无灾异。其山北涪水之阳，素来无猿。自林栖托已来，便有两头依林而住。有初见者云度水来，及后林出山门，猿还洄度。如此非一，年月淹久，孚乳产生，乃有数十。有时送林至龙门口，伫望而返。后往赤水岩故寺中，屋宇并摧，止有丛林，便即露坐。有虎蹲于林前，低目视林。乃为说法，良久便

[①] （唐）道宣：《续高僧传》卷二九《释僧晃传》，苏渊雷、高振农选辑《佛教要籍选刊》第12册，上海古籍出版社1994年版，第720页。

[②] （唐）道宣：《续高僧传》卷二九《释慧震传》，苏渊雷、高振农选辑《佛教要籍选刊》第12册，上海古籍出版社1994年版，第720页。

去。尔后孤游雄悍，不避恶狩。常行仁济，感化极多。"①

四川佛教从刘宋重禅法到齐梁阐义学的转变，正是佛教深入四川士民中间的表现，从东晋外来僧讲经宏论到齐梁本土僧传教制疏的发展，表明佛教已从"化四川"逐渐变为"四川化"。义学繁盛和禅法传承不绝，同时成为两晋南北朝四川佛教的两大特色，对后世的四川佛教也发挥了潜在的影响。

北朝、南朝大多数帝王都是佞佛的，但也发生过多次整治佛教的事件。最为惨烈的灭佛事件是"二武"法难，即北魏太武帝灭佛、北周武帝灭佛。前者对四川佛教有何影响，史籍少有反映。而后者与四川佛教关联甚大，因为灭佛的煽动者是益州人、还俗僧卫元嵩，灭佛过程中昂然护法最著名者也是益州人释智炫。

北周武帝（561~578）宇文邕即位之初，像大多数北朝的帝王一样，是热心扶持佛教的。后遇洞晓星历的道士张宾，态度大变，对儒、释、道三教的先后秩序、是否灭佛等问题，周武帝相继下了几道诏书，并且召开多次大规模的御前会议反复讨论。儒、释、道三教争论，几次议而不决，后在卫元嵩与张宾的极力煽动下，武帝终于下敕灭佛。"释卫元嵩，益州成都人，少出家，为亡名法师弟子"，明阴阳历数，素有抱负，曾对兄表白："蜀土狭小，不足展怀，欲游上京，欲国士抗对。"并从其师的意思，以"佯狂"作为获得声名的捷径。"乃佯狂漫走，触物搞咏，周历二十余年。"释亡名北上长安后，卫元嵩不久也易俗服入关，交游权贵。天和二年（567），卫元嵩上书请省寺减僧，所持立场近似儒家："唐、虞之化，无浮图以治国而国得安。齐梁之时，有寺舍以化民而民不立者，未合道也。若言民怀不由寺舍，国治岂在浮图？但教民合道耳。"以治道和追慕古代帝王为说辞，自然投合周武帝的心意。"周祖纳其言，又与道士张宾密加扇惑，帝信而不猜，但行屏削。"②

周武帝建德三年（574）五月，始议毁法。正是在这次会上，成都僧智炫挺身而出。"释智炫者，益州成都人也。俗姓徐氏……少小出家，入京听学数年，遂擅名京洛，学众推崇。"释智炫是京城名僧，学识又高，且善言辞，这为他御前会议辩论获胜打下了良好基础。"会周武帝废佛法，欲存道教，乃下诏集诸僧、道士，试取优长者留，庸浅者废。于是诏华野高僧、方岳道士、千

---

① （唐）道宣：《续高僧传》卷二五《释僧林传》，苏渊雷、高振农选辑《佛教要籍选刊》第12册，上海古籍出版社1994年版，第720页。
② （唐）道宣：《续高僧传》卷三五《释卫元嵩传》，苏渊雷、高振农选辑《佛教要籍选刊》第12册，上海古籍出版社1994年版，第683页。

里外有妖术者，大集京师，于太极殿陈设高座，帝自躬临。敕道士先登。时有道士张宾，最为首长。"几个回合下来，张宾理屈，被周武帝叫下。周武帝亲自登高座，指出佛教有"三不净"，即主不净（指释迦曾娶妻生子）、教不净（指佛教经律中有允许僧人吃三种"净肉"的规定）和众不净（指僧人有互相攻伐等错误），所以，"朕意将除之，以息虚幻；道法中无此事，朕将留之，以助国化"。智炫应声抗辩，指出道法中也有"三不净"，而且比佛教有过之无不及，并且联系皇位进行说理："犹如至尊享国，严设科条，不妨逆子、叛臣相继而出，岂以臣逆、子叛，遂欲空于大宝之位耶？大宝之位固不可以臣子叛逆而空，佛法正真，岂得以众僧犯罪而废？"周武帝听后愕然良久。智炫又以直言抵其痛处，周武帝不悦而退。明旦出敕，佛、道二教俱废。可以说，打破周武帝废佛存道的如意算盘，释智炫的辩理起了决定性作用。

周武虽然下敕废佛，但对释智炫个人仍予器重，并"许以婚姻，期以共政"。释智炫并不领情，与同学三人逃至北齐。建德六年（577）周武帝灭北齐，得释智炫，待遇弥厚，与还京师。隋文帝时，"以蜀州迥远，奥义未宣，授首西归，心荐敷畅"，居成都孝爱寺（后改名福胜寺）。后觉倦，入隐金堂三学山。年一百零二岁。不病而卒。①

四、佛教文化传入巴蜀的影响

从汉末到两晋南北朝时期，佛教作为一种新思潮和异域文化在四川地方社会的开发、进步过程中产生了重大影响。它冲破当时儒学独尊地位，使得儒、道、佛三教之间既斗争又相互渗透，为三教贯通并走向融合的发展趋势注入具体而切实的推动力。佛教又是四川地方多民族、多元文化系统形成的重要元素，同时，还是推动四川地方文化形态从封闭转向开放的一次重大进步，并作为一次较成功的过程对往后产生了持续不断的影响。

佛教作为宗教和文化，对当时四川社会的儒学、道教和民族宗教文化都产生了直接影响。如汉代墓葬出土的摇钱树树座上的佛像，表明佛教对道教、原始宗教的影响。另外，道教原尊崇无形的"道"，并无造像之事，不唯道民的靖室没有神像，就连天师"治"也不造像，其中心崇虚台只有香炉，供天师

---

① （唐）道宣：《续高僧传》卷二三《释智炫传》，苏渊雷、高振农选辑《佛教要籍选刊》第12册，上海古籍出版社1994年版，第657页。

子孙以下焚香朝礼，并不供奉神像。直至西晋武帝时，陈瑞在蜀中振兴道教，也"不奉他神，贵鲜洁"①。到南北朝时，因受佛教的影响，道教开始镌刻造像。在四川地区，道教造像约始于北周时期，至隋唐时期才日益兴盛。佛教之于道教影响还表现在四川地方道教早期造像中，或道、释合龛；或形式上模仿佛教造像，如莲台、须弥座、背光、乐伎、飞天等。而且当时道教的造像也远不如佛教之宏大，无论数量、题材内容均不及佛教。又由于大批社会名士逐渐接受并参与佛教关于般若空观、涅槃佛性、因果报应等问题的讨论，佛学理论、观念开始渗透入儒学之中。

佛教传入中土，但它并非仅仅是一套思想信仰系统，传播愈久，相关的社会现象也随之产生，如建寺、修塔、制钟、造像等。这些佛教文化衍生物在民众信仰方面有时比理论更具说服力，其产生的影响更广泛、深远。

寺塔建筑。四川建寺自东汉末年始，但具体到某座寺庙，或不可信，如大邑县雾中山开化寺；或可信，如郫县中寺。据僧传谓，释惟忠"出家法定寺，本是后汉永平中佛法始流中国，便有置德净伽蓝，神光屡现。至宋释惠持，自庐阜辞远公法兄，誓化岷蜀，属谯纵不道，令数辈操刃欲屠持，持乃弹指，其众惊奔僵仆。隋开皇四年改名法定焉，寺有弥勒圣像"。"贞观中窦轨为长吏剑门，佛首光见引达于府，窦遂造佛身，长史高士廉盖殿以安之。""会昌圻寺之前，舍利七粒出相轮上，白光满空，向西飞去蜀，皆所目睹。将倒之时，赤光见于半天焉。"②

至南北朝，大江南北，上至帝室下至民间造寺成风，四川修建寺塔达到空前地步。有敕建，如会州寺。有僧尼创建，如康居僧明达在梓州牛头山创修堂宇，"欲构浮图及以精舍，不访材石，直觅匠工，道俗莫不怪其言也。于时二月水竭，即下求水，乃于水中得一长材，正堪刹柱，长短合度，金用欣然，仍引而竖焉。至四月中，涪水大溢，木流翳江，自泊村岸，无溜者。达率合皂素，通皆接取，纵横山积，创修堂宇，架塔九层。远近并力，一时缮造，役不逾时，欻然成就"③。有官员施舍，如梁鄱阳王萧恢舍葬母之所建孝爱寺。有

---

① （晋）常璩著，刘琳校注：《华阳国志校注》，成都时代出版社2007年版，第329页。
② （宋）赞宁：《宋高僧传》卷一九《释惟忠传》，苏渊雷、高振农选辑《佛教要籍选刊》第12册，上海古籍出版社1994年版，第861页。
③ （唐）道宣：《续高僧传》卷二九《释明达传》，苏渊雷、高振农选辑《佛教要籍选刊》第12册，上海古籍出版社1994年版，第717页。

士民信女请造，如河南吐谷浑慕延世子琼为著名禅僧慧览建造左军寺。①僧人多了，吃住问题如何解决、寺塔如何维持等缺乏史料说明，不过也有蛛丝马迹可寻。如南齐名僧玄畅在广阳齐后山建起齐兴寺，便有"敕蠲百户以充俸给"②。时人评述说："建寺以宅，僧尼显福门之出俗。图绘以开，依信知化主之神工。故有列寺将千，缮塔数百，前修标其华望，后进重其高奇。遂得金刹干云，四远瞻而怀敬。宝台架迥，七众望以知归。并弘道之初津，摄度之权术也。"③

法事活动。佛教传入四川，必定带来独特的佛教礼仪、戒行和法事活动。如诵经、转读（梵呗）、受戒等都是法事活动，另外还有一些特殊而显珍贵的，如铸钟。南齐时，擅长转读的昙凭"因制造铜钟，愿于未来常有八音四辩。庸蜀有铜钟，始于此也"④。南北朝还流行一种从天竺传来的仪式活动，叫"行像"，即用宝车载着佛像巡行城市街巷的仪式，在四川也有此类活动。刘宋岷山通云寺有沙门邵硕，"至四月八日，成都行像，硕于众中匍匐作狮子形"⑤。四月八日是佛诞日。这种宗教仪式自然是允许全民参与的，且逐渐融入四川民俗文化之中。

绘画造像。四川绘画历史悠久，但两晋南北朝之前其在中国并不显著、突出，直至唐代这种状况开始有改变，而两晋南北朝时期四川地方佛教绘画的兴起是这一改变、进步的基础。佛画在南朝很盛行，但在四川地方只有零星记载。如宋齐时期名僧玄畅从荆州西行成都，"初止大石寺，乃手画作《金刚密迹》等十六神像"⑥。刘宋时，僧庆在蜀城武担寺外的净名像前焚身供养。⑦

早期的四川宗教画多为道教的仙真，而这些画又多为地方画师所绘。南北

---

① （梁）慧皎：《高僧传》卷一一《释慧览传》，苏渊雷、高振农选辑《佛教要籍选刊》第12册，上海古籍出版社1994年版，第426页。

② （梁）慧皎：《高僧传》卷八《释玄畅传》，苏渊雷、高振农选辑《佛教要籍选刊》第12册，上海古籍出版社1994年版，第404页。

③ （宋）赞宁：《宋高僧传》卷二九，苏渊雷、高振农选辑《佛教要籍选刊》第12册，第725页。

④ （梁）慧皎：《高僧传》卷一三《释昙凭传》，苏渊雷、高振农选辑《佛教要籍选刊》第12册，上海古籍出版社1994年版，第441页。

⑤ （梁）慧皎：《高僧传》卷一〇《邵硕传》，苏渊雷、高振农选辑《佛教要籍选刊》第12册，上海古籍出版社1994年版，第420页。

⑥ （梁）慧皎：《高僧传》卷八《释玄畅传》，苏渊雷、高振农选辑《佛教要籍选刊》第12册，上海古籍出版社1994年版，第404页。

⑦ （梁）慧皎：《高僧传》卷一二《释僧庆传》，苏渊雷、高振农选辑《佛教要籍选刊》第12册，上海古籍出版社1994年版，第432页。

朝时期，佛教绘画渐在四川兴起，其时，四川佛画既受了江南名家的影响，又有印度画的基础，故而有此后的飞跃。

相比于佛画，佛教造像的遗存较多。除上述已叙及的出土文物及考古发现外，四川还发现了几批南北朝的佛教石刻造像。由于中国南朝石刻造像极少，所以四川出土的这些石刻造像殊为珍贵。在成都平原西部蒲江县龙拖湾的石刻造像窟群中，第十号龛上壁，有西凉李歆"嘉兴元年"（417），"张仁忠""许七忠"的题名。①在川西北的茂汶县出土有南齐武帝永明元年（483）造的无量寿佛像。②而大批石刻造像则出土于成都市西门外的万佛寺遗址。自清光绪八年（1882）首次发现到新中国成立后陆续出土，总数已达三百余件，其中包括南朝宋、梁，北周，隋、唐等历代作品。

万佛寺相传创建于东汉延熹（158～167）年间，萧梁时称安浦寺。梁武帝子、鄱阳王萧恢曾于该寺造释迦像一躯。唐称净众寺，武宗废佛时遭废毁，宣宗再建。明末，寺遭焚毁。出土石像大都残肢断头，有纪年者除最晚一件为唐宣宗大中元年（847）尊胜幢外，均在唐武宗会昌年以前，说明石像毁于会昌五年（845）并就地瘗埋。属于南朝的造像，纪年最早的一例是宋元嘉二年（425）净土变造像，但该像新中国成立前已流往国外。还有梁武帝、周武帝年号的造像。据有关专家分析，这些造像既有纯粹南方风格的，也有受北方影响的。另外，这些早期佛教造像主要建在寺院，多为单个圆雕，其后有石窟、摩崖造像兴起。摩崖造像是四川佛像的主要形式，无论摩崖还是石窟造像，主要是浮雕和线刻。至南北朝时期，四川佛像造像主像多为释迦牟尼，也有无量寿佛和弥勒佛像，在成都万佛寺出土的石刻中，还有几种经变相，如刘宋元嘉二年的《西方净土变》。由于佛像的制作均按照佛教的仪轨和印度佛像来进行，最先又多为临摹之作，四川佛像造像受印度艺术风格之影响明显可见。

梁武帝普通四年（523）释迦像发愿题记中，有"愿现在眷属安隐舍身隐形，常见佛闻法，及七世父母一切有形之类，普同此愿，早得成佛，广度一切"的句子，这反映了在梁陈之代舍身归佛的风气已从建康流播到了蜀地。又如中大通元年（529）鄱阳王世子造像、中大通五年（533）上官口光造像，

---

① 时蒲江属东晋辖境，怎会有北凉年号？对此题记解释迥异。参见林向：《蒲江龙拖湾北朝题名碑、石刻造像考察初记》，《成都文物》1986年第1期。
② 袁曙光：《四川茂汶南齐永明造像碑及有关问题》，《文物》1992年第2期。

造像题记作"敬造官（观）世菩萨一舡（躯），口口游神净土口兜率供养佛现"，把观世音菩萨与兜率净土信仰相结合，颇为罕见。①

1991年、1995年成都市商业街、西安中路分别出土石造像九件。这么多石像的雕造需要不小的财力、人力，这从另一方面反映了成都地区在南朝时的崇佛之风。石刻造像也成为四川佛教文化的一个传统在后世得到发扬光大。

第三节 隋唐时期的巴蜀佛教

佛教从各路渐次进入四川各地并扎根成长，至隋唐时，汉地佛教已呈现繁盛景象，延至五代两宋，此兴盛局面仍能持续。换言之，自隋至宋，属于四川汉地佛教发展的鼎盛期。这种局面与全国其他各地的情形大约是同步的。

但这一繁盛过程也曾出现过挫折，这就是唐武宗会昌（841~845）年间的灭佛行动。四川佛教遭受的打击虽不似中原严重，但也受到了不少的伤害。如益州之地，唯有大圣慈寺一寺得以保全，其他诸寺例皆除毁。在万佛寺遗址出土的石刻造像中，被埋尘土中的那些断头残躯述说的就是会昌法难的故事。②在彭州、资州（今资阳）的碑刻题记中都提到了会昌灭佛带来的严重灾难。③万幸的是，宣宗即位后马上兴佛，这场灾难便不再持续。而宣宗下诏兴佛重建寺庙，其中出力大者还有川僧知玄的功劳。到五代时又有一场法难，即后周显德二年（955）周世宗排佛灭佛。但这次只打击了北方的佛教，而当时的四川处于割据一方的前后蜀政权之下，没有受到影响，相反，前后蜀对佛教还实施保护扶持政策。到明清时期，四川汉地佛教发展处于下滑趋势，但由于文化的惯性力量，佛教的已经渗透中国人的观念、信仰、道德、言辞、生活、风俗等诸多领域，已经成为百姓日常生活的一部分了，因而官绅、士民已经把佛教当成自己的文化传统而或崇拜或扶持。

---

① 任继愈主编：《中国佛教史》卷三，中国社会科学出版社1988年版，第735~738页；李裕群：《试论城都地区出土的南朝佛教石造像》，《文物》2000年第2期。
② 据出土造像纪年铭文，最早者为刘宋元嘉二年，最晚者为唐大中元年，据此可断定，二百余件造像绝大部分埋于会昌年间及其以前。
③ 陈会：《彭州九龙县再建龙兴寺碑》，《全唐文》卷七八八；邵泰：《重修北岩院记》，《金石苑》第2本。

一、巴蜀佛教大发展的社会条件

佛教在川的发展,至隋唐而出现繁荣局面,是由当时的社会政治背景乃至地理形势决定的。

地缘政治对佛教发展的推动作用。

隋唐五代时,中国的政治中心在陕西长安一带,长安为京都。隋唐又是继秦汉以后形成的又一个统一中央集权王朝的黄金时期,史称"隋唐帝国"的繁荣在长安得到了淋漓尽致的体现,商贸发达、人流汇聚、市场栉连、外商接踵、时俊荟萃、大户多有……在宗教上,隋朝扬佛,唐朝崇道,虽有偏重,但并非是定一教为独尊"国教",更多是儒、释、道三教并用,对佛教采取宽容开放的政策。加之佛教有"先天优势",长安及其周围尽是"佛化之区",寺庙如星,高僧如云,是全国佛教活动的中心之一。

而四川北连汉中、东控荆楚,战略位置十分重要。有唐一代,又是"宰相回翔之地",还是唐王朝的大后方。中原、京城一有动乱,皇室、官缙乃至僧道纷纷南下奔蜀,四川得其地缘之利甚多。如隋末中原动荡,唐中后期唐玄宗、唐僖宗相继奔蜀避难,均带来了大量的高僧和工匠,高僧入蜀弘法,使四川跃升为全国佛教活动中心之一。

"人富粟多"为四川佛教发展提供了物质基础。

自秦以后,川西盆地得都江堰灌溉之利,旱涝不忧,地沃田肥,"天府之国"美誉鹊起。至隋唐,蜀成为西南都会,国家宝库,人富粟多,可济中国①,有"扬一益二"之美称。虽然蜀土僻处西陲,但仍然成为人们避难求生的好去处,"有隋坠历,寇荡中原……于是巴蜀奔飞,望烟来萃"②。唐代著名高僧玄奘入蜀时,"时天下饥乱,唯蜀中平静"③。正是因为蜀中富裕,佛教的土木工程、凿窟镂像等佛事才能轻易办成。高丽国僧人释无相从遥远的朝鲜半岛跋涉入唐,不居长安、洛阳等繁华都市,反倒在安史之乱时长居蜀中几十年,学法传教。

---

① (唐)陈子昂:《陈子昂集》卷九《谏雅州讨生羌书》,中华书局1960年版。
② (唐)道宣:《续高僧传》卷一四《释道基传》,苏渊雷、高振农选辑《佛教要籍选刊》第12册,上海古籍出版社1994年版,第558页。
③ (唐)慧立、彦悰:《大慈恩寺三藏法师传》卷一,苏渊雷、高振农选辑《佛教要籍选刊》第13册,上海古籍出版社1994年版,第429页。

政局安定为佛教发展提供了稳定的政治环境。

自隋至五代，四川的政局相对安定，特别是隋唐时期的几次重大战乱，如隋末唐初的战乱、唐中期的安史之乱和唐末的农民起义，都没有波及四川，这就为佛教在川的持续发展提供了难得的机遇。佛教的重大工程也能在充裕的时间里完成，如举世闻名的乐山大佛从凿造到完工历时九十年，经历海通和尚、章仇兼琼、韦皋三人的大力扶持才陆续完成。虽然其间四川也曾经历了唐朝与吐蕃的四川战争、南诏国战争，阡能和韩秀昇之乱及军阀割据等，但相较安史之乱，这些战争的破坏性小得多。

四川位处交通要冲，这也刺激了佛教在川发展。

据古文献记载和现代专家考证，四川是中西交通必经的要道，成都又是西南最重要的贸易重镇。无论是往西北走佛教盛行的西域等地，还是南下走"南方丝绸之路"到古印度，四川都是始发地或中转地。如唐末懿宗咸通年间，"有天竺三藏僧，经过成都，晓五天胡语，通大小乘经律论。以北天竺与云南接境，欲假途而还"①。也有中国人经云南道去古印度。更奇的是，还有外国商人在成都出家，觐贷速利国人佛陀达摩"少因兴易，遂届神州，云于益府出家"②。中外佛教文化的交流刺激了四川的佛教发展。

历任四川地方官吏对佛教的提倡和扶持，是佛教在川获得长足发展的强大动力。

隋唐五代的历代帝王绝大部分是信佛崇佛甚至佞佛的。流风所及，四川的历任官吏对佛教的支持、资助必然对佛教的发展起推波助澜的作用。

礼遇僧侣。如隋文帝第四子，益州刺史、总管，西南道行台尚书令，蜀王杨秀对待释惠宽时，"请入城内，妃为造精舍，镇恒供养"③；对待释道仙时，"厚礼崇仰，举郭恭敬"④；又邀僧智诜入蜀；等等。

资助写经。如唐代宗时期，宰相元载于大历（766~776）中"奏成都宝园

---

① （北宋）孙光宪：《北梦琐言》逸文卷二，车吉心总主编《中华野史》第3册，泰山出版社1999年版，第44页。
② （唐）义净：《大唐西域求法高僧传》卷上《觐贷罗僧寺》。
③ （唐）道宣：《续高僧传》卷二五《慧宽传》，苏渊雷、高振农选辑《佛教要籍选刊》第12册，上海古籍出版社1994年版，第626页。
④ （唐）道宣：《续高僧传》卷二五《道仙传》，苏渊雷、高振农选辑《佛教要籍选刊》第12册，上海古籍出版社1994年版，第677页。

寺置戒坛，传新疏，以俸钱写疏四十本，《法华经疏》十本，委宝园寺光翌传行之"①。

热衷听经。如唐初曾参加过玄奘译场的成都多宝寺释道因，"因避难三蜀，居于多宝寺。好事者素闻道誉，乃命开筵《摄论》《维摩》，听者千数……益州总管邓国公窦越、行台左仆射赞国公窦轨、长史申国公高士廉、范阳公卢承庆，及前后幕僚，西南岳牧，并国华朝秀，重望崇班，共籍芳声，俱申虔仰"②。

立碑撰书。如曾任剑南节度使十八年、被封为南康郡王的韦皋与成都净众寺释神会成为知己，神会死后，韦皋哀咽追仰，为其立碑，并自撰文并书。③

赐号。如割据四川而成立前蜀的王建优渥名僧贯休，称之为"得得和尚"，留住东禅院，不仅赐赍优渥，且"累加龙楼待诏、明因辨果功德大师、翔麟殿引驾内供奉、经律论道门选练教授、三教元逸大师、守三川僧篆大师、食邑三千户、赐紫大沙门"④。后又赐号"禅月大师"，建龙华道场，令其居住。

民间崇佛助佛之风，是佛教发展取得空前成功的群众基础。

至隋唐五代，从文献上看，信仰佛教人数之众已远逾道教信徒。

听经。如彭州丹景山释知玄名声远播，"时丞相杜公元颖作镇西蜀，闻玄名，命升座，讲谈于大慈寺普贤阁下，黑白众日计万许人"⑤。每天听经的僧俗都达上万人，其中大多数是平民百姓。

施舍田地。佛教发展需要解决寺院及其僧人的给养问题。除官府赐予钱财、田产外，绝大部分来源于信徒的捐赠。如乐至县今存的一通碑"唐乐至招提净院施田造像记"，就记叙了信徒施财舍田地的情况："……乃发胜上宏心，趣向菩提之路。便舍世财珍宝，还造世尊圣容……年纳五百文，并将充急扫院之粮，厉劫不改。赖高井重石胡奴盈山西面，东援重石山顶，至主敬界。

---

① （北宋）赞宁：《宋高僧传》卷一四《怀素传》，苏渊雷、高振农选辑《佛教要籍选刊》第12册，上海古籍出版社1994年版，第818页。
② （北宋）赞宁：《宋高僧传》卷二《道因传》，苏渊雷、高振农选辑《佛教要籍选刊》第12册，上海古籍出版社1994年版，第743页。
③ （北宋）赞宁：《宋高僧传》卷九《净众寺神会传》，苏渊雷、高振农选辑《佛教要籍选刊》第12册，上海古籍出版社1994年版，第790页。
④ （清）吴任臣：《十国春秋》卷四六《前蜀列传》。
⑤ （北宋）赞宁：《宋高僧传》卷六《知玄传》，苏渊雷、高振农选辑《佛教要籍选刊》第12册，上海古籍出版社1994年版，第769页。

南接重石山鼻下，至大路泉水孔为界，西北接杨德小溪为界，此地施入院……弥陀龛向西小溪度大路下有地二十亩，东至小溪，南至大溪，西（至）大溪，北至大路。右杨德及儿晁，今将口分田二十亩，将施入龛院内，供一切诸方师僧，永为常住。"①从现今遍布四川各地寺庙、石窟的碑刻、造像记中有大量与上述碑记相似的文字，说明正是这些佛教徒的行为，才使佛教在川持续发展而不衰。

结社兴佛。当佛教成为一种社会现象后，通过组成团体来表达信仰就成为普遍的形式。在民间，经常有这种团体来推动当地佛教的发展，扩大佛教的影响。在许多龛窟旁壁上可见有结社造像的造像记。如在安岳县城东南的云居山上，有块第三十三号龛外左壁尚存"大蜀天汉元年（917）太岁丁丑九月十八日"的造像残记（属前蜀时期），中间有如下文字："……社首赵义和，社户陈球、高山点、庞进琳、阳安县高人张志度、当州军事护卫……此善无涯，刻石纪之，用彰不柯（引者按：当为"朽"字）。"②考其结社缘由，一是出于信仰，共修同进；二是互助帮扶；三是造像工程费钱费时耗力，非一人一家所能办理，故结社为之。

此外，隋末唐初，中原板荡，各地高僧多避乱入蜀，如慧暠、善冑、智方、灵睿、道基、玄续、慧熙、道兴等，长居蜀地，讲学传道，大大推动了蜀地佛学的发展。一代名僧玄奘即因蜀地多高僧大德，于唐初入川求学，并于唐武德五年（622）在成都受戒。

二、高僧辈出与禅宗勃兴

隋唐五代高僧之多，远迈前代。而从思想的独创性、全国影响来说，这类高僧数量也是空前的。据有关学者统计，据《续高僧传》和《宋高僧传》记载，隋唐益州高僧有二十八人，仅次于长安和洛阳，其余诸州皆不及。③

出川创出伟业的川籍僧人，首推马祖道一（709~788）。道一，俗姓马，汉州什邡人。在江西开创洪州宗，得法弟子一百三十九人，其中百丈怀海和西堂智藏以后又开沩仰、临济二宗。马祖的禅风成为禅宗的主流。

---

① 胡文和：《四川道教佛教石窟艺术》，四川人民出版社1994年版，第43页。
② 安岳县文物管理局编：《安岳石刻导览》，中国文史出版社2008年版，第53页。
③ 陈世松、贾大泉主编：《四川通志》第3册，四川大学出版社1993年版，第324页。

出生于果州西充（今四川西充）的圭峰宗密（780～841），俗姓何。出家后巧缘良遇，既是华严宗五祖，又是南禅宗荷泽系的第四代传人。圭峰在终南山笔耕不辍，以十八种二百卷著作忠实记录了从六祖慧能至禅宗五家七宗时期的禅宗演化，并倡导禅教一致，对后世佛教风尚起了重大作用。

以"德山棒"震动天下丛林的德山宣鉴（782～865）是四川简州（今四川简阳）人。但他开山于湖南澧阳龙潭寺。"德山棒"和"临济喝"齐名，驰誉天下。

在川外享有盛誉的川籍僧人还有很多，留在川内的高僧也不少。

知玄（809～881），俗姓陈，眉州洪雅人。杜元颖为匡川节度使时，命知玄在大圣慈寺讲经，听者日计万余人，蜀人号称"陈菩萨"。后至京师资圣寺，为文宗召见。唐武宗毁佛时，奉旨与道教徒抗辩于麟德殿。后归巴岷旧山，再入湖湘间。宣宗即位兴佛，知玄应召入京，赐紫袈裟，署为"三教首座"。因见武宗毁佛严重，于是奏请天下废寺基各敕重建，大兴梵刹。大中八年（854），知玄由京师还蜀，大行利济，受济者多。广明二年（881），僖宗幸蜀，赐号"悟达国师"。同年卒，享年七十三。平生著述达三十万言，弟子多名僧，因此为帝、士、民所仰重。①

禅月贯休（832～912），俗姓姜，金华（今浙江金华）兰溪登高人。后入蜀，甚得前蜀王建礼遇，赐号"禅月大师"。贯休长于歌吟，能草圣，其书体自成一格，被称之为"姜体"。梁乾化二年（912）去世，其弟子昙域戒学精微，篆文雄健，重集《说文》行于蜀。

昭觉休梦（827～907），俗姓韩，京兆万年人。在终南山捧日寺出家，后入蜀住昭觉寺。唐僖宗避难入蜀，召休梦说策，敕赐"了觉禅师"号，并紫磨纳衣。王建节制西川时，尊休梦为叔父。八十一岁去世。

还有好为著述受时人称誉的梓州（今四川三台）慧义寺神清、用竹杖治病被蜀主呼为"圣师"的雅州（今四川雅安）开元寺智广、裸身饲蚊声闻上庭的成都府福感寺定兰等。

从僧传中可知，四川僧人在各个领域都有杰出表现。

隋唐五代时期是中国佛教大发展时期，其中最重要标志之一就是产生了许

---

① （北宋）赞宁：《宋高僧传》卷六《知玄传》，苏渊雷、高振农选辑《佛教要籍选刊》第12册，上海古籍出版社1994年版，第769页。

多不同于印度佛教的宗派。这些宗派是中国僧人在消化了外来佛教思想后，结合本土国情和传统思想推衍新思而逐渐产生的。这些宗派统称"八宗"。但从历史文献和龛窟造像来看，对四川佛教影响比较大的宗派是禅宗、密宗和净土宗。

禅宗在唐代创立后，从大势上说，先有北宗、南宗的对立，后有五家七宗的分化。但在唐到五代时，禅宗分化还只完成了五家，即沩仰、临济、曹洞、云门、法眼。禅家在川传播情形，按唐代圭峰宗密的《圆觉经大疏钞》卷三所述，唐中后期禅宗分化为七家：北宗禅、智诜禅、老安禅、南岳禅、牛头禅、南山念佛禅、神会荷泽禅。上文提及的马祖道一即出自南岳怀让的门下。荷泽禅这一支在四川的传法有益州南印—遂州道圆—圭峰宗密，但随着宗密出川定居终南山，荷泽系在川中就此消失。由智诜禅开出的净众无相、保唐无住，在四川及周边都有影响。其他禅系与川内佛教关系不大。

智诜（618~702），俗姓周，资州（今四川资阳）人。出家后谒禅宗五祖弘忍。据《景德传灯录》载："五祖既传法六祖（慧能），而又别传智诜。"弘忍死后，智诜返蜀，居资州北山，建德纯寺。武则天曾召智诜赴内道场，又将达摩祖师的传法袈裟赐给他。智诜返蜀后传法于处寂。

处寂（665~732），俗姓唐，绵州（今四川绵阳）人。师事智诜，服勤寡欲，山居四十年，足不到聚落，时人称为"唐和尚"。居德纯寺化道众生二十余年。传法于无相。[1]

无相（684~762），俗姓金，属新罗国王族，浮海西渡到唐寻师访道，辗转入蜀至资州德纯寺礼唐和尚。唐和尚密付袈裟信衣。无相遂入谷山石岩下坐禅。玄宗幸蜀，迎无相至成都，居净众寺，化导众生。因无相倡"三句语"："无忆是戒，无念是定，莫慧是慧"（另一说为"无忆、无念、莫忘"六字，为"总持门"），与其他禅派卓然不同而成净众宗。唐段文昌在《菩提寺置立记》中竟称无相是禅宗七祖。无相付法衣给无住。[2]

无住（714~774），俗姓李，凤翔邱县人，于诸师处参顿教法，后入蜀在成都净众寺无相处契人。无相密付信衣袈裟于无住，无住遂隐居白崖山，后相国杜鸿渐、节度使崔宁遣使迎请无住出山。无住居保唐寺为众生说法，形成保

---

[1] 一说生于贞观二十二年（648），卒于开元二十二年（734）。

[2] 一说卒于至德元年（756）。

唐派。

净众—保唐宗在川中自成一家，兼有南北宗特色，影响远及西藏。①

三、新兴密宗及其他教派的活动

密宗是中国大乘佛教宗派"八宗"中成立最晚的，"开元三大士"善无畏、金刚智和不空创立了正纯密宗。但此密宗是否传入四川目前在学术界尚有争议。但从四川龛窟造像看，有关密宗经典的"经变"还是有很多的。②不过这不能说明这些造像就一定是正纯密宗的嫡传弟子所为。更值得关注的是川中兴盛的密宗团体。

在唐朝关中、两京盛行密宗时，据有大理的南诏则流行阿吒力教（密教）。阿吒力教曾传入四川巂州地区和成都。据载，唐文宗大和四年（830）李德裕为西川节度使，成都"蜀先主祠旁有獠村，其民剔发若浮屠者，蓄妻子自如"③。这和允许有家室的阿吒力僧完全一样。

据安岳、大足两县现存石刻造像和碑记，在唐末和五代时，有个居士自创了一个新型密派，在今安岳、广汉、金堂、成都有一定影响。这个居士叫柳本尊（844~907），名居直，嘉州人。"柳氏蔬食布衣，律身清苦，专持大轮五部神咒，诵修数年而成。"僖宗光启二年（886），"嘉州多疫疾，柳氏遂盟于佛前，持咒灭之。八月，燃手指一节供养诸佛，誓救众生。十一月，挈众游峨眉山，瞻礼普贤光相，于大雪中端坐，以效释迦雪山六年修成道。"后下山，在汉州、金堂等地，与徒弟一道救疗病苦众生。天复三年（903），汉州刺史赵看遣使请柳本尊剜目作药剂，柳遂剜一眼，赵君惊叹，投身忏悔，舍宅奉柳本尊。天复五年（905）成都玉津坊女子卢氏舍宅建道场。"时嘉州四郎子神作祟，疫死甚多，柳本尊遂在玉津坊内割左耳，立盟，以除之深沙。是年七月，以香和烛炼心上，发心令一切众生永断烦恼，又燃香烛于头顶以供养诸佛。同年八月五日，结坛玉津坊，挥刀断左臂，凡四十八刀方断。厢吏以其事上报，蜀主王建叹异，遣使慰劳。"天复七年（907）柳本尊卒，徒弟袁承贵承其教。后蜀孟知祥时期，袁承贵游南方不知所终。后蜀广政二十四年（961），赐杨直

---

① 黄燕生：《唐代净众—保唐禅派概述》，《世界宗教研究》1989年第4期。
② 丁明夷：《四川石窟杂识》，《文物》1988年第8期。
③ 《新唐书》卷一八〇《李德裕传》，百衲本《二十五史》第4册，浙江古籍出版社1998年影印本，第699页。

京紫绶金鱼，主领柳氏教派。①

柳本尊是何身份，柳氏所创教派是何性质，柳本尊及其教派与"开元三大士"所创正纯密宗有无关系，这些问题目前尚无定论，但柳本尊及其教派在唐末五代的四川部分区域发生了社会影响则是可以肯定的。

在净土宗立派以前，净土信仰即已传入四川，最初流行的是观想念佛，即按照弥陀经典教义，在禅定、观想中念佛。唐代道绰、善导创立净土宗后，倡导称名念佛，即口念"阿弥陀佛"的名字。此法因至简而风靡全国，在四川民间流行毫不奇怪。从龛窟造像来看，主要是把"净土三经"（《阿弥陀经》《无量寿经》和《观无量寿佛经》）的内容加以艺术化、形象化的表现，满足民众的信仰诉求。据实地踏勘，在川东的巴中，川北的旺苍、梓潼，川中的大足、资中，川南的丹棱，川西的邛崃都有净土经变的造像，且时间跨度长。如梓潼卧龙山千佛崖第一号龛"阿弥陀佛与五十二闻法菩萨"凿造于唐贞观八年（634），旺苍佛子崖有四龛净土经变像凿造于唐天宝年间，而大足北山第二百四十五窟"观经变"则凿造于晚唐时期昭宗乾宁三年（896）。②

此外，隋唐时期律宗、法相宗、天台宗、华严宗、三论宗、成实宗、俱舍宗在四川亦有一些活动。

律宗。隋代惠主、智诜、道兴等都曾在省内讲授《四分律》。唐代《四分律》学者分为相部、东塔、南山三宗。韦皋任剑南节度使时，捐廉俸银写《新疏》四十本，使之流传于成都等地。元和年（806~821）中，梓州（今三台）神清撰有《新律疏要诀》十卷。律学的南山宗在四川的传人有神积、鉴源等，后来南山宗律仪遍行全国。

法相宗。四川最早讲法相的有隋末入蜀的道基、慧景、宝暹等，后玄奘至成都即师从他们学习，后曾自讲《心论》。玄奘西游回国后，有蜀僧靖迈入其译场任笔述证义，后为玄奘的弟子。

天台宗。四川专修天台宗者不多，较有名者有唐代万州僧人行满（天台九祖湛然的法嗣）。另有乌尤寺慧义，梓州神清、玄续、慧聪、法泰、道积、智

---

① 王熙祥、黎方银：《安岳、大足石窟中〈柳本尊十炼图〉比较》，《四川文物》1986年《石刻研究专辑》；陈明光：《宋立唐柳本尊传碑校补》，《世界宗教研究》1985年第2期。吕建福的《中国密教史》中称，柳生于大中九年（855），"剜目""断臂""灭寂"分别是在天福三年（938）、五年（940）、七年（942）。

② 胡文和：《四川道教佛教石窟艺术》，四川人民出版社1994年版，第245~254页。

通等曾习《法华经》。

三论宗。隋唐两代，蜀地都有讲习《三论》者，如隋代有入蜀的慧皓、慧韶、灵睿、世瑜等，且为鸠摩罗什所传《三论》嫡系，另有佛驮跋陀罗的再传弟子玄畅（曾住成都大石寺）、郫县慧照等。唐代习《三论》的有成都僧人慧量。

唐代，有成都僧人玄续习《成实论》；绵州昌明人神清（？~820）著有《俱舍义疏》和《有宗七十五法疏》（亦名《法源记》）等。其弟子义将专修《俱舍论》等。

四川佛教盛传的重要标志之一，是刻经和高僧大德对佛教经典研究著作的出版。

为了传习教义，四川僧人和信众比较重视刻印佛教经典，诸如《大藏经》的刻印等。唐初，僧人道因就在彭门山"刻书经典，穿多罗经之秘裹，尽毗尼（律）之正文"，说明当时蜀地即已开始刻石经了。而清末在灌县灵岩山洞发现其中所藏唐刻石经，其内容既有晋代的译经，也有唐菩提流志的译经，据考证，可能就是道因所刻。近年在安岳发现的龛刻佛经，其中就有"唐开元十五年二月刻"等字样。

木刻经版的印刷虽后于石刻佛经，但唐代蜀地已有木刻经版了。1944年，在四川大学校园里就曾出土一张唐时刻印的梵文《陀罗尼经》，其上有"成都府""成都县""龙池坊"等当地地名，也有菩萨、莲台、绕刻梵文和经咒等。每边及四角刻有菩萨像共十六尊，字体秀劲，为国内现存的最早刻经。

与此同时，隋唐两代蜀地都有人参与译经，在长安译场担任"笔受"（负责将梵文译为汉文）。据隋唐以前经录所列，与蜀地有关的译经就有二十余种、一百四十余卷之多。

隋唐时，四川佛教学者的经论著作也很多。据统计，隋代有僧琨的《论场》三十一卷、慧影的《述释道安智度论解》二十四卷、费长房的《历代三宝记》十五卷。唐代有道基、靖迈、韦念、惠亮、道一、宗密、神清、知玄、僧彻、德山等人著述六十余种共三百余卷，其中最有名的是靖迈、宗密、知玄等人的著述，多收入《大藏经》。

当时四川地方集中有一大批高僧、学者，并编写出为数众多的释经阐法的著述，唐代四川的僧伽教育比较发达。各地寺院早晚课诵，高僧大德讲经说法，或随机开示，或以身示范，佛学教义代代相承，且人才辈出，故而玄奘早年入蜀求学。道因在成都宣讲《维摩诘经》，听众每逾千人之盛况。从唐代起，成都大慈寺便已成为国内著名讲肆，能够教授经律论三藏，且千余年培养出不少人才，其中，有史可查的高僧就有知玄等数十人。与此同时，四川因此成为中外佛教交流的主要通道和地区之一。有唐一代，不断有蜀地僧人，如明远、义朗、义玄、会宁等，走出国门，渡海西行求法，而邻近各国的僧人也来到四川，如新罗国王子曾在成都创建大慈寺。而日本僧人瓦屋能光也于唐末来华，居蜀中三十余年。

第四节 宋元时期的巴蜀佛教

四川佛教演进至两宋时，虽然没有隋唐五代时的地缘政治等有利条件，但川僧务于出峡求学，返蜀后又能一新风气，故四川佛教在宋代还保留了随时势前进的风貌。但从川僧求新知必走江南来看，四川佛教本土已缺少革新精神，殊乏创新人物。与全国情形差不多，宋代四川佛教禅宗兴盛，其他教派甚少知名人物。

在佛教文化事业、佛教对民风影响上，四川佛教仍保留了隋唐五代时的势头，非常繁荣。这种繁荣局面的形成当然离不开官府的提倡、官绅的支持、民众的倾力膜拜。

一、佛教臻于鼎盛的社会背景

五代两宋时期，四川最终结束割据局面，并成为中央王朝重视和依靠的地区之一。政治方面，北宋中期以后，大量任用蜀人，而蜀人也成为朝廷中的一支重要政治力量；南宋时期，四川是抗击北方金军、元军的主要地区之一，并成为南宋抗元的最后基地。经济方面，这一时期四川地方经济不仅恢复较快，而且出现了高度繁荣的局面，尤其是农业，当时四川是中国重要粮食产区之一。总之，政治统治的强化，经济、文化的发展，都是佛教在四川能保持继续发展势头的主要社会原因。

此外，促进佛教昌盛的社会原因，还有以下几端：

（一）官府政策：提倡、保护和推进佛教发展

宋朝建立后，一改后周的政策，对佛教予以适当保护。宋太祖即位的建隆元年（960），便度童行八千人，停止废毁寺院，继而又遣僧人西行印度求法，

遣内官到成都雕刻大藏经版等。其后，宋代各帝对佛教的保护政策大体未变。宋室南迁后，政府曾对佛教加以限制，但无伤佛教的总体发展。两宋时期四川地方官府对佛教也是采取保护政策。具体措施简举如下：

设置管理机构。由官方出面设置"僧司"，由僧人任职，管理四川佛教事务。宋廷还在四川益、绵、汉、眉、彭、邛、陵七州设坛度僧，使僧人数量激增。

礼遇名僧。从宋廷到四川地方官府，礼遇名僧是常事。如四川名僧茂贞、宝印、继业、德严、克勤等多次受到皇帝召见，还赐封号、赐袈裟等。地方官一般多礼遇僧人，谈经说法、经济上给予资助等。如张泳治蜀时，礼遇名僧慈云长老，与僚属同听长老讲经、称赞长老为"活佛"，长老去世后又舍俸作塔安葬他；又如南宋名僧克勤，"自张浚以下，皆尊礼之"[①]。

崇奉佛教圣地。宋廷还对僻处西南的四川名山峨眉山大加崇奉。宋初，太宗赐峨眉山白水寺茂真黄金三千两，铸造铜质普贤骑象一尊，并助其振兴峨眉五山六寺。真宗、仁宗、徽宗对峨眉山都有赐赏，如嘉祐年间，峨眉白水寺兴建藏经楼，即由朝廷遣人承办，这极大地提高了峨眉山的地位，此处其他地方的一些名寺也有赐额。地方官府对名山名寺的崇奉、保护更是不遗余力。

经济扶持。一是拨款助修，如政和年间，成都大圣慈寺改建，即由宋廷拨款。二是划拨田产，如宋初张泳给大圣慈寺划拨田产四百亩。三是减免田租等，如咸平年间免除峨眉山普贤寺的田租。[②]

（二）官绅民众支持：从财力、物力和人力上支持佛教发展

城乡各阶层民众及大小官吏的支持是佛教持续发展的重要原因。下面略举数端：

财力资助。一是官员自捐俸银，如绍兴十五年（1145）冬，漕运使符行中捐俸银十万资助奉节县光孝报恩禅寺建佛牙楼。[③]二是众人捐钱。阆州香城堂五百罗汉堂修建费用，为成都巨族大家所施舍；金堂县天王院僧人修建规模庞大的殿阁，"檀施倾数州，其钱至一千万，然后圣像圆满"[④]。三是"支利补助"，这种形式较为罕见。井研县天王寺僧人修建十三层高的舍利塔，可打好

---

① （南宋）李心传：《建炎以来系年要录》卷一〇〇，文渊阁《四库全书》本。
② （南宋）李焘：《续资治通鉴长编》卷五二，文渊阁《四库全书》本。
③ （清）常明、杨芳灿等：《四川通志》卷四〇《舆地·寺观》，巴蜀书社1994年影印清嘉庆本。
④ （清）常明、杨芳灿等：《四川通志》卷四〇《舆地·寺观》，巴蜀书社1994年影印清嘉庆本。

地基便无钱再修,"邑人悯焉,愿续其事。邑之利源以盐,自一层至九,费所取者三之二。施心尚未厌,又合力为第十层工徒、砖瓦之供。自十而上,合尖有期……"①

物力扶助。最常见的就是捐献房屋和田地。如成都正法院的八千亩田地,为田钦全所舍。治平年间,成都嘉禧禅院扩建,"新津张氏寿享施田七十亩,以助岁供;都人王守庆人圃畦八亩,以广院基"②。南宋乾道年间(1165~1173),合州(今合川)新建罗睺罗寺,寺基即是当地大姓杨氏所舍。③

自发兴佛护法。对于建寺镌像、修阁筑塔等,各界官民亦能各出己力。安岳净慧岩前有唐代寺院和摩岩造像,后荒废。南宋绍兴辛未年(1151),处士赵庆升孤身上山,傍岩筑庐而居,欲重兴佛教,他"凿山骨,划苔藓,再修石像,饰以丹青……释氏风致焕然于松石之间"④。

二、宋代四川佛教的多向化发展

中国佛教的鼎盛期是隋唐时代,整个两宋时期,势力和影响大的还是禅宗。但禅宗内部各派,即五宗七家的命运却各不相同:"所谓五宗,在宋代实只临济一宗,其余各宗或归绝灭,或就衰微。但曹洞一宗,绵延至宋末,忽臻隆盛。临济下黄龙一派,数传即绝,而杨岐一派,仍复临济旧称。所以递流到晚近,只临济称盛,而曹洞仅维持未坠之绪而已。"⑤观照巴蜀,情势亦然。与隋唐时情形相同,许多巴蜀高僧都是在省外出名的,特别是临济、曹洞、云门、杨岐等宗,川籍僧人数量多、素质高,具有举足轻重的地位。但其他宗派相较于江南来说,可说是不值一提。

首先,从革新角度看,正因为四川佛教已落后于江南,所以才出现大量川籍僧人东出三峡,到湖南、湖北、安徽、江西、江苏、浙江甚至广东访师求学,如重显、五祖法演、克勤、清远、真慈、安民、士畦、别峰等,时人有

---

① (清)常明、杨芳灿等:《四川通志》卷四〇《舆地·寺观》,巴蜀书社1994年影印清嘉庆本。
② (清)常明、杨芳灿等:《四川通志》卷四〇《舆地·寺观》,巴蜀书社1994年影印清嘉庆本。
③ (清)常明、杨芳灿等:《四川通志》卷四〇《舆地·寺观》,巴蜀书社1994年影印清嘉庆本。
④ (清)常明、杨芳灿等:《四川通志》卷四〇《舆地·寺观》,巴蜀书社1994年影印清嘉庆本。
⑤ 中国佛教协会编:《中国佛教》,知识出版社1980年版,第324页。

"蜀僧出关,必走浙江"①的说法。当时,四川佛教因循隋唐时听论讲经的习惯,包袱太重,革新意识不够。早在唐时就有反映,以"德山棒"震动天下禅林的德山宣鉴未出川时,以善讲《金刚经》知名,时称"周金刚"(因其俗姓周)。他听说南方有种新派别(南禅宗)乱说,大为震怒,宣称:"南方魔子敢言'直指人心,见性成佛',我当捣其窟穴,灭其种类。"②至两宋时,"周金刚"的这种"盆地意识"在川籍僧人中并不少见。如北宋时禾山德普(1024~1091)出家于绵州富乐山,后以解《唯识论》《起信论》等论扬名,两川无敢诘难者,号"义虎"。后闻禅宗有别传法,出蜀至江西隆兴(今南昌)黄龙山参慧南,一番问答,豁然有省,大惊:"两川义虎,不消此老一唾。"③又如归宗正贤出家后,游成都,在大圣慈寺跟随秀公学习经论,凡典籍过目成诵,义亦顿晓,秀公称他为"经藏子"。后出川峡,在佛眼清远处开悟。其他如金山善开、痴绝道冲、古月祖照、元庵真总等人都碰到这个难题。川籍僧人虚心求学,发明心地,终有大批法门龙象产生,为宋代佛教的繁盛贡献了自己的才智。

在北宋初期,云门宗和临济宗并盛于各地。在四川,也有两宗的巨擘从外地回蜀弘扬"南方学说"。

德山宣鉴的再传弟子云门文偃(887~947)在五代时创立云门宗。进入宋朝,文偃的四川弟子香林澄远(908~987)归蜀,初住导江(今都江堰)水晶宫,后住青城香林院,传法四十年,时人评价:"云门虽接人无数,当代导行者,只香林一派鼎盛。"④香林澄远的再传弟子雪窦重显(980~1052)住持浙江雪窦寺达三十年,大振宗风,被誉为"云门中兴"。重显所作《颂古百则》,与临济宗汾阳善昭(947~1024)同名之作首开"文字禅"先河,对重塑后世禅风起了重大作用。

对四川佛教影响最大的还是临济宗。临济宗中影响最大的是杨岐方会(992~1049)这一派,即七家中的杨岐派。至南宋时,杨岐方会成为临济的正统。方会再传为五祖法演(1024~1104)。法演俗姓邓,绵州巴西(今四川绵阳)人,三十五岁始出家,至成都习《唯识论》《百法论》,为得"佛心宗"

---

① (南宋)陆游撰,蒋方校注:《入蜀记校注》,湖北人民出版社2004年版。
② (南宋)普济:《五灯会元》卷七,中华书局1984年版,第371页。
③ 冯学成等编:《巴蜀禅灯录》,成都出版社1992年版,第149页。
④ (北宋)克勤:《碧岩录》卷二,《大正藏》卷八,第157页。

宗旨，出蜀游方十五年，最后得法于白云守端。因他长期住湖北的五祖山，所以禅史称之为"五祖法演"。法演自认能够"绍先圣之遗踪，称提祖令，为后学之模范，建立宗风"①。时人评价他为"中兴临济法道"，是"天下第一等宗师"②。法演弟子以"三佛"最著名，即佛鉴慧憨、佛眼清远、佛果克勤，其中有两人是四川人。

清远（1067～1120）是临邛（今四川邛崃）李氏子。因读经生疑不能得到解答，遂出川访学。后依止法演，得其法衣。曾出主舒州龙门、和州褒禅等寺院。在当时，他的影响还超过克勤，南宋集录的《古尊宿语录》选录清远的即达九卷之多，远逾其他禅僧。

克勤（1063～1135），字无著，彭州（今四川彭州）骆氏子。幼聪颖，游妙寂寺见佛有感遂出家。先在成都学经问法，为获曹溪真传而徒步出蜀，多访名师，后投法演，活动于川、湘、鄂地区。崇宁（1102～1106）中还蜀，被请开法于六祖寺，六祖寺后改名昭觉寺。政和（1111～1117）中，奉旨移住金陵蒋山。建炎（1127～1130）间又迁镇江金山，高宗赐号"圆悟禅师"。其后又返蜀，住成都昭觉寺。绍兴五年（1135），克勤病死，葬于昭觉寺侧，墓塔至今尚存。克勤法嗣有七十五人，其中以径山宗杲、虎丘绍隆为上首。

克勤在禅宗史上最大的功绩是把"文字禅"推向顶峰。宋政和年间，克勤应居士张商英之请，在澧州（今湖南澧县东）夹山灵泉禅院宣讲评唱重显所作的《颂古百则》，以记录而成《碧岩录》一书，对后世禅风影响甚巨。克勤两次回川主持昭觉寺，四方参学之徒云集其门，斋僧常千人，一时昭觉法席之盛，甲于西南，跃为全国名寺。

到南宋时，巴蜀佛门又出了一个怪杰，这就是四川大足人赵智凤（1159～1249）。赵年幼出家，淳熙初年，到汉州（今广汉）弥牟"圣寿本尊"学密三年，遥尊前蜀时"四川密派"首领柳本尊为师。其后，回家乡大足大弘密教，"普施法水，御灾捍患，德洽远近，莫不皈依"③。他用毕生精力创立了大足宝顶石刻密宗道场，使大足成了一个佛教活动的区域性中心。

---

① （南宋）颐藏主：《古尊宿语录》卷二〇《次住海会语录》，《卍续藏经》第118册。
② （北宋）晓莹：《罗湖野录》卷二，车吉心总主编《中华野史》第4册，泰山出版社1999年版，第1826页。
③ （明）刘畋人：《重修宝顶山寿圣寺记碑》，《大足石刻铭文录》，重庆出版社1999年版，第212页。

但是，与柳本尊遭遇的问题相似，赵智凤是什么身份，赵智凤与柳本尊是什么关系，宝顶山是否有密宗道场，柳赵所谓"密教"能否算正纯密教，至今尚无统一意见。故而暂以"四川密派"来称呼柳、赵所创的密宗派别。

除了禅宗、密宗外，佛教其他宗派虽在川影响不深，但也有一些有名法师，如政和二年（1112），四川官府在成都大慈寺"建超悟、宣梵、严净三刹，使学禅者居超悟，学律者居宣梵，学讲者居严净"①。北宋时四川禅宗僧人住普讲"唯识""起信"，僧祖觉、复庵晖精通华严教义。复庵晖还著有《华严纶贯》《圆觉经本颂类解讲义》，可见律宗及华严、唯识也有传法。

在峨眉山等地也出现了一批高僧，为佛教在各地的弘传尽心尽力，如隐居峨眉山中的继业。继业是耀州（今陕西铜川下辖）人，乾德二年（964）奉诏率领三百僧人赴天竺（今印度）取经。归来后选择峨眉山牛心寺隐居，常注疏佛经分赠山僧。因精于经、律、论三藏，时人尊称为"三藏大师"。

宋代四川居士冯楫，初醉心禅宗，晚年专崇净土，著有《西方礼文》《弥陀忏仪》等，归老后又办有"净土会"。

隋唐五代以至两宋时期，佛教在四川地区的传播与当时佛教在中原地区的状况一样，达到极盛程度，并形成若干中国式的佛教宗派，因一批高僧大德的努力，佛教教义哲理有重大的创造和飞跃性的发展，求法、译述、建寺、传教等活动空前活跃。在此基础上，两宋时期出现了禅、教并重与儒佛合流的倾向。

两宋时期四川成为禅宗的中心之一，密教不断发展，恰是佛教中国化和世俗化、社会化的两种表现。而佛教的中国化和世俗化、社会化不但在当时西南地区，在中国各地均很突出。

四川佛教在隋唐至两宋时臻至昌盛还有一个原因，那就是佛教对社会影响的覆盖面极其宽阔，不仅影响到官僚、士大夫的价值观念，亦在各领域，如建筑、印刷、文化艺术等有重大贡献，甚至社会生活、节庆习俗中也有佛教的色彩。四川佛教还对贵州、云南佛教传播有直接作用。

士人与佛教交集颇多，在隋唐至宋的许多文人文集中，无论是在川籍文人、士大夫的文章中，在流寓四川的外地文人、士大夫的文章中，均可看到有关佛教的文章。文人、士大夫与僧人来往，或谈论佛理，或共游山水，或受请

---

① 傅增湘编：《宋代蜀文辑存》卷四《重修昭觉寺超悟院记》，北京图书馆出版社2005年版。

撰写碑记塔铭，或出资刻像建塔，等等。

初唐"四杰"之一的王勃（649~676）于总章二年（669）五月自长安入蜀，滞留二载，先后游历了汉、剑、绵、益、彭、梓等州，写下了大量有关佛教的碑记。今存的就有《益州绵竹县武都山净慧寺碑》《益州德阳县善寂寺碑》《梓州兜率寺浮图碑》《梓州慧义寺碑铭》《梓州飞乌县白鹤寺碑》《梓州通泉县惠普寺碑》《梓州郪县灵瑞寺浮图碑》《梓州元武县福会寺碑》《彭州九陇县神怀寺碑》等。这些碑记不仅典丽精工，也为四川佛教留下了珍贵记录。

晚唐时，大诗人李商隐（813~858）于大中五年（851）作为东川节度使柳仲郢的幕僚入蜀（时年四十岁），至大中十年（856）四十五岁随柳入朝，在川滞留四年多，这是他暮年"克意事佛"的重要时段。[①]他在梓州慧义寺经藏院自出俸财，创石壁五间，金字勒《妙法莲花经》。他又作《唐梓州慧义精舍南禅院四证堂碑》。"四证"就是益州净众无相大师、益州保唐无住大师、洪州道一大师（即马祖）、西堂智藏大师（道一弟子）。四位高僧在当时名气和地位是非常显赫的，也说明梓州是川北禅宗的传法重镇。李商隐在蜀中还投在当时名僧知玄国师门下，"以弟子礼事玄"[②]。

活动于北宋末年、曾贵为宰相的张商英（1043~1121），从排佛转变为虔诚的佛教徒，颇有时代象征意义。张是蜀州新津人，早年不信佛，以儒家的坚定卫道者心态，欲写反佛文章《无佛论》，被其妻向氏劝阻。后在寺院中阅《维摩诘经》，叹含义深邃，始深信佛法。元祐二年（1087）到山西五台山，睹异象，塑文殊像，著《发愿文》，对佛"五体皈依"。在江西，至庐山谒东林总禅师，又向兜率悦禅师反复请教，互相赠颂。在峡州又访问觉范洪禅师，信佛弥笃。在荆南与克勤大论华严教义而拜服，以师礼事之。张商英有感于社会上对佛教有很多误解和偏见，著捍卫佛教文章《护法论》。文中驳斥韩愈、欧阳修的排佛观点，倡言："三教之书，各以其道善世砺俗，犹鼎足之不可缺一也"，并比喻儒家学说仅能治皮肤之疾，道教能治血脉之疾，佛教才能治骨

---

① （清）冯浩：《樊南文集详注》卷七，《四部备要》本。
② （北宋）赞宁：《宋高僧传》卷六《知玄传》，苏渊雷、高振农选辑《佛教要籍选刊》第12册，上海古籍出版社1994年版，第769页。

髓之疾。①

总之,在隋唐至宋时,佛教已成为四川的主要信仰系统,文人、士大夫多受其影响,罕闻有排佛非佛者。

三、佛教与民间风俗

从隋至宋时,佛教已在四川民众的日常生活中占据了重要位置。

节庆习俗。每年的节庆等日子,寺庙成了重要活动场所。以宋代成都为例,正月初一,成都居民持小彩幡游安福寺塔;正月上元节灯会,成都北郊的昭觉寺灯火最盛;二月二日踏青节,宝历寺前办有蚕市,纵民交易游乐;三月二十一日,两蜀之人出游城东海云寺,妇女摸石于池中,以占求子之祥。这天,海云寺一带"飞盖蔽山野,欢讴嬉笑之声,虽田野间如市井"②。五月五日游大慈寺,寺外"医人鬻艾,道人卖符,朱丝彩缕,长命辟灾之物,筒饭角黍,莫不成在"③。七月七日乞巧节,官府晚宴大慈寺,观锦江夜市;九月九日药市,以大慈寺和玉局观最盛,"四远皆集,其药物多,品甚众"④。药市每次举行二至三天。

其他州县习俗也与寺庙有不解之缘。如蓬州(今四川蓬安)城南开元寺,"有五如来殿,为一郡之最,元宵灯会最盛,山谷之民毕出。太守为华严会以领略游人者五日,号为蚕丛之胜"⑤。

写经造像。佛教持久而有力的传播,使四川士民的信仰愈加虔诚,从留存于四川各地的摩崖造像的造像记或供养人记中,都可看到善男信女的信仰的坚定和捐钱出力的无私。察其动机,有以下几类:祈祷国祚万世,国泰民安,祈祷父母永生,祈祷合家平安,祈祷无灾无病,祈祷干戈永息,祈祷子孙绵昌,祈祷风调雨顺,祈祷五谷丰登,等等。而且,有些基层士民对佛教义理及三教

---

① (北宋)张商英:《护法论》,石俊等编《中国佛教思想资料选编》卷三,中华书局1981年版,第3页。
② (明)曹学佺:《蜀中名胜记》卷二。
③ (元)费著:《岁华纪丽谱》,文渊阁《四库全书》本。
④ (北宋)江少虞:《宋朝事实类苑》卷五九,文渊阁《四库全书》本。
⑤ (南宋)王象之编纂:《舆地纪胜》卷一八八,中华书局1992年影印版;(明)曹学佺:《蜀中广记》卷五八,文渊阁《四库全书》本。

关系的理解并不逊色于那些大官名士。①另外，写经供养也是表达信仰的常见方式。如1986年8月，在山东即墨、胶县博物馆发现在北宋庆历四年（1044）由四川佛教信徒用金银书的《妙法莲华经》七卷，中夹金银泥精绘的经变画，极其珍贵。在第五卷金银泥绘的供养人肖像上方有金书题记："果州西充县（今四川西充）抱戴里弟子何子芝与同寿女弟子陈氏、长男文用、次男文祚、小男文一，同造此经，愿长保安吉，供养，亡过母亲杨氏。"②由此可见，佛教信仰对人们的思想和行为影响是多么大。

四、佛教与文化艺术

自隋唐至两宋，佛教与四川文化艺术的关系可以说：从领域看，佛教大大丰富和拓展了文化艺术的范围，如诗、画、书、雕塑、造像、印刷等。从数量看，僧人及善男信女创造的文化艺术作品可说是空前绝后。如宋人李之纯，对四川寺院的唐代壁画有如下评价："举天下之言唐画者，莫如成都之多。就成都较之，莫如大圣慈寺之盛。"③李说他在成都当官的八九年中，每天都去观画，可几年过去了还未看到一半。四川从唐至宋的佛教石刻在全国也是名列前茅的。从质量看，四川佛教文化艺术作品也是棋高艺绝，有的则是全国第一。如唐代寺画壁画全是宫廷画家所作，宋代大足北山、宝鼎山佛教石刻是中原石刻艺术衰落后崛起的高峰。

唐代，四川绘画艺术获得重大发展，其原因虽与安史之乱中有一大批著名画家相继入川不无关系，但更由于当时佛教兴盛，各地的新建寺院亟须通过佛教绘画传教弘法，从而产生了对绘画的社会文化需求，形成了让画家大展身手的客观条件。同时，在南北朝开始的模仿、学习印度佛画技巧的基础上，四川地区的佛画家们丰富并发展了自己的绘画表现手法、风格及艺术思想。与此同时也逐渐培养出一大批本地的画家、工匠等。有唐一代，四川地区的画家大多画有佛画，据《宣和画谱·宋永锡传》载："大抵西蜀丹青之学尤盛，而工人物道释者为多。"

---

① 向世山：《从"圆觉经变"造像论宋代四川民间佛教的信仰特征》，《中国文化论坛》1995年第1期。
② 青岛市文物管委会：《青岛发现北宋金银书〈妙法莲华经〉》，《文物》1988年第8期。
③ （清）常明、杨芳灿等：《四川通志》卷三八《舆地·寺观》，巴蜀书社1999年影印清嘉庆本；（南宋）琥仲荣等编：《成都文类》卷四五，文渊阁《四库全书》本。

当时的佛画，大多绘于佛寺的墙壁，最有名者当为成都大圣慈寺的壁画。据宋人李之纯《大圣慈寺画记》统计，该寺共绘有诸佛如来1215个，菩萨10488个，帝释梵王68个，罗汉祖僧1785个，天王明王大神将262个，佛会经变相158个。这些人物有相当部分为唐人所绘。①

敬宗宝历年间，寓居成都的画家赵公祐，攻画人物，尤善佛像、天王、神鬼。李德裕镇蜀之日，宾礼待之。自宝历、太和至开成年，赵公祐在蜀中诸寺画佛像甚多。会昌年间，一例除毁。"唯存大圣慈寺文殊阁下天王三堵，阁里内东方天王一堵，药师院师堂内四天王并十二神，前寺石经院天王部属，并公祐笔。见存。公祐天资神用，笔夺化权，应变无涯，罔象莫测，名高当代，时无等伦。数仞之墙，用笔最尚风神骨气，唯公祐得之，六法全矣。"②其子孙皆精于绘画，并留下一批作品。

赵温奇，公祐之子，长有父风。父殁之后，于大圣慈寺文殊阁内继父之踪，"画北方天王及梵王帝释大轮部属，大将堂大将部属并梵王帝释，普贤阁下南方天王，华严阁上画东西二方天王、梵王帝释。中兴寺大殿文殊、普贤及天王部众"。温奇之子赵德齐，乾宁元年（894）应蜀先主王建所请，于大圣慈寺三学院，正门西畔画南北二方天王两堵。光化元年（898），蜀先主王建置生祠，命德齐与高道兴同手，画西平王仪仗、旗纛、旌摩、车辂、法物，及朝真殿上皇姑、帝戚、后妃、嫔御百堵。蜀光天元年（918），蜀先主殂逝，再命德齐与道兴画陵庙，鬼神人马及车辂仪仗、宫寝嫔御一百余堵。大圣慈寺竹溪院释迦十弟子并十六大罗汉，崇福禅院帝释及罗汉，崇真禅院帝释梵王，及罗汉堂文殊、普贤，皆为德齐笔。"议者以德齐三代居蜀，一时名振，克绍祖业，荣耀何多！"③

卢楞伽，京兆人。玄宗皇帝驻蜀之日，自汴入蜀，嘉名高誉，播诸蜀川，当代名流，咸伏其妙。至德二年（757），起大圣慈寺。乾元元年（758），于殿东西廊下画行道高僧数堵，颜真卿题，时称"二绝"。至乾宁元年（894），王蜀先主于寺东廊起三学院，不敢损其名画，移一堵于院门南，移一堵于门

---

① 王卫明：《大圣慈寺画史丛考》，文化艺术出版社2005年版。
② （北宋）黄休复：《益州名画录》卷上，车吉心总主编《中华野史》第3册，泰山出版社1999年版，第126页。
③ （北宋）黄休复：《益州名画录》卷上，车吉心总主编《中华野史》第3册，泰山出版社1999年版，第126页。

北，一堵于观音堂后，此行道僧三堵六身画，经二百五十余年，至今宛如初。西廊下一堵，马鸣、提婆像二躯，虽遭粉饰，犹未损其笔踪。蜀中诸寺，佛像甚多，会昌年皆尽毁。①北宋御府所藏作品一百五十幅：献芝真人像一，成道释迦佛像一，释迦佛像四，大悲菩萨像一，观音菩萨像一，文殊菩萨像一，普贤菩萨像一，七俱胝菩萨像一，罗汉像四十八，十六尊者像十六，罗汉像十六，小十六罗汉像，三智嵩笠渡僧像一，渡水僧图二，高僧像二，高僧图二，孔雀明王像一，十六大阿罗汉像四十八。②

雍京人赵德玄，天福元年（936）入蜀，攻画车马人物、屋木山水、佛像鬼神，笔无偏擅，触类皆长，独步川中，标名大手。其有楼殿台阁，向背低昂，代无比者。有朱陈村图、丰稔图、汉祖归丰沛图、盘车图、台阁样。尤其重要的是，他入蜀时将梁、隋、唐名画百本携带，得以保留流传。裴孝源《公私画录》云："自魏晋以来，终于贞观，秘府并人间画，共集成二百九十八卷。二百三十卷是隋、唐官本，十三卷是左仆射萧娼，二十卷杨素家得，三卷许善心进，十卷高平县书佐女张氏所献，四卷安福进，十八卷先在秘府，无得处人名，唯有天和年月。"德玄将到梁、隋及唐百本画："或自模塌，或是粉本，或是墨迹，无非秘府散逸者。本相传在蜀，信后学之幸也。"③

文宗开成年间，入蜀的范琼与陈皓、彭坚合作，于诸寺画佛像甚多。武宗毁佛后，当宣宗再兴佛寺时，范琼等三人"于圣寿寺、圣兴寺、净众寺、中兴寺，自大中至乾符，笔无暂释，图画二百余间墙壁，天王、佛像、高僧经验及诸变相，名目虽同，形状无一同者"。自淳化五年、咸平三年，两遇兵火，得存三寺笔踪。大圣慈南廊下药叉、大将和修吉龙王、鬼子母、天女五堵，谓之十七护神；北廊下石经院门两金刚、东西二方天王。中寺大悲院门上阿弥陀佛及四菩萨，院门两畔观音像、药师像，石经板上七佛、四仙人、大悲变相，大将堂两畔南北二方天王，文殊阁下北方天王及天王变相。圣寿寺大殿释伽像、行道北方天王像、西方变相，殿上小壁水月观音，浴室院旁西方天王，大悲院八明王、西方变相，并大中年画。圣兴寺大殿东北二方天王、药师、十二神、

---

① （北宋）黄休复：《益州名画录》卷上，车吉心总主编《中华野史》第3册，泰山出版社1999年版，第127页。
② 《宣和画谱》卷二，文渊阁《四库全书》本。
③ （北宋）黄休复：《益州名画录》卷上，车吉心总主编《中华野史》第3册，泰山出版社1999年版，第127页。

释迦十弟子、弥勒像、大悲变相,并咸通画。"其中西方一堵,甚著奇工,精妙之极也。焉刍瑟磨像两堵,设色未半,笔踪俨然,后之妙手,终莫能继。自圣寿、圣兴两寺佛僧,范琼亲描。"①可以想见,当时成都佛寺完全是艺术的殿堂、壁画的宝库。

五代两宋时期,四川的绘画艺术在本地和全国历史上都占有重要地位。而究其发展进步的原因与此前和当时佛道教的盛行、新旧寺观林立且处于不断兴建和扩建状况有着直接关系。正是这种社会需要,四川地区的画家们多从事释道人物画的创作,并从中涌现出很多杰出的艺术人才。

据载,唐末五代,蜀地著名的释道人物画家有孙位、贯休、赵德齐、高道兴、张素卿、房从真、李文才、阮知海、张玫、蒲师训、高从遇等。

孙位本为东越人,随僖宗皇帝车驾,自京入蜀,号"会稽山人"。性情疏野,襟抱超然,禅僧道士,常与往还。光启年(885~888),应天寺无智禅师请画山石两堵、龙水两堵,寺门东畔,画东方天王及部从两堵。昭觉寺休梦长老请画浮沤先生松石墨竹一堵,仿润州高座寺张僧繇战胜一堵。"两寺天王部众,人鬼相杂,矛戟鼓吹,纵横驰突,交加戛击,欲有声响。鹰犬之类,皆三五笔而成。弓弦斧柄之属,并掇笔而描,如从绳而正矣。其有龙拿水汹,千状万态,势欲飞动。松石墨竹,笔精墨妙,雄壮气象,莫可记述。非天纵其能,情高格逸,其孰能与于此邪?"②悟达国师请于眉州福海院画行道天王、松石龙水两堵,至宋时仍存。

贯休,俗姓姜氏,名字德隐,婺州金溪人。天福年入蜀,王先主赐紫衣,号禅月大师。师之诗名高节,宇内咸知。善草书图画,时人比诸怀素。师阁立本,画罗汉十六帧,庞眉大目者,朵颐隆鼻者,倚松石者,坐山水者,胡貌梵相,曲尽其态。或问之,云:"休自梦中所睹尔。"又画释迦十弟子,亦如此类。人皆异之,颇为门弟子所宝。欧阳炯《禅月大师应梦罗汉歌》赞曰:"西岳高僧名贯休,高情峭拔凌清秋。天教水墨画罗汉,魁岸古容生笔头。时帧大绡泥高壁,闭目焚香坐禅室。或然梦里见真仪,脱下袈裟点神笔。高握节腕当空掷,窣窣毫端任狂逸。逡巡便是两三躯,不似画工虚费日。悴石安排嵌复

---

① (北宋)黄休复:《益州名画录》卷上,车吉心总主编《中华野史》第3册,泰山出版社1999年版,第126页。
② (北宋)黄休复:《益州名画录》卷上,车吉心总主编《中华野史》第3册,泰山出版社1999年版,第125页。

枯，真僧列坐连跏趺。形如瘦鹤精神健，骨似伏犀头骨粗。一倚松根傍岩缝，曲绿腰身长欲动。看经弟子拟同声，瞌睡山童欲成梦。"①时人评述说："然罗汉状貌古野，殊不类世间所传。丰颐戚额，洰目大鼻；或巨颡槁项，黝然若夷异类，见者莫不骇瞩。自谓得之梦中，疑其托是以神之，殆立意绝俗耳。而终能用此传世。太平兴国初，太宗诏求古画，伪蜀方归朝，乃获《罗汉》。今御府所藏三十：维摩像一，须菩提像一，高僧像一，天竺高僧像一，罗汉像二十六。"②

辛澄，不知何许人。建中元年（780），大圣慈寺南畔创立僧伽和尚堂，请辛澄画。辛澄才欲援笔，有一胡人云："仆有泗州真本。"一见甚奇，遂依样描写，及诸变相未毕，"蜀城士女瞻仰仪容者侧足，将香灯供养者如驱"。普贤阁下五如来同坐一莲花，及邻壁小佛九身，阁里内如意轮菩萨，并辛澄之笔。③御府所藏二十有五：佛像一，佛铺图一，宝生佛像一，甘露如来像一，大悲菩萨像二，观音像二，白衣观音像一，如意轮菩萨像一，慈氏菩萨像一，仁王菩萨像一，宝印菩萨像二，宝檀花菩萨像一，文殊菩萨像一，思维菩萨像一，思念菩萨像一，乐音菩萨像一，不空钓菩萨像一，侍香菩萨像一，献花菩萨像一，莲花菩萨像一，香花菩萨像一。④

李洪度，蜀人。元和年中，府主相国武元衡请于大圣慈寺东廊下维摩诘堂内，画帝释、梵王两堵，"笙竽鼓吹，天人姿态，笔踪妍丽，时之妙手，莫能偕焉"⑤。

左全，蜀人。世传图画，迹本名家。宝历年中，声驰阙下。于大圣慈寺中殿画维摩变相、师子国王、菩萨变相。三学院门上，三乘渐次修行变相、降魔变相。文殊阁东畔，水月观音、千手眼大悲变相。极乐院门两金刚，西廊下金刚经验及金光明经变相。前寺南廊下行道二十八祖，北廊下行道罗汉六十余躯。多宝塔下，仿长安景公寺吴道玄地狱变相，"当时吴生画此地狱相，都

---

① （北宋）黄休复：《益州名画录》卷下，车吉心总主编《中华野史》第3册，泰山出版社1999年版，第133页。
② 《宣和画谱》卷二，文渊阁《四库全书》本。
③ （北宋）黄休复：《益州名画录》卷上，车吉心总主编《中华野史》第3册，泰山出版社1999年版，第127页。
④ 《宣和画谱》卷三，文渊阁《四库全书》本。
⑤ （北宋）黄休复：《益州名画录》卷上，车吉心总主编《中华野史》第3册，泰山出版社1999年版，第127页。

人咸观，惧罪修善，两市屠沽，经月不售"。大中初（860），又于圣寿寺大殿，画维摩诘变相一堵，楼阁、树石、花雀、人物、冠冕、蕃汉异服，皆得其妙。①

张南本，不知何许人。中和年寓止蜀城，攻画佛像人物、龙王神鬼。今圣寿寺中门宾头卢变相、东廊下灵山佛会、大圣慈寺华严阁下东畔大悲变相、竹溪院六祖、兴善院大悲菩萨、八明王、孔雀王变相，并南本笔。僖宗驾回之后，府主陈太师于宝历寺置水陆院，请南本画天神地祇、三官五帝、雷公电母、岳渎神仙、自古帝王，蜀中诸庙一百二十余帧，"千怪万异，神鬼龙兽，魍魉魑魅，错杂其间，时称大手笔也"②。

高道兴，成都人。攻杂画，尤善佛像高僧。王蜀先主殂逝，再命道兴与德齐画陵庙，鬼神、人马、兵甲、公主仪仗、宫寝嫔御一百余堵。大慈寺中两廊下高僧六十余躯、华严阁东畔丈六天花瑞像，并高道兴所绘。③

张玄，简州金水石城山人。攻画人物，尤善罗汉。当王建武成年间（908～910），其声迹喧然，时呼玄为"张罗汉"。"荆湖、淮、浙地，令人入蜀，纵价收市，将归本道。前辈画佛像罗汉，相传曹样、吴样二本。曹起曹弗兴，吴起吴栋。曹画衣纹稠叠，吴画衣纹简略。其曹画，昭觉寺孙位战胜天王是也；其吴画，大圣慈寺卢楞伽行道高僧是也。玄画罗汉，依吴样矣。大圣慈寺灌顶院罗汉一堂十六躯，为张玄的遗作。"④《宣和画谱》卷三评论说："世之画罗汉者，多取奇怪，至贯休则脱略世间骨相，奇怪益甚。玄所画得其世态之相，故天下知有金水张元罗汉也。今御府所藏八十有八：大阿罗汉三十二，释迦佛像一，罗汉像五十五。"

两宋时，四川地方最著名的释道人物画画家有石恪、勾龙爽、孙知微、高文进、赵元长、王道真、童仁益等。

石恪，字子专，成都人。幼无羁束，长有声名，虽博综儒学，志唯好画。

---

① （北宋）黄休复：《益州名画录》卷上，车吉心总主编《中华野史》第3册，泰山出版社1999年版，第127页。
② （北宋）黄休复：《益州名画录》卷上，车吉心总主编《中华野史》第3册，泰山出版社1999年版，第127页。
③ （北宋）黄休复：《益州名画录》卷上，车吉心总主编《中华野史》第3册，泰山出版社1999年版，第127页。
④ （北宋）黄休复：《益州名画录》卷中，车吉心总主编《中华野史》第3册，泰山出版社1999年版，第129页。

攻古体人物，学张南本笔法。所绘释道人物，在画技上多有创新，务求新奇，"画鬼奇怪，笔画劲利，前无古人，后无来者"①。有田家社会图、鳖灵开峡图、夏禹治水图、新罗人较力图、仙宗十友图、严君平拔宅升仙图、儒佛道三教图传世。②

杜措，蜀人。幼慕李升山水，长亦勤学，二十年间，昼夕不舍。"大圣慈寺六祖院傍地藏菩萨竹石山水一堵，并院内罗汉阁上小壁翠微寺禅和尚真、三学院经堂上小壁太子舍身喂饿虎一堵、善惠仙人布发掩泥一堵"，并杜措之笔。杜弘义，蜀州晋原人。攻画佛像罗汉。"宝历寺东廊下一堵文殊、西廊下一堵普贤，及行道高僧十余堵，见存。"杜子环，成都人。擅于赋采，拂淡偏长，唯攻佛像。前蜀王建时，"于龙华泉东禅院画毗卢佛，据红日轮、乘碧莲花座。每夸同辈云：某妆此圆光，如日初出，浅深莹然，无笔玷之迹。"杜敬安，子环子。"美继父踪，妙于佛像。大圣慈寺普贤阁下北方天王、三学院罗汉阁下无量寿尊，并敬安笔。蜀城寺院，敬安父子图画佛像罗汉甚众。时江、吴商贾入蜀，多请其画，将归本道。"③

四川释道人物画世家出身的高文进，先后为相国寺、玉清昭应官等寺观作壁画，他的作品在宋初极受推重，曾被誉为"翰林画工之宗"④。眉州彭山人士孙知微，世本田家，天机颖悟，善画释道，四川地区的寺观中多有其作品。御府所藏三十有七：佛画类有维摩像一，文殊降灵图一，智公一，过海天王图一，行道天王图一，游行天王图一，罗汉像一，衲衣僧一，扫象图一。⑤宋神宗时为图画院祇候的勾龙爽，善画佛道人物，"尤善婴孩，得其态度"⑥。

在佛像人物画的带动下，四川地区的花鸟山水画、书法艺术也取得前所未有的繁荣景象。两宋时期，四川出现一大批花鸟山水画的画家和书法家。其中就有不少是僧人，如觉心、智源、智永善画山水，法常善山水、人物、禽兽、

---

① （北宋）赵希鹄：《洞天清禄集》，明万历四二年刻本。
② （北宋）黄休复：《益州名画录》卷中，车吉心总主编《中华野史》第3册，泰山出版社1999年版，第131页。
③ （北宋）黄休复：《益州名画录》卷中，车吉心总主编《中华野史》第3册，泰山出版社1999年版，第131页。
④ （北宋）黄庭坚：《豫章黄豫先生文集》卷二七；（明）夏文彦：《图绘宝鉴》卷三。
⑤ 《宣和画谱》卷四，文渊阁《四库全书》本。
⑥ （北宋）黄休复：《益州名画录》卷中，车吉心总主编《中华野史》第3册，泰山出版社1999年版，第129页。

龙虎、花鸟、松竹、梅兰等。

四川地区的佛教造像是随着佛教的传入而兴起，亦随隋唐五代两宋佛教的兴盛而达到高度成熟的状态，给后人留下千古不朽的杰作，这是佛教在四川传播的又一特点。

四川佛像造像先兴盛于隋唐时期。当时分布地区甚广，故至今仍在49个县里尚有遗存，其主要分布于三个地区；一为四川盆地北部，如广元、旺苍、南江、巴中、通江等县。[①]一为四川盆地中部丘陵地区，如简阳、资阳、资中、内江、乐至、安岳、大足、遂宁、潼南、合川等县；一为四川盆地西南部，如邛崃、蒲江、洪雅、丹棱、夹江等县。这三个地区造像分布较为集中，其他地区则比较分散，但就在这些地方也不乏上乘的佛像。如茂汶县较场坝太宗贞观四年（630）的造像，是迄今四川发现的有确切纪年题记的唐代最早造像。玄宗开元年间开工、德宗贞元十九年（803）完成的乐山弥勒大佛，高有71米，是我国最大的石刻造像。昭觉博什瓦黑石刻，是南诏、大理政权在今天四川境内最大的佛教造像。[②]隋唐及以前时期四川地区的重要造像地点还有：成都万佛寺、广元千佛崖、巴中摩崖造像、资中北岩（亦名重龙山）君子泉、古北岩造像、邛崃石刻、夹江牛仙寺等处。

广元千佛崖造像原有一万七千余躯，民国修路毁之近半，现存窟龛四百余，造像七千余尊。千佛崖"莲花洞"左上方藏佛洞，窟壁有梁天成元年（555）题记。是此处最早造像，窟中佛和菩萨的造型与北周造像近似。莲花洞开凿于万岁通天年间（696），义净在证圣元年（695）回洛阳，带回有摩伽陀国金刚座真容像，这铺像曾在两京地区流传，其图样与长安年间（701~704）七宝台三尊像浮雕相似。类似的三尊像样式在莲花洞亦有留存。位于造像区域中段的大佛洞，高约五米四，窟内一立佛头大身短，残存高肉髻，着通肩衣。菩萨头饰双鬟髻，戴花蔓冠，连珠长耳饰，桃形项圈，披巾在腹前交叉穿环，裙摆下垂，属北朝晚期的风格。南壁胁侍菩萨，高三百四十三厘米，面容清秀，头梳两髻，垂缯，肩披帛，长带交叉于腹部，右手执莲苞置于肩，左手提一法物，赤足立于莲台。大佛洞正壁为一佛、二弟子，左右壁菩萨各一。佛结跏趺坐，高一百厘米，时代近唐。双目微下视，慈祥庄严。

---

① 姚崇新：《四川佛教石窟造像初步研究》，中华书局2011年版。
② 刘长久：《南诏和大理国宗教艺术》第7章，四川人民出版社2001年版。

南北朝时期四川佛像主像多为释迦牟尼。唐代前期，则以"佛说法图"为题材的造像最为普遍。这一时期这类造像的代表作为广元皇泽寺的第十号龛。而经变石刻，多为《西方净土变》，现存最早作品为梓潼县千佛崖第一号龛。到了唐代后期，观音和西方三圣（阿弥陀佛、观音菩萨、大势至菩萨）的造像逐渐取代"说法图像"。其经变石刻虽仍为《西方净土变》，但构图内容已不限于"阿弥陀佛和五十二闻法菩萨"，又增添了以《阿弥陀经》和《观无量寿佛经》的记载来制作作品。其构图布局是在"阿弥陀经变"的基本形式上，增加"未生怨""十六观""三品九生"等情节。这一时期，还有表现东方净土的造像，即药师佛及药师佛变等。密宗造像也相当盛行，其多为毗沙门天王和千手观音。唐末，四川地区佛像也逐渐兴起地藏菩萨造像。

盛中唐佛教各类经变图本广为流传。千佛崖卧佛窟是现存盛唐石刻涅槃变的代表，窟作横长方形，中部设坛，刻卧佛及举哀弟子。二菩萨胁侍两侧镂刻通向窟顶的娑椤双树及天龙八部。三壁原浅刻涅槃经变，现存东北二壁。为弟子奔走相告、金棺自焚、摩耶夫人与佛相见、弟子举哀等场面。牟尼阁佛坛，盛唐时所修，佛坛高一百九十五厘米。释迦结跏趺坐，佛侧二弟子、二菩萨、二力士。背屏上有华盖，镂空雕刻菩提树，上刻天龙八部。值得注意的是，随着唐代后期中国式佛画在四川地区的逐渐兴起，受其影响，石刻造像不再有统一的规范性，定型化的模式渐变为多种样式。同时，石刻造像也开始突破佛教仪轨的制约，逐渐趋于写实。

两宋时期，四川地区的佛教石刻又有进步，在川中的安岳有十万余躯造像，大足有五万余躯造像。集中造像者尤以大足北山佛湾、宝顶山大佛湾造像为极致，为四川石窟艺术中的杰作，是中国宋代雕刻艺术的高峰。[①]宝顶摩崖造像，细巧精致，栩栩如生；而北山石窟中的观音，手持念珠立身莲座，面带微笑……大足北山造佛，计有窟龛二百六十四个，大小造像三千六百余躯。大足宝顶山石刻造像是僧人赵智凤为建密宗道场而作，有大小佛像万余躯，从规模、艺术独创性看，都代表着当时石窟艺术的最高水平，也是佛教留下的珍贵宝藏。

自唐代以来，四川成为全国刻印书籍的中心之一，雕印佛经很盛行。1944年，成都一唐墓出土《尊胜佛母陀罗尼经》，内有"成都府成都县龙池坊卞家

---

① 刘长久：《中国西南石窟艺术》，四川人民出版社1998年版。

印卖咒本"。西川过家雕印的《金刚般若波罗蜜经》还流传到敦煌,并被当地人广为传抄。至宋,成都、杭州和福建建宁成为全国三大雕版印刷中心。开宝四年(971),宋太祖命内官张从信到成都雕造《大藏经》。全藏五千零四百八十卷,刻板十三万块,历时十三年竣工,世称蜀版,这是佛教史上第一次开雕《大藏经》,通称《开宝藏》[①]。宋朝朝廷曾把《开宝藏》赠送给西夏、朝鲜、日本、越南等国,影响极大。

在这个时期,四川还涌现出一批才艺僧。前蜀贯休工书善画,书法自成一格,时称"姜体",他的罗汉画扬名遐迩。贯休弟子昙域工诗善篆书,曾重集许慎《说文》行世。释梦归,工草书,后蜀景焕为成都应天寺作壁画《西部天王及部从》,翰林学士欧阳炯作长歌誉之,梦归书之于壁,时人称为"三绝"。宋初峨眉山继业三藏,博学多闻,曾赴印度取经,记西域行程于《涅槃经》每卷后,为当时"世所罕见"。

元代一朝,汉地佛教不彰,因当朝者崇奉藏传佛教,又因宋元战争及其贻害,使名士高僧纷纷东下,四川汉地佛教遂出现历史低谷。唯有金堂县云顶寺可记叙。云顶寺是川西著名禅宗寺院,古名天宫寺,唐易名慈云寺,宋改祥符院。元初,云顶寺僧人元一游西天回国朝觐,以西天玉琢佛像、贝叶罗经、如来铁钵献元世祖忽必烈。诏元一"与辩伪道士对论。元一以孔释之言为正",世祖大悦,赐元一为护国寺主讲。回蜀后,"改祥符院为朝天寺"。该寺在元代一直受到朝廷和官府的关照、资助,如"至正五年(1345)十二月十七日,僧了心劝率檀越而得四川万户府万户、明威将军达石八都鲁捐金赀,购林木,连前后两廊僧堂斋舍,重重备设之,焕然一新"[②]由于时局变幻,财力、人力不及,各地寺院仅维持都不易,如广安乐山禅院"颓圮多年……止存规模",元代,因"许令本宅请僧修造","遂行自便,鼎新配置,院落庄严"[③]

在川南地区,据近年考古发现得知,在元代曾受云南佛教的影响。如,今西昌市西郊发现的密宗阿吒力教经幢,四面均有文字,汉文、梵文并用,以梵

[①] 苏勇强:《五代南方造纸业与北宋"开宝藏"雕印》,《深圳大学学报》(人文社会科学版)2010年第3期。
[②] 薛玉树:《云顶山记》,四川省社会科学院出版社1988年版。
[③] 《广安县志》卷三九《金石志》。

文居多。①还有一件元代梵文石碑，碑正面上部以细线阴刻坐佛像，右侧刻阴文直书"南无接引西方净土阿弥陀佛"十二字，石碑北面左上角阴刻直书汉文"口口尊胜陀罗尼神咒"，其余石面刻横书梵文二十一行，当是神咒全文。②该石碑合净土与陀罗尼咒于一体，显示西昌地区是四川佛教与云南佛教的交汇区。

从两宋经元到明清时期，佛教已经广泛而深刻地渗透到巴蜀大地，深深地介入民众的偶像崇拜、精神信仰、风土习惯、艺术审美等中，初一十五上庙烧香成为部分民众的习惯，遍布巴山蜀水的寺院、高塔、钟鼓声音，已经变成中国传统文化的文化符号。

第五节 明清时期至当代的巴蜀佛教

明清时期的中国封建社会已经走向衰落，这种状况表现在文化的各个方面。也因为这种衰落，此一时期的中国文化，表现出属于明清独有的特点。佛教作为中国文化的重要组成部分，随着整个社会文化风气有所转变，巴蜀佛教文化，在明清时期也表现出独到的义化倾向：佛教文化成为传统文化，巴山蜀水所孕育的三个著名禅系，峨眉山成为著名的佛教名山，以及寺院建筑佛教绘画和书法等方面。

一、明清时期的佛教文化

佛教作为外来文化，在进入中国文化体系过程中，经过漫长的冲突与融合，既有激烈的斗争，以至于灭佛毁经，僧人还俗；也有相互吸收、取长补短之举。在经过隋唐佛教发展巅峰之后，明清之际的佛教已经由一种外来文化转变成中国传统文化中的一个不可或缺的部分，深深嵌入中国的文化体系中。而这一时期中国传统文化最为重要的特点就是"三教合一"，"三教一方面为了争夺政治、经济和宗教地位而相互对立、排斥，展开激烈的争辩；另一方面，又在义理上相互吸收、融合，互相影响……三家都共同发出了三教合一、三教

---

① 唐亮：《西昌发现元代经幢》，《四川文物》1992年第4期。
② 黄承宗：《西昌发现元代梵文石碑》，《文物》1987年第2期。

一家的呼声"①。通过"三教合一",曾经外来的佛教不再被视为舶来品,而是作为一种中国传统文化,进入人们的思想体系,成为中国文化三家之一。印刷术的普及,造就文化的世俗化,亦是加速佛教文化传播,致使民众阶层接触到佛教经典的机会增加,一般民众的佛教知识较前代更为丰富。佛教成为构筑市民阶层的文化主体,由此被视为一种传统文化流传下去。而佛教伦理进入善书领域,又潜移默化了民众的传统伦理观念。

佛教经过汉代的传入期,唐代三教鼎立突出各自特点时期。宋代佛教"涌现出了大量阐述各宗观点的著作,使具有中国特色的佛教思想趋于成熟"②。到明清之时,佛教文化的中国化已经完成,作为文化的一部分,其时的"三教合一"已经进入一个新的境界。而"三教合一",也成为这个时期文化的一个趋向。如明末高僧西云袾宏就说:"理无二致,而深浅历然;深浅虽殊,而同归一理,此所以三教一家也。"③这个时期的合一,已经是从根上的合一。不同只是各自表述之深浅不同,理却是无二的。

憨山德清禅师的合一角度更加独特。他从人的知识构成角度对"三教合一"进行了阐发。"为学有三要,所谓不知《春秋》不能涉世,不精老庄不能忘世,不参禅不能出世。此三者,经世、出世之学备矣,缺一则偏,缺二则隘,三者无一而称人者,则肖之而已。"④三教知识俱备,乃是一个完整读书人的标准,缺一只能"肖之而已"。可知佛教思想已经浸入中国的文化的血脉,难以分割了。于是倡导"三教合一"在明清之际的巴蜀佛教界,也成为一种风尚。

身处其时的楚山绍琦禅师亦倡"三教合一"之说,如"原夫三教之道,本乎一原,三圣之心,同乎一体。名教虽殊,理无二致"。从理上论述三教的合一性。但这个理究竟是什么呢?归其根源"所言大者即心之全体也,事者即心之妙用也"。虽外在之治世、治人、治心表现不同,然从理上说三教乃是归一的。都归到了心上,楚山绍琦的合一是根本上的合一,是从思想根源的合一。因此,这一切才都归到了"心"上。

---

① 唐大潮:《明清之际道教"三教合一"思想论·引言》,宗教文化出版社2000年版,第2页。
② 王志远:《唐宋之际"三教合一"的思潮》,文史知识编辑部《佛教与中国文化》,中华书局2005年版,第71页。
③ (明)云栖袾宏:《正讹集·三教一家》,《大藏经补编》,台北华宇出版社1984年版。
④ 福善录、通炯编、刘起相重校:《憨山大师梦游全集》卷四五,《卍续藏经》第127册。

另一位高僧吹万广真，著有宣传其"三教合一"的著作《一贯别传》。本书主旨乃为阐释儒、道、释三家重要典籍之精义，或一经、或一章为范围，或单就一句话发挥。卷一为"儒宗"，所解的儒家经典有《易经》及《四书》。卷二为"玄宗"，解道教经典《老子》《庄子》及《文始经》。卷三至卷五为"释宗"，卷三解《心经》《金刚经》《弥陀经》《四十二章经》《维摩经》《楞伽经》《圆觉经》；卷四解《楞严经》；卷五解《法华经》及《华严经》。

吹万广真认为三教的道理是一鼎之三足，缺一而不可，然仍有人不能通达此意。如若要排解这一障碍，"必参其别传之眼藏"。由此可以看出，聚云一系的"三教合一"，乃是以禅宗为主体的合一，即以禅宗会通三教，三教归一之合一。

时值三教关系这一无可回避的问题，诸多明清禅师也都给出了自己对三教关系的见解。据破山海明《破山语录》云："三教圣贤，勿分彼此。以佛何如，以儒何如，以仙何如，但以仙名之，即儒佛亦在其中矣。虽然如是，要且不是各人了生死极则处，且如何是汝了处？汝若了得，不须着着问人也。"①

这一点上破山海明与前贤颇有不同，他认为三教无分彼此，只是大家所处之角度不同，于是有了三教，不必非要在三教中分个高下，三者是你中有我，我中有你的。基于此，破山海明在阐法传教、上堂说法之时多有对儒道之借鉴，以助说法。引《易》以道"忘我"之境，如："上堂云：'天地未始，父母未生，浑忘物我，拨掷渠谁。'拂子画一画，书一圆相○，云：'自此一画一圈，而分两仪、四象、八卦、六爻，以至吉凶否泰，交会岐殊，妙辩悬河，百城瓶泻，无出此一圈一画之中，未始未生之际。'复画⊙云：'若也从此荐得，改禾茎为粟柄，易短寿作长龄。其或未然，有限身心时不待，无情寒暑日相催。'"②

将修道视为同一，不分彼此，因此才有蓬莱仙与灵峰佛齐一的看法："云游万里，影空长空，飘飘落落，若蓬莱之仙，似灵峰之佛。与世味全淡，与人情甚疏，正是学道人行履处。"③破山海明的三教观点，不是以佛摄道、儒，

---

① （明）破山海明：《破山语录》卷一一，康熙庚申年楞严般若坊刻本。
② （明）破山海明：《破山语录》卷三，康熙庚申年楞严般若坊刻本。
③ （明）破山海明：《破山语录》卷一一，康熙庚申年楞严般若坊刻本。

也不是解佛入其二者，而是三者平等圆融、互相统摄、互证互明的关系。

虽然各位高僧所用言辞，所据之角度有所不同，然而基本可以肯定的是，"三教合一"走到明清之际，三家已经相互融合了。从佛教的角度看，他已经融进了中国文化的血肉，不再是外来之异体。所以明清之际的思想界"理学谈禅，讲内丹；佛教徒论正心诚意，治国平天下；道教徒明心见性，谈解脱，这一切，都成为一种普遍现象，并且还反映到民间秘密宗教结社的教义之中、文学作品之中、民众的思想信仰和行为举止之上"①。

二、巴山蜀水的三大禅派

明清时期，在巴蜀大地上相继兴起三个禅派，打破了浙江等地禅派的垄断局面，别开西南一隅禅风劲起的气象。禅宗于中唐以来成为中国佛教的主流，经历了唐末五代至南宋初的繁盛期，自南宋中叶以后，渐呈现衰退之势，繁盛一时的五家七宗多有绝嗣，五家中唯有临济、曹洞两家法脉相续。明朝对僧团进行严格的管理，致使僧尼人数减少，精神内敛，禅宗当然难以恢复唐宋之繁荣。但禅宗在社会上影响较深，传承不断，历代仍然有禅师出世。

明清时期，首开巴蜀禅风者当是无际、绍琦两位禅师，据清初释吾进《佛祖宗派世系》，无际和楚山属于临济宗杨岐派虎丘系，无际为临济宗第二十二世，楚山为二十三世，传承清晰，皆得"印可"，下启后学之功不可没，无际与楚山之后嗣形成了明中叶四川地区规模不小的禅系。在他们的有生之年广收门徒，大扬禅风，使本来相对沉寂的明代禅林豁然一亮。无际、楚山师徒主要活动于西蜀，在西南乃至全国范围内皆颇有影响，"使四川禅宗再一次在国内取得了重要的地位"②。

无际禅师（1381～1446），俗家姓莫，禅师讳了悟，号无际，又号蚕骨，今四川安岳县折桂乡乌鱼洞人。无际自幼聪颖过人，喜欢安静酷好学习，尤其喜欢研读佛经。禅师俗家毗邻寺庙，他每日便浸沐于暮鼓晨钟之中，深受影响，自幼就有了抛弃凡尘、出家皈依佛门的夙愿。明永乐三年（1405），年满二十岁的无际离家到定远县（今武胜）罗围寺，拜在本真和尚门下为徒，得闻道要。后又入大竹黑崖山，经过多年的勤苦修行，终有所得。

---

① 唐大潮：《明清之际道教"三教合一"思想论》，宗教文化出版社2000年版，第143页。
② 冯学成等编：《巴蜀禅灯录》，成都时代出版社1992年版，第31页。

几年后，无际开始遍游川内各大寺庙，参礼诸尊大宿，以求究竟。然而随着其学习的进步，他亦深感自己之不足。于是，他开始了云水行脚生涯。无际先往河洛大乘山，拜谒独空禅师，不巧未遇到独空和尚。他遂入楚地，参访无念胜学禅师，无奈亦未能与无念禅师谋面。后来听说古拙昌俊禅师传禅法于安徽，无际旋即东进，来到了安徽繁昌山，这可以说是无际学佛生涯的重大转折。从此他进入了禅宗系统，得到了禅法之真传。

古拙昌俊禅师"见师之大奇，一言契合，以法授之，尽得其奥妙"。同时还嘱咐无际："汝平实地上人也。担负大事，吾将属望焉，宜善自护持。"无际不负古拙之厚望，他回到四川安岳，在狮子山建立道林寺，继续苦修禅法。

无际弘法蜀中四十余年，其影响广被西南之地，而声闻于京师。胡滢所撰《无际塔院序》描述了无际禅师在西蜀之盛名，如"其在西蜀阐道之时，人咸称为大善知识。故四方禅衲闻风趋向，虽隔数千里之外，不惮山川险阻，必往造参请，求其印证，剖决疑团，究竟生死"。无际因材施教"随其高下浅深，相机开发"。因此，所来学者"如甘露洒心，顿觉清凉；如良药疗病，遽忘沉痼"。听法之人"莫不欢欣踊跃，以为得证三乘而超三界矣"[1]。

明代宣德间，万寿禅寺竣工，明英宗拣选全国各地高僧大德前来京城，登坛说戒。无际禅师亦受到皇帝邀请，前往京城。

无际禅师登坛说戒成功，京城士庶又赞誉颇多，所以他留在京城。正统十一年，禅师在京圆寂。明英宗遣礼部员外郎黄顺赐祭，骨灰由禅师之徒清贫乘官船送回故土，归葬木门寺塔中。英宗亲撰祭文："尔早游空门，坚持戒律。比膺召命，擢为宗师，方振法音，化人为善，溘然圆寂，良可悼嗟！特兹遣祭，尚克歆承。"[2]

另一位楚山绍琦禅师，亦大阐禅风，兴于西蜀。楚山绍琦（1404～1473），祖籍湖北，明朝永乐二年生于唐安（今属四川成都），俗姓雷。他天资聪慧，八岁入乡学，九岁父亲去世，遂出家，从玄极通禅师学法。通禅师十分喜爱绍琦，经常向绍琦讲述佛学，每当讲到重要的地方，绍琦有疑问，便跪下请教。玄极和尚虽然用尽心力，反复开示，但是楚山仍然未能契机。于是，楚山便辞别通禅师，前往他方参学。此时，无际明悟禅师在普州东

---

[1] 《道林寺碑记》，龙显昭主编《巴蜀佛教碑文集成》，巴蜀书社2004年版，第236页。
[2] 《赐祭无际宗师了悟》，龙显昭主编《巴蜀佛教碑文集成》，巴蜀书社2004年版，第238页。

林开法，门庭兴盛，于是便前往参礼。这是楚山第一次参访无际禅师，虽然顿时若有所悟，然未究竟。楚山离开无际禅师，前往他处继续参修。明正统六年（1441），楚山三十七岁，他再次参访了无际禅师，这次参访，无际禅师印可了楚山，便鸣钟集众，传衣钵和拂子于楚山，以示付法。楚山得传禅法以后，回到东山，建天成寺。潜迹隐居。直到弟子们说起，"佛法下衰，禅林秋晚，真风委地"，请求楚山禅师出山弘法利生，他方才出山弘法。

于是，楚山"去游诸名山，历参象教……景泰初，自锦江泛舟出峡，蕲阳荆王、江夏王闻名，亦礼遇之"。之后，又到同安驿（今安徽西南部），游三祖古刹石屋寺，卓锡于美丽的天柱山。景泰五年（1454），他离开天柱山，应桐城投子寺开示之邀前往其处。在投子寺禅师大力倡导念佛禅，在投子寺期间，从其学法之人多达百余人，他与当地名人学士及其居士交往也很紧密，有唱和诗歌往来。此次，出蜀可以说是楚山生命最重要的一次出游。《楚山语录》以及其他灯录所记载的机缘法语、机锋禅语，多是在投子寺时所言。

明天顺元年（1457），时年五十三岁的楚山从投子寺启程归蜀，途经江西庐山。回蜀后，应韩都候之邀，主持云峰寺。后来蜀定王朱友垓出资培修天成寺，扩建该寺大雄宝殿，乃邀楚山住持天成寺。明宪宗成化八年（1472），楚山禅师在天成寺后丹崖修建栖幻窟，作为静修之所。成化九年（1473），楚山禅师示疾，圆寂于栖幻窟内，世寿七十，僧腊六十一。门下得法弟子甚众，约有百人以上。楚山在后世的影响尤深。略从以下几个方面表现出来：

第一，门徒众多，呈现一派繁荣景象。

据《佛祖宗派世系》等传世书籍、碑文等记载，无际禅师留名的弟子约有十多人，如月溪澄、不二圆、坏空成、无为一、古庭坚、无碍鉴、洁空通、楚山琦、太虚冲、德翁淳、雪峰瑞、伏牛物外信、宝月潭、清贫、清印等，其中最有名者当属楚山，而清贫、月溪澄等有各自开出一片天地，弘法一方。清贫自京城扶柩会道林寺后，便做了道林寺主持。月溪于古蔺结庐"永弘"等，兹不赘述。

楚山禅师门徒甚众，据记载约有二百人。人数之众，可谓罕有，楚山这二百位弟子，有书传传世者并不多，细考之下略有十六人，其行状记载于《五灯全书》《五灯严统》《续灯正统》等书中。从其徒众的流布上来看，楚山禅师法嗣遍布汴梁、京兆、云南、贵州、河南、陕西、古渝、登州、山东等省，几乎涵盖中国大部。所以从数量和分布上及其影响上来看，楚山禅系都占据了当时巴蜀禅法的主流。

第二，继承禅风，以机锋棒喝接人。

禅宗以"教外别传，不立文字"开宗立教，有别于佛教其他宗派。这也与依经论文字所说修行的教派不同，需师徒之间"以心传心"。这是一种不需文字、抛弃逻辑束缚的宗教体悟。六祖惠能主要用随机"解粘去缚"的方法接引后学，而后继者又发展出棒喝、机锋、圆相等更为活泼的教学方法，宗门谓之"大机大用"。这是盛唐五代祖师禅的精髓。

楚山禅师在接引学人所用的语言方法，颇有盛唐之遗风，如"凡见僧来，或拈拄杖，或举拂子，或掷蒲团，云'速道速道'，僧拟开口，便曰'不是不是'，随曰'出去'"。或拈拄杖，或举拂子，或掷蒲团，等等，这些意向性的动作皆与唐代禅学一脉，盛唐气象犹存。

第三，阐扬临济宗风，注重参究念佛话头禅。

晚唐以来，禅门中强调必须参究而悟，学禅因此被称为"参禅"。楚山承继的临济宗，尤重猛利参究。参究乃是要打破心底对于心性的疑团。

楚山很强调参究，谓"我宗无语句，亦无一法与人，惟在当人自参自悟自证自得耳"，教人"时时鞭起疑情，反复推穷参究，静闹闲忙，勿令间断"。

赵州"无"字公案可以说是他们具有标志性的公案之一。楚山本人也是从赵州"狗子无佛性"入手的，还参圆悟"不是心不是佛不是物""万法归一一归何处""父母未生前"等话头。

楚山禅师强调："先要照破世间虚名浮利富贵豪华万境万缘，同一梦幻；次须痛念流光如箭，时不待人，生死岸头，无本可据。"然后领取话头，念念不忘，默默体究。

对于在家修行的居士，楚山开示应多修念佛法门，其所说的念佛属于参究念佛。即以阿弥陀佛名号为话头，他在这方开示最为详切，在后世影响也最大。这即是后人所谓之"念佛禅"，也常说楚山禅师"禅净合一"。

他所示念佛，大略有两条路径：一是当念阿弥陀佛佛号时，观念佛心起处，看能念者是谁。二是先了知佛即是心、心即是佛，以此见解称念佛号，从有念念至无念，体认离念之心即是佛性。

第四，强调持菩提心戒。

禅宗虽然是一个强调心性顿悟的宗派，然而作为一种宗教派别，重视持戒也是情理之中的事情。宋代以降，禅师很少谈及戒行，导致禅僧戒行松弛，然而楚山却特标戒行，极力提倡大乘菩提心戒。《楚山语录》卷二为钦守太监阎公建冥阳大法会说戒曰："盖此戒定慧三学法门不容之不立也。然此三学法门既立，当以菩提心戒为首。"

将戒行提高到六度万行总持之地位，说戒白渡过苦海之慈航，也是冲破黑暗的火炬。同时，又以禅宗的卓然见地指出"心外无戒，戒外无心，心戒不二，号曰菩提。菩提心者，名曰戒性"。

无际禅师、楚山禅师乃是明朝中期中国有名的大禅师。其思想、作风可作为反映明中叶禅宗的面貌的典型，在明代禅宗史上应占有相当重要的地位。其禅法特别是参究念佛法，对后世佛教修行产生了深刻影响。两位禅师立足巴蜀，阐扬教法亦是功不可没。为巴蜀后代禅风之开启，奠定了良好的基础。

巴蜀禅宗的另一系以吹万广真—铁壁慧机为领袖，该系禅法的兴起，打破了明代中后期，禅宗大盛之后，浙江独揽的局面。

吹万禅师（1582～1639），明代万历年间人，讳广真，俗姓李，叙州府（今四川宜宾市）人。幼时学儒，长而事佛。参本府明月联池（1574～1639）为师。为大慧宗杲之法系，至吹万则大慧下十三世。大慧法系隶属临济一脉。据《吹万禅师塔铭》对禅师的评价说："大师崛起而中兴之，匪第光显径山，鼎新临济，而且扶宗拯弊，身体力行。师盖千古法门之功臣也。"他曾出川游历，所谓"涉海入吴，传闽过粤"[①]。后回川讲法多年，创立了聚云禅系，为四川佛教做出了很大的贡献，也为四川佛教迎来了第二个兴盛时期，吹万一生致力于弘扬佛法，令当时衰弊之禅风为之一振。

《释教三字经》是吹万广真仿效儒家《三字经》之体例撰写的一本佛教启蒙读物，当时敏修长老为该书作注。《释教三字经》以三字为一句，四句为一颂，全书共有一百八十三颂。

此外，据《吹万禅师塔铭》，当时，吹万之徒孙水部尚书郎熊月崖捐俸刊刻，吹万禅师《正录》十卷，《广录》近百卷。其徒田华国赞曰："刊成，而师之法雨澍矣。沐其泽者，靡不沾其润，觉片言只字，皆有师之面目存焉，则皆有师之鸿慈寓焉。具眼者那肯错过。"[②]

吹万禅师传法严谨，一生仅收了三个弟子：铁壁慧机、三目慧芝、铁眉慧

---

① 龙显昭主编：《巴蜀佛教碑文集成》，巴蜀书社2004年版，第505页。
② 龙显昭主编：《巴蜀佛教碑文集成》，巴蜀书社2004年版，第505页。

丽，其中铁壁慧机一支嗣法弟子很多，传了两三代，有三山灯来、别庵性统等著名人物。吹万禅师，世寿五十八，圆寂于崇祯十二年己卯七月三十日。

铁壁慧机（1603～1668）明代临济宗僧。四川营山人，俗姓罗，字铁壁。禅师生而貌伟，气骨不凡。八岁父亲见背，即随母持斋。少即聪颖，就学童塾，所学不忘。渐通诗文，便能成文且脍炙人口。里中俊杰，众人称赞其："此罗氏龙文也。"①

铁壁禅师先从本邑大蓬山之元白道者，叩问雅意。元白道人能辟谷之术，禅师慕之而从之。"师于大竹筑室，昼夜正襟危坐，一日仅食米二握。沸汤淡饮，五味俱断。如此三年，疑惑顿起，欲往叩问于元白道人，然元白道人此时已往终南山，师遂远行终南山。"二十五岁，投西竺僧落发。未久，铁壁禅师参谒吹万禅师。年三十三岁时，大彻大悟，吹万广真印可。

吹万禅师的入室弟子并不多，据《吹万禅师塔铭》载仅有"铁壁慧机禅师，则本川营山人；三目慧芝禅师，则吾郡刘氏子；铁眉三巴掌慧丽禅师，则北直赵州柏乡人，之三公者，皆师入室弟子也"②。由此可知，铁臂禅师乃吹万广真的高足。因此，吹万于崇祯十二年（1639）示寂后，铁壁继任聚云寺住持，此乃顺理成章。

然而，铁壁禅师并未困居聚云寺，而是将禅法传向川东南一代，并历任多座寺庙的住持。铁壁禅师主法三十二年，主持过近十座道场。除了登堂入室的皈依弟子之外，公侯藩郡文武士夫的在家居士，不啻百十余人。铁壁禅师世寿六十六，僧腊四十一。

由吹万广真禅师开创禅系，再经嗣法者铁壁禅师发扬的，晚明时期流行于巴蜀及湖南等地的禅法，因其吹万禅师卓锡于聚云寺，所以人称"聚云禅系"。这一禅系弟子众多，影响非常深远，著作颇丰，计有《吹万广真禅师语录》三卷、《吹万广真禅师广录》二十卷、《庆忠铁壁禅师语录》三卷、《庆忠铁壁机禅师语录》二十卷等。除去这些机锋语录之外，吹万禅师有仿儒家童蒙书《三字经》而作的《释教三字经》，流通非常之广泛，乃佛教入门的导引。至清光绪年间，普陀山印光法师又将此书重新修订，将原文改动了十分之三，注释改动了十分之七，并作了《序言》，再由居士杨仁山先生印行流通，

---

① （清）别庵性统编：《续灯正统》卷一六，《卍续藏经》第144册。
② 龙显昭主编：《巴蜀佛教碑文集成》，巴蜀书社2004年版，第505页。

定名为《佛教初学课本》，可见这本书的影响。

聚云禅系作为一个晚明时期的禅宗派别，不可能不与净土宗产生千丝万缕的关联。吹万禅师也不可能绕开这个问题，于是他对禅净的难易、净土之所在等问题做了论述：念佛与参禅究竟谁易？吹万禅师云："学人谓：念佛易于参禅，参禅难于念佛，殊不知难而易，易而难。"①从这一回答可以看出，吹万禅师认为，参禅念佛之间没有谁难谁易之别，打消学人以为参禅难而避之，念佛易而趋之的错误观念。同时，聚云作为禅系，始终强调"觉"的作用，而且还指出，一切众生皆有觉，不觉只是因为无明。聚云以为的念佛始于"觉"。

总之，聚云禅系乃是晚明时期巴蜀的一个重要禅系，虽然当时禅风日下，禅宗已属衰落，但吹万、铁壁的出现起到了"润法雨于两川，震法雷于九有"之功效。

此外，巴蜀还兴起了以破山海明为领袖的双桂禅系。破山海明生于明万历二十五年（1597）正月二十一日，今四川省大竹县双拱乡人。俗姓蹇，本渝州忠定公后裔。讳海明，号破山。传说破山生而不语，父母很是担心。七岁时听邻人诵读《金刚经》，随而诵出"若以色见我，以音声求我，是人行邪道，不能见如来"。八岁入乡校，不喜欢读诗书。十三岁破山婚配。次年，即万历二十九年（1601），山东、山西、河南、陕西、四川等省发生严重的饥荒，破山的父母双亲也在灾难中相继离世。破山十八岁大病，终日卧床不起，有了出家离尘之念。病愈后常远涉名山大川。一日行至一小庙，"见壁间有志公禅师《劝世歌》，予读至身世皆空处，不觉堕泪，将从前恩爱等事，一时冰解"。②万历四十三年（1615），闻姜家庵大持和尚精严戒律，高志有德，于是慕名前往，"行年十九，忽厌尘凡，薙发出家"③。长老为师，为其取法名"海明"，号旭东。

二十六岁，参憨山、博山、闻谷、雪峤诸大师；二十七岁，参湛然和尚；二十八岁，参金粟密云悟和尚；二十九岁，再参湛然和尚。天启六年（1626）破山三十岁，他去杭州西湖边栖霞岭西北面的金鼓洞闭关一年。其后，破山又只身去杭州钱塘门外昭庆竹院静室闭关一年。之后，破山有回归巴蜀之意，遂

---

① （明）僧吹万广真撰，三山灯来重编：《吹万禅师语录》卷一七，《嘉兴大藏经》第29册。
② （清）善一如纯辑：《黔南会灯录·破山明禅师自传》，蓝吉富主编《禅宗全书》第24册，北京图书馆出版社2004年版。
③ 龙显昭主编：《巴蜀佛教碑文集成》，巴蜀书社2004年版，第518页。

向密云老和尚辞行："予辞归蜀,遂书《曹溪正脉来源》一纸并信金付予,予再四却之,师云:'你《源流》不要,银子拿去做盘缠。'予曰:'要则总要,不要则总不要。'师即付之。"①

破山辞别密云之后,并未立即还蜀,而是在湖州、嘉兴、慈溪等地以密云高足、临济传人身份阐教说法,顿时声名鹊起,名满江南。

回到蜀地,破山先寓万县(今重庆万州区)的广济寺。不久,即被梁山(今重庆梁平)士绅迎往梁山万年寺。次年,梁山知县费鼎耀又请破山住持本县万峰太平寺,一时万峰宗风大振,巴蜀禅子,远近趋风,以聆法音。破山在此创建了遐迩闻名的万峰法派,为日后的双桂堂奠定了坚实基础。

崇祯十五年(1642)冬,张献忠攻入四川,破山遂携众弟子避乱于故里大竹佛恩寺,因其地山高水远,罕有人迹。次年冬,张献忠军队从达州攻入大竹,破山强令众弟子离开,远避兵火。仅有雪臂印峦一人相随左右。张献忠军队见破山短发长须,误以为他是达州唐进士,将其绑缚,后知破山是佛学大师,遂释放之。其后,破山又回到梁山万峰山佛香禅院。

时巴蜀有匪人李占春,号立阳,绰号李鹤子。此人好杀戮,常杀无辜,破山禅师劝其止杀。李说,如果破山吃肉,他就止杀。破山遂由此开戒食肉。李立阳亦令不许再错杀一人。川东百姓由是多免于难,感激不已。

南明永历五年(1651)冬,驻守梁山金城寨的明末残部姚玉麟将军迎请破山入住寨上小寺——金城寺,慕名前往参拜者络绎不绝,姚氏见"非大道场不能海纳山容",于是择一旧绅别墅遗址为破山建成大梵刹,因有老桂二株,即取法堂名为"双桂堂"。

康熙三年(1664),破山乃应李国英之请,至重庆为李国英之母荐亡,重庆士绅庶民皆争睹于市。法事完后,破山结束十六年酒肉的生活,恢复僧人平静生活。康熙五年(1666),正月十五日,将眼、耳、鼻、舌、身、意分成六偈,付嘱六人,以终生平之事。"三月十六日亥时,盥漱搭衣,以手指烛,端坐而化。寿七十,坐腊五十,九坐道场。"②

破山海明禅师演法于梁山双桂堂,故其法嗣世称为双桂禅系,他们为弘扬

---

① (清)善一如纯辑:《黔南会灯录·破山明禅师自传》,蓝吉富主编《禅宗全书》第24册,北京图书馆出版社2004年版。
② 龙显昭主编:《巴蜀佛教碑文集成》,巴蜀书社2004年版,第519页。

巴蜀佛教做了很大的贡献。

自崇祯五年（1632）破山从浙江归来，在蜀地弘法至清朝初年，据《双桂堂破山明禅师年谱》载，破山共"度弟子印开等百余人，嗣法弟子八十七人，南北分化，各振家声。或辅弼丛林，深养厚蓄；或诱一郡，或导一国"。由此可见，破山弟子大都独当一面，其后又能弘化一方，再续破山法脉的还是不少。开法遍及四川、重庆、贵州、云南、河南、河北、湖南、陕西、浙江等省及苏州等地，尤以四川、贵州、云南，为双桂禅系根据地。诚如《明季滇黔佛教考》所说，明清之际，双桂禅系其法裔遍滇黔及两川，可谓一时之盛。

破山禅学思想的核心主要有：

第一，对吹万禅系传承方式的质疑。

有云游僧将吹万禅师堂语给破山看，破山看后，叹息良久，对吹万追溯远祖冷落师父的做法颇不赞同。《破山禅师年谱》载有此事："师四十四岁。是冬，重整炉鞴，痛施钳锤，英灵泉涌，气吞诸方。忽一僧从聚云来，将吹万上堂语呈似。师看毕，太息久之，乃普告大众云：'聚云钉椿摇橹，妄拟祖庭，反谓嫡悟。嫡据者为非，自甘嗣远嗣死者，却是甚为穿凿谶案，谩惑无识之辈。纽捏枝派，冒籍有宗之门，不知大慧门下，有九十四人，迄今五百年来，久无影响。而聚云辈焚香发誓，结五十三人，挝鼓升堂，一旦嗣之，不知斯辈得何据乎？试问聚云辈，梦眼何故不开？活的不嗣，而反嗣死无对证者？何不索性做个过量人，独擅嘉声，亦得而乃刺脑入胶盆耶？既谓汉月致书，识聚云为大慧种草，则何不效黄檗不嗣马祖，而竟嗣百丈。今聚云反嗣大慧而不嗣汉月，较之古人之智，天渊矣。"于是作《佛道声价》一文，面对吹万远嗣大慧这种做法给予批判。

第二，禅净关系论。

净土宗在明清时期影响巨大，诸宗大德在做论、讲法之时都不得不涉及自己对净土的看法，破山亦不例外。从破山所留下的文本来看，他认为禅净平等。

据《破山自述行实》自述，破山先是皈依净土，"至夜获一梦，如四山相逼，中间只有一路，有一僧对予诵偈云：欲脱婆婆出苦缠，急欲精进莫贪眠，声声只把弥陀念，自有莲花托上天。诵毕不见，山僧当夜醒来，自此一心念佛，志愿出家"。只因听慧然法师讲《楞严经》产生疑惑，多出参访，才传向禅宗的。因此在后来的传法中，破山倡导禅净圆融，他说："佛祖方便固多，要之不出两种，则禅佛是也。信得参禅，及立志参禅，信得念佛，及立志念佛，虽顿渐之不同，出生死心一也。苟生死心破，何容眼上更添眼，矢上更加尖矣。"①又云："已分半院居三载，共守寂寞始六时。净业参禅无异路，归根去作天作师。"②好一个"净业参禅无异路"，直接表明，破山将二宗圆通融一的做法，虽然二者渐顿有别，然而，出离生死却是一样的。禅净二门究竟都是解脱烦恼，此二者只是途径之不同，但是目的却是一样的。

于是，破山云："参禅念佛二门，究竟生死为极。了知生死，别无禅参，别无佛念。有佛念，则是生死中佛；有禅参，则是生死中禅。于是二中间，未梦见生死在，还知么？生从何来，死从何去？参！"③

破山先得川中巾帼名将秦良玉庇佑，休养生息并纳崇祯朝的王应然、南明永历政权"兵部尚书"吕大器为信徒。破山为了普度众生，救民于生死之间，力谏李占春止杀，并为此，开戒食肉。后又得明末残部姚玉麟将军迎入寨上小寺，后来创立了名扬千古的双桂堂，最终奠定了双桂堂西南禅宗祖庭的卓越地位。破山及其弟子开创的双桂禅系一举成为明清时期西南最为著名的禅宗法脉，双桂堂在四川乃至西南的地位亦不可低估。从清代乾隆年间颁赐《大藏经》之事即可见一斑。"皇上御极之四年，重刊三藏圣教经，皆成印百部，颁赐天下名兰大刹。蜀省得二，其一昭觉，一则双桂也。共计七千二百卷，作七百二十四函。"④

巴蜀三大禅系的继起，为已经处于衰颓中的四川佛教绘上了亮丽一笔，将禅宗在西南地区的再度兴盛，推向新的高度。

三、普贤道场峨眉山

佛教中国化的禅宗兴盛以后，在中国四大名山形成四大菩萨文化的道化、演示和研究的中心：山西五台山的文殊菩萨道场，是演示佛智慧的中心；浙江普陀山观音菩萨道场，是演示佛大慈大悲文化的中心；四川峨眉山的普贤菩萨道场，是行践普贤文化的中心；安徽九华山的地藏菩萨道场，是演示愿力脱离苦海文化中心。这四大道场是佛教中国化的四大象征性文化符号和四大佛教文

---

① （明）破山海明：《破山语录》卷六，康熙庚申年楞严般若坊刻本。
② （明）破山海明：《破山语录》卷一五，康熙庚申年楞严般若坊刻本。
③ （明）破山海明：《破山语录》卷九，康熙庚申年楞严般若坊刻本。
④ 龙显昭主编：《巴蜀佛教碑文集成》，巴蜀书社2004年版，第643页。

化的地理标志。

峨眉山自有佛教传入以来，声名不断高涨，在佛教中的地位逐渐显赫，尤以明清之时为著。其山本有道教流传，葛洪《抱朴子》就认为："峨眉有正神所居，乃可以合金丹之山。"①据同书所载，黄帝曾访仙于此，得见天真皇人。②峨眉山作为道教仙山早已名扬海内。其后的道经将峨眉山纳入道教"洞天福地"体系，位居"三十六小洞天"之"第十小洞天"③。

据考峨眉山之有佛教，始于晋代，自此，形成释道并存一山之局面。唐僖宗时（874~888），慧通禅师入峨眉，见峨眉山山峦起伏，地域宽广，重兴佛寺。禅师德高望重，声闻朝廷，由此"唐僖宗敕建黑水寺，赐额永明华藏，又赐住持慧通禅师，藕丝无缝袈裟一领，以黄金白玉为钩环，及诸供器"④。此乃皇帝敕赐峨眉山之始，其后历代皇帝多有封赐。尤以明代为最。

宋代，峨眉山佛教发展进入一个新的时期，首先，于开宝九年（976）迎来了奉召入天竺求舍利及贝多叶书的高僧继业三藏大师。大师重建牛心亭并在此圆寂。其次，太平兴国五年（980）二月，茂真大师奉诏入朝，"太宗赐诗美之，馆于景德寺⋯⋯既归。重兴五山六寺。后遣张仁赞，赍黄金三千两，于成都铸普贤大士像，高二丈六尺，至今供养"⑤。

明代，四川峨眉山名声比起前朝更为响亮，可以从三个方面略述其所以兴盛之原因，一是高僧大德的苦心经营；二是皇帝对峨眉山的敕赐；三是营建庙宇多座。

明洪武初年（1368），朱元璋遣宝昙国师来峨眉山，"敕住峨峰，重建铁瓦殿，并铸普贤金像。留蜀十年，道化大行，后召还。卒天界寺"⑥。明太祖有《寄宝昙禅师二首》，以昭其德。诗曰："断岩知是再来身，今日还修未了因。借问山中何所有，清风明月最相亲。""山中静阅岁华深，举世何人识此

---

① 王明：《抱朴子内篇校释》，中华书局1980年版，第85页。
② 王明：《抱朴子内篇校释》，中华书局1980年版，第324页。
③ 李永晟点校：《云笈七签》，中华书局2003年版，第612页。
④ （清）蒋超撰，（民国）印光重修：《峨眉山志》，江苏广陵古籍刻印社1997年影印本，第255页。
⑤ （清）蒋超撰，（民国）印光重修：《峨眉山志》，江苏广陵古籍刻印社1997年影印本，第207页。
⑥ （清）蒋超撰，（民国）印光重修：《峨眉山志》，江苏广陵古籍刻印社1997年影印本，第215页。

心。不独峨眉幻银色，从教大地变黄金。"①

明别传会宗禅师（1499~1579），俗姓汪，字别传，名会宗，湖广德安府云梦（今湖北云梦）人。家风本来向善"祖赞，父崇义，世嗜善不倦"。②七岁随通彻法师剃度，究其法脉乃"光泽惠禅师法嗣，坏空成之孙，无际曾孙"③。

禅师先至今重庆綦江永寿寺，从师宗实受具足戒，戒行精严。嘉靖十二年，入峨眉山，见峨顶只有旧时所建铁瓦殿，年久失修，且明代以后登山游览及朝拜之人渐多，殿宇已经不足以栖止。别传禅师不忍震旦第一奇胜觉场衰败如此，于是化缘十方，自己也减衣鸠食，铢积寸累。培修旧有之铁瓦殿，并新修铜瓦殿，前建板殿七间，后建板屋五间。有回廊走道相连，铸普贤菩萨铜像一尊，及诸佛菩萨像六十五尊，都供奉在峨眉山顶峰之上。禅师还在白水寺建伽蓝殿一座，铸三尊佛像供奉其中。造大钟三口，分置于白水寺、永寿寺和老宝楼，以老宝楼之钟为最，重有二万五千斤。

别传禅师住峨眉四十年，尝于古德林，种植楠树二里，共六万九千七百七十七株，树木蓊郁成林，人称"神树"。为绿化峨眉贡献巨大。别传禅师努力营造，使师"声迹訇然"，并为蜀人士所归仰。禅师的号召更是"王公大人，下及四众，洗心倾向，投师山积"。别传禅师的经营更使峨眉在明清之际赢得了"巍巍胜峰山，东旦名第一"④之美誉。禅师去世后，明神宗赐号"洪济禅师"。

别传禅师之后，峨眉山有无瑕禅师声名颇著。无瑕禅师，四川资中人。年三十遇到异人度化，方离家至大足县宝顶寺，祝发出家。游历大方，至华蓥山，得慧堂禅师印可，大悟宗旨。闭关山中，熊虎不敢近，于是声名大振，"沙门从方外来者，咸顶礼事师。檀越为之创寺，名曰雷音"⑤。方圆数百里，皆咸拜其师。据传，无论老幼贤愚还是有病之人，经禅师手抚摸，病皆立

---

① （清）蒋超撰，（民国）印光重修：《峨眉山志》，江苏广陵古籍刻印社1997年影印本，第315页。
② 龙显昭主编：《巴蜀佛教碑文集成》，巴蜀书社2004年版，第410页。
③ （清）蒋超撰，（民国）印光重修：《峨眉山志》，江苏广陵古籍刻印社1997年影印本，第218页。
④ 龙显昭主编：《巴蜀佛教碑文集成》，巴蜀书社2004年版，第411页。
⑤ （清）蒋超撰，（民国）印光重修：《峨眉山志》卷五《无瑕禅师塔铭》，江苏广陵古籍刻印社1997年影印本。

愈。至此声名远播，求治病者无数。禅师逝世后，肉身尚在，而且"至今容体俨若生，发亦渐长，如未剃时"①。引来四方观者，并为之惊异。

通天大师乃明代峨眉山又一位道誉特隆的禅师。大师俗姓潘，讳明彻，号通天。陕西同州人。年少之时便好布施，十四岁时，于五台山九龙岗礼翠峰和尚为师。

隆庆二年（1568）通天大师来礼普贤，于千佛顶结茅驻锡。万历癸酉（1573）在天门石下建一海会禅林，安住众僧，持戒十年，道望日隆，声闻朝廷。万历丁亥（1587），明神宗对通天禅师多有敕赐，并遣太监本张公，持送帑金，庄严经阁，以铁为瓦，并赐名护国草庵寺，乃后日之圆觉庵。"即初时安众地也。"②自通天禅师住持护国草庵寺后，"常聚禅侣千百余，法道大盛，五竺凡僧，闻风踵至"③。可见通天大师之声名，非仅仅囿于一山，而是飞越山峰，走出巴蜀。为峨眉山赢得美誉，做出贡献。

通天大师有弟子名无穷禅师。禅师乃重庆铜梁人，俗姓田，讳法真，无穷为其号。万历癸酉年（1573），至峨眉山，礼通天法师，削发为僧，受具足戒，遂苦行多年。万历十年（1582），无穷禅师在蜀、楚二地化缘，造得千手千眼观世音菩萨像一尊，像高三丈余，运回峨眉山。佛像太大不便上山，"乃卜东关隙地，置像作镇焉"④。

因为无穷禅师德高望重，万历中，慈圣太后先后赐金修建了大佛寺及大悲正殿，万年寺侧慈圣庵一所，又为峨眉山僧众置田地百亩，兼有梵僧持金书贝叶经一函，藏峨眉山中。后法师圆寂于北京延寿寺，明王朝特派内使姜公、苏公发送灵骨回山。大师一生，"造像建刹，宠贲煌煌，承前启后，法道以昌"⑤。

---

① （清）蒋超撰，（民国）印光重修：《峨眉山志》卷五《无瑕禅师塔铭》，江苏广陵古籍刻印社1997年影印本。
② （清）蒋超撰，（民国）印光重修：《峨眉山志》卷五《通天大师塔铭》，江苏广陵古籍刻印社1997年影印本。
③ （清）蒋超撰，（民国）印光重修：《峨眉山志》卷五《通天大师塔铭》，江苏广陵古籍刻印社1997年影印本。
④ （清）蒋超撰，（民国）印光重修：《峨眉山志》卷五《无穷大师塔铭》，江苏广陵古籍刻印社1997年影印本。
⑤ （清）蒋超撰，（民国）印光重修：《峨眉山志》卷五《无穷大师塔铭》，江苏广陵古籍刻印社1997年影印本。

有明一代，峨眉山可谓高僧辈出，使得峨眉山之声名远超前代，成为中国佛教圣地。

进入清代，峨眉山之高僧可述者有二：贯之和尚和可闻禅师。贯之和尚是峨眉山上距通天大师后的又一位高僧，其塔铭曰："峨眉山为大行菩萨道场，非实行不能住，即勉住，亦不能著行迹，彰声施。惟以行承行，契菩萨心，其人始传。通天大德而后，再见贯之和尚焉。"①可见在当时人眼中，贯之和尚德行高尚，行实合一，其功行堪比通天。

贯之和尚，四川犍为人，本姓王。十二岁丧父，渐觉尘世苦海，有离尘出世之志。遂至嘉州金碧，拜三济和尚为师，名以性一，字以贯之。此后，贯之和尚，精进修习佛法。年三十三时济和尚圆寂，遂投夙明法师，受沙弥戒。

其后蜀中兵乱，峨眉山诸多宝刹毁于兵火，香火荒凉，虎狼出没，行人绝迹，全然没有往日之胜。山中僧众亦是粮乏饥困，禅师解囊相助，运粮米以供峨眉僧人，峨眉僧人皆感其德行。山印、瞿如二位禅师因峨眉山伏虎寺名胜久废，乃请师开建之。贯之推辞不过，方受其职。伏虎寺的修复乃是贯之和尚在峨眉山之大事。然而伏虎寺工程浩大，并非一日之功，贯之和尚为此耗费心力二十年之久，其德行精诚可感天地。

贯之和尚先于伏虎寺原址结草庐名曰虎溪精舍，接待各方往来之客，并劝化高官贵人捐建伏虎寺，光募化修建资金，贯之和尚就花了十多年。最后建成伏虎寺前后左右殿堂楼阁，共有一百十余间。巍巍焕然为峨眉山第一大观，乃宾客到峨眉山朝山必居之处。

贯之和尚之后，峨眉山可述之高僧有可闻大师。可闻大师本金陵太平当涂赵氏子。于青山，礼庆斋，祝发出家。因护送普贤菩萨像来峨眉山供奉，其时刀兵起于道，阻了归路，遂留寓四川。居峨眉山洪椿坪三年余。时清朝初定，天下初平。峨眉山中大德以登山之首刹伏虎寺，久灭于草莽之间，力邀可闻大师修复之，大师"毅然预劳，董监院事。寻当年基址，渐次开辟，朝昏竭蹶，鸠工庀材，继以规矩准绳。辛卯岁，结茅屋，蔽风雨。庚子夏，修建绀殿琼楼，璀璨辉煌。塑大佛三尊，诸菩萨金像，皆庄严妙好。禅堂斋所，僧寮云水，厨库仓浴，桥亭三门，局次有序积年告成。又于路旁竖立茶坊，待行人

---

① （清）蒋超撰，（民国）印光重修：《峨眉山志》卷五《贯之和尚塔铭》，江苏广陵古籍刻印社1997年影印本。

饥餐渴饮。五十年来，而工始竣"①。禅师修建本寺全赖本省文武官员捐金布施，共成这峨眉胜景。其后禅师又在寺庙周围植树无数，峨眉山乃树林阴翳，禽鸟和鸣。禅师门人又于远赴江浙募《大藏经》、募弥勒像，皆为清初峨眉山再兴重要事迹。

自佛教进入峨眉山成为普贤菩萨道场，离不开历代高僧大德的经营，山中古刹在一代代高僧的新建、扩建、培修中，不断旧貌换新颜。林木亦在诸多大德的精心栽培下，郁郁葱葱。历代高僧的精苦道行，更为佛教圣地峨眉山赢得了美誉。

峨眉山受皇帝封赏，有记载者始于唐代。其后各代皆有。然进入明清之际，备受朝廷的关注，赏赐不断。展现出峨眉山不仅是蜀中名山，亦是全国性重要名山。

据《峨眉山志》记载，明代皇帝赏赐自明英宗始。天顺四年（1460），峨眉山迎来了明代颁赐的第一部《大藏经》。《大藏经》安置在灵岩禅寺中。随书明英宗还有圣旨一道，曰："朕体天地保民之心，恭承皇曾祖考之志，刊印大藏经典，颁赐天下，用广流传。兹以一藏，安置大峨眉山，灵岩禅寺，永充供养。听所在僧众，看诵赞扬。上为国家祝厘，下与僧民祈福。务须敬奉守护，故喻。"②

明神宗是对峨眉山赏赐最多的明代皇帝。先后屡次赏赐都有记载，先是赏赐峨眉山海会堂：金绣千佛袈裟、紫衣、丁云鹏所画八十八祖像和佛牙等物及《大藏经》等佛教经籍。

峨眉山圆通庵也得到明神宗赏赐的慈宁宫皇太后手书佛号，绣金长幡一对和九层沉香塔等物件及金银书番经三本和乌思藏等佛教经文。

万历二十七年（1599），又赐白水寺《大藏经》，并有敕书曰："勅喻，峨眉山白水寺主持及僧众等人。朕发诚心，印造佛大藏经，颁施在京，及天下名山寺院供奉。经首护勅，已谕其由。尔主持及僧众人等，务要虔洁供安，朝夕礼诵。保安眇躬康泰。宫壶肃清。忏已往愆尤，祈无疆寿福，民安国泰，天下太平。俾四海八方，同归仁慈善教，朕成恭己无为之治道焉。今特差御

---

① （清）蒋超撰，（民国）印光重修：《峨眉山志》卷五《可闻禅师塔铭》，江苏广陵古籍刻印社1997年影印本。
② （清）蒋超撰，（民国）印光重修：《峨眉山志》卷六，江苏广陵古籍刻印社1997年影印本。

马监右少监,汉经厂表白王举,赍请前去彼处供安,各宜仰体知悉。钦哉故谕。"①

过了十几年,即万历四十年(1612),神宗再次赏赐峨眉山慈延寺《大藏经》一部。此次的《大藏经》与以往的藏经略有不同,是一个"增订本"。增刻发起人是皇太后。"佛氏藏经,旧刻六百三十七函。圣母慈圣宣文明肃贞寿端献恭熹皇太后,续刻四十一函。"②这个版本还有皇帝的序言:"朕既恭序其端,而又因通行印施,序其前后,勅谕护持。"③可见神宗本人笃信佛教。刊刻流行佛教经典,有两层意思,一者:"自古帝王,以儒道治天下。而儒术之外,复有释教,相翼并行。"④看重佛教的辅助统治功能。二者:"若亿兆向善,岂不四海太和。"利用佛教的教化功能,使人心向善,以便于他的统治。

万历四十二年(1614)是记载中神宗最后一次赏赐峨眉山。此次赏赐的依然是《大藏经》。是经供奉在峨眉山永延寺。神宗的这次颁赐,也是明王朝最后一次赏赐峨眉山。

清朝延续了明朝对宗教的管理体制。清代康熙四十一年(1702),朝廷赏赐伏虎寺僧照裕,《金刚经》《药师经》《心经》各一部,题"卧云庵"三大字。又赐光相寺僧普震,《药师经》一部,题"慈灯普照"四个大字。其后康熙对峨眉山还有多次赏赐。

作为中国四大佛教名山之一的峨眉山,风景奇秀。历代高僧苦心经营,修庙造塔,铸造圣像,使峨眉山成为一座历史名山。

自洪武初年宝昙国师来到峨眉山重建峰顶铁瓦寺始,明清时期,峨眉山修庙之举代不乏人。

明神宗赐号"洪济禅师"的别传和尚,大兴土木于峨眉之巅。禅师见峰顶铁瓦殿岁久侵毁,前来朝拜和游览之人无所栖止,于明嘉靖年间重兴铁瓦殿,改铁瓦为铜瓦,并铸造普贤铜像一尊、铜佛五十六尊,皆供奉于新建之铜瓦殿中。

又于白水建伽蓝殿铸佛像三尊,造大钟,并开辟双飞桥路,阔一丈,长二里许。还手植松柏杉楠巨众,后人称之"古德林",至今犹在,福荫后人。别

---

① (清)蒋超撰,(民国)印光重修:《峨眉山志》卷六,江苏广陵古籍刻印社1997年影印本。
② (清)蒋超撰,(民国)印光重修:《峨眉山志》卷六,江苏广陵古籍刻印社1997年影印本。
③ (清)蒋超撰,(民国)印光重修:《峨眉山志》卷六,江苏广陵古籍刻印社1997年影印本。
④ (清)蒋超撰,(民国)印光重修:《峨眉山志》卷六,江苏广陵古籍刻印社1997年影印本。

传和尚重兴峨眉山庙宇,更增峨眉山天下名山之美,手植数以万计之树,再添峨眉之秀。

古之道者创修庙宇,铸造佛像,皆系化缘。明代高僧妙峰和尚,一生修庙宇、铺桥补路二十余年,所兴大道场十余处。峨眉山的圣寿永延寺即其在大中丞王霁宇的"辅助"之下修建的。潞安沈王所捐的渗金三大士像及供奉的铜殿,是妙峰和尚监造于荆州并亲自送来峨眉的。妙峰和尚虽非峨眉山僧众,然兴建峨眉功不可没。"三大名山之铜殿",峨眉居其一,可见峨眉已然名重当时。

万历十年(1582),无穷禅师化缘于蜀、楚二地,塑造千手观音像一尊,高三丈余,运至峨眉山下,像大无法上山,遂奏请明王朝出资,新建"大佛寺,及大悲正殿,前三门,进五层,巨栋雕梁,为宇内壮观,后建成藏经阁,以贮大藏经,及水陆圣像一堂,规模严饰"[①]。

无穷禅师又于万年寺侧创慈圣庵一所,寺中楼高五级,可见规模之大。无穷禅师的所作所为感动王室,多有赏赐,亦有梵僧为其诚所感,捐有"金书贝叶经一函"。

清代峨眉山两位大德贯之和尚和可闻禅师都将修建之力注于伏虎寺。贯之和尚积二十年之力,重兴伏虎寺,所建前后左右殿堂楼阁,共百十余间,由此,伏虎寺成为峨眉山之第一大寺,朝山信众及游人皆栖止于此。

后可闻禅师以五十年之功,再兴伏虎寺。"凿山数丈,拓其基,建大殿一区,表山冠林,翼以岑楼复阁,因地势高下,曲折深邃,随所扳跻,人游其上,如置身缥缈,万壑千峰,遥相拱揖。又辟寺左为藏经阁……又为长廊广庑。栖十方云水,单寮丈室,斋厨裕堂,清净庄严,为兹山所未有。"[②]经可闻禅师培修之后的伏虎寺"诚峨眉山丛林之大观"[③]。

其后又有僧众重修万年、光相寺、卧云庵等,兹不枚举。僧众之种种功行,将峨眉山的影响从蜀中名山扩至全国,为峨眉山赢得了莫大声誉。故有谓

---

① (清)蒋超撰,(民国)印光重修:《峨眉山志》卷五《无穷大师塔铭》,江苏广陵古籍刻印社1997年影印本。
② (清)蒋超撰,(民国)印光重修:《峨眉山志》卷六《峨眉山伏虎寺碑记》,江苏广陵古籍刻印社1997年影印本。
③ (清)蒋超撰,(民国)印光重修:《峨眉山志》卷五《可闻禅师塔铭》,江苏广陵古籍刻印社1997年影印本。

曰:"峨眉之胜,为域中第一奇观。"① 峨眉山历经千年,高僧辈出,历代王朝颁赐不断,僧众修建之功代不乏人,至明清之时,峨眉俨然中国名山。

四、明清巴蜀佛教文化建筑及其艺术

佛教既是宗教,亦是文化,除去佛教宗教性的一面,单从文化角度审视佛教,明清时期的巴蜀佛教文化大略可以从三个方面表述:一者,寺院建筑。二者,佛教与书法。三者,佛教与绘画。虽此三者不能尽括佛教文化的方方面面,然亦能略显出佛教文化之种种。

明清之际,政府虽加强了对宗教的管理,不能随意新建寺庙,巴蜀一地的寺庙亦无法计数。

开化寺。在邛州大邑雾中山,因"山恒孕雾,故受斯名"②。相传,"释氏竺法兰尊者,中天竺人也,于大汉永平十六年奉敕开建。后佛图澄尊者,中天竺人也,于晋时永和开朝命重兴"③。于是山有此寺,代代相传。更有人云:"二士栖锡是山,则四方之寺惟兹山始。"④ 此中赞誉虽有失史实,但雾中山开化寺的地位却可见一斑。

明永乐年间(1403~1424),天竺法王的高足旃檀普答舍耶来到此山,"宣德七年,奉例征粮,展下院田六处。正统八年,敕赐额曰:'天国山开化禅寺',封名大阐教……正统十一年,令徒纳星赐名'圆曦'。贡关敕袭授都纲住持。正统十四年,复贡蒙赐印,开设都纲衙门于□□。成化年,道先焚住,竭众进香,启奏蜀府贤主、恩赐大经三藏,永为镇矣"⑤。可见由旃檀普答舍耶重建的开化寺不仅成为大邑的著名寺庙,亦成为明朝僧纲司的所在地。

开化寺修复之艰辛及修复后的胜景,明代蜀中状元杨慎的《雾中山开化寺碑记》有记录。"大檀施以营宝坊,平坎窞,剪蒙茏,驾双刊,通习险,规堄圯,分直绳。虺蜮之场易为龙象,莽苍之野绚为丹青。罘罳绚烂,俯倒景而共鲜;镛铎玲珑,靡回旋而独响。步檐之外,江浦悠然。井干之端,云峰对出。

---

① (清)蒋超撰,(民国)印光重修:《峨眉山志》卷六《重建峨眉峰顶卧云庵接待十方禅院记》,江苏广陵古籍刻印社1997年影印本。
② 龙显昭主编:《雾中山开化寺碑记》,《巴蜀佛教碑文集成》,巴蜀书社2004年版,第371页。
③ 龙显昭主编:《开化寺残碑》,《巴蜀佛教碑文集成》,巴蜀书社2004年版,第365页。
④ 胡直:《开化寺碑》,龙显昭主编《巴蜀佛教碑文集成》,巴蜀书社2004年版,第372页。
⑤ 万安:《开化寺碑》,龙显昭主编《巴蜀佛教碑文集成》,巴蜀书社2004年版,第274页。

镌屯文于灵陶，炳卞字于石阙。香炮烛跋，夕磬清水月之音；睡盖眵昏，霆呗惊呓鼾之耳。听和音者，不挠寂虑；闻异香者，自入禅熏。白足三明，住水晶域；赤髭四众，坐琉璃宫。"①这座巴蜀千年佛教名山，在明代僧众兴修之下，再一次焕发出光彩。开化寺亦成为"雾中之丛林，禅教之总持也"②。其寺"僧数千人"③，规模之大冠于其时。

宝光寺，在成都北新都县。宝光寺之有塔始于唐僖宗避乱蜀中，"唐僖宗朝，避黄巢乱幸蜀，悟达扈跸。至此发地，得石函，果藏有舍利十三颗，光明莹澈，遂营塔而贮之。底高十三级，冠以金顶。后国师亦闭坚固子六十粒于上，就塔营寺"④。北宋著名禅师圆悟克勤曾居此，扩修此寺，并敕名大觉寺。

明正德年间（1506~1521）名臣杨廷和、杨慎父子捐修，"自业备极闳丽"。⑤明朝这次重修维持的时间并不长。"传三十余年，灰烬无余。"⑥宝光寺毁于张献忠入川的战火之中。清康熙九年（1670），双桂禅系破山海明的法嗣笑宗密重兴宝光寺。笑宗密即啸宗印密禅师，"渝州蹇氏子。参访诸方，末受双桂明和尚记莂……后住成都十方堂，继迁宝光"⑦。啸宗印密禅师剪除榛莽，开山辟地，"重兴道场，而兹寺始易今名"⑧。其后又有妙胜禅师修建藏经楼，"以道光十二年（1832）走京师，请经以归，三藏完备。为经楼渐圮，矢愿募修，达官贵人布施络绎。以二十八年筑基，建楼九楹，高五丈，东西静院二所。至咸丰元年，工蒇。"⑨藏经楼之胜，《宝光禅寺募修经楼记》的作者刘景伯是这样描述的，"偕同辈往登经楼，金碧荧煌，目所罕睹"⑩。

最值得一提的是，妙胜禅师还修建了宝光寺著名的罗汉堂。国中"罗汉之塑五百尊，自南宋慈寺始也"⑪。之后海内有五个罗汉堂：常州之天宁，浙江

---

① 龙显昭主编：《雾中山开化寺碑记》，《巴蜀佛教碑文集成》，巴蜀书社2004年版，第371页。
② 龙显昭主编：《雾中山开化寺碑记》，《巴蜀佛教碑文集成》，巴蜀书社2004年版，第371页。
③ 胡直：《开化寺碑》，龙显昭主编《巴蜀佛教碑文集成》，巴蜀书社2004年版，第372页。
④ 龙显昭主编：《宝光寺重兴道场序》，《巴蜀佛教碑文集成》，巴蜀书社2004年版，第702页。
⑤ 龙显昭主编：《宝光寺重兴道场序》，《巴蜀佛教碑文集成》，巴蜀书社2004年版，第702页。
⑥ 龙显昭主编：《宝光寺重兴道场序》，《巴蜀佛教碑文集成》，巴蜀书社2004年版，第702页。
⑦ 冯学成等编：《巴蜀禅灯录》，成都时代出版社1992年版，第396页。
⑧ 龙显昭主编：《宝光寺重兴道场序》，《巴蜀佛教碑文集成》，巴蜀书社2004年版，第702页。
⑨ 龙显昭主编：《宝光禅寺募修经楼记》，《巴蜀佛教碑文集成》，巴蜀书社2004年版，第809页。
⑩ 龙显昭主编：《宝光禅寺募修经楼记》，《巴蜀佛教碑文集成》，巴蜀书社2004年版，第810页。
⑪ 龙显昭主编：《宝光寺罗汉堂记》，《巴蜀佛教碑文集成》，第809页。

之净慈、灵隐,陕西之景胜,湖北之归元。"新都宝光寺,则妙胜禅师募捐,自建于咸丰元年(1851)。于是,海内罗汉堂有六……以天下观之,既见罗汉堂之不常有。"①且新都宝光寺的罗汉堂至今犹存,足见其之珍贵。

凌云寺。"天下山水在蜀,蜀山水在嘉,嘉山水在凌云,古志之矣。"②此处所说的"嘉"即嘉州,凌云即凌云寺。说凌云寺知之者甚少,若言乐山大佛,恐无人不晓,无人不知,"此吾国第一大佛也"③。凌云寺之大佛始建于唐代,时僧海通"见惊涛怒驶,覆舟淹稼,即危岩凿石,肖梵王巨像,以御斯害,宅心仁矣"。大佛的建成为凌云寺赢得了很高的声誉,因此有"全蜀名蓝,随地有之。弥望列境,若凌云寺,可谓独得形胜之甲者"之评价。其后历代皆有培修,后毁于元朝兵火。至明洪武八年(1375),"僧惟才识优建造,佛有殿,禅有堂,庇僧有寮,肃宾有室。敞者为轩,幽邃者为寝,化且泽者为金碧赭垩,供设以备。洪武十六年(1383),方遣心坚如京,请开僧司授官,百余年继任者代不乏人"。经过明代初年这次重修,凌云寺成为嘉州佛教中心。由文"请开僧司授官"可知,当时的僧官衙门亦设在此。但培修凌云寺之举并未因此停歇,成化乙亥年(1479),僧常真又再修凌云寺,"翻理大殿,砌月台,漫丹墀,修石级垣墉,于凡木朽石泐者,咸为一新。复于山足造三门,堤岸上下石桥,率门人偕工匠,胼茧赪汗,殊不为劳"④。此次重修之事,有尹东郊者撰《重新凌云寺记》一文勒于石上,其碑现存于凌云寺。

明末,陈起龙"与同事将军督镇,矢志恢复"凌云寺,故而有了这次重修。此次重修费时不多,"不移时而正殿、金像、经楼、廊庑次第成焉"。且规模并未恢复以往之形制,"虽为骤见美富如初,而规模已草创矣"⑤。明末这次重修之后,凌云寺在清代又经历过多次重修、培修。据《重修凌云寺山门碑记》,康熙六年(1667)凌云寺有过一次较大规模的重修。"嘉州城东凌云寺者,乃康熙六年蜀臬李翀霄所重建者也。附临三水,雄踞九峰。万顷银涛,长鸣佛足;千秋玉雪,远挹峨眉。金碧辉煌,极紫府清都之饰;云霞璀璨,擅

---

① 龙显昭主编:《宝光寺罗汉堂记》,《巴蜀佛教碑文集成》,巴蜀书社2004年版,第809页。
② 龙显昭主编:《重修凌云寺记》,《巴蜀佛教碑文集成》,巴蜀书社2004年版,第506页。
③ 龙显昭主编:《凌云寺创建藏经楼功德碑记》,《巴蜀佛教碑文集成》,巴蜀书社2004年版,第905页。
④ 龙显昭主编:《重新凌云寺记》,《巴蜀佛教碑文集成》,巴蜀书社2004年版,第284页。
⑤ 龙显昭主编:《重修凌云寺记》,《巴蜀佛教碑文集成》,巴蜀书社2004年版,第506页。

栖鸾集凤之奇。"①重修之胜尽在其中，殿堂之美，极尽人想，可见此次之重修工程之大。之后僧众未曾停歇对凌云寺的修缮增饰，其后又有多次修护，直至近代仍有修建。印光法师有《凌云寺创建藏经楼功德碑记》一文，记载了民国时期的扩建。佛子以流通佛经、庄严佛像等事为己任，从凌云寺兴衰、修建的历史可见一寺存于世之不易，须代代不乏修护，方能不没于榛莽。

成都昭觉寺。"昭觉寺，成都福地，在震之隅。"②位于成都北郊的昭觉寺乃唐朝眉州司马董常捐献家宅所建，原名建元寺。"南宋高宗（1127～1162）时，发帑金重建，迎圆悟老人说法于此，遂成名胜。"③明蜀藩重加修葺，请觉辩大师住锡于此，阐法宗旨。明末张献忠入川，昭觉寺毁于兵火，荡然无存。后有破山门人丈雪通醉重新昭觉寺，丈雪乃"内江李氏子。少孺矜持，长而和让，性情沉厚，意气重触"④。丈雪自吴越归来，过成都，"见昭觉寺荒蓁，图恢复焉。领众赤手撮砾，结茅五十余间，鹿门彭置农具，诸山及众善人助耕牛五十余头，垦荒种菽"⑤。可见丈雪重开昭觉之不易。然后才"次第修复，昭觉渐复旧观"⑥。至己酉年（1669）秋，金儁作《重建昭觉寺法堂碑记》时，昭觉寺已是"绀殿琼楼，轮奂一新"⑦。此次重修得力于"平西亲藩同刺史张公及司府文武共襄盛举"⑧。共耗时五年，金儁当时乃四川布政使，见"独有说法堂未建，心中缺然……因捐赀成堂，以襄其说也"⑨。之后代有培修，至"乾隆时殿堂、僧房已近千余间，为西南一大丛林"⑩。

巴蜀寺庙之众，不可尽数，真可谓"全蜀名蓝，随地有之"。仅成都一

---

① 龙显昭主编：《重修凌云寺山门碑记》，《巴蜀佛教碑文集成》，巴蜀书社2004年版，第778页。
② 龙显昭主编：《重修昭觉寺记》，《巴蜀佛教碑文集成》，巴蜀书社2004年版，第89页。
③ 龙显昭主编：《重修昭觉寺法堂碑记》，《巴蜀佛教碑文集成》，巴蜀书社2004年版，第522页。
④ 冯学成等编：《巴蜀禅灯录》，成都时代出版社1992年版，第399页。
⑤ 冯学成等编：《巴蜀禅灯录》，成都时代出版社1992年版，第402、403页。
⑥ 冯学成等编：《巴蜀禅灯录》，成都时代出版社1992年版，第403页。
⑦ 龙显昭主编：《重修昭觉寺法堂碑记》，《巴蜀佛教碑文集成》，巴蜀书社2004年版，第522页。
⑧ 龙显昭主编：《重修昭觉寺法堂碑记》，《巴蜀佛教碑文集成》，巴蜀书社2004年版，第522页。
⑨ 龙显昭主编：《重修昭觉寺法堂碑记》，《巴蜀佛教碑文集成》，巴蜀书社2004年版，第522页。
⑩ 龙显昭主编：《重修昭觉寺记·题记》，《巴蜀佛教碑文集成》，巴蜀书社2004年版，第91页。

地就名寺荟萃,"观蜀城之寺,在古称著者,曰净众,曰大慈,曰金绳,曰石犀,曰延庆。"①文中列举的寺庙有的已消失在历史长河之中,即使现在还在的也是经历了代代培修,方能在风雨岁月中走到今天。寺庙"大部分都用泥土、木材,易腐朽易损坏,因此寺庙的兴废频率相当高"②。僧人及其信众捐修庙宇代代有之,至明清之际未有减弱,几乎巴蜀所有市县皆有重修重建之寺,不可能在此一一列举。仅成都市内之名寺古刹,亦不可能全部囊括。

在这些名寺古刹中,有着许多精美的壁画、造像,收藏着佛教的艺术作品。佛教与绘画之渊源可谓久远,据周叔迦研究"只就现有的遗物很难对佛教画的起源得到正确的考证,因为最古的遗物现在已不存在了。但是可以肯定佛教绘画是早于佛教雕刻的。根据佛经和传记中的记载,当佛在世时,在佛教寺院中已经有了佛教绘画"③。巴蜀之地,佛教与绘画从来关系密切,唐宋之际,成都大圣慈寺就有冠甲天下的壁画,诸多著名画师名扬四海。及至明清时期,"四川地方的绘画之在全国有影响和地位者,除文人山水画外,仍旧是寺院内的壁画和僧人的作品"④。最为著名者有二。

新津观音寺,始建于宋代淳熙八年(1181),后经历代培修,现存明代的毗卢殿、观音殿和清代的三门、弥勒殿、接引殿等数处古建筑。毗卢殿的彩绘壁画被誉为观音寺的"镇寺之宝"。

全殿壁画共有六铺,分别置于毗卢殿左右侧和后壁上,每铺长三米至三米三,高三米一五,分为上、中、下三层。上层绘飞天和天宫,中层绘十二圆觉菩萨和二十四诸天,下层绘龛座、神兽、供养人像。后壁画高四米、宽六米,共有八十多个世俗人物和仙佛鬼怪,以及亭台楼榭、山水草木等场景。

整个壁画娴熟地运用了传统中国画技法,如兰叶描、铁线描、钉头鼠尾描等,线条流畅简洁,色调柔和,色彩明亮。以中国传统的云纹、花鸟等作为画面陪衬,使画面显得灵动飘逸。壁画中所绘菩萨像,身材匀称,脸庞圆润饱满,凤目低垂,樱唇微闭,将菩萨的庄严与慈祥巧妙凝于画中。菩萨的服饰衣纹细节处理相当美妙,画得亦真亦幻,宛若实在。此乃中国壁画之珍品,是明

---

① 龙显昭主编:《重修金沙寺慈航桥记》,《巴蜀佛教碑文集成》,巴蜀书社2004年版,第365页。
② 向世山:《明清四川僧修建寺庙评述》,《文史杂志》,2004年第4期。
③ 周叔迦:《周叔迦佛学论著全集》第3册,中华书局2006年版,第1060页。
④ 林建增、王路平等:《世界三大宗教在云贵川地区传播史》,中国文史出版社2002年版,第475页。

清时期巴蜀佛教画的最高水平的体现,亦是古人留给我们的艺术瑰宝。

宝梵寺。在蓬溪县西三十里,原名罗汉寺,治平元年(1064)敕改宝梵寺。碑文有载:"院之兴,先因罗汉名,以佛法重也;后得名宝梵,以君赐重也。"① 使得蓬溪宝梵寺蜚声海内外的是该寺大雄宝殿内的壁画。据史料记载,明成化二年(1466),僧人清澄、净元等延请画工于大雄殿泥壁图画十二铺,其上拱眼绘有佛像二十四尊,名曰《西方镜》,共计一百零四平方米。所依经典乃唐玄奘所译的《大阿罗汉难提蜜多罗所说法住记》等经文。壁画描述的是诸罗汉及诸天共赴佛会的故事,因而《西方境》又称《罗汉图》。壁画现仅存十铺,空缺二铺,一铺为卷首,为后人毁损,一铺是卷尾,已不知何时所毁。

宝梵壁画采用中国古代壁画传统的工笔重彩、沥金挤粉等技法。壁画之中虽然描述的是佛教故事,然而,画中人物神态各异,宛若世间凡人,他们或听法,或穿针引线,或窃窃私语。具有浓郁的生活气息和超凡的艺术魅力,乃四川壁画之精华。

书法是所有中国艺术门类中最独具特色的一门艺术,它以汉字的书写形体而不是文字含义和内容来表达艺术理解及艺术感情,因此,每一种具有思辨性的思想,都会对书法产生多多少少的影响。佛教禅宗不立文字、不落窠臼的思想,对中国书法理论的创新做出了一定的贡献。其后的诸多书法家都与禅有着或隐或显的一丝联系,诸如王维、白居易、颜真卿、柳公权、苏轼、黄庭坚等人,无一不与禅林相往来。除这些鼎鼎有名的大书法家之外,佛门之中亦不乏书法人才。明清时期巴蜀禅僧书法家辈出,若破山、丈雪等禅师皆是。

关于破山海明书法,郭沫若、启功等对其都有甚高评价。现今书家谈及破山书法成就及书法艺术水平,常引用的就是启功先生之语:"憨山清浚破山明,五百年来见几曾;笔法晋唐原莫二,当机文董不如僧。"启功先生认为破山的草书"不以顿挫为工,不作媚之势,而其工其势,正在其中。冥心任笔,有十分刻意所不能及者"。在《论书百绝》第八十三首后启功小注:"先师励耘老人(即陈垣,1886~1971)每诲功曰:'学书宜多看和尚书,以其无须应科举,故不受馆阁字体拘束,有疏散气息。且其袍袖宽博,不容腕臂贴案,每悬笔直下,富提按之力。'功后获阅法书既多,于唐人笔趣,识解稍深,师训

---

① 龙显昭主编:《宋宝梵寺碑》,《巴蜀佛教碑文集成》,巴蜀书社2004年版,第199页。

之语，因之益有所悟。明世佛子，不乏精通外学者……吾推清（憨山德清）、明（破山海明）二老。"

僧家之书不受科举制度之钳制，脱去士人馆阁体拘束，这可谓僧家书法洒脱之一因。其实，禅宗之不立文字的主张，又是僧人书法不同儒士另有洒脱之一因。

丈雪通醉（1610~1693），俗姓李，四川内江苏家桥人。少孺矜持，长而和让，性情沉厚，六岁时，依古字山清然禅师落发为僧。稍长，禅师先上峨眉参访，"师聆听之如怀劫后"[1]。其后又入山西，参鉴随和尚。癸酉年（1633）回到古字山闭关，阅读各家语录。次年，前往破山海明处参访。丙子年（1636）秋，辞别破山，往参天童。直到壬午年（1642）回参破山，此次，回参可算丈雪得到了破山之印可。甲申年（1644）十月，"因老母高年，常有召书，师辞省亲。山出源流拂子倍金，师执意不受。山曰：'此是从上来的，非老僧杜撰。'师遂受之，呈偈曰：'现身恶世可深藏，莫逐周胡严李张。只待免冰蛇吐火，始拈拍子视吾香'"[2]。丈雪之后又到吴越扫塔。而其后他最为重要的工作乃是重修昭觉寺。"师晚年，休息于逸老关。扫劫灰，得诸方残篇，辑为《锦江灯录》二十卷，癸酉年（1693）十月，沐浴趺坐《真归告》，示寂。另有《语录》《里中行》《轻松诗集》《杂著文》等行世，世寿八十四，坐腊七十八。"[3]

丈雪工行草，能作擘窠大字。他幼时临习颜真卿的颜体，长而学草书，喜临章草名篇《急就章》。所作行草，结体祥静，格力天纵。成都文殊院藏有康熙二十三年（1684）丈雪行书立轴一幅，纸本，纵116厘米，横72厘米，文曰："北郭联诗寻旧稿，东林结社负初因。"款书"七十四叟"、下钤白文"丈雪氏"，朱文"通醉之印"。虽为七十四岁老人手书，但笔力苍劲，纵逸有致。

五、近代巴蜀的佛教

近代中国经历了翻天覆地的变化：西方思想的传入，打破原有的思想体系。中国社会半殖民地半封建社会的苦楚；推翻帝制，结束封建社会；十四年

---

[1] 冯学成等编：《巴蜀禅灯录》，成都时代出版社1992年版，第399页。
[2] 冯学成等编：《巴蜀禅灯录》，成都时代出版社1992年版，第401页。
[3] 冯学成等编：《巴蜀禅灯录》，成都时代出版社1992年版，第404页。

抗战；中华人民共和国成立；等等。所有的事件都影响着中国佛教文化的进程。在这种环境之中，佛教面临诸多与以往不同的种种挑战，佛教内部亦发出来求新求变的愿望和变化。在霍姆斯·维慈《中国佛教的复兴》一书中，有如是总结："这些发展变化有哪些呢？全国新建了许多广泛流通佛教书籍的出版社和书店；创办了许多佛教社团，它们一方面是为社会慈善的目的（就像基督青年会），一方面也讲经说法，举办宗教仪式（就像教堂），中国的佛教徒开始与国外佛教徒建立广泛的联系；与此同时，僧人们也试图把国内的佛教徒组织起来，建立一个统一的全国的佛教协会。"①

佛教在19世纪晚期至20世纪初所做的变化主要表现在：佛教社团纷纷建立；佛教出版及其报刊事业的发展；僧伽教育的现代化发展；居士弘法活动的异军突起；汉藏佛教文化交流和融汇的新局面。

（一）佛教团体的纷纷建立

19世纪后期，伴随中国宗法社会而生的中国古代僧团制度也随之日落西山，加之帝国主义的入侵、科学思潮的兴起等外部因素的促使，民国初年，国内一批著名的僧侣、居士，旋即开始筹划建立现代宗教团体。"从1912年到1929年，他们先后成立了不少于十八个互不隶属的中国佛教协会，这些组织，有的昙花一现，有的在达到少许目标后也销声匿迹了。"②当时佛教团体如雨后春笋，但是散乱无章，教内有识之士发现这样的状况不能继续下去，有必要成立一个全国性的佛教组织。

1912年4月，"中国佛教总会"成立了。该会得到了南京临时政府的同意，不久就在全国建立二十二个支部，四百多个分部。"许多原有的佛教组织，如佛教协会等也大多并入。"③中华佛教总会在上海清凉寺设有专门办事处，中华佛教总会一时间几乎成为国内唯一的全国性佛教组织。1912年9月，敬安同道阶、文希等人商定，"对佛教总会章程经行了修改，规定其宗旨为统一佛教，弘扬佛法，以促进人群道德，完全国民幸福。基本任务则是普及教育，组织报馆，整顿教规，提倡公益，增兴实业等。这一切体现了佛教总会具有与古代佛教组织完全不同的性质"④。四川组建了"中华佛教总会四川支部"，各县也

---

① [美]霍姆斯·维慈：《中国佛教的复兴》，上海古籍出版社2006年版，第1页。
② [美]霍姆斯·维慈：《中国佛教的复兴》，上海古籍出版社2006年版，第22页。
③ 陈兵、邓子美：《二十世纪中国佛教》，民族出版社2000年版，第37页。
④ 陈兵、邓子美：《二十世纪中国佛教》，民族出版社2000年版，第37、38页。

相继建立起中华佛教总会四川各县分部。"省支部设于成都文殊院，首任会长为文殊院住持德风，副会长为成都昭觉寺住持道钦、草堂寺住持道慧。这是四川历史上佛教界的第一次联合。"①

1915年10月，袁世凯发布《管理寺庙条令》，宣布取消中华佛教总会，并规定当有公益之须时，寺产不在主持的管辖之内。由于中华佛教总会遭到禁止，海清等便更名为"中华佛教会"。1918年，段祺瑞政府内务部以《中华佛教总会登记备案》与《管理寺庙条令》相抵触为由，宣布取缔中华佛教会。虽然总会被取缔了，但是有些省的分会继续活动。

四川分会的活动就不曾断过。1919年，文殊院住持德风病逝，分会改选成都大慈寺住持圆乘任会长，新都宝光寺应明、彭县龙兴寺悟琴为副会长。1920年圣钦法师人代理会长。1924年圣钦当选会长。1928年改选禅安接替会长一职，1930年改会长制为理事制，省支会改为分会，县分会改为支会。1935年，禅安去世以后，成都十方堂昌圆、昭觉寺住持定慧相继为理事长。

佛教协会的活动经费不再由佛教寺院经济支持，其经费主要由全省佛教徒分担，每位会员按僧众、居士人数等情况缴纳会费。省分会会员寺庙征收事业费；或经理事会决议，向主管署呈请批准后向信徒和社会募捐特别经费以作专门之需。

四川佛教分会的成立亦是建立在总会的章程之上的，因此，四川佛教会也有着鲜明的时代特点。与古代佛教组织多有不同，它的宗旨体现了这一时代特点："'以团结全省佛教徒，整理教规，宣传教规，宣传教义，发扬大乘救世精神，福国利民'等。在其10项会务规定中，除宗教方面的内容外，还有'三民主义之研究'；'提倡生产劳动'；'指导寺庙保存法物及文物古迹'；'举办公益慈善及福利事业'；'协助政府办理寺庙人口……之登记与统计'等等。"②

四川佛教会的建立，也确实为处理寺庙和社会关系发挥了一定的作用。自清末"庙产兴学"运动起，庙产被侵占事件时有发生。民国以后，各地军阀更是恣意掠夺庙产。佛教会就此开展工作。如：1935年蒋介石到成都市，当时的

---

① 林建曾、王路平等：《世界三大宗教在云贵川地区传播史》，中国文史出版社2002年版，第478页。
② 林建曾、王路平等：《世界三大宗教在云贵川地区传播史》，中国文史出版社2002年版，第479页。

四川佛教会会长禅安等人向蒋介石提出请求,要求无条件返还被四川军阀抢占的庙产。1937年,四川佛教总会还组织僧侣举办僧伽救护培训班,以尽报国之情。四川各地寺庙还举办卫生医疗、民众教育、接济贫穷、救灾济困及其他公益事业。

自从中华佛教总会被取缔,到1919年五四运动以后,各地又新建了许多社团。各地佛教也自发组织了大量的佛教团体。"大体可以分为四类:即各省或地区性的间联络协调组织、讲经会与佛学研究团体、居士修行与弘法团体、救济与慈善团体。"①

成立了诸如中国五族佛教联合会、世界佛教联合会、菩提学会、佛化青年会、中华佛教教育联合会、全国佛教徒代表会议、中国佛教会等佛教社团。

在这一时期,四川亦创立了诸多的佛教团体。"据40年代统计,四川全省134个县中有121个佛教会,其中,有资料可查者有89个佛教会,另有30个县和峨眉山实际上成立了佛教会,但有关负责人等资料不详。省内的发展比较迅速普遍。"②

1928年7月28日,太虚在南京成立了"中国佛学会"的准备委员会。其目的在于成立一个能够联合所有中国佛教徒的新组织模型。抗战期间该会转移到重庆,负责协调大后方的佛教徒事务,这有力地促进了巴蜀地区佛教团体的成长和发展。

(二)出版及报刊事业的发展

印刷经书,流布法本,自古就被认为是积福修德之事,古代捐印经书之故事不胜枚举。此风至清末民初之际,不但未减,大有更复为炽之势。一者,辛亥革命终结了宗教审查制度;再者,西方先进的印刷术传入等造就了这一时期佛教出版事业的兴旺。

在印经事业中最引人瞩目的,当是这一时期影印、重印、续印的《大藏经》等多种大型丛书。印行的《大藏经》有如《频伽大藏经》《普慧大藏经》及影印的《碛砂藏》等。

除了印行大部头之外,印行其他单行本佛教书籍及其佛教经典亦相当多,

---

① 陈兵、邓子美:《二十世纪中国佛教》,民族出版社2000年版,第43页。
② 林建曾、王路平等:《世界三大宗教在云贵川地区传播史》,中国文史出版社2002年版,第479页。

据统计，1920年至1935年短短的十多年间，"共出现了537中佛教书刊"①。这一时期，成立的出版和销售佛书的机构也不少，有些寺庙也加入刊行经书的行列，如常州天宁寺与南京的金陵刻经处，皆名重于当时。

大量佛教报刊如雨后春笋般遍布中华大地，有日本学者做过不完全统计，"迄1936年，中国各种佛教报刊，包括年刊、季刊、月刊、半月刊、旬刊、周刊、周报、日报共有300余种，但大部分维持未久"②。全国佛教界出版热情此起彼伏，四川佛教界也积极采用这一现代传媒手段传播佛教。此一时期，四川大约创办有十余种报刊。其中有几种在社会上具有一定影响。如四川最早的佛教刊物《四川佛教月刊》，创刊于1925年，该刊以宣传佛教、教育僧众、促进教务为宗旨。但杂志并不囿于佛教，还开辟有论法、公议、新闻、艺林等非佛教内容的专栏。这样一来增加了刊物的发行量。《四川佛教月刊》本为旬刊，1931年后改为月刊。荣县佛学社创办于1934年的《荣县佛学月刊》以弘扬佛教、劝人向善、改风易俗为宗旨，内容涉及论说、采录、解释、答问、格言等，由黄觉主编，在川内颇有一定影响。1942年由成都十方堂创办的《大雄月刊》，主编乃惟觉大和尚，本刊发扬佛陀之大雄精神，阐扬大乘佛法精神，以护国救教、改革僧制为宗旨。内容包括佛教理论，及诗歌、小品、文章等。1945年创办的《净宗月刊》，原名《净宗随刊》，先为不定期出版，1948年改版为月刊，该刊由威远中峰寺僧一西主持编辑，以宣扬净土法门、念佛往生为主旨，辟有古德言行、今人著述、往生略传等专栏，虽发行量不大，但流传颇广。由内江东方文教研究员编辑、发行的《文教丛刊》是一本学术性极强的佛教刊物，其刊以发扬东方儒学、佛学，批判吸收西方哲学，融会东西，促进人类文化改造为宗旨，开辟有儒学、佛学、西方哲学方面的专栏。诸多当时著名的学者都是丛刊的专栏作者，如王恩洋、吴宓、吕澂、严立三等，使其具有较高的学术性。

民国时期，四川还出现过一份佛教报纸，名《佛化新闻报》，报纸由居士许止烦任主编，佛化新闻社发行。主要采访报道与佛教有关的新闻，刊登与佛教有关的文章，旨在挽救世道人心。出版社原在重庆，后迁往成都。上文提到的《海潮音》杂志，在抗战期间亦曾迁往重庆出版发行。

---

① ［美］霍姆斯·维慈：《中国佛教的复兴》，上海古籍出版社2006年版，第81页。
② 陈兵、邓子美：《二十世纪中国佛教》，民族出版社2000年版，第106页。

（三）僧伽教育的现代化发展

僧侣教育古已有之，而处在暴风骤雨大变革时期的僧伽教育，则成为一种融入西方教育思想的全新的佛教教育体系。创办这样的僧伽学校是为了"培养整个佛教需要的'通才'"[①]。于是，佛教界的有识之士，诸山大德纷纷创办新式佛教学校，"佛学院如同发酵的泡沫一样不断地涌现和消失，其数量绝不少于共和时期的其他佛教组织……1936年，据报道正在开办的佛学院就达45所"。这些现代佛教学堂所采用的学制，"则采用太虚从世俗学校和国外借鉴的做法"[②]。在如此众多的新式僧伽学校中，大部分都是昙花一现，唯有不多的几所值得记述，如太虚主办的武昌佛学院、闽南佛学院等。

在兴办佛教学校的热潮中，巴蜀地区亦创办了多所新式佛教学院。清光绪十一年（1905），成都大慈寺方丈圆乘创办了佛教初级小学，该校课程除了佛学之外，设有算学、国文、史地等学科，这是四川佛教界创办新式学堂之始。其后，四川佛学院成立，该校由四川佛教协会主办，创立于1924年，佛源任院长，由四川佛教协会会长圣钦及各大寺院主持任学校董事。四川佛学院在课程设置上体现出新式学校的特色，以佛学为主要课程，并开设有语文、算学、史地及各科常识等课程。学院由个寺院及各县佛教协会选送，学制三年，毕业后择优介绍到各大寺院任职。学院第一期招收学院三十余人，第二期招收学院六十余人。第三期开始停办。1936年，昌圆等复办于成都十方堂，办了一期以后改为专修净土宗的莲宗院。1925年，文殊院创办空林佛学院。

峨眉山素来注重僧伽培养，并将僧侣教育看的相当重要"盖问佛法无主，要假人弘，得人则兴，失人即废，所以达人不可无。是人也，非生而只知者，吾教建丛林，立规矩，意在养育贤才，陶铸后学，继往开来，如日月光明乎天下"[③]。虽非现代教育，但可见峨眉山僧伽教育之风由来已久。进入民国，由圣钦和尚倡议，由果瑶法师任院长，创立了峨眉山佛学院，该校学制两年后因故停办。

进入19世纪30年代，四川创办僧伽学校之风更甚。先有1930年成都昭觉寺创办的昭觉佛学院（原名法界学院）。后有新都宝光寺开办的宝光学院。1931

[①] 陈兵、邓子美：《二十世纪中国佛教》，民族出版社2000年版，第106页、第84页。
[②] ［美］霍姆斯·维慈：《中国佛教的复兴》，上海古籍出版社2006年版，第82页。
[③] （清）蒋超撰，（民国）印光重修：《峨眉山志》卷五《伏虎寺开学业禅堂缘起》，江苏广陵估计刻印社1997年影印本。

年有居士王恩洋于南充创办龟山书院，主要培养兼通儒佛、融通中西的人才。在这一时期，巴蜀的新式学校最为有名的当属太虚创办于重庆的汉藏教理院。

1932年8月20日，世界佛教学苑汉藏教理院在重庆缙云山正式成立，由潘文华等组成董事会，太虚任院长，学院还敦聘法尊、印顺、遍能、苇舫、严定、尘空、法舫、土登喇嘛等到校任教，并特聘中外的佛教界人士，如虚云、喜饶嘉措、王恩洋、黄忏华等到学院开专题讲座或演讲。汉藏教理院的院训：澹宁明敏。在太虚的设想中，汉藏教理院肩负两大使命："一是作为沟通汉藏佛教的桥梁，二是继承武院（武昌佛学院）、闽院（闽南佛学院）精神，培养大批僧才，使之成为佛教革新事业骨干的大本营。"①

学院设置普通科和专科两个科别。普通科学制四年，开设国文、藏文、汉文佛学、藏文佛学、史地、法学、论理学、农业、卫生等学科。专科学制三年（后改为两年），开设藏文佛学、翻译、西藏历史地理、汉文佛学等课程。学校招收汉藏僧俗，报送和招考并行。

汉藏教理院毕竟与世俗学校有一定的差别，因此，所设课程也与世俗学校有差异。学校主要是从"修行、讲学、用人、办事"②四方面学习锻炼青年学僧，力图培养能够担任复兴中国佛教大任的人才。

学校开办共十八年中，招收普通科办了五届，共招生三百五十八人，毕业八十人；专科班办了两届，招生三十九人，毕业十四名。毕业中有不少成为各大丛林的住持、团体负责人和佛学学者，如慧海、正果、惟贤、竺霞、永灯、白慧等。

此后，在巴蜀地区开办的佛教学院还有1934年成立的天台教理院，由觉初任院长，地点在重庆华严寺，课程以天台宗教理教义为主；同年，成都地藏庵尼校也正式成立，由昌圆任校长，学校学制三年，共招生了四十余人。

1937年，抗战期间，本开办于南京的支那内学院不得不迁址重庆江津，创立支那内学院蜀院。

1940年，王恩洋在内江圣水寺发起创办了东方佛学研究院（后来改名为东方文教研究院）。学校内设研究、修学、问学、函授四部，主要讲授儒学和佛学，学院后来迁到成都。同年，由汉藏教理院协助在开县大觉寺开办的大觉佛

---

① 陈兵、邓子美：《二十世纪中国佛教》，民族出版社2000年版，第106页、第97页。
② 陈兵、邓子美：《二十世纪中国佛教》，民族出版社2000年版，第106页、第95页。

学院成立，院长雪松，每期招生四十人。

1941年什邡弥陀寺创办华西佛学院，太虚任名誉院长，又信任院长。学校开设正、补两班。补习班主要招收沙弥，学制两年，每期招收学院四十人。开设佛学、党义、国文、算学、史地、农学等课程；正班招收比丘和沙弥，学制四年，课程有佛学、教史、伦理学和公民、国文、英文、史地、农学等。同年，法王佛学院成立于合江，由合江佛教界开办，东方离出任院长，并聘请汉藏教理院心月、演培法师作指导，每期招生三十人。

在这一时期，巴蜀地区除了开办各种佛教学院之外，还开办了一些短临时培训班，如1929年，四川佛教协会举办教务传习所，培训各县佛教会职员。1937年，四川佛教界又开办僧伽救护培训班等。

这些新式的佛教学院无疑"提高了僧伽教育的整体水平"①。为佛教教育探索了一种全新的教育方式。同时，也培养了一批僧才，有的成为各大丛林的住持，为佛教的发展提供了人才资源。

（四）居士弘法活动的异军突起

居士们组织起来成立团体，以念经、研究和弘扬佛法为目的，这在中国古已有之。晚清居士活动兴起，与这一时期的社会思潮有一定的关系。"晚清中国佛教的短暂复兴，除了中国知识阶层反身寻找思想资源的内在原因之外，多少还应该提到的是他的一个外在背景，即来自日本的刺激。"②内外刺激引发了居士佛学的勃兴。追溯居士佛学之源头，可以发现居士佛学滥觞于杨文会，"（他）成了中国现代居士佛学的开创者，从十九世纪末开始，他从南条文雄那里搜集到的中国佛学逸书尤其是唯识佚著直接刺激了二十世纪唯识学的复兴，他创办的金陵刻经处也为二十世纪佛学研究起了推波助澜的作用，而他对佛学的阐扬则引发了晚清一大批文人对佛学的兴趣"③。由杨文会点燃的居士佛学由此进入了它的辉煌时期，以至于，"晚清所谓新学家者，殆无一不与佛学有关"④。正是在这样的背景之下，全国居士团体可谓层出不穷，巴蜀地区亦不例外，居士团体几乎遍布四川各县，当然大多数集中在城市，仅成都一地就有十余个。

---

① ［美］霍姆斯·维慈：《中国佛教的复兴》，上海古籍出版社2006年版，第95、96页。
② 葛兆光：《中国思想史》卷一，复旦大学出版社2005年版，第520页。
③ 葛兆光：《中国思想史》卷一，复旦大学出版社2005年版，第514页。
④ 梁启超：《清代学术概论》，中华书局2010年版。

成都佛学社，初名华严坊，后更名为佛经流通处，最后定名为成都佛学社。该社成立于1914年，乃居士刘洙源、龚缉熙等创立。其宗旨为"研究佛教、流通经典、弘法利生"。主要活动有延请法师讲经、传法，办理佛经、法器流通。每月的初一、十五诵念佛经、举办各类慈善活动。参社人员约有四五百人，大多数为知识分子，也有部分军政人员。

1918年，重庆佛学社成立，发起人是涪陵天宝寺僧人佛源和居士孙道修，就规模论，该社乃巴蜀之首。重庆佛学社以"研究佛乘，弘法利生"为宗旨。该会参与人员多是当时四川之军政人员，如潘文华、唐式遵等人，因此，该社经济实力较为雄厚，社团有三层楼房，还有莲师殿、弥勒殿、女居士休息室等。除了达官贵人的资助之外，重庆佛学社还有社产收入，以及入社金、常年捐、随喜捐等资金收入。重庆佛学社经常举办法会和讲经、念佛、持咒的法事活动，并举行施衣、施棺、施药等慈善性公益事业，还分别于1933年和1937年两度举行楞严法会，参加者超过千人。

1933年杨天智等人在成都发起成立了成都居士林。他们主要开展念经活动，并举办各种慈善及救济活动，会员约有五百人左右。

1943年，居士袁焕仙（1887~1966）与其徒贾题韬（1905~1995）等人在成都三义庙创立居士禅学团体维摩精舍。禅宗的传承从来都是以出家人为中心的，居士参禅并证悟，自唐宋以来代代有之，但以居士为中心结社传禅，维摩精舍可谓第一。这也是该社的特点之一。

该社的第二特点，是社员多是社会名人和知识分子，因此，维摩精舍的发展方向和内容更具有学术性，如比较汉梵藏及巴利语系大藏经之异同；进一步研究佛教理论；发掘传统文化的更高层次的追求；比较研究各宗教与哲学的关系；等等。

作为佛教团体，精舍也一样具有念经说法等常设性活动。昌明佛法，发扬大乘之救世精神，乃是该社宗旨。精舍还经常组织探讨和研究禅宗学术，定期举行讲经活动，等等。

民国年间，巴蜀地区的居士团体大约有五十余个，仅成都就有十余个；其他团体多分布在经济政治较发达的地区。居士团体的成立，改变了居士在佛教中活动中所扮演的角色。

（五）汉藏佛教文化交流和融汇的新局面

汉藏佛教交流，其源甚古。元代统治者尊崇藏传佛教，曾尊藏传佛教的萨迦派为国教，该派的一些密法也曾传入汉地，但仅在宫廷内部传播。明清两朝帝王也对藏密颇为倾心，并在北京、五台山等地建有藏传佛教寺庙，但这些寺庙多是为皇家祈福所建，汉地僧人鲜有入教学习者。汉地佛教亦曾影响着涉藏地区佛教，如德格印经院至今藏有元代《汉地佛教史》的刻板。清初，松潘妙觉寺僧人竹峰续就曾到昭觉寺参丈雪通醉、佛冤彻纲等禅宗大师，并得到他们的印可。他后来成为昭觉寺的住持，并在昭觉寺内设立"密坛"，这揭开了汉地寺庙传播藏密的序幕。"20世纪初，由于汉藏政治关系及汉藏文化进一步沟通，藏传佛教尤藏密才得大举传入内地。康藏蒙古活佛喇嘛相继来内地传法，汉人赴康藏学法求法者络绎不绝，藏传格鲁、宁玛、噶举等派教法，皆传行于内地。"[①]这种情况在巴蜀地区更为突出，毕竟四川汉地与康藏地区有地利之便。而太虚在重庆创办汉藏教理院，能海上师在成都近慈寺开设"密坛"，更是为汉藏交流起到了助推之力。

太虚素来注重沟通汉藏，建立汉藏教理院是其中一个沟通渠道。学院招收汉藏僧俗学员，培养了一批佛教人才。他也十分鼓励弟子学习藏传佛教，其弟子大勇、法尊、观空、严定等就曾进藏学习。汉藏教理院成立后，法尊（1902～1980）奉太虚之命回重庆住持汉藏教理院，之后又入藏延请涉藏地区高僧来汉藏教理院传法。法尊，河北深县（今深州）人，在北京法源寺出家，武昌佛学第一届毕业生，此后历尽艰辛入藏学习。他以"翻经比丘"自居，以翻译藏文佛典、沟通汉藏文化为己任，数十年间翻译了《菩提道次第广论》《密宗道次第广论》《现观庄严论释》《入中论善显密意疏》《辨法法性论》《七十空性论》《释量论》《集量论》等格鲁派十余部重要论典，还将汉文的《大毗婆沙论》二百卷译为藏文，著有《现代西藏》《西藏民族政教史》等书，发表过数十篇介绍藏传佛教之论文，为汉藏佛教之交流做出了贡献。1923年方才出家的原四川军政人士大勇，曾东渡日本学习东密，回国后，又依止多杰格西学习藏密。1924年在北京筹办藏文学院，为入藏学员进行培训，并拟次年率众赴藏学习，因其圆寂未能如愿。

另一位沟通汉藏、融通显密的近代高僧是能海（1886～1967），原名龚字光，字辑熙，四川绵竹人。早年从军，在四川康定镇守使部任侦探大队长、营长，又任云南讲武堂教官，是刘湘部的团长。1924年出家，次年即赴藏学法。

---

① 陈兵、邓子美：《二十世纪中国佛教》，民族出版社2000年版，第356页。

一生两次入藏学经，共七年之久。回到成都后，他于1941年在近慈寺创立四川汉地第一个密宗道场，此后，又到武汉、上海、北京等地及印度、缅甸讲经，并在相继建立了吉祥寺、云悟寺、慈圣庵、重庆金刚道场和五台山的广济茅蓬、善财洞及上海金刚道场。1953年，他参与发起成立中国佛教协会，并出任第一届、第二届中国佛教协会副会长一职。能海还培养了一大批弟子，诸如昭觉寺方丈清定、四川尼众学院院长隆莲等，皆为其高足。

能海十分注重翻译出版藏文佛教经典，他两次入藏，带回大量藏文经典，并在近慈寺设立译经院。这个译经院培养精通藏文及各国语言的佛学人才，并互译汉藏经文中对方缺失者将其刊出，还曾打算将汉藏经典译成外文，向世界推广。他也曾着手将世界其他国家的有关佛教论文翻译出版，以供参考，进行国际佛学交流。20世纪30年代至40年代，译经院共译出藏文经论五十多部论著，刻印出版显密经论约八十部。

民国时期，在汉藏佛教交流史上除了汉藏教理院和能海上师这两座高峰之外，另外还有些寺庙和个人的零星交流活动。这些交流以反映出这一时期藏汉交流较为频繁。

自20世纪20年代起，藏传佛教各宗派的活佛、格西等就不断进入四川等地传法。受到这一影响，四川僧俗之间出现了学密的热潮。如格鲁派的多杰格西入川弘法，其时四川军政要员多有皈依者，遂迎请多杰格西到成、渝两地举行大法会，并在重庆建立"菩提金刚塔"。他的弟子张心若将其传授并编译为《密乘法海》百种，出版发行。

而东本和阿旺南结堪布等也来到四川，到四川各地包括四川康藏地区讲授《菩提道次第广论》《现观庄严论》《生起圆满二次第》等诸多在汉地未曾宣讲过的密教经论。噶举派的贡噶活佛也前来四川弘扬藏密。当时许多社会名流亦曾跟随学法，如谢无量、梁漱溟等都曾随贡噶活佛在重庆缙云山闭关修法。

藏传佛教在巴蜀汉地的影响一直未有断绝，密宗寺庙亦陆续创立。由于，民国时的诸多军政要员都信奉藏密，因此，这一时期巴蜀举办了多次大型藏密法会，且军政人员多有参与。如1931年，西南和平法会就是佛教界与军政要员刘文辉、邓锡侯、田颂尧等经过五年筹备而举办的，旨在抵制一些西藏上层社会企图分裂祖国的活动。法会延请康定僧人杰觉巴格西住持，在成都文殊院举办，历时四十九天，每天参加法会的人都多达上千。诸多实例都体现了汉藏佛教文化交流的成果。

"一个宗教的复兴史,往往肇始于它之前的衰败和没落。"①晚清及民国佛教的复兴,正是因为之前佛教的衰落。但这次复兴的所有动力并不仅源于此,西方文化的冲击也是一个重要的原因,西方的"民主、自由"思潮亦曾影响到僧侣,如四川佛学院第四期就曾发生因学生反对教务主任晤一和监学定九的运动,这在传统的丛林教育场所是不可能发生的。

民国时期轰轰烈烈的佛教复兴,成立了众多的佛教团体,对佛教的传播起到了一定的社会作用,出版了许多重要经典,为佛教造就了诸多重要僧才。然而,这些大多都仅停留在表面,如佛教教育在全国"培养毕业生的总数大约在七千五百名左右,还不到中国僧侣总数的百分之二,况且也不是全都收到了良好的教育"②。这次复兴虽然带来了诸多喜人的成果,但是实际效果远未到达革蔽布新的效果。因此,在抗战胜利以后,佛教又一次陷入衰败之境。但至1949年,佛教仍是四川汉地第一大宗教,其时仍有"寺庙11378座,僧尼24361人"③。

六、当代巴蜀的佛教

自中华人民共和国1949年成立起,中国佛教的发展从此走上了一个新的历程,跨入了一个新的时期。四川佛教亦随之进入一个全新时代。这一时期,四川佛教的发展,大致可以分为三个阶段。

第一阶段,中华人民共和国成立至"文化大革命"时期。

中华人民共和国百废待兴,制定了诸多规章制度,这些全国性的法律性文件和规定,直接指导全国各地的各项工作,宗教及其佛教工作亦归属其中。这一期的对佛教工作有直接指导意义的文件有:1949年9月21日在北京召开的中国人民政治协商会议第一届第一次会议上通过的《中国人民政治协商会议共同纲领》。其中第五条规定:中华人民共和国人民有思想、言论、出版、集会、结社、通讯、人身、居住、迁徙、宗教信仰及示威游行的自由权。这个纲领性的文件表明了新中国在宗教问题上的根本态度和基本立场,赢得了宗教界人士的热烈拥护。1951年6月16日《中共中央关于汉民族中佛教问题的指示》指出:

---

① [美]霍姆斯·维慈:《中国佛教的复兴》,上海古籍出版社2006年版,第1页。
② [美]霍姆斯·维慈:《中国佛教的复兴》,上海古籍出版社2006年版,第96页。
③ 林建曾、王路平等:《世界三大宗教在云贵川地区传播史》,中国文史出版社2002年版,第490页。

"广大佛教徒所崇拜之名山大寺及具有历史文物价值之庙，均须妥加保护，防止破坏，不可轻易占用。"这表明开国之初党和国家对宗教的态度，作为佛教名胜古迹众多的四川亦受益于党中央国务院的这些正确决策。

1950年1月，中央人民政府颁布了《关于处理老解放区市郊农业土地问题的批示》，其中规定，寺观教堂等土地一律收归国有并加以适当分配。批示也指出，愿意从事农业生产之僧尼亦可酌情分给适量土地。虽然这一指示范围主要针对老解放区，但是作为一个先驱性的文件，对后来的庙产分配工作起到了较大的指导性。之后，在1950年6月颁布的《中华人民共和国土地改革法》以法律的形式对全国的庙产问题作了全国性的规定："征收祠堂、庙宇、寺院、教堂、学校和团体在农村中的土地及其他公地。"对有劳动能力，愿意从事农事劳动维持生活的宗教人士，分给与农民同样的土地和其他生产资料。经过土地改革之后，寺庙原有的土地分给了无地或少地的农民，高利贷也取消了，这样宗教内部原有的剥削压迫的基础被清除，一些遭到压迫的下层僧侣还俗务农，继续留在寺院中的僧侣亦拿到土地，自耕自养。之后，1951年，全国政协宗教事务组讨论了推动佛教僧尼参加劳动生产、实现自养的问题，进一步推动僧侣生活上的自给自足。在这些改革成绩的基础上，1953年5月30日，中国佛教协会成立会议在北京广济寺开幕，全国121位活佛、喇嘛、法师、居士参加了这次会议。6月3日，中国佛教协会成立会议闭幕，大会通过了《中国佛教协会章程》，四川能海上师等被推举为中国佛教协会副会长。该章程规定："本会是中国佛教徒的联合组织，其宗旨为：团结全国佛教徒，在人民政府领导下，参加爱护祖国及保卫世界和平运动；协助人民政府贯彻宗教信仰自由政策；并联系各地佛教徒，发扬佛教优良传统。"佛教协会的成立，是中国佛教发展的一个重大转折，中国佛教从原来的一盘散沙，发展成为四众空前团结的情形。在全国佛教发展的大好局面之下，1957年6月，四川省人民委员会宗教事务处在成都市召开四川省佛教、道教人士座谈会。本次会议结束之时成立了"四川省佛教协会筹备委员会筹备处"，负责四川省佛教协会的筹备工作，圣钦大和尚任主任。这次座谈会后来被作为四川省佛教协会第一届代表大会。经过长期努力，四川佛教协会于1962年9月25日在成都成立，会址设于成都市大慈寺，后迁往文殊院。这一时期，四川佛教也与全国佛教一样，获得新生，走上了新中国佛教发展的康庄大道。

第二阶段，"文化大革命"时期。

在"文化大革命"的十年浩劫中,中国宗教受到了严重的打击。"四人帮"采取了极"左"的方针,"宗教信仰者遭受了残酷的迫害,宗教界人士被视为牛鬼蛇神,被游斗、抄家、遣散、下放劳动,受到错误批判和不公正待遇,宗教活动场所被破坏和关闭,正常的宗教活动完全停止"[①]。四川宗教亦未能逃脱惨遭迫害的命运,"这10多年中,宗教界和宗教工作,如同其他各行各业一样,遭到了空前的破坏和浩劫。党的正确的宗教政策被践踏,政府宗教工作部门被取消,正常的宗教活动被禁止,寺观教堂被侵占、关闭,宗教界人士遭到打击迫害,造成了大量冤假错案,这是宗教界和宗教工作最艰难的时期"[②]。这十年佛教的发展状况亦如此。

第三阶段,十一届三中全会后。

1978年党的十一届三中全会后,中共中央提出了关于我国宗教问题的基本观点和长期政策,拨乱反正,一批冤假错案得到平反,佛事活动进入全面恢复阶段。1980年5月,四川佛教协会开始恢复正常工作。1982年,党中央在系统总结了中华人民共和国成立以来宗教工作的得失以及正反两个方面的经验教训之后,颁布了著名的19号文件,即《关于我国社会主义时期宗教问题的基本观点和基本政策》,重申了尊重和保护宗教信仰自由,是我们党对宗教问题的基本政策。不久后,我国的宗教信仰自由政策写进了我国的根本大法《中华人民共和国宪法》:"中华人民共和国公民有宗教信仰自由。任何国家机关、社会团体和个人不得强制公民信仰或者不信仰宗教,不得歧视信仰宗教的公民和不信仰宗教的公民。国家保护正常的宗教活动。任何人不得利用宗教进行破坏社会秩序,损害公民身体健康,妨碍国家教育制度的活动。宗教团体和宗教事务不受外国势力的支配。"自此,宗教信仰自由作为公民的一项权利,受到宪法及法律的保护,中国的宗教发展迎来了新时期下的又一个春天。与此同时,平反"文化大革命"期间的冤假错案,清退"文化大革命"时期不合法侵占的宗教房产,妥善安置生活困难的宗教界人士,开放宗教活动场所,及时解决一些地方出现的侵犯宗教界合法权益的问题以及宗教信仰自由权利遭到侵犯的事件。四川省也积极深入开展了以上工作,努力降低"文化大革命"所造成的负面影响降到最低程度。

---

① 何光沪主编:《宗教与当代中国社会》,中国人民大学出版社2006年版,第53页。
② 余孝恒:《建国五十年来四川宗教工作的实践与思考》,《四川统一战线》1999年第10期。

21世纪之初,党和国家针对新时期宗教发展问题,于2001年12月在北京召开了全国宗教工作会议。2002年9月6日,中国佛教协会第七次会议在北京召开,有近五百名代表参加了这次会议。本次会议提出了:"高举爱国爱教、团结进步的光辉旗帜,走与社会主义社会相适应的道路;弘扬人间佛教积极进取思想,发扬农禅并重、学术研究、国际交流的优良传统,加强道风建设和人才建设;维护法律尊严,维护人民利益,维护民族团结,维护祖国统一;引导各民族佛教徒,团结一致,同心同德,为社会主义的物质文明、精神文明、政治文明建设服务,为社会稳定、民族团结、祖国统一、世界和平做出贡献。"①

新中国诞生,一个崭新的时代从此开始,近代以来的半殖民地半封建社会就此终结,中国革命取得了全面胜利,中国佛教也从此开始书写新的历史。在这新时代中,巴蜀佛教也展现出与以往不同的特点。

(一)爱国爱教,适应社会主义社会

历史证明,国家昌盛,佛教才能繁荣。佛教事业的发展和命运必然与国家的各项事业的发展休戚相关。因此,这一时期巴蜀佛教,高举爱国爱教、团结进步的光辉旗帜,始终把佛教的前途与命运同国家和人民的前途相统一。

巴蜀佛教僧众本有爱国爱教之传统,进入新中国以后,这一传统得到了很好的继承。如1951年成都市举行庆祝国际劳动妇女节的反对帝国主义示威游行活动,活动共有三百九十四名比丘、比丘尼参加。1951年4月,成都一千多名佛教徒参加了抗美援朝座谈会和示威游行。其中七百多人参加了捐献活动,并有三十六人报名参军,奔赴前线,报效祖国。在这个新时期,佛教徒以各种方式表达着对祖国的热爱。1959年,四川省人民政府宗教处组织宗教界知名人士学习党和国家的政策。②这都体现了巴蜀佛教界人士积极投身到社会主义现代化建设之中,以尽佛子拳拳报国之心。

在党和政府的领导下,经过中国佛教协会赵朴初会长对人间佛教思想进行了理论创造和实践探索,走出了一条与社会主义社会相适应的道路,取得了重大的成就。"'人间佛教思想'作为中国佛教发展的指导方针已成为中国佛协各级组织的共识。"③以人间佛教为办刊宗旨的佛教刊物和出版书籍宣传普及

---

① 圣辉:《中国佛教协会五十年》,《法音》2003年第10期。
② 四川省佛教协会编:《四川佛教协会五十年纪念集》内部书刊,第15页。
③ 陈兵、邓子美:《二十世纪中国佛教》,民族出版社2000年版,第216页。

人间佛教理念等方面有了实质性的进展。在这一方面，巴蜀地区创办了《四川佛教》《空林》《大慈》《报恩行》等佛教杂志，倡导和宣传人间佛教"诸恶莫作，众善奉行，自净其义"的思想内容。

在爱国爱教、人间佛教思想的指导下，四川佛教协会"号召全省佛教徒报国家恩、报众生恩，成就菩萨愿行，为全面构建和谐社会服务"[①]。

（二）弘法传戒，宗教法事活动稳步发展

经历抗日战争，国内佛教衰微。许多寺庙荒废，百废待兴，佛教弘法事业任重道远。在中华人民共和国成立后至"文化大革命"之前，建立各地佛教协会，修复各地毁于战火的寺庙，乃是当时弘法之具体事务。

从1953年中国佛教协会成立开始，巴蜀的各地佛教协会先后成立起来。1954年重庆市佛教协会成立，会址设在渝中区罗汉寺内，定九被选举为佛协会长，陈云为副会长，悟一任秘书长。1955年峨眉山佛教协会成立。1957年成都市佛教协会在成都文殊院成立，圣钦任名誉会长，慈青为会长，宽霖、刘亚林、牛次封为副会长，宽霖兼任秘书长。1957年四川佛教协会第一届代表大会在成都召开。以后各县佛教协会相继成立，为团结佛教界力量，弘扬佛教文化起到了重要作用。

中华人民共和国成立后，修复庙宇也是弘扬佛法重要工作之一。1956年，由政府拨款四十六万元，对省内汉族地区二十四处寺庙进行维修，1958年公布了四川省第一批汉族地区保护寺庙名单共九十七处。

十一届三中全会以后，为落实宗教政策，恢复"文化大革命"中被破坏的寺庙，重新传戒授法乃是这一时期弘法传戒的重点所在。

1980年，经四川省人民政府批准，首批寺庙在"文化大革命"后重新开放，恢复正常佛教活动，包括成都文殊院，新都宝光寺，重庆罗汉寺、慈云寺，峨眉山报国寺、万年寺、洪椿坪、洗象池、九老洞、金顶，乐山乌尤寺等。党和政府还拨款全面修复双桂堂，并新建了罗汉堂。

此后，随着宗教政策的落实，寺庙清退给佛教协会，很多寺院都修整一新，重新开放，恢复了宗教活动。

1983年，中国恢复了中断二十年的传戒法会，此次法会在北京举行，川内高僧宽霖法师、遍能法师、永光法师应邀参加法会，并担任十师之戒法席。自

---

① 四川省佛教协会编：《四川佛教协会五十年纪念集》内部书刊，第11页。

此次传戒以后,各地传戒活动得到恢复,之后川内亦举行多次传戒活动。

1985年10月18日至11月2日,四川省佛教协会第一次传戒法会在新都宝光寺举行,戒和尚由宽霖法师担任,羯磨师由遍能法师担任,教授师由竺霞法师担任。得戒僧侣共一百一十九人,其中比丘七十人、比丘尼四十九人。

此后,四川佛教协会传戒法会不定期举行,至2006年传戒法会已经举行到第十三届。2006年11月12日,四川省佛教协会第十三次传戒法会在文殊院、爱道堂隆重举行。戒和尚由清德法师担任,说戒和尚由宗性法师担任,羯磨师由演法法师担任,教授师由意寂法师担任,尼和尚由如意法师担任。成就了来自全国27个省、市、自治区的新戒五百九十七名。

四川佛教协会的十多次传戒,为佛教发展储备了后继之人。

佛教寺庙恢复,历次传戒,为佛教弘法和宗教事业稳步发展提供了必要因素。中华人民共和国成立后,尤其是改革开放后,巴蜀佛教的宗教法事活动可谓稳步发展。

(三)注重宗教人才培养、僧伽教育

培养佛教后继之才,亦成为改革开放后佛教界的一项重要工作。1980年,中国佛学院正式恢复教学。各地亦建立起佛学院,四川也随之建立起四川尼众佛学院和四川省佛学院两所培养僧才的现代教育制度之学院,为培养佛教后继之才提供良好的支持。

四川尼众佛学院是我国第一所高级比丘尼学院,院址在成都铁像寺内。1983年由中国佛教协会批准成立,院址所在地乃是由赵朴初老居士亲自考察的。铁像寺本是能海上师在汉地创办的唯一女众金刚道场,学院与寺庙合二为一,原是为了帮助尼泊尔重建二部僧团、培养二部僧众所建。

1984年秋季,四川尼众佛学院正式招收第一批学员,她们来自全国各地,一般具有高中文化程度和一定的佛学知识,经过严格的统一考试,择优录取。

隆莲法师从佛教的实际出发,提出了四川尼众佛学院办学宗旨:一是培养佛教寺庙管理人才;二是培养佛教教学人才;三是培养佛教研究人才。围绕这三个层次,四川尼众佛学院开设了不同层次的班级,为佛教培养各类人才。

四川尼众佛学院本着佛陀说法之次第而建立了戒学、俱舍、唯识、中观的教学体系,佛学院课程的设置便是围绕这一体系,循序渐进,由浅入深、先易后难的次第而进行。除了学习佛教知识以外,为适应新时代的特点,四川尼众佛学院还开设了古代汉语、佛教文学、藏语、财会、书法等课程,培养适合新时代需要的佛教尼众人才。

教学体系之内容包含了三大语系佛典，使学僧了解佛法的全貌与次第。十分之七研读佛学，十分之三学习文化，以期佛学、文化知识的全面提高，适应当今佛教、社会的发展，更好地为佛教事业服务。

1990年佛学院增设研究班，连同专修班、中级班，学制各为三年，实现了三级十二年制一贯的体制。四川尼众佛学院自建院以来，历经十五个春秋，佛学院毕业的中专僧四届，大专僧三届，研究僧一届，可谓硕果累累，毕业后的学僧皆已成为当地寺庙和佛协的栋梁之才。

峨眉山佛学院最初于民国20年（1931）由圣钦和尚倡议创办，时果瑶法师任院长，学制两年，后因故停办。在改革春风吹拂之下，四川佛教事业也迎来了自己的春天。1986年由遍能法师、宽明法师等以僧伽培训班的形式恢复了停办已久的四川省峨眉山佛教学院。1991年3月正式被乐山市教委批准署名，学制三年，遍能法师出任院长，正式命名为"四川省佛学院"。2003年11月21日四川省佛学院与峨眉山佛学院合并，更名为"四川峨眉山佛学院"，由四川省人民政府宗教事务局局长王增建为学院授牌、授印。现四川峨眉山佛学院院长为永寿大和尚。

学院以四大菩萨之德行"智、行、悲、愿"作为训励。行践悲愿是为自利利他之行径，需要破除化道障碍之道种智，以智扶行，以行履悲愿海。

1992年，重庆市佛学院成立，学院最初设在渝中区罗汉寺内，后迁往九龙坡华严寺。学院设立中级班和高级班，面向全国招生，成为重庆市培养佛教专门人才的中心。

除了开办佛学院之外，巴蜀地区还经常开办各种多种形式的培训班、僧伽学校等。还派遣学员出省学习，先后选送学员到中国佛学院和南京栖霞分院等地学习。毕业学生回到川内任寺院领导或承担佛学院的教学工作。

（四）注重整理和弘扬佛教文化事业

中国有着悠久的文化传统，而中华民族是一个注重整理本民族历史和文化的民族。巴蜀佛教徒亦继承了这一优良传统，在信息科技日新月异的今天仍然不忘整理出版典籍，弘扬佛教文化。

1961年开始编撰的《四川省志》就专门辟有宗教志，并设有《佛教篇》。四川佛教协会积极组织相关人员参加编写，编辑室设在大慈寺，参加人员有王恩洋、隆莲、遍能、能真、敖子鱼等。这是中华人民共和国成立后，四川佛教协会成立以来组织的第一次大型编写活动，乃四川佛教界整理历史及其古代典籍之始。1961年至1965年还出版了一批四川佛教文化历史文物等方面的资料，如王恩洋编著的《四川佛教经籍艺文》、隆莲法师编著的《四川佛教主要宗派》、遍能法师编著的《四川佛教的传入和发展演变》、能真法师编著的《四川佛教文物》、敖子鱼居士编著的《四川佛教名僧录》等著作，很好地记录和保存了四川佛教的历史与文化。

中共十一届三中全会落实宗教政策后，佛教著作整理、出版又迎来春天，出版发行的各类书籍逐渐多了起来。

1981年，四川佛教协会出版《文殊院资料》三册。乐山乌尤寺出版了《凌云、乌尤名胜录》，应中国佛教协会研究组要求，由峨眉山编写了《峨眉山伽蓝记》。隆莲法师为山西省省志办撰写了《能海法师略转》，还为《中国大百科全书·宗教卷》写作了"玄奘"词条。

1990年四川佛教协会开始重印《洪武南藏》，这一事件载入了中国佛教协会的大事年表之中。

《洪武南藏》又名《初刻南藏》，是明朝洪武五年至三十一年（1372~1398）在南京刻成。该版本流传较少。1934年四川重庆上古寺发现此藏孤本，惜略微残缺，并有少量抄本和坊间刻板参入。全藏共有六百七十八函，收录经藏一千六百部，共七千多卷。《洪武南藏》的重印工作由广成法师住持。这一《大藏经》的重印，对佛教文化的研究传播可谓功德无量。2005年昭觉寺还重印了《昭觉寺丈雪通醉辑》，此次重印还在昭觉寺举行了首发仪式。

老一辈佛教领袖的事迹是激励后代佛教徒的最好范本，他们的德行和事迹可谓德高为师，身正为范，乃是后人学习的榜样。因此，四川佛教界很注重这一事业，从1997年至2006年共计出版了《隆莲法师传》《宽霖法师传》《遍能法师传》《竺霞法师传》《巴蜀当代名僧》《清定上师年谱》等高僧大德的传记及年谱。这些书籍的出版整理，保存了巴蜀佛教的历史，延续了佛教文化之血脉，对推动四川佛教的发展、弘扬佛教佛教文化推动不小。

（五）积极开展社会公益事业

近代以来，建立的佛教团体热心公益事业都是他们的一个重要特征。以举办民众教育、育幼养老、济贫救困、施衣施药等慈善公益事业为佛教团体之任务。中华人民共和国成立后，佛教不但没有摒弃这一传统，还将其发扬光大。

四川佛教协会自1957年元月成立以来，就率领四川佛教徒以"人间佛教"的思想为指导，"开展社会慈善事业和公益事业，帮助终生离苦得乐"[①]。协会带领各寺院参与义诊、扶贫、赈灾、助学等慈善和公益事业中。

例如，1991年，为了更好地服务社会，积极参与社会公益事业，成都市佛教协会成立"红十字会"。成都市佛教协会红十字会成立后，积极参加义诊和救死扶伤活动。成都市佛教协会还多次倡导过赈灾救灾的捐款活动。从2004年起，成都市佛教协会连续三个春节组织了"情暖人间、关爱社会"大型慈善活动，每次捐款十余万元，受助人数多达三百，社会反响很大。四川省佛教协会及各地寺庙也组织了各种慈善活动。

从1993年开始，重庆市佛教协会开展救助失学儿童系列活动，得到社会各界的响应和支持。截至2007年，共募集资金二百零四万元，资助学生多达一万九千二百一十一人，资助地区遍及巴蜀大地，包括广元市、巴中市、重庆万盛区、綦江县等地，修建希望小学十四所、希望幼儿园一所、希望书屋四十八所。

2005年，东南亚国家遭受海啸灾害后，四川佛教协会响应中国佛协的号召，与成都市佛教协会在文殊院联合举行了"为印尼等八国地震海啸受灾者祈福法会"，并开展捐款活动，全省佛教徒亦积极行动起来，共捐善款一百二十万元。此次公益活动引起了社会的关注，四川电视台、成都电视台、《华西都市报》、《成都日报》等各大省内媒体均作了报道，活动受到社会好评。

2005年元月，成都市大慈寺菩提功德会宣告成立，菩提功德会以利益社会为己任，开展捐助贫困学生和贫困地区、资助敬老院和孤儿院、义诊施药、印经赠书、护生放生、环境保护等社会公益事业。

截至2007年，峨眉山佛教协会菩提心互助会共资助了八十一所学校的三千五百七十名贫困学生，资助金额高达二百六十万余元，并向民族地区、边远山区捐助电脑、书桌等学习用品价值五十六万余元。此外，峨眉山菩提心互助会还大力开展助残扶困、安老赈灾、放生护生、印赠佛教经书的活动，大力宣扬"慈悲喜舍、知恩报恩"的思想，为构建和谐社会积极发挥作用。

（六）汉传佛教与藏传佛教联手发展

近代以来，汉藏交流较前代更为频繁，汉藏佛教文化交流亦取得了一定的成果。中华人民共和国成立后，汉藏交流更为深入，汉藏佛教亲如兄弟，携手

---

① 四川省佛教协会编：《四川佛教协会五十年纪念集》内部书刊，第11页。

书写美好的佛教文化事业。

1957年四川佛教协会首次筹委会、选举理事之时就确立了"照顾地区、民族、宗派的原则,与各方面充分协商酝酿,确定参加会议的代表"①,这充分考虑和尊重各民族的基调,为后来汉藏佛教文化的联手发展打下了良好的基础。

1962年四川省佛教协会第二次全体代表大会在成都锦江宾馆召开,选举了由丁真扎巴等理事四十七名,会议礼请阿旺嘉措、圣钦为名誉会长,选举慈青为本届理事会会长,选举香根·巴登多吉、普超、劳让金巴为副会长,秘书长由隆莲担任,副秘书长由永光担任,会址设在大慈寺。自此以后,历届四川省佛教协会的理事皆由汉、藏佛教界高僧担任,这是汉、藏佛教界携手发展佛教事业的表现。

1985年,原近慈寺永光法师率领近慈寺僧众进入石经寺,继承近慈寺宗喀巴大师法脉,弘扬石经寺楚山绍琦之禅风,双传同修,显密圆通。自此,由能海上师在成都创立的第一个"密坛"在经历了"文化大革命"的风雨之后,在石经寺重新开始接续传承。"近慈寺得以迁寺复兴,是我省落实宗教政策最为殊胜的大事因缘之一。"②

2006年3月,以永寿为团长的四川佛教协会会长视察团前往四川省甘孜、阿坝两州慰问,并代表全省五大宗教团体向色达县贫困户捐款、捐物,总价值达十万余元。四川省佛教协会还资助涉藏地区各地佛教协会办公经费二万八千元,体现了汉、藏佛教协会之间兄弟情谊及努力将佛教事业推向发展的信心。

(七)对外文化交流愈来愈多

中华人民共和国成立以后,佛教"继续发扬国际交流的优良传统,积极开展对外友好工作,以国家和平外交政策为根本方针,以友好、合作、和平为基本宗旨"③,发展与东亚、东南亚各国的传统友谊。开展与港澳同胞、台湾同胞的友谊与交流,为维护祖国统一、促进世界和平做出自己的贡献。尤其是在改革开放以后,佛教交流更为频繁。

例如,1983年8月,美国佛学会会长寿治来四川省参观访问,得到所到寺院的热情接待,这次接待给客人留下了深刻的印象,次年5月,寿治会长又率领美

---

① 四川省佛教协会编:《四川佛教协会五十年纪念集》内部刊物,第15页。
② 四川省佛教协会编:《四川佛教协会五十年纪念集》内部刊物,第12页。
③ 四川省佛教协会编:《四川佛教协会五十年纪念集》内部刊物,第12页。

国纽约光明寺朝圣团再次来川。

1986年,日本东京都葛成山法唱院细川了海法师一行来川进行友好访问,参观了四川省著名佛教寺院。了海法师到乌尤寺拜见遍能法师,并呈献日本最高佛教学位御铠兜金冠和最高学位证书,并挥毫书下"和为贵"三字。

1989年4月,当代高僧星云法师率"国际佛教促进会弘法探亲团"来川访问,参观了峨眉山的报国寺、万年寺、金顶,以及乐山的乌尤寺、成都文殊院、新都宝光寺等川内著名寺院。星云法师为峨眉山题词"团结、和平、安定"。

2001年4月,中台禅寺惟觉大和尚及果堂法师等中国台湾地区当代高僧一行400余人的朝圣观光团,应四川省佛教协会之邀前来四川参观访问。惟觉大和尚先后参观了宝光寺、峨眉山报国寺、万年寺、文殊院、三昧水印经院等寺院,并受到各寺院热情接待。次年4月,惟觉大和尚再次来到四川,参访了成都、南充营山县等地,在故乡营山祭祖,并回到母校营山中学。还参访了南充栖乐寺、大足圣寿寺等寺庙,游览了成都杜甫草堂和都江堰等名胜古迹。

成都市佛教协会粗略统计了自成都佛教协会1957年成立以后的一些接待外国来访者的情况,协会从1958年开始就接待苏联、日本、匈牙利、美国等国和一些华侨组织佛教参访团,中共十一届三中全会以后对外交流进一步扩大,1987年以后来访的国际友人更是增加迅速,"先后接待了100多个国家和地区的佛教界人士和国际友人,港澳台同胞等共约300余万人次"[①]。

在接待前来参访的各种团体的同时,四川佛教高僧也走出去,积极参加海内外的佛事活动。

七、近现代四川佛教名家

四川佛教事业一步步走向繁荣,取得硕果累累,与诸山大德的努力和著名居士的努力是分不开的,近当代出生、生活、修行在四川的诸多高僧不胜枚举,他们的佛学修行成为一代后学人的风范,而名之于四川佛教界和社会。

圣钦。俗家姓贺,名永茂,四川省三台县人,清同治八年(1869)出生。清光绪十一年(1885)乙酉岁正月初九投入峨眉山接引殿,礼智德和尚为师剃度出家。智德为其取法名圣钦,法号荣崇。同年冬,在重庆华严寺受比丘戒。圆戒后仍回到峨眉山接引殿,依师学习佛门经典及仪轨。光绪三十一年

---

① 成都市佛教协会编:《慧灯无尽》内部书刊,第79页。

（1905）离开峨眉山东下，游方参学于各名山大德。次年，中国僧教育会在金山成立，八指头陀任会长，圣钦出任总务长。光绪三十三年（1907），峨眉山能善老和尚专程东下江南接圣钦回峨眉山接引殿任方丈。

民国4年（1915），中国僧教育会改名为"中华佛教总会"，八指头陀任会长，圣钦任监事。同年，中华佛教总会四川省支部改名为"四川省佛教会"，设会址于成都十方堂，圣钦法师当选为总务长，并代行会长职权，后继任会长。民国16年（1927），圣钦回到峨眉山，创办峨眉山佛学院。次年，创办教务传习所，专门培养寺院执事人员。民国5年（1916），峨眉山接引殿毁于大火，圣钦八方集资，重建工程从民国10年（1921）开始，先建大雄宝殿，历时五年，到民国15年（1926）大殿才告落成。接着建接引殿、藏经楼、五观堂等建筑，施工多年，至民国28年（1939）方全部建成。民国33年（1944），将大火烧毁的铜佛像合铸为普贤菩萨铜像一尊，至今仍矗立在接引殿。

民国17年（1928），国民党政府颁布《寺庙管理条例》，引起全国佛教徒强烈反对。圣钦以四川省佛教协会会长的身份号召全川佛教徒组织起来抵制该条例。民国21年（1932）初，川军第七师马德斋部强占成都的大慈寺，大慈寺濒于毁灭，新都宝光寺无穷法师专程到成都与各寺院住持商议，共同推请圣钦老法师出任大慈寺方丈，以收回寺院。圣钦于是年腊月初八到大慈寺晋山升座，专意重兴古刹。他多次与马德斋师长协商，据理力争，终使马德斋的部队撤出大慈寺。圣钦开始了培修破损庙宇的工作。

1940年四川佛教协会改组为会员制，圣钦当选为会长，他在会上提出三点建议：一是以佛教协会之力，创办小学一所，救助贫苦失学儿童；二是兴办一所职业技术学校，教授贫苦事业人员，使有一技之长，谋生自立；三是在成都十方堂创办四川佛教医院——慈济医院。

1947年，圣钦应上海龙华寺之邀前往解决庙产纠纷，回川后感慨万千，遂将大慈寺方丈职务交与果彻和尚，自己退居院寮。中华人民共和国成立后，圣钦出任大慈寺方丈，1953年受聘为四川省文史馆馆员，同时当选成都市政协委员、成都市佛教徒学习委员会副主任委员。1962年，圣钦老法师被推为四川省佛教协会名誉会长，后来又被推举为成都市佛教协会名誉会长。1964年1月30日，圣钦老法师在大慈寺圆寂，世寿九十五岁，葬于峨眉山接引殿前坡下。

宽霖。俗姓王，名天顺，四川省新都县人，清光绪三十一年（1905）四月二十八日生。他出生于佃农家庭，生活困窘，三餐难继，年方十二被父母送入福建馆寺出家。当时未成年人出家要由其父母写下"舍白",即卖身文契,声明被"舍"儿童从此与家庭断绝一切关系。宽霖由此便在新都出家。

民国6年(1917)佛诞日,即四月初八,师公常参老和尚和师父衍悟法师为他举行了剃度礼,赐名宽霖,号广深,派字广泽。剃度礼庄严而隆重。落发剃度之后,宽霖便在新都的福建馆寺做沙弥。在礼佛念经、敲钟击鼓、学习佛门仪轨的日子中,三年倏忽而过,至宽霖十五岁时,成都文殊院传戒法会,师父衍悟法师安排其到文殊院受了三坛大戒。这次戒期共五十三天,通过紧张的学习,宽霖从沙弥成为比丘。宽霖圆戒之后,留在文殊院参学,他先后担任过侍者、衣钵、知客等职务。他在文殊院前后十年,在此期间宽霖奠定了坚实的佛学基础,娴熟掌握了佛门仪轨。

民国20年(1931),宽霖二十七岁,他告别成都文殊院,开始行脚参访、朝礼天下名山大刹之旅。他自重庆乘舟东下,先抵上海,后转宁波,住四明山观宗讲寺,入弘法研究社受学,聆听谛闲老和尚、宝静法师讲天台教观。由于成绩优良,宝静法师命他担任弘法研究社学监及观宗讲寺堂主,他依宝静法师学习古典文学。三年之后,宽霖赴杭州参学于摩尘、心慈、静修等法师,求教佛门法义,并到苏州报国寺为印光老和尚礼座,又依德森法师修习净土法门,后又随侍宝静法师同往江西九江,登庐山拜谒远公祖师道场。时值黄龙寺方丈圆寂,寺院大众推请他代理方丈。民国25年(1936),重庆华严寺方丈宗镜法师一再函邀宽霖法师返回四川。他遂离开庐山,回到重庆,先后在华严寺、三学精舍讲经。次年,宽霖回到成都,先后在昭觉寺、宝光寺、绵竹祥符寺、峨眉山毗卢殿等道场讲经开示。宽霖回到四川讲经传道,由此道誉日隆。民国33年(1944),宽霖回到成都文殊院担任藏主,潜心研读《大藏经》,并讲授佛学后出任堂主并兼代知客。

1949年中华人民共和国成立,宽霖法师先后担任成都文殊院知客、监院等职,协助老方丈道悟禅师管理寺中事务。1953年,道悟法师为其传法授记,正式将衣钵传与宽霖,宽霖由此出任文殊院住持一职。"文化大革命"期间,宽霖忍受各种屈辱,驻守文殊院,率领一些未离寺的僧众坚持护寺工作,尽量使文殊院的建筑设施和所珍藏的历代文物减少损失。中共十一届三中全会以后,国家拨乱反正,落实宗教政策,各地寺院先后恢复活动,向公众开放,宽霖重新被委任为文殊院方丈,担负起修复文殊院的重任。经过多年努力,文殊院恢复旧制,之后宽霖不忘弘法利生事业,以八十多岁高龄兼任云南省鸡足山祝圣寺方丈，不顾年迈途远，到鸡足山晋山视事且经常到寺照顾寺务。

1990年以后，他先后主持了文殊院、宝光寺、祝圣寺等大寺院的首次传戒法会，戒子遍及川、云、贵各地。改革开放以后，宽霖除了担任文殊院方丈外，还先后担任成都市佛教协会秘书长、副会长、名誉会长，四川省佛教协会副会长、会长，中国佛教协会常务理事，及成都市政治协商会议常务委员，四川省政治协商会议常务委员，等等职务。1999年6月8日，宽霖圆寂于成都文殊院，世寿九十五岁，戒腊八十年。

遍能。俗家姓许，名在光，四川省乐山县人，清光绪三十二年（1906）出生。遍能幼时入村私塾，年长之后师从学川内名儒翰林赵熙，聪颖好学，深受赵翰林器重。年十五入乐山乌尤山乌尤寺，落发出家。

民国12年（1923），遍能十八岁，到成都文殊院受具足戒，圆戒后住文殊院学戒堂学戒。学习期间，学习勤奋，成绩优异，受到师长青睐。文殊院学戒堂于民国13年（1924）改为四川佛学院，遍能于此毕业，受聘于川东佛学院任监学。民国18年（1929），遍能开始出川云游，民国19年（1930）到达北京，考入柏林寺的柏林教理院学习。柏林教理院，由柏林寺主持台源和尚所创办，聘请泰县光孝寺住持常惺法师为院长。太虚大师自欧美弘法归来，在台源老和尚的邀请之下，太虚大师将武昌佛学院的锡兰留学团也迁到北京，在柏林教理院设置了华日文系与华英文系，遍能读的是华日文系。次年（1931），九一八事变爆发，华北局势变得紧张，经济萧条，适逢乱世，教理院不得已只能停办，遍能就此离开北京回到四川。

太虚大师于重庆创立世界佛学苑汉藏教理院，延请满智主持此事，满智从筹备至建设事无巨细，以致劳累过度，患咯血病辞职。太虚大师乃命遍能为教务主任并代理持院务。民国23年（1934）八月，远在西藏学法的法尊法师应太虚大师之召回到重庆，接任教理院教务主任代理院务，遍能才放下肩上重担。1935年，遍能受重庆名刹华严寺之聘，任华严岩寺佛学院教务主任，任职三年。之后，他受乌尤寺之请出任乐山乌尤寺方丈。

中华人民共和国成立后，遍能仍在乐山乌尤寺任住持。遍能响应国家号召，自耕自养，实行"农禅合一"，带领全寺僧众一边弘扬佛法，一边务农耕种。"文化大革命"期间，遍能亦受到不公待遇，直到中共十一届三中全会以后，国家落实宗教政策，遍能方才重返乌尤寺，恢复乌尤寺的重担落在了遍能的肩上。乌尤寺在"文化大革命期"间受到较为严重的破坏，遍能多方奔走筹集资金，经多年努力，乌尤寺焕然一新。1988年，时年八十三高龄的遍能，受新都宝寺僧众之请，任宝光寺方丈，同时仍任乌尤寺方丈。

遍能为提高出家人素质，培育僧才，曾自1986年起开办僧伽培训班，并创立了四川省佛学院，学制三年。他出任院长，亲执教鞭，诲人不倦。遍能晚年除担任两大寺院方丈外，还长期担任中国佛教协会咨议委员会副主席，四川省佛教协会秘书长、副会长等职务，为四川佛教事业的发展做出了巨大贡献。遍能于1996年染疾，1997年2月4日在乌尤寺方丈室安详圆寂，世寿九十二岁，僧腊七十七年。他一生循循善诱，诲人不倦，孜孜以求僧才辈出，为后继有人做出了重要贡献。他勤学不倦，精通诗文，擅长于诗赋辞章，尤精书法。有《乌尤寺楹联集释》《凌云乌尤史略》等书传世。

隆莲法师。1909年农历三月十三日生于四川省乐山县，俗名游永康，字德纯，亦名慈；法名隆净、仁法，别号"文殊戒子""清时散人"。隆莲出生书香世家，祖父游西岸是清朝秀才，父亲游辅国是通省师范（四川大学前身）的高才生，曾任四川省教育厅督学、靖化县长及中学教师。隆莲三岁学即通古诗，其后自学高中数、理及文、史、哲知识。1926年她从上海商务印书馆函授英文专科毕业后，从一位美籍女教师学英语，又于西藏喇嘛处学习藏文。她精于诗画，钻研中医，曾在乐山县立女子中学、四川女子职业学校、成都女子师范学校当教师，四川省政府编译室做编译。

20世纪40年代初期，她女扮男装参加了当时四川省政府举办的县政人员、普通文官、高等文官的三场考试，均荣登榜首，后被识破女儿身，由此名震四川，有"巴蜀才女"之美称。1941年在成都爱道堂出家，削发为尼，从事藏文、佛经研究。1952年奉能海上师命，译出《入菩萨行论》十卷。1953年，参与《藏汉大词典》的编撰工作，同年八月调到四川文史研究馆，译《杜诗白话解》等。1956年，调赴中国佛教协会，参与《世界佛教百科全书》的编撰工作。1960年，奉调回四川省，参与《四川省志·宗教卷·佛教篇》编写工作等。比丘尼之戒乃是公元434年自斯里兰卡传入，隆莲续二部僧戒法脉于四川及陕西洛阳等地，受戒者多达四百余人。

隆莲名扬海内外。泰国、斯里兰卡、日本、美国佛教人士，以及不丹的国师等来访，她皆予热情接待。她说："各国佛教信徒需要加强友谊往来，为佛教僧众永结善缘。"1980年，斯里兰卡佛教界人士也向被誉为中国第一比丘尼的隆莲表示，希望她能为斯里兰卡信徒授比丘尼戒。1986年，她获日本佛教传道文化奖。

隆莲是蜚声中外的佛学教育大家,她出家后,即任成都莲宗女众院佛学教师,教授佛教经典,培养佛门弟子。隆莲自述:"粉笔生涯,我是命中注定。"她为佛教培育僧才不遗余力,讲经说法数十年,这在中国近代乃是绝无仅有的。

1984年,在隆莲极力倡导之下,中国唯一的一所国家级培养佛门女弟子的四川尼众佛学院在成都成立,隆莲出任院长,学院设在成都铁像寺内。她对尼众佛学院的院规要求严谨,尼众们每天五时起床,洒扫庭院,早课、晚诵,念经读书,植树种花,极为规律。隆莲所创建的四川尼众佛学院已经成为培养尼众人才的摇篮。

中华人民共和国成立以来,她历任全国政协委员,四川省政协委员、常委,中国佛教协会理事、常务理事、副秘书长、副会长,四川省佛协秘书长、会长、名誉会长,成都市佛协名誉会长,四川大学文科研究所藏文编译助理,省文史研究馆馆员,四川尼众佛学院院长,等等。

隆莲著有《摄大乘论疏略述》《入中论讲记》《佛菩提心士义讲记》《三皈依观初修略法》《定道资粮颂讲记》《隆莲诗词选》等,并参与《藏汉大辞典》《世界佛教百科全书》《四川省志·佛教篇》《大百科全书》有关条目的编写工作,被誉为"当代第一比丘尼"。

竺霞。法名圆相,生于1911年,俗名徐裕亮,十七岁出家,十八岁梁平双桂堂受戒,入双桂堂佛学院,后到重庆华严法学院学习。1938年以优异成绩考入汉藏教理院,1946年出任汉藏教理院培训部主任一职。1956年至重庆罗汉寺,1980年荣升重庆罗汉寺方丈。1983年当选为重庆市佛教协会秘书长并中国佛教协会理事。1988年当选为重庆市佛教协会会长、四川省佛教协会常务理事。1990年创建佛慈医院。1993年当选为重庆市政协委员、重庆市佛教协会名誉会长。1997年同惟贤师前往美国弘法。2003年于重庆罗汉寺圆寂,世寿九十二岁。

在当代四川佛教史上,除了各位法师大德之外,著名居士也对四川佛教的发展做出了巨大贡献。当代佛教史中著名的居士主要有王恩洋和贾题韬。

王恩洋。字化中,四川省南充县人,清光绪二十三年(1897)生。幼年学习儒学,入私塾读书。民国2年(1913),十七岁时考入南充中学堂,课余之时喜好读宋明理学之书。中学毕业后,民国8年(1919)到北京,于北京大学哲学系旁听，并从梁漱溟研究印度哲学。由梁漱溟介绍，在哲学系管理印度哲学图书室，借此机会广阅印度瑜伽法相的著述。当时黄忏华弟弟黄树因从佛学大师欧阳竟无学习唯识数年，后又到北京学习梵文，并在北京大学任梵文翻译，黄树因与王恩洋年岁相仿而且知趣相投，所以两人一起共同研究佛法。

民国11年（1922），欧阳竟无在南京金陵刻经处创办支那内学院，王恩洋受黄树因影响去往南京，入院从欧阳竟无修学佛法，与吕澂、姚柏年、熊十力、陈真如等人同门。王恩洋在学院全力钻研佛学，遍读大小乘各家法本，先究窥基之《成唯识论述记》，再研究清辩的《大乘掌珍论》，并校勘《唯识学记》《成唯识论掌中枢要》《成唯识论了义灯》《能显慧日中边论》《顺正理论》等重要典籍，并整理和续成欧阳竟无的《〈佛法非宗教非哲学而为今时所必需〉讲稿》，同时自己撰写了《佛法真义》论文。

民国14年（1925），支那内学院增设法相大学特科，王恩洋担任主任及教授，讲授唯识通论、成立唯识义及佛学概论。为适应教学需要，王恩洋自编《佛学概论》等讲义作为学院内部讲义，由学院印行，深受当时各界赞誉。民国16年（1927）三月，北伐军逼近南京，直鲁联军褚玉璞守南京，其军队占用学校校舍，法相大学特科因此被迫停课，王恩洋返回四川南充原籍。自民国11年（1922）至16年（1927），王恩洋在支那内学院五年余，这是他一生用功最勤、著述最富、任事最重的时间。东初法师所著《中国佛教近代史》中说到恩洋："因黄树因引见，从竟无居士学，专研法相唯识学，其慧解不在吕澄之下，二人各有专攻而已。王吕二人实为内院两大巨柱，王精于法相唯识，吕长于语言（指其通达英、日、法、梵、藏诸种文字）。"支那内学院培养的民国无数佛学巨子中，王恩洋乃其中之佼佼者。

王恩洋返回四川时，年方三十一岁。虽生活颇为窘迫，然其研究佛学之志并不减退。乡居期间，他反复研读唯识典籍，圈读《瑜伽师地论》等佛学经典著作。民国18年（1929），王恩洋在南充设立龟山书房，聚众讲学，佛学与儒学并重。民国19年（1930），他应成都佛学社之邀请，前往成都讲《瑜伽真实品》《广四缘论》《八识规矩颂》等。教学和著述并重。

民国31年（1942），他结束龟山书房，赴四川内江创办东方佛学院（后来改名为东方文教研究院），招收学员，讲授儒学和佛学。1937年，日寇逼近南京，欧阳竟无大师带领学员避难四川，于四川江津创支那内学院蜀院，民国32年（1943）年欧阳大师逝世，王恩洋赴江津奔丧，支那内学院门人开会，推举吕澂继任院长，王恩洋为理事。自1944年以后，他一边主持东方文教研究院的院务，一边到川内各地讲学，先后到成都、重庆、自流井、泸州等地。在这段时间里，他著有《心经通释》《清福和尚传》《人生哲学与佛学》《金刚经释论》《因明入正理论释》等书。

中华人民共和国成立后，他被聘为川北行署政协顾问。1952年6月，他应川北行署文化教育委员会的约请，撰写了《佛教概论》小册子，先在《弘化月刊》连载，之后又由《弘化月刊》印行发行。同年，他被聘为四川省政协委员和文史馆馆员。1957年，受中国佛教协会之请，他前往北京，担任中国佛教学院教授，讲授"佛学概论"等课程。1961年，王恩洋已年过六旬，健康日衰，因此辞去佛学院教职，返回成都，四川省政府聘他为参事室参事。1964年2月，王恩洋终因健康恶化而病逝，享年六十八岁。

王恩洋生平学兼内外，佛学则专精法相唯识，后人多以王恩洋主治唯识学为说。其实，王恩洋对佛学涉略颇广，著述也不囿于唯识，重要著作有《摄大乘论疏》《二十唯识论疏》《阿毗达磨杂集论疏》《唯识通论》《八识规矩颂释》《大乘佛说辨》《佛教概论》《佛学通论》《佛法真义》《解脱道论》《心经通释》《大菩提论》《佛教解行论》《佛说无垢称经释》等。

除佛教著作之外，王恩洋亦著有儒家、道家及其他学术著作，主要有《世间论》《人生学》《儒学大义》《论语疏义》《孟子新疏》《老子学案》《新理学评论》《大足石刻》《王国维先生之美学思想》等。

贾题韬。号玄非，法名定密，清宣统元年（1909）出身于山西省洪洞县赵城。少时入乡里小学，十三岁考入太原第一中学。民国16年（1927），贾题韬考入山西大学设在太原的法律系。开学不久，他患了重病，病中偶然机缘得遇佛法，于是便信仰佛教。

民国20年（1931），贾题韬毕业并留校任教，主讲逻辑学课程，后又兼任山西省教育厅秘书。由于教学原因，他开始钻研法相唯识学方面的著作，逐渐对佛学产生了浓厚的兴趣并开吃素念佛修行净土法门。民国24年（1935），能海法师到太原弘法，讲授《菩提道次第论》及西藏佛教中观学说，贾题韬前往学习，自此后他的研究亦旁及禅净诸宗和西藏密宗。

贾题韬研究法相唯识学深感唯识学名相烦琐，于身心无益，且贾题韬身体颇弱，更是难以支持研究。此时，同校教授陈梦桐专治禅学，劝他读《楞严经》，若有所得，后陈梦桐又荐其读《指月录》等禅宗著述。读禅宗之书，他深感句句亲切，不啻耳提面命，如醍醐灌顶、甘露滋心，积疑顿释，从此转入研习禅宗。

民国27年（1938）十二月，贾题韬因病无法适应抗日前线的紧张战斗生活，不得已西迁至大后方的成都，在成都各中学任教谋生。当时能海上师住持成都南郊近慈寺，贾题韬依能海上师学习《大威德生圆次第》，并于寺中得便阅读唯识、天台、华严诸宗典籍，然终以禅宗为主。

民国37年（1948），三十九岁的贾题韬被选为国民大会代表。1949年12月27日，成都解放。次年10月，他随第十八军进军西藏，于1951年10月底到达拉萨，从事宗教工作和佛学研究，并学会了藏语。1965年9月，西藏自治区成立，贾题韬担任宗教事务委员会委员兼西藏佛教协会副秘书长，直至1979年始返回成都。1979年，贾题韬回到成都时，已年过七十。次年12月，在中国佛教协会第四届代表会议上，贾题韬被选为理事。

1981年10月，贾题韬出席四川省佛教协会第三届代表会议，并当选为常务理事兼副秘书长。1983年6月，贾题韬被选为第五届四川省政协常委。1985年至1986年，中国佛学院邀请贾题韬讲授《论开悟》，共十五讲，这次学术讲演十分成功，在佛学院学生中引起了很大的反响。1987年3月，在中国佛教协会第五届代表会议上，贾题韬当选为常务理事。4月，中国佛教文化研究所在北京广济寺成立，贾题韬被聘为高级研究员。6月，四川省佛教协会第四届代表会议在成都文殊院举行，贾题韬当选为副会长。1988年6月，贾题韬被选为第七届全国政协委员。

自1987年下半年至1989年，贾题韬在成都文殊院开讲《六祖坛经》，对佛教教义和禅宗思想进行了重要阐发。1988年至1989年，八十高龄的贾题韬又邀集四川学术界名流成立"四川禅学研究会"。为弘扬佛教禅法，他废寝忘食。贾题韬对禅宗论述多集于《论开悟》和《坛经纵横谈》，并于1993年9月由四川人民出版社出版。1995年1月8日，这位禅门大师在成都病逝，享年八十六岁。

第四章 基督宗教与巴蜀文化

古代的四川虽处我国西南内陆腹地，但长期与周边地区、各个民族在政治、经济、文化等方面有着不断的联系和交流。因此，隋唐五代时代的四川，因人物、商贸的往来，基督宗教、伊斯兰教等亦随之传入。

基督宗教在四川地区的传播始于初唐，以景教入川的活动为标志。其后至元代，又有也里可温教传到四川，先后在成都、重庆等地建立堂点，开展活动。但由于也里可温教的活动局限于色目人，与当地社会鲜有接触，故影响甚微，难以发展。元朝灭亡后，亦随之在四川地区消失。又至明末，天主教进入四川，积极传播，四川逐渐成为重要的传播区，延续至今。

基督宗教是奉耶稣基督为救世主的各教派的总称，包括天主教、正教、新教和其他一些较小的教派。早在唐代，四川就是景教流行的地区之一。由于唐王室对各种宗教的宽容态度，加上景教调整宣教内容及传播方式等，其发展势头强劲，"而于诸州各置景寺，仍崇阿罗本为镇国大法主。法流十道，国富元休；寺满百城，家殷景福"，呈现一派繁荣的景象。[①]

当时，从波斯传入的景教在成都西门石笋街、峨眉山等地建有大秦寺，四川的地方官员曾倡导景教。宋人赵清献《蜀郡故事》载："石笋在衙西门外，二株双蹲，云真珠楼基也。昔有胡人，于此立寺，为大秦寺，其门楼十间，皆以真珠翠碧，贯之为帘。后摧毁坠地，至今基脚在。每有大雨，其前后人多拾得真珠、瑟瑟、金翠异物。盖大秦国多璆琳、琅玕、明珠、夜光璧，水道通益州永昌郡，多出异物，则此寺大秦国人所建也。"[②]

然而，早在唐武宗会昌毁佛之前，成都大秦寺已遭破坏。上元元年（760），诗人杜甫来到成都，目睹大秦寺残垣废墟、破烂不堪，"苔藓蚀尽波涛痕，雨多往往得瑟瑟，此事恍惚难明论，恐是昔日卿相冢，立石为表今仍存"[③]，一派凄凉景象。太和三年（829），南诏军队入侵成都，大肆抢掠，成

---

① 江文汉：《中国古代基督教及开封犹太人》，知识出版社1982年版，第45页。
② （南宋）吴曾：《能改斋漫录》卷七《杜石笋行》，车吉心总主编《中华野史》第5册，泰山出版社1999年版，第2608页。
③ （唐）杜甫：《石笋行》，（清）仇兆鳌：《杜诗详注》，中华书局1979年版。

都遭受严重破坏。南诏军队返滇时，挟带部分居民，包括景教僧人到云南。① 经过此次打击，加上武宗会昌毁佛，令"勒大秦、穆护、祆三千余人还俗"，景教亦属被禁之列，因之从此在四川销声匿迹。

明代，基督宗教再次传入四川。崇祯十三年（1640），天主教葡萄牙耶稣会教士利类思（意大利人）入川传教。还在入川之前，他经汤若望介绍，利用修订历书之机，结识了东阁大学士、四川绵竹人刘宇亮。刘宇亮不仅在京对利类思时加护佑，还为他致函川督及各当道官员，介绍利类思的才学，令家人在其成都居所中"另备馆舍招待"②。利类思到成都后，不仅在刘宅长住八个月之久，还将刘家中堂装为悬挂有救世主及圣母像，并设有祭台的"圣堂"，开始其传教活动。到1641年时，利类思为官宦士绅三十人"付洗"，作为其此后在四川开展教务的骨干和助手，这也是四川的首批天主教徒。利类思入川传扬福音，传教顺利，发展迅速，"弃邪归正者甚多，领圣洗礼者亦复不少"③。

崇祯十五年（1642），又有安文思神甫也接踵而至，"襄助传教事务"。他们不仅在成都传教，还到邻近的保宁、顺庆等城乡活动，并先后在两城厢及所属州县建立经堂。崇祯十七年（1644），张献忠率大西军攻占成都。张献忠遣礼部之官往迎两人，待以上宾之礼。张献忠要求两位教士"驻成都，以便顾问"，并答应"将来辅助教会……由库给赉，建造华丽大堂，崇祀天地大主，使中国人民敬神者有所遵循"。此后张献忠十分优待两人，"由库给俸，如待上官"，并多次召见他们，或问教内事件，或询西学算学之事，称其为"天学国师"。④

清顺治四年（1647）正月，张献忠中箭身亡，利、安两神父为清兵所获。清兵元帅肃亲王豪格，询知两神父与汤若望为友，遂委人送至北京。⑤此后的五六十年里，四川并无外国传教士居住，天主教活动受到打击，势力锐减。部分教徒被迫逃到川西偏僻山区后，多聚居于天全大川一带。随后，有一些教徒西迁到宝兴盐井溪，在此建立四川最早的天主教堂。另一部分教徒则沿邛崃

---

① 刘铭恕：《南诏来袭与成都大秦景教之摧残》，金陵大学中国文化研究所《边疆研究论丛》第1、2期。
② ［法］古洛东：《圣教入川记》，四川人民出版社1981年版，第1、3页。
③ ［法］古洛东：《圣教入川记》，四川人民出版社1981年版，第5页。
④ ［法］古洛东：《圣教入川记》，四川人民出版社1981年版，第19、20页。
⑤ （清）许缵曾：《宝纶堂集》，《四库存目丛书》集部第218册。

山、龙门山东北行,进至崇庆、绵竹、彭县等地。

清初,随着社会秩序的逐渐恢复,四川地区亦迎来了天主教的传入。天主教在川的复兴,尤其得力于许缵曾的支持、扶助。许缵曾字孝修,号鹤沙,华亭人,出生于天主教世家。母为徐光启孙女,圣名"甘第大"。许缵曾一岁时,徐光启将其抱至天主堂受洗,圣名"巴西略"。顺治六年(1649)中进士,任翰林院编修,后外任江西驿传道副使、四川布政使司上下川东道参政、河南按察使至云南按察使。他生长于天主教世家中,受到中西文化的双重影响。其一生宦海沉浮,所到之处建堂宣教,为天主教传播做出了积极的贡献;同时,他娶妻纳妾,敬拜城隍,祈福劝善,屡次违反天主教教规,并著有《太上感应篇》。在他身上,中西文化交融杂糅。顺治末年,许缵曾出任川东道,途经陕西汉中,邀请传教士穆格我随同入川,复振教务。

许缵曾与穆格我入川后一年,就先后在成都、保宁、重庆三处建立教堂,"付洗"六百余人。陈垣先生说:"西士穆格我始至川,缵曾体母意,善待之,遇事予以便宜,成都保宁重庆各府,次第开教,施洗六百余人,重庆尤盛,教众多荐绅子弟。"[1]加之清初有大批湖广等地移民入川,他们中就有一批教徒。这一时期的教徒主要分布于川西、川东、川南地区。川东以重庆为中心,西至宜宾,进而发展至云南;东至长寿、彭水,再进入黔北地区。北部教徒多聚居于巴县、大足、邻水、铜梁、乐至和安岳地区。

康熙四十一年(1702),巴黎外方传教会教士白日升、巴吕埃和意大利遣使会教士穆天池、毕天祥入川。白、巴二教士在成都购买房屋作传教处所;而穆天池、毕天祥则下到金堂、安岳和川南等地传教。因明末战乱迁居崇庆、绵竹、彭县等县山区的天主教徒逐渐迁往成都附近的平原地区,因此穆、毕二教士在成都及周围地区所寻得的教徒较重庆等地为多。

康熙末年,因"礼仪之争",清廷宣布驱逐不遵从中国礼仪的传教士,穆天池等四名传教士被官方押解出境,四川地区一度失去传教士活动的踪迹,但天主教徒仍坚持活动。18世纪20年代,又有少数传教士从澳门、福建等地秘密潜入四川,隐蔽传教。如法国人李多林于1777年、1778年曾两次潜入四川,在崇庆州黄家坎教徒家夹墙内住了十余年,在川坚持传教达三十八年之久。

有一批卓越的传教士和信仰坚定的信徒,四川天主教以坚忍的态度、灵

---

[1] 陈垣:《陈垣学术论文集》第一集,中华书局1980年版,第126页。

活的方式，百折不屈，回应清政府的禁教，在艰难曲折之中，教会得到持续发展。据有关资料记载，道光十六年（1836），四川的天主教徒为四万九千九百人。至道光二十五年（1845），教徒数量回升，超过五万四千人，约占全国天主教徒数的百分之二十一点三四。咸丰末年，天主教受到清政府保护，外国传教士能够进入内地，巴黎外方传教会向四川增派二十三名传教士，还派遣七名传教士进入涉藏地区，扩展了传教事务。同治初年，四川天主教徒超过六万人。光绪十三年（1887），四川有天主教徒八万七千四百人，约占全国天主教徒的百分之十七。20世纪初，受"平民运动"等的影响，天主教的发展速度明显加快。1920年，四川的天主教徒为十四万六千九百人。1923年，教徒数量为十五万一千九百八十人。1934年，天主徒增至一百七十五万八千三百四十三人。1946年，教徒约有十八万人。①

与天主教相比，基督教（新教）在川活动要晚得多。最早进入四川的基督教传教士，是英国伦敦会的杨格非和大英圣书会伟力。他们于同治七年（1868）经湖北进入四川，遍游全省，对各地进行考察，将沿途情形汇报到英国各差会本部及在华传教士。这一次长途调查，行程九千里，为基督教进入四川打开了大门。1877年，内地会麦嘉底从上海出发，溯长江至重庆，租房布道。接着，美以美会韦廉士和鹿依士也从上海到重庆、成都等地展开活动。当时，四川官绅士民的仇洋情绪激烈，基督教也连带受到抵制，传教活动难以有效展开。

1886年，美以美会为加强传教力量，拓宽布道区域，抽调人员来到重庆，租借鹅项颈民房为传教堂点。鹅项颈地势险要，居高临下，易守难攻，当地民众对教会在此设立教堂十分困惑，深表不安。流言四起，群情激愤，民教之间矛盾趋于尖锐。六月，罗元义住宅前发生了流血冲突，重庆及附近民众闻讯后，义愤填膺，积极行动，聚众三千，焚毁教民房屋二百五十家，英、美教士洋楼三处，法国教堂多处。愤怒的民众到处散发揭贴，附近州县闻风响应，形成了一股巨大的反洋教斗争的洪流。李鸿章的奏折中概括了事件的始末："渝城民教滋事，因美教会在鹅项颈修造，士民恐伤地脉，联名禀县，未断结，众愤不平，于五月三十先行打亮风垭、丛树牌两处英国教堂。城内法国教堂及从教殷实者亦被折毁。惟系号教主罗宝芝，招有打手，屋未拆，反被杀伤民人

---

① 秦和平：《基督宗教在四川传播史稿》，四川人民出版社2006年版，第15~18页。

二十二人……六月二十四日白果树地方，法人教堂极坚险，华民教徒甚众。南川、綦江两县团勇大开一仗，各伤数百。江北厅六月初被教民放火烧毁铺屋四百余家。川东各属起团，声言打教，其势汹汹。"①

冲突发生后，总督刘秉璋将教民罗元义斩首并枭示以平民愤，处决与官府对抗的石汇父子，劝说传教士放弃鹅项颈以消除民众疑惧，暂时和缓了民教矛盾，部分消除了制约传教的障碍，从此基督教在四川扎住了根。

1888年，伦敦会戴云濮、麦士顿来到重庆；同年，圣公会贺施白由陕西进入江油、绵阳等地。1889年，美国浸礼会沃纳由重庆溯川江到宜宾，租房传教；公谊会陶维新从汉中到三台，积极寻找布教点。1892年，加拿大美道会传教士在赫斐秋率领下共八人来到乐山、成都等地；英国行教会何诗白至绵州。1893年4月，英国内地会女传教士泰罗由甘肃经西藏进入打箭炉，设堂布教。从1869年到1900年为止，先后入川的外籍传教士、医生共计二百四十五人。其国籍主要为英、美、加三国，其差会主要为圣公会、浸礼会、公谊会、美道会、行教会、内地会、美以美会、英美会。

由于基督教在四川的迅速发展，为协调各差会的关系，划分各自的传教区域，1899年1月在重庆召开了华西各传教会宣教师大会。会议通过决议，成立华西圣教书局和华西差会顾问部，创办华西教会月报。顾问部成立后，即规定了各差会的传教区域；成都、重庆为公共传教区。据教会统计，到1920年，各差会计在四川五十一个城镇开辟了七十六个总堂、三百六十九个礼拜堂，受洗及受餐教徒共有三万二千余人，其中受餐教徒有一万二千九百五十四人。著名的有成都四圣寺礼拜堂、成都圣约翰福音会、重庆基督教社交会堂。

从杨格非、伟力进入四川，至清中叶，四川已成为天主教在中国最大的教区。从最初仅限于成都、重庆等少数地区，不断发展到四川主要的府县、城镇都有了传教士活动的踪迹。而天主教士进入四川涉藏地区，则是在鸦片战争之后。

道光二十六年（1846），西藏成为独立教区。根据1857年8月9日签订，次年得到罗马教廷批准的局限，西藏教区还管辖上川南及下川南的仁寿、井研。道光二十八年（1848），法国天主教杜教士被任命为西藏教区主教，他取道四川入藏，行至昌都为官民所阻，被迫退回。同年，法国传教士在清溪县大林埠

---

① （清）李鸿章撰，吴汝纶编纂：《李文忠公全集》卷七《光绪十二年七月十三日电稿》，清光绪三十一年金陵刊本。

建立了主教区。这是梵蒂冈天主教教会势力传入康藏地区之始。道光三十年（1850），巴黎外方传教士丁盛荣受罗马教廷之命赴西藏传教，路途受阻，折返打箭炉，于炉城北郊设堂传教，康定遂成为康区天主教传播的大本营。咸丰二年（1852），华郎廷、圣保罗在巴安（今巴塘）城区建教堂，天主教传入康南地区。随后的十多年里，法、意、加、奥、德等籍传教士数十人先后在康区修建教堂15座。

咸丰六年（1856）4月2日，四川代牧区第一次划分为川西北和川东南两个代牧区。罗马教廷指示四川宗座代牧召集全川教士议定，按当时四川行政区划划分教区范围。大体上，川西北代牧区管辖川西成绵龙茂道、建昌上南道及北川道的大部，马伯乐任川西北代牧区首任宗座代牧，座堂彭县。咸丰七年（1857）8月9日，川西北、川东南和西藏三个代牧区主教商议共同签订了各自教区的界线协定，并于次年1月7日得到罗马教廷的批准。川西北区包括四川整个西北部、邛州、大邑、宝兴穆坪、天全州东部地区、资州、资阳、内江，教徒约二十九万人，汉族占绝大多数。西藏教区管辖西藏、康属及上川南南部地区的一半及下川南的仁寿、井研两县，教徒有十九万人，绝大多数也是汉族。1860年，四川两大教区分为川南、川东、川西北三个教区。至1870年，川西北代牧区有一个代牧主教、十二个外籍教士、二十七个中国神甫、一百零二所经言学校、三万五千名教徒。同治三年（1864），清政府提出，在西藏不可能对法国传教士加以保护。法国传教士不得不放弃了进入西藏的计划，转而向四川和云南靠近涉藏地区的地区发展，罗马教廷在清溪县化林坪设立了主教府。同年，传教士吴依容被派驻打箭炉，巴布埃被派往巴安。后古特尔在打箭炉建立了教会，云南原助理主教丁盛云被任命为西藏代牧主教。他取道川南，经叙府、嘉定、雅州于1865年12月21日到达康定。此时，巴黎外方传教会感到进入西藏困难很大，遂决定在康定安置主教，购买土地，修建教堂。主教府乃由化林坪迁至康定。康定教区包括懋功、靖化。为了进一步向西发展，打通到达拉萨的道路，法国传教士在巴安、理塘置买田地，盖造房屋及教堂三座。

1877年丁盛荣死后，毕天荣继任主教。此后，倪德隆、李雅德、任乃棣等相继前来，或被留在康定，或被派往巴安、盐井、泸定和云南维西等地，修建教堂，开展教务。特别在巴安购置土地、修建房屋及教堂三座，作为进入西藏的前哨阵地。

光绪五年（1879），天主教传入泸定，分别以冷碛、磨西、泸桥沙坝为传教重点区，先后建立了教堂，并在沙湾设立分堂，由沙坝教堂兼管。1901年，倪德隆继任代牧主教，在康定、泸定等地大量购置土地、修建教堂，创办拉丁学校和修道院，极力开展教务；还深入研究康藏历史、文化，开办学校，编撰《藏文文法》《藏文读法》《拉丁法文藏文字典》等工具书。

光绪二十九年（1903），法籍教士佘廉蔼和谭敬修到道孚传播天主教。当地衙署官员以上宾之礼相待，教堂一切事宜无不鼎力相助。道孚城内的名门望族亦积极向其投靠，尤其是初来道孚的汉族，无不加入天主教以求庇护，县城里百分之六七十的汉人皆成为教徒。但藏族因为信仰藏传佛教，不为其所动，即使有个别人成为天主教徒，也非常勉强。传教士在县城东购地修建教堂、传习所及房屋十余间。因为当时道孚无学校，县城的汉人纷纷送子弟到传习所就读。

宣统元年（1909），康定教区派法国人苏德隆任丹巴天主堂司铎兼办教育。经地方当局许可，在今丹巴章谷镇团结街团结桥东段修建了一座简易教堂，作为男教徒和学生的居室及修女分堂，供教徒（学生）和女修士居住。天主教的势力正式发展到丹巴地区。此后，天主教在丹巴活动了四十二年，共有七任法籍传教士担任司铎兼办教育。

至民国年间，天主教的势力已在四川涉藏地区站稳了脚跟，散布于康定、雅江、理化、稻城、贡嘎、定乡、怀柔、巴塘、察雅、白玉、宁静、科麦、甘孜、石渠、邓科、昌都、恩达、嘉黎、太昭、武城及云南中甸、维西、德钦等二十余处，约有教民六千余人。康定教区还办有若瑟修院，对青年信徒进行宗教教育，修生毕业后被送往马来西亚槟榔屿大修院。1939年西康建省，宁雅二属另设教区，天主教西康教区改名为"康定教区"，其管辖范围有：康定、丹巴、泸定、雅江、巴塘、稻城、定乡、炉霍、道孚、贡嘎、怀柔、察雅、白玉、宁静、科麦、甘孜、石渠、邓科、昌都、恩达、嘉黎、太昭、武城、中甸、维西、小维西、德钦、茨中等。绥靖、崇化、富林、黑木厂也先后划归康定教区，有教堂二十七座，教徒一千一百零五人。

1946年，天主教"圣统制"建立，康定教区改称"康定主教区"，华朗廷升任正权主教，受四川省尚维善主教管理。至1949年，康定主教区共辖康定、泸定、炉霍、丹巴、道孚、巴安、盐井、汉源、懋功、靖化和云南维西、德钦、贡山十三县。有教堂十九座，分堂十六座，教民五千三百六十一人，外籍司铎二十三人，华籍司铎六人；外籍修士三人，华籍修士三人；外籍修道十五人，华籍修道二十六人。办有中学一所、职业学校一所、护士学校一所、医院一所、诊所一所、慈幼院二所、孤老院一座。自设印刷所专印教会书刊和藏历等，还开办法文补习班。

基督教在四川涉藏地区的传播，差不多是与天主教同时进行的。从清同治、光绪年间开始，基督教的内地会和美以美会紧随天主教的步伐传入了四川涉藏地区。英国内地会传教士康慕伦于光绪二年（1876）12月开始长途跋涉，先从湖北到了四川，进入打箭炉，再入东藏境，到了理塘，从理塘到巴塘，渡过金沙江进入西藏边境。但他此行主要是调查摸底，未站稳脚跟建设教堂。

光绪十九年（1893），英国圣公行教会成立四川教区，英人盖士利任第一任会督，以绵州为教区中心。此后近十年时间里，圣公会建立教会的地区已扩展至成都、茂县、平武等川西北十三县。

光绪二十年（1894），经清廷准许，美籍牧师贝克到达巴塘，于城北甲日隆租地七亩，准备建立教堂，后因故未果。光绪二十九年（1903），中华基督会华东教区派美国传教士史德文医生夫妇前往巴塘后，在城区租借藏族贵族协敖的私宅设立教堂，并附设医药部和学校。光绪三十一年（1905），美国传教士浩格登夫妇来巴塘襄助。宣统三年（1911），应浩格登请求，美国差会向中国政府交涉，获准在巴塘修建医院、学校。四川总督令巴塘军粮府协办其事。教会租得巴塘南门外架炮山顶荒地两公顷，正式成立基督会巴塘教区。从宣统二年（1910）起，美国差会先后派王哈德夫妇、罗福德、莫尔士、邓昆、杜加、皮得生、贝尔义、余明生、吴师帮、杨恩（女）等三十余人到巴塘工作，并分赴宁静、察雅、昌都、盐井、德钦等地传教。至1926年，教徒已达百余人，收养孤儿八十三人，华西学校有学生八十人。基督教会医院有住宅两座，病房、手术室和化验室各一间，床位五十张，医生和护士各一人，由美国差会派遣，每五年轮换一次。

光绪二十二年（1896），基督教的另一差会英国内地会在康区的活动有了新的发展。此前两年，内地会女传教士泰罗在甘肃洮州开荒，翌年9月，由一名忠心耿耿的西藏仆人伴同出发，于当年进入拉萨境界以内。1893年1月7日，官方将其驱逐出境，她只得历尽艰辛于4月到达打箭炉。光绪二十六年（1900）7月，英国内地会传教士西瑟端纳和四位传教士到达打箭炉，在康藏地区建立了第一个传教基地，作为西藏工作的中心地。这里有四十个西藏人开设的旅店，可在其中传播教义，并从此地向北、向南和西南各地游行布道。光绪三十一年

（1905）4月，英国内地会叶牧师至康定传教，建立了福音堂。每逢星期一用藏、汉语传教，同时向听众散发宗教图片和藏、汉文的《马可福音》。其后，英国人顾福安、加拿大人纳尔逊、英国人裴元弟、美国人郭纳福先后到达康定传教，先后建有两座教堂。

阿坝涉藏地区，也受到了天主教的影响。光绪五年（1879），美国基督教圣公会的霍尔士遍游四川全省，曾到茂县、理县一带活动。光绪二十四年（1898），法国天主教在茂县建立了天主堂。宣统元年（1909）后，英、法传教士相继在茂县、汶川、杂谷脑等地建立了福音堂和天主教堂，几年之内，这些地区已建有十多座教堂，并附设了一些学校、医院。

松潘处于西藏边界，传教士屡去探视，因人力缺乏，无西人驻此。但从光绪三十年（1904）起，到民国元年（1912），不过几年时间，圣公会就在成都、茂县城关、松潘县城关、平武县城关都建立了教会。从1894年起到1912年止，圣公会传教区域已发展到川西北十三个县。1912年，该会接收内地会管理的川北、川东二十一个县的教会，加上川西成都、安县一带，教区已包括三十四个县。而成立于民国19年（1930）的中华圣公会西川教区，教徒也已分布到了北川、茂县、松潘、平武等地。

民国7年（1918），基督教英国美道会又派人到汶川、理番县、杂谷脑等地建立教堂和教区，由中国信徒捐款开发边疆布道工作。教会派中国布道员毛阿森进入理番县杂谷脑一带布道，建立理番自养区，在薛城修建了福音堂，当地有几十人加入教会。福音堂在薛城后街创建了女子小学，课程除语文、算术外，以宣传基督教教义为主。福音堂还开办了成人夜校和义务医务室，开办"小本借贷"。民国19年，韦显明等三名英国人到阿坝涉藏地区的大、小金川，理县，四土等地活动，搜集当地社会、民族、自然等各方面的资料，并在小金县营盘街购买了当地游湛如的附宅，将其改修成福音堂。他们将《圣经》《马可福音》等精印成英、汉文的宣传材料，并译成藏文，在各土屯藏族聚居区见人就送，力图扩大影响。

民国28年（1939）10月，在国民政府的支持下，中华基督教会全国边疆服务部在成都成立，孔祥熙任名誉会长，宣传要中国人建立"自主、自养、自传"的"本色教会"，随即在松潘、茂县、汶川、理县等地设川西区部，主要宗旨是：以宗教提高其精神生活；以生计改善其物质生活；以教育增进其知识水平；以卫生解除其疾病痛苦。12月14日，由张品三带领张宗南、肖兴汉、张楚望等人，从成都出发进入汶川、理县，其服务对象主要是岷江和杂谷脑河两岸的羌族和藏族。他们在威州设立了"中华基督教全国总会边疆服务部川西办事处"，并于第二年接办了理县自养布道区。1944年，为了深入涉藏地区活动，将办事处迁往理县薛城，并以此为基地分设了七个据点，以传教、行医、办学等方式极力拉拢藏、羌等各族群众。川西区边疆服务部先后在薛城、威州、杂谷脑等地设立医院，在佳山、列列、但杂木沟、日尔足等藏、羌民族地区开办学校，在杂谷脑营盘街创办了幼稚院，还在威州发展并扩大优良牛、羊、猪、鸡、兔等品种的养殖。1943年，川西服务区与威州岷江流域林管区合作，在佳山寨、萝卜寨等建立了苗圃，就地培育胡桃、杨槐、松柏、榆、椿等树苗一万余株，并试验玉米良种。迄至1949年底，外国教会已在四川理县、汶川、茂县、黑水、松潘、阿坝、马尔康、壤塘、金川等地建立了教堂，发展了一些教徒，并建立了五所教会小学和几所诊所。

基督教在四川涉藏地区的传播，同时扮演着西方国家对中国进行殖民扩张的侦察队和先进科学文化传播者的双重角色。其活动主要有以下特点：

第一，广泛收集各种情报，以尽快熟悉中国社会，了解各民族风土人情。传教士们以考察、探险、游历、通商等为名，搜集有关民族、语言、历史、地理、商业以至一般文化的情况。如杨格非、韦雷从上海，经重庆、成都、绵阳转入陕西汉中，就一路搜集四川的政治、经济、地貌、人物、风俗等情报资料。其后耶稣会传教士倪某等人，深入阿坝藏、羌区，人迹罕至及封禁之路，搜集了许多当地矿产资源、风俗民情、自然条件、社会状况方面的资料，并绘制了许多地图。

第二，广设教堂，兴办学校、医院、育婴堂、救济院等慈善事业。基督教在四川涉藏地区先后建有教堂数十座，如丹巴、道孚、炉霍、巴塘、盐井各地，一县之中，亦数处教堂，每堂小者数百亩，大者数十里，绣地如云，烟树相望。各地还根据条件，建立了学校、医院、孤儿院、育婴堂等。如在今阿坝藏族羌族自治州界内，天主教会设立了三种类型的学校：普通男校、普通女校、男女合校的普通学校。学校校长由中国人担任，聘请知名学者任教，经费由教会筹措。早期的主要教学内容是《圣经》、英语，次为"四书""五经"和自然常识。后来，除重视英语外，也讲授社会科学和自然科学，设置音乐、体育等课程。毕业生既是教会机构宣传人员的来源，亦是在华的外国企事业职员的主要来源。在康区，为了争取教徒，传教士们费尽了心思，深入民间，好言好语，以送钱物等方式引诱藏民入教。礼拜之时，则鸣金聚众，悬挂散发五彩宗教画片、书籍及藏汉对译的赞美耶稣的大字诗歌，用糖果、糕点为饵，引诱幼童演唱圣经歌曲，间以藏汉两语布道，还开办幼稚园、基督孤儿院、学校、医院等，培养为之服务的人才。他们自任教师、院长等职，规定藏译《新约》《旧约》为小学必修课本，学生需强记硬背，还随时诱导学生入教洗礼，要求师生每周参加礼拜。进教会医院，患者不论病情轻重，先要在候诊室静听传教士宣讲耶稣箴言，以及他们远涉重洋来华是"弘扬基督博爱精神，为藏民除恶消灾"等，然后开诊。

第三，创建报刊，帮助传教活动的进行。为了进一步宣传教义，康定教区于1921年创办了法文版《西藏回声报》，报道教区教务和地方新闻，每期均寄往法国、罗马等地和国内各教区。1945年，又创办了《崇真报》，由中国神甫杨华明负责，发至国内各教区和本教区所属教堂和军政机关等；不久扩大为一大张。辟有"国内外重要新闻""康藏史地与风俗""教会生活与文艺"等栏目，散发国内各教区和康定教区各堂口、康定军政机关，并张贴在真原堂临街的围墙上。中华基督教会全国总会边疆服务部还于民国32年（1943）创办了月刊《边疆服务通讯》，内容主要是川西区服务部和西康区服务部各服务处工作人员汇报在各地从事教育、医疗、生计、传道等工作的情况和工作人员的生活情况，也刊登一些专家学者在上述地区调查后写出的学术报告。

显而易见，与在国内其他地区一样，基督教在四川涉藏地区的传播的作用并不完全是负面的。各地传教士们对开辟当地闭塞的民风，开阔当地民众的眼界，培养对社会有用的人才，帮助各地社会医疗福利事业的发展，促进中西文化的交流，以至于各地经济的发展，都起到了一定的积极作用。他们中的有些人，不惜用毕生的精力学习研究藏语文和藏传佛教，聘请藏族知识分子为师，与藏族学者共同编译文献。他们一方面引进西方文化，同时又将佛经词汇吸收进《旧约》《耶稣赞美诗》《马可福音》《路加福音》《马太福音》编译之中，成为藏民们易于接受的藏文读本，广为宣传。如华朗廷任康定教区主教期间，在康定开办教会印刷所，印行藏文、拉丁文、英文、法文的天主教经典。出版有《藏文文法》《藏文字典》等藏文读本，并将《新旧约全书》译成藏文出版。他们中有的人还将藏传佛教的经典传播出去，把重金购买的格鲁派大师宗喀巴著作，达赖、班禅传记以及大量珍贵的佛经、唐卡带往国外。又如，美籍传教士浩格登与格桑旺堆合作，用英文、藏文编辑了《论世界各国》一书，书之首页选用了藏族画家根据佛经绘制的"世界形成"图案,在印度出版后,又带回巴塘在涉藏地区发行。诸如此类,都起到了促进中西文化交流的作用。

传教士们不但重视以医疗、慈善等具有实惠的物质手段吸收群众,还特别注意向各民族群众灌输信仰,所以他们的传教能够收到一定的实效。如基督教创办的巴安华西学校,聘请当地富有名望和才学的藏人担任校长、教师。学校教科书除藏文外,其他如国文、历史、地理、算术、卫生等课本均从外地购进。藏文译本的《圣经》为必修课。除授英文,开设制革、打线带、肥皂、印刷、打三合土、安装电话、嫁接果木等技术课。学校还开展了田径、体操、棒球、足球、拳击等活动。传教士们将近代体育推向民间,由教师辅导当地民众开展体育活动。每年圣诞节在当地举办运动会,优胜者给予物质奖励。传教士们重视民众文化需求的种种做法,对开发当地民智、增进少数民族群众的体质,有一定的积极意义。

基督教在四川涉藏地区的传播,始终是在与各民族传统文化习俗特别是藏传佛教信仰的斗争中进行的。基督教在四川涉藏地区从事活动,必然要受到各民族传统文化习俗特别是藏传佛教的影响。不仅是基督教的某些宗教活动被蒙上浓厚的各民族传统文化和藏传佛教色彩,就是在一般的信徒家庭中,亦"往往佛像与十字架错杂供养",体现出两者之间的相互渗透。如在道孚,教堂的会长冯明德,既信仰天主教,又祭拜关圣帝君,当地像他这样的不乏其人。

更重要的是,基督教的观念、习俗与藏族传统文化、信仰有根本的区别,这就使二者不可避免地要产生矛盾和冲突。尤其是基督教的传播直接损害了藏传佛教的宗教利益,后者更是要对其作出强烈的反应。如天主教传入康区不久,其活动就引起了西藏格鲁派上层的注意,并随即采取了反抗的措施。清同治元年(1862),涉藏地区僧俗盟誓要禁阻法国传教士在当地传教。次年,法国传教士巴布埃到达巴塘,在城郊四里龙修建了一座教堂和两座住房,发展了十七个藏人信奉天主教。两年之后,西藏格鲁派上层即以保护藏传佛教的名义,向全藏发出"誓死不与洋人往来,不准外国势力侵入"的号召。巴塘民众积极响应,驱逐了传教士,捣毁了教堂。此后的几十年里,当地不断发生地方民众与天主教传教士的斗争,以致酿成著名的"巴塘教案"。

在阿坝涉藏地区,绝大多数藏族群众也是"信佛深笃",不买传教士们的账;羌民也"民智日进,罕为所愚",不仅入教者寥寥无几,相反,因为"教徒武断乡曲,官吏偏袒,往往激成教案",群众经常聚众抗议传教士的胡作非为，捣毁教堂，赶走教士；入教的教徒也纷纷叛教，使基督教会的种种努力化为泡影。

同涉藏地区天主教发展状况类似，四川各地的基督教士在传教过程中，亦十分重视方式方法，以便能较好地融入当地的文化、社会中。他们除传道、宣教外，往往开办医院、学校，借助教育的功能，培养人才。20世纪初，加拿大卫理公会就向四川派遣教育专员，指导建立及发展教育，要求每一教区设立中学、医院各一所，每一教区开办一所小学。仅过了二十年，1920年，四川基督教已有各类学校五百多所，遍及穷乡僻壤，在校学生超过两万人，涵盖各社会阶层。这给四川带来了西方资本主义的教育、文化和科技等。

19世纪末，四川和全国一样兴起了学习西方、实行变革的维新运动，无论是参加"公车上书"的四川学子的主张，还是"蜀学会"的宗旨中，都有兴办学校等内容。继四川最高学府尊经学院开讲新学后，成都、重庆先后兴办了中西学堂，但四川人对西方教育的感性认识及有关观念和模式的引进，显然是受到了基督教办学的影响。早在19世纪80年代，基督教传教士即着手在四川创办教会学校。如1884年美以美会传教士柯立亚在重庆戴家巷创办了四川最早的女子学校（后迁成都改为华美女中）；卫理公会1887年在成都陕西街创办小学，在重庆山洞创办孤儿院时附设一初小，1891年又在重庆开办求精中学；公谊会于1894年创办重庆广益中学，中华基督会1896年在成都创办小学。

1905年清廷废除科举，美以美会、英美会、公谊会、中华基督会、卫理公会等联合成立华西教育会，推动教会学校，筹办华西协合大学。1910年，华西协合大学正式成立，是成都周围唯一一所教会大学。1917年，华西协合大学设立牙科，成为我国最早设立牙科的学校。1918年，英国圣公会传教士裴成章，在绵阳黄家巷开办了全川第一所盲哑人学校。1931年，美国卫理公会的女医生满秀实，深感中国的旧法接生危险性过高，遂在成都文庙后街创办了第一所培养助产士的医学校，在四川推广新法接生和产妇及初生婴儿的护理。至1920年，基督教各差会教会团体创办有大学一所、中学十五所、高小五十九所、初小四百零八所。[1] 由此可见，近代四川教育事业发展的历程中，教会学校扮演着十分活跃的重要角色。

---

[1] 林建曾、王路平等：《世界三大宗教在云贵川地区传播史》，中国文史出版社2002年版，第377页。

教会学校在课程设置、教学模式、学校管理等方面，亦对四川的教育事业起到了示范与引导的作用。他们强调严格的管理、标准的课程、规范的教学、合理的奖惩制度，都为四川近代教育事务的管理提供了宝贵的经验。尤其是各教会中学比较重视英语教学，有条件的小学亦开设英语课；音乐教学设备齐全，校内常有文娱活动，足球、乒乓球、篮球、台球等竞技项目，以及团体操、运动会等也因教会学校引入而逐渐推广，成为师生喜闻乐见的项目。这些文体活动锻炼了体质，促进了团结协作意识，激发了拼搏精神。其间，交际舞、健身舞等成为大学师生的交际内容及休闲方式，并传播社会，被民众接受，影响到群体活动、社会交往及人际关系，更导致观念的转变和行为的变化。人们从中认识和接受了现代信息，逐步告别封闭，走向开放，融入时代潮流。

不可否认，教会创办教育的初衷是为教育教徒及其后代，为教会培养人才；征服民众思想，替代中国传统信仰，使民众成为教徒。"目标应该在人们的心田里产生对上帝的爱心和对他人的爱心，真正的自爱是产生于认识自己是上帝的儿子，是上帝的丰富的恩惠的继承人。"[1]基于如此，教会教育的目的是要改变民众的传统观念，使其认识及接受西方的文明。因此，教会学校对于传授现代西方文化知识，提倡新的社会风气，改变传统陈规陋习等，起到积极作用。如教会学校曾以各种形式宣传吸食鸦片的害处，提倡破除妇女缠足陋习，提倡节俭、守时、戒烟戒酒，养成良好的生活习惯等。他们重视对妇女的教育，创办女子学校，引进及发展妇女教育，尤其是职业技术教育，冲击了"女子无才便是德"的传统观念，有助于妇女地位的提高和才能的发挥。他们还创办盲哑学校，引导、发展特殊技能的教育，教给盲哑儿童文化知识，传授一些实用技术、谋生手段，引导残疾人自我谋生，也为社会慈善事业做出表率。重视儿童学前教育，先后兴办一批幼儿园。在成都四圣寺创办第一个育婴院，收养被遗弃的婴儿。1917年，英国圣公会陈敬修牧师夫妇在梁平县县城东门外，兴建第一所养老院（孤儿院），收养当地无依靠的孤寡老人和孤儿。这些教育的举措及配套的科学实用的教材，显然有益于四川教育事业的发展。

教会教育的积极成效及广泛影响，强烈地刺激了四川上下，敦使各地政府及官绅民众仿效。他们参照教会学校的模式，创办及发展新型小学，以及师

---

[1] 谢卫楼：《基督教教育对中国现状及需求的关系》，《中国近代学制史料》第4辑。

范、蚕桑、矿务、法政、商业、军事等专科学校，带动四川教育事业的快速发展。流风所被，就连道教亦在成都青羊宫开办了一所蚕桑学校，以培养农商人才。世俗通识教育的发展，传授了新知识、新技能、新思想，培养了人才，产生了很大的社会效应，这亦是基督教会对四川地方社会发展的一种贡献。

教会和传教士在兴建学校、宣传西方文化之时，还开设了许多医院诊所，以彰显"耶稣基督为救主"的旨意。他们救死扶伤、施药治疗，体现耶稣基督倡导的博爱仁慈精神；服务公众，服务社会，增强病人与医生、传教士的联系，从而消除心理距离，求得认同，传播基督教的影响，发展信徒。启尔德说："在医院的门诊部、候诊室、病房中，医药工作含有直接讲述宗教与福音的价值。虽然，病人的皈依不能立即见到，但能获得他们的友谊和善意，因而撒播了福音的种子，将来可能得到收获的希望。""医药工作不仅是机会的扩大，且为智慧的传教方法。上帝爱世人，与耶稣为人舍命、救赎世人。这些基督教的要素，常常不是言语所能解说明白的。医药工作便表现了上帝爱世与耶稣救世的观念的实行者，行动弥补了言语的限止，医药工作也弥补了传教工作的不足。"①

基于如此，基督教会从进入四川开始，便募集款项，置地建房，购买设施及药物，配置人手，筹建诊所或医院。如1891年，教会在四川就开设了三所医院及七间诊所宣传西药的效能，实施免费治疗，从而把先进的西方近代医药技术引进四川，并给缺医少药的穷苦民众带来一定帮助。1877年巴县教会诊所的成立，标志着四川开始了使用西医西药的历史。1892年，美以美会医生马嘉礼在重庆戴家巷建立第一西医医院——宽仁医院。1919年，美国基督会派遣医学博士史德文在巴塘涉藏地区建立了第一家新式医院，从雅安以西，遍及全藏，不少人从拉萨远道而来就医。到1920年，全省计有教会医院二十六所，病床一千零四十一张，药房（诊所）二十八个，医生六十三人（其中外国医生四十四人），护士一百零三人（其中外国护士十一人）。此外，还开办了五所护士学校。

教会医院的医护人员秉承仁慈博爱的思想，救死扶伤，施药济贫，更多地体现了崇高的人道主义精神。他们在军阀混战或天灾人祸中的出色表现，给民众留下了良好印象，赢得了敬重。他们对多数病人一视同仁，并不歧视；确定若干免费治疗及住院名额，施惠于穷苦病人；设立贫民医院等，服务劳动大

---

① 朱传棻：《四川基督教文化传播与变化》，华西协合大学毕业论文（1945年）。

众。这些举措扩大了病人的诊治面，救了更多的民众，也体现出教会的仁慈与博爱。教会医院医生高超的技术以及西药明显的疗效，赢得了声誉，扩大了教会的影响。如雅安的仁德医院在四十三年间，收治病人总数接近百万，其中住院病人约一万三千人，治愈率达百分之六七十。[①]

　　教会医院医疗业务的扩展，不仅使西医西药在四川逐渐传播，其管理经验亦成为四川现代医院的建立、发展时的重要借鉴和学习榜样。教会医院中，一批中国医生成长起来，他们不仅成为四川医学界的专业骨干，其所从事的专业也享誉全国。如陈序宾、张明慧、黄天启等教会医生，后为四川妇产、儿科、牙科医疗业务的开拓者。教会所办的医护学校，亦培养出一批中级卫生人员，这是都是对四川近代西医业发展所做出的贡献。

[①] 曾文霁：《雅安仁德医院》，《雅安文史资料选辑》第3辑（1986年）。

第五章 伊斯兰教与巴蜀文化

伊斯兰教是世界三大宗教之一。它作为一种宗教、一种生活方式和文化形态，在中国传播和发展已有一千三百年左右的时间，并与中国悠久的文化传统相互影响和融合，逐渐形成了具有中国特色的伊斯兰教文化。作为一种历史积淀的特殊文化现象，它包含着信仰体系、社会意识、道德规范、价值观念、民风民俗、语言文字、科学文化成就等极其广泛的内容。

伊斯兰教是中世纪阿拉伯半岛阿拉伯民族建立统一国家，实现安定与和平的客观社会要求在宗教思想上的强烈反映。从公元610年穆罕默德创教开始，到他逝世之时的二十三年间，伊斯兰教终于发展成为整个阿拉伯半岛的统一宗教。后来，随着阿拉伯帝国的对外扩张和商人们的经商活动，伊斯兰教在将近两个世纪中遂由阿拉伯民族的宗教发展成为横跨亚、非、欧三大洲的世界性宗教，伊斯兰文化的种子也遂由世界著名的丝绸之路传播到了中国的广大地区和一些民族之中，并在不断吸收当地民族传统文化和社会习俗过程中，形成了具有中国特色的伊斯兰教文化，成为被传入地区和民族的一种宗教信仰、文化体系及生活方式。

第一节　伊斯兰教传入四川

随着各地区、各民族的交流与往来，异方、异族的宗教、文化亦随之传入四川，这是历史发展的一种必然结果。从7、8世纪始，当信仰伊斯兰教的大食、安国、康国等阿拉伯、中亚国家的商人经西北丝绸之路、云南天竺道等辗转来到四川经商，以至定居，其信仰的伊斯兰教遂由此而传入。据《旧唐书·李汉传》《全唐诗》《九国志》《资治通鉴》《阶州直隶州续志》《滇载记》《南诏野史》《清真释疑补辑》等书籍所载，阶州（今武都）、利州（今广元）、万州、梓州、郫县、成都、大理等地，唐宋时就已有伊斯兰教传入。而早在南北朝时，西域胡商即已假吐谷浑入蜀经商，其中善商贾的康国人为数最多。①有一位叫作"释道仙"的僧人，本为康国人，"以游贾为业，往来吴蜀，江海上下，集积珠宝。故其所获赀货乃满两船。时或计者云。直钱数十万贯"②。

入唐以后，西域贾胡仍不断入蜀经商，其时他们中的部分人已改信伊斯兰教。唐贞元十七年（801），唐剑南西川节度使韦皋部将杜毗罗在南诏军的配合下，潜袭吐蕃险要。渡泸之役，"虏大奔。于时，康、黑衣大食等兵及吐蕃大酋皆降，获甲二万首"③。此句将大食放在吐蕃之前，说明这二万首中大食兵所占比例很大。这一批穆斯林俘虏后来去了何处，史无明载。但按照常规，虏获大食兵的唐将杜毗罗应将这些俘虏及其他战利品带到四川，交给他的主将剑南西川节度使韦皋。即使给南诏军一部分俘虏，其余的俘虏还是应被带到四川。

唐僖宗广明元年（880），黄巢起义军攻破唐朝首都长安，唐僖宗仓皇逃出长安，于次年到达成都。随驾逃走的许多人中，就有一些波斯人，如李珣、李玹兄弟。李珣祖籍波斯，其先祖隋时来华，唐初改姓李，安史之乱时入蜀。后来僖宗回长安，这些波斯人却在四川梓州定居下来了，人称蜀中土生波斯。

李珣兄妹可考者三人，珣为长兄。其妹李舜弦为蜀主王衍昭仪。其弟李玹喜游历，曾为王衍的太子率官。何光远《鉴戒录》记载："宾贡李珣，字德润，本蜀中土生波斯。少小苦心，屡称宾贡。所吟诗句，往往动人。尹校书（鹗）者，锦城烟月之士也，与李生常为善友。"④黄休复《茅亭客话》说："李四郎名玹，字庭仪，其先波斯国人，随僖宗入蜀，授率府率。兄珣有诗名，预宾贡焉。玹举止文雅，颇有节行，鬻香药为业。"⑤以买卖香药为业，这是波斯人擅长的商业。向达曾详述西域人来华之盛况："唐代商胡大率麇聚于广州。广州江中有婆罗门、波斯、昆仑等船不知其数，并载香药珍宝，积

---

① 《魏书·西域列传》："康国者，康居之后也。迁徙无常，不恒故地，自汉以来，相承不绝。有胡律，置于祆祠，将决罚，则取而断之。重者族，次罪者死，贼盗截其足。人皆深目、高鼻、多髯。善商贾，诸夷交易，多凑其国。"
② （唐）道宣：《续高僧传》卷二五《道仙传》，苏渊雷、高振农选辑《佛教要籍选刊》第12册，上海古籍出版社1994年版，第677页。
③ 《新唐书》卷二二二《南蛮传》，百衲本《二十五史》第4册，浙江古籍出版社1998年影印本，第757页。
④ （五代）何光远：《鉴戒录》卷四，车吉心总主编《中华野史》第3册，泰山出版社1999年版，第270页。
⑤ （北宋）黄休复：《茅亭客话》卷二，文渊阁《四库全书》本。

载如山。"①他尤好摄生,以炼制丹药为趣,倾家之产不计,与青城南六郎往来,论淮南王炼秋石之法。

李珣作为一个作家、诗人,文学成就很高,在当时享有很高的声誉。吴任臣《十国春秋》卷四十四云:"珣以小辞为后主所赏,尝制《浣溪沙》词,有'早为不逢巫峡梦,那堪虚度锦江春',词家互相传诵。"而后蜀赵崇祚编纂的《花间集》则录其词达三十七首之多,足见其词在当时是颇负盛名的。近人王国维辑本《琼瑶集》录存其词共五十四首,而据历代词话资料记载,其词当远不止此数。李珣虽为波斯后裔,但他出生在中国,已深受中华文化之影响,完全具备了一个中国文人工诗文、擅辞赋的艺术才能,并且取得了堪与中土文人比肩的文学成就。

另外,李珣深谙药理,在药物学上造诣甚深,这既与他生长于一个以卖香药为业的家庭有关,又说明他极有可能亲自操持过这个在华波斯人所经常操持的产业。陈垣先生指明:"然则并知医,与元末回回诗人丁鹤年之兼擅医术同,亦为回回风俗也。"②其著有《海药本草》一书,现已亡佚,不过书中记述的药物,散见于唐慎微的《政和证类本草》和明代李时珍的《本草纲目》。《海药本草》介绍了许多海外药物知识,尤其是一些新的药物,对后来的医学家影响很大,刺激了我国药物学的进步和发展。

五代时蜀中波斯人,见于文献记载的还有石处温。据路振《九国志》载,石处温系万州人,本波斯人,仕前、后蜀,历任利州司马、宁江节度副使、万州刺史等职。"处温初据石市,招纳亡命,远近多归之。由是广事耕垦,常积谷数万千石,前后累献军粮二千余万石,加以宝货。昶嘉之,加检校司空,未几授万州刺史。移简州,卒年八十。"③

唐代中外贸易极盛,首都长安蕃客云集,尤以波斯、阿拉伯人为多。他们多财善贾,在商业界有很大影响。但从安史之乱起,经黄巢起义、五代战争,陕西和中原一直处于动荡之中,而偏安一隅的四川相对稳定,经济也很发达,于是,陕西和中原的官僚地主、富商大贾纷纷逃到四川,重新建立起他们的安乐窝。旅居长安的大食、波斯商贾也必有一些到了四川,如李珣之族随僖宗入

---

① 向达:《唐代长安与西域文明》,河北教育出版社2007年版,第34页。
② 陈垣:《回回教入中国史略》,《陈垣学术论文集》第一集,中华书局1980年版,第549页。
③ (北宋)路振:《九国志》卷七,《笔记小说大观》第10册,江苏广陵古籍刻印社1983年版,第31页。

蜀并且被授职一事，就是典型的事例，而更多的是名不见经传的一般商人。到了宋代，商品经济继续发展，中国同西、中亚诸国的经济贸易关系也很密切，富饶美丽的天府之国，特别是作为西南大都会的成都，也必定是他们光顾的地方。此后，来自这些地方的商人或他们定居中国后的后裔仍然不断地进入四川，唯因其人数有限，他们所信仰的伊斯兰教影响甚小。需要强调的一点是，早期入川的波斯、阿拉伯人，许多很快地融入了当地的社会中。他们或皈依佛教，或炼丹修道，成为佛道之人。如居住在成都灌口山竹林寺的僧人释道仙，炼制丹药的李四郎、南六郎等。

13世纪初叶，由于蒙古军队的西征，大批的中亚细亚各族人、波斯人和阿拉伯人被迫东迁，其中很多军士后被编入"探马赤军"，参加对中国的战争。在元宪宗蒙哥汗攻川时，便有许多信奉伊斯兰教的中亚突厥部落组成的军队转战各地。如宪宗征蜀时留守成都的大将密立火者，即系剌鲁人，其父率系剌军三千归降成吉思汗，后以千户从征回回诸国，他所率的就是一支信奉伊斯兰教的回回世家部队。此后四川探马赤军的回回将士，就有不少人在崇庆州、灌州等地进行农垦，后取得普通农民身份，或成为"兵农合一"的屯戍人户。四川行省左右司员外郎、四川廉访司佥事、枢密院都事脱欢曾上书说："回回户计，多商富大贾、宜与军民一体应役，如此则赋役均矣……今后回回诸色人等，不许赍宝中卖，以虚国用，违者罪而没之。"①这充分说明元代四川的回族商人为数不少。

元代曾任职四川的回族人中，最有名的要算官吏赛典赤·赡思丁。《元史·赛典赤·赡思丁传》曰："赛典赤·赡思丁，名乌马儿，回回人，别庵伯尔之裔。其国言赛典赤，犹华言贵族也。中统十一年，拜平章政事行省云南，教民播种，为破池以备水旱。创建孔子庙，明伦堂，购经史，授学田，由是文风稍兴。居云南六年卒，百姓巷哭，葬都阐北门。交趾王遣使者齐经为文致祭，其辞有生我育我，慈父慈母之语。吊者号泣震野，赠太师，追封咸阳王，谥忠惠。"②他在至元元年（1264）出任陕西五路西蜀四川中书省平章政事。至元三年（1266），陕西等处行中书省移治利州（今四川广元）。至元八年（1271）平嘉定（今四川乐山），后坐镇兴元（今陕西南郑）"专给粮饷"，

---

① 《元史》卷一三四，百衲本《二十五史》第7册，浙江古籍出版社1998年影印本，第813页。
② 《元史》卷一二五，百衲本《二十五史》第7册，浙江古籍出版社1998年影印本，第788页。

至元十一年（1274）出镇云南。这说明赛典赤在任陕西、四川行中书省平章政事的十一年中，至元三年到至元八年的五年间曾坐镇四川，为整个蒙古攻宋战争充当后勤。他在从陕西到四川而后又入滇的过程中，把中亚的穆斯林及西北的穆斯林带到了四川、云南，他所带去的人员是有组织的，有集体性的军队，到川、滇不是作战，而是驻防屯戍，有许多穆斯林就在各州县定居下来。1304年，赛典赤第三子忽辛出任四川行省左丞，第四子苦速丁兀默里任建昌路（今西昌市）总管。这样，赛典赤父子及其他穆斯林官员属下的穆斯林官兵、工匠等，有相当部分留居于四川地区。

忽必烈的三子安西王忙哥剌曾出镇河西、四川，他亦为伊斯兰教信徒。他的儿子阿难答，从小被托付给一名伊斯兰教信徒抚养教育。及阿难答继位后，"在自己的营地上建立清真寺，经常念诵《古兰经》，沉湎于祈祷"①。在他的影响下，其所率的十五万蒙古军队的大部分皈依了伊斯兰教。至元十年（1273）元世祖下令"探马赤军，随地入社与编民等"后，这些信奉伊斯兰教的官兵，被分遣至各地征战、屯田、戍守。如赛典赤第四子苦速丁兀默里曾任建昌路总管，其部属中不少回回官兵，即定居其地。今西昌经久乡合营村的沙姓回民，便自称其祖先是赛典赤·赡思丁。马注《咸阳王赛典赤·赡思丁公茔碑总序》说："有居于建昌者，是为月鲁帖木儿（赛典赤之孙）之后。"②而今西昌一带的邹家屯、四百户、沙锅营、大营、合营、回回村等，均得名于军队屯田。尤中认为：元期时期，在西南各少数民族地区，"凡有军屯的地方，既有蒙古族军户，也就有回族同时同地驻守"。在建昌路、德昌路（今德昌）、会川路（今会理）等地，都有回族作为军户屯驻于当地。③

元亡明兴，大量的回族因军事、商贸等原因，继续从陕甘、湖广、江南、云南等处迁入巴蜀地区。如今凉山彝族自治州西昌市海南乡核桃村清真寺碑文称："原籍江南苏州人氏，由洪武年间起，祖宗指挥奉命来建，镇守青龙隘口，因创基于核桃村，序列四大房，始建清真寺。"西昌沙锅营《马氏祠宗谱》记载说："我始祖指挥使马刚，于洪武二十五年……奉命征剿，由江南统兵至蜀……镇守宁番嘎嘎。到第三代马应权，迁沙锅营落业。"今西昌西郊乡

---

① ［伊朗］拉施特：《史集》卷二，商务印书馆1986年版，第379页。
② 马尚林：《四川回族历史与文化》，四川民族出版社2005年版，第4页。
③ 尤中：《中国西南的古代民族》，云南人民出版社1980年版，第612页。

九村《马姓族谱》记载："我祖乃陕西固原县马家巷人氏,洪武年间来建,一名马都贵,一名马代贵,统领乡兵,镇守泸山脚下。"《会理州乡土志》亦说:"回族,元、明时自云南迁入。"《西昌县志》云:"泸山魔寺,明洪武二年建。"在明人曹学佺《蜀中广记》卷三六载:"泥溪傍府而居,其东西北三面连接乌蒙,与罗、回杂处,所受田赋与华民一体,奉征调可得夷兵三百人。"对马湖府(今屏山)回族皆有记载,言其风俗习惯颇详。

此际巴蜀境内的回族,除集中居住在凉山地区的安宁河谷地带外,也广泛地分布于成都、重庆等巴蜀中心城市和广元、南充、青川、松潘、汶川、茂县等巴蜀地区的商贸中心及商业要道沿线。民国《重修广元县志》载:"广元回族盛于元明。"而平武清真寺亦创于明代。[1]进入阿坝的回族,则有陕西回、青海回、陇东回、云南回等,并形成了草地帮、鞑子帮等。成都等地的回族,更是有所发展,如成都的鼓楼寺、新都的罗家寺等,都是明代修建的。

清代,更有大量回族民众进入四川定居。明末清初,入川征战的张献忠军中,即有回族将士上万人。他们中有相当部分于战败后即定居川北、川西和川南地区。清代,特别是康熙、乾隆之际,有更多的回族随军或经商入川,或随"湖广填四川"的移民从湖北、江西等地入川,被安置于南溪李家镇、犍为罗城铺、仁寿青杠垭、内江观音滩等地,以马、苏、张、蔡为大姓。同治十二年(1873),陕南回民起义失败后,起义军将士分散入川者不少;清廷亦将俘虏的约一千户陕甘回民起义军及家属解送新都弥牟镇、郫县崇宁管制屯田。成都有十余座清真寺,多是清代初期和中期修建的,如皇城清真寺就系清初所建。

据《成都回民概况》记载,清末成都市有三千多户回族,近两万人,可见清代成都回族的繁盛。但后来由于战乱兵燹、人口流动等原因,成都回族人口大大减少了。此时重庆有三座清真寺,回族人口也不少。乾隆时有人统计,迨近三百家。[2]还有当地秦蜀之孔道的广元以及与云南隔金沙江相邻的会理等地,在清初或清中期也修建有清真寺,而且会理的回族人口在清时一度为六百余户,称得上是一个比较大的回族聚居区。川西高原地区,在清代也有回族徙居,如甘孜藏族自治州回族的来由,主要就是"清代用兵康藏,屡檄川陕制兵(很多是回族)出关戍守;清末时又有陕甘的回族不堪当地政府压迫逃亡来

---

[1] 清咸丰四年龙安府《培修清真寺功德碑》。
[2] 伍仪彰:《重庆回教源流考》,《回民言论半月刊》民国第十期。

此"①。迄至清末,巴蜀境内的回族已广泛地分布于成都平原和川中、川南、川北的泸州、宜宾、内江、阿坝、甘孜的广大地区。如成都,清末时已有回族三千多户,两万余人,并在市区中心的东华门街、西华门街、东御街、西御街、东御河街、西御河街等二十多条街巷集中居住,形成了著名的皇城坝回族聚居区。这些迁居四川的穆斯林,形成了"大分散,小集中"的居住分布之特色,发展迅速,人口繁盛,足迹几遍全川。现在四川回族的分布格局,基本上在清代已经定下来。

进入四川地区的回族,也和进入中国其他地区的回族一样,他们多习用汉文,最终使用汉语汉文,以融入当地的社会生活。在政治、经济生活领域内,回族与当地民众基本一样,皆"入里甲,有差徭"。而居住于城镇中的部分,多从事商业和各种手工业活动。当然,回族与汉族最大的不同处是保持着原有的伊斯兰教信仰与某些独有的风俗习惯。光绪《宣威州志补》卷二说:"回民之特征则头缠白布,忌食猪肉,纯以宗教之力结合,博固而强暴尚武,寻衅好斗。"康熙《顺宁府志》卷一说:"居处艺业把斋,婚姻不出其类,宴会不接汉人,是其教之拘也。居必聚族,行必结群,行旅不吝扶持,贫乏必有赈给,不尚淫祠,勤于治生。教训饬密,亦有可嘉者。"总之,回族除共同信仰伊斯兰教之外,其他如不食猪肉、强悍尚武、葬不同棺等,皆为其所独具而与其他民族有所不同。

回族是擅长商业的民族,他们"白帽挺桔,持赀走四市,徙物絜利"的商业活动,给当时的自然经济注入了一定的商品因素,起到某种调剂和补充作用。"善商贾,争分铢之利。男子年二十,即远之旁国,来适中夏,利之所在,无所不到。"②

第二节 四川的伊斯兰教

四川伊斯兰教的传播与发展,与我国回族的形成和发展有着十分紧密的联系。传统的看法认为,我国回族全民信仰伊斯兰教。而回族的习俗文化,又可以说是伊斯兰教文化的产物,二者不能截然分开。因为在回族的发展进程

---

① 吴传钧:《西康省藏族自治州》,三联书店1955年版,第12页。
② 《旧唐书》卷一九八,百衲本《二十五史》第4册,浙江古籍出版社1998年影印本,第366页。

中，伊斯兰教促进了回族形成共同的风俗习惯，尤其表现在饮食婚丧等习俗方面。在对四川伊斯兰教的研究方面，张泽洪的《四川伊斯兰教史述略》《四川伊斯兰教的清真寺》《四川穆斯林的文化传统》等文章，以独特的视角论述了伊斯兰教在四川各地的传播与发展历史，为开展对四川回族宗教文化方面的研究提供了丰富的参考资料。马彦虎在《四川回族史研究》中对四川伊斯兰教的传入、发展、特点及门宦派别等内容进行了详细论述。林建曾、王路平等著的《世界三大宗教在云贵川地区传播史》，在对相关研究成果进行阶段性总结的基础上，以丰富的史料展现了四川伊斯兰教传播的三个阶段。马尚林在专著《四川回族历史与文化》中也提及伊斯兰教在四川的传播、四川回族参加宗教活动的概况、伊斯兰教的传统佳节、四川的清真寺等几个方面的内容；穆群森的《四川回族习俗文化》一书中，也有对四川回族宗教信仰相关内容的介绍。这里借鉴已有的研究成果，大致讲述如下。

从历史上观察，唐代到元明之前，伊斯兰教在四川的流传，均依穆斯林人士和群体而存在，并不如其他宗教的传播有一个由信教者向民众的劝化过程。由于最初较著名的穆斯林人物多居住于成都等大城市，因此伊斯兰教的活动当始于成都等地。又因信徒群体较小时，宗教活动往往只限于家庭或亲属群体之中，往往采取不公开的形式，故社会影响甚微。

元明两代，入川穆斯林人数有了较大增加，而赛典赤·赡思丁主掌陕川政事，他居住在成都，伊斯兰教的活动仍以四川的中心城市为主。但又因"探马赤军"等在四川实行军屯、民屯的分布地方，大多集中在交通要道而又有荒地沃土可供开垦之处，如川西平原的崇州、灌州、温江，嘉陵江中下游的保宁、顺庆、遂宁，长江沿岸的江津、巴县、泸州、忠州，岷江下游的宣化等地，既是诸军屯耕之地，也是当时伊斯兰教传入地方。而明代，因川北、凉山等地用兵较多，在这些地方定居的回回人就比较多，故伊斯兰教也就传入这些地方。

随着清王朝对四川的全面控制，在相对良好的社会环境下，伊斯兰教在四川迅速传播，并扩散到各个地区。和其他省区一样，四川伊斯兰教的分布地区往往就是穆斯林聚居区。以保宁为中心的川北一带，是清代四川伊斯兰教分布的主要地区，其中又以保宁周围各州、县和北大路沿线的新都、德阳、绵阳、广元、昭化、平武一带为多。另外，顺庆府及其周围州、县也是穆斯林的主要聚居区。保宁聚居区的形成，主要是由于该地区与中国大西北穆斯林聚居区相邻近，且有密切的交流，加之清初保宁为当时四川的政治、经济、文化中心，较之其时战乱不休的川东、川西、川南等地区相对安稳，故由西北入川的穆斯林群众往往就近在该地区定居下来。

以成都为中心的川西地区也是伊斯兰教的重要传播区，尤其是康熙四年（1665）以后，成都已成为四川省会，故而吸引许多穆斯林商人、工匠等。以后这些人不仅定居下来，且多聚居于市区皇城坝附近，以后又逐渐扩散到成都邻近的今华阳、双流、新津、金堂、温江等地。到清末，仅成都一地就有三千多户，两万多回民，建清真寺十座。①

重庆及其附近的万县、达县、南川、开县等地是伊斯兰教在川东主要活动地区，其中又以重庆、武胜、开县、夔州、大足的穆斯林为多，仅重庆一地就有清真寺三座，乾隆年间即有回民三百余户。②

川南的叙州、永宁、内江、隆昌，川西南的雅安、嘉定、康定、西昌等州县（市），以及川西北的松潘、大小金川一带，均有穆斯林定居点。甚至甘孜地区，因"屡檄川陕制兵多系回族出关戍守，清末又有陕甘回民不堪当地政府压迫逃亡来此"③。

十分明显，从明末到清代，伊斯兰教已广传四川各地，但主要分布区为成都、重庆等大城市和川北，及交通沿线、长江沿岸。

分散在各地的穆斯林居民点形成后，他们便开始修建清真寺。清真寺是穆斯林宗教、政治、经济、文化、民事、社会活动的中心，凡回族比较多的地方必建清真寺。元代四川回民已建有清真寺，如西昌邹家营等聚居地均建有礼拜寺。今西昌市西郊乡宁远村元代月鲁城遗址中曾发现一阿拉伯文石碑，名为"圣容赞碑"。《圣容赞》是在清真寺大殿写书的赞美伊斯兰教创始人穆罕默德容貌的赞圣文，此碑的出土证明元代月鲁城建有清真寺。又据西昌穆斯林口碑资料，元代在今西昌城厢粮站所在地建有一座清真寺，明代此寺迁至吉羊巷，后为著名的吉羊巷清真寺。

元代进入阿坝地区的穆斯林，在松潘东裕村山麓修建清真东山寺，为阿坝地区最早的清真寺，该寺元末毁于兵燹。

在川东的奉节县，为溯长江入川之门户，是江南穆斯林入川之要道，故

---

① 胡振华：《中国回族》，宁夏人民出版社1993年版，第471页。
② 伍仪彰：《重庆回族源流考》，《回民言论半月刊》民国第十期。
③ 吴传钧：《西康省藏族自治州》，三联书店1955年版，第12页。

元代奉节有穆斯林居住。元大德四年（1300），始在县城永安镇北五道拐修建清真寺，成为川东地区最早的清真寺，至明洪武二年（1369），该寺已第三次修葺。

重庆清真寺始建于明代。明代重庆有陕甘籍穆斯林百余户聚居于十八梯侧巷（今名中兴路），并建清真寺。民国《巴县志》载："西寺创于明之中叶，为河南马侍朗文开所建立。"马以愚《中国回教史鉴》称该寺"为先端肃公于明成化时，遭中官司汪直之谗，谪戍重庆时之所建也。"十八梯侧巷清真寺在清代称"西寺"，以与江南籍穆斯林新建之南寺区别。

川北平武县清真寺亦始建于明代。现存清咸丰四年（1854）所立《修葺清真寺功德碑》载："龙郡清真寺创自明纪。"川北广元明代亦有清真寺，民国《重修广元县志稿》载"广元回教盛于元明，寺立今之东街三元宫"。

凉山三十六座清真寺中，西昌有六座建于明代，其中西昌市区有三座。民国《西昌县志》载："泸山侧之清真寺，建于明洪武二年，是为最古。城内吉羊巷清真寺及城外东街东寺，皆明万历初年建。"此外，合营清真寺建于明初，沙锅营清真寺、玉石塘清真寺建于明末。阿坝地区的松潘清真下寺、杂谷脑清真寺、茂县清真寺、威州清真寺，均建于明洪武时期。

明代川西成都、灌县、新都多有穆斯林居住，亦建有清真寺。民国《灌县志》载："南寺始建于明朝要年。"近年发现清真南寺之琉璃滴水瓦，经专家鉴定系明代文物。民国《新都县志》载："清真罗家寺，在县东李家营，明成化七年建。"明天启《成都府治三衢九陌宫室图》标有"回回寺"一座。据《成都城坊古迹考》，此"回回寺"在城西北郊，即现西北桥、九里堤一带。元明时成都伊斯兰教既颇兴盛，但现存各寺皆为清代建，推测其由，当为明末战乱所致。

由于明末清初的战乱，四川的清真寺多遭毁坏。现存清真寺多建于清代，尤其是康、雍、乾时期。据不完全统计，其全盛时全省共有一百九十余座清真寺。其多数集中于成都、绵阳、广元、阿坝、凉山等地。如成都市十三座清真寺中，建于康、雍、乾时期的就有皇城寺、西寺、八寺、北寺、九寺。新都八座清真寺，除明代所建罗家寺外，其余七寺中有五寺即马家寺、湖南寺、唐家寺、清净寺、虎家寺，均为康、雍、乾时建。西昌是清真寺最多的地区，除明代所建的六寺外，其他如西溪、高草坝、太平场各寺，城外马水河寺，东街老各寺、新客寺等，散在城乡者约二十座，详载祠庙志中，大抵处清康乾年间建筑者多，民国以来建筑者少。

现广元最老的上海街清真寺，亦建于康乾时期，其《清真寺修建碑志》载："清真寺□□所□自康熙十三年，因吴（三桂）窜扰边境，广邑路当通衢，干戈迭起，士庶无有宁期，熬屡遭兵勇，络绎不绝。似此蹂躏民众安居，不敢存修寺之善念，系由我邑之未清平也。厥后逆匪渐清，人民接踵而来，回汉两教于时处于庐旅，均□□得我所。我等回教合商筹建创建寺宇，即时探买地基于城外河街之西，因人烟稀，捐输无多，仅有装修正殿三楹。暂时朝夕礼拜。迨至乾隆四十二年，回民既庶且繁，斯地迁移不少，细清户口，尚未属百余家。幸逢江南马公家良，荣任期邑，目击寺宇狭窄，未能高大其规模，奚以之观瞻。于马掌教商议募化远方，而马公存此善念，乐到资斧，并及我教大众好善乐施，其捐资不下千余金，复勘聘地基材料，兴土修建两廊，未及半载而功始竣……而殿宇辉煌，岂惟天命之主持，亦得马公之善举，今乃告厥成功。"此碑文详记建寺缘由，较有代表性，可概见清代清真寺修建情况。

在古城阆中的清真寺，又称礼拜寺，位于礼拜寺街西侧，为伊斯兰教民礼拜场所。寺门东向，面阔三间，悬山式屋顶，脊中央塑雕花方盘，中贮泥塑莲花，稳托荸荠形宝顶。沿街置木栅门。进入大门，左右有碑室、廊房，院内花木繁茂，青石铺地。大殿装饰繁复，以筒瓦覆盖，檐下施六铺作斗拱，殿取明五暗三格局，其上架梁横列，不用中梁，故称"无梁殿"。殿的额、坊、斜衬和门窗都施雕花。大殿造型古朴庄重，气势雄伟，雕梁画栋，古雅清净。殿内外悬挂"纲常正理""敬道归真""金天圣境"等鎏金大匾四十余通。

另有巴巴寺，始建于清康熙八年（1669）。此寺坐落在城外盘龙山麓，又名"久照亭"。寺坐北向南，主要建筑包括前山门、照壁、砖洞门、牌坊、人照亭院、花庭院、庭房、小院、井房、坟亭园、后山门。久照亭是寺的中心建筑，阿卜董拉希的墓就在亭子中央。亭子分上下两层，四面檐角飞翘，亭顶宝瓶屹立，整个建筑雄伟壮观，具有独特的风格。亭中分内室和外室，内室前面为纱帘遮掩的阿卜董拉希墓。墓后的正上方挂着康熙四十九年（1710）宗人府右宗正多罗贝勒王手书的"清修"匾额。

巴巴寺为伊斯兰教嘎德林耶教派第一位来中国传教的祖师华哲·阿卜董拉希（又称"西来上人"）的墓地。"巴巴"，在阿拉伯语中有"祖先""祖师"的意思。清康熙二十三年（1684），华哲·阿卜董拉希来到阆中传教，阆中川北镇总兵马子云待为师长，让他定居在铁塔寺。康熙二十八年（1689）三月，阿卜董拉希去世。他的弟子祁静一与马子云便在他生前所卜之处建造"拱北"，排水填土，将其安葬于内，并命名为"久照亭"，俗称"巴巴寺"。巴巴寺和位于陕西汉中西乡的"鹿龄寺"、甘肃临夏的"大拱北"，被嘎德林耶教派奉为"三大圣地"。

巴巴寺为国内少有的伊斯兰建筑群。其寺门辉煌肃穆，亭角翘举，赭柱青门。进寺门便见建于清乾隆年间砖雕水磨照壁，长约十米，高约六米，上为歇山式屋顶，檐下为砖仿木斗拱，壁身饰有浮雕、圆雕、镂空雕等技法雕刻的花卉、林木、竹菊和山水亭阁，堪称一绝，虽历经三百余年风风雨雨，仍完好无损。阿卜董拉希的墓室非常特别，墓棺悬于室内水井（泉眼）之上。寺顶为四脊攒尖头盔式圆顶建筑，如若苍穹。门窗、栋壁、顶楣雕琢精美、彩绘贴金。大殿后为花厅，辟有画堂，古朴明洁，藏有许多碑匾字画，多为明清大家书画。寺院内外绿树环绕，古木参天，竹、柏、楹、桂将寺院掩映在翠绿之中。每年多有陕、甘、宁等地穆斯林群众抬羊前来朝圣。巴巴寺以其清幽雅秀、小巧奇绝、精工富丽的建筑艺术，吸引着四方游客。

米易清真寺是一座伊斯兰教古寺，位于米易县白马镇，始建于清康熙四十一年（1702）。该寺是米易回族唯一的祭祀、宗教活动的场地，具有浓厚的民族、宗教特色。建筑上既引入汉族封闭式四合院格局作教拜殿堂，又遵循面向西方朝拜麦加、坐西向东的法纲建造。全寺主要由照壁、教拜楼、内院、左右厢房和礼拜殿等部分组成，其中作为整座寺院象征的望月楼极具观赏和研究价值。该楼是一座高约十五米的亭榭式建筑，楼体外围呈长方形，而楼内却呈平面六角形，由下至上逐次收顶。楼体的建造采用了中国古宗教建筑的梁柱斗拱、挑木交错的穿斗式构造技术，有效地保障了楼体的坚固性和观赏性。望月楼始建于康熙四十一年，时间跨越了康、雍、乾、嘉四世，到嘉庆二十二年（1817）全部竣工。虽经两百年风雨和道光三年（1823）、十年（1830）、十三（1833）年三次大地震而保存至今，实属不易。全寺占地面积约1200平方米，为封闭式四合院寺院建筑，布局紧凑。其门楼不用传统邦克楼圆顶尖塔瓣形弧拱的模式，而建成三重檐三层亭阁式过街门楼，具有独特的中国清真味。加上简洁的浮雕装饰，成为一座玲珑精巧的门楼亭阁，不仅是阿訇召唤穆斯林做礼拜的邦克楼，也是游人登楼望月抒怀的风景佳楼。

奉节县清真寺，原名清真西寺，位于奉节县城永安镇北五道拐。五道拐在镇中偏北，回族多数聚居于此，故而在此选址建寺。该寺据传约始建于元代，至明洪武二年（1369）三次重修。清乾隆五十一年（1786），由当地阿訇周绍林、魏鸣远主持扩建。整个寺院地势平坦，坐东朝西，东至五道拐，南至华家街，西至城隍街，北至月牙街，占地约四亩。入内有照壁，在二门之前，教胞"舍白""乜贴"石牌林立，前后院落三进，主体建筑为礼拜大殿。大殿为中国传统式造型，八盏八角形大宫灯悬挂殿内两侧。望月楼屹立专南，邦克楼坐北，二楼对称。相传川东诸县阿訇都曾在望月楼观赏过闻名全川的"峡门秋月"。寺内水房、厢房、客厅二十多间对称协调，讲经堂又形成独立大院，位于大殿之北侧，十多间具有明代格调的学府式厢房一字形坐北排开。1939年清真寺大部被日军飞机炸毁，仅存大殿。后由该寺阿訇苏良相主持，在重庆、成都清真寺及穆斯林中募集资金重建，并将原办经堂改为伊斯兰小学。该寺原设有经堂教育培养海里凡，并自编教材开办阿訇培训班，川东诸县的阿訇多启蒙于该寺。近年来，随着长江三峡旅游事业蓬勃发展和对外开放，这座古老的清真寺先后接待了全国二十多个省市穆斯林前来观光，驰名中外。

彭州清真寺，是彭州三座清真寺之一，始建于道光二年（1822），系由本坊穆斯林先辈聚议集资而建成的一座占地八百多平方米，建筑面积约一千二百平方米的木结构堂庙式建筑。寺宇宏大、建筑壮丽，俨然一方胜景，闻名遐迩。随着时间推移，该寺遭风剥虫噬，梁柱枯朽，殿宇倾斜，遂成危房，濒临垮塌。自1993年以来，经清真寺管理委员会艰苦努力，开源节流，于1997年7月在清真寺原址拆除重建。重建的彭州清真寺，建筑面积三千平方米，其中主体工程大殿一千二百平方米，系用全框架、全浇铸修建，质量优良。其外观采用阿拉伯式与中华民族风格相结合，成为彭州市具有特色的一处景点。礼拜大殿门颁有"道自西来"匾额一块，左右楹联是"无形无象熔形形象象之冶；非生非化辟生生化化之门"，"圣道赖昌明际兹异说高张障挽狂澜资砥砫；天堂在飓尺深原及时修省荡除群秽树根基"。殿内彩绘装饰，异常精美，宽敞肃穆，方形宣礼楼稳重、高耸、华丽，别具特色。寺内收藏有明宣德年间铜香炉两个，其中一个铸有"清真言"。藏手抄《古兰经》一部，其他文本伊斯兰教经典多卷。

从明成化七年（1471）至光绪年间，新都共修建了八座清真寺，大多为陕西、甘肃、湖南、广东等地回族移民修建。能保存至今的仅有新都清真寺等两三座。新都清真寺建于清光绪二十六年（1900），原名"真一寺"。存有光绪二十八年（1902）"性真性理"贴金匾一方，及清宣统二年（1910）石碑一通。新都寺古朴典雅，属悬山式建筑。大殿建筑面积一百八平方米，全寺占地面积八百平方米，寺内附设牛羊宰牲店、清真饮食店、清真茶园等。1990年以来，先后有尼泊尔、印度、泰国、沙特阿拉伯、坦桑尼亚等国家的穆斯林前来参观，并做礼拜。

武胜县清真寺位于县城所在地沿口镇。该寺建于清乾隆四十三年（1778），距今已有两百多年历史。整个寺院由寺门、大殿、侧殿、拜台经堂、水房、阿訇住房及内外天井、月台组成。大殿房顶为重檐歇山式，叠梁式构架。大殿建筑面积一百六十七平方米，全寺占地面积八百平方米。寺中有许多匾联，颇具中国传统文化的特色。

松潘县清真北寺建筑雄伟，是按伊斯兰教传统规划。寺由大门楼、礼拜堂、南经堂、北经堂、宣礼楼、沐浴室等木结构建筑物所组成，四周高墙相围，古杨掩映，实为胜地。大殿（礼拜堂）坐西向东，面阔三间，进深二间。殿顶为单檐歇山式，造型古朴雄伟。建筑物上每一根柱，每一朵斗拱，规范一致，比例协调。左侧为南经堂，面阔三间，室内陈设木桌、凳数张，为穆斯林学习回文之地，壁上挂有用回文书写的字画；右侧为北经堂，面阔二间，堂内四壁设计精巧，悬挂有回文圣经、绘画、照片，四周设沙发、茶几、茶具、花瓶等，布置典雅。

成都皇城清真寺，坐落于市中心西城区永靖街，始建于1666年。因临原明蜀王宫护城（俗称皇城），故名"皇城清真寺"，这是四川最大的清真古寺，也是全国较著名的清真古寺之一。其建筑规模宏大，最早占地十余亩，装饰华丽，有长九米、宽四米的照壁耸立，大门广三间，正中门相悬"皇城清真寺"横匾。左右为斗门，门外有栅栏，门内过道两侧，各有逾两百年银杏一株，高大挺拔，枝叶盈庭。再进为三道回拱门，越横廊，过院坝，到达礼拜殿，大殿典雅宏伟，古朴端庄。寺内二门悬"开天古教"横匾，系清雍正七年（1729）所立。清咸丰八年（1858）大事维修，存有纪事石刻。民国6年（1917）毁于战火，后再维修，延续至今。1998年11月皇城清真寺移建，而至天府广场西侧，占地四千零八十七平方米，建筑面积五千六百平方米。新寺融阿拉伯建筑风格与仿明清建筑风格为一体。近年先后接待各国外宾及港澳同胞、海外华侨达数百人。

自唐末五代以来，四川的穆斯林基本上都属逊尼派的格底目派。格底目派是伊斯兰教传入中国后最早形成的一个教派。初无定名，18世纪以来为与其他派别相区别始被称为"格底目",又称"尊古派"或"老教"。遵循逊尼派的正统信仰修持,总其教义是"认主顺圣"。在教法上属哈乃斐学派,重视"五功"和"六大信仰"。静修参悟被视为一种副功。以清真寺为中心,包括附近穆斯林居民,构成教坊,实行教坊之间互不隶属的单一教坊制。教坊的组织形式是"三掌教"制,由领拜伊玛目、讲经宣教的赫蒂布和呼唤礼拜的穆艾津(宣礼师)组成。清末被开学阿訇、二阿訇、穆艾津、学董、乡老所代替。学董是一坊内宗教事务的实际掌权者,开学阿訇亦受其制约。格底目派尊崇正统,虔守传统规矩,重视仪式。该派虽对门宦制度持异议,也不攻击任何教派和门宦的宗教操守,在教派纷争中持宽容温和态度,是中国伊斯兰教的多数派。四川的格底目派恪守伊斯兰教的基本信仰和"天命五功",实行散坊制,开办经堂教育等。进入清代,因苏非派的传入,打破了格底目派"一统天下"的局面。此后,被称为"新派"的嘎德林耶派人士先后在川北一带传教,并产生较大影响。

阿卜董拉希将该教团苏非学理首先传入甘肃、宁夏、青海,后又留居川北,在阆中传道。据《阆中县志》和巴巴寺碑文记载,阿卜董拉希是沙特阿拉伯麦加城人。他因仰慕先贤斡葛思的业绩,故步其圣迹,来中国传布伊斯兰教,先到青海,后到甘肃临夏,再到陕西汉中,于康熙二十三年(1684)随川北镇台、左都督马子云来到阆中。民国《阆中县志》记载:"回教东渐始自隋唐之世,初由南海达广东,继由西域至甘肃;清初则由河州入川,其始来阆地之时,当在清初。"

这位"西来上人"神形古健,状貌若仙,据说他"胸藏三教之书而不以文名,艺精百家之奇而不以技称",言语诙谐,善于骑射,尤工诗歌。他同马子云常游蟠龙山,见南麓处居蟠龙山龙脉之首,便卜阴宅于水池之中。如前文所述,康熙二十八年(1689)三月,阿卜董拉希去世。弟子祁静一与马子云便在他生前所卜之处建造"拱北",排水填土,将其安葬于内,并命名为"久照亭"。《师祖上人席记》云:"马公慕师祖之德,迎于官署,以师礼之,遂传教于此,寿逾期间,于康熙二十八年去世。"于是,久照亭成为伊斯兰教神秘主义流派嘎德林耶教派第一位来中国传教的祖师阿卜董拉希的墓地。此后,祁静一多次来阆中宣传嘎德林耶教理,并发展了一批教徒。

嘎德林耶教派是中国伊斯兰教"四大门宦"之一,属于苏非主义学派,受中国传统文化的影响较深,与其他苏非学派有显著的区别。主张在遵行《古兰经》和"圣训"的同时，必须静修参悟，以清修苦行著称，认为"道中有教"。"教"是通过穆罕默德生平言行所形成，而"道"是超然的、非创造的、永恒不变的。为了求"道"，一些人抛弃功名利禄，摆脱现实生活，云游四方，拜师苦修，以求悟道。该教派崇拜"圣徒"，拜谒"圣徒"的坟墓，举行宗教仪式等，教众须经常去拱北祷念。要做静修参悟功课，必须不娶妻室，远离家乡，到深山幽林中去静修；出家后须遵循禁欲的三条戒律和五条节守，多半长年素食，以清修著称。一般人要信仰道祖和有德行的当家人，道统继承人由临夏大拱北指定，或由信赖的高徒继承，别人不能继承相传；教主管辖教坊，教坊的阿訇由教主委任。传世有一系谱："一清峰云月，道传永世芳，敬诚先哲远，克念悟真常。"这些做法与特征，明显受到了中国传统文化的影响，而这种影响，又与阿卜董拉希、祁静一等在佛、道盛行的四川地方的活动有关系。巴巴寺大殿横匾所题"观妙入微"，即源自《老子》"故常无欲以观其妙"之意，而其柱联"赖真宰脱二虑窥妙本不出吾性；超万缘归一体视太极若在我身"则更与佛、道之不二境界相映成趣，几乎殊途同归。

此外，清道光年间，哲赫林耶派也经云南传入四川冕宁、西昌等地，但其规模不大。哲赫林耶派在广元亦有传播，还在成都修建有清真义学寺、青白江清真寺等。伊斯兰教因穆斯林的入川而传入，四川回族民众又因坚持伊斯兰教信仰而有了强烈的宗教凝聚力，这成为其民族精神支柱。由此，这个人数不多且呈分散状态的民族终能在四川各个民族群体中始终保持其基本的民族特征。因此，四川伊斯兰教虽逐渐有派系之别，但其与陕、甘、宁等地的情况不同，这些派系没有与地方势力之争相联系；哲赫林耶派、嘎德林耶派等后传入派与早先入川的格底目派亦未因派系问题发生冲撞、斗争；各派之间尚能和平共处，彼此兼容对方若干教义、教仪等。

随着穆斯林的入川、定居并繁衍生息，以伊斯兰教为核心的伊斯兰文化逐渐融入四川地方的社会文化生活，成为巴蜀多元文化并存体系中的一个重要方面。尽管伊斯兰教在四川不致力向非穆斯林传播，但它的存在、活动必定会产生社会影响，这种影响还因四川回族与汉民族及其他民族比较能和睦相处的关系，多采取平和的、超宗教的形式而作用于周围的社会。

在此期间，四川伊斯兰教界人士曾主动、积极强调并显示伊斯兰教与儒学的共通之处。他们除了在汉文译著中强调"以儒诠经"外，还采用各种形式利用儒家文化的思想和概念阐扬伊斯兰教义。最常见的便是各地清真寺摆设的香炉、宫灯、碑匾、对联、中堂经字画等。这些用汉字撰写的匾联从不同角度阐释了伊斯兰教的世界观、人生观、伦理道德观、五功遵守等，而使用的概念、词语又多为人们所熟知的，有着明显的汉文化的影响痕迹。如武胜县清真寺中有许多匾联，匾额有"本然清高""杨明真地""精一执中""兴教建国"等。楹联有"清洁不朽，吾教独高世界；真诚无伪，此端久著环球""真伪诚心，勿由心有是无非，有非无是，欺心处，难逃天监；公正为主，莫谓主用恶报善，用善报恶，归主时，自按刑施""大道本于天，先圣后圣，律开教化传千古；至理通佛儒，东方西方，传教源流注两间""道高三教，法备三乘，务道处极古今至理；遵守五功，全尊五典，做得来达天地完人""念天经诵经文，能使老鹳皆倾耳；传真道明道理，应叫顽石齐点头"。彭山西寺的匾额为"道超天外"，楹联为"清无形色，妙非虚悬；真非空无，有无方所"灌县南寺的楹联为"与地同流，与天合化，悠也久也，运千百年之清真；所传有圣，所述唯贤，教之诲之，育亿万人之灵秀"成都土桥上寺的楹联为"毋污浊而败行，不诈伪而欺世，方弗愧比清真二字；善修身以克己，体仁义以待人，莫虚生于天地两间"。这些匾联大量借用道、圣贤、修身、克己、仁义、真诚、公正等三教概念，将伊斯兰教义与儒佛道文化融贯一体，确具一番中国特色。由此可见，在四川，伊斯兰教的中国化进程比较明显且卓有成效。

从清初以来，四川伊斯兰教界即十分重视文化与教育，他们积极地译经刻经，推出了一批伊斯兰教经书。其间先后有成都宝真堂、成都马氏、广元马氏、成都周氏敬畏堂、清真书报社等，进行了刻经出版工作，其中马大恩的贡献尤为重大。马大恩，字惠泽，号云峰，成都人。他童年肄经，尝钻研王岱舆、刘智等人的著述。为使后学者广传伊斯兰教前贤所教，遂以素所历览经籍注释各书，悉加剞劂。道光二年（1822）冬重刊《天方性理》后，又刊刻《天方典礼择要解》《五功释义》《清真大学》《卫真要略》。此后六七年间，先后刊刻《天方至圣实录》《天方三字经》《天方字母义解义》《清真指南》等四十余册。在他的影响下，成都地区刻经之风，历同治、光绪而不衰。先有张正经、白位西、马西章刻《至圣实录》，王占超刊《四篇要道》。[①]后有宝真堂大量刻印、出版伊斯兰教经文。宝真堂由四川简阳伊斯兰教徒余海亭创办于光绪年间，堂址在成都东华门街，创办后即刻印出《天方典礼择要解》，后

---

① 白寿彝：《回族人物志》，宁夏人民出版社1996年版，第71页。

又刻印、出版了大量伊斯兰教经典和中国穆斯林学者的汉文译著。1908年余海亭逝世后,其子余泽洲继承其业,且扩大业务范围。该堂除刻印各种经典外,还先后刻印出版了王岱舆、马注、刘智、马德新等人的《归真总义》《四篇要道》《正教真诠》《清真大学》《性理本经注释》《天方典礼》《天方诗经》《清真释疑补辑》《真功发微》《四典要会》《大化总归》《择要注解杂学》等近百种汉文译著。[①]这些经书工艺精细,印刷清晰,装帧美观大方,备受穆斯林各界人士赞誉,故畅销全国各地,该堂在传播伊斯兰文化方面确实曾起到了积极作用。光绪年间,王占超、冶世俊、马长青等曾筹设宝善堂,复刊《指南》等书;周明德则刊《天方卫真要略》《天方四字经》等。

四川伊斯兰文化的影响更多表现于带有宗教意蕴的经济生活和风俗习惯方面。回族与汉、彝、藏、羌、苗等民族群众杂居生活在一起,在回族聚居的地方,自成街区、村落,从而形成明显的大分散、小聚居状况。在长期的生活实践中,他们与其他民族在生产技术、科学文化、商业贸易、饮食文化上互相帮助,彼此学习,取长补短,互相影响,较好地吸取了其他民族的烹调精华。

回族的传统节日和纪念日主要有"大尔吉"(又称"开斋节""肉孜节")、"小尔吉"(又称"宰牲节""古尔邦节")和圣纪节。此外,尚有法图麦节、登宵节、阿舒拉节、盖德尔夜等。这些节日和纪念日都是以伊斯兰教历计算的。圣纪节在回历三月十二日,为伊斯兰教创始人穆罕默德诞辰和逝世的纪念日。届时,信教虔诚的回族群众和宗教人士聚集到清真寺沐浴、礼拜,诵经赞圣。回族人在节前,家家户户都要清扫居室和环境,做食品,以备节日招待客人。节日清晨,男性教民都要去清真寺会礼,妇女在家准备饭菜。这一天,大人小孩都穿新衣服,大人给小孩散钱。节日期间,要走亲访友,互相拜节祝贺。

斋戒是回族穆斯林必须履行的五项功课(念功、礼功、斋功、课功、朝功)之一。每年的伊斯兰教历九月为回族的斋月。这个月中,成年的穆斯林男女,都必须斋戒。斋戒以月首见到新月为始。斋月期间,禁止房事,穆斯林每天在日升前直至日落地平线下,禁绝一切饮食。到斋戒满一月这天的傍晚,要"望月",但见新月,次日即可开斋。

开斋节是回族人民最盛大的节日之一。为迎接开斋节,每个回族家庭都

[①] 马彦虎:《余海亭与成都"宝真堂"》,《回族研究》1992年第4期。

提前清扫室内外卫生,布置房间,准备过节的美味佳肴。开斋节这天,男女穆斯林都要早早起床,沐浴,换上节日盛装。男人们赶赴清真寺会礼,并向老弱病残、贫苦之人出散"乜贴"(布施)。还有向阿訇道安、互祝、去公墓"游坟"、请阿訇诵《古兰经》、悼亡祈吉等活动。这一天晚辈还要挨家挨户向长辈"拜尔代"。斋戒的目的,在于培养人的坚强意志、廉洁守法的德操;而开斋节则是对斋月圆满成功的欢乐庆贺。上述所有这些节日都与信奉伊斯兰教有着密切的联系。

第六章

巴蜀少数民族宗教文化

先秦时期的巴、蜀，尚未进入华夏文化的范畴，基本上是少数民族聚居地区。巴与蜀既是两个方国，又是巴族、蜀族及其所属众多民族的居住之地。《华阳国志》说："其属有濮、賨、苴、共、奴、儴、夷、蜑。""滇、僚、賨、僰僮仆，六百之富。"实际上，巴蜀还不止这些民族，比如蜀境内还有邛、筰、冉、駹、青衣等古老民族；巴境内还有称为"盘瓠种"的古老少数民族。秦汉以来，中原人大量进入巴蜀，在历史长河中，与四川盆地腹心地带的原巴蜀土著逐渐融合。但盆周山区，尤其是东西两侧，一直是少数民族的传统居住地，这种状况相沿至今仍然没有多大的改变。

巴蜀各少数民族的语言分属于汉藏语系和阿尔泰语系。讲汉藏语系中藏缅语族语言的民族有藏族、羌族、彝族、傈僳族、纳西族和白族；讲壮侗语族语言的民族有壮族、布依族和傣族；讲苗瑶语族语言的民族有苗族。回族讲汉语。讲阿尔泰语系语言的民族有蒙古族与满族。现今四川的蒙古族与满族均通用汉语。土家族的语言亦属汉藏语系，但语支未定。这说明巴蜀各民族在历史上有着长期的共处关系。

巴蜀各民族的来源，总的来说，藏缅语族的各族与古代的氐羌族系有关，壮侗语族的各族与古代的百越族系有关，苗瑶语族的各族与苗蛮族系有关。他们都是巴蜀的古老居民。此外，其他民族进入巴蜀则较晚。藏缅语族各民族源于古代的氐羌人。历史上氐、羌往往并称、互用，最初原为一族。早在三千多年前的殷代，羌人的活动即见于记载。后来羌人从西北向四周迁徙，经过长期的发展，逐渐演变为现今的藏缅语族中的各民族。

自1997年重庆直辖后，除汉族外，四川省和重庆市还聚居着十四个世居的少数民族，据当时的统计数据：藏族1270907人、彝族2126920人、羌族301122人、土家族1465598人、苗族649947人、纳西族6000余人、回族约10万人、蒙古族约2万人、壮族约3000人、布依族4000余人、满族约8000人、白族3000余人、傣族3000余人、傈僳族14000余人、高山族200余人、仡佬族400余人，总人口逾500万。[①]在悠久的历史中，各少数民族都曾创造出辉煌的文化，为开发与建设

---

① 国家统计局人口和社会科技统计司、国家民族事务委员会经济发展司编：《2000年人口普查中国民族人口资料》，民族出版社2003年版。

四川做出过重要贡献。其独特的民族文化、习俗、节日庆典及宗教信仰,是巴蜀文化灿烂的一页。

第一节　藏族的宗教文化

藏族是巴蜀世居民族之一,主要聚居在甘孜藏族自治州、阿坝藏族羌族自治州和凉山彝族自治州木里藏族自治县境内。作为一个古老的民族,藏族形成于7世纪时的吐蕃时代。早在先秦时期,今四川涉藏地区及其周围即居住着众多的羌人部落,阿坝一带有冉、駹部落,甘孜南部有白狼部落,平武及甘肃武都一带有白马部落,雅安地区有徙、筰、青衣部落,大多处于文明社会的初期阶段。自秦汉开始,中央王朝在这些地区设置郡县以来,密切了当地与中原的联系。其后至6、7世纪的隋唐时,今四川涉藏地区与西藏东部聚居着大小不等的诸羌部落。其中较著名的有东女、哥邻、白狗、南水、弱水、悉董、清远、咄坝等,号称"西山八国"。此时,今西藏山南地区的雅隆部落崛起,在其国王松赞干布统率下,逐渐统一了西藏诸部,建立了吐蕃王朝。接着,吐蕃将势力扩展到四川西北部。吐蕃本是由西藏土著人与古羌人融合形成的,当其统治四川西北以后,便与当地诸羌部落逐渐融合,发展演变为今日的四川藏族。

历史上,四川涉藏地区更多地被称为"康""康区""多康"或"西康",地理范围也与今天有所不同。据藏文史料记载,远古时,藏族按地形和自然条件的差异,将他们居住的整个区域划分成上、中、下三个部分:上区阿里三围,宛如池塘,高耸着著名的雪山和山脉;中区卫藏四茹,犹如灌溉渠道,拥有广阔的草原和岩石;下区多康六岗,恰似无垠的田野,分布着森林和植物。其中的下区多康六岗,即合指今天青海、甘肃南部、四川甘孜及西藏昌都地区。在藏语中,青海、甘南、川西北(即今阿坝地区,属安多下部)合称为"安多",简称"多",元明时又译作"朵"。而甘孜地区和昌都地区则称为"康",元明时又写成"甘思"或"甘"。这样,四川涉藏地区就通常被称为"安康""多康"等。另一方面,"康"在藏语中有外地、边地之意。这是因为藏族历来以卫藏地区为中心,于是相对较为偏远的川藏地区,就被命名为"康"了。到了清代,赵尔丰在康区实行改土归流,并准备建立行省,因为康区位于四川省的西部,所以当时取名"西康省"。自此,"西康"之称也被广泛沿用。中华人民共和国成立后,西康省的建制仍然存在,称为"西康省藏族自治区"（1950年设立）。而今天的阿坝地区则于1953年成立"四川省藏族自治区"。至1955年川康合省，之后所称的"四川涉藏地区"也就与今日所指的相同了。

巴蜀藏族的宗教文化，是以吐蕃文化为核心。吐蕃藏族的宗教信仰，大致可分为三类，一类是广泛地存在于乡村牧区的原始崇拜与民间信仰，一类是以原始信仰为基础发展而来的藏族土著苯教，一类是公元7世纪佛教传入藏土后逐渐发展形成的藏传佛教。从10世纪以后，随着藏传佛教不断由吐蕃本土向川西北地区广泛地传播和渗透，不仅使四川涉藏地区的居民在文化心理素质和语言上渐趋一致，而且最终使整个川西北地区的文化与吐蕃本土的文化成为一个有机整体。

一、藏族原始崇拜与民间信仰

藏族原始崇拜与民间信仰的内容十分丰富，有众多的山神、年神、龙神、赞神，还有家神、灶神和诸多的禁忌。动物崇拜的类型在涉藏地区也很多，比如牦牛、虎、羊、雄狮等。藏族人以狮来象征部落、民族的强悍、英雄、蒸蒸日上。鬼魂和祖先崇拜在涉藏地区中也较为普遍，各种图腾崇拜、灵物崇拜，在涉藏地区现今仍然存在。

在藏族先民的自然崇拜中，对山神的崇拜特别突出，甚至可以说它是藏族原始崇拜的基础。这种现象是由特定的地理环境所决定的。纵观号称"世界屋脊"的青藏高原，到处是雪峰兀立、寒光流泻的景色，那些险峻的山峦，都被视为有神灵的存在。因此所有的山都能显示出神奇的力量，都是神的化身。山神具备很大的权力，它主宰着风雨雷电，狩猎、采集的丰歉。藏族对山神的信仰，虽产生于远古的自然崇拜时期，但就是到了近代，藏人对山神仍有发自内心的敬畏，某些禁忌亦与山神的喜怒有一定的关系。如人们路经高山峡谷、原始森林，或是遇到险峻峭壁，不能高声喧哗、大喊大叫，更不敢让石块滚入峡谷，否则会招来狂风骤雨或不测之祸。许多气势非凡的山岳被奉为"神山"，它们是涉藏地区的守护神。在部落时代，每个部落或每座寺院都有属于自己的神山，它护卫着部落，护佑人畜兴旺。在藏人的心目中，岩石是山的骨骼，土地是山的肌肤，森林和青草是山的毛发，因而在神山上禁止打柴、挖土，也禁止牧人的牲畜登山偷食神草，违犯禁忌的要受到严厉的处罚。

到了后来，由象雄传来的苯教，便把藏族先民自然崇拜中的山神，吸收为自己的神祇，并与苯教的"年神"合而为一，赋予山神更大的权力。在藏语中，"年"代表雪、雹灾害。年神居住在天上的白云之中，白云为年神的帐房，雪与雹就是年在云层中吐毒水而形成的，所以要避免雪、雹自然灾害，必须供养年神。"年"又指瘟疫等传染病，"年病"意味着与山神有关的恶病、不治之症。藏族人认为，年是一种无所不在的精灵、鬼怪，种类很多，最主要的是黑、白两类。一般居于天空中的称"白年"。白年中又有太阳年、月年、星年、曜年、云年、虹年、风年等之分。黑年类主要居于地上，有地年、雪年、山年、海年、崖年、木年、水年、石年等之分。高山峡谷、崇山峻岭都是年神附着之地，因此山神、年神往往混同为一，成为藏族的重要崇拜对象。西藏北部的著名山神——"念青唐古拉"，或叫"唐拉雅秀"等，被认为是最早的大年神。甘孜州境内众多的山神，也都是年神。

在广大的涉藏地区，随时可以看到许多用石头堆砌的"拉资"，在一些藏民居住的屋顶或是大门的门框上方，还可以发现放着石头，这是藏民把这些石头当成山神的象征来崇拜和供奉。供养山神最普遍的是印"龙达"，这是一种印在小方块白纸或布上的马，称"风马"。因为年神的特点就是经常游荡在高山峡谷之中，所以他们最喜欢人类献马供养。据称风就是年神的马，故有"龙达"之称。除了"龙达"，涉藏地区还有焚烧柏枝、松杉等和糌粑、酥油、茶叶、珍宝粉等烟祭品的烟祭供养仪式。每次举行供养仪式时，要杀一些牛羊向山神献祭，每年要放生牲畜向山神贡献。总而言之，山神、年神既可以保护人类，也可以给人类带来灾难，因而人类必须小心侍奉才是。

除对山神的崇拜外，对水的崇拜也是藏族原始自然崇拜的主要内容之一。藏族先民认为神山圣湖，是绝对不能亵渎的。藏族地区最著名的"四大圣湖"，即玛旁雍错（错即湖）、羊卓雍措、拉姆纳木错和雍措赤雪嘉姆（青海湖）。与其他湖泊一样，"四大圣湖"都与神女、仙女、姑娘、妇人有关，形成了色彩纷呈的圣湖崇拜。如被尊为"碧玉"的玛旁雍错中的水，据说是天神赐给人们的甘露，喝了可以解除各种病痛，沐浴能清净所有污垢，消除灾难恶缘，成就一切事业，延年益寿，具有八种永恒的功德，转湖朝圣可获正觉果。它与冈底斯雪山一道，同为苯教、佛教所崇拜，环湖建有各个宗派的许多庙宇。

藏族的自然崇拜，还包括牦牛崇拜、猕猴崇拜、动植物崇拜等。在如今的涉藏地区，牦牛崇拜还是十分普遍的。如四川的甘孜、阿坝涉藏地区，西藏的昌都地区等地都把牦牛头骨、牛角作为灵物供奉，把牦牛尸体等当作镇魔驱邪的法物。嘉绒藏人甚至要专门过祭牦牛神的年，其虔诚可见一斑。据邓廷良讲述，在嘉绒地区对牦牛的崇拜是多方面的，他们在石墙上面嵌上白石牦牛头，刚杀的牛头也往往供于房顶。在寺院、经堆之上，也供有刻上经文的牦牛头，虔诚礼拜之。嘉绒藏人还要过独特的祭牦牛神的年，名叫"额尔冬绒"，时间在藏历的十一月十三日，乃是传说中嘉绒先祖"额尔冬爷爷"的生日。额尔冬爷爷在传说中的事迹，与《格萨尔王传》很相似。由于他神通广大，能上天、入地、下水战胜各种妖魔，嘉绒人才得以安处。而额尔冬爷爷的法像即为牛首人身，所以每逢过嘉绒年时，土司、土官、守备、大头人家都要用面做一个两尺多高的牛首人身像，供于家中神主位上虔诚祀之。①另外，四川冕宁涉藏地区每隔十三年要在藏历的正月里举行为期三天的"祭牛王会"，可见这一古老信仰的生命力。

藏族把对牦牛的崇拜，与对山神的崇拜结合在一起。例如雅拉香波、冈底斯、念青唐古拉、阿尼玛卿、年保页什则等青藏高原上的著名山神，它们的化身都是白牦牛。藏民将敌人的物品装入牦牛的左角内施行一种叫作"牦牛伏魔法"的巫术，甚至将牦牛的某些器官当作神器，人们借助牦牛图腾的神力，达到禳除灾魔的作用。另外，甘、青部分涉藏地区还流传着"什巴达义"（创世歌），说什巴宰牛时，将牛头放高处，就有了山峰；牛皮铺地下，就有了大地；牛尾放山阴，就有了森林，等等。

随着生产力的发展、思维能力的提高，藏族原始宗教观念在自然崇拜的基础上，又呈现新的形式，即藏族灵魂崇拜、祖先崇拜、英雄崇拜。灵魂崇拜的具体表现有两个方面，一是认为人既具有肉体也具有灵魂，二是人的灵魂是永存不灭的。在西藏新石器时代后期，已有葬墓及随葬习惯。西藏林芝县的新石器时代的数座残墓中，死者头部朝西，脚向东，仰身直肢，很有规律。这种葬法可能是认为西方是死者灵魂的归宿处。在西藏朗县列山墓地发现，一座墓的墓穴顶部东西方向的边缘有圆形的小孔与围墙相通，孔径五厘米，孔上面还盖有一个小石片。这种现象反映了藏族人的灵魂崇拜的观念，即认为人们的灵魂是不死的，因此特设通道，以供死者的灵魂出入之用。死者的灵魂可以离身，可以寄托在其他动物、物体上，如寄魂牛、蜂、树、山等。据说灵魂只要有了寄托处，不但生命有了保障，而且被寄托者还可以产生超自然的神力。如

---

① 邓廷良：《嘉绒族源初探》，《西南民族学院学报》1986年第1期。

果一个人死后，只是灵魂离开了身体，这种游离存在的灵魂，既可成神，也可成鬼。这种被先民称为"神"的灵魂，大多在生前是氏族祖先中强悍的英雄人物。他们死后受到部落先民的尊重、怀念，将其神化而加以供奉。这种保护神的出现，也就意味着藏族先民英雄崇拜的萌芽。另一种死后成为"鬼"的灵魂，在其生前是人们生命的主宰，其死后继续危害其家族和后代。对它虽仍然采取祭祀和供奉，但当祭祀和供奉都不奏效时，那就必须延请巫师进行驱除了。

祖先崇拜是藏族人为了求得那些昔日是本氏族的长辈、今日是本氏族的神灵的保护和帮助，就对它们倍加供奉。藏族民间流传着的关于创世的神话，说很古以前有一位名叫市喀东丹曲松的国王，拥有五种本原物质。赤杰劫巴法师从他那里把这五种本原物质收集起来，用法术造成黑色卵和发光卵。在黑色卵中产生了什巴桑波奔赤，从发光卵中产生了曲杰木杰莫。什巴桑波奔赤与曲杰木杰莫结合，生下九兄弟、九姐妹，他们都是天界的神。天界的神被看成是穆部落最早的祖先，老二贵杰章喀受命以相生相克的原则来安排世界，老三哈杰仁喀是掌管万物生命的，老四年如南喀是山神的祖先，其余五个儿子是各种生物的祖先。九个女儿亦有显赫的位置，三姐米康玛莫同丈夫孜巴东虚被认为是人类的始祖，他们有八个后代；第五个女儿谢萨娜姆是生命女神；第七个女儿恰则杰莫既被奉为财神，又是马神、牦牛神、羊神、门神、灶神等之母。以上传说折射出的藏族起源，对什巴桑波奔赤众祖先神的崇拜，又衍生出众多的形形色色的祖先崇拜习俗。

二、苯教在四川涉藏地区的流传

远在佛教传入青藏高原之前，藏族先民们就信奉着一种本土的原始宗教，就是流传至今的"苯教"，藏语称"苯曲""苯波"，或简称"苯"。这种宗教起源于古老的自然崇拜观念，通常被看作一种类似"灵气萨满"的原始拜物教。它相信万物有灵，日月星辰、山川湖泊以至天地万物都是人们崇拜的对象，其中部落神和地方神最为重要。在唯一盛行苯教的时期，涉藏地区普遍笃信神咒巫术，所以苯教巫师有着相当高的社会地位。他们专门从事着祈福禳灾、祛病荐亡、驱鬼降神、占卜吉凶等活动，不仅涉足于民间的日常生活，还能参与部落和国家的重大决策，发挥着重要的社会作用。苯教文化不仅对藏民族的文化习俗、心理构成、思维方式和行为规范等方面产生了深远的影响，也为藏传佛教的形成注入了神秘而强大的地方色彩。

苯教在四川涉藏地区流传的时间较早，范围较广。有资料显示，2世纪前后苯教就已进入川西北高原。传说苯教祖师东巴辛饶有六大著名嗣承人，其中一位汉族译师勒党芒波曾到嘉绒地区传教，并埋藏了不少苯教经典。藏文史籍《美言宝论》记载，后来嘉绒地区的苯教徒古尔多美，在今甘孜州丹巴县和阿坝州金川、小金两县接壤处的墨尔多神山西面巴尔亚白岩的右上方，一个如狮子张口式的岩石下面，发掘出勒党芒波秘藏的苯教经典三十五部，并将其弘传。据考，勒党芒波活动于吐蕃第九代王布德共杰时代，约在东汉顺帝时期。另外，当时位于金川县南的苯教发祥圣地——雍忠拉顶寺（清乾隆赐名"广法寺"）已始建。可见，公元2世纪前苯教便已在川西北涉藏地区传播。

苯教在四川涉藏地区的较大规模传播，是在唐朝。据《新唐书·党项传》等文献记载，吐蕃赞普松赞干布、赤松德赞曾先后派兵征服川西北藏、羌、党项等民族，攻至松州（今松潘）一带。当时的吐蕃军队中有大量士兵信奉苯教，而且每支队伍都有苯教巫师随行，在参谋军事的同时作法请神来帮助战斗。后来，部分官兵奉命留守，一些苯教巫师和教徒也随之定居该地。于是，苯教开始在松州辖内的若尔盖、阿坝、红原等地广泛传播。另外，自从佛教传入涉藏地区，佛苯之间的斗争便十分激烈。8世纪后半叶，赤松德赞执政晚期，发生了吐蕃王朝历史上最为重要的一次"兴佛抑苯"浪潮。其结果之一，便是不少苯教人士被迫流放边地，向东迁徙至离卫藏较远的康藏地区，并沿大渡河而上进入嘉绒一带。《德格世德颂》记载，于8世纪逃难至康北地区的德格家族中，前九代均为苯教信徒，世代在邓科、德格一带传播苯教。

自佛教传入西藏后，苯教渐渐失去统治者的支持，演变为一种民间信仰。苯教在整个青藏高原衰落的大环境下，却在以嘉绒、康北和安多为中心的地区发展。这些相对比较偏远的地方，比较容易保存苯教传统。如在昌都西北部的丁青，围绕孜珠山，苯教建立了许多的寺院、修炼地。经过两千多年的发展，丁青成为目前我国涉藏地区苯教寺院最多和最集中的一个县，形成了一个非常稳定的苯教文化圈。根据平措次仁先生1998年的调查研究表明，西藏自治区内现有苯教寺庙九十二座，其中昌都地区五十四座，那曲地区二十八座，日喀则地区六座，林芝地区两座，拉萨和阿里各有一座。

嘉绒是介于四川省甘孜、阿坝、雅安和成都都江堰市之间的一个传统地理概念，它的覆盖面包括了今天的金川、小金、马尔康、黑水、壤塘、丹巴、九龙、阿坝、若尔盖等地。在嘉绒地区，苯教具有很强的势力。阿坝县虽然只有四座苯教寺院，但其中朗依寺是整个藏族地区最大的苯教寺院，也是苯教寺院教育制度最为完善的一个经学院。仅次于朗依寺的多登寺也具有举足轻重的影响。正因为这一点，甘、青、川许多苯教寺院都派人来朗依寺和多登寺学习，两寺在安多和康区的苯教寺院和信众中都有较大的影响。

在金川县撒瓦足绰斯甲部落地区，苯教一直占有统治地位。绰斯甲土司和绝大多数头人信奉苯教，全区共有苯教寺七个，其中最大的是昌都寺。历史上昌都寺下辖毛热、择斯都、乃当等寺，是管理古绰斯甲地区苯教和藏传佛教各寺宗教事务的首脑机关。其最高首领叫"郎松"，由土司弟兄担任，其职权是管辖全区所有寺院。该寺建筑宏伟美观，雕梁画柱，阁亭飞檐，神像满殿，有大小神像一千一百五十余尊，各种苯教经典一千余卷。

据燕松柏、雀丹《阿坝地区宗教史要》记载，今阿坝地区仍存的苯教寺院共有五十八座。其中金川有十二座，即喇嘛寺、昌都寺、热果寺、琼俄寺、柔热尔寺、尕尔罗寺、巴丫寺、巴勒寺、卡工寺、孟古寺、八寨寺；小金有一座，即大哇寺；马尔康有九座，即二差寺、尕足寺、莫拉寺、阳日岗寺、根沙寺、尕扎寺、蒙岩寺、查北寺、二居寺；黑水有两座，即希维寺、维尔寺；松潘有十七座，即卡亚寺、尕米寺、元坝寺、山巴寺、较场坝寺、对河寺、上纳米寺、龙头寺、纳洛寺、林坡寺、扎雍忠寺、察察寺、进藏寺、川主寺、甲木参寺、卡卡寺、察沟寺；南坪有五座，即达基寺、扎如寺、芝麻寺、东北寺、沙勿寺；红原有两座，即查龙寺、玛龙寺；阿坝有四座，即朗依寺、卓登寺、足洛寺、冻勒寺；若尔盖有五座，即桑周寺、苟象寺、相藏寺、大金寺、日龙寺；汶川有一座，即卧龙寺。①众多苯教寺院分布在阿坝地区，成为人们祈福祀神的地方，并传播着古老的苯教文化。

地处德格县北部的夏尔杂，由于地理位置非常偏僻，长期以来各教派之间的关系相对比较融洽，苯教早在隋唐之前便已普遍存在。9世纪，苯教在德格地区仍属唯一的宗教。随着夏尔杂·扎西坚赞（1858~1934）在夏尔杂修行并著书立说成功，这个地方成为一个遐迩闻名的苯教中心。它跟临近的新龙地区连成一片，成为20世纪苯教一个重要根据地。目前，德格县境内有苯教寺庙十座，其中以登青寺历史最为悠久；岳巴乡的日班寺、中扎科乡的基扎日哲寺、

---

① 燕松柏、雀丹：《阿坝地区宗教史要》，成都地图出版社1993年版。

浪多乡的措通寺等的历史也已逾千年之久。登青寺，又名丁钦寺、地金寺，位于德格县扎科乡，由丹巴钦绕始建于公元587年，是康区苯教最高学府和苯教祖寺。每年藏、川、甘、青各地凡欲取得"众绕觉"（相当于藏传佛教的"格西"）学位的人，皆到寺中求学应考。温拖乡的满金寺，始建于明代中叶，经数次扩建，成为全康区苯教主寺，下辖错沙、木门、白格登等十三座分寺，遍布康区。

三、藏传佛教在四川涉藏地区的传播

历史上，佛教先后从东、西两个方向传入四川涉藏地区。来自中原地区的汉语系大乘佛教，史称为"东向传入"。这一路的传播情况所知不详，但由零星的史料记载来看，早在南北朝时期川西高原便有北传大乘佛教存在。如梁武帝天监十三年（514），吐谷浑[①]曾立九层佛寺于益州[②]。又南朝宋末，僧释玄畅于齐建元元年（479）四月，在岷山郡广阳县（今阿坝州茂县）界内的齐后山建立齐兴寺[③]。此后，汉传佛教在四川涉藏地区的传教活动一直断续存在，一定程度上为藏传佛教的输入奠定了的信仰和理论的基础。

及至唐代，藏语系佛教才开始从西藏进入川西高原，史称为"西向转入"。这一路传播的标志是公元790年前后，西藏僧人白诺扎那来到阿坝地区传教。

白诺扎那，又译作"毗卢遮那""白若杂纳"等，意为"遍照护""大光明"，约8世纪人，出生于吐蕃时期尼木地方根加巴果家族。白诺扎那的一生曲折而传奇，所取得的成就也相当卓著。他是涉藏地区最早正式出家的"七觉士"之一，也是赤松德赞时期二十五位密宗大成就者之一，与吐蕃王赤松德

[①] 吐谷浑，中国古代西北民族及其所建国名，原为辽东鲜卑慕容部的一支。西晋末，首领吐谷浑率部西迁青海、甘肃一带，与羌人杂处。后扩展疆域，统治了今青海、甘南和四川西北地区的羌、氐部落，建立国家。至其孙叶延，始以祖名为族名、国号。南朝称之为"河南国"；邻族称之为"阿柴虏"或"野虏"；唐后期称之为"退浑""吐浑"。7世纪吐蕃兴起，向甘青地区扩张。663年吐谷浑被吐蕃所灭，首领诺曷钵率残部投唐凉州。一部分吐谷浑人留居故地，成为吐蕃属国。其宗教信仰初奉萨满教，西迁后渐归佛教。

[②] 《梁书》卷五四《西北诸戎传》，百衲本《二十五史》第2册，浙江古籍出版社1998年影印本，第803页。

[③] （梁）慧皎：《高僧传》卷八《释玄畅传》，苏渊雷、高振农选辑《佛教要籍选刊》第12册，上海古籍出版社1994年版，第404页。

赞、王妃益西措嘉共同成为莲花生大师的心传弟子，号称"君臣三友"。他不仅是前弘期中期著名的密宗大师，更是一位伟大的译师，位居吐蕃时期一百零八位大翻译家之首。他翻译的密宗典籍，大部分保存在后来形成的宁玛派总集中。白诺扎那为佛教密宗在涉藏地区的弘扬乃至藏民族文化的发展，都发挥了巨大而深远的作用，因而享有盛誉。

766年桑耶寺建成后，白诺扎那由于天赋聪慧且意志坚强，遂被选中剃度受戒，成为第一批藏族出家僧侣，并被藏王赤松德赞选派为第一批人员去印度求法。留学期间，他广从名师，勤奋好学，知识渊博，信仰虔诚，因而极受众人喜爱，被尊称为"毗卢遮那"。然而当他学成回到桑耶寺后，却受到佛教显教各派和苯教势力的反对与诬陷。赤松德赞虽然竭力提倡佛教，但迫于朝野压力，便不得不让他停止公开的佛事活动，而转为秘密地进行印度佛教密宗经典的翻译工作。最终，秘密译经的消息仍被朝中掌权派获知，于是白诺扎那被流放到了康区嘉绒一带。相传，白诺扎那初到嘉绒地区的时候，同样为当地嘉绒王和苯教势力所不容，并被施以种种难以想象的折磨。例如，他们将白诺扎那投入装有毒蛙的地牢和虱虫满地的土洞，结果他身处险境仍然自在安详，一直诵经修法，毫不懈怠。嘉绒王见到这种卓越的风范和胆识，不禁钦佩万分，于是释放了白诺扎那且礼敬有加，积极支持他在嘉绒一带译经弘法。由此，藏语系佛教便在四川涉藏地区传播开来。

据《青史》记载，白诺扎那曾先后三次到多康地区传授密咒金刚乘教法。他的徒众甚多，其中有位著名的嘉绒弟子名叫玉扎宁波，后来也成了大学者和成就者，并成为吐蕃一百零八位大翻译家之一。白诺扎那及其弟子们在嘉绒一带居住期间的传教、译经活动，为此后藏传佛教各派，特别是宁玛派在四川地区的传播和发展奠定了坚实的基础。[①]所以，阿坝民间尊称他为"点燃东方（指多康地区）佛教明灯的圣人"。至今人们还传扬着白诺扎那的学识和功绩，并以他的名字命名了涉藏地区众多的圣地。在阿坝地区，最有名的是位于马尔康卓克基镇峰壁峡谷中的一处山洞，叫作"白诺扎普"（意为"毗卢岩洞"），是当年白诺扎那修行过的地方。据说洞内还留有他修行时的面壁身

---

① 《青史》，用藏文撰写的藏族佛教和历史著作。作者是西藏佛教噶举派僧人、著名的译师桂洛·宣奴贝（1392~1481）。该书成书于明成化十二至十四年（1476~1478）。木刻版原藏于西藏拉萨西北羊八井噶玛噶举派红帽系寺院，清乾隆五十七年（1792）后，木刻版移归拉萨功德林寺。

影、掌痕，以及讲经说法时留下的脚印等圣迹，至今香火不绝。因为人们相信，若到白诺扎那的圣迹朝拜，无论什么善愿都可以实现。

前弘期，四川涉藏地区除了白诺扎那师徒的传承外，《青史》记载邓隆塘卓玛①地方有一个名叫阿若·耶协炯乃的修道士，获得印度和汉地佛教的教授，后传承发扬为宁玛派《大圆满》"康派"。

西藏佛教传至赤祖德赞时代，已达前弘期的鼎盛阶段。然而物极必反，王室的崇佛和僧侣的特权，最终激化了吐蕃王朝的内部矛盾。公元841年，崇奉苯教的权臣缢杀了赤祖德赞，拥立其弟朗达玛②为赞普，并在此后的五年间（842～846）③实行了彻底的灭佛运动，西藏境内的佛教几乎灭绝，前弘期至此结束。之后不久，吐蕃王朝也土崩瓦解，陷入长期分裂的混战局面。直至10世纪末战乱才逐步平息，但分裂依然存在。

这样，从8世纪中期朗达玛灭佛到10世纪后半叶佛教复苏这一百多年间，卫藏地区基本上没有佛教传播，史称"黑暗时期"。但相对于卫藏而言，多康属于边地，受灭佛运动的影响较小。因此，前弘期佛教在四川涉藏地区的传播还比较顺利，在整个"黑暗时期"，多康、阿里等地的佛教还相反地悄然兴盛起来。

《西藏王统记》等藏文史料中记载，当朗达玛灭佛的时候，有约·格迥、藏·饶塞、玛·释迦牟尼等三位僧人，正在曲阿日（今西藏曲水县雅鲁藏布江南岸）山上修行。偶然见到一名沙门在打猎，心里疑惑这个沙门为何犯戒杀生，于是上前询问。这才得知发生灭佛事件，僧人们四处逃亡，甚至以杀业谋生。"彼三人大恐，不敢须臾或留，即将律藏经籍，载以三骡，循北道而走，逃入康地，止于丹底之协吉扎浦。"④这里所说的"康地"，包括今青海部分地区、西藏昌都地区和四川甘孜藏族自治州，古时称为"多康"或"朵甘思"。继他们之后，又有噶沃·乔扎巴、绒敦·僧格坚赞、拉隆·白季多吉等人，先后携《阿毗达摩》《俱舍》等许多经论逃至这里。

这些逃亡僧人藏匿在多康地区传播密教，摄受了众多的弟子。其中最著名

---

① "邓"即邓柯，在今甘孜州的石渠县。隆塘卓玛，寺庙名，公元7世纪时松赞干布建。
② 朗达玛即吐蕃第四十二代王赤达玛乌冬赞（815～846），是赤德松赞的三子，唐书译作"达磨"。因其灭佛，佛教徒说他是"牛魔王下界"，并在其名字前加一"朗"字（意为"牛"），因此佛教史书通常称之为"朗达玛"，以示反感。
③ 一说为838～842年。
④ 索南坚赞著，刘立千译注：《西藏王统记》，民族出版社2000年版，第142页。

的是喇钦·贡巴饶赛（约892~975），简称"喇钦"（意为"大师"）。贡巴饶赛本名穆苏赛巴，是今青海循化撒拉族自治县人。他原是苯教徒，后依止以上诸师而改信佛教，并出家受比丘戒。于940年左右受请前往丹底传教，并得到当地藏族上层和众多信众的支持。在喇钦的努力下，丹底渐渐成了第一个复兴佛教的中心。此时"佛教已弘扬于多康，藏地反无佛教，成为黑暗之域"[①]。后来约在978年，卫藏地区的鲁梅·楚臣喜饶等十人[②]在山南桑耶地方领主意希坚赞父子的支持下，先后前往多康向喇钦学习佛教。不久，他们分批返回卫藏弘法传律，使卫藏地区的佛教很快恢复和发展起来，史称"下路弘法"[③]。而佛教界也多将这一年作为后弘期的开端。

此时期，发生于四川涉藏地区的又一佛教复兴活动，约在10世纪后半期。当时一位印度僧人流落在后藏达纳（今谢通门县）。因为不通语言，人们不知道他的详细情况，只知道他名叫"弥底"，靠给别人牧羊为生。后来有一位名叫索南坚赞的译师遇见他，发现他原来是一位精通佛教的大师，于是礼请弥底到曼垅地方讲学。弥底就在那里学会了藏语文，之后来到康区的丹垅塘地方讲授《俱舍论》《四座》等显密经论，并从事翻译。他还用藏文写了一本藏文文法著作《语言门论》，非常有名。弥底的弟子很多，其中最有成就的是赛尊、噶当派创始人仲敦巴以及枯敦·尊追雍中等人。由于他们的弘扬，10世纪末到11世纪初，康区也形成了一个研习佛学的小中心。

朗达玛灭佛虽然对西藏佛教造成了沉重而全面的打击，但使西藏僧人逃亡至多康地区，客观上保留了西藏前弘期的相当一部分成果，也为今后佛教在四川涉藏地区的长足发展打下了一定基础。在多康、阿里等地佛教回传的推动下，至10世纪末叶，卫藏一带佛教的规模与盛况已超过了前弘期。

四、后弘时期的四川藏传佛教

10世纪后半叶，藏传佛教开始进入正式形成和确立的阶段，史称"后弘期"。宋元时期，乃藏传佛教后弘期初期，佛教密法之兴盛前所未有。主要表

---

① 索南坚赞著，刘立千译注：《西藏王统记》，民族出版社2000年版，第147页。
② 关于这批求法得戒者的人数和人名，有关藏文史籍说法略有不同。鲁梅·楚臣喜饶意为"戒慧"，生卒年不详。北宋时西藏佛学家，后弘期之初一位复兴佛教的大师。
③ 依藏族风俗故名。藏人视西为上、东为下，因此以卫藏为中心，将由东边多康地区传回的佛教称为"下路弘法"，将从西边阿里一线传回的佛教称为"上路弘法"。

现在：

一是早期教派的形成。有宋两代，整个涉藏地区自朗达玛灭佛起，一直处于分裂割据之中，渐次形成许多各自为政的中心区域。这些地区新兴的寺院通常由地方领主把持，成为佛教势力与地方世俗势力结合的据点。由于各地寺院在政治、经济利益上的矛盾，以及传承系统和教义修持上的差异，至11世纪至13世纪中期，陆续形成了宁玛、噶当、萨迦、噶举、觉囊、希解等派及其支系。

二是佛教在涉藏地区的主要地位获得确立。元代初期，萨迦昆氏掌管涉藏地区政教大权，并推动了祖国的统一。为借助宗教的力量，元朝立萨迦法王八思巴为帝师，并设统管全国佛教和涉藏地区政教事务的宣政院，由八思巴总领，真正开始对涉藏地区行使行政管理权。从此，虽有政权更替，但佛教在涉藏地区的主要地位再未动摇过，并对元明清三朝的宗教政策和治藏方略产生了重大影响。

三是无上瑜伽部的经典被大量译出，藏传佛教体系日益成熟而完备。据相关资料显示，至14世纪后半叶编译成经、律、论总集的藏文《大藏经》，版本就有十余种。

四是积极向外扩展。宋元时期，藏传佛教已遍布各涉藏地区，并先后传入内蒙古、云南及今蒙古国等地，还传入尼泊尔、锡金（1975年成为印度锡金邦）、不丹、拉达克①等邻国及邻境。

总体而言，宋元时期巴蜀藏传佛教文化的发展比前弘期更为显著和丰富多彩。藏传佛教各派自11世纪中叶渐次形成之时，就陆续传入四川涉藏地区并建成一批寺院。13世纪以后，元明清三朝，四川涉藏地区各地分别受由中央政权分封的土司统治。同时，借由政治势力以及施予土地、农奴等关系，土司也掌握着寺庙实权。在其辖区内，通常以一两个较大的母寺为核心，下辖若干子寺，构成网罗密布的统治机构。这些寺庙既是宗教活动场所，也是经济实体，

---

① 拉达克，地名，藏文音译，位于克什米尔东南部，属于印度控制区。地处喜马拉雅山与喀喇昆仑山系间，西邻巴基斯坦，北与东边接邻中国，是四周环山的高原地带。官方语言为藏语（拉达克方言）和乌尔都语。拉达克曾是古丝绸之路必经的重镇，首府列城。其传统上还包括今天巴基斯坦控制的吉尔吉特—巴尔蒂斯坦的部分地区，历史上原是藏族的传统居住区，清朝时为受驻藏大臣节制的西藏藩属。拉达克深受藏传佛教及藏族文化的影响，至今当地居民仍主要信仰藏传佛教，因此有"小西藏""西西藏"之称。

还是地方传统的政治、文化、科学、教育、医学等的中心，甚至拥有武装和监狱。由于僧俗统治者强制推行"二男抽一"或"三男抽一"的规定，致使不少地区喇嘛占当地成年男性的半数以上。

宁玛派是藏传佛教历史最悠久的一个教派。9世纪朗达玛灭佛时，涉藏地区佛教显宗几乎断绝，在吐蕃上层社会和寺院中流行的这部分密教也遭到毁灭性打击。只有若干密教法门，因采取极为隐蔽的父子、叔侄口耳单传的方式教授才得以流传下来。这种旧派密咒在后弘期成为宁玛派的主要教法。宁玛派的正式成立，一般以11世纪著名的"三素尔"①先后建寺授徒，整理密经教法，并组织一定规模的宗教活动算起。

藏语"宁玛"，意为"古旧"。因该派称自己的教法古老，源自8、9世纪进藏的莲华生、无垢友等天竺大师的传承，且以弘扬吐蕃时期所译的旧派密咒为主，故由标榜"古旧"密教而得名"宁玛派"，以与后弘期出现的萨迦、噶举、格鲁等新译密咒派相区别。宁玛派寺庙垣墙都涂红色，僧人均戴红帽，着红袈裟，故又俗称"红教"。

大圆满法是宁玛派特有的教诫，也是该派的最高法门。宁玛派认为众生的心本有染净二分，染分叫作"心"，净分叫作"了"。"大圆满"就是众生内心的清净分，叫作现前离垢的"空明觉了"。此中，本来具足生死涅槃一切法，是名为"圆满"；此亦是解脱生死的最上方便，故名为"大"。也就是说，众生身中无始本有的清净心性为大圆满。众生因迷此而流转生死，若能悟此就证得涅槃。②这也即是修习"大圆满"密法可证得的成果。

宁玛派在四川涉藏地区不仅有着悠久的历史，也具有一定的势力和影响。宁玛派在四川涉藏地区的传播，最早可追溯到前弘期的白诺扎那。早在8世纪，他就将《大圆满》心部的教授传遍多康嘉绒地区。正是由于这样的历史背景，阿坝地区的宁玛派一直绵延不绝，兴盛至今。

宋元时期，宁玛派在康区兴建的寺庙中以噶陀寺和金刚寺最为著名。

---

① 素尔家族的三位成员，为宁玛派的创建人：素尔波且·释迦迥乃（1002~1062），1055年于西藏南木林境内创建邬巴龙寺，是促使宁玛派中兴的核心人物，被尊称为"大素尔"；素尔琼·喜饶扎巴（1014~1074），素尔波且的养子，人称"小素尔"；素尔琼·卓浦巴（1074~1134），本名释迦僧格，小素尔之子。
② 释法尊著，吕铁刚、胡和平编：《法尊法师佛学论文集》，中国佛教协会、佛教文化教育基金会1990年印行。

噶陀寺，又称康托贡寺，位于四川白玉县境内。由素尔琼·卓浦巴的再传弟子噶·当巴德协（1127~1192）于南宋绍兴二十九年（1159）创建，全称"嘎拖多吉顶寺"，受历代德格土司的支持。噶陀寺是我国藏传佛教宁玛派六大寺院①之一，与敏珠林寺齐名，但建成时间最早，比其余五大寺早了数百年，影响久远得多。因是康区最早建立的宁玛派寺院，也是康区第一座正规佛教寺院，又被誉为康区文化的发祥中心。噶陀寺的建立，不仅确立了宁玛派在四川涉藏地区的地位，也成为该派在四川涉藏地区弘传的基地。元时，帝师八思巴赴京路过白玉噶陀寺，曾尊当时的寺主邬沃·益西崩巴（1242~1315）为师，并给予盛赞。历史上，噶陀寺还建有印经院，藏书达七千余部，成为康藏地区藏书最多、最宏伟的印经院之一。主要文物有格萨尔时期的箭镞、弓、单耳青铜罐、兽形壶、头盔、剑等，以及元朝封赐的莲花生刺绣像残部、八思巴封赐的四枚印章等。该寺每四年一度的大型晒佛仪式，堪称康巴一绝。

金刚寺，原坐落于康定跑马山脚下，是于宋咸淳八年（1272）建起的一座宁玛派小庙。14世纪时，由明正土司祖先和当地信众将小庙迁往康定城西面山脚下，规模有所扩大。15世纪初，寺庙被火烧毁后，由明正土司主持，将寺庙迁于康定城西南面山脚下（即现在之寺址）。后来，金刚寺成为明正土司的家庙，属宁玛派六大道场之一——卫藏多吉扎寺的重要分寺，也是康区最早学修并举的宁玛派寺院之一。

萨迦派，是一个由昆氏家族创立的教派。"萨迦"，藏语意为"白土"，因该派主寺萨迦寺所在土地为灰白色，故名。该派寺院围墙涂有象征文殊、观音和金刚手菩萨的红、白、黑三色花条，故俗称为"花教"。宋熙宁六年（1073），昆·贡却杰波（1034~1102）在后藏萨迦建寺弘法，后以此寺为主寺，形成萨迦派。萨迦寺住持由昆氏家族的高僧世代担任。昆·贡却杰波逝世后，即由其子衮噶宁布（1092~1158）主持萨迦寺。他佛学造诣精深，使该派主要弘扬的"道果教授"等显密教法系统化，确立了该派体系，被称为"萨钦"（意为"萨迦派大师"），尊为"萨迦五祖"的初祖。二祖为衮噶宁布次子索南孜摩（1142~1182）；三祖为衮噶宁布的第三子扎巴坚赞（1147~1216）；四祖萨班衮噶坚赞（1182~1251），系扎巴坚赞之侄，通晓五明，人称"班智达"（意为"大学者"）；五祖八思巴（1235~1280）为萨

---

① 即西藏的多吉扎寺和敏珠林寺，四川甘孜地区的噶陀寺、佐钦寺、白玉寺和西钦寺。

班之侄,被元世祖忽必烈封为"帝师""大宝法王"。五祖之中衮噶宁布、索南孜摩、扎巴坚赞三人仅受居士戒,身着白色俗装,故名"白衣三祖";衮噶坚赞、八思巴出家持戒,管理政教,身着红色袈裟,故名"红衣二祖"。

萨迦派发展至13世纪中叶,成为具有强大政治势力的教派,在萨迦建立地方政权掌管全藏,创造了曾一度辉煌的萨迦王朝。其教主和寺主均由昆氏家族世代相袭,有血统、法流两支传承,政教两权都集于家族手中。有元一代,萨迦派在中央政权的支持下,经衮噶坚赞、八思巴的有力推动而达至全盛期,康区、安多、卫藏乃至蒙古、汉区等各地都建有该派寺院。

萨迦派最独特的教法和核心教义是"道果法"。"道果教授"的见解,即是"明空无执"或"生死涅槃无别"。依此教义,修行人只要按断除"恶业"、排除"我执"、摒弃"常见"与"断见"这三个次第修习,便可以证悟佛法的智慧,获得解脱。

南宋末年,萨迦派开始进入康区。据德格土司家族史记载,当时原奉苯教的德格家族第二十八代兄鲁多吉曾拜萨班为师,成为萨迦派修习者。而萨班为拓展萨迦政权的势力范围,就在他接受阔端邀请而赴凉州会谈时,特意经过康区,沿途教化,并说服了当时康区的首领之一白利头人共同归顺元朝。①至八思巴时代,萨迦派在康区的势力迅速扩大。1264年,元朝设宣政院,下辖三个分支机构,其中的"吐蕃等路宣慰使司都元帅府",简称"朵甘思宣慰司",即负责今西藏昌都市、四川甘孜州和阿坝州等涉藏地区的军政事务。这样,原本较为独立、政教集团势力并不算发达的边地康区,也由国师八思巴实行政教合一的统一管理。借此之便,八思巴在往返康区时,积极地传法授徒。在他的带动下,13世纪后期至14世纪初,不少萨迦派僧人在康区建寺弘法。如德格家族第二十九代索朗仁青,被八思巴选为膳食堪布并赐予"四德十格之大夫"称号,于1260年在今白玉县萨玛村兴建萨玛寺,该寺为甘孜州境内第一座萨迦派寺庙。②又有萨迦派僧人卓根其帕在新龙一带传教;夏加冷珠在大渡河流域传法,于康定县建雄居寺;贡噶洛珠在康定县建立康所扎萨迦寺。又有名僧胆巴,在多康地区传播萨迦教法,深得八思巴和朝廷信任。胆

---

① 阿旺·贡噶索南著,陈庆英译:《萨迦世系史》,西藏人民出版社1989年版,第91、92页。
② 甘孜藏族自治州宗教事务局编:《甘孜藏族自治州志·宗教分志(送审稿)》,1995年内部本,第3~14页。

巴,"一名功嘉葛剌思,西番突甘斯旦麻人"。旦麻,亦作"丹玛",历史上指长江上游通天河流域广大地区①,包含今甘孜、邓柯、石渠以及青海玉树等地。又有八思巴弟子在康定东俄洛高尔土山创建高日寺,该寺二世活佛日彼生根(1287~1376),于1332年从萨迦寺学成回到四川涉藏地区,常在康定、巴塘、理塘一带传教,与四位弟子并尊为"木雅前五学者"②。

这一时期,由于八思巴等人的巨大影响力,多康地区有诸多苯教、宁玛和噶举派的寺院改奉萨迦派。如位于德格麦宿地区的宗萨寺,创建于公元746年,原为苯教寺院,后来多次改宗,1275年八思巴途经此地后便改宗萨迦派至今。又如位于德格县城的萨迦派重要寺院更庆寺,是由宁玛派改宗而来,后来建成著名的德格印经院。

噶举派形成于11至12世纪,在藏传佛教各派中最为庞杂。最初分为两支:一是始于克珠·琼波南交(978~1127)的香巴噶举,但15世纪后就几乎销声匿迹。二是由玛尔巴(1012~1097)、米拉日巴(1040~1123)师徒传承下来的塔波噶举,一直延续至今并发展出噶玛、蔡巴、拔戎、帕竹四大派系,其中帕竹一系又分出止贡、达隆、竹巴、雅桑、绰普、修赛、叶巴、玛仓等八个小支,故有"四大八小"之说。

噶举,是藏语"语旨教授"之意,指的是该派主要以上师口传面授佛语的意旨为其密法的传承方式。噶举派的教理以月称派中观见为基础,修习则以"大手印"为最高法门。大手印法认为,世间一切包括心都是空的,修行者将自己的心专注于某个"境"上,不起分别,不散乱,久之自可获得禅定,然后在禅定中观察这颗安住于一"境"的心,是在身内还是在身外,当发现找不到它时,就会明白平常所执着的这颗心并非实有,而是"空"。这样,达到"空智合一"的境界,就能证悟佛道。

噶举派因其祖师玛尔巴、米拉日巴修法时,依印度习惯身着白色僧裙,又俗称"白教"。该派势力广大,寺院遍及卫藏、阿里、康藏等地。各支系中,帕竹噶举、止贡噶举和噶玛噶举在历史上的影响最大,它们的上层喇嘛都曾受元明两朝册封,并相继建立帕竹政权和噶玛政权,掌握西藏地方政权近三个世

---

① 陈庆英、周生文:《元代藏族名僧胆巴国师考》,《中国藏学》1990年第1期。
② 林建曾、王路平等:《世界三大宗教在云贵川地区传播史》,中国文史出版社2002年版,第208页。

纪。而这三系均与四川涉藏地区有着极为密切的联系，其开创者和教派名僧有不少来自康区，在藏传佛教史上有着重要地位和贡献。

噶玛噶举乃噶举派中势力最强、影响最大的一支，兴起于12世纪，由噶玛·都松钦巴（1110～1193）创立。"都松钦巴"为"知晓过去、现在、未来三世"之意，他是多康哲雪①地方（位于今四川甘孜州新龙县）人。三十岁左右的时候，都松钦巴依止塔波噶举的创立者塔波拉杰②（1079～1153）为师。在求学的三年间，由于异常的勤奋与坚忍而进步神速，成为当时八百余名修行弟子中的翘楚。1147年，他在昌都地区的噶玛地方创建噶玛丹萨寺，由此发展出噶玛噶举这一支派，派名即由此寺名而得来。

都松钦巴一生成就卓著，密宗造诣极高。其徒众仅康区一带，每次闻法就达上千人。他著有《四面金刚亥母》《四续释》《梦事三种》《神鬼饶益之隐身术》等作品，为研究藏传佛教文化及历史的珍贵资料。最重要的是，他临终时遗言自己将要在人间转世，并让后人届时按照特定的线索去寻访认定其教法继承者，从而开创了藏传佛教的活佛转世制度，以解决教派领袖的继承问题。此后，活佛转世这一新事物相继为藏传佛教各派所普遍接受和采用，衍生出各类不同的活佛系统，代表着各自特殊的因缘和象征意义。至今，活佛转世制度仍被世界公认为人类社会一大未解之谜，足见其浓厚的神秘色彩及巨大影响。

都松钦巴死后，噶玛噶举发展出若干活佛转世系统，最著名有两个：一是黑帽系，其活佛称为"噶玛巴"，以都松钦巴为第一世，以其开创者噶玛拔希为第二世。此系是都松钦巴创立的噶玛噶举活佛系统中的直系传承，历史最久，影响最大。另一个是红帽系，其活佛称为"夏玛巴"，开创者为札巴僧格。

噶玛噶举黑帽系第二世活佛噶玛拔希（1204～1283），生于多康哲垄丹曲秋（康区金沙江流域之邓柯一带）地方。他是藏传佛教史上第一位正式转世的活佛，也是一个神通和证量仅次于莲花生的人物，号称"朱钦"（意为"大成就者"），有种种的神奇故事和圣迹广为流传。自1225年起，噶玛拔希便开始在四川康区学经传教。经过他的努力，噶玛噶举一跃成为康区第一大藏传佛教

---

① 或作"多康朱雪"，"朱"意指康区炉霍县与甘孜县之间的朱倭。"雪"意为"下部"。多康朱雪在今朱倭东南部的炉霍、道孚、新龙三县接邻的一带地方。

② 本名索南仁钦。继承玛尔巴、米拉日巴一派而创立了以大手印为主的塔波噶举系统，开一代噶举派教法新风。1121年于前藏塔波地方兴建该派祖寺冈波寺，故又称"冈波巴"。

教派，并因此引起蒙古王室的关注。1256年，噶玛拔希接受蒙古大汗蒙哥（元宪宗）的召见，获赐一顶金边黑色僧帽和一枚金印，黑帽系因此得名。从此，这顶黑帽也就成为这一活佛传承系统的标志，由继承者代代相传，并在转世活佛的坐床仪式及重大佛事活动中佩戴，以彰显尊严。由于噶玛拔希毕生精勤地修持与传教，噶玛噶举获得重大发展，逐步从四川扩大到今西藏、甘肃、青海、宁夏和内蒙古等地。

噶玛噶举红帽系的创立者札巴僧格（1283~1349），出生于今四川甘孜州，是黑帽系第三世活佛让琼多杰（1284~1339）的高徒。曾得元顺帝召见，并赐予"灌顶国师"称号和一顶红色僧帽，红帽系由此得名。此系自14世纪产生至18世纪中断，在涉藏地区实际存在约有四百多年的历史。

帕竹噶举开创者帕木竹巴·多杰嘉波（1110~1170），简称"帕竹"，生于西康止陇乃雪地方。青少年时代在家乡从康区十六位大德受教，后来入藏游学，拜塔波拉杰为师。学成后，返回西康在察岗一带收徒传法。公元1158年，他在山南（位于今西藏桑日县）修建了一座名叫"丹萨替寺"的小庙。最终，经过他的努力发展，"帕木竹"或"帕竹"就成为集地名、人名、教派支系名、帕竹家族名、地方政权名五位为一体的名字。

帕竹的弟子仁钦贝（1143~1217），也是今四川甘孜州人，他的家族"居热氏"是邓柯地方著名的大族。仁钦贝早年一直在康北、康南地区从事宗教活动。1179年，他前往西藏墨竹工卡地方建立了止贡替寺，从而开创止贡噶举一系，人称"止贡巴"。宋末元初，止贡噶举在康区也拥有相当势力，但在17世纪中后叶衰落。

帕竹的另一弟子达隆塘巴·扎希贝（1142~1210），也是多康地区人。他在藏北建达隆寺，发展出达隆噶举一支。此支曾延续到新中国成立后。

总之，宋末以至整个元代，噶举派在四川涉藏地区拥有较大势力，不仅得益于这些出生于多康地区的教派领袖的努力，许多外乡的噶举派僧侣也为此做出了重要贡献。如噶玛拔希的高徒扎布巴，于13世纪中期在木雅①贡嘎（今康定六巴乡）建立了贡嘎寺；噶玛巴第三世让琼多杰和第四世若白多杰

---

① 木雅，旧译"弭药"，既是一个古老部落的称谓，又是一个地域名称。历史上，涉藏地区"多康六岗"中的木雅热岗就是指木雅地区，即今康定县折多山以西、道孚县以南、雅江县以东、九龙县以北得一带地区。这一地域内居住的藏族，被称为木雅人。木雅藏族的来历至今仍是一个迷，但学术界多认为他们是古代党项羌人与本地土著先民融合繁衍的后裔。

（1340～1383）都曾到康区弘扬噶举教法；让琼多杰的弟子多康僧人定增桑布和蔡·格琼钦波还被元顺帝赐封为"司徒"；等等。随着噶举派的兴起，康区不少寺院和属民又改宗噶举派，噶举教法也迅速由四川康区扩展至整个涉藏地区，并向外延伸至尼泊尔、不丹、锡金、拉达克等地。

宋元时期出现的又一较大藏传佛教宗派是觉囊派。其创始人是12世纪初的宇摩·弥觉多杰。他曾向许多大师学习时轮金刚等密法，创立了本派独特的"他空见"学说。后来，他的第五传弟子吐吉尊追（1243～1313）在今日喀则西拉孜县内的觉摩囊地方创建了觉囊寺，遂独成一派，并由此称为"觉囊派"。再到笃补巴·喜饶坚赞（1290～1361）时，觉囊派才兴盛起来。

觉囊派的"他空见"，是藏传佛教中的一种独特见解。这种教理认为，世上任何事物都有他的真实体性，这种体性本身不能说是空；一般人不仅不能把握事物的真实体性，反而在上面加以"虚妄分别"的认识，只有人的"虚妄分别"增加上去的东西才能说是性空。事物不变的"本真"就是"自"，人加在事物上的认识是"他"。所以，说般若"性空"时，只是"他空"，而不是"自空"。

由于"他空见"与中观学派的观点大相径庭，因而特别受到格鲁派的反对，甚至被斥为异端邪说。后来，至清代格鲁派取得政教两权优势的时候，觉囊派便开始衰落，在卫藏地区几乎绝迹，仅在川西高原的偏远地区仍有活动，嘉绒地区的壤塘、阿坝、马尔康一直是觉囊派势力较强、影响颇大的地方。至今，该地区还保有壤塘寺、棒托寺、色更寺、夏炎寺、赛贡巴寺、卓格寺等庙宇，继续传授觉囊派教法，或杂以宁玛、苯教等其他教法。较早建立的阿坝州中壤塘寺，是该派在嘉绒地区的主寺。据《觉囊派教法史》记载，中壤塘寺是由仲·噶细仁青贝①于1365年在苯教寺院的遗址上建成。清代雍正年间，它逐渐取代了西藏觉囊寺的主寺地位，而成为觉囊派的复兴基地和根本道场，素有"小西藏"之称。②

宋元时期，藏传佛教还相继形成了噶当、希解、觉宇、郭扎、夏鲁等派，一方面，它们大多由于势力微薄，或早已并入他宗，或逐渐消失，均已隐退于历史舞台；另一方面，这些教派在四川涉藏地区影响较小，或所知甚少，故不赘述。

---

① 或称仲·仁特那室利、仲·噶宇巴，生卒年不详，嘉绒地区人。
② 阿旺洛追挪巴著，许得存译：《觉囊派教法史》，西藏人民出版社1993年版。

本时期，由于藏传佛教各派的传入，苯教在四川涉藏地区的实力有所削弱。

藏传佛教在元代获得较大发展之后，至明清时期逐步走向成熟与稳定。这与明清两朝的宗教政策紧密相关。就对整个涉藏地区而言，明清两朝大体上沿用了元朝"以其俗而柔其人"[1]的策略，借助藏传佛教的力量和实行特殊的民族政策来统治青藏高原。但与元朝不同的是，明清两朝不再独尊萨迦派，也不再把藏传佛教推崇至国教的地位，而是实行多教并奖的政策，对各地僧俗势力均加以敕封，以达到分化其势力、削弱其影响的目的。此时期，藏传佛教各派在发展过程中，随着各自势力的兴衰而产生了一系列的变化。首先是萨迦派式微以及噶举派政教地位的获得，而后格鲁派的兴起及其"政教合一"政权的确立，不仅给藏传佛教注入了新的活力，也改变了藏传佛教的面貌，并最终奠定了后弘期藏传佛教的大致格局。

明清时期，受整个涉藏地区时代环境和教派发展趋势的影响，四川涉藏地区的藏传佛教也有一些新的变化。一方面，入明以后，除了兴起于康区的噶玛噶举派继续强势发展之外，格鲁派也进入多康地区。至清代，有四位达赖喇嘛诞生于多康，黄教势力在四川涉藏地区进一步扩大，对巴蜀藏传佛教各派的发展产生不同程度的影响。另一方面，明清大一统国家的存在，为四川涉藏地区和西藏、青海、云南、甘肃等地的政治、经济、宗教及各民族文化的交流提供了良好的环境，为巴蜀藏传佛教文化的繁荣和发展创造了条件。

随着元朝的没落，萨迦派势力日渐削弱。1354年，萨迦地方政权被噶举派帕竹王朝所取代，萨迦派更是迅速低落下来。但至14世纪后半叶起，该派又出现多位知名人士，使教法得以维系并有所发展。其中一位杰出的藏传佛学大师，就出生在今四川阿坝州金川一带，名叫绒敦·玛微僧格（1367～1449）。绒敦自幼跟随家庭信奉苯教，二十多岁后才开始学习萨迦派教法。1435年，他在拉萨地区创建了著名的萨迦派寺院——那烂陀寺。当时，格鲁派已经盛行起来，绒敦对宗喀巴的经论曾提出一些反对意见，但他的弟子和再传弟子中，还是有不少人改信了格鲁派。

明清时期，萨迦派在四川涉藏地区还保有不少主要寺庙，如石渠龙拉寺，新龙格桑寺，白玉郎结寺、热拖寺，康定日库寺、塔公寺，阿坝日登扎寺，若

---

[1] 《元史》卷二〇二《释老传》，百衲本《二十五史》第7册，浙江古籍出版社1998年影印本，第964页。

尔盖求吉寺，马尔康色五保寺等。最著名的是德格更庆寺，后来建成德格印经院，影响扩大。又有康定高日寺，曾盛极一时。明朝年间，该寺受永乐皇帝之赐，获珍贵的永乐版红字《大藏经》一部，现仅存第四函，但保存非常完整，属西藏以外地区的首次发现。该版《大藏经》不仅是佛典集大成者，更是研究明代藏传佛教艺术史的重要资料，具有极高的历史和艺术价值。

继萨迦派而兴的噶举派，在明代达到极盛。15至17世纪，帕竹噶举和噶玛噶举曾先后掌管西藏地方政教大权。帕竹噶举、止贡噶举的首领分别被明朝封为"阐化王""阐教王"，而噶玛噶举的首领也被明成祖封为"大宝法王"。至清代格鲁派掌权后，对噶玛噶举极力予以打击。为保存实力，噶举派的重心由卫藏转入康区，噶玛噶举在康区的势力得到进一步巩固和加强。本时期，该派有多位领袖出生在四川多康地区，如噶玛噶举黑帽系第六世活佛通瓦敦丹（1416~1453）、第八世活佛弥觉多杰（1507~1554）、第九世活佛旺秋多杰（1555~1603）、第十二世活佛绛曲多杰（1703~1732）和红帽系第四世活佛曲札益西（1453~1524）等人，他们不仅推动了噶玛噶举在四川涉藏地区的持续发展，也为该派在我国云南及不丹、锡金、尼泊尔、印度等地的传播做出了特殊贡献。

这一时期，高僧司徒·曲吉迥乃的出现和八邦寺的建立，可谓噶举派在康区振兴的重要因素。

司徒·曲吉迥乃（1699~1774）出生在康区金沙江、澜沧江之间的色莫岗地方①。三岁时，由黑帽系第十二世活佛绛曲多杰等人认定为四世司徒②。

为了学习、考察、传经，曲吉迥乃一生足迹遍及西藏、多康、云南以及尼泊尔等地。他不持地方和宗派偏见，谦恭好学，布道善施，广受敬仰。曲吉迥乃被人们尊为"大学者"，毕生成就极其全面而卓著，在佛学、声明学、诗学、历算、藏医学、绘画等领域都达到了登峰造极的地步。他的翻译和著述甚多，共有八十三种十四卷。在语言学方面，他翻译了著名的古梵文语言学论著《巴尔巴声明》《阳金韵经》等，极具历史和学术价值。其所著《司徒文法广释》，被视为藏文文法的权威性巨著。他精研医道，曾赴汉地学习中医诊脉及

---

① 今四川甘孜藏族自治州白玉、德格、邓科、石渠一带。
② "司徒"是八邦寺的一个活佛系统，由噶玛噶举红帽系中分出，因其第一代活佛曾被元帝封为"司徒"而得名。此外，八邦寺还有"工珠""钦则""温根"三个小活佛系统，亦均为红帽系所分出。

天花治疗技术，后来在拉萨治愈了不少面临死亡的天花患者，并撰成《天花论治》等专著。晚年，他受德格土司之命，首次试制了名贵藏药"佐塔"，还配制了"仁青"系列多种丸药。他擅长工艺，开创了著名的"噶玛八邦"画派，结合藏汉两地的绘画技巧，成功地发展了"嘎孜"画派。他还主持了德格版藏文《大藏经》的校编，并撰写了两百多页的目录和说明，使德格版《甘珠尔》成为著名的善本，为藏族文化的发展做出了重大贡献。据说曾有人对他的著作进行详考，发现百分之八十以上属同类学科中少见。

1727年，曲吉迥乃在德格八邦乡的俄色拉山麓修建了八邦寺。在他的经营下，八邦寺成为噶举派在多康地区的最大道场和宗教中心。清代以来，该寺与西藏楚布寺成为噶玛噶举上、下二主寺，凡多康噶举派僧人欲赴楚布寺受比丘戒，都须先在八邦寺住修三年，方能取得资格。司徒活佛原本住在西藏昌都的丹萨替寺，但从这时起，司徒的转世系统就迁至八邦传承了。八邦寺规模宏大，环境幽静，殿堂富丽堂皇，泥塑和壁画刀笔细腻，姿态丰富，栩栩如生，成为康区寺庙建筑之典范，素有"小布达拉宫"之誉。寺僧常住四百余人，盛时达八百多人，有属寺百余座，分布在川、青的多康地区，云南丽江，西藏昌都、波密等地，以及印度、不丹、尼泊尔等国。八邦寺历代活佛虔心修道，著书立说，各有建树。寺内文物收藏十分丰富，其中的一万余幅唐卡，近半数为稀世珍品，是著名的噶玛嘎孜画派的代表，号称"八邦一绝"。

自元以来，宁玛派由于组织较为分散，与地方势力集团的关系也不如其他教派密切，因此该派的发展受到拥有强大政治势力的萨迦、噶举等派的冲击。不过，在四川涉藏地区尤其德格地方，因土司对宗教采取兼容并包的态度，加之五世达赖等格鲁派势力的支持，宁玛派仍有所发展，并至清代白玉、佐钦、西钦等寺陆续建立时达到一个高潮。

白玉寺，地处甘孜州白玉县城北，约17世纪中后期由仁增·贡桑喜饶（1636~1699）创建。清乾隆年间，第四代寺主嘎玛扎西活佛被授予"帝师"称号，乾隆皇帝亲赐金、银、象牙、玉石等八种质料印章、金字诏书和御轿，寺院由此名声大振。在历代寺主的领导下，白玉寺成为康区具有较大规模、弘扬佛教文化的著名寺庙。

佐钦寺，又译作"竹庆寺"，位于德格县城东北，1684年由德格土司阿旺扎西所建①，是康区最著名的宁玛派寺院。历史上，该寺曾出现过十多位虹化大成就者，以及许多获得成就的证通人士，如麦彭仁波切、巴珠仁波切等。格鲁派五世达赖阿旺罗桑嘉措（1617～1682）兼修宁玛教法，其弟子白玛仁增（1625～1697）曾受命专程前往佐钦寺朝访，并被尊为第一世佐钦活佛。佐钦寺以建制庞大的佛学院闻名，声望一度超过了西藏的多吉扎寺和敏珠林寺，吸引了国内涉藏地区及国外不丹、尼泊尔等地的许多僧人前来学习。该寺传统藏戏剧目《格萨尔》，以及雕塑、绘画等独特技艺在涉藏地区也相当有名。

西钦寺，或译作"协庆寺"，位于德格佐钦寺以东，是佐钦寺的一位僧人于18世纪中期兴建。它与白玉寺、佐钦寺，以及南宋时期建立的噶陀寺一样，都是宁玛派六大传承道场之一。这四大寺庙，拥有数百座属寺，遍布于川、藏、甘、青等的涉藏地区，乃至印度、不丹、尼泊尔、蒙古国等地。

格鲁派是藏传佛教最晚诞生的一个教派，约在15世纪初由宗喀巴（1357～1419）创立。1409年拉萨甘丹寺的建立，标志该派正式形成。格鲁派的兴起，是明代藏传佛教史上最为重要的事件。格鲁派的出现，有其特殊的宗教历史背景。自元以来，藏传佛教受到中央王朝的支持和崇敬，僧侣尤其上层喇嘛享有种种特权，生活日益腐败。

14世纪中叶起，随着萨迦派的衰落和各派积极参与世俗的政权斗争，僧人们更是为所欲为，不仅追逐权势财富，欺压农奴，甚至借修密法之名，大行荒淫之事。许多寺院家庭化，戒律废弛，修学相离，次第乖违，整个佛教界一片混乱。这不但给佛教事业，也给社会带来危机。因此，各界有识之士乃至一般民众都渴望有新的力量产生，以改变这种状况。于是格鲁派应运而生。

"格鲁"一词原意为"善规""善律"，即表明该派以组织严密、恪守戒律、制度完备、教育精深著称，所以又被称为"善规派""善律派"。该派僧人常戴黄色僧帽，故俗称"黄帽派"或"黄教"。该派持"缘起性空"的中观见，以宗喀巴所著《菩提道次第广论》为中心教法，主张显密并重，强调先显后密，一步一步进阶的修习次第。由于格鲁派具有鲜明的特点和严密的管理制度，加之社会政治力量的支持，因而很快后来居上，成为影响最大、势力最强的一大教派，建立起以西藏甘丹寺、色拉寺、哲蚌寺和扎什伦布寺，青海塔尔寺，甘肃拉卜楞寺等为代表的一批著名寺院。

---

① 一说由白玛仁增创建。

格鲁派在四川涉藏地区的传播，始于明代宗喀巴创教之时。据《阿坝县志》记载，宗喀巴的心传弟子之一茶各·阿旺扎巴①学成返回家乡，于1411年在阿坝县建立了四川涉藏地区的第一座格鲁派寺庙——雅各寺。传说宗喀巴曾在临别时，赠送阿旺扎巴一百零八颗念珠作信物，要他在嘉绒一带弘扬教法。于是他发愿修建一百零八座寺院，以完成使命。这第一座便是雅各寺，也叫"安斗寺"，即"第一间寺院"之意。而最大及最后的一座就是马尔康县的大藏寺②，意即"圆满的信心"或"圆满完成"。时至今日，阿旺扎巴是否确曾建成一百零八座之数已无从考证，而且他所修建的寺院有不少已不复存在。但无可置疑，他为格鲁派早期的传播和扩展做出了极大贡献。

之后，陆续有格鲁派僧侣在多康地区建寺传教。最著名的有三世达赖索南加措（1543~1588），他曾于明万历年间到康区传法，在1580年将理塘县的一座苯教寺庙帮根寺改宗为格鲁派，取名"长青春科尔寺"，亦即著名的理塘寺，是格鲁派在康南地区的第一座寺庙。但此时，格鲁派在多康的势力仍不及宁玛、噶举、萨迦等派。及至明末清初，著名的"霍尔十三大寺"陆续建立，格鲁派才在西康地区一跃成为最主要的宗派。

霍尔，是今四川道孚、炉霍、甘孜等康北地区过去的称谓。"霍"，为蒙古大汗"汗"字的藏语变音。17世纪中叶，蒙古和硕特部固始汗③（1582~1655）势力进入康区，北方的蒙古游牧部落纷纷随之南迁，并在这一带定居，其后人也世代相袭为当地的地方官，因而人们据此称康北涉藏地区为"霍尔"地方。1654年④在固始汗的支持下，五世达赖派其弟子、甘孜霍尔家族的曲吉·昂翁彭措赴康区发展黄教。在此后的十余年里，昂翁彭措云游康区，在霍尔地方先后建立起更沙寺、大金寺、甘孜寺、扎龚寺、灵雀寺、白利寺、桑珠寺、苦马寺、觉日寺、惠远寺、则书寺、寿灵寺、东谷寺等十三座大寺院，为扩大格鲁派在康区的影响奠定了基础。

---

① 茶各·阿旺扎巴，14世纪人，出生于茶各地方，位于今四川阿坝藏族羌族自治州马尔康县。茶各，又作茶谷、查柯、察柯、茶果、查各等。
② 大藏寺，或译"答仓寺""大泽寺"等，当地人也称之为"茶谷寺"。其建成于1414年，为格鲁派在川北一带的总寺。
③ 固始汗，又译"顾实汗"，皆"国师"之音译，本名图鲁拜琥。明末清初卫拉特蒙古和硕特部首领，西藏军事领袖，对巩固西藏地方和清中央政权的关系起了一定作用。
④ 有说为1662年或1657年等。

此外，四川涉藏地区较著名的格鲁派寺院还有金川县广法寺、若尔盖县格尔底寺、木里藏族羌族自治县木里大寺等。值得一提的是，相较而言，格鲁派寺院的规模、僧众都远远超过其他教派，如长青春科尔寺极盛时，僧众多达四千人，大金寺、甘孜寺盛时也有三千余人，中小型寺院一般也在千人以上。宗喀巴以后，西藏地方政权集中掌握在拉萨三大寺（甘丹寺、色拉寺、哲蚌寺）手中。自七世达赖始，更宣布教权、戒权在西藏。因而，格鲁派僧众考格西、受大戒，都必须到拉萨三大寺，许多著名大寺的活佛也通常由这三大寺的喇嘛转世继承。

在藏传佛教活佛转世系统中，以格鲁派的最高首领——达赖喇嘛和班禅额尔德尼最为有名。这两大活佛转世系统虽然不同，但其宗教政治地位是平等的，且都须通过清朝中央政府的册封和认定才得以确立。通常，达赖被认为是观世音菩萨的化身，而班禅则被视作阿弥陀佛的化身，二者个人之间互为师徒，关系密切。

达赖喇嘛的尊号，始于第三世达赖索南嘉措（1543~1588）时期。1578年，明朝顺义王俺答汗赠予索南嘉措"圣识一切瓦齐尔达喇达赖喇嘛"的尊号，意为显密修为成就最高的、超凡入圣且学问渊博如海的上师。之后，格鲁派追认根敦珠巴（1391~1474）和根敦嘉措（1476~1542）分别为第一世、第二世达赖喇嘛。1653年，清朝顺治皇帝册封五世达赖为"西天大善自在佛所领天下释教普通瓦赤喇怛喇达赖喇嘛"。从此，"达赖喇嘛"的封号和地位正式确定下来，并开始具有政治意义和法律效力。清王朝加封的达赖喇嘛中，有四位出生在多康地区：七世达赖格桑嘉措、九世达赖隆朵嘉措、十世达赖楚臣嘉措和十一世达赖凯珠嘉措。

七世达赖格桑嘉措（1708~1757）是格鲁派发展史上一位极为重要的人物。他处在涉藏地区一度内乱频仍的时代，因而他的一生便与清朝治藏策略的变化联系起来。

格桑嘉措出生在今四川理塘县，八岁时在理塘寺出家。由于新疆的蒙古贵族准噶尔部叛乱[①]，所以直到1720年，他才由康熙帝派往西藏平叛的军队护送到拉萨，在布达拉宫举行了坐床典礼，并正式获颁清政府的达赖金印，时年

---

① 准噶尔叛乱，起于清康熙二十九年（1690），迄于清乾隆二十二年（1757），迭经三朝，历时约七十年。

十三岁。因为年幼，一切事务便由其父索南达结代理，他本人则跟从五世班禅罗桑益西（1663～1737）修学佛法。

1723年，青海蒙古罗卜藏丹津①图谋恢复先祖在涉藏地区的霸业，于是通过青海宗教上层，组织藏族各部落起兵叛乱。雍正帝派川陕总督年羹尧率兵讨伐，于1724年初平叛，罗卜藏丹津逃往准噶尔部。1727年，西藏又发生了阿尔布巴、隆布鼐、扎尔鼐三噶伦②杀害首席噶伦康济鼐（实为藏王），篡权夺位、谋叛清朝的事件。此次事件，七世达赖之父索南达结也参与其中。同时，败回新疆的准噶尔部仍对西藏虎视眈眈，整个涉藏地区秩序十分混乱。

在此以前，清廷对西藏的治理主要采用怀柔羁縻的策略，一方面册封达赖、班禅，赏赐大量财物，利用其声望和格鲁派的影响；同时又利用固始汗家族的军事力量，来达到统治西藏和蒙古的目的。然而，此时固始汗部在西藏的大势已去，代之而起的以康济鼐为首的大农奴主们，也无法维持西藏的稳定。因此，雍正帝在沿用前人的办法外，采取了新的措施。自1727年起设立驻藏大臣，与七世达赖共同决定西藏一切重大政教事务的处理，从而保证清朝的全权代表可以直接处理西藏政教事务。接着在1728年平息阿尔布巴等人的谋乱之后，委任噶伦颇罗鼐③总领西藏政事，由驻藏大臣监督。又将西藏地方政权所辖的地区，分别划给四川、云南两省及班禅各一部分④，以削弱西藏上层的实力。同时，为防止再起事端和安全起见，清政府将七世达赖移居到康区。七世达赖先在理塘居住了一年，后于1730年奉诏移驻霍尔十三寺中的惠远寺（原乾宁寺），有近两千清兵护卫。至1735年春末，准噶尔遣使求和之后，才受命回到拉萨布达拉宫，其职权严格限制在宗教事务方面。

1747年颇罗鼐去世，其子珠尔默特那木札勒承袭郡王之位，并总管全藏。

---

① 罗卜藏丹津，生卒年不详，青海厄鲁特蒙古首领，为固始汗第十子达什巴图尔之子。清康熙五十六年（1717）准噶尔部侵扰西藏，结束了固始汗父子对西藏75年的统治。
② 噶伦，官名。藏语音译，亦作"噶布伦""噶卜伦"。清定制员四人，官三品，为主持西藏地方政府"噶厦"之官，总理西藏行政事务，受驻藏大臣及达赖喇嘛管辖，于1959年废除。
③ 颇罗鼐（1689～1747），平定准噶尔叛乱有功，1723年受封升噶伦。1727年，因擒获谋害首席噶伦康济鼐的阿尔布巴等人，被授权总管藏政，1739年被乾隆帝赐封为"郡王"。执政20年间，西藏社会出现安定繁荣的局面。
④ 1728年，清朝将康区东部之打箭炉、理塘、巴塘等地划归四川管辖；康区南部之中甸、德钦、巴龙（维西）等地划归云南管辖。同时，规定后藏的拉孜、昂仁、平措林三个重要宗划归班禅五世罗桑益西管辖。

此人与达赖、驻藏大臣敌对，利用权势诛除异己，并联络准噶尔部作乱，但很快就被平息。这次叛乱使清政府意识到，治理远离内地的西藏，若放权给地方势力是很不安全的，个人执政容易专断，而集体掌政又易闹纷争。而这次平叛，得益于七世达赖处理及时得当。于是在1751年，清政府废除了西藏王爵，正式设立噶厦（原西藏地方政府），授予达赖喇嘛管理；制定《酌定西藏善后章程》十三条，旨在提高达赖的地位和职权，强调驻藏大臣与达赖地位平等，对西藏的行政体制进行了改革。因此，清朝虽自五世达赖起就确定了其宗教领袖的地位，但黄教的政教合一制度，实际上是从七世达赖才开始实行。

七世达赖一生谦逊俭朴，颇得僧俗爱戴。在亲政期间，他仍将精力侧重在宗教事务方面，为藏文化的发展做出了贡献。他始建了僧官学校，把大批僧官派往噶厦政府和各宗任职。其著作共五十二卷，《赤钦活佛传》《大小寺庙章程、文书、书信次第汇编》等颇有影响。

九世达赖隆朵嘉措（1805~1815）生于西康邓柯地方。三岁时被认定为八世达赖强白嘉措（1758~1804）的转世灵童。1808年于布达拉宫举行了坐床仪式，拜七世班禅丹白尼玛（1782~1853）为师，剃发受戒。在他生活期间，发生了英国人潜入西藏，不仅直达布达拉宫与九世达赖会见，而且还在拉萨居住了很长时间的事件。这是西藏历史上英国人第一次进入拉萨的重大事件。九世达赖于十一岁时暴亡，是历世达赖中寿命最短的一位。

十世达赖楚臣嘉措（1816~1837）生于西康理塘，其寿命也是极其短暂，二十二岁便在布达拉宫突然去世。他一生中，一直没有机会亲政西藏事务。

十一世达赖凯珠嘉措（1838~1855）又是一位少年暴亡的达赖喇嘛。他出生在西康打箭炉（康定）地方，于1842年在布达拉宫坐床。曾在十四岁时由驻藏大臣陪同，前往色拉、哲蚌、噶丹各寺讲经说法，熬茶放布施。1855年，受咸丰帝之命亲政，但还不满一年便在布达拉宫突然死亡，年仅十八岁。

藏传佛教的传播，是在与苯教的持续斗争、交融中达成的。在这个过程中，苯教逐渐吸收佛教的内容，完善了自身的理论和组织体系；而佛教不仅接纳了苯教的部分僧俗人员，也吸纳了苯教丰富的本土文化和仪轨内容，从而迅速地融入当地民间文化之中，最终融合而成藏传佛教区别于其他佛教形式的独特之处。同时，无论藏传佛教还是苯教，都与地方统治势力发生密切关系，佛苯的冲突、派系的争斗及其兴衰迁移等，往往带有深刻的政治背景或因素，也与当地统治势力的经济扶助密切相关。

后弘期藏传佛教同苯教在四川涉藏地区的斗争，经历了三个重要阶段。

第一阶段主要是元代萨迦派与苯教的较量。

10世纪以来，藏传佛教各派兴起并逐渐向多康地区拓展，苯教受到一定的挤压。但早期传入的宁玛、觉囊等派势力尚弱，并未对苯教构成威胁，当地苯教也多持宽容合作态度。所以彼此间还能友好相处，且有相互兼修的现象。至13世纪中叶，有元朝支持的萨迦派大量进入嘉绒地区，与苯教展开了一轮竞争。

当时，萨迦派主要采用两手策略：一是先建"修行庙"或规模很小的寺院，再将小寺院合并为大寺院，逐步挤走苯教；二是发展生产，兴办牧场，以经济实力排挤苯教，如若尔盖求吉寺。该地区历来通行苯教。13世纪下叶萨迦派传入境内，并创建了若干小寺，与当地苯教、宁玛派并存发展。1449年，康区萨迦派高僧曲扎让波来到求吉地区，将原来分散的萨迦小寺合建为求吉寺，实现了若尔盖地区萨迦派寺院由分散走向集中的目标。为争取信众，曲扎让波派亲属在农区建立供施关系，使寺院有所依托，又在该区广办牧场，供养寺院，从而使求吉寺很快成为若尔盖各部落中最有势力的寺院，极大地削弱了当地苯教势力。

直至15世纪，尽管宁玛、萨迦、噶举等派在多康取得一定进展，但均未与苯教发生大的冲突；苯教在当地的势力范围虽有所缩减，却仍占有重要地位。

第二阶段在明末清初，固始汗为扶持早期格鲁派的发展而打击康区的苯教势力。

明代，甘孜白利土司成为康北地区的新兴霸主。在宗教上，白利土司一直崇奉苯教，排斥其他教派，甚至设立监狱囚禁其他教派的教徒。尤其明末白利土司顿月多吉，更是独尊苯教，并以各种手段镇压格鲁派。据《五世达赖喇嘛传》记载，理塘寺作为格鲁派在康南最重要的据点，曾一度遭其破坏。

明末清初，当时格鲁派的首领五世达赖和四世班禅罗桑却吉坚赞（1567~1662），因受到噶玛噶举政权藏巴汗①、苯教土司顿月多吉、青海蒙古首领却图汗等势力的威胁，共同致函请求固始汗出兵救援。1640年，以黄教护法王自居的固始汗发兵康区，与德格土司组成军事联盟，消灭了白利土司顿

---

① 藏巴汗，又作"第悉藏巴"，是明代后期西藏地方继帕竹政权之后兴起的世俗贵族政权，由彭措南杰于1618年建立。该政权存在仅24年，于1642年被固始汗和五世达赖推翻。

月多吉的武装力量，又于1642年灭藏巴汗。1653年固始汗获顺治帝赐封，确认了他西藏法王的实际地位，其军事政权统治着青、康和卫藏等地，只对清政府保持名义上的臣服，并将卫藏地区的税收供奉给五世达赖作弘教费用。格鲁派在西藏的优势地位从此得以确立。

固始汗力量的介入，使得康区尤其德格一带的苯教遭到惨重打击。残存下来的苯教寺庙为求生存发展，纷纷归顺势力迅速扩大的德格土司，纳入德格法王的管辖，同时也逐渐与藏传佛教各派相互吸收融合，甚至以藏传佛教一派系自居而延续至今。

第三阶段是清朝乾隆年间，乾隆灭苯与格鲁派的大举进入致使苯教遭受重创。

清乾隆十二年至四十一年（1747～1776），地处川西北高原的大小金川藏族土司不断发动叛乱，侵扰邻近的土司部落且对抗清廷，引起朝野震动。为平定大小金川之乱，清王朝进行了大规模的战争。同时，对于反抗清军的苯教僧侣信众都予以严惩，且强令当地居民改教。如"索诺木令都角堪布喇嘛等咒诅将军、大臣"，因而清廷不仅将"索诺木等及所用之喇嘛等俱解京共受重罪，均不能保其躯命"①，更下令拆毁其寺庙，重处主要喇嘛，并解散其余僧众人等。

此时，格鲁派便趁机挟持着清廷的支持向四川苯教地区扩展，苯教只有招架之功并无还手之力。达赖喇嘛曾遣使赴京，请求将嘉绒地区的苯教圣地雍仲拉顶寺改为格鲁派寺院。据《金川案》记载，1776年9月，乾隆帝下发"特派西藏布达拉驻京堪布桑宰敖特尔前往雍仲拉顶寺住持"的谕令。1777年正月，清廷宣布苯教为邪教，诏谕四川各土司明令取缔，改兴格鲁派。4月，又下令废除"雍仲拉顶"寺名，改为"广法寺"，并由朝廷规定其僧侣人数并提供额定编员的薪俸。嘉绒各地土司须每年各派四名差役去广法寺当差。在格鲁派的强大攻势下，至20世纪50年代，康区的苯教势力已极大地削弱，嘉绒地区苯教一统天下的原有格局，也为格鲁派所破。

然而，藏族本土的苯教并没有在强权下消亡，即使在乾隆废苯的圣旨下达之后，多康各地苯教仍在斗争中寻求生存，一些势力较强的寺庙最终延续下

---

① 西藏自治区社会科学院编：《清实录藏族史料》第六册，西藏人民出版社1982年版，第2806页。

来。时至今日，四川涉藏地区的苯教寺院仍为数不少，位居全国各涉藏地区首位，还保有一些颇具影响的大寺，如甘孜州的登青寺、满金寺、益西寺和阿坝州的苟象寺、尕米寺、朗依寺等。

经过明清两朝的扶植，藏传佛教在全国取得了相当大的发展。至19世纪中后期，整个涉藏地区寺庙遍布，僧尼人数几乎占当时藏族人口的二分之一。这些僧尼通常不事生产，由各自家庭及当地百姓供养。尤其是格鲁派在获得清廷的支持和特权后，不断强势扩张，打压其他教派，遣除异己，造成涉藏地区教派主义盛行，门户歧见日深。由此引发的藏传佛教内部纷争和宗教迫害，致使一些传承在卫藏地区湮没失传。这不仅阻碍了涉藏地区社会经济的正常发展，也危害着整个民族的进步。

为了改变涉藏地区佛教乃至民族精神日益混乱的状况，也为了求得各大小教派的共存发展，康区的几位大师以德格为中心，共同掀起了一场波及全藏的、力图打破教派偏执的"利美运动"。"利美"，是藏文音译词，意为"不偏不倚"。"利美运动"即指"无宗派""无偏见"的运动，又称为"不分教派运动"或"宗派融合运动"。

利美运动舍弃教派藩篱，致力于将各宗丰富的内涵汇集起来，从理论到实践保存所有现存的优秀传统，以促成藏传佛教各派融为一体，因而营造出教内外不分门派、相互学习的良好氛围和局面，吸引了众多的参与者，不但有涉藏地区各个教派的宗教领袖、学者和修行者，还有许多极具才华的艺术家、诗人、医生，乃至科学家。其中，生于四川德格县的绛央钦则旺波，本名白玛兀色多阿林巴（1820~1892），是利美运动的首要领袖和导师、藏族著名的佛学家，以精通藏传佛教各派而家喻户晓。他平生修学不断，涉猎极广，四十七岁后终身闭关。他通达大小五明①，是享誉全藏的大著作家之一，一生编撰各类法集多达一百七十余册，还著有历史书《卫藏地理志》、医书《钦则医学选集》等，配制名贵藏药"佐塔"和"仁青芒觉"。其文论《诗著举例》在学术界影响很大，曾被选入《康区诗著举要》。

---

① 大小五明又合称"十明"，是藏传佛教文化的重要组成部分。"大五明"是指：内明，即佛学；因明，即正理学，也就是逻辑学；声明，即声律学；医方明，即医学；工巧明，即工艺学。"小五明"是指修辞学、辞藻学、韵律学、戏剧学、历算学。大小五明原是印度文化，随着佛教传入涉藏地区后，逐渐与藏族的本土文化、传入涉藏地区的汉族文化以及其他民族的文化交汇融合，而形成具有藏族特色的大小五明文化。

贡珠·云丹嘉措（1813~1899），出生在康区德格金沙江畔的绒甲拜巴地方，为噶玛噶举八邦寺第一代贡珠活佛。他学识渊博，著述颇丰，最负盛名的当属他发掘和编著的《所知藏》《教诫藏》《经传密咒藏》《不共秘密藏》《大宝伏藏》等著名的"五大藏"，乃利美运动的伟大成果之一。其中的《所知藏》又译作《知识总汇》，是贡珠·云丹嘉措于1864年所作，全书不仅简明扼要地介绍了佛教的起源、发展和佛学知识，还同时阐述了声明学、因明学、工巧学、医学、辞藻学、韵律学、诗学、天文历算、戏剧等藏族文化的来源和历史，并探讨了教学之法。洋洋百万言，称得上是一部百科全书式的划时代巨著，集西藏佛教和藏族传统文化之大成，代表了西藏佛学的最高成就。而《大宝伏藏》也被藏传佛教各派共同珍视为佛教宝典和人类精神财富。此外，他还著有医书、语言、诗歌、文法等共约一百函，其《集要甘露滴》《藏医临床札记》《水银冶炼》等医书都非常有名。

另一位利美运动大师是局米旁·绛央南杰嘉措（1846~1912），四川德格县定琼地方（今石渠县）人。局米庞又被称为"大米庞"，他的根本上师是绛央钦则旺波，另从诸多学者为师，通晓十明，尤其擅长工巧明、医方明和历算，曾创造出前所未有的成就，是涉藏地区享有极高盛誉的学者和禅修大师，有"喜马拉雅的文艺复兴大师"之誉。他一生著述相传有千余种，涵盖声明、因明、医药、星算、显密佛教、诗歌、议论、仪轨等领域，但大多散失民间，部分曾在八邦寺和竹庆寺制版印刷，德格印经院留有三十二卷。局米旁的著作辞藻优美华丽，语言流畅，内容丰富而翔实。医学方面，他著有《米旁医学选集》《脉尿诊注释》《四部医典注释》等，流传颇广。他的政论名作《王道论》，又名《国王修身论别》，成于1895年，共二十一章五千多行，是一部类似《萨迦格言》①的长篇格律诗，深刻而透彻地阐述了国王如何治国用人、立身处世的道理及方法，成为藏族诗歌的典范。该论中提出的"民为贵，民为邦主"等民本思想，以及关于保护生态环境和保护大自然的主张，无不流露出大师卓越的远见与智慧，及其悲天悯人的情怀。

---

① 《萨迦格言》是藏族第一部哲理格言诗集，为萨班·贡噶坚赞（1182~1251）所作，成书于13世纪上半叶。作者以宗教家的身份观察评论各种社会现象，提出处世、治学、识人、待物的一系列主张，内容涉及区分智愚、扬善贬恶、皈依佛法等各个方面，全部格言以每首七言四句的诗歌形式写成。该诗集对后世藏族格言诗的创作起了推动作用，成为藏族学者的必读著作，也为群众口头广泛流传，在国内外均有较大影响。

总之，这场发端于康区的利美运动，使涉藏地区佛教的教义和修持，以及藏民族的古典传统文化都得到了极大的复兴，为藏传佛教带来新的活力和生机。

五、德格印经院与藏传佛教文化

明清时期，巴蜀藏传佛教的译经、传经活动均有较大发展。其中，德格印经院最具代表性。

德格印经院，又称"德格巴宫"，意思是"印经版的房子"，全名"西藏文化宝库德格印经院大法库吉祥多门"，又称"德格吉祥聚慧院"，位于德格县城文化街的更庆寺内。更庆寺，或译"贡钦寺"，又名"伦珠顶寺"，是康区萨迦派的主要寺院，也是德格土司最重要的家庙，在德格、白玉、石渠、江达及昌都等地分布有数十座分寺。清初至民国时期，更庆寺曾汇集了大批国内外学者，推动了该寺在藏画、音乐、藏戏、雕塑、木刻、建筑、印刷、医药方面的发展。清雍正七年（1729），第十二代德格土司却吉·登巴泽仁（1678～1738）为巩固家族的政教统治，平衡、控制并利用宗教势力，遂于更庆寺内兴建德格印经院，传播藏传佛教各派经典教义。后经历代德格土司的续建和扩建，逐步形成现在的规模和建筑风格。

印经院自创建以来，历经的十代土司、七代法王，他们都很重视它的管理和发展，每年都从更庆寺僧众中指定三人负责印刷、补刻、保护等方面的工作。该院收藏的印版，都是用经过特殊处理的桦木板刻制；印刷用纸，则是以一种名叫"阿交如交"的草本植物根须为原料制成。因印刷用墨不同，分为红版和墨版两种。墨版为烟墨印刷，红版则为朱砂印刷，通常用来印制珍贵的典籍，如《甘珠尔》（译成藏文的释迦牟尼经典著作总称）、《丹珠尔》（译成藏文的释迦牟尼弟子们对甘珠尔内容的解释）等。

该院现存印版二十八万多块，内容丰富，题材广泛。这些木刻印版，分为经版和画版两类。目前院藏经版八百多部，其中既有藏佛传教各派共同尊奉的《大藏经》中的《甘珠尔》和《丹珠尔》，也有各派的经典著作、译著、传记和历史专著等，还有大量哲学伦理、天文历算、医学气功、辞书文法、诗歌音律、文学艺术、绘画工艺、建筑雕刻等方面的著作，几乎囊括整个藏族文化百分之七十以上的典籍著作，在当今世上绝无仅有。而且这些经版大多已有两百多年的历史，其中还包括部分稀世孤本、珍本。如著名的德格版《甘珠尔》，它由古代印度乌尔都文佛经直接译成藏文，没有经过其他文字转译，是最接近古印度佛典的文字，有别于其他文本语言的《大藏经》。又如保存最久的老版《长寿经》，已有近千年的历史，在整个涉藏地区都算得上是元老。特别是该院最早刊刻的《三体合璧般若八千颂》，由当时的德格土司亲自监工，精选当时最上等材料和最优秀工匠，严格按照《藏文书法四十条》进行书写、刻录，并配以佛祖释迦牟尼十二宏化系列图，雕镂精致，朱砂刷印，堪称所藏经版中的精品，被奉为镇院之宝。另如《印度佛教史》《汉区佛教源流》及藏医名著《四部医典》等不少论著，也已成为国内外知名的版本。

该院现藏木刻画版约九百块，分为唐卡画版、坛城（曼荼罗）画版、风马（龙达）画版三种。除单独的画版外，还藏有许多书版的插画，如《般若八千颂》的书版插画即多达千余幅。此外，德格印经院还有大量珍贵的壁画，总面积约950平方米。这些壁画，不仅代表了康区噶玛嘎孜画派的最高艺术水平和风格特点，也是该画派早期壁画保存较为完整的作品。

德格印经院延续至今，从制版、雕刻、书写、制墨、造纸、印制工艺等都基本保持了13世纪以来的传统方法，是整个涉藏地区刻版制作和印刷技术延续性最好的印经院，堪称"木版印刷工艺的活化石"，其雕版从古至今一直享有"藏地最标准的精典版本"之美誉。无论是建筑的规模、文物的保护、管理的健全，或是经版、画版的库藏，刻版、印刷的精良及其年印刷量，还是所藏典籍的广博、门类的齐备以及珍稀版本的数量，德格印经院都居于涉藏地区三大印经院[①]首位。更重要的是，该院不排斥或独尊任何一个教派，兼收并包各大教派的思想体系和经典文献于一体，不仅成为藏学研究的重要基地和宗教圣地，也成为世界佛教文化的杰出代表，被誉为"雪山下的藏族文化宝库"，闻名海内外。类似的印经院在八邦寺、噶陀寺、白玉寺等各派寺庙中也有，但规模、设备和影响均远不及德格印经院。古时，在涉藏地区，由于政教联合的统治制度及藏传佛教严密组织体系的影响，寺庙不仅是藏族民众宗教信仰的场所，也成为藏族社会传统的政治、经济、文化、科学、教育、医学、艺术等的中心。

藏族文化是中国乃至世界文化宝库中的一朵奇葩，她历经千载的沧桑变迁，日益沉淀出璀璨夺目的光华，既神秘又绚丽。藏传佛教既是藏族人民的信仰，又构成了藏族文化的主体和精神内核。在整个涉藏地区，无论是哪个政教联合统治的历史时期，苯教文化和佛教哲学思想都始终贯穿其间。藏传佛教形

---

① 即四川德格印经院、西藏纳塘印经院和布达拉宫印经院。

成后，更是始终处于意识形态的主导地位，对藏民族的政治、经济、文化、伦理、教育、风习以至民族心理、思维和性格等各方面，均产生了极为广泛而深远的影响。同时，寺庙及其僧侣作为藏传佛教文化的载体，不仅参与到人民生活的诸多环节，也成为藏族文化传承和弘扬的最大、最重要的媒介。

藏传佛教在四川涉藏地区的传播和兴盛，同样对这一地区产生了极大的影响。随着各地寺院的建成和僧团队伍的形成发展，宗教渗入人们的精神世界和社会生活的各个层面，促使在相对低劣的生产力水平下产生并扩大了脑力劳动和体力劳动的分工，从而推动了多康地区的精神文化和物质文化的发展，甚至繁荣而成以康巴文化为代表的特色文化中心，在整个涉藏地区独树一帜，举足轻重。由于一代代学识精深、极具天赋与才华的僧侣们的伟大创造，以及民间能工巧匠们的集体努力，多康地区的藏文化在语言、文字、哲学、艺术、教育、医药乃至天文历算等各个领域都取得了非凡的成就。

如今，藏族传统文化的魅力与价值日益为世人所重视。德格印经院藏族雕版印刷技艺、噶玛嘎孜唐卡绘画、南派藏医药、藏族格萨尔彩绘石刻、藏戏等都已被列入国家级非物质文化遗产名录。可以说，在藏族语言文化的传承中，藏传佛教寺院及其僧侣起着至关重要的作用。在相当长的历史时期，涉藏地区的教育事业和文献保存基本是在寺院完成。在自然条件恶劣、交通不便及生产、生活水平低下的情况下，四川涉藏地区的僧侣们往来于中国西藏、汉地及印度、尼泊尔等地之间，因求学和朝圣之机，促使多康这一半封闭的地区与周边乃至更远的地区，建立起不间断且日渐发展的联系，为多康藏文化的形成和传播做出了重要贡献，也为四川涉藏地区社会走向开放发挥了极大作用。

第二节　彝族的宗教文化

彝族是中国西南地区人口最多、分布较广的一个少数民族，据2000年第五次人口普查：现有人口776.23万，主要分布在云南、四川、贵州和广西壮族自治区；四川地区的彝族人数有212.69万，而凉山的昭觉、美姑、喜德、布拖、金阳等县的彝族比例高达百分之九十以上。彝族有自己的语言文字，彝语属汉藏语系藏缅语支，分为东、西、南、北、东南和中部六个方言区。四川彝语属北部方言，是彝族最大的方言区。

彝族的族源，现在学术界有不同的见解。概括起来，主要有：云南土著说、东来说、北来说、西来说、南来说、濮人说、僚人说、卢戎说等，比较多数的看法是：彝族先民与古羌人有渊源关系。著名历史学家方国瑜认为："彝族渊源出自古羌人。"①徐家瑞说："昆明夷在殷代叫作昆吾，叫作鬼方，叫作九州之戎，叫作九侯。在周代叫混夷、昆夷、甯夷（也许是爨），叫作氐羌。大理在汉代即叫昆明，居住在洱海边的昆明夷，或昆弥夷，这就是昆吾、昆夷的血族。"②尤中指出："昆明族在西南夷中分布最广，并普遍地与叟、 叟、摩沙族相互交错杂居在一起。昆明族是形成近代彝族的核心。"③李绍明等许多学者也均认同这种观点。不过，蒙默则认为彝族的来源是旄牛徼外夷，而不是来自北方的羌人。他说："彝族是大约在公元前十二世纪从旄牛徼外南迁至云南的昆明夷，与以濮人为主的土著民族融合而形成的民族共同体，其基本形成时期约在公元前一世纪，其形成地域可能在今滇池至东川会泽一带。"④

滇东北地区发祥的彝族先民，早在公元前后就已开始进入凉山。凉山彝族传说，自古侯、曲涅进入凉山已是七十多代，则已有一千八九百年。他们先后迁徙到马边、峨边、甘洛、普雄、越西、喜德、冕宁、西昌、昭觉、美姑、布拖，最后落脚于普格地区。《后汉书·西南夷列传》所载东汉前期的苏祁叟，《华阳国志》所说东汉后期的越巂叟，就是迁入凉山的彝族先民。至唐代，彝族先民再次向凉山迁移，从而形成大规模聚居的时代，形成了所谓"东蛮地二千里，胜兵常数万"的地域格局。在这些部落中，以勿邓为最大，其治所以今凉山越西为中心，"地方千里"。在宋代，马湖部落有三十七部落，峨边地区有虚恨部落。《明太祖洪武实录》卷一九二说："东川、芒部诸夷，种类虽异，而其始皆出于罗罗，厥后子孙繁衍，各立疆场，乃易其名曰东川、乌撒、芒部、禄肇、水西，无事则互起争端，有事则相救相援。"明清时期的彝族，内部的政治、经济、文化的发展仍然不平衡，各地区的各个部分因而依旧保持着原来不同的氏族、部落名称。"当时除了把彝族一概称之为罗罗之外，还有摩察、罗婺等二十余种不同的名称。"⑤

---

① 方国瑜：《彝族史稿》，四川民族出版社1984年版，第15页。
② 徐家瑞：《大理古代文化史》，中华书局1978年版，第4、5页。
③ 尤中：《中国西南民族史》，云南人民出版社1985年版，第57页。
④ 蒙默：《试论彝族的起源问题》，《思想战线》1980年第1期。
⑤ 尤中：《中国西南的古代民族》，云南人民出版社1980年版，第236页。

据《蜀中广记》记载，在彝族分布较为集中的宁番卫（今四川冕宁）境内，居住有"宁番蛮"，其人"凶犷强悍，刀耕火种，迁徙无常。不以积藏为事"。居住于邛都长官司（今四川越西）境内的倮罗，则是"刻木为信。男子摘须，腰系皮绳，名饥饿索。以帕裹头，夜不解刀。居山顶，以板盖屋。刀耕火种，性喜猎。凡有事，以艾灸羊膀骨占吉凶。出入必以凶器。男女纽发盘头上，下身衣土绣花长衣。赤脚无履，外披细褶毡衫为上盖，饥食荞麦饼。婚姻以牛羊马礼，酒席铺松毛于地，盘脚坐松上。男女分席，杀牛羊，剥皮猪，用火烧，半割碎，和蒜菜，谓之吃牲。饮泡呞酒，木碗木勺，即其器皿。食肉以竹签为筯。丧礼男女俱无棺郭，富家以绵缎缠之，故谓之巢郡，又谓之罗罗"①。方桂《东川府志》说：罗罗居板屋，上压石，"其酋长椎髻帕首，大若盘盂，戴狐皮；妇人衣绮罗。其余男子椎髻帕首，珥坠大金银铛，青布短衣，剪各色布缀毛褐为统裙，尖头大鞋，肩披青毡一片"。"披沙夷，尽黑倮罗……衣用毡裁裹直统半身，夷妇与熟夷同。""披夷，语言与熟夷不同，好抢掳，不知法度，其大户别无蓄积，惟牛羊奴仆百十，随时迁徙。"②由于历史的和地理环境的原因，彝族在历史上有数十种自称和他称，如"夷""邛都""昆""叟""乌蛮""白蛮""爨""倮倮"等，四川地区的彝族则自称"诺苏"。新中国成立以后，国家开展民族识别工作，并按彝族人民的意愿，将各个支系统称为"彝族"。

一、彝族的宗教信仰

彝族的宗教信仰，基本上处于较原始的阶段。其信仰经历了自然崇拜、图腾崇拜、灵魂崇拜、祖先崇拜的历史发展序列。彝族社会的原始宗教信仰发展到后来，大都处于万物有灵为基础、祖先崇拜为主导、自然崇拜为辅助、图腾崇拜尚遗存的共时并存态势。他们相信鬼神，祀祭天地，"夷俗尚巫信鬼，故于府祀典之外，四司有行祠无禁焉。闻南中夷，岁暮整所储祭赛。其域内淫祠之神，相引百十为群，击铜鼓，歌舞饮酒，穷昼夜以为乐，储弗尽弗已也"③。

---

① （明）曹学佺：《蜀中广记》卷三四，文渊阁《四库全书》本。
② （清）方桂：《东川府志》卷八，乾隆二十六年刻本。
③ （明）余承勋：《马湖府志》卷下，宁波天一阁藏嘉靖刻本。

彝族的自然崇拜，体现在其宗教仪式活动过程中。他们祭祀祷告众多的神祇鬼怪，展示了自然百神的聚象世界，反映了彝族泛灵观和自然崇拜的充分发展。彝族认为，天有天神，地有地神，日月星辰、风雨雷电、山川河流都有神。这些精灵既可造福于人类，也可危害于人类。人们为了祈福禳灾，就要崇拜和祭祀神灵。在所崇拜的众多的自然神灵中，最为崇拜的是天神、山神和五谷神。天神崇拜在云南彝区最为流行，其彝族家堂中大多都供奉有天神，凡逢年过节、婚娶、生育、迁徙、建新房、尝新饭等都要祭祀。传说天神名叫"溢萨"，曾派遣神祇开辟四方，开创山川河流，连人类也是天神派遣"吾子结知"（雪族）下界来创造而成的，宇宙间万事万物皆为天神所造，悉由天神主宰，因而被奉为最高最大的守护神。四川大凉山彝族亦崇拜天神，但未当主神崇拜。

山神是彝族普遍崇拜的神灵。彝族认为，山神是力量最大的神祇，它主宰着一定范围内的一切，年景收成好坏、牲畜繁衍凋旺以及人们的平安健康，都与山神有关，所以人们特别崇拜山神。四川大凉山彝族称山神为"姆耳姆色"，认为风雨、雷电、冰雹等自然现象都受山神支配，农业生产的好坏、人们的祸福都与山神有关。因此毕摩的若干法术都要念《请神经》，请远近诸山的山神降临，以保佐人们。山神一次可以请数十个。各地有名的高山都有山神，如美姑、雷波之间的吉叶硕诺山，山神是"阿局阿诺玛"（意为"黑狐狸"）；康宣、石棉等县之间的贡嘎山，山神叫"赫斯尔马"（意为"神珠"）；冕宁、越西交界的俄洛则俄山，山神是"勒芝惹则"（意为"一对勒芝鸟"）；西昌、德昌之间的螺髻山，山神是"阿尔曲则"（意为"一对白色斑鸠"）；西昌、喜德之间的瓦勒火普山，山神是"乃惹婆施外"（意为"黄衣服的小伙"）。这些山神受到彝民的虔诚崇拜，大多村寨都盖有山神庙，供奉山神，每年要集体祭祀一次。如果某地遭遇自然灾害时，就会被视为是人的行为渎犯了山神，是山神发怒作怪之故。往往在受灾后，以村寨为单位，请毕摩在高山上宰畜杀禽祭祀山神，祈祷山神息怒，保佑平安。并认为山神是司野兽的，也保护野兽，故猎人出猎时，须绕道山神庙而行，不让山神发觉，否则山神会通报所有野兽躲避，使猎手一无所获。

五谷神也是彝族十分崇拜的对象，认为五谷神主司庄稼，祭献其神，庄稼就能获得丰收。因此，四川大凉山彝族还有专门祭祀五谷神、祈祷丰年的节会。五谷会时间为每年夏历的三月十五日，会期三天，届时各村寨分设五谷神神坛，供奉五谷神、雷神、主师、地母等神位。村寨主道上空悬挂横幅，上书"五谷丰登""五谷神会"，杀猪宰羊，举行隆重的祭祀仪式。次日，迎接五谷神，即由八个已婚无子男子抬轿，迎接五谷神，参祭者随后，边行边唱。迎回五谷神后，毕摩念诵《五谷经》《五雷经》《主师经》等。第三天半夜送五谷神，烧五谷神牌位，各家各户烧焚年三十贴在大门口的甲马，以求来年五谷丰登。

彝族认为山林是由山神统管，山木密集的地方是神祇居住和活动的地方，神圣不可侵犯，因而产生了树木崇拜。如果有人在林中砍伐树木时巧遇暴雨和冰雹，便被视为遭到了神祇的惩罚，应当宰畜杀禽祭祀神祇后，将此地划为禁区，任何人不得再入此范围内砍林伐木或打猎。对独立于山冈上、危崖上的独树也被视为神的化身，严禁亵渎和砍伐。此外，即使可伐之木，也要在伐倒树木后，要立即在树桩上铺上泥土或放上草、灰土，否则认为被过往神灵看见后会被降罪。每当走进家山寨，看到村旁郁郁葱葱的树林，村中古木参天的大树，那一定就是神林神树了。

山石水火亦为彝族民间崇拜的对象。在原始时代，石头不仅是先民的主要工具，也是与猛兽做斗争的有力武器。所以彝族先民对自然形成的奇异石峰、石林以及庞大的石头，都以为是神祇变化后的形体，加以崇拜。如果村寨内无石峰和巨石的，全寨人会雕石立像或竖立石峰，彝语称之为"尔移塔"，以此象征石神。每逢春耕季节、逢年过节或家中小孩患病时，则会到石象石峰前献食物举行祭祀活动，以求石神保佑全寨五谷丰登、牲畜兴旺和孩子平安。

河川涧溪中的深潭、湖泊，彝族认为其中有水神在主宰，也加以崇拜。如果有人和畜渎罪水神，水神将会迁徙，造成洪灾、泥石流，而原地也会因水神的迁徙而改变生态，造成灾害。因此，严禁人或牲畜到有水神的地方。这种对水的崇拜后来演变为祭龙王的仪式。在彝族的观念中，龙王是专管雨水的神灵，当发生旱涝时就要举行祭龙王的活动。而出水的地方就有龙，深潭、湖泊是龙王居住的地方，凡村中、村前、村后供人饮水的水塘都称龙潭，平时必然严加保护，逢天旱时村民以猪头、酒祭献，并诵经祈求龙王降雨，保佑庄稼丰收。

彝族大多生活在高寒地区，御寒需要火，防御野兽需要火，耕作山林需要火，一年四季吃在火边，睡在火边，对火的依赖性特别大，因此而产生了火崇拜。他们认为，火神具有驱邪禳灾的神力，祭火的目的是为了祈吉驱邪。而火塘为火神之所在，严禁人畜触踏或跨越火塘，否则视为不净。广泛流传于各地彝区的祭火仪式——火把节，宰杀家畜家禽祭祀，有一个共同的活动内容，就是要举火把照遍家中的各个角落，照亮田间，驱除家中、村中、田间的邪魔，以求农业丰收。

图腾崇拜产生于氏族社会时期。原始先民普遍认为，本氏族、本部落的祖先乃至自己，与某些动物、植物、无生物或自然现象之都存在着特殊的血缘关系，于是图腾的崇拜也就应运而生。马克思说："图腾一词表示氏族的标志或符号。"①当一种动物或一种植物受到崇拜而成为图腾时，崇拜者便觉得自己是这个图腾的子孙，不仅有可能将这个图腾作为自己的徽章，也可能将此物用作共同的姓，于是形成了氏族。彝族民间有迹可循的图腾崇拜，主要有虎、鹰、竹子、葫芦、青松、棠梨树等。

虎是彝族的原生图腾，在彝族的历史传说和生活习俗中影响广泛。彝语称虎为"罗"，约占彝族人口半数的一个支系自称"罗罗濮"，其义为"虎族"或"虎人"。他们在举行祭祖仪式时，用画有虎头的葫芦瓢来象征自己的祖先。据彝族民间史诗《梅葛》记载，天神在创世之初，派了他的五个儿子去造天。天造好了之后，便用雷电来试天，结果天裂开了，用什么补天呢？天神们认为世界上虎最威猛，于是天神又派五个儿子去将虎制服了，然后他们用虎的一根大骨做撑天柱，这样天就稳定下来了。他们又用虎头做天头，虎尾做地尾，虎鼻做天鼻，虎耳做天耳，左眼做太阳，右眼做月亮，虎须做阳光，虎牙做星星，虎油做云彩，虎气做雾气，虎心做天心地胆，虎肚做大海，虎血做海水，大肠做成江，小肠做成河，虎肋做道路，虎皮做地皮，硬毛做树林，软毛做青草，细毛做秧苗……于是便有了今天的世间万物。彝族人过去就通行火葬，他们认为遗体火化之后，便可返祖为虎了。在彝族人聚居的地方，还有许多以虎称呼的山冈、水流和村寨，因为虎人居住和生活的地方就应以虎来为其命名。由于虎被他们奉为祖先，因而在一些彝族人家中的神龛上供奉虎形祖灵，大门上挂着虎形辟邪，墙壁上挂着虎图腾壁挂，在村寨路口设有形状像虎的石虎神。彝族人称虎神为"罗尼"，这是他们心中最灵验最崇高的神。虎神可以为他们消灾驱邪，可以保佑他们称心如意、吉祥平安。他们把自己、家

---

① ［德］马克思著，中国科学院历史研究所翻译组译：《摩尔根〈古代社会〉一书摘要》，人民出版社1965年版。

庭、家族的幸福，都寄托在虎神的护佑之下。

彝族除了把虎视为图腾祖先，也将鹰当作自己的图腾始祖，认为彝族的祖先是与鹰交合后生下的，由鹰精心哺育成长。有关彝族父系祖先支格阿鲁的神话传说广泛流传于滇、川、黔各地彝族中。凉山彝族说，一个少女蒲莫列依去见鹰，鹰滴下三滴血落在姑娘身上，一滴滴在头上，发辫穿九层；一滴滴在腰间，毡衣穿九层；一滴滴在姑娘的下部，百褶裙穿九层。结果姑娘怀孕后生下了儿子支格阿鲁。这则神话说明鹰即是支格阿鲁的父亲。彝族对鹰的崇拜还反映在毕摩的法器上，许多毕摩在主持宗教仪式时，都要戴上一顶神帽，神帽檐上均垂有鹰爪。毕摩说老鹰是神鸟，是救护祖先的护法神，具有祛鬼禳灾的神力，只有戴上悬鹰爪的神帽，做法事才能灵验。

彝族亦有以竹为图腾的氏族部落，这与他们居住的地理环境密切相关。彝族自古繁衍生息于南方竹文化区域内，其先祖在洪水泛滥时，用竹做筏幸免于死；远古烧竹而爆发出的惊心动魄的响声驱散各种凶禽猛兽，使得阿普居木的三个哑儿从此言语；吉都阿普灵附竹以后升天，后裔始兴以竹为其灵在家供祭，进而形成对它的崇拜；等等。因此，彝族竹图腾崇拜，与彝族生活中离不开竹是有着重要关系的。在凉山彝族的竹图腾崇拜，却又呈现出另一重要特点。这就是竹图腾崇拜经过历史的发展，进一步与祖先崇拜的内容和仪式异源同流、合二为一，形成在送祖灵仪式中以竹根代替祖灵供祭家中、超度升天。

竹图腾崇拜是整个彝区的图腾崇拜，整个彝族地区都普遍存有以"竹根"为"祖灵"进行祭祀的现象。清刘沛霖修《宣威州志》曰："黑罗罗死则覆以裙毡，罩以绵缎，不用棺木……三五七举而焚之于山，以竹叶草根用必磨捆裹以绵，缠以彩绒，置竹筒中，插篾篮内，供于屋深暗处。"四川凉山彝文创世史诗《勒俄特依》记叙：洪水泛滥以后，漂来一根三节竹，第一节烧爆后，出来的子孙成藏族；第二节烧爆后，出来的子孙成彝族；第三节烧爆后，出来的子孙成汉族。纵观各地彝族拜竹为祖的习俗，最为突出地表现在原始宗教意识上的就是认为彝族起源于竹。

彝族先民的图腾伴随着历史的发展而发生流变，成为许多亚图腾。亚氏族图腾确立后，原有"首图腾"称号不再沿用，只列入家谱记载。原供置祖灵的箐洞也停此使用，而要另择各自的祖灵箐洞。例如凉山彝族创世纪文献《勒俄特依》中的《雪子十二种》，把人类、鹰、猴、针叶林、草、藤蔓等的起源都归于雪，认为它们都是红雪的子孙。在红雪里衍生出十二种动植物，其中有血的六类，蛙、蛇、鹰、熊、猴、人；无血六种，针叶林、阔叶林、草、水筋草、铁灯草、藤蔓。实际上，除人以外，这十一种动植物所代表的就是十一支氏族的图腾。

彝族以动植物、无生物等作为图腾祖先，实际上是一种虚幻的主观想象出的血缘关系。真正意义上的祖先崇拜，是以血缘为纽带的氏族关系，即祖先与后代之间客观的血缘关系。正因为如此，彝族相信通过善待祖灵，时常祭奉祖灵，就可获得祖灵的庇佑。所以，不管在日常生活中，还是年庆活动中，彝族都要虔诚地祭祀祖先。

彝族祖先崇拜的思想基础是"三魂说"和"祖界"观念。彝族人普遍认为祖先，具有"三魂"和"三灵"。三魂各有不同的归宿，其中一魂守坟墓，一魂归祖界与先祖灵魂相聚，一魂居家中供奉的祖先继位上。所谓"三灵"，即"游灵""家灵""族灵"。而无论哪一个灵魂，其安适与否、清洁与否以及受到相应的供奉与否，都能影响和左右子孙后代的祸福兴衰。不论是"三魂"或"三灵"，都是祖先灵魂的转换形式。人死后的灵魂由于还没有即时得到招附，无固定的栖息之所，游荡不定，这种游灵会作祟于后代。当设置了灵牌以后，表明祖灵已附在祖灵牌上，能够时时得到家人的亨祭，于是又转化成了家灵。家灵在家中供奉了三年以后，又通过送灵祭等仪式，把祖灵送到祖先发祥地，此时的祖灵又转化成了族灵。与"三魂""三灵"密切相关的是"祖界"观念。祖界在各地彝人的信仰中是本民族先祖发祥分支之地，是始祖笃慕和后世各代先祖灵魂聚集之所。彝文文献《指路经》中描绘的祖界"草上结稻穗，蒿上长荞麦，背水装回鱼儿来，放牧牵着獐麂归"，是一片美丽丰饶的乐土，也是祖灵最理想的归宿。

二、彝族的毕摩文化

与宗教信仰的层次、形态相应，彝族拥有本民族的祭司"毕摩"和实施巫术的巫师"苏尼"。这是随着原始宗教的发展和分流，彝族社会产生了两种宗教司职人员。他们是彝族宗教信仰活动中心人物，对人们的日常生活、经济生产、精神生活有着极为重要的影响。

苏尼为彝族巫师的一种，"苏"意为人，"尼"指做法事时的特异情状。苏尼产生于较近的年代，据说始于五百年前住在昭觉竹核一带的补约家拉此俄觉。苏尼不识彝文，无经典，不能书符咒，司跳神禳鬼治病，法术主要有捉鬼、赶鬼和招魂三项。法器主要为羊皮鼓，上有一小钢铃，内装木枝或竹令。作法时一手持火把，一手摇羊皮鼓，全身战栗，且唱且跳，假托有神降临附体，边跳边厉声"驱鬼"，直至口角生沫，声嘶力竭扑倒在地上止。此类巫师并非世承家学，亦非拜师受业，一般是得了重病，胡言乱语，乱蹦乱跳，被认为是苏尼神附体，日久治愈而成苏尼。苏尼的政治经济地位比毕摩低。所以，毕摩与苏尼虽然都是从事信仰活动的专门人员，但有极大的区别：毕摩为人授，有严格的世袭制度，必须由男子充当，识经文。苏尼为神授，不世袭，有男有女，不识经文，注重练就身体方面的特技；毕摩多为执祭，苏尼多为驱鬼。毕摩和苏尼，构成彝族宗教信仰的两个重要角色。

毕摩为彝族原始宗教祭司。其产生的年代十分久远，是由彝族社会原始公社时期就存在的祭司演变而来。原始公社的祭司也就是氏族首领或部落酋长。到了阶级社会以后，这种政治上的统治者和宗教领袖合一的制度，一直延续了很长一段时期。到了唐宋时期，出现了"鬼主"制度。鬼主制度，见于汉文献最早的当推常璩《华阳国志·南中志》。其文载："夷人大种曰昆，小种曰叟。皆曲头木耳，环铁裹结，无大侯王，如汶山、汉嘉夷也。夷中有桀黠能言议屈服种人者，谓之耆老，便为主。论议好譬喻物，谓之夷经。今南人言论，虽学者亦半引夷经。与夷为姓曰遑耶，诸姓为自有耶。世乱犯法，辄依之藏匿。或曰：有为官所法，夷或为报仇。与夷至厚者谓之百世遑耶，恩若骨肉，为其逋逃之薮。故南人轻为祸变，恃此也。其俗徵巫鬼，好诅盟，投石结草，官常以盟诅要之。诸葛亮乃为夷作图谱，先画天地、日月、君长、城府；次画神龙，龙生夷，及牛、马、羊；后画部主吏乘马幡盖，巡行安恤；又画夷牵牛负酒、赍金宝诣之之象，以赐夷。夷甚重之，许致生口直。又与瑞锦、铁券，今皆存。"①

昆、叟都是彝族先民。这里的"耆老"，便是当时彝族社会的"主"，就是"夷经"的掌握者。他们既是氏族部落的首领，发号施令于其成员，善于言议，调解氏族内部纠纷，以屈服种人，又是掌祭祀之事的"鬼主"。唐樊绰《蛮书》载："此等部落，皆东爨乌蛮也……大部落则有大鬼主，百家二百家小部落，亦有小鬼主。一切信使鬼巫，用相制服。"明确记载了鬼主制度在彝族先民乌蛮各部落的通行情况。《新唐书·南蛮列传》同样载"夷俗尚巫

---

① （晋）常璩著，刘琳校注：《华阳国志校注》，成都时代出版社2007年版，第188、189页。

鬼，谓主祭者为鬼主，每岁户出一牛或一羊，就其家祭之"，"乌蛮与南诏世婚姻……俗尚巫鬼……大部落有大鬼主，百家则置小鬼主"①。十分清楚地记载了彝族先民习俗"尚巫鬼，兴家祭"，把自己的尊长和主祭者称之为"鬼主"。《宋史·黎州诸蛮传》说："黎州诸蛮，凡十二种：曰山后两林蛮，在州南七日程；曰邛部川蛮，在州东南十二程；曰风琶蛮，在州西南一千一百里；曰保塞蛮，在州西南三百里；曰三王蛮，亦曰部落蛮，在州西百里；曰西箐蛮，有弥羌部落，在州西三百里；曰净浪蛮，在州南一百五十里；曰白蛮，在州东南一百里；曰乌蒙蛮，在州东南千里；曰阿宗蛮，在州西南二日程。凡风琶、两林、邛部皆谓之东蛮，其余小蛮各分隶焉。邛部于诸蛮中最骄悍狡谲，招集蕃汉亡命，侵攘他种，闭其道以专利。曰大云南蛮，曰小云南蛮，即唐南诏，今名大理国，自有传。夷俗尚鬼，谓主祭者曰鬼主，故其酋长号都鬼主"，"邛部川蛮，亦曰大路蛮，亦曰勿邓，居汉越嶲郡会无县地，其酋长自称百蛮都鬼主"②。这就明确地说明，主祭者就是"鬼主"，大部落的酋长称"都鬼主"，所以，史书有称彝族建立的政权为"罗施鬼国"的。鬼主既是部落的政治首领，又是宗教首领。直到元代，朝廷在彝区设置土司，祭司才从统治集团中逐渐分离出来，演变为毕摩。

到了清朝，彝区社会结构发生了重大变革，清政府在川、滇、黔彝区实行了大规模的改土归流政策，替之以中央政府直接任命的流官，彝区腹地黑彝势力不断崛起，直接危及土司的统治。雍正初年，西南地区改土归流，大多数彝族土官被革除，毕摩们再也无政可佐，其政治地位、经济地位下降，由此退出了政治舞台，流入民间，形成了一个专以祭祀、禳灾、占卜、祛秽为职业的阶层。地位下降与无政可佐，使毕摩们成了贫民阶层。生活于民间，他们有了更多的时间与精力，埋头于祭祀、掌史、占卜之职，收集、整理民间文化成果。清顾炎武《天下郡国利病书》卷四十五说，当时的彝族"病无医药，用夷巫禳之，巫号曰大觋嫓，或曰拜玛、或曰白马。取雏鸡雄者生剐……以占吉凶。或取山间草，齐束而拈之，略如蓍法，其应如响。有夷经，皆爨字，状类蝌蚪，精者能知天象，断阴晴……民间祭天，为台三阶，亦白马为之祷"。这里的"大巫觋""拜玛""白马"已不再是昔日的"鬼主""都鬼主""奚婆"

---

① 《新唐书》卷二二二，百衲本《二十五史》第4册，浙江古籍出版社1998年影印本，第758页。
② 《宋史》卷四九六，百衲本《二十五史》第6册，浙江古籍出版社1998年影印本，第1422页。

了，而是流于乡里替民众禳灾祛秽、占吉凶、断阴晴、祭天地的毕摩了。

毕摩识彝文，通晓彝经，他们引用经文驱鬼、占验吉凶和画符念咒，主持安灵、送灵、禳灾、祈福、驱鬼、招魂、合婚、咒人、占卜以及对窃案进行"神明"裁判等宗教活动。有的毕摩还通晓律历，熟习医药、谱牒、伦理、神话等方面的典籍。习毕摩者毕世承家学，但亦有拜师受业者。一般不脱离生产，但从宗教活动中收取较高报酬。①

毕摩具有多重身份，从宗教职能来看他是祭司，是彝族原始宗教礼仪的主持者，是沟通人与神的中介。在古代彝族"君、臣、师"的政权结构中，毕摩担任着"师"的职责。毕摩通晓彝族文字，是彝族知识分子、经史学者，又是彝族文化的代表者、传承者。在生产力极为低下的原始公社时期，面对自然界及人类社会中各种不解之谜，彝族先民便把它都归之有神灵在主宰，在这种思维意识中就逐渐产生万物有灵的观念，并对它顶礼膜拜。无论是为生者求福，死者安葬，祛邪驱鬼，纳祥求福，拜神乞药，都寄托于介于人神之间作为媒介的毕摩身上，通过毕摩与神灵交往，企求一切能平安如愿。在漫长的社会历史演变过程中，毕摩成了为彝族社会生活中主持祭祀，禳解崇祸，占验吉凶，主持盟誓以及进行裁判的神灵代表。

做灵牌与送灵仪式，是毕摩从事的最隆重、最复杂、规格最高的仪式。凉山彝族在父母去世后，都要做一个象征祖灵的牌子供奉。当祖灵在家供奉一定时间后，要择日举行超度仪式，将灵牌从家中移送到祖公洞中供奉，以使儿孙们得到庇佑。超度祖先的送灵仪式，非常隆重，一般要举行三天。届时，要通知家族亲友，亲友需带牛、羊、猪、酒等前来献祭。送灵中最重要的活动是在毕摩主持下举行的一系列宗教仪式，每场仪式都具有一定的意义。祭祀开始前，请毕摩在门外搭一座棚房，俗称经堂。在经堂的四周解污后，毕摩走进丧家正屋，向祖灵献酒，在灵牌下念《请灵经》，说明其儿子要为父母举行超度仪式了，请祖灵到棚房里。其子将灵牌取下捧在手中，女儿及亲友牵着祭献的牲畜随后，共同走进棚内绕三圈，并将灵牌供在棚房中央。女儿哭毕退出，毕摩头戴神帽，身披法衣，负经袋，手持铜铃、神扇，进入棚内，也绕三圈，开始念经。接着，在棚房外将牲畜打死，取心、肝、腰等内脏祭献祖灵。当晚，

---

① 《中国各民族宗教与神话大词典》编审委员会编：《中国各民族宗教与神话大词典》，学苑出版社1990年版，第665页。

毕摩诵经，参加祭祀者诵谱牒，唱孝歌，通宵达旦。

次日，毕摩用树枝摆成十二场祭祀方阵，并依次为亡灵除疾解污，请祖灵庇佑后人家兴财旺。第一场意为解污，即解除一切亵渎父母的污秽，以一猪一鸡作牺牲。第二场亦为解污，以两只鸡为牺牲。第三场、第四场为除疾，用草象征性地擦灵牌，意为替亡灵除去一切疾病和痛苦。第五场为还灵，毕摩换去灵牌外面的白布，以示亡灵一切得到更新。第六场为替死者的家属除疾。第七场是为前来帮忙的亲友除秽，意为使亲友的灵魂不会随送灵而带走。第八场为会灵，将所有灵牌集中在一起进行超度，所以叫会灵。第九场为祈祷儿孙人丁兴旺，财源茂盛。第十场为祭灵，以酬谢所请诸神。第十一场是向神灵祈求，将羊、猪、鸡、荞面、酒等物放置竹席上，毕摩念经，祈求祖灵助主人家人畜兴旺、庄稼丰收。第十二场为指路，由毕摩念《指路经》，指引父母的亡灵走向祖先的发源地。①

第三天，送灵。毕摩取出灵牌中的竹人，装入小布袋里，交给主人。死者的家属、亲友手持枪、刀、剑等在前面开路，手捧灵牌的主人跟着毕摩一直向前走去，不能回头，在送灵队伍的护送下，把祖灵送往深山密林的祖公洞里供奉。祖公洞是彝族最神圣的地方，是氏族、宗族、家族血缘关系的象征，也是各宗族、家族共同祭祖的圣地，任何人不得亵渎。

禳解祓祟是毕摩从事的主要宗教活动之一。禳解，就是驱灭殃祸不祥，祓除鬼怪邪祟，以求安康的活动。过去，彝族凡遇到病魔缠身、家境不顺、庄稼歉收、牲畜瘟疫等情况，都认为是鬼魔作祟所致，常要请毕摩前去作法驱除。所以，禳解巫术在彝族社会中广泛流行。禳解的方法多种多样，大致可分为洁净法、转嫁法两类。

洁净法，是用具有祓除不祥之物的水、酒等，以清除各种污秽的活动。例如用净水象征性地洁净牺牲、丧葬时的净尸活动、送灵仪式中的洁净祖灵等，用喷酒方法为祭品祛除污秽，毕摩在祭祀前用酒蒸汽为自己做清净等，都是洁净祓祟术。其中，"尔擦苏"就是祓祟术中常用的"蒸汽除疾"之法。祓祟的目的是通过巫术行为使祖灵脱离污秽邪祟，成为清洁的神灵、善灵。彝文古籍《作祭献药供牲经》中便载，"驱除污秽九炎石，用一炎石驱污秽"。据巴莫

---

① 杨学政：《小凉山彝族宗教》，《云南少数民族社会历史调查资料汇编》之五，云南人民出版社1991年版。

阿依介绍说，各地彝区常见的洁净法为"尔擦苏"。彝语"尔擦"意为烧石，"苏"意为净，"即用净石烧红，以泡马桑叶、青栎树叶、松针或青蒿的水泼于其上，用升腾的蒸汽进行被祟。这种洁净法在祭祖仪式中广泛使用。其对象除祖灵外，还有仪式场地、祭品、祭具以及执祭、助祭等。水和酒在彝人那里以具有洁净物体被除不祥之神力而用于被祟活动"①。

转嫁法是一种将邪祟转嫁于某一物体上的巫术行为，主要有禽畜移祟术、野物移祟术及鬼偶鬼板移祟术等。禽畜移祟术是最常见的一种移祟法，如在送灵仪式中，把祖灵的邪祟鬼怪转嫁到一无尾公猪身上，牵自遥远的旷地，任其流浪，忌讳返回。彝族谚语道："除祟黑公牛，断魔黑母鸡"，用于被祟的牺牲一般为黑色。毕摩还要用转牲、扫牲等方法以及咒语将邪祟从人身上、家中或祖灵除转到牲畜身上。野物移祟术是一种用野物来转移邪祟的巫术，一般用蛇来引走麻风病鬼，用猴子来牵走结核病鬼，用野鸡来带走肝炎病鬼。其具体做法是：在送灵仪式结束时，把仪式中为祖灵治病的药物和各种鬼像负在野物身上，施法念咒后，挖掉野物的眼睛，送往远方荒芜之地，以防其寻路返回。彝族民间认为这样可以使祖先摆脱病魔之纠缠，能顺利归返祖界，也可以使子孙后代不为这类病鬼所祸害。鬼偶鬼板移祟术是一种将无形的邪祟鬼怪表现在有形的草偶鬼板上，从而对其咒劝或献赶的巫术。草偶有各种各样的形状，鬼板由木板制成，一面画有各种鬼怪之象，背面写上咒语。具体做法是将该草偶、鬼板用血等祭献以示移嫁后，把它送往野外。

彝族民众认为，人有灵魂，灵魂一旦离开了肉体，就会导致人生病或死亡，只有采取相应的招魂仪式，让灵魂归体，才能保平安。这些仪式颇多，有招魂、唤魂、挽魂、引魂、赎魂、找魂、抓魂、挣魂、给魂等。凉山彝族的做法是，在主人家门口置玉米粑两个、鸡蛋一枚，从门内牵红线丈余至门外，作为引魂路线，让两人持木瓢站在门外，将瓢内的水泼出以示驱鬼，随后由家人背枪，尾随毕摩绕屋一周，边走边呼："某某的魂回来！家人在等你，家人在呼你……"同时，毕摩在屋内插树枝，将绵羊、鸡蛋、针、线、大米、白布放在面前，毕摩念《招魂经》，最后将树枝捆在村前的树上，表示将鬼驱除送走，把魂引回家中，使其归回到病人身上。②

---

① 巴莫阿依：《彝族祖灵信仰研究》，四川民族出版社1994年版。
② 何耀华：《彝族社会中的毕摩》，左玉堂等编《毕摩文化论》，云南人民出版社1993年版。

在彝族人信仰中，人死后其亡灵如果不能成为祖灵，便会变成鬼。鬼灵与祖灵有着截然不同的际遇。鬼游离失所，不是饥渴就是贪馋，经常出没在村头地边，逗留于畜圈粮囤，萦绕在火塘居室，给人们带来疾病、死亡，造成人们之间的不和、冤仇。在众多的鬼怪中，疾病鬼最为普遍，如麻风鬼"初"、干病鬼"牛力母"、肺病鬼"纽纳"、出疮鬼"迪木"、肝病鬼"色纳"、"斯色"鬼、"色勒"鬼、"斯尔惹尼"鬼、"斯尔尼日"鬼等。对于给人们带来疾病与灾难的这些鬼，彝族人多是诅咒、驱逐、镇压，即使有祭鬼、娱鬼、媚鬼之举，也是为了达到驱逐与远离之目的，使人们从恐惧心理和生存危机中解脱出来。因此，彝族民间对付鬼怪以预防与治疗疾病的仪式最为频繁多样。

凉山彝族认为麻风病是由称为"初"的鬼怪作祟引起的。治疗此病，只有请毕摩施法惩治。行此仪式，需要用牛一头、猪二头、鸡六只、猪油小半锅、酒三坛，砍树枝三百对，插于山顶，摆下"天神方阵"后，杀牲祭天、地、水众神，吁请各路众神将麻风病鬼吃掉。毕摩一边念经，一边炼猪油，待油热冒烟，放入镰刀一把、铜器一件、铧口一件、斧子一把、尖刀一把，让病人绕锅转一圈后，分腿蹬于锅上，用油烟熏裹毡。有的则让病人坐于大蒸笼内蒸熏。①

肺病也是由鬼"纽纳"作祟所致，亦需请毕摩施法驱除。毕摩要在主人家锅庄上方插上六根神枝，用艾蒿水淬入烧红的石头解污，然后请山神与"缺谢"（毕摩专祀神）助法。毕摩对着一只绵羊或其他牲畜念咒语，先让人举起，在病人头上转三圈至五圈，同时在病人身上摩擦，然后将牲畜宰杀，取心、肝、腰煮熟后，供在锅庄上方神位上。继而将事先扎好的草鬼送往屋后沟头，念驱鬼咒语，最后将病人魂招回，即告结束。

咒鬼，是彝族民间常用的一种咒术。彝族认为，各种凶鬼恶鬼都同人一样，具有喜怒哀乐的多重性格，倘若他们喜乐之时，能够造福于人；若怒哀，就会降祸于人。所以不论是为了度送祖灵，还是为了治病救人，安顺家业，都要请毕摩进行咒鬼仪式，将鬼怪驱逐出去。凉山彝族为病人咒鬼，一般需要三天，先准备好一头山羊、一头猪、一头鸡，三十根白杨枝，三十根柳树枝。请毕摩到家里，将树枝插在锅庄旁，把羊、猪、鸡拉放在毕摩面前，毕摩诵《咒

---

① 四川省编写组编：《四川省凉山彝族社会调查资料选辑》，四川省社会科学院出版社1993年版，第385页。

鬼经》后，把牲畜打死，以祭鬼神。有的地区则用木阵图方式来驱鬼，木阵图通常选用柳枝、挑枝、栗树枝，毕摩把这些树枝，插在主人住房附近的坡地上，组成几个方阵，念诵《咒鬼经》，作法将恶鬼驱入木阵内，将鬼围困在木阵之中，不得逃逸。①

盟誓神判，是借用神的力量来解决世俗中疑难事件的一种巫术。在发生战争、议和以及订立重大协议的过程中，由毕摩主持，请神灵监督，使双方恪守盟约。其方法多种多样，以"椎牛盟誓""歃血盟誓""打鸡盟誓"最为通用。如椎牛盟誓，相当神圣和威严，它用在缔结盟约的仪式上，旨在结成一心，互相帮助，同仇敌忾。其仪式为用一牛作牺牲，双方诅盟，表明决心，由毕摩诵经，通报天地神灵，莅临监督。毕摩念毕，当场取斧将牛打死，取出五脏，然后将牛皮连头带尾及四肢，挂于一个高高的木架上。木架两端立有四根柱，中间有一横木，一端高一端低，斜横在四根木柱的中间，牛头放在高的一端，双方依次从牛尾一端钻进，从牛头一端钻出。参加盟誓者仰天赌咒："有负此盟，当同于鸡、牛。"咒毕，接过牛血和鸡血混酒，一饮而尽，以示结盟。②

在因财产、盗窃、口角等引起纠纷又调解不决时，彝民亦会延请毕摩，施行神灵裁判，这是彝族习惯法的重要组成部分，曾广泛流行于大小凉山彝族地区。常用的神判术有打鸡狗、捧铧口、捞油锅、嚼生米等。如盗窃事件，被盗者一口咬定为某人所为，而对方又坚决否认，便行此仪式。其程序为由毕摩执鸡念咒后割杀鸡颈，滴鸡血于酒中，在毕摩作证下，让被怀疑者饮下血酒，饮下后被盗者不再追究。又或双方争执不休又难断是非，一方以为另一方所为，而另一方又坚决否认，则双方在毕摩的作证下打鸡诅盟，并以自己的生命作为赌注进行赌咒，说是如果自己违背良心则会似所打之鸡而亡。捧铧口，用于因盗窃、抢劫或其他事件而引起相互怀疑，要在捧铧口仪式中决出是非。行此仪式前被怀疑者要提前几天身着白装带一白公鸡到山上请神灵为其伸冤，而后在高山上举行仪式，双方事先要下赌注，赌注由毕摩验证收藏。届时双方各组织族人前去助威，请一毕摩在中间行法，请求天地神灵主持公道。由帮手将

---

① 左玉堂：《中国西南彝族毕摩文化》，左玉堂等编《毕摩文化论》，云南人民出版社1993年版。
② 起国庆：《彝族毕摩文化》，四川文艺出版社2007年版，第87页。

一铧口烧红,让被怀疑者两掌并伸,在掌上放九根白木条,在木条上展放一方白布,然后将铧口端放于其上,让捧者前行九步后丢下,察看其掌,若伤则为输,若无伤则为赢。判决出是非后,一切费用由输方承担,赌注归赢家,并由毕摩作证打鸡盟誓以后谁也不准反悔。捞油锅,即在沸油、沸水中捞物。有捞鸡蛋、捞石子、捞钱币、捞米等,其目的与捧铧口相同。其法是先煮一锅沸油或沸水,放钱币或鸡蛋或金属块或石块或米等一物于沸油、沸水中,由被怀疑者挽手捞出锅中之物,若捞不出或捞出但手被烫伤则为输,既捞出又无伤则为赢。

  占卜是毕摩普遍使用的一种原始巫术,也是生活中不可缺少的重要一环。凡有疾病祸祟或临敌、出征、合婚、贸易、丧葬、盟誓、播种、狩猎、出行及一切疑难不解之事等,彝人都要请毕摩占卜以定吉凶,而后做出决断。明景泰《云南图经志·曲靖府》记载:彝人"遇有一切大小事,怀疑莫能决者,辄请巫师以鸡骨卜其吉凶"。彝族占卜术种类很多,常用的有胛骨卜、打木刻、蛋卜、鸡骨卜、胆卜等。

  胛骨卜是彝族社会普遍通行的占卜术。凉山彝族欲占疑难、灾病、吉凶,一般都要带上一干净而放置一段时间的羊胛骨,告诉毕摩所占求之事,由毕摩通过与神灵交通而占之吉凶。占法是,将所占之事告诉毕摩,毕摩席地而坐,手执胛骨,用一小如豆粒大小的特别加工过的火燎草点燃,放于光滑的骨面让其慢慢灼烧,并诵羊胛骨占经,待火熄后将胛骨掷地冷却片刻,尔后用手指蘸唾液少许轻轻按压被灼烧处,让其显出裂纹,再观其骨面上下左右裂纹的方向、弯曲变化度和长短来判断吉凶。通常将骨面裂纹按其位置的不同分为天、地、主、客四部分,裂纹在上代表天,在下代表地;主与客的区别则因肩胛骨左右不同而互易,骨脊一方为主,另一方为客。主方代表自己,客方代表敌人,天代表鬼神等外界力量,地代表自己的命运福泽。如果主方强客方弱,则主方的裂纹又直又长又高,视为吉兆;反之,则为凶兆。在判断吉凶时,还要参考天、地方的裂纹,因为天、地方代表鬼神的态度和自己的命运。所以,某种裂纹是否出现,或是否出现二道裂纹,也成为判断吉凶的根据之一。①

  打木刻,亦是凉山彝族惯用的占卜方式。求占者坐于一边,让占卜人盘腿而坐,一边念诵木刻卜经,告知神灵欲占问事宜,与神灵约定在木刻上显示神

---

① 江宁生:《彝族和纳西族的羊骨卜》,《民族考古学论集》,文物出版社1989年版。

意，一边用刀在蒿杆上任意刻下纹路，刻毕后在蒿杆中下部和上部任意切割两点，将刻纹分成三组，再以每段刻纹的奇偶与秩序的不同排列组合，以解所疑之事。通常，他们将杆根部处一组称为"库"，意为"内"，上面一组称之为"黑"，意为"外"，中间一组称之为"库纳黑纳"，意为"内外连结"。以每组的奇偶数排列，可组成八组卦像，此八组卦像又可按"库沙"和"尼沙"两大不同内容，可作十六种不同的解释。其中"库沙"是用于占测病人吉凶或屋基之好坏或占测触忌犯禁后能否消灾的；"尼沙"则是用于占测外出远行之吉凶祸福的。在一般情况下，占"库沙"时，上组双数为吉，单数为凶；下组单数为吉，双数为凶；中组则若为单数，同上组为凶，同下组为吉；若为双数，同上组为吉，同下组为凶。占"尼沙"时，与"库沙"相反。如果要占作祟之鬼或所用牺牲，也要以卦像定之。彝族问所占之事，诸如做何仪式为吉，一般不笼统地问行哪一种仪式为吉，而是逐一占之，若先问用一只白色公鸡做清洁仪式吉否？若显不吉兆，再问用白色绵羊如何？若不吉，再问其他牺牲用物吉否，直到求得吉兆为止。

鸡蛋卜，择基占吉凶之灵媒。普普通通的鸡蛋，在彝族人眼中，除了有孵鸡、祭献、食用之功用外，其最重要的功用就是占卜吉凶，预测祸福。将鸡蛋打入预先备好的木碗中，以蛋之形态、气泡的不同状态来占验何种鬼魔邪怪作祟于人，是彝族最为常见的占卜术。鸡蛋卜有两种，一种是用于选择新房基宅时，通常取一鸡蛋在欲择之屋基处煮熟后，剥皮以观其凹陷处的所在方位及形状来卜所选屋基之吉凶祸福，以鸡蛋顶端平整无缺陷为吉，如果有缺陷，则放弃该宅基，另占其他地方。一种是用于占患疾之人身安康。这种占卜主要用于某人患病在身，不知道是何种妖孽邪魔作祟？是否危及生命？何时能除灾病？由此情况，就可用鸡蛋占卜疾病之缘由。这种占法，先取一新鲜鸡蛋，先由病人用针在蛋上凿一小孔，呼气入内，然后在身上各部位反复擦拭，交给毕摩，毕摩右手执蛋，左手拿着青蒿枝沾水拭蛋孔，同时口念相关经文。念毕后将蛋清蛋黄倒入盛清水的木碗里，观其蛋各部分形状、位置、颜色以及泡沫判断出所得之病、所缠之鬼怪。如蛋黄无阴影，为纯黄色，是体内无病之兆。蛋黄左边有一个绿色的泡，这是山神在护助、支撑着病人。蛋黄右边有一个绿色的泡，这是表示魂尚在，可以招回失魂。假如有几个小泡紧连为一组，无蛋清缠绕飘浮于水面，这是专使人肚痛、耳鸣、头昏眼花的"死而"鬼，需要放枪鸣炮驱赶。如有许多蛋清托着两个大泡，这是黑彝变成的"拖伙"鬼在折磨病人，需要祭送走。此外，让水旋转时，丢蛋壳于上，观其泡沫停留时所指方向，以察病人灵魂是否守舍。鸡蛋卜经，比较简单，一般只要说明所占之人，与神灵约定将作祟之鬼怪显于鸡蛋上即可，其技术在于如何观看各种泡沫的状态，需选用何种仪式驱遣或治疗。

另外，鸡占是彝族古老而普遍的占卜法，流传至今。占法多种多样，用途不一。如"抖鸡占"，用在招灵引魂仪式上。毕摩念诵经文后，将一鸡挂于门楣上，观鸡抖动与否来占卜离体之魂灵是否归来，若抖动，则说明灵魂已回来附体，若不抖动，则另行换鸡，再诵请魂经，直到抖动为止。"鸣鸡占"，在某些毕摩仪式中，如反咒仪式上，将雄鸡打死后，用刀在鸡翅根部剖一口子，毕摩念诵相关语录后，在开口处吹气，看鸡尸是否发出鸣声而判断吉凶祸福等。"掷鸡尸占"，在各种作毕仪式中，毕摩手执鸡尸，口诵驱遣之语，将鸡尸掷向门口或前方，看鸡头所朝方向判断鬼怪之去留，如果鸡头向外，预兆吉顺走。"鸡舌占"，这是一种最常用的占卜法，彝人吃鸡，都要在鸡肉将好而未放盐时先取鸡头掐掉鸡冠尝一下，然后取出鸡舌，观其左右内外阴阳大小舌的翻卷程度来卜吉凶祸福；待客时，如果遇不吉状，则需另行杀鸡，直到得到吉兆为止。"鸡胪骨占"，在某些仪式中，毕摩在作鸡舌卜后，剥去鸡头皮，观脑胪骨之颜色的深浅、白的程度、形状来卜吉凶、阴晴等。"鸡股骨占"，在一些特定仪式中，用鸡作牺牲时，股骨不能啃食，不得有损，剥其肉后，用小刀刮净股骨之凹面，观其血孔，用黄连刺或细竹签插之，然后将两根股骨排成内外、阴阳，观股骨上血孔的位置和多少，来卜吉凶祸福。

以猪及内脏来占卜是流通行于川、滇的彝族地区的占卜法。逢年过节和男女青年订婚，预测来年人丁、牲畜、疾病等吉凶，都可用猪来占测。这些占卜主要有"猪嚎占"，占测祖先是否接受该年猪，杀猪时以猪叫得越凶越吉，表示祖先已高高兴兴地接受了年猪，预示着祖先护佑，来年必定平安吉祥；如果猪不嚎叫，则意为该猪有缺陷，祖先不愿意接受，必须换一猪过年。"猪血占"，通过观年猪血的颜色深浅浓淡、血面上血泡多少，来占是年财运、吉凶等。这种占法，以血泡多、血色鲜艳为佳，预示年来五谷丰登。"猪胆占"，杀猪取胆后，观察胆汁颜色、饱满程度，以占吉凶祸福，一般以色泽透明、饱满为吉，预示生命康健，婚姻美满，神灵保佑，来年人安物丰。如果要占事态有无反复、祖先神灵意向时，则行"脾脏占"，取猪脾脏视之，脾脏平展、润洁、无翻卷为吉；反之，则为凶。

彝族民间的占卜术，表现形式有很多种。除以上所述的方法之外，尚有"神签占""抖羊卜""竹灵占""默占""经书卜"等，可谓五花八门，名目繁多。在彝族先民的认知视界里，占卜术作为解开被他们视为神秘世界的金钥匙，是必不可少的生存方法与技术。通过占卜，他们的心灵得到了前所未有的宽慰，许多未知的领域通过神灵的意志显现了出来，即便占卜显示是凶兆，他们也会有相应的求助措施和方法，所以，占卜便是仪式的前奏，仪式是占卜的必然结果。占卜解除了人们很多疑虑，使他们能坦然面对生活，而仪式则将这种疑虑的解除得以实现，故在彝族先民看来，没有什么东西比占卜更为重要了。

三、毕摩经籍与宗教文化

彝族有自己古老的文字，今统称为彝文。用彝文著述的书，皆统称为彝经。对于彝族而言，彝经是其宗教信仰的经典，因此具有神圣的特性。和其他成熟的宗教一样，彝族宗教信仰的毕摩经典来源，同样有个必须承认的神话传说。洪荒时代，人间饱受着疾苦和灾害。于是天帝便派毕摩神下界解救生灵，前两次毕摩神下界后念了七天七夜的经，便解脱了人世间的苦痛。但是不久洪荒又犯，这次下界的毕摩神带来了天帝赐予的经书，神圣的毕摩经典——天书。毕摩神奉天帝之命，携带经书下界解救生灵，便将天书系在牛角上，但在渡过洪水时经书被打湿。于是毕摩神便将天书放在树枝上晒，但在取下的时候，有一部分经书粘在了树上。从此，彝族毕摩的经典便只剩下了一半。晒经书的树枝因为得到了经书的灵性，毕摩神在做法的时候便取一相应的树枝来代替那失去的另一半经书。于是树枝就成了补充经典的神枝，这便形成了彝族宗教经典的两个部分。毕摩神就是依据这部经书，解除了人世间的各种灾患，并将其交给了人间有德和能的"毕摩"，这部经书便成了彝族社会的神圣经典。

彝族的宗教经典是在毕摩的共同努力下，写成的具有神力的传统经典。不但规定了各种仪式的行为仪轨以及人们对神灵的敬仰与膜拜，同时也传承和记载了彝族社会的渊源和发展历史，为后人研究和探索彝族的宗教信仰和历史文化留下了宝贵的文献资料。毕摩经典的种类繁多，是彝族宗教祭祀重要的依据。它不但指示了彝族丧葬仪式献祭的时间、地点和各种祭品及行为的禁忌，同时也为彝族的宗教信仰提供了非常完备的宗教信条和毕摩阶层应当遵守的教义。

毕摩经典分类也各有差异，据其用途和内容大致分为"黎数""咒术""历算占卜"三大类，下分若干子类。据摩瑟磁火统计，目前收藏于凉山州语委的约有两千多卷；美姑县语委和美姑彝族毕摩文化研究中心，共有六百多卷。此外，各县（市）语委和州内各档案局、文化馆、图书馆、博物馆等都有数量不等的藏书。这些藏书加在一起，约有五千卷。①这些经书，按其总体功能即其指向性主要分为如下几类：

一是占算经。彝族是一个善于占算的民族，立身行事、建房立基、禽畜饲养、行走他乡、生殖繁衍、怪异现象等，都延请毕摩看天象，阅经书，择吉日，避凶险，所以占算知识极其丰富和繁杂。景泰《云南图经志书》中说，彝人遇有一切大小事，"休疑莫能决者，辄请巫师，以鸡骨卜其吉凶"。这些文献大多用散体写成，主要有《算命经》《骨卜经》《签卜经》《年算经》《日算经》《占梦经》《解梦经》《解鸦语经》等。

二是咒术经。彝民相信，语言的魔力可使鬼怪或仇敌在毕摩的法力下遭到应有的报应或停止害人的行为或消亡。与之相适应，毕摩经书中咒术类经书占了相当的比重。这类经书主要有《驱鬼经》《咒鬼经》《汉区咒猴经》《杉林神女经》《血经》《狐血经》《虎血经》《鹿血经》《牛血经》《禽血经》《食猴百舌红》《叟地驱猴债》《食痨百舌红》《逐痨治病书》《食人百舌红》《黑牛成符债》《乌撒双胞债》《黑牛成符经》《狐狸一般红》《红虎擒仇债》《院坝起鹿债》《凶业红虎债》《昊天神怪吉禄债》《古衣石神女》等上百种。

这类经书在功用上又分两类，一类主要用于咒鬼怪邪祟，如《驱鬼经》。今四川凉山彝族所存《驱鬼经》，内容十分丰富，包括祛鬼、祛猴瘟、除突闪、除斯闪、除邪怪、除伙欧、除麻风、除地瘴、除产痛、除天狗、除土狗、除绝亡鬼、除尼祖、除恶缘、除病、除馋鬼、除疯癫、除残骸残碳及名山胜地群神谱等，为毕摩使用的经文。②另一类主要用于咒仇敌。咒仇敌类一般用牺牲之血写成，彝族民众认为特定的动物之血具有其神秘性，可使仇敌消亡。这类文献平时存放于深山悬崖上不透风雨处，不得轻易动之。

三是驱遣禳解经，主要用于驱遣妖魔鬼怪，祓除污秽祸祟，是将各种鬼

---

① 摩瑟磁火：《论凉山彝族毕摩经典》，《凉山大学学报》2000年专集。
② 《凉山彝族驱鬼经》，台北利氏学社1998年版。

怪、祸祟、疾痼、孽债等卸除的经书，如《祛癫神经》《祛疯神经》《祛邪怪经》《祛秽经》《祛畜秽经》《遣凶神经》《遣仇敌经》《驱阴犬经》《净身经》《净坟经》《清耳经》《滤浊经》《袯尘经》《袯火祟经》《袯淫秽经》《换灵桩经》《蜕身经》《蜕旧经》《出猴经》《百解经》《解祖业经》《解瘆孽经》《除孽债经》《除业经》《除恶缘经》《除田野神怪经》《除绝嗣鬼婴经》等。

四是祈愿祭祀经，是主要用来向祖先或神灵祈求祭献的文献。如《传宗接代经》《保知识经》《寿尽求延经》《禄绝求粮经》《祭神枝经》《祭猪胛经》《献茶经》《献盔甲经》《献牛经》《供牲经》《祭祀毕摩经》等。

五是归魂送灵经，即用以将游荡在外的灵魂招引回来，或将祖先或鬼怪的灵魂送回其归宿之地的经书，如《招祖灵经》《请魂经》《招生育经》《寻魂经》《挽魂经》《唤魂经》《夺魂经》《送祖妣经》《曳地赎魂经》《诓送祖妣经》《指路经》《指妖路经》《婚媾经》等。

六是医术医药经，是用于给病人治病的经书。如《草木浴经》《献药经》《防瘆病经》《防癫经》《置牛护卫经》《圈癫祟经》《烧青油经》《蒸疗经》《避火经》《避烫经》《草木浴经》《献药经》等。

七是历史溯源类，是旨在追寻历史、物事源流的文献。一般不独立成卷，而是在相关的经文中分章叙述，如《死因病源经》《马之源流》《水之源流》《鸡之源流》《烟之源流》《荞麦之源流》《酒之源流》《判别清白经》《变祖幻妣经》《训世经》《创世经》等数十种等。

这些经书，是毕摩仪式的凭借与依据，集中反映了彝族原始宗教的意识形态。经书知识主要分两部分，一是文字知识，二是唱腔诵腔。一个毕摩必须熟悉并拥有一定量的经书，且得熟悉各种经书的使用场所，不得乱用，否则就不成其为毕摩。需要指出的是，毕摩们还必须谙悉相当的口碑经，这些口碑经是靠子承父业的方式在毕摩内部一代一代口耳相传的，不形成文字，但必须熟记于心。

毕摩作为人、鬼、神的中介与沟通者，肩负着传达历史、沟通古今、替他人禳灾除秽、治病救人、主持盟誓等任务，就必须熟悉彝族的历史、地理知识。毕摩作仪式，都要先诵《毕谱·颂毕祖》，历数历代毕摩祖先谱系与功绩，以示自己是正宗的毕摩。招得祖先神护佑仪式成功，谙悉自己的家谱和祖上的功绩尤其重要。按照彝族的认识观，鬼神邪怪之类有其家族和地域来源，来自不同等级、不同家族。在祭祖送灵等大型仪式中，毕摩们还要述彝族起源与发展的历史，唱诵著名先祖的历史功绩，因此，熟悉先祖迁徙路线、家支分布区域、山川地理、人文环境乃成重要的一课。同时送灵归祖要为亡魂指路导路，牢记归祖路线，让亡魂顺利归祖，所以，熟悉每个家族的迁徙路线、地理特征、历史掌故等，都是毕摩的基本功。在《送魂经》中，劝解逝者灵魂离开人间，应祖界的召唤，速速回归祖界，不应留恋人间荣华与富贵，不要留恋亲人。后人已经为逝者准备好了一切，希望逝者灵魂升至祖界后能够保佑其后辈子孙，去灾避祸，同时保佑整个家族的利益不受外族侵犯。

彝族有着十分古老的十月太阳历与十二兽历，是出行、狩猎、出征、行农事、占天地日月、岁时行毕的工具，这些传承了几千年的文化，得益于毕摩以文字形式固定下来，通过仪式活动保存。作为毕摩，既是神鬼中介，又是人事的指导者、教师，当然必须谙悉天文历法。同时，彝族毕摩认为，鬼怪邪神变化多端，居住地点随时日而不断变化，如传说中食人魔王居于天界，但他们善于变化居处，有的三天换一处，有的三月换一处，有的三年换一处，变化无常时常降灾于人间，只有识得天象以算其居处而行仪式才能降其威。所以，在毕摩文献与神枝神座中有十分丰富的天文历法知识与图案，其布插极为复杂。如招兵大神座仿星象，涉及的星象知识便很繁杂，需要布插名称各异的六七百双神枝，由大小不等的各种星座神位、毕摩神位、四方八角神位、牺牲位置、祭献处、战阵等构成。

毕摩是巫祭合一的宗教人员，在漫长的历史长河中，收集、积累了许许多多的传统中医中药知识，识得百草，治病于人类，只是由于巫化的因素，有些东西后来与药理学混融共生，难辨其真假，但在毕摩家传世学的文献中都有或多或少的记载，且由于地域与家族封锁性，有些药方只能口传，不记于文献中。如蒸疗病人的中草药大部分只能记在心中，文献中只有个别药物记载。就像彝称"卡都"的避火咒不能写于文献中只能口授一样，据说念错一句便可能伤身。

在毕摩仪式中有众多的草偶、泥塑、神图鬼板、剪纸与其他用物，每一种都有对其质与量的规定。如在两百多种不同名称的草偶中，关于阿史索把鬼如何扎，选用何种草、棍、签、线，招魂仪式中草偶与神枝如何布局与布插，招兵大神座中鸠鸽神位、星象图位、天父位、地母位、牺牲位、绕道位、拴牲位都有不同的造型要求，这些知识除了特别复杂的祈福大神座因太复杂而画于文献中外，一般毕摩认为简单的都不在文献中画出。这些都要靠不断的诵习，以烂熟于心为上。

毕摩们有其严格的仪式仪轨规范。这些规范制导着毕摩们必须严格地实行师承传统，不能轻易改变。如毕摩们始终严格遵守不能嫌贫爱富、不能乱点牺牲用物、不能乱索毕酬、不能不毕约、不能偷盗、不能奸淫妇女、不能轻浮、不能抢族妻，如此等等，十分复杂。如果给人作祭祖送灵仪式，必须在十多天前禁与妻同房，否则被视为邪淫毕摩为人不齿，从此便无人请。同时，毕摩们在行毕中，必须按照仪式规程一一做起，不能乱了顺序。仪式知识的复杂性决定了作为一个毕摩必须小心翼翼、时时谨记。

任何一种文化的传播，必须有其相应的传播方式与工具。毕摩文化作为一种特殊的文化现象，它的传播有其特殊的工具，即彝族称之为"司木额嘎"的法器。毕摩在做仪式时，常念诵道"神笠黑压压，法扇摇晃晃，签筒如林立，神铃似雷震"，对毕摩法具作了圣化的描述。相传在原始母系氏族时期，毕摩因不置金银水鼓，不佩杉签筒，不持樱神扇，不戴枫神笠，不摇神铜铃，不念神传经，因而驱鬼鬼不走，遣敌敌不散，祈福福不至，治病病不愈，直到维勒邛部时代，邛部才用了种种法器，毕摩的法力才大增，祛病驱鬼招魂纳福得心应手无所不至。毕摩所用的各种法器，在各种仪式中有各自的特殊功能和用途。

法器法具是毕摩从事仪式活动的手段和工具，是毕摩通达神灵、降妖除魔、禳灾祛祸、祈福纳福等所凭借的具有特殊神力的工具。在凉山地区，毕摩常用的法器法具主要有法扇、神铃、神笠、签筒、神枝和经书，随身携带的用具有法网，护法法器有鹰爪、猪牙项圈、虎牙等，临时制作的法具有响竹、水鼓等。

法扇，彝语叫"切克"，据传为维勒邛部时开始使用，一般用于超度送灵、猪胛卜以及制灵牌等仪式上，用以盛撒代表金银的木屑、荞花、大米等祭品给祖妣或鬼魂献食，或用于煽鬼魂，或用于盛撒代表祖妣遗留五谷的粮食粉赐福后代。法扇有竹法扇和铜法扇两种。篾编法扇成扇状，中间以木柄穿镶而成，编制时，先用篾片编织一圆盘，且编出方格为眼，眼有九眼和七眼之分，然后用樱木制成蛇身鱼尾状（表示龙）的木柄插盘而成，柄端装饰二神鸟盘踞，背面柄身雕以护毕神鹰、护毕神虎和吞邪豺狼，柄把上刻东南西北天地四方和擎天四柱。不同法扇用于性质不同的仪式场合，九眼扇用于超度凶死之魂，七眼扇用于超度吉死灵魂，铜扇用于超度麻风病死魂和与麻风病有关的仪式活动。一般认为，法术高超的毕摩才可以使用。

神铃，彝语叫"毕句"，是一种毕摩用于仪式中摇动而发声以通神灵、降妖镇怪的用具。在仪式中，毕摩们往往手持神铃，一边摇动一边诵经，诵经声与神铃声交相应和，节奏鲜明，清脆悦耳。现在见到的毕摩神铃，一般为铜制，呈喇叭形，顶部有孔穿以皮绳。毕摩经书载："世间击皮鼓，鬼界若雷鸣，世间奏铃铛，鬼界响叮当。"可见神铃是毕摩在作驱鬼等仪式时用以传递神、鬼、人之间的信息并助毕摩法力的工具。

神笠，彝语叫"勒伟"，是毕摩的保护伞和避邪物，外出作仪式时斜挎于身，行毕时戴于头上。一般用蔑编成，上加缝一层纯羊毛毡，形如大斗笠。有的以黑色毡片或纯白羊毛制成圆形小帽套于笠尖上，谓之"毕尔拉略"，意为"虎眼神笠"，每作一次送灵仪式，便加一层羊毛毡。其层数愈高，表示毕摩毕术高超而被请的次数多，所以彝语谓之"神笠毕晃晃"。据传古时候的神笠为红色八角形状。

签筒，彝语叫"乌吐"，是毕摩常用法具之一，被认为有镇魔降妖之功用，木质，中空，底呈圆柱形，顶为尖状或半椭圆形，长短不一。签筒分公、母、子三种，尖部张口成梭锥形为雄性，张口呈半椭圆形为雌性；签筒由上下两节合成，上节谓之柏公，由名山深处柏树制成，下节谓之樱母，由采自名山深处猎犬不及之处的樱木制成。签筒长度与持签筒毕摩前肘长度吻合。签筒内装毕摩占卜用的神签，彝语谓之"洛乌"，有十八支或十一支两种。神签用竹削成，分阴阳两种，削成叉形为阴签，削成一侧尖形为阳签，用于占卜。签筒两端系以皮绳或铜链制就的背带，毕摩出行或举行仪式时持其斜挎于背上。

神枝，彝语叫"依伙"，以"依伙"树枝制成，分不去皮、去皮、去部分皮，有叉、无叉、带叶、不带叶等七种，用以布设法阵。依据不同的法事，所用数量也不同，自十几根、数十根乃至数百根不等，多者至千根。神枝也可用杉树制作。

在浩如烟海的凉山彝族古籍和毕摩经书中，有着许多图经、图文混合式经书、插图及造型画。这些由毕摩因宗教活动需要而创作的民间图像，可称之为彝族宗教绘画。彝族宗教绘画往往由彝族巫师毕摩绘成，或书于彝经，或作于鬼板或那史。其中反映的内容丰富，风格独特，古朴神秘，以绘画的形式阐释经书的内容，是达到经文图像化的一种绘画语言。

毕摩绘画有悠久的历史。从现存的彝文古籍中可以看出，毕摩绘画的历史可以追溯到图为文、图为字的象形文字时代，比彝族文字的历史还长。"彝族作为我国古老的民族之一，她的文字从西安半坡出土的彝文陶片算起，迄今已有四千多年。"①从在滇、川、黔、桂等彝族地区发现的原始岩画来看，其中有相当一部分的内容，都与原始宗教有关。如云南沧源岩画，有大量的神祇、祈雨场面、模拟巫术、神话等，可见是原始宗教的绘画。广西壮族自治区左江流域岩画，都有正身或侧身的舞蹈形象，还有龙、狗、铜鼓、铜羊角纽钟、环球刀、剑、太阳、船等内容。从宗教学的角度分析，这些原始祭祀绘画，当与彝族先民有着紧密的联系。

毕摩绘画是因宗教活动的需要，以彝族历史文化为背景，以预测占卜人生命运福禄、择日等彝文经籍内容为题材，以彝经为载体，用民间绘画艺术表现手法进行系统生动的图解、释意而再创作的绘画。有的也不完全是图解、释意，有经书系列连环画式的插图，也有散见于经书的零星插图。各图之间既有内在联系，又可独立成单幅画，不受任何形式的约束，形成鲜明的民族特色。表现手法朴实生动，构思奇巧，简洁夸张，概括出一幅幅耐人寻味的图画。

如在推算吉凶日子用书《历算书》《通书》中，毕摩围绕母题而创作了系列插图。彝人事无巨细，都要请毕摩占验吉凶、择日，一般是按年月日时、春夏秋冬、五行八卦、天干地支、二十八宿等来占卜预测迁居、奠基、立柱、出征、狩猎、远行、除魔、驱邪、降妖、盟誓、疾病、播种、收获、祭祖、修建、行船、骑马、会亲、贸易、婚配、祭灵、丧葬、还赋税、入宅、沐浴、更衣、穿甲、执戟、打矛、装弓、置仓、破土等四十余种生产、生活、社交活动中的吉凶。云南武定毕摩绘画、贵州水城毕摩绘画，每项内容配以图像，左图右文或上图下文，图文并茂，相辅相成，生动直观。

毕摩绘画具有鲜明的民族性。由于过去彝族居住地多数在山区、半山区，地处偏僻、交通闭塞，与外界交流机会少，许多毕摩不识汉文，因而受其他民族的绘画、文化影响较少，所以彝族毕摩绘画多数是毕摩根据彝文经书内容，联系彝区生产生活习俗、祭祀礼仪，借题发挥，凭自己的想象绘画成相应的插图。这些绘画涉及彝族社会生活中的哲学思想、社会历史、伦理道德、天文、

---

① 瓦其比火：《古朴而神秘的线描艺术——论凉山彝族毕摩画》，《西南民族大学学报》（人文社科版）2003年第8期。

历法、文学艺术、风俗礼仪。有的反映传统人物、神灵人物、鬼神信仰、祖先神像、创世英雄、自然神像，有的表现彝人劳动生产、生活祭祀习俗，有的描绘日月星辰、植物、家畜、飞禽走兽（如龙、虎、鹤、鹃、鹰、獐、麂、鱼、蛇、鸡、猪、牛、马、羊）等方方面面，但都以人的活动为中心，同时反映了人与自然的和谐相处。

毕摩绘画内容具有现实性、广泛性，是彝族古代社会生活的缩影。在毕摩绘画中一般都以人为主，有君、臣、师、匠、百姓和奴隶的形象。君端坐于上堂，或骑马或坐轿巡视、狩猎，前呼后拥。臣端坐于案堂料理诉讼，案前有跪着的、受刑杖的案犯，毕摩则立于祭场，一手持神铃，一手持彝经或神枝，面前插有神枝，或摆有祭品、祭牲，一派庄严肃穆景象，使我们仿佛听到阵阵神铃声伴着朗朗的诵经声。工匠打制铁农具、造刀器或做木活，百姓放牧、农耕或饮宴，奴隶则侍候主人于左右，展现出一幅幅活脱脱的社会生活图画。

在云南哀牢山、四川大凉山的彝家，大都有一幅宗教画，绘有各种神像，其中土主神为众神之主。自称"罗罗颇"的彝人，大多在供奉祖先灵台的屋内正龛墙壁上，又供一幅由毕摩绘制的男女祖先像，为祖先崇拜的典型。彝人认为祖先不但繁衍后代，还为后代创造财富，建造田地房产，即使去世了，也会保佑子孙后代，所以绘画中常有画毕摩为亡灵作祭、作斋、作送灵仪式，以祈求祖宗保佑。

毕摩绘画具有传承性，起到承上启下的作用。它上承岩画风格，具有晋代昭通霍承嗣墓壁画和唐宋时《南诏图传》《大理国画卷》遗风，其历史背景有类似之处。如《大理国画卷》中有一鸡冠人身图，滇南毕摩绘画、峨山毕摩绘画中也有鸡冠人身和鸟头人身图。据《华阳国志·南中志》记载诸葛亮根据"九隆"神话而作"龙生夷图"，"其俗征巫鬼，好诅盟，投石结草，官常以盟诅要之。诸葛亮乃为夷作图谱，先画天地、日月、君长、城府，次画神龙，龙生夷，及牛、马、羊，后画部主吏乘马幡盖，巡行安恤，又画夷牵牛负酒，赍金宝诣之象，以赐夷。夷甚重之，许致生口直，又与瑞锦、铁券，今皆存"①。可惜诸葛亮的画早已失传。但类似诸葛亮"龙生夷图"及夷人画龙之风犹存，或许因诸葛亮"乃为夷作图谱"而"夷甚重之"，所以此风沿袭流传下来。

---

① （晋）常璩著，刘琳校注：《华阳国志校注》，成都时代出版社2007年版，第189页。

毕摩绘画中有许多反映驱鬼召神的内容，这类绘画被称为神图。彝族创世史诗《勒俄特伊》中的射日英雄"支格阿鲁"，出生于龙年龙月龙日龙时，是龙鹰之子，有神奇的身世，具备降魔伏鬼的特殊本领，乐于为民除害和主持公道，关于他的神话传说在彝族民间可谓家喻户晓、妇孺皆知。而在毕摩的神图中通常也是以支格阿鲁的形象为主体进行构图，以简洁的线条浓缩了他降魔伏鬼的神迹异事。常见的还有天师六毕摩下凡、地师六毕摩聚会、毕摩聚会赛诗、狩猎、骑虎、骑鹰、龙虎八卦、祭祀五谷神灵、祭日月神、除邪驱鬼、招魂驱魔、鹰蛇大战、牵虎降妖、笃慕葫芦、笛招太阳、唢呐送祖、洪水滔天、驾云巡游、诅咒解咒、做寿木、抬灵柩等上百种不同的绘画题材，其中以日、月、神话人物为主。

当彝家延请毕摩举行咒鬼仪式时，都要选用山羊作为咒牲，并在木板上书画各类鬼的形象加以诅咒，所以称为"鬼板"。毕摩擅长画图文并茂的鬼板，他们往往直接以自制的竹笔，蘸和着咒牲之血与锅底黑烟将所咒之鬼画于劈砍好的木板之正面，将咒鬼之词书写到木板的背面；仪式临近结束时，要扔草鬼与掷鬼板，以示驱鬼出户；仪式完毕后由助手将鬼板送往通向鬼山德布洛莫的道路口，并置于路旁的树杈上，以示将鬼驱送回鬼域。今凉山美姑县彝族毕摩还保留了二十余种鬼板画，如神怪污祟画板、鸡祟狗祟画板、鬼板画、恶缘鬼板画、猴瘟鬼板画、除怪祟板画、凶鬼板画、麻风祖板画、麻风妣板画、麻风鬼板画、除神怪祟板画、诅咒板画及木只护卫牌等，用于咒鬼活动中。

"那史"是彝族传统文化中最具原始性的绘画艺术。毕摩在举办丧仪为死者超度时，要请画工绘制神案，这种神案，彝语称为"那史"，语义为"盖住眼睛"。有的地方称为"吐曲"，语义为"遮住面容"。神案由妇女织十余丈麻布做成布壳，粘贴画像，富裕人家多直接画在锦缎或白布上。《大方县志》卷十三引《黔南职方纪略》记彝族葬俗曰："瓮车者，高四丈，四隅各竖木为柱，覆之以草若亭状而可异之以行，用布或帛绘鸟兽花卉其上悬之。"①毕摩一般都有图谱作为画那史的根据。

在毕摩绘画中，常用红、黄、绿、白、黑等五色，每种颜色都有其丰富的含义，表现了彝族先民的五色观。如青、绿，表示东方、甲乙、春天、青龙；赤、红，表示南方、丙丁、火、夏天、赤龙；橙、黄，表示中央、土、黄

---

① 贵州省大方县地方志编纂委员会编：《大方县志》，方志出版社1996年版。

龙；乌、黑，表示北方、壬癸、冬天、黑龙；白，表示西方、庚辛、金、秋天、白龙。五色还分别象征五天君。在祭祖仪式中，每个家支均要抬红、黄、绿（蓝）、白、黑五色星旗，象征火、土、木、金、水五行，认为这五行是构成世界万事万物的基本物质。彝族五色观中又以黄、红、黑三色为主，彝族漆器、服饰颜色亦然，它是彝族长期的历史文化积淀，表达喜、怒、哀、乐、生死、祸患、吉凶、善恶。红色象征热情、奔放、勇敢、激昂及神圣的火；黄色象征善良和友谊，意为金子般的品德，是美丽、永恒不变的伦理，是日月之光的代表；黑色象征刚强、坚韧、成熟、庄重、威严。红、黄、黑三色运用比较广泛，可称为三色文化，它是彝族绘画和工艺美术的基调。

第三节　羌族的宗教文化

羌族是我国历史上一个人数众多、分布广泛、影响深远的古老民族。考古发掘、甲骨文字和历史文献中，翔实生动记载着羌人的业绩和对中国历史的杰出贡献。在古羌人聚居的甘、青一带，已发现大量新石器时代文化遗址，这些远古文化均与羌人有关，特别是卡约、寺洼、上孙家寨、辛店、诺木洪等文化或类型，与羌人的关系更为直接。在地域上，这些文化遗址分布在东部的黄河、湟水和大通河流域，而这一带正是古羌人活动的中心区域。这些文化类型地区中的墓葬一般都殉葬马羊牛等牲畜，表明其所属社会畜牧业较发达，与历史上河湟地区的羌人直到汉初仍以畜牧业为主的记载吻合。古今羌人皆崇拜羊，岷江上游的羌人信仰羊神，《山海经·西山经》说，由崇吾山经三危山、积石山、玉山到翼理山一带，当地居民所供的神，状皆羊身人面。这些地区正是羌人活动之地，也是卡约、寺洼、上孙家寨、辛店、诺木洪等文化或类型存在的地区。

根据甲骨文记载，早在殷商时代，羌人已活跃于当时的历史舞台上。当时羌是殷王朝众多方国之一，又称"羌方"，主要分布在今甘肃、陕西西部、山西西南及河南西北一带。殷初与羌人有着密切关系。《诗·商颂·殷武》："昔有成汤，自彼氐羌，莫敢不来享，莫敢不来王。"说明羌人已臣服于殷。殷王朝还不断对羌人用兵，大量俘虏他们做奴隶，有时还残酷地使用羌奴作为祭祀鬼神的人牲。羌人奴隶是殷代奴隶阶级的主要构成者。殷王朝对奴隶的压迫，致使大量羌奴逃亡，故甲骨文中多有"追羌""执羌"的记载。在羌奴的反抗下，殷代晚期，以他们作人殉的情况已大为减少。在羌人和其他被奴役者的不断反抗下，终于覆灭了殷王朝。《尚书·牧誓》记载参与周武王讨伐商纣的有庸、蜀、羌、髳、微、卢、彭、濮八族，羌居其一。

周代与羌人的关系更为密切。西羌中姜人原与周人为邻，居于渭水支流岐水流域，故《水经注·渭水》说，岐水"东径姜氏城南"，故称姜水。传说周人的始祖名"弃"，乃是姜人之女姜嫄的儿子，故周人又奉姜嫄为始妣。整个周代，周人和姜人长期结成婚姻联盟，相互支持。比如周武王妃邑姜，周成王妃王姜，都是姜人之女；周王朝建立以后，又相继分封了不少姜姓的诸侯国，如齐、吕、申、许、纪、向、州、彰、厉等，作为周朝的屏藩。周代，这些姜姓封国在开发祖国疆土中发挥了很大的作用。羌人中生产水平最高，接受中原文化最多，且与周王朝关系最密切的姜人，历周世已基本融合于华夏人当中。

东周时，在西北的戎人大量涌入中原，散居各地，对当时的政治、经济影响很大。《后汉书·西羌传》说："自陇山以来，及乎伊、洛，往往有戎……当春秋时，间在中国，与诸夏盟会。"戎，又称西戎，乃是华夏人对西方一些族源不同、经济发展水平又大体相同的相邻的诸族的泛称。羌人是西戎的主要成分，但西戎并非全部都是羌人。西戎中的义渠戎与姜戎就显系羌人。义渠分布于岐山、梁山、泾水、漆水以北（今甘肃庆阳、泾川一带），春秋时，自称为王，势力强大，成为秦国称霸的障碍，双方不断发生争战。周赧王四十五年（前270）为秦所灭，以其地分置陇西、北地、上郡。姜戎，原居瓜州（今甘肃敦煌），襄王时其首领吾离率众东迁于晋国南部荒凉山区，对开辟今山西南部一带贡献很大。春秋时，秦国向西开拓，兼并融合了西北大量的戎人、羌人。战国初，分布在黄河上游和湟水流域的一部分羌人，还处于原始社会末期，生产水平较低。传说有一名叫爰剑的羌人，在秦厉公时被秦俘为奴隶，后逃归河、湟间，被羌人推为首领。他教羌人从事农耕与畜牧，促进了当地生产的发展。秦献公时，河湟羌人的人口有了较大增长，兼之受秦国的威胁，因而造成向外的大迁徙。向南迁到今甘肃、四川一带的有所谓的武都羌、广汉羌、越巂羌等，向西迁到西藏的有发羌、唐旄等。①

另一部分乃居西部，与当地土著居民融合，成为其他民族的先民，如藏族、彝族、纳西族等。他们还处于原始社会，依随水草，牧羊业特别发达，故

---

① 冉光荣、李绍明、周锡银：《羌族史》，四川民族出版社1985年版。

《说文·羊部》解释说:"羌,西戎牧羊人也,从人从羊,羊亦声。"《诗地理考》曰:"羌本姜姓,三苗之后,居三危,今叠、宕、松诸州皆羌地。"《后汉书·西羌传》说:"西羌之本,出自三苗,姜姓之别也。其国近南岳。及舜流四凶,徙之三危,河关之西,羌地是也。滨于赐支,至乎河首,绵地千里。赐支者,《禹贡》所谓析支者也。南接蜀、汉,徼外蛮夷,西北接鄯善、车师诸国。所居无常,依随水草。地少五谷,以产牧为业。其俗氏族无定,或以父名母姓为种号。十二世后,相与婚姻,父没则妻后母,兄亡则纳釐嫂,故国无鳏寡,种类繁炽。不立君臣,无相长一,强则分种为酋豪,弱则为人附落,更相抄暴,以力为雄。杀人偿死,无它禁令。其兵长在山谷,短于平地,不能持久,而果于触突,以战死为吉利,病终为不祥。堪耐寒苦,同之禽兽。虽妇人产子,亦不避风雪。性坚刚勇猛,得西方金行之气焉。"①

约公元前2100年,古羌后裔、华夏族人大禹继任部落联盟总首领。《史记》记载:禹为黄帝之玄孙,帝颛顼之孙。他为了天下子民的安生,专心治理水患,疏通了九河,战绩显赫。大禹王后来破除了"禅让制",传位于其子启,史称"夏启"。启即位后联合诸部落在阳城(今河南登封)建立了我国历史上的第一个正式的国家,历传五百多年。四川古为巴蜀,夏代属梁州。巴蜀出自氐羌,蚕丛称王。李白《蜀道难》里吟咏:"蚕丛及鱼凫,开国何茫然。"就在同一地域,古羌人建有冉駹国,乃今日三十万羌人之故居地。三国时,疆域尚包括都安、齐基、白马、兴乐、石泉、广武、刚底、阴平等县地。

费孝通先生曾特别强调羌人在中华民族形成过程中的地位,他指出:"羌人在中华民族形成过程中起的作用似乎和汉人刚相反。汉族是以接纳为主而日益壮大的,羌族却以供应为主,壮大了别的民族。很多民族包括汉族在内从羌人中得到血液。"②

据2000年第五次全国人口普查统计数据:全国羌族总人口达306072人,其中四川省有羌族人口300757人,约占98.3%;贵州省有1413人,约占0.5%,其他省(市、区)人数不过百人。他们主要聚居在今四川阿坝州茂县、汶川、理县、松潘、黑水、九寨沟等县,绵阳市北川县、平武县,其余散居在甘孜州的丹巴县、成都市都江堰市、雅安市。

---

① 百衲本《二十五史》第1册,浙江古籍出版社1998年影印本,第939页。
② 费孝通:《中华民族的多元一体格局》,《北京大学学报》(哲学社会科学版)1989年第4期。

一、羌族的原始宗教信仰

历史悠久的羌族，早在原始氏族社会即产生宗教。尽管今天羌族的原始社会早已成为历史陈迹，但羌族的原始宗教作为一种意识形态得以延续下来。在羌族的宗教观念中，自然界首先是崇拜的对象。在自然界中，天、地、山、水、树等与羌人的生产生活关系密切，成为全民族的崇拜对象。他们认为天神（太阳神）象征天，使他们得到温暖，使青稞生长。山神保护他们不致遭受野猪、熊和冰雹之害，人畜不受瘟疫的危害。山神又是山区的主宰，在人类缺乏与大自然斗争的力量时，万事依靠山神的卫护。这些神灵无大小强弱之分，只是职能不同、地位平等的神。除此之外，羌民信仰的神灵还有火神、地界神、六畜神、门神、仓神、碉堡神等。

天神为羌族的主神，与祖先神合二为一，而以白石代表天神。每天早晨和黄昏，羌民都要在屋顶供奉天神的塔里燃烧柏树枝以表示崇敬。"尤其是正月初三清早，全家在屋顶敬白石，越早越好。柏树枝中也杂有容易生烟的湿树叶，使烟气缭绕。节日也拿酒、馍之类献祭。遇着灾难也到屋顶烧柏枝祈求。"①

村寨公祭天神，往往与祭山神、树神等合并举行。祭祀的仪式非常隆重。祭天会一般在村寨附近的神林中，以寨或联寨为单位，在每年的农历正月（岁首）、五月（播种）、十月（秋收）举行。届时全寨男子和姑娘（已婚妇女不得参加）着节日盛装，带着馍馍、刀头和咂酒赴会。会首则备一至三头黑色公羊、一至三只红色公鸡作牺牲，还备咂酒、粮食等。祭祀活动一般为半天一夜，午后开始，次日上午结束。老释比一个人主祭，另有徒弟及助手二人协助。首先在会首家中开鼓开坛解秽，请本寨及附近各寨寨神、山神、地盘业主神等，唱迎神颂神的上坛经。随即携带祭品、祭器，由释比击鼓前导，会首及众人尾随其后，鱼贯而至村寨附近神林空地中，燃柏枝，点香烛，击鼓作法请神，演唱上坛经。入夜，篝火熊熊，释比击鼓高歌，赞颂天神祖先事迹，向天神山神还愿以报答神恩。午夜以后，举行领牲仪式，释比诵祷词，祈求天神、山神保佑羌人人畜两旺，风调雨顺。然后将几粒青稞粒丢入羊耳中，并对羊淋水，羊抖水则表示神已领受。随即宰羊，或杀鸡或放鸡归山，以鲜红的热血淋

---

① 西南民族学院研究室编：《羌尔玛族情况》，1954年内部印本。

在石塔顶的白石上，羊肉煮熟分食于众人。释比诵经完毕，在众人胸前各系一根羊毛线，表示得到天神保佑。然后释比跳神，并以最美好的言辞赞会首与寨民，众人欢呼，跳锅庄，饮咂酒，祭天会达到高潮。祭祀期间，严禁入山采樵狩猎，村寨附近通路封禁三日，外人不得进入。

羌族对火甚为崇敬，认为火是一种不可战胜的力量。火给人带来光明与文明，羌族以本民族先祖炎帝为火帝，举行"火祭"以示尊崇。《左传》说："炎帝民以火祭，故为火师而火名。"杜预注曰："炎帝神农氏也，羌姓之祖也，亦有火瑞，以火纪事，名百官。"[①]古羌人以火祭天帝为上，祭祀隆重，以牛头、羊头贡祭，燃熏烟火以祭。据《后汉书·西羌传》载，羌系部落多实行火祭。火祭时，依照礼仪要念解秽词、消灾经，请神莅场赐福。祭祀活动中，采用巫术巫技，以表对炎神的崇敬，并展示释比降魔逐疫的神力。届时，释比在一条用红火炭铺成的路上，赤足行走而不伤脚板，或者用舌头去舔烧红的石头、铁犁头、铁钉耙而不伤人体，其行为惊险、奇特，为释比火祭的一大特色。

羌人祀火，还与白石崇拜相关联，传说羌人先祖燃比娃，奉母命去天上取火，把火神放在白石里，才带到人间。两块白石，相对碰撞，便冒出火花，人间从此有了火种，彻底改变了人类的生活习惯和生活方式。是白石给人类带来幸福与进步的火，所以羌人把白石尊为至高无上的神灵，把它供在最高的地方。现在羌族民间仍保留了尊重火的习俗，如人不能从火上跨过，火塘上不能伸脚，不准在火塘三角架上擦鼻涕、晾衣服、烤尿布，不准往灶灰内吐口水，不准在火塘边喂猪狗等。这些禁忌的来历，据《木姐珠与斗安珠》记载，木姐珠下凡后由于生产太忙，原本异常美丽的仙女很快就变成了一个衣着不整且有不少坏习惯的女人，在火塘边三脚架上掐虱子、擦鼻涕、晾衣服，到九条河洗澡，请客时在火塘边喂猪狗等。天神知道后很生气，责令她改掉这些坏习惯。从此，羌人对火塘便有了那些禁忌。

各种自然崇拜集中表现为对白石的崇拜，所谓"白石莹莹象征神"，白石成为诸神的表征。羌民一般都在石碉房或碉楼顶上供奉五块白石，象征天神、地神、山神、山神娘娘和树神。白石崇拜是羌民族重要的信仰习俗，羌人视白石为天神和保护神，顶礼膜拜。为什么要供奉白石？《羌戈大战》有详细的解

---

① 《左传·昭公十七年》，文渊阁《四库全书》本。

释:"白衣女神立云间,三块白石抛下山。三方魔兵面前倒,白石变成大雪山。三座大雪山,矗立云中间,挡住了魔兵前进路,羌人脱险得安全。"①白石曾是古羌人的庇护所和对敌战争中的制胜武器。白石被认为是羌族宗教的标志。但是,白石被神化的由来,以及白石神在诸神世界中的位置,不同地区的羌人有不同的看法。在汶川地区,白石主要代表天神木比塔。在松潘小姓沟,白石只与祈求六畜兴旺有关。在汶川地区,白石的由来与羌戈大战故事相关。在羌人的传说中,有一次森林神托梦告诉羌人,房顶上供奉的白石代表天神,祭厅内墙上的神座内立一白石代表地神,火塘后立一白石代表火神。"羌民所信仰的并非白石本身,而是天、地、树林与火神。"②

夏鼐先生早年在甘肃临洮寺洼山进行考古发掘,发现的寺洼文化是我国西北地区一种青铜文化,年代在公元前14世纪至公元前11世纪间。在此类文化的墓葬中发现了使用大砾石作为随葬品的现象。原发掘报告说:"第一号、第二号墓葬中,都曾发现大块的砾石。裴文中氏在寺洼山所发掘的一墓,在人骨的旁边及下面,也都有排列的大砾石很多,裴氏以为或与墓葬有关。加以我们的两个例子,这些大砾石似乎确是与之有关。"夏鼐分析说:"洮河流域在古代适在氐羌的区域中,并且由文献方面我们知道由春秋直到唐代,氐羌中有部落确曾实行过火葬制的。这次火葬的发现,增加了寺洼文化和氐羌民族的关系。"③

近年考古工作者在茂县别立寨的早期石棺葬中,亦发现有以白石作为随葬品的情况。白石放置的位置有三种情况:其一,将白石撒在石棺内人骨架的上半部;其二,较大的白石放置在人骨头部;其三,小的白石堆放在人头骨的两侧。④这种以白石随葬的情况,在岷江上游的石棺葬中尚属首次发现。因此,引起了史学界与考古界的广泛重视。沈仲常说:"早期住在洮河流域的古代氐羌人,有用石头随葬的习俗,虽然在洮河流域的墓葬中所使用的是砾石,而在茂汶地区石棺葬中是用大小白石。从石质来说虽有不同,但其用石头随葬,则是基本相同的。由此,似乎可以视为,从西北迁到川西茂汶地区的氐羌族,他

---

① 罗世泽等整理:《木姐珠与斗安珠》,四川人民出版社1983年版。
② 胡鉴民:《羌族的信仰与习为》,《边疆研究丛刊》1941年版。
③ 夏鼐:《临洮寺洼山发掘记》,《考古学论文集》,科学出版社1961年版。
④ 蒋宣中:《四川藏汶别立、勒石村的石棺葬》,《文物资料丛刊》第7集,文物出版社1985年版。

们仍然保存了用石头随葬的古氐羌人的遗俗。那么我们似乎可以认为，茂汶别立石棺葬用白石随葬的遗俗，说它保存了古之氐羌对石头的特殊重视，也许还可以说得过去的。所以，我们认为茂汶石棺葬中这一发现，是一种早期石棺葬中有关氐羌人早期对白石重视的一个新的例证。"①

　　白石崇拜并不限于现今的羌族，它还盛行于讲羌语支的一些民族，乃至藏缅语族的一些民族中。因为这些民族在远古时均有族源上的密切联系，故而他们的文化中都有相似的现象。仅就白石崇拜而言，分布在川滇交界处的普米族，"也以白色为和平安宁的象征，每户在宅旁有白泥或白石砌成的神灶，为各种祭祀焚香祈祷之重要场所"②。

　　分布在川西北的嘉绒藏族，"白石崇拜的风俗极盛。举凡房顶四角、拜神之地、窗台、墙上地中所供之白石，皆随处可见……嘉绒诸部对白石的称谓虽因方言各别，但对白石的崇敬并以其为土地神则同一。且崇拜的区域，远远超出了嘉绒十八土司所属，而与石碉文化乃至石棺葬文化分布之区相重叠"③。再如居住在冕宁一带的尔苏藏族，"在他们家中供祖先灵牌的楼上，都要供奉一块世代相传的石头，它被认为是他们最古老的祖先……家家户户屋脊正中都摆着一至三块白石（乳白色的石英石），当地藏族认为白石既是天神又是家族的保护神……每户的门框顶上都要供一块石头，凡是节庆或有人出远门时，须以鸡血毛祭献给这块石头，目的是避邪、避鬼，保家庭的清静安宁，出门人一路平安"④。

　　居住在冕宁一带的另一支纳木依藏族，"各家各户在屋脊的东端放三块洁白的石头，也有的供五块或七块。这种白石须从人迹罕至的高山捡来，纳木依语称之为'木补'，意为石神，在他们的观点中，白石是神圣不可侵犯的……由于白石是从山中捡来的，他们也把白石视为山神的代表"⑤。居住在康定、九龙和石棉一带的木雅藏族，"尤以崇拜白石最引人注目。木雅人房顶垒有两

---

① 沈仲常：《从考古资料看羌族的白石崇拜遗俗》，《考古与文物》1982年第6期。
② 严汝娴等：《普米族简史》，云南人民出版社1983年版，第27页。
③ 邓延良：《嘉戎族源初探》，《西南民族学院学报》1986年第1期。
④ 陈明芳等：《冕宁县和爱公社庙顶地区藏族社会历史调查》，《雅砻江下游考察报告》，中国西南民族研究学会1983年印本。
⑤ 何耀华：《川西南纳米依人和柏木依人的宗教信仰述略》，宋恩常编《中国少数民族宗教初编》，云南人民出版社1985年版。

个白石堆，房顶的四角也放白石。木雅人认为房顶放白石可保家中清洁平安，吉祥如意。每年过春节时房顶的白石须更新一次"①。

石棉县的木雅人，"他们不仅在房顶供奉白石，而且每家都保留了白石，供奉期间每早起床后都要焚香顶礼膜拜，这种习俗在普米地区也曾见过"②。居住在泸定、康定一带的贵琼藏族，"把石头作为神灵崇拜，白石神供于房顶，在白石旁边插麻柳旗（喇嘛教供神的象征），附近放一香炉，用以燃檀香或柏香"③。分布在道孚、炉霍、新龙、丹东一带的尔龚藏族，"操尔龚语即道孚语之戎巴。如革什扎、丹东、巴旺三土司之民，称白石为'惹不初'亦即土地神之意"④。居住在道孚、雅江一带的扎贝藏族，"房顶四角均供有白石神，甚至修建房屋还在砌墙时，往往在墙壁中间砌一圈寓有某种宗教意义的白石。这种房屋矗立在高山上，远远望去，瞩目壮观"⑤。

综观上述所举羌族、普米族以及川西藏族中的一些支系，均有白石的信仰与崇拜，说明这并非偶然现象，而是这些民族在族源及文化上具有密切源流关系的客观反映。而白石不是唯一天神的象征，而是地神、山神、树神和祖先神等的综合体现，是一切神灵的表征，故白石崇拜的风俗极盛于川西的羌藏地区，成为操羌语支语言各居民的共同特征。

羌族的祖先崇拜亦相当盛行。这种崇拜主要表现在对本家族祖先、人类祖先、男性主宰神、女性主宰神的崇拜上。在汶川雁门乡一带，每家室内供有十三尊神，其中有历代祖先神（莫初）、男性主宰神（活叶依稀）、女性主宰神（迟依稀）、管死人阴魂神（玉）、管活人灵魂神（斯卓吉）、护家神（亦吉）、门神（勒额都都）、火神（莫古依稀）、牲畜神（吸血系）等。理县通化乡一带，每家室内供有十二尊神，其中有人类祖先神（博吉）、家族祖先神（玉莫）。各地羌民还把家庭保护神、男性女性保护神、媳妇神、管孩子神、管灵魂神等皆列为家神，而纳入祖先崇拜。随着羌族社会的发展，羌族祖先崇拜也复杂化。他们亦将本民族英雄和有功于民者作为神来膜拜，如建筑神、战

---

① 钱安靖：《康定县沙德区木雅人的宗教习俗调查》，四川大学宗教研究所1986年印本。
② 孙宏开：《试论"邛笼"文化与羌语语言》，《民族研究》1986年第2期。
③ 钱安靖：《贵琼藏族宗教习俗调查》，四川大学宗教研究所1986年印本。
④ 邓廷良：《嘉戎族源初探》，《西南民族学院学报》1986年第1期。
⑤ 钱安靖：《道孚县扎巴区、雅江县扎麦区扎巴（贝）人的宗教习俗调查》，四川大学宗教研究所1986年印本。

争神、石匠神、木匠神、铁匠神等。如汶川威州地区的龙山太子和茂县黑虎将军等，他们被羌人世代崇祀不绝。

羌人自来认为大禹是羌族的祖先，是身为羌族第一个酋长兼巫师的伟人。大禹治水，功盖华夏，恩泽九州。羌人为有这样一位祖先自豪，并奉其为天下第一水神，世代崇祭。在四川羌族地区——岷江上游、涪水源头、青衣江（羌江）两岸，均立有大禹庙或禹王宫，任人朝祭，以念祖先的千古恩德。在大禹故里北川县，有"禹穴""刳儿坪""石纽山"和禹王庙、禹王宫等古迹圣地，供人瞻仰，以缅怀大禹的盖世功德。所以，释比在各种祭礼活动作法请神时，都要恭请大禹，而施行祈雨仪式多在禹王庙、禹王宫里进行。届时，释比在大禹神像前，踏着"禹步"，跳着"莎朗"，唱着颂扬大禹治水的伟大事迹，缅怀大禹治水的功德，并祈求大禹佑福羌寨昌盛、六畜兴旺、人寿年丰。

羌族的信仰中还残留有图腾崇拜的遗风，如对羊、马、猴的崇拜。由于羌族的来源是多元的，不同的氏族有自己特殊的图腾。羌族自称"尔玛"，音近羊叫声。古羌人作战，颈上悬羊毛为标志。羌人在行冠礼与送晦气仪式时，颈上也要系羊毛线。至今羌人参加祭山会，还要由巫师在他们身上系羊毛，表示与羊同体。送葬时，宰羊一只为死者引路，这只羊被称为引路羊子，这只羊的肉亲人不能吃，这也有图腾崇拜的含义。在茂县与黑水、松潘相邻一带的羌族，有崇拜白马之风俗，人们禁止吃马肉，传说白马有大恩于羌人，这可能是白马图腾的遗迹。北川羌族地区的寺庙或寨门上，多雕刻石狗，甚至每家小孩的帽子上亦绣狗，人们称之为神狗。当地羌人传说最初的粮种是狗带来的，故对狗很尊敬。这些似为狗图腾崇拜的残留。

羌族的宗教观念，已把鬼、神分开，不单是精灵崇拜。在长期的生活中，羌人根据灵性所致的善恶结果，产生了善神恶鬼两种截然相反的观点。由灵而至神、鬼，这是原始宗教的普遍特征和信仰发展的基本脉络。他们将未知的和可知的世界被分为天上、人间、地下三个部分。天上，是众神灵的所在地；人间，是民众生存生活的所在；地下，是人死后要去的地方，是鬼的居所。这种观念在羌族民众心中普遍存在。诸神中也有了主神的观念，天和太阳最大。天神之下有自然和人的神，尊为"上坛"。神之外有鬼，有邪气，有精灵，属"下坛"。人们认为神是善的净的，能降福保佑人，能控制恶兽和灾难。对神表示尊敬的方式主要是向它奉献牛、羊、馍、酒、鸡、狗，焚香，点烛和烧柏枝，求其保佑五谷丰登，风调雨顺，管制猛兽怪物、疾病瘟疫，使人畜平安。

鬼是邪气，精灵妖怪似乎主要是凶死夭亡的人。凡患恶病如寒凉病、吐血（肺痨），或产妇难产至死、落水、跌岩和遭岩石打死，以及第一胎生下死掉，或十五六岁夭折者，都被认为是煞气大，会成妖成怪，为害于人。对这类死者，要烧尸。大概还有其他野鬼，会使人生病、失魂、遭灾。对付的方法，除了杀羊、杀鸡祭祀外，还要由端公用法术来威吓，将其赶走、送走。

关于鬼的观念与灵魂观念分不开。羌族相信人有魂，人死了，死后几天，魂魄留恋家中，要回煞。在棺材里要放猪肉、酒、杂粮和小刀、烟斗、筛子等物给死者享用。为了保证死后平安，棺材里要放路条，并请端公超度亡魂。羌族也相信灵魂要转生为其他生物，灵魂的行动和变成了什么，老端公可以看出。羌族又相信人生吉凶，冥冥中自有主宰。这种吉凶，端公用骨卦、水卦、羊角卦等方法可以预知，并能设法禳解，求得趋吉避凶。

二、羌族的释比文化

历史上的羌族，是一个十分强大的民族。它地域分布广，部落支系众多。在长期的生产劳动和生活中，羌族人民创造了灿烂的文明，形成了具有鲜明民族特色的民风民俗，也为世人留下了宝贵的文化遗产。由于受到特殊的历史、生活居住环境以及生活方式的制约和影响，羌族形成了自己独有的一种民族信仰和生活观念。他们保持着自然崇拜和祖先崇拜，信奉以天地日月以及山川树石为神的原始崇拜和万物有灵的多神崇拜。在这种思想观念的支配下，羌族人崇尚祭祀、占卜。在这一原始崇拜的基础上，产生了以巫师为代表的羌族传统文化，而其传承者就是现在所称的"释比"。

在羌族中，释比又叫"许""比"或"诗卓"等，汉语称"端公"。他们不脱离生产，只限于男性担任，在社会中有较高的地位。羌族人的日常生活中，凡祭山、还愿、治病、驱鬼、安神、除秽、招魂、消灾、冠礼、看风水，乃至修房造屋、男女合婚、新生儿命名、超度亡灵等，均须由释比前来主持。释比的学习全靠口传心授，学徒须懂得经典、咒语，具备一定社会历史知识和经验。其法术包括预卜、送鬼、踩红锅、踩铧头，其法器有羊皮鼓、猴头、神杖、痛锣、令牌、骨卦等。他们是羌族宗教活动的主持者、阐释者，是掌握特殊法术的巫师，又是传统文化的传承者。

释比没有宗教性组织和寺院，供奉行业祖师神——阿爸木拉。传说祖师"阿爸木拉"原是天神"阿爸木比塔"家中专管占卜吉凶、驱邪、治病、送鬼的神，释比经典中说他法力无边，本领高强，在天上能驾驭飞翔的凶禽，在地上能驯服驰骋的猛兽。阿爸木比塔的三女儿木姐珠与凡间羌人热比娃相爱结婚，下凡居住，繁衍羌人。那时人间多有邪魔妖怪作祟，人畜不得清静平安，生疮病痛，瘟疫流行。阿爸木比塔乃派阿爸木拉下凡为木姐珠和凡间羌人占吉凶，卜祸福，治病禳灾，解秽驱邪。从此，天上的阿爸木拉就成了人间的第一个释比，成了释比的祖师。释比代行的是天神的使命和职责，故其在开坛作法进入神的角色时，地位与诸神平等。释比是通达神界鬼域的使者，兼有祭司和巫师的性质。他同时还是羌族社会最有权威的文化人和知识集大成者，因此享有崇高的地位和威信。历代释比以师徒相授而得以传承。由于释比有经无书，有典无文，所以活动全凭口授和实践传承。

由于历史的、地域的因素，受外来影响和释比个人的天赋、师承等方面的原因，现存的各释比所承传的经典情况很是不同。从承传的经典数量看，有的释比只能背诵十多部，有的释比可背诵四十多部。从承传体系上看，一般以地域区分，茂县渭门的二里寨释比经典、汶川县雁门的释比经典、理县桃坪增头释比经典、汶川县龙溪释比经典、汶川县绵池沟头释比经典等，都各成体系，颇有特色。尽管许多经典被披上了宗教的外衣和幻想色彩，但仍然可以看到羌族人民的社会历史、生产生活、文化习俗、衣食住行等内容。

释比经典《羌戈大战》[①]是羌族人民的英雄史诗，其中保存了不少羌族人远古时期珍贵的历史资料，以艺术的形式曲折地反映了羌族古代社会的历史进程。羌族人被迫西迁的史实，《后汉书·西羌传》有记载：战国初年，西秦强盛，秦献公欲步秦穆公后尘，谋霸西戎，羌人部落首领"畏秦之威，将其种人附落而南出赐支河曲系西数千里"。古羌人在向西迁徙的过程中，九支部落被魔兵冲散，其中一支中途又向南移。如说："羌人九弟兄率九支人，魔兵冲散各逃生。战火滚滚染血腥，各自奔波找前程。阿爸白构是大哥，率众奔向补尕山。"对于羌人的这段历史，史籍同样有记载，《后汉书·西羌传》曰："其子孙分别，各自为种，任随所之。或为牦牛种，越嶲羌是也；或为白马种，广汉羌是也；或为参狼种，武都羌是也。"当羌人历尽千辛万苦来到松潘境内建

---

① 《羌戈大战》由罗世泽搜集整理，首次发表在《新草地》1981年第3、4期合刊上；1983年，此诗与羌族叙事长诗《木姐珠与斗安珠》合集，由四川人民出版社出版；李明整理本中有《嘎》及《必格纽》两部文本，两者均为羌族释比（巫师）演唱本。

寨筑房、耕地放牧时又遭到了戈基人的侵扰和掠夺，"日补坝上有妖魔，戈基人生性很凶悍；多次抢劫我牛羊，现在又来把寨占"。

羌戈大战开始了。《羌戈大战》说："戈人皮厚刀难戳，猛勇凶狠善作战。"说明羌人迁徙到岷江流域前，那里已居住着一个强大的部落或部族了。从考古资料看，岷江上游的石棺葬不属于羌民族，"戈基人"的存在是历史事实。《羌戈大战》产生于古老的年代，反映的社会生活也带有古老的色彩。羌戈之间的战争无疑是远古时期的一次部落之间的战争。经典最后说：羌人在天神的帮助下，打败了戈基人，然后移居富饶而美丽的"日补坝"（今茂县境内），在那里安居乐业，繁衍子孙。

羌族释比经典不但反映了羌人的古代历史，而且也是羌人民俗信仰的载体。羌族的许多民俗能够存留到今天，除了社会历史等方面的诸多原因外，在很大程度上有赖于释比经典的传承。释比经典，许多都与宗教信仰有关，如《丧葬歌》和《请神经》等，这类经典，是在浓厚的鬼魂观念和一系列宗教仪式基础上产生的，同时又成为反映鬼魂观念和记载宗教仪式的载体。羌族释比经典中涉及的神和英雄，同时也是羌族信仰中崇拜的神灵；而羌族的信仰习俗常常以经典作为自己理论说明，经典的一个内容便是阐释和说明种种神灵的来历，成为神灵崇拜的重要依据。许多经典中的主人公，都是羌人顶礼膜拜的神灵。如《赤吉格补》中给战乱中死亡的战乱中死去的父母报仇的羌族孤儿——赤吉格补，《木姐珠与斗安珠》中的木姐珠、斗安珠，《羌戈大战》中的阿爸白构等都为羌族原始宗教中的神灵。释比经典不但具有记载信仰习俗的民俗功能，而且还担负着解释风俗习惯来历的任务。释比经典中，非常明显地表现了一种阴阳相对的哲学思想，将大自然中的一切都视为有性别的，雌雄结合、阴阳相配产生万物。羌族的创世神话说，宇宙最初是一片混沌，一片黑暗，后来天地分开，天在上面，地在下面。古人认为天是男性的，地是女性的。羌族神话中的神灵不仅有具体的含义——夫妻、兄妹等，而且有了初步的抽象意义——象征男性与女性，象征阴和阳等，包含了阴阳相配、阴阳互生的哲学观念。羌族的阴阳观念显然发源于生殖崇拜，并以男女两性关系为模型推广开来，渗入生活的各个方面，将万事万物分为阴阳两性。释比经典《索》中有这样两句："端公遇事总爱分，分天分地分公母。"羌族其他释比经典中，涉及这类公母相对、男女相配的内容很多。

释比的法事活动相当纷繁复杂，以其所做法事性质的不同，分为上、中、下三坛。上坛为许愿还愿，请神敬神，属神事一类。如每年播种前许愿，收获后谢天还愿；当年村寨无病无灾，风雨调适，五谷丰登，照例须谢天谢地；因稀儿少女，爹娘生病，修屋造房等许愿还愿，作这类法事被认为是吉利事。中坛下文有即占卜吉凶、驱邪治病、消灾除害，或祈求太平、人兴财发、林茂粮丰、人畜两旺、招财进宝等，大抵属人事，但与邪魔鬼怪有关。下坛如为久病重病患者赶鬼治病，为死者解罪解煞，为凶死者超度招魂等，全为鬼事。羌人死后，须请释比驱邪逐鬼，其灵魂方能顺利归西，特别是凶死者，须由释比招魂"除黑"，其灵魂方能被超度。

释比经常施行的巫术有驱农害、祝殖、禳解、驱鬼、治病等。驱农害活动，一般以村寨为单位，为一种群众性的宗教活动。在理县，每三年一次，大约在农历二、三月之交举行，这是播种前驱农害活动。先期一天，寨上每一家制作白旗，其数与各家所有田亩块数相等，大田用大旗，小田用小旗。当日，释比与寨上众人齐聚坡地，场中备有荞面、刀头、酒及大羊、雄鸡一只，中央处烧一火堆。老释比燃柏枝，诵经念咒，开始请神。释比徒弟们亦打鼓念经。释比用清水调荞面，做各种危害五谷及家畜的野兽共二十余种，放在大石块上，并开始念咒，内容大略是：你们亦天地所生，但也应自谋生活，勿犯他类，现在你们踩躏五谷与家畜，为害人类，吾乃民众代表，告谕你们，各归其位。然后释比呼一种野兽的名称，即令一小孩子将那种"野兽"送到一定地点，各人看守各人送的"野兽"，不可失落。释比休息片刻，徒弟们打鼓念经，念毕，众人齐呼。释比问："野兽走了没有？"众人称："走了！走了！"徒弟再打鼓念经，代表又呼："快走！快走！如不肯走，端公要驱逐你们的。"代表又对释比说："它们不肯走啦！"释比早即预备好一只面制老虎及一块木板，木板上铺白纸。释比令把野兽都拿回来，排在木板上面，用刀砍烂，口中念咒："你们不肯走，杀死你们，一个不留！"然后将已被粉碎的野兽身骨，装入土罐子内，即以铺在板上的那张纸包起来，由释比盖灰一把，口喊："送走！送走！虎来了！虎来了！"然后一人拿罐子，一人拿老虎，众人齐作老虎吼，并呼："清平了！清平了！"罐子须送至隐蔽处埋之。之后，释比、代表及民众聚餐。食毕，释比念咒、杀鸡。众人各以其所有之旗铺在地上，释比以鸡血洒在旗上，众人分别领取，至田间插旗，每田一面。代表持火、牵羊，及民众一齐送释比，高呼一声，放炮一响，释比打鼓摇铃至路上即离去，此时要连放数炮，火把亦烧在那里。代表高呼，以沙撒释比，并说：

"不要来了！不要来了！"

汶川龙溪乡则每年举行一次，于秋收后农历九月三十日傍晚到十月初一凌晨举行，这是还愿法事，释比一定要表演驱农害巫术（日驱）。傍晚时，释比用荞面做成各种野兽的形状，然后作法，一一呼叫，用刀砍杀，统统杀死。然后释比问："消灭了没有？"众人答："消灭了。"再问："消灭完了没？"众人答："灭完了。"释比用扫把将野兽面屑扫成一堆，掺水捏成一团埋入洞内，洞口放一只荞面做的狗，以示有狗看守，野兽逃不走了。然后用泥土将洞口封住。这种巫术称为"请天神关野物"。第二天凌晨，释比又率众人上坡，谢神驱害。释比一边击鼓念经，一边将手中的月亮馍馍、太阳馍馍各三个，撕成小块，然后走到一高处去撒，表示以食物赏野兽。撒毕，释比高声问："大树看到没有？人烟看到没有？修房子看到没有？犁地看到没有？"众人一一应答："看到了！"这是表示赏野兽之后，野兽不为农牧之害，林木茂盛，人丁兴旺，庄稼丰收。释比说："丰收了！丰收了！粮多好煮酒，家家户户有酒喝！"

在茂县三龙乡斯库寨的羌人，于年初敬彩神以驱农害。所谓"彩神"，即管狩猎之神。每年正月十七日为敬拜彩神之期，当日每家男子不论老小，都用麦面做一个野兽形的馍馍，一般为野猪、野牛、野兔、老熊等，放入火塘烧熟后，作为祭品。上午在家中祭彩神毕后，午后即将祭品置于村寨附近的岩上作枪靶。当日猎枪中不装铁沙，而装黄豆。在射击前，陈设刀头、酒敬彩神，然后男子们争相射击，打中一个吃一个，表示吃野兽肉，直到全部打中吃完为止。这种祭祀活动的目的，是象征借助彩神，驱除农害，以防止野兽糟蹋庄稼。

祝殖，又称还鸡愿。这种风俗普及全体羌民，在理县桃坪乡、蒲溪乡最为流行。羌民自称"不还鸡愿，不是羌民"。还鸡愿每三年一次，以村寨或户为单位，于岁终举行。仪式前先需进行禳除瘟疫的仪式。农历八月十五以后选一天，每家请释比禳除家中不祥，驱逐瘟神。之后，择日还鸡愿。由释比制旗，念经，祭财神、羊神、门神和祖神，并用一只羊作为"神羊"，不杀不卖，不作牺牲，让它老死，以保家宅平安，人畜康宁。

羌人生病，一般认为是魔鬼作祟，故必请释比以巫术驱鬼。释比治病有种种方法，最常用的是禳解法，称为羊替人命。用茅草制人像，着病人衣物，取豆面、茶叶少许放在纸袋内，并牵羊一头与草人一并送至墓地，杀羊焚草人，释比祷告，大意谓羊替人死，草人代替病魔乘羊远去云云。凡有人坠岩、跳河、落水、抹喉、吊颈而死，其遗体掩埋后，家人还须请释比为死者招魂超度。释比择日期，随带羊皮鼓两个、长刀两把、矛一杆，径直到死者凶死处。首先用枪将一只作替代的羊打下去，根据羊被打后的表现决定法事如何做。随即用黑白线结成蜘蛛网状的网，将凶死者死处网起来，以免见到的人不吉患病。作法后用刀将线网割去，再作招魂超度法事。在为凶死者作超度法事中，释比除演唱下坛经外，还念咒语："某某某！何年何月何日生，何年何月何日死，城隍到，要你命，命该如此莫奈何！九链九锁将你锁，要想还魂哪能够！此地死，有原因，孤魂野鬼要你命，你与他们结了缘，十二尊家神不认你，生死有份地，你死在此地了！虽然你在此地死，但非你的安身处。家家都有祖坟地，请到祖坟地安身！要到祖坟地不易，判官小鬼要捆你。靠我释比法力大，前矛后杆护卫你，左赶右撑忙不停，才能顺利闯过关。路过城隍须上书交代，用一只雄鸡为你引路。"

释比治病的法事以"一命填一命"的道理来挽救病人，故又称替死还魂。替代法事主要用于病人精神状态不佳，病因不详，有如丧魂落魄，久病不愈。释比视其病情严重程度、替换性命的难度以及家庭承受能力来确定以何物替代。轻者一个鸡蛋，重者一只鸡，危重病人则杀羊焚茅人。常用治病法术还有以下诸种：

一是穿铧头。针对肚痛、腹胀、消化不良方面的疾病，释比在为患者念经消灾、请神解秽的同时，将铧头烧红，用舌头舔烧红之铧头，赤脚踩过，再用脚板踩踏病人患处，或者以铧头接触病人患处。羌人认为魔鬼怕火和铁器，当然更怕烧红的铧头。通过作穿铧头法事，可使病魔脱体。释比舌舔和脚踏烧红的铧头而不被烧伤，使人确信其神通广大，是画符念咒的结果。咒语云："钟又灵，地又灵。隔山叫，隔山灵。隔河叫，隔河灵。铧头祖师，铧头娘娘，披头祖师，披头娘娘。冰又冰，冷又冷，冰又冰，冷又冷。吾奉太上老君急急如律令！"

二是耍火链。若有人心痛、腹胀痛、肚子痛时，释比将火塘上用来升降茶壶的铁链烧红后，一边默念经文，一边将灼热的铁链在自己的脖子上缠绕三圈，然后又将铁链在患者身上来回翻绕，以驱赶病魔，达到治病目的。在耍火链之前，释比除击鼓演唱下坛经外，也要画符念咒。咒语云："欲知此链谁制就，本是西天佛祖神。左不拴来右不拴，专拴产难吊死鬼。今日许来把卦卜，五里之外我全知。横五里来顺五里，其二十五个五呈。左不拴来右不拴，专拴坠岩产难鬼。一筒金来二筒锁，专锁尔等害人物。祖师祖师法力大，弟子一请均到场。吾奉太上老君急急如律令！""此鸡不是非凡鸡，它是一只凤凰鸡，又是一只叫鸣鸡，不满周岁我不用。需用猪羊各一只，不满周岁也不用。古来作法有规矩，杀牲用牲有定制。西天佛祖不准用，师祖师爷不准用。如今样样合规矩，所有菩萨均到场。动用铧头链子锅，冰上加冰凌加凌。不烫筋来不烫手，不烫脚来不烫嘴。吾奉太上老君急急如律令！"

三是打油火。病人死因不明白，魂遗家中，或魔鬼缠身，病患甚重，会请释比打油火。释比先将清油浇沸，倒入大碗中，点燃一个麦草火把，接连喝滚烫的油喷向火把，火把发出噼噼啪啪爆炸声，火焰阵阵升腾，然后释比执火把在病人头顶和周身挥舞，驱赶病魔。最后将快燃烧殆尽的火把扔出大门外，驱逐邪魔仪式结束。释比打油火时，除击鼓演唱下坛经外，还要画符念咒。咒语云："谢神谢鬼，御河之水，交在师祖师爷名下。师爷要我弟子灵，风车弟子灵。只能入口，不能入心。马安旁卜，阿爸锡拉则慈。左边金银火，右边铁剥碌。一不打天，二不打地，专打邪魔妖怪化埃尘。吾奉太上老君急急如律令！"

四是过红锅。释比将铁锅架在火塘的三脚架上烧红，锅左右各放一凳子，然后击鼓念咒，跳上一张凳子，一只脚从红锅中踏过，跃上另一张凳子，如是者三。接着释比扶着病人，照释比的作法，从锅中踏过三次。羌人认为魔鬼怕火，通过过红锅可使病魔与人脱离。释比过红锅前须画符念咒，咒语云："公又公，明又明，怀中插手，脚上穿鞋。冰又冰，冷又冷，头戴雪山帽，身穿雪山衣，腰拴雪山带，脚穿雪山鞋。雪大哥，雪二哥，雪三哥。吾奉太上老君急急如律令！"

五是过刀山。释比作此法时，取锋利的钢刀十八把至二十四把，由两人握住刀柄，直立于地，刀尖向上形成刀山。释比口中念咒，赤脚从刀尖踏过，滴血不流，无丝毫损伤，近前直观的患者无不为之愕然，坚信有神鬼相助，其病往往不治而愈。

除了以上所说的驱邪治病的法事外，占卜亦是一种十分常见的巫术活动。羌人占卜的历史相当久远，在甲骨文中有关羌族的占卜就多达三百余条。羌人的占卜方法众多，《史记·龟策列传》云："蛮夷氏羌虽无君臣之序，亦有决疑之卜。或以金石，或以草木，国不同俗。然皆可以战伐攻击，推兵求胜，各信其神,以知来事。"①据《辽史·西夏外记》载,西夏时,党项羌人对占卜十分崇信,凡出兵必先卜,卜法有四,一是"炙勃焦",二是"擗算",三是"咒羊",四是"矢击弦"。元代以后,羌人崇信占卜的民俗,则在岷江上游的羌族地区保留了下来。道光《茂州志》卷一载羌族占卜"或以羊毛作索,陈各物于地,用青稞洒之曰打索卦;或取羊髆,以薪炙之,验纹路,占一年的吉凶,曰炙羊髆"。直到今天,占卜在羌族地区还没有完全消失,还有羊髀骨卜、鸡蛋卜、羊毛线卜、白狗卜、羊角卜等方法。

羊髀骨卜在古代多用于占卜战争的胜负,后多用于占卜运气、病因、行人祸福。问卜者手持青稞、麦子,如系卜病因,嘱病人向青稞、麦子吹一口气,并在火神前燃柏枝祈祷,然后赴释比家中,说明来意。释比接见后,先在祖师神灵前烧柏枝,释比一面念经,一面取艾叶在手中捏成小粒,放在羊髀骨上灼之,艾粒之数目或三或五,或七或九,均有一定,灸出花纹后,由释比察看,便知病因或吉凶祸福,应否医治或禳解,当时亦即决定。

鸡蛋卜主要用以卜病因。病人前一天取鸡蛋一个,并在蛋上吹一口气,藏入怀中片刻,取出煮熟后,再在蛋上吹一口气,然后自述生庚八字。旋即将蛋埋在火神前灰烬内,片刻取出,持往释比家,述说病状及病人生庚。释比一面念经,一面打净水一碗,用三指取蛋投入水中,使之转动。释比凝视蛋的动态,对于病因已知几分。再取出剥去蛋壳,用头发将蛋剖开,凭蛋内色素、形状以及水分等,断定病因,如何禳治,亦由释比决定。

羊毛线卜,这种卜法与释比无关,是由占卜老人举行。他另有一套法术与咒语,最要紧的是羊毛线与皮袋。羊毛线是由绵羊毛所制成,长尺余,共88根,捆成一束,下面悬五色布条。皮袋之皮,须取自还愿所用之牛。做成皮袋后,内置五谷、禽兽牙骨、雕刻的农具、碗片、镯头、木刻、木尺、线板等,都有特别的名称。疾病或运气,都可卜问。问病者无一定时间。问运气有一定时间,通常是一月中旬起至二月,并且每每是问全家的,故习惯将占卜老人请至家中。占卜老人一面将他的神摆好,并设香案敬酒;一面高声念咒,然后把皮袋中的器物倒在筛子内,拿羊毛线在手中打结,口中仍念咒,随后又把线结拉开,察看羊毛线的形状,再看筛子内器物成堆或成行列的种种关系,以断吉凶。

任何一种文化的传播,都有其相应的传播方式与工具。释比文化是羌族

---

① 百衲本《二十五史》第1册,浙江古籍出版社1998年影印本,第288页。

最重要的本元文化，它的传播有其特殊的工具，即各种各样的服装与法器。在只有祭司的时代，祭司的服饰与平常人相同。释比产生以后，即有特别的服装与种种法器，包涵着丰富的历史文化内涵。汶川与理县的释比穿白裙，脚缠绑腿，上身着羊皮背心或其他衣服；茂县一带的释比，均披豹皮衣，上缀三排扣子，为黑、黄、白三色。释比的法器有二类，一类是祭神的，一类是赶鬼的，释比借着这些法器与鬼神发生关系。

猴皮帽是释比在祈神、还愿时所要戴的，非常神圣。其以金丝猴皮制成，上饰海螺、铜镜等。猴尾作帽之三尖尾，从左至右第一尖象征黑白分明，第二尖代表天，第三尖代表地。以纸卷猴头，内有金屑、木片、水银、柴灰、泥土各少许，意即金木水火土，代表猴的五脏，供奉起来，称为祖老师傅。传说由于金丝猴救过释比祖师的命，释比感猴子的恩，所以用猴皮做帽，并把金丝猴看作释比的祖师神。

羊皮鼓被广泛用在祭祀和驱鬼等宗教活动中，鼓用羊皮而不能用牛皮，传说这是因为释比祖师的经书被羊所吃，要击打羊皮鼓之后，才能记住经句的缘故。在不同的祭祀场合，击鼓的轻重缓急都不一样。击时须在火旁烤，烤后皮紧，鼓声乃宏。法铃以铜为之，以铁链系之，与把相通，把上饰以花布或兽毛，作法时握于击鼓之手，故击鼓时往往鼓铃齐鸣，声声合奏。

神杖亦为一种重要法器，杖长四五尺不等，制杖之木料须为有藤子缠绕者，砍伐时须祷求。杖之上端或雕有鬼王头，或包以铜铁的神像，下端有一枪头，可以插入土中。此仗用于驱邪赶鬼治病，祭神时绝对不用。

此外，重要法器还有师刀、令牌、法袋、兽骨、法冠、响盘、法印、符板等。这些法器为释比必备，他们非常尊重法器，不许外人触摸，认为越旧越灵验。他们在作法时，各种法器撞击有声，配合诵经法器，造成一种十分神秘的气氛。

羌族没有文字，但有图经，被称为《刷勒日》，也称《六十甲子书》《铁板算》等，是释比用于唱经、占卜等的一种图画经典。这些图经以麻布上粘一层白纸作为画底，用彩色颜料绘画，画卷为折叠式两面绘图。释比在作法时，能够依据图画的提示，看图唱诵相应的唱经。图经的内容有祭祀、大葬、婚配、幸运、箭位、蛇神、驱邪、生肖、属相等，反映了羌族游牧、狩猎、农耕、婚丧、嫁娶等社会生活内容。

三、佛道影响下的羌族宗教

道教发源于巴蜀,且与羌族文化有着至深至密的关系。王家祐先生指出:"盖羌族之宗教,亦即中国西部夏民族最古之宗教也。当部落时代,政教杂糅,宗教领袖即政治领袖,宗教祭师即部落酋长。故每一部落皆有其鬼主,而较大部落之鬼主则称大鬼主或都鬼主,皆从氏族社会之长老演变而来。在祖国黄河折支河曲附近的昆仑神山所发源的黄帝轩辕氏文化,经过崇禹(夏部落)的扩播,形成了西南民族的原始文化。其中氐羌系的宗教文化经西汉以来的《太平经》传播,形成了天师道。张陵、范长生在氐羌的巫术基础上创立了道教初型的五斗米道。"①

东汉顺帝年间,张陵在西蜀创道,其主要基础就是氐羌的巫教。《后汉书·刘焉传》说:"陵,顺帝时客于蜀,学道鹤鸣山,造作符书,以惑百姓。"鹤鸣山在大邑县西北二十余公里处,地处羌汉交通要津,其时必有不少氐羌族人往来于此。李膺《蜀记》记载,张陵在鹤鸣山学道,"避病疟于丘社之中,得咒鬼之术书,为之,遂解使鬼法"。这里所说的"丘社",当即一巫教团体,"咒鬼之术书"即是氐羌民族的巫经。张陵进入了这一团体,学习咒鬼治病的巫术。据载,张陵在山中精思炼志,感动太上老君下凡,授以印剑法箓。正是在老君神授的名义下,张陵道教应运而生。

羌族亦奉张陵为祖师,《羌族巫师与张道陵》的传说在羌族地区流传甚广,大意是说"古时羌族巫师与张道陵是师兄弟,同拜师学道。羌族巫师习武,有法绳,能咒语;张道陵习文,习经书,画符箓。二人学成,同路返家,至一火塘,并坐烤火。张语巫师说:师弟,把你的法绳拿给我看看。谁知他不小心,把法绳丢入火中,巫师急从火塘取出,此绳已断为六节。故今羌族巫师所用法绳为六根,两端俱有火烧痕迹。"②张陵所立二十四治,其蒙秦治所在地越嶲郡邛都县(今西昌),为古氐羌人聚居之地。《云笈七签》卷二八云:"治与越嶲郡隔河水,前有小山,后有大山,高一千丈。昔伊尹于此山学道。上有芝英金液草,服之得度世。后有汉中郡赵升得道于此。"③说明后汉时越

---

① 王家祐:《道教论稿》,巴蜀书社1987年版,第257页。
② 袁珂:《中国民族神话辞典》,四川省社会科学院出版社1989年版,第320页。
③ 《道藏》第22册,文物出版社、上海书店、天津古籍出版社1988年影印本,第207页。

寓已有道教团体，主持者为张陵的徒弟赵升。

今西昌泸山有九座古刹，佛寺五座，道观四座。其中光福寺始建于唐贞观十五年（641），它由千佛殿、文武宫、魁星阁、望海楼、飞梁寺、大雄殿组成，设计精巧，规模宏伟。道观四座，祖师殿、王母殿、玉皇殿、青羊宫，供祀太上老君、玉皇、王母、文昌等。史载唐贞观时已有道士在此山建祖师殿，后历经兴衰，元代晏滕英等募化重建，清嘉庆年间又曾重修。今祖师殿改名文昌宫，有明天启元年（1621）铁铸文昌帝君像。

正是基于这种历史文化交流的基础，道教的发展亦促进了羌族原始宗教的演变。羌族传统的信仰中，亦增添了不少道教的神灵，如三清、玉皇等。其巫术中亦吸取了道教的法术咒语，出现了一批羌族道士。这些现象充分说明了羌族文化与道教文化相融相合的历史。

在广大的羌族聚居地区，自明清以来，出现了一批佛道的庙宇，如龙王庙、川主庙、东岳庙、玉皇庙、真武庙、观音庙等。它们一般建于清乾隆之后，但茂县土门一带，明以前已有这类庙宇。这些寺庙多位于村外高地、山边，建筑形式和羌族房屋完全不同，都是由汉人工匠修建。庙内塑的神像都是汉人衣冠（羌族自己的宗教没有塑像），陈设铸有汉字的钟磬、香炉、庙碑，墙壁上绘有《西游记》《封神演义》《三国演义》及十八地狱图，以教化民众。

这类道庙相当普遍，即使僻处深沟地方，如茂县三龙沟内的扩耳基都有。扩耳基的庙宇名山王庙，羌族的山王侧坐旁边，山神塔子置于墙边，当中供奉的神为川主大帝。羌族也信仰龙王、药王、玉皇，妇女们相信观音娘娘能送子给她，玉皇代替了天神，东岳主宰着生死。各种庙宇建成后，则定期举办庙会，如川主会、岳王会、玉皇会、牛王会、观音会等。名目繁多，时间交错，并有一定组织，有会首、庙产、经费，大的庙宇还要唱戏耍灯。茂县高龙乡农历正月初六至十五为川主会，初九特别为玉皇大帝作会，由会首办席请客，耍龙灯，各家都要在门口设香案供品迎接。十五日元宵节再耍一次，然后收会。

古羌人们把白石神供奉在神山上。农历八月初八，是四川理县羌族民众祭拜白石神的传统日子。羌民们穿上节日的盛装，前往该县通化乡西山村海拔3550米高的白空寺举行"俄比且迪"（白石祭）活动。白空寺是羌民族地区唯一一座供奉自然白石的寺庙，它供奉着三尊自然白石——"白西西""白郎郎""白哈哈"，表达着羌民族对白石神和大自然馈赠的感恩之情。白空寺建于民国元年（1912）。开初山上有神无庙，后由四邻羌寨共同修建，并将三尊白石神白空、白羲、白郎神敬奉寺中，尊其为"西天东土历代祖"。香火甚旺，招引西藏、青海、云南、四川八方香客，他们不辞辛苦，络绎不断，到白空寺向白空老祖许愿，还愿敬拜。①

为了让三尊白石神分享长年香火和供果，在增头寨修了铁林寺，专门敬奉白羲神。铁林寺有棵松树，要七个人伸手围抱，树龄有三千多年。为了敬奉白郎神，在牛山寨修建了天元寺，天元寺的对联是"铁石照心丹音化绩，灵忒丕著忠泽旁流"，横额是"暗里护持"。铁林寺有道基仙匾和对联，用古羌文写的，在阳光下金光四射，是最珍奇的文物。白空寺供白空老祖，铁林寺供铁山老祖，天元寺供天元老祖。

理县各个寨子大多有庙，著名的大庙有禹王庙、白空寺、铁林寺、天元寺、紫林庙等。其中禹王庙供禹王，铁林寺供铁林老祖，天元寺供天元老祖，紫林庙供观音，川主庙供川主，各庙还供玉皇、老君和送子娘娘等。一年十二个月都有庙会，届时羌、藏、汉各族群众都前往参加。庙会的主要内容是村寨集体或个人的许愿还愿，打醮上表祈福禳灾等，请道士和尚念经作法。大的庙会计有正月十九的玉皇会，二月十九的观音会，届时各村寨群众汇集庙宇，办会经费物资由各村寨筹集。

理县羌区的道士有两种：一为出家道士，住大庙修持，在庙内念经作法，可以各处云游；一为火居道士，可娶妻生子，平时要从事生产劳动，只在信众邀请时，才到信众家中从事法事活动，如为死者念经超度，为村寨打清醮等。理县羌区的多为火居道士，几乎每乡都有。他们作法时穿黄色大圆领衣，铺设道场香案，张挂神像，供元始天尊、灵宝天尊、太上老君和丘真人的牌位。

道士和端公（释比）有时很难区别。端公供奉的祖师亦为三清，他们称元始天尊、灵宝天尊、太上老君为传教祖师，真武大帝为掌教祖师。据说老君的坐骑为青角板牛，故端公作法时吹牛角号，表示通神通灵。端公所念诵的咒语，多用于治病驱鬼，而与唱经有很大的不同。唱经全用古羌话演唱，咒语则多用汉语。

释比在为人治重病时，则画"观音水"。据说病人服此水后，如感到清醒甚至惊悸，则表示有效；如病人服此水后，仍昏迷不醒，则表示无效。咒语

---

① 余威龙：《白空寺庙史》，《羌族历史文化文集》第五集，《羌年礼花》编辑部1994年印本，第167页。

如下:"多谢祖师观音神,观音祖师老君神,弟子有事来相请。老君赴门来画水,画过三年一早晨,才将此水来画灵。此水不是非凡水,菩萨所赐雪山霖水。东方青极龙神,南方赤极龙神,西方白极龙神,北方黑极龙神,中央黄极龙神。五龙归位,七魄归身(向病人喷水一口)。一不吹天,二不吹地,专吹邪魔妖怪化灰尘!"

画水止血咒语,又称"老君水"。无论内外伤出血,释比为人画水止血则念此咒。画水后首先向病人喷水三口。咒语如下:"老君赴门门大开,敬请老君到堂来。大喊一声天兵到,小喊一声地兵兴,血到黄河水不清。鼓横鼓,血不流,要出血。左手搬山塞海门,右手搬山来填海。今亲奉请,请神到场,南斗六星,北斗七星,吾奉太上老君急急如律令!菩萨赐我金银锁,七七四十有九把,一不锁天,二不锁地,专锁疾病灾难,一切病根要脱体!"

送花盘咒语。释比为人治病作法时,常送花盘。所谓花盘,即事先用荞面或麦面,捏成各种形状的妖魔鬼怪,置于一个可以用手端走的木板上。作法后将它送到十字路口,称为送花盘。送花盘时不仅演唱中下坛经,还须念咒语:"出门经,出门经,出门头顶观世音,八大金刚八大神,四大天王来助阵,南无阿弥陀佛!左边金银火,右边铁剥碌,一不打天,二不打地,专打邪魔妖怪,吾奉太上老君急急如律令!"

化骨签咒语。从前羌人如不慎,将骨刺或竹木签梗刺于喉,则请释比画水吞服,以化骨签。咒语曰:"吾从东方起,铁遇我成水。骨刺划入喉,遇我化成水。送骨丹,化骨丹,五龙口,化胸膛。日月之光,水含三光,天地自然,秽气分散,吞骨吞签化成水。吾奉太上老君急急如律令!"

治病赶鬼咒语。从前羌人如头疼胃痛,则请释比作法赶鬼。释比除击鼓演唱下坛经外,还念咒语:"嘿!东方土地,南方土地,西方土地,北方土地,桥梁土地,庙门土地,二十四个路旁土地。端公油师,木匠油师,画匠油师,二十四个油师。端公不是非凡人,玉皇称我管鬼训,一脚踏在金刚里行。王灵官,马良神,吾奉太上老君急急如律令!阴死鬼,阳死鬼,岩包鬼,树岔鬼,吊死鬼,凶死鬼,东方来东方去,西方来西方去,南方来南方去,北方来北方去,吾师弟子在此。梁浆水饭,帛钱五张,将尔等送到高门大户、十八龙门,千年不相见,万年不回头,吾奉太上老君急急如律令!吾师弟子口含三十六牙,手拿千根白玉棍,一不打天,二不打地,专打邪魔妖怪化灰尘!(高声问在场众人:打着没有? 众答:打着了! 接着再问众人)死得不明不白的阴死鬼，阳死鬼，岩包鬼，吊死鬼，打着没有？（众答：打着了！再问众人）出去了没有？（众答：出去了！）"①

这些咒语的内容多反映了佛、道的思想，其神皆为佛、道所祭，很像道教咒语，显然是脱胎于道教。而画符念咒，化水治病，这本为道教独擅的法术，释比借之，说明道教对羌族文化的影响颇大。

一方面，道教吸收了羌人的信仰；另一方面，羌族亦援引了道教的思想与法术。如道教奉羌族的大禹为祖师。《道教序》宣称说，元始天尊传授大道，秘于九天，"人间则伏羲受图，轩辕受符，高辛受天经，夏禹受洛书，四圣禀其神灵"②。即把夏禹尊为道教"四圣"之一。陶弘景《真灵位业图》中，禹居第三神阶中位"太极金阙帝君"之左，注云："受锺山真人灵宝九迹法，治水有功。"道教崇奉三官，崇拜大禹，每个县基本都建有三官庙，禹王庙、禹王宫更是遍布全国，表示对大禹的崇敬。

道教施行科仪，驱鬼役神，要步罡踏斗，称之为"禹步""步天罡"。这是春秋战国羌族巫师依据大禹传说而创造的。《尸子》卷下云："古者龙门未辟，吕梁未凿……禹于是疏河决江，十年不窥其家，手不爪，胫不生毛，生偏枯之疾，步不相过，人曰禹步。"③扬雄《法言·重黎》说："昔者姒氏治水土，而巫步多禹。"这是有关禹步的早期记载。后道教一成立，即把这种古老的巫术纳入法术，作为招神摄邪的重要手段，被广泛使用。

《洞神八帝元变经》曰："禹步者，盖是夏禹所为术，召役神灵之行步。此为万术之根源，玄机之要旨。""禹屈南海之滨，见鸟禁咒，能令大石翻动，此鸟禁时常作是步。未遂摸写其行，令之入术，自兹以还，术无不验。因禹制作，故曰禹步。末世以来，好道者众，求者蜂起，推演百端。汉淮南王刘安已降，乃有王子年撰集之文，沙门惠宗修纂之句，触类长之，便成九十余条种，举足不同，咒颂亦异。"④

---

① 钱安靖：《羌族和羌语支各居民集团宗教习俗调查报告》，四川大学宗教研究所1987年12月印本。
② 《云笈七签》卷三，《道藏》第22册，文物出版社、上海书店、天津古籍出版社1988年影印本，第12页。
③ （战国）尸佼著，（清）汪继培辑：《尸子》，《诸子集成补编》第9册，四川人民出版社1997年版，第702页。
④ 《道藏》第28册，文物出版社、上海书店、天津古籍出版社1988年影印本，第398页。

禹步的功能主要是消灾祛病、驱除鬼魅、禁御毒蛇猛兽等。道士行气或入山林，亦多用之以聚气、驱邪。《金锁流珠引》卷一曰："夫步纲者，是强身健神壮魄之法也。先从地纪坚劳其身，壮健其神，神气自然镇脏，然后通天地，感使神灵也。"并谓此法乃老君、张陵所传，修之一年辟非，二年辟兵，三年辟鬼，四年成仙，千害万邪莫敢干犯。昔年大禹得之，"驱使神鬼蛟龙虎豹，开决山川，引理江河，分别九州，后登帝位，方取道解易形变而升太极"①，并被尊为太极真人。在羌族的传说中，释比祖先和道教天师为师兄弟，因此大禹所跳巫舞"禹步"，一直为羌族巫师释比和道教端公跳神时传承使用。袁珂先生在《神秘的白石崇拜》一书的序言中说，"我认为假如禹兴于西羌"，"这类传说是有某些根据而不是无稽妄谈的话，那么传说中的禹，就是羌族中第一个酋长而兼巫师的人物"。他还以羌族巫师作法的"多效禹步"，禁咒施术为据，为禹作为古羌酋长兼作巫师的例证。②

羌人自来认为大禹是羌族的祖先，并奉其为天下第一水神，世代崇祭。在四川羌族地区——岷江上游、涪水源头、青衣江（羌江）两岸，均立有大禹庙或禹王宫，任人朝祭，让人瞻仰，以缅怀大禹的盖世功德。所以，释比在各种祭礼活动作法请神时，都要恭请大禹，而水祭仪式多在禹王庙、禹王宫里进行。其主祭之神，自然是禹王。届时，释比在大禹神像前，踏着"禹步"，跳着"莎朗"，唱着颂扬大禹治水的伟大事迹，缅怀大禹治水的功德，并祈求大禹佑福羌寨昌盛、六畜兴旺、人寿年丰。另外，在茂县、汶川、理县等地区，道教的神祇如老君、土地神、齐天大圣、关羽等，都是羌人宗教信仰的一部分。羌族释比无论在做法事或治病上，都可见到道教的影响。

第四节　土家族的宗教文化

土家族是我国南方人数较多的少数民族。据2000年第五次人口普查统计：现今总数为802万人，仅次于壮、满、回、苗、维吾尔，在全国少数民族中人口排第六位。主要分布于湖南省西北部的凤凰、泸溪、永顺、龙山、保靖、桑植、古丈等县，湖北省西南部的来凤、鹤峰、咸丰、宣恩、利川、恩施、巴东、建始、

---

① 《道藏》第20册，文物出版社、上海书店、天津古籍出版社1988年影印本，第357、359页。
② 王康、李鉴踪、汪青玉：《神秘的白石崇拜》，四川人民出版社1992年版。

五峰、长阳等市县，贵州省东北部的沿河、印江、德江、江口、务川、凤岗、岑巩、镇远、思南、铜仁、松桃等市县，重庆市（原四川省东南部）的酉阳、秀山、黔江、石柱、彭水等县。现四川境内，土家族聚居区只有宣汉县龙泉、三墩、漆树、渡口四个土家族民族乡和按民族乡对待的樊哙镇，人口45961人。①

土家族历史悠久，源远流长。关于土家族的族源，学术界倾向于巴人与当地另一些居民融合说。他们自称"毕兹卡"，是汉族进入土家族地区以后逐步形成的与"客家"（汉民）相对应的称谓。聚居的湘、鄂、渝、川、黔五省市毗邻地区面积约十万平方公里，通称五陵山区，这是因为西汉时曾在这一带设置郡所致。据考古资料表明，五陵山区在新、旧石器阶段即有古人类的活动。从巫山的大溪、大昌、朝天嘴、龚家大沟到宜昌的四渡河、杨家湾、白庙子、三斗坪、中宝岛、伍相庙、荞麦岭、太平溪，长阳县的西寺坪，陕西紫阳的白马村、马家营等遗址，都是新石器时代遗址，且多数延续到夏商周时期，这与文献记载的灵山神巫、巫载国的巫巴山地是吻合的。

近年来在嘉陵江（阆水、渝水）流域及其支流进行了考古调查和发掘，共发现先秦时期的遗址三十余处，并重点发掘了渠县城坝、阆中彭城坝和宣汉罗家坝。对进一步认识巴文化的内涵及其巴蜀文化的研究，特别是巴文化体系具有重要的作用。渠县城坝遗址，位于四川渠县土溪镇城坝村。面积约三百三十万平方米。发掘清理墓葬了三座、灰坑十九个、灰沟一个，出土各类器物二百三十余件。城坝遗址以战国晚期和汉代堆积为主。特别是发掘了三座战国晚期和汉代的木椁墓，进一步完善了川东地区木椁墓的内涵。同时该遗址与宣汉罗家坝遗址相距较近，但在埋葬方式上却存在较大的差异，这在了解东周时期民族构成、文化的差异等方面具有重要作用。阆中彭城坝遗址，位于阆中市彭城镇彭城坝村，面积达数百万平方米，保存较好，于此处发现了一批商周时期的陶器，特别是尖底和高柄陶器，对于早期蜀文化分布与扩张有了进一步认识。这些遗址遗存相当丰富，为研究嘉陵江流域早期的巴文化，提供了大量而丰富的实物资料。②

宣汉罗家坝遗址，是四川第一座被公认的、大规模的古代巴人中心遗址。

---

① 四川省宣汉县地方志编纂委员会编纂：《宣汉县志》，中国文史出版社2011年版。
② 吕大吉、何耀华主编：《中国各民族原始宗教资料集成·土家族卷》，中国社会科学出版社1999年版，第7页。

其中东周墓葬群的丰硕考古成果进一步丰富了巴文化研究的内容，证实罗家坝遗址同广汉三星堆、成都金沙遗址一样，将改写了长江上游人类文明史。罗家坝巴人文化遗址初步确定范围为两万平方米，囊括了从新石器时代晚期至汉代完整的巴文化堆积，且遗址保存完好。在不到一千平方米的范围内发现了六十座墓葬，出土文物一千余件。从单位面积出土文物量和出土文物总量上，均超过云阳李家坝、开县吴家坝等古巴人文化遗址。出土的部分器具中带有凤鸟图案，这在全国已出土的巴文化遗址文物中绝无仅有。出土铜、陶、玉、铁、骨、石等随葬器近六百件，其中来自墓葬的青铜器近三百件，包括兵器戈、矛、剑、箭镞，礼器和生活器鬴、敦、缶、盒、鼎等，工具削、凿、锯等，巴国图语印玺，铜、玉、石饰件，铜镂空器座。在编号为M33的墓葬中，出土了随葬品一百八十件以上，大部分为铜器，不仅有兵器、生活用具、生产工具、装饰物件，还有鼎、敦等显示墓主人身份的青铜礼器，并且还有陪葬人殉、牲殉的现象。这是继云阳李家坝遗址墓葬中发现人殉现象后的又一例发现。为此，考古专家推测该种殉葬方式是否与文献记载"廪君死，魂魄世为白虎。巴氏以虎饮人血，遂以人祠焉"的习俗有关？墓葬主人是否出自清江流域的廪君巴人后裔？

据西汉刘向《世本》记载："廪君之先，故出巫诞。巴郡南郡蛮，本有五姓：巴氏、樊氏、晖氏、相氏、郑氏皆出于武落钟离山。其山有赤、黑二穴，巴氏之子生于赤穴，四姓之子生于黑穴。未有君长，俱事鬼神。廪君名曰务相，姓巴氏，与樊氏、晖氏、相氏、郑氏凡五姓，俱出皆争神。乃共掷剑于石，约能中者，奉以为君。巴氏子务相，乃独中之，众皆叹。又令乘土船，雕文画之，而浮水中，约能浮者，当以为君。余姓悉沉，惟务相独浮。因共立之，是为廪君。"①这表明廪君巴人五姓是从巫山一带迁徙到武落钟离山，并在清江流域立"国"，但仍为部落联盟阶段。自此之后，巴人便将势力逐步发展到今湘鄂川黔毗邻地区。

商以后，巴人征服了周围的一些部落。西周初期，受周王室分封，在汉水流域建立了巴国。春秋至战国中期，占据渝东之地，与楚、邓、庸、蜀等国交往频繁，文化上互相影响，也与这些国家不断进行兼并争战。秦灭巴以后，置巴郡，对巴人颇优待，"以巴氏为蛮夷君长，世尚秦女，其民爵比不更，

---

① （汉）宋衷注，（清）秦嘉谟辑补：《世本八种》，中华书局2008年版。

有罪得以爵除"。大部分巴人仍居原地，与当地另一些土著居民逐渐融合，在历史长河中发展成为现今的土家族。《华阳国志·巴志》所记巴国之属的"濮、賨、苴、共、奴、獽、夷、蜒之蛮"，这些民族都是土家族的来源。

唐宋时期，在川东南的黔州、涪州、夔州边缘至贵州境内一带，主要居住着被称为"西南夷部"的少数民族，"其地东北直黔、涪，西北接嘉、叙，东连荆楚，南出宜、桂"①。宋初以来，这个地区的部族有数十个之多，而龙、方、张、石、罗五姓的势力最大，称为"五姓蕃"。除此之外，程、韦二姓的势力也较大，与"五姓蕃"合称为"西南七番"。"西南夷部"的先祖是古代的巴人，在西周时期就已进入川东南地区居住。这一地区的少数民族椎发，左衽，或编发，随畜牧迁徙无常，无城郭，散居村落，喜险阻，善战斗。大约在宋元以后，逐渐出现了以"土"为名的族称，原对土家先民使用的"巴""賨""夷""蛮"的称呼逐渐减少，而"土兵""土丁""土人"等称谓开始出现。"这些冠以'土'字的称谓，应是专指土家族而言的，是为了区别与之毗邻的苗族而出现的。"②可以说，在此时期，川鄂湘黔毗邻地区的土家族，逐渐形成了一个比较稳定的共同体。

明清时期，生活在川东巴渝地区的土家族，其大致的文化习俗有如下几种。酉阳州（今重庆酉阳土家族苗族自治县）所属之民"分三种：曰仡佬，曰冉家，曰南客。暖则捕猎。山岭寒则散处崖穴。借贷以刻木为信契，婚姻则累世为亲。编户十三里，其属有九溪十八洞蛮"。平茶长官司（今重庆秀山土家族苗族自治县境内），"所属有五种夷，言语侏离，性好捕猎。火坑焙谷，野麻缉布，巫祷治病，歌唱送殡，号为南客"。石柱宣慰司（今重庆石柱土家族自治县南宾镇），"编户三里，其民悍而好斗，兵马称强，间有所调遣，辄踊跃趋赴"③。

清雍正初"改土归流"，土家族地区直接隶属中央王朝。因为长期与汉族、苗族杂居，受汉族文化的影响较大，土家族已经是一个汉化程度较高、以农耕为主、兼营渔猎的民族，因而其民族成分被长期淹没。中华人民共和国成

---

① 《宋史》卷四九六《蛮夷列传四》，百衲本《二十五史》第6册，浙江古籍出版社1998年影印本，第1421页。
② 黔江土家族苗族简况编写组编：《黔江土家族苗族简况》，四川民族出版社1984年版，第30页。
③ （明）曹学佺：《蜀中广记》卷三八、卷三九，文渊阁《四库全书》本。

立后，对土家族重新调查识别。1956年土家族被正式认定为单一民族，成为祖国民族大家庭中的一员。

一、土家族的宗教信仰

土家族的宗教信仰，经历了自然崇拜、图腾崇拜、灵魂崇拜、祖先崇拜的发展轨迹。虽然还保存着原始宗教的一些痕迹，但远非严格意义上的原始宗教。土家族没有单一固定的宗教模式，长期信仰多神，信奉多神宗教。突出的是迷信鬼神、崇拜祖先。"改土归流"后，土家族的宗教信仰，已经深度地受到汉族的道教影响，并渗入佛教的成分。可以讲，明清以来，道教与土家族的宗教信仰融合在一起，形成了具有民族特色的宗教信仰。

自然崇拜是人类的最初崇拜观念，是原始社会在一定发展阶段上的产物。土家族至今保留着许多自然崇拜的形式，大体可分为天体崇拜、大地崇拜、动植物图腾崇拜，并由之产生许多自然神灵。

天体崇拜，包括对日、月、星、辰、雷、雨等自然现象的崇拜。土家族认为整个宇宙分为天上、人间、地下三层。天上是神人所居，主宰者是天神。祭天神有多种形式。首先，薅草要请天神，祈雨也要祭天。其次，是对日月的崇拜，日神又称太阳神。湘西一带以农历六月初六为太阳神生辰，长阳等地以农历十一月十九为太阳神生日，届时要举行祭祀的仪典，民众皆顶礼膜拜，祈求年岁丰登。再次，是对风、雨、雷、电的崇拜。土家族认为，风有各种名称，如和风、熏风、金风、朔风、血风、腥风、雾风、洞风等，但都属风神管。黔东江口县土家族至今还保留着风神崇拜，祭祀仪式十分古老，每年正月初一要带着刀头、酒、香、纸，到避风的山窝里悄悄拜祭。夏季望日，由土家妇女按户收钱粮买香纸，到深山无风处敬风神雹神，祈求风调雨顺，五谷丰登。

在古代，人们的生产与生活严重地依赖自然，水、雨十分重要，因此便产生了对雨神的信仰。土家族认为龙王行雨，故雨神就是龙神。要使风调雨顺，必须祭祀龙神。龙洞、龙王庙处处都有。每年年底各村寨就开始摆九龙灯，正月逢水之日开始耍龙灯，敬雨神。二月初二"龙抬头"，当日土家族男女都起得很早，换上干净衣服，由妇女洗手烧菜敬献龙神。无论看到什么，都要说吉利话。每逢春夏伏旱，人们便组织求龙祈雨法会，村民捐款献米，蒸粉食的龙、面食的雷神供奉，由土老师设坛，先请雷公电母神，再请龙王行雨神，然后将用竹、草编的黄龙，抬到水势险恶的洞口，去"打洞"求雨。在龙洞口设求雨神位，求龙神行雨。届时全寨村民都要头戴斗笠，身披蓑衣，表示即将下雨。人们敲锣打鼓，吹号呼喊。土老师穿法服戴法冠，披五色旗，左手摇师刀，右手执马鞭，口吹牛角，脚踩"九州"，调兵遣将，摇动草龙，使龙口喷烟。人们随声附和，以助声威。经此作法，如仍不下雨，土老师则用法术将龙神拘留牛角内，意在强令其下雨。直至下雨，乃让龙神归位。

雷电神在土家族的心目中，既是施云布雨的自然神，又是除暴安良、主持公道的社会神。他们认为，雷公电母是老两口，所以一起敬奉。每逢春季惊蛰前一天，家家在房屋周围撒上石灰，用石灰粉在堂屋里画雷公槌电母镜，以及刀枪斧剑之类，意为凭借雷电神的威力，使妖魔鬼怪不敢侵犯。石灰表示土家人洁白的心灵，又是雷电神的象征。惊蛰当天，人们在各自的屋外以酒肉香纸敬雷公电母，并挖一个土坑，表示请雷公电母动土，赶走虫蛇蚂蚁，以后破土耕作，无虫蚁危害。每当土老师举行宗教仪式，作法请神驱鬼时，一般要请雷公电母协助，并口诵五雷咒、五雷油池咒、五百蛮雷咒、五雷诰，手挽五雷诀、五百蛮雷诀，以驱邪赶鬼。在社会生活中，人们视雷公电母是正直无私、佑善罚恶的化身。如有人做了亏心事，偷盗抢劫，以强凌弱，虐待父母，大逆不孝时，人们就要咒骂他"要遭五雷劈打"。人们看到蛇被雷击，古树被电烧，恶人被打死，都认为这是雷电神痛恨邪恶、匡扶善良的表现。

土家族对大地的崇拜，首先表现在对土地的崇拜。每村每寨，都建有土地庙，供奉土地神。土地神主管地方清吉、人畜兴旺，分为天门、城隍、桥梁、山林、田垅、当坊土地等六种。其中以当坊、山林、田垅土地与人们的关系最为密切，每个山寨都立有当坊土地堂。逢年过节，初一、十五，杀猪宰羊，婚丧喜庆等，都要祭土地神。特别是二月初二，土地神的生日，更要隆重庆贺，家家户户都要杀鸡祭神。土家族人祭土地神是希望土地神保佑五谷丰收、六畜兴旺。如当坊土地便是管理当地邪魔妖怪、鸟兽虫害的，人们不能得罪他，谁得罪了他，他一放口，妖怪鸟兽就要糟蹋庄稼、危害牲畜。此外，岩石、山、河、水、火等皆为土家族崇拜对象。如酉阳、秀山、黔江、石柱、彭水等地的土家族，认为山神是管野兽、野禽的，所以在行猎前后，都要敬山神。有的村寨还有赛山神的庙会，非常热闹。

除了敬奉土地神，土家族的大地崇拜还表现在以下几方面。

其一，水，来自河流、泉、洞、井，土家族认为这当中都有神的主宰，在较大的江、河处都建有水神庙。凡村寨皆有水井，有水井就有神。水井作为水神所在的标志，受到民众的敬仰与保护，附近的树木不得砍伐，人畜不得践踏青草。逢年过节，须祭水井水神。婴儿满月，首先要祭拜水井，打点水给婴儿喝，俗称"出月祭水"。老人病故，举行丧仪，也须首先去祭拜水井，打桶水抬回，给死者洗浴并滴一些在口中，俗称"取水"，代表死者洁身仙逝。

其二，火是人类生产、生活所必需的，因此土家人对火特别崇拜。土家人每户都有一个火塘，火塘上有一个三脚铁架，被认为是火神所在。火塘中的火神终年不熄，不能向火塘倒秽物，也不得移动、脚踏三脚铁架。老人死后，要连续三夜向新坟送火把，以使他在阴间见到光明。土家人还认为火烧房屋是火殃神作怪，若母鸡鸣叫，是火灾的前兆，要请土老师作法请走火殃神。因此，敬了火神，既有火用，又免火灾。

其三，五谷神，掌管人间五谷丰歉的神灵，土家人以农为主，因此对五谷神十分敬重。五谷神无神像，多于农户家中安一神位。新春来临，农户将五谷神请出屋去，归回田亩，护佑五谷；待秋收完毕，五谷进仓，用鸡蛋、猪头到田头去敬祭，又将其请回家，安于仓屋壁板上。民间也有五谷庙，每年端午，村民还要去庙中敬献酒肉，焚香跪拜，祈神护佑。

图腾崇拜产生于原始社会，在土家族的历史上曾经有过一段兴盛的时期，但目前土家族的图腾崇拜已不典型，只能看到一些残迹。众所周知的是虎图腾崇拜。土家族的一支先民是巴人，自称为白虎后裔，有白虎神崇拜的习俗。传说廪君死后，魂魄化为白虎。《后汉书·南蛮西南夷传》说："廪君死，魂魄化为白虎。巴氏以虎饮人血，遂以人祠焉。"樊绰《蛮书》卷十说："巴中有大宗，廪君之后也。……巴氏祭其祖，击鼓而祭，白虎之后也。"①可见，从西汉初年到唐代，巴人自称为"白虎夷""虎子"或"虎蛮"。在巴人活动过的广大地区，历代不断有众多的虎饰文物如錞于、铜剑、铜戈、铜钺出土。土家地区到处都建有白帝天王庙，庙中供奉三尊神像，俗称三天王。三尊神像的脸分别为白、红、黑三色。传说白帝天王三兄弟之母为蒙易神婆，她喝虎奶长大，后生下三兄弟。三兄弟成人后勇猛无比，多次打败敌人，死后化成三只白虎，被封为白帝天王，并享立庙祭祀。人们还以白虎作家神，用纸或布画虎贴于堂屋，用木雕有虎形象的吞口，用以驱邪。土家人的孩子戴虎头帽，穿虎头

---

① （唐）樊绰：《蛮书》卷十，车吉心总主编《中华野史》第2册，泰山出版社1999年版，第1091页。

鞋，这是为了使孩子们从小便得祖先荫护，不受鬼怪侵扰。结婚时铺虎毯，跳丧时唱"三唱白虎当堂坐，当堂坐的是家神"类祭祀歌。酉阳、秀山等地土家人在堂屋后墙中间位置放一凳子，用作白虎坐堂的神位。这种对白虎的崇拜，代代相传，深入土家人的生活。

蛇图腾崇拜的遗迹保留在黔江、宣汉的部分土家族民间。在这里蛇被认为是神的化身，也是吉祥物。若男人梦蛇，主升官发财、遇难呈祥；女人梦蛇，会生贵子。他们忌食蛇肉，而且从不打蛇。若是在室内和房屋周围见到蛇，就认为是它们的先人托形，于是摆上供品，点上香烛，向其祈求许愿，以为蛇就会自然隐去；来了红蛇，更要倍加爱护。这种对蛇的崇拜早在原始社会已有。《山海经·大荒北经》曰："西南有巴国，有黑蛇，青首，食象。"许慎《说文解字·巴部》说："巴，虫也，或曰食象蛇。"可见巴人中某一氏族曾以蛇为图腾。

此外，土家族中还有部分人以鹰为图腾，这种遗迹至今尚保留在鄂西巴东、长阳等地的谭姓土家族中。相传远古时期，因部落械斗，只剩下一个叫佘香香的姑娘，因被神鹰搭救，在八坪山上住了下来，后梦神鹰入怀，生下姐弟两人，因无人烟，姐弟成婚繁衍后代。姐弟皆临潭而生，故以谭为姓氏。因鹰是谭姓的祖公，故谭氏家族至今严格信守不伤害鹰的规矩。

祖先崇拜晚于上述所说的自然崇拜，且一直延续到现代。土家人的祖先崇拜，最早的形态是女性祖先。其母系氏族祖先神有五位。传说土家族最早的始祖是从蛋里跳出来的一个姑娘，名叫卵玉，她饮虎奶长大，有神力。时天地相连、昼夜不分，她奋力射箭，天地始分。后来她吞食桃子而孕，生下八男一女，从此世上乃有人类。传说中的另一位女始祖神苡禾娘娘，她上山采茶，嚼茶叶而孕，一次生下弟兄八人，无法抚养，将他们丢在山里，听天由命。谁知八弟兄靠喝虎奶长大成人，此即土家族崇拜的男性氏族祖先神"八部大王"。此外，白帝天王三兄弟之母蒙易神婆，生育祖神春巴妈帕、火畲神婆，都受到土家族的崇拜。

土家族父系祖先崇拜分为三种类型，一是远祖崇拜，二是土王崇拜，三是近祖崇拜。土家族视八部大王为本民族共同的远古祖先，其崇拜主要流行于流经鄂川湘三省的酉水流域。传说八部大王为古代土家族八个部落首领，他们为开拓湘西建有功业，死后土王封他们为八部大神。因此后人广修庙宇，将其当作族神千秋祭祀。如永顺老司城、龙山马蹄寨和水坝洞都建有八部大神庙，是年节盛会群众祭祀游乐之处。每年春节后，庙前举行盛大祭典和大摆手歌舞活动，隆重祭祀八部大王。

在清江流域的土家族，则崇拜向王天子，许多地方建有向王庙，祀奉向王天子。这位向王实则为廪君。刘向《世本》言，廪君务相乘土船而上夷水，射杀盐神，巴人以为神。道光《长阳县志》云："此则廪君世为巴人主，务相开国有功者，故今施南归巫尸而祝之，长阳夷水功德尤显。其称为天子者，据捍关王夷水，务相在当时原为王称，君即王，王即天子也，但土语讹相为向耳。向王旁边塑女像，俗称德济娘娘，殆即盐水女神。"在长阳资丘向王庙内，廪君与盐水女神的神龛下有一小洞，洞内存放着男女小孩的绣花鞋，求子者以摸到男孩为吉。每年六月初六为向王的祭日，届时当地土家人的舟船排伐全部停航依港，虔诚纪念向王天子开拓清江之功。

元代，实行土司制度以后，被封建王朝册封的土司均由土家族首领袭职，故土司亦被称为土王。土司不但拥有至高无上的经济、政治、军事大权，而且还集族权、神权于一身，加上一些土司确实有德于民、有功于国，得到人们的崇敬，而被奉为神，立庙祭祀。各地各姓都有自己的土王，如湘西土家人普遍信仰彭士愁、向官人、田好汉三人，各寨为之立庙，内供以上三神。每年春节为之举行隆重庆典及歌舞活动，由土老师主持，杀猪羊以祀。鄂西来凤、宣恩、鹤峰、利川等地，所供多为覃、田、向三姓土司。《来凤县志》言："三姓土司，生有惠政，民不能忘，故设坛而祭。每逢年节，以牲醴往吊，烧香蜡，极为虔诚。"贵州沿河、德江土家人普遍崇拜田、杨、冉三姓土司，据传他们在明清时为宣慰使，安镇一方，使当地繁荣兴盛，故各寨为之立庙，供奉三姓土王，称为三抚相公。每年有特定祭祀日期，田姓为三月八日，杨姓为三月三日，冉姓为八月八日。届时杀猪宰羊，祭祀活动为三天，由族长率领族人举行祭祀，最后一天办席，达到高潮。其他姓氏的人也可前往祭祀。

土家族不仅把远古祖先、显赫人物当作族神顶礼膜拜，千秋祭祀，尤将各自家族的祖先，特别是血缘关系很近的上辈尊长当作家先神常年供奉，香火不熄。其供奉更加虔诚，祭祀更加频繁。每家在堂屋都设有家先神位，中央供奉"天地君亲师"位，左右两侧分别设立"九天司命太乙府君"位和"××堂上历代祖先"位，把祖先与天、地、君并提，同享子孙祭祀。

二、土家族的梯玛文化

"梯玛",是土家语的译音,意为敬神的人,汉语称"土老师"。在土司统治时期,梯玛阶层已相当成熟了。他们集神权、族权为一身,且皆通医道,皆事医术,故而社会地位高。由于他们熟悉本民族历史,主持各种宗教仪式和活动,还会各种巫术,被看作人神间的沟通者,因此他们虽不脱产,但在土家人的日常生活中,有重要地位,深受人们的尊重。改土归流后,梯玛逐渐演变为职业宗教者。除主持盛大摆手祭祀活动外,还主持驱鬼、许愿、还愿、婚礼、求子、求雨、治病、占卜、丧葬等各种活动,从而对保留和传播土家族古代文化遗产起到了巨大作用。

梯玛的历史非常悠久。如果溯其起源,可以说来自"巫咸"。《山海经·海外西经》曰:"巫咸国在女丑北,右手操青蛇,左手操赤蛇,在登葆山,群巫所从上下也。"①《世本·作篇》:"巫咸作筮。"筮者,用蓍草占吉凶。巫咸为巴人之先祖,且精通巫术医道,他们居于巫山巫溪,"操不死之药"。在秦汉时,便有"祀作巫山"及"荆巫祠堂下,巫先、巫令"的记载。乾隆《永顺县志》谓土家族"信鬼巫","病则无医……巫师击鼓铃卜竹卦以祀鬼"。同治《酉阳直隶州总志》卷十九载,州属巫师有五种。一种为土司时期的神巫王法灵所传,其法花冠红裙,谓之仙娘教,有下蛮王、下黑神之说,以煤涂面,执仗驱邪。一种出于湖南辰水间,其法衣冠拜祷,近于僧道,谓之下坛教,以符水治病,颇为灵验。一种出于川西,言刘蜀后主时所传,其法生旦净丑,插科打诨,谓之上川教,代人还愿,歌舞求神。一种以木为架,围布三面,供男女傩神于上,肩负而行,沿门治病,谓之划乾龙船。一种则女巫,所谓师娘子者。

梯玛的传承,一般是父传子、子传孙的亲血缘系统的家族传续。如贵州江口县快场乡的李法山,系九代世袭。也有家族传承和师徒传授的,如太平镇的邓秀礼,系其叔父邓文光及外师传授;个别的为师徒传授。梯玛分正式的和非正式的两种。正式的土老师须具备三个条件:一是三代祖传;二是从事法事三年无间断;三是有一定文化,能看经、念咒、画符。学习三年期满后,经过隆重的"牵街"仪式,取得众多土老师的签名文书,由掌坛传教师盖上珠符大

---

① 袁珂校注:《山海经校注》,上海古籍出版社1980年版,第219页。

印，将文书授予接法人，接法人才能单独设坛、收徒和主持各种宗教仪式。非正式的土老师虽亦当过学徒，但未经过"牵街"仪式，不能单独设坛。

作为不脱产的宗教职业者，梯玛平时与一般人无异。但在敬神祭祀行法时，必须身着法衣罗裙，头戴凤冠，具备各种法器。法衣为红色长衫，镶黑边，对胸开叉，袖短而宽，胸前背后均用黄线绣制太极八卦图样，前面还饰以云钩，胸领上左写"千千神兵"，右写"万万猛将"。法衣有避水火风寒，驱瘟逐疫，降伏妖魔的作用，是拜见神灵所用。罗裙是由红、白、兰、黑、紫等八种颜色条布缝成的，故叫八幅罗裙。下摆吊八枚铜钱，裙长一米以上，系于腰部，法衣半掩，旋转时裙口成圆形，八枚铜钱叮当有声。八幅罗裙与八部大王有关，标志古代土家族八个部落紧密团结，护佑后人。凤冠，又称"五佛冠"，由布壳裱缝做成，共七幅，构成锯齿状，两边绘画日月，中间绘画道教三清神像。据说头顶三清，邪魔远避，鬼怪潜踪。八幅罗裙、凤冠是拜见天神所用，没有罗裙、凤冠，梯玛就无法上天。

梯玛的法器主要有神图、师刀、长刀、八宝铜铃、牛角号、法印、令牌竹卦等物，皆有宗教寓意。

神图，又称三清案子。神图分大小两种，大的有神像一百三十二个，小的有神像五十五个。神像自上而下排列，约略分为十二层，内容十分丰富。第一层为三清，灵宝天尊居中央，其左为元始天尊，右为道德天尊，三清两旁有日月。第二层中央为天公、天母，其左为天将、雷公、电神，右为风、雨、海神。第三层中为三元门，其左为北斗七星，右为南斗六星。第四层左为骑凤仙娘，右为乘龙仙师。第五层为天河，河中一船，其上有梯玛在登天，其左为天师堂，右为积马槽。第六层中为阳州街，街有东南西北，其左为三元堂，堂中有三元法祖，右为飞兵槽。第七层为黄河，河中有神骑乘船，其左为钟鼓楼、土地庙，右为总管土地、天桥、麻阳洞。第八层为十二月神，每月各有所司，即管气象、季节变化和人事休咎诸神。第九层为阴河，其左有牛头马面乘船渡阴河，右为梯玛乘马过阴河。第十层中为八部大王、彭公爵主、向老官人，其左为总管土地，右为千军万马，马上神为倒行师。第十一层中为千军万马过三元桥，其左为当坊土地，右为百姓家先神。第十二层为地狱，从百姓家到地狱，左有牛头马面把守地狱门，右为各种瘟神恶鬼、引兵土地、五猖等。梯玛做法事时，先要设置法坛，将神图挂在法坛中央。梯玛念经行法，从远到近，从上到下，有序地将每个神灵都请到位，然后祭之。这些神灵所在的天堂，是行善者死后灵魂理想的归宿地。中间数层为人间诸神，如三元法祖、土地、十二月神。据说三元法祖为最早开辟土家族地区的拓荒始祖三兄弟；土地神有种种，分管世间人们活动的各个领域；十二月神分管一年十二月，从气象、季节变化到人事休咎。这些神亦为梯玛所必请，可保佑生产丰收，无灾无难。九层以下大抵为地狱诸神，亦为梯玛所必请，主要求其将捉获的魂魄放还，以消灾解厄，使病体康复。①

八宝铜铃，全部用铜制成。首先做一尺长的手执，然后在手执两端各系四枚铜铃，共八枚。相传古时梯玛分给苗老司二枚，故以后只用六枚。八宝铜铃象征梯玛的宝马，铜铃两端所系五色丝线为马的毛，上端刻有马头形，下端为马尾。梯玛做法事时，手摇铜铃，翩翩起舞，口唱神歌，清脆悦耳，摇铜铃贯穿梯玛法事的始终。

师刀，是用铁制成的一个手指粗、直径五六寸的铁圈，一般串以九、十一或十三个大小可以相套的铁圈，铁圈上接有一支五寸长的手把。使用时，梯玛右手执刀摇动，其声沙沙，一步一顿，以辟魔驱邪。

长刀亦用铁制成，一般长二至三尺，条形，有柄。刀柄尾有一铁环，环上系缠红绸，多在祭坛为小孩"赶白虎"或驱邪时使用。

牛角号，用水牛角做成。梯玛祭祀时，吹牛角号呼唤鬼神。牛角号一吹，告诉山神野鬼，法事已经开始，要它们聚集法堂，等候梯玛安排。梯玛跳神时，牛角号用于起堂、发兵、赏兵、解邪等场面。

此外，尚有法印，正方形，上刻篆字"祖师神印"，画符驱鬼时使用。令牌，为一木制戒方，梯玛跳神时用于赶鬼驱邪。竹卦，由竹头做成，分大、中、小三种。凡判断吉凶祸福、请师父祖师，皆用卜卦表示。

梯玛是沟通人神的中介者，其职能是协调人与超自然的鬼神之间的关系，为此梯玛组织了繁多的祭祀自然神灵的巫术活动。为了协调人与人的关系，协调人与祖先的关系，就有了各种祭祖仪式。为协调人与自身的关系，不断与疾病、死亡抗争，就有招魂、赶鬼、驱邪、解秽、还愿、冲傩等巫术活动。人们很关心个体生命和种族的延续，于是求子度嗣、摇宝宝、赶白虎等巫术活动应运而生。这些构成了梯玛的宗教祭祀和巫术活动的全部内容，大体有如下几个

---

① 吕大吉、何耀华主编：《中国各民族原始宗教资料集成·土家族卷》，中国社会科学出版社1999年版，第127页。

方面。

（一）祭祖仪式

梯玛是祭土王、祭祖先、祈年等仪式的主持者。雍正《永顺府志·杂志》载："每岁正月初三至十七日，男女齐聚，鸣锣击鼓，唱舞伴歌，名曰摆手。"

所谓"摆手"，即土家族的祭祖祈年活动。它表现了土家族人的生产、生活、战争、神话传说等内容。歌随舞而生，舞随歌得名，起源于远古，盛行于明清。《太平寰宇记》记述说，通州巴渠的民俗聚合，"则击鼓，踏木牙，唱竹枝歌为乐"，"巴之俗，皆重田神。春到刻木虔祈，冬即用牲解赛，邪巫击鼓以为谣祀，男女皆唱竹枝歌"。因为祭田神是农事祭典，农事的丰歉与人们的生活息息相关，所以祭仪也最隆重。按其活动规模，分为"大摆手""小摆手"两种。大摆手活动规模庞大，以祭八部大王为主，表演人类起源、民族迁徙、抵御外患和农事活动等。小摆手活动规模较小，以祭祀彭公爵主、向老官人、田好汉和各地土王为主，地点在土王庙，表演部分农事活动。

大摆手是在八部大王庙（摆手堂）中举行的。庙堂正中央，供奉着八部大王及其夫人"帕帕"的神像。大坪中间立一根高二十四米的旗杆，上面的两面龙旗迎风招展，旗杆顶端的一只白鹤振翅欲飞。按"三年两摆"的传统习俗，大摆手于正月初九至十一日举行。届时，各寨依姓氏或族房组成摆手"排"，每排为一支摆手队伍，各排人数不等，均设有摆手队、祭祀队、旗队、乐队、披甲队、炮仗队。首列为龙凤旗队。龙旗和凤旗系用红、兰、白、黄四色绸料制成四面各一色的三角大旗。旗长丈余，边缘镶有鸡冠形花边。以白龙旗和红凤旗为上承，二者并排走在队伍的最前列。

次列为祭祀队。由寨上德高望重的老者组成，多达二十余人。他们身着皂色长衫，手持齐眉棍、神刀、朝筒等道具。一尊者捧着贴有福字的酒罐，率领担五谷、担猎物、端粑粑、挑团徵、提豆腐等祭品的人，随掌坛师行祭事，唱祭祀歌。

祭祀队后面为舞队。男女老少皆可参加，他们均着节日盛装，手里分别拿着朝筒或常青树树枝，列队入场。继舞队之后的是小旗队。凡户一面，颜色多彩，有长方形和三角形二种，亦饰有荷叶边，敬献于八部大王坛下，以感祖恩深泽。接着是乐队、披甲队、炮仗队。乐队分馏子和摆手锣鼓两种。再配以牛角号、土号、喇叭、咚咚喹等，奏出节日的独特旋律。披甲队由身披五彩斑斓"西兰卡普"的青壮年组成。炮仗队由鸟铳和三眼铳组成。各队按以上程序排列进入摆手堂。进堂后先扫邪，后安神。掌坛师手持扫帚，以高昂激越的音腔，强烈地谴责那些"大斗进，小斗出，少斤缺两"的剥削者。祭祀人在掌坛师的带领下，依序跪下左脚，舞众亦虔诚跪下，与祭祀队一领一合，齐唱神歌，歌词委婉深沉，气氛肃穆庄重。歌毕，各排将各自的供品呈于神案，其上有"福禄寿喜""吉祥如意""五谷丰登""风调雨顺"等字样，表白祭祀八部大王的目的。祭祀完毕后，礼炮三响，撼天动地，催人起舞，全场沸腾。人们在掌坛师的指挥下，尽情地跳舞唱歌。

改土归流后，氏族部落祖先崇拜逐渐被家族祖先崇拜所取代。对家族祖先神的祭祀，被称为"敬家先"。每逢年节、四月八、六月六、七月半，土家人都要大敬祖先，初一、十五也要进行小敬。祭祀家先，尤以过年、七月半为甚。过年那天，吃团年饭之前，祭土王之后，要隆重祭祀家先，将祭祖的猪头、团馓、粑粑、鸡鸭、五谷种等，摆在家先牌位两边。全家男人在长辈带领下，焚香燃烛，磕头礼拜。一请历代家先与子孙后辈们同吃年饭，二祈家先保佑五谷丰登、六畜兴旺、财源茂、合家欢乐。七月半为鬼节，俗有"七月半，鬼乱窜"之说。其时稻谷、玉米等开始收获，到了吃新米饭的时节，也要祭拜家先，将在外的亡人接回家，与子孙们一起"吃新"，享受丰收后的喜悦。

（二）驱鬼治病仪式

疾病是威胁人类生存的大敌。在生存环境恶劣、卫生条件极差的时代，为了生存，人类只能依靠巫术信仰战胜病魔，土家族人亦是如此。据东汉王逸《楚辞章句》载："昔楚国南郢之邑，沅湘之间，其俗信鬼而好祠。"乾隆《永顺县志》亦载："其地信鬼巫，病则无医，惟椎牛羊，师巫击鼓铃，卜竹签以祀鬼。"时至当代，土家族仍保留了许多驱鬼治病仪式和巫术活动，如送麻阳鬼、赶白虎、打青草鬼、隔鬼扛神等。

麻阳鬼，又称麻阳神，传说为邪恶的女神，专门给人间兴灾降祸。它有五姊妹，住在五个洞里，号称五洞麻阳。一洞麻阳为童子麻阳，触犯了它，人就四肢麻木，全身瘫痪。二洞麻阳为白虎麻阳，触犯了它，人就口歪眼斜，转根抽筋。三洞麻阳为阴阳麻阳，触犯了它，人就喜怒无常，胡说八道。四洞麻阳为地府麻阳，触犯了它，人就神魂颠倒，乱跑乱打。五洞麻阳为天师麻阳，触犯了它，人就长无名肿毒，生烂疮、恶疮。无论触犯了何洞麻阳神，都须请梯玛在山沟幽静处打狗杀羊，煮熟洒血治之，将麻阳神送走。祭祀后，梯玛与祭祀者，架锅烹饪祭祀狗羊，开坛狂饮，吃得锅底朝天，才能将麻阳神送走。

赶白虎是一种护佑小孩的巫术。土家族人将白虎分为二类，坐堂白虎和过堂白虎。坐堂白虎为家神，必祭祀之。过堂白虎为邪神，主要危害小孩。凡婴儿降生，男孩三天之内、女孩七天之中，须备供品酒肉，请梯玛作法驱赶过堂白虎，否则小孩会受残害。如小孩睡梦中惊哭尖叫，口吐白沫，浑身痉挛，这亦是白虎惊吓兴灾所致。梯玛作法驱赶过堂白虎，在门外竖根桃木桩，桩上绑只公鸡，焚香奠酒，梯玛手执桃树枝叶满屋乱打，并撒一些五谷，扑打得公鸡长鸣一声，标志着过堂白虎被赶走了。法事结束后，在小孩睡的摇篮内，放上锄头、剪刀、柴刀、火钳等物，镇伏过堂白虎，以祈小孩不受过堂白虎残害，易养成人。

隔鬼扛神是一种驱鬼治病的巫术。"隔鬼"即驱鬼之意，"扛神"为降神之称。当人生病遭殃时，请梯玛来家中跳神驱鬼。为捉住祸害人的鬼魂，梯玛手端烧红的铧头，用嘴喷酒发油火，再用师刀或长刀在屋内舞弄刺杀，以示驱鬼，然后将鬼（多用蛤蟆、老鼠等表示）捉起来。此时屋外放一张清明纸，其上放一盆，盆周围置些炭火，将捉的鬼置于盆内盖上，然后在捉鬼各处贴符，符上盖印，以示将鬼关住，使之不再作祟。

梯玛还精通招魂巫术。土家人生病后，梯玛根据患者失魂的轻重、鬼神的善恶，在大方桌上摆三牲、酒水、豆腐等供品，书写五方大帝、白虎大帝牌位，置于桌前，桌脚上捆一树枝，上挂三尺六寸青蓝布，桌上摆三十六吊长钱（象征三魂七魄）。再用一张小桌，上放带茶叶的米，称为珍珠玛瑙。届时梯玛请神，边念咒边打卦，名曰"上牒"，即用文书往来和金钱赎魂的方法，求鬼神将病人的失魂送到招魂树上来。然后梯玛作法，将捉来的蜘蛛用纸袋装好，放在病人枕下，或包扎在病人头上，再由梯玛画符念咒，为病人安魂固魄，并画水放在祖先神上，口中念念有词。同时挽诀念咒，使病人平安。最后将招魂树、香纸、文书匣和牌位等抬到野外焚化，表示魂已归位，病人将慢慢康复。

土家人如家中不顺，或久病不愈，则请梯玛杀羊驱邪。较小的法事如招魂、赎魂等，只杀鸡。大法事一般分为十多个程式，主要表演端铧头、抓油锅、踩刀梯、踩地刀等巫术活动。如家有凶死者，或患病后占为触犯凶死者的鬼魂，则请梯玛作法，为患者消灾驱邪。梯玛将铧头烧红，先用手端，再用嘴咬铧头，挥舞作法，以示将凶死鬼驱除。病人死因不明，魂遗家中或魔鬼缠身，病患甚重，会请梯玛抓油锅。梯玛先将清油浇沸，倒入碗中，然后用沸腾的油洗手，将凶死鬼驱逐。踩刀梯，法事开始前，栽木杆于地，以三条绳将杆系牢，杆上纵横置刀，有三十六把、七十二把和一百二十把不等。梯玛赤脚踩刀梯而上，滴血不流，丝毫无损。杆顶绑置一平板，梯玛登杆顶立板上，为病人祈祷作法。踩地刀，地坝中放长凳两排，其上置利刀六把，由两人固定，直立于地，刀尖向上形成刀山。梯玛口中念咒，赤脚从刀尖踏过，边表演边唱经。这些巫术可以单独举行，亦可组合表演，均视具体情况而定。

（三）占卜巫术

在中国古代，占卜极为普遍，各少数民族亦不例外。《史记·龟策列传》云："蛮夷氐羌虽无君臣之序，亦有决疑之卜。或以金石，或以草木，国不同俗。然皆可以战伐攻击，推兵求胜，各信其神，以知来事。"土家族社会中，占卜极为盛行，巫师作法时其占卜各种各样：

司刀卦，梯玛晃动司刀后，出现大小铁圈相隔的不同形状，以此判断吉凶。长刀卦，将刀高举过头，横向后甩，视其落地的刀尖指向，占卜决断。梳子卦，以梳子落地的齿向占卜决断。筷子卦，以筷子落地的交、隔式态占卜决断。小钱卦，抛镀以白银的两枚小钱，以其落地的翻扑式态占卜决断。竹卦，由竹兜做成，分大、小二种。卜时以竹心朝上为翻，朝下为扑。两块卦子，一翻一扑为顺卦，两翻为阳卦，两扑为阴卦。生死岩，一块手掌大的扁圆卵石，一面写"生"字，一面写"死"字，它主要用在梯玛踩刀梯时，被从空中摔下，作"生死断"。土家族地区的巫术活动尽管各有其地域特色，但以占卜沟通神灵，统驭鬼神，推断吉凶祸福，决定作何法事等，是基本相同的。

土家族没有本民族的文字，其传统文化的保存全靠人们口耳相传。出于宗教活动的需要，土家族巫师背诵留存至今的有《梯玛神歌》和《摆手歌》等，这是从事传统民俗活动、宗教仪式不可或缺的。

三、原始宗教与三教的结合

原始宗教在土家族社会有相当大的影响力。但随着社会经济的发展，与外界的频繁交流，原始宗教很多方面难以适应现实社会的需要。于是外来宗教，尤其是代表汉文化的儒教、道教、佛教等，便自然而然地进入了土家族社会，与其原有的原始宗教相融合，并对之进行有效的补充与改造，构成了纷繁复杂的崇拜内容。

儒教随着汉文化的传入而传入，其肇始于汉晋，盛于唐宋，明清改土归流后达到高潮。儒教与盛行祖先崇拜的土家社会相结合，原来以氏族祖先为崇拜对象的土王崇拜，逐渐被以宗祠为中心、代表儒教信仰的宗教祖先崇拜所代替。改土归流后，大量出现宗祠和族谱，确立了以家为单位的祖先崇拜，对孝道极为尊崇，并且引入丧葬仪式当中，这些反映出儒教对土家族地区的深远影响。

佛教亦很早传入土家族地区，东晋咸康年间，鄂西来凤建成仙佛寺，岩塑释迦牟尼、弥勒、燃灯三座佛像。东晋永和年间，酉阳万木乡建成永和寺。从六朝至元代，佛教在土家族地区传播愈益广泛深入。至明代，贵州梵净山成了西南地区重要的佛教名山，遍及梵净山区的四大皇庵、四十八脚庵，庞大寺庙群，奠定了梵净山著名古佛道场的地位。佛教改变了土家族人的灵魂观念，促使其滋生了轮回思想。在安葬死者、超度亡灵的仪式活动中，念经吃斋求善证果的意识始终贯穿整个宗教活动，给人以"神大仙大，不得冲撞。幽冥地府，调察人寰。善恶好坏，自有报应"等思想。

道教自东汉张陵创立天师道，即对巴郡南郡蛮产生影响。张陵创立天师道与西南少数民族关系密切，并很早就传入了巴郡地区，而与巴人、土家族原始信仰发生关系。成汉李氏家族本为巴中一带的賨人，世代信奉天师道，并随张鲁北迁至关中、陇右各郡。因此，作为賨人后裔的土家族，人们普遍地信仰道教。有关梯玛祖师、法器、服饰的传说，梯玛作法和仪式的模式等，无不深深地打上道教烙印。尽管土家族宗教信仰复杂，崇拜的神灵众多，但以道教神占的比重最大，道教神成为梯玛请神作法的主神和至上神。

道教与土家族原始宗教结合较紧密，这在神图中得以明显反映。在神图的中段略下处，如第六层有三元法祖，第七层为总管土地，第十层中为八部大王、彭公爵主、向老官人等，他们多为土家族的祖先神。而最上端为道教的三清尊神，稍下则为日月、天公、地母、天将、雷公、电神，风、雨、海神、北斗、南斗、仙娘、仙师、天师、土地等神，他们皆为道教之神。

贵州辽口县土家族的宗教职业者，按其作法、职能的不同，分为"文教"和"武教"。这两派都是土家族原始宗教与佛教、道教相结合的产物，不过各有侧重。文教主要带佛教色彩，武教主要带道教色彩。

武教称土老师，作法时坛台正中悬挂三清神图，其两侧挂马元帅、王灵官神图，这是道教的护法元帅。凡举行重大宗教活动，必须首先请三清大帝、太上老君、掌坛祖师，须在台前敬神作法，经三清大帝、太上老君按职授权后，才能执行其职事，在执法中才能驱使神兵鬼将。据说得到三清、老君授职后，掌坛师就成了兵马总都督，可以调动各路人马，擒妖、逐怪、降魔，他的文书可直报玉皇大帝、三清大帝。其他执法的土老师被封为都司、都察、都监之职，在作法中秉公执法，各司其事。

土老师作法请神时，要高声念唱神名，一一斟酒敬献，计有八部大神，天神、地神、山神、海神、火神、水神、雷神、太阳神等，统称天部地部大神。天部大神中又有中天先祖、三清大帝、北极紫微大帝、元乡大帝、三元教祖、金火圣母、九王皇母、三元盘古、三乔王母等。地部大神则有五方大帝、十殿阎罗、七千祖师、八方本祖、三洞大王、三元将军、十二戏神、二十四标、马元帅、王灵官等。其中既有道教神，又有佛教神，还有当地民间众神，而道教神居统率地位。根据法事需要，在念唱某些神名时，还特别强调其神通，盛赞其降魔驱邪的法力，而其法力和神通多来自道教神，如三清、老君、玉皇等。

黔东北地区的土家人，则把文教称为道士。这种道士要能阅读诵经，须具三年连续从法的资格，且为历代习文教者。具备这三个条件，然后由师父主持，遍请四方同行数十人，聚集释迦牟尼佛案前，求证明职，经过传法，才算正式道士，才能主持做斋、打醮、超度亡灵等重大活动。文教的主要职能是为人建房择基，看风水，正龙脉；为死者超度亡灵，做水陆道场，安葬死者；为病人求神降福，减轻罪过；为地方"打皇醮"，祈求天神降福，拯救黎民；为村寨"打清醮"，驱瘟除疫等，目的都是祈求神灵庇护，去难呈祥。

安葬死者，是道士的专职。丧葬仪式繁多，一般举行三天至五天。第一，要择算安葬吉日，宴请亲友族人悼亡。第二，设灵堂，安灵位，挂引魂幡。第三，设佛祖、观音、地藏、十殿阎君、十八罗汉、五方大帝、三千揭谛神位，张挂地藏、十殿阎君等神图，将红布、青布挂于神案上，请诸神登位，以素品供之。第四，道士念经，孝子主祭，歌颂死者功德，祈求神灵赦免罪过。第五，"闭关"，死者直系亲属最后启棺盖瞻仰遗容。第六，"绕棺"，此为念经超度亡灵最隆重祭祀，祝愿亡灵早升天界。第七，"破地狱"，如死者为凶死不吉，则需做此法事，使亡魂得以被超度。第八，唱丧歌，演唱者为土家艺人，但主持人为道士。第九，谢神，安宅，超度，招财，做此法事使主家人财两旺。第十，"发灵"，使死者灵魂沿途无阻。第十一，"应七"，葬后七七四十九天内，家人须上坟山烧七次纸钱，既示怀念逝者，又表示送亡灵早登仙界。第十二,"灵山",由道士写地课文书,请五方大帝做证,在坟前烧香化纸立买山契,以免坟山被野鬼侵占。第十三,"除亡",应七后,请道士将死者灵牌等在坟前焚化,至此安葬仪式结束。整个丧葬仪式复杂,诸如写灵牌、设灵堂、开路、入殓、请歌神、安五方、十王灯、散花解结、破网丝城、打血盆绕、送神、发丧等,都是由道士主持操办。

梯玛在驱邪作法时,都要画符、念咒、换诀等。这些法术亦来自道教。如用公鸡血画符,画时念咒:"鸡血画符,山变水变人变。赐给病人符,邪鬼不挨身。赐给主家符,斩鬼降邪怪,阎王判官也回头。"

梯玛所用的咒语,其内容基本上来自《道经》。如金刚咒:"天地玄机,万物生灵。广纳意吉,正印神通。三界四牌,五帝师行。万神伏礼,殁死雷霆。鬼神丧胆,妖怪现形。内有霹雳,洞坛交择。王气腾腾,金光闪闪,道法常存。吾奉太上老君致令施行。"此外,尚有金箍咒、铁链咒、斩妖诰、捆鬼诰、降魔诰等。如斩妖诰:"三元大帝八千神,五岳神灵十万兵。手执金剑斩妖魔,头顶蛮雷镇四利。神锤搭在鬼头上,电铲架在妖颈根。捉天魔,斩地魔,斩尽四方众邪魔。五雷五天将,火神八千兵,电光震四海,妖魔化灰尘。三清大帝亲督阵,查尽天下不正神。大鬼听见心惊怕,小鬼听见掉了魂。规矩服法来神坛,免得死后化灰尘。"这些咒诰一般多为口中默念,相当于向鬼神发布命令。

在咒语中有一类灵活多样、法力很大的称为"诀"。诀有三种,即口诀、字诀、手诀。口诀即为咒语,是请神驱鬼降魔时口中心中念诵的。字诀,是作法时用墨或牲畜血画的符,用以张贴在特定地方。手诀,亦称手印,作法时,遇紧急情况时,面对凶神厉鬼时,即用手挽诀结印以制伏邪魔。整套诀法共有七十六种,现留传在梵净山土家族地区的咒诰诀还有四十余种。土家人结婚时作的法事中,就要用"天合诀""地合诀""男女合婚诀""同床共枕诀"等,挽诀时还要念咒:"上天请月老,下界请媒证。嫦娥落凡间,喜鹊搭姻缘。百鬼出五界,喜神护中央。吾奉太上老君急急如律令。"此外,尚有所谓的"五雷诀""利刀诀""移山倒海诀""铁板塞洞诀""斩妖除鬼诀""三元三将栲枷诀""十大雷神电母诀""大力轰天诀""油锅割鼻剐心诀"等。手诀的传授非常慎重秘密,绝不乱传。

第七章

巴蜀地区的民间信仰

中国古代盛行自然崇拜和鬼神崇拜，它们都是民间信仰诞生的温床。远在殷商时代，民众就十分崇拜鬼神，那时就有了卜筮吉凶和祈福禳灾的巫师，职掌龟筮，沟通天地神人。周代对鬼神的信仰进一步发展，形成了天神、地祇、人鬼的鬼神体系。这也就是民间多神崇拜的来源。《尚书·尧典》说："肆类于上帝，禋于六宗，望于山川，遍于群神。"《礼记·祭法》说："山林谷川丘陵，能出云，为风雨，见怪物，皆曰神，有天下者祭百神。"又说，"此五代之所不变也"。这些可以看作人们对早期民间信仰的追溯。至《周礼·大宗伯》中已概括出天神、地祇、人鬼的崇拜系统。其天神有昊天上帝、日月星辰、风伯、雨师；地祇有社稷、五岳、山林川泽、四方百物；人鬼主要为祖先圣贤。《史记·封禅书》说："自禹兴而修社稷，郊社所从来尚矣。"其他如日神、月神、星辰之神、山神、河神、风神、雷神、户神、灶神等诸神，皆起源甚古而绵延不绝，形成普遍的民间信仰。

牛王、马王、蚕神、蛇王、青蛙神、虫王、花神等，大都源于原始的动植物崇拜。自然现象中的风雨雷电、日月星辰等，也在神界有其人格化的代表。与这些自然神灵相区别的，是一些专管人的生老病死、衣食住行和命运的职能神，如瘟神、痘神、灶神、门神、路神等，如主管男女婚姻恋爱的月下老人、主管长寿的寿星，以及招财童子、进宝郎君之类。百姓奉祀这样的神灵，通常是自发的精神需要。由于这些崇拜仪式没有血亲关联的障碍，所以能够呈现出高度的包容性，人们既可以信奉社神，祭祀农神，同时也可以给财神烧香叩头。

中国的传统讲究尊师重道。民众家供奉祖宗牌位，题名为"天地君亲师"，其中"师道"列为五尊之一。各地各行业均有供奉"祖师爷"的习俗。这些行业神最初是某一行业中杰出的人物，做出过突出贡献。在行会出现之后，行业神便转化为各种独立行业及其从业人员的保护神。如燧人氏钻木取火，伏羲氏做网罟并做八卦，神农氏教民稼穑、尝百草以治民之病，这些有功于社会进行的人，后来逐渐被神化并变成行业神。另有一些是随着社会分工的发展出现的行业神，木匠有鲁班，航海有妈祖，读书人尊文昌帝君，武将重关公，纺织业奉黄道婆。这些神灵大多是历史真实人物的神化。由于他们为百姓的生活安宁、健康幸福和文化教育做了许多好事，赢得了百姓的尊敬，于是百姓采用奉祀香火的形式，表达自己的缅怀之情。

旧时行业之多，难以确计，俗称三百六十行。每个行业所奉之神，或为祖师，或为保护神，世代相传。其来源复杂，既有佛道尊神，又有民间传统鬼神；有真实历史人物，也有来自神话传说、小说戏曲里的虚构人物。就社会身份而言，包括帝王将相、文人学士、能工巧匠、江湖人物等，十分庞杂。供奉行业神的原因与目的，在于从业者谋生不易，难以掌握自身命运，通过奉祀神灵，祈求消灾得福，获得成功。其产生与祖先崇拜、崇德报功、借神自重的思想有密切关系，在古代对团结和约束同业同帮、激发增强从业者对本行业的热爱具有重要作用。

据研究，木瓦石匠业以鲁班为祖师，搭棚业以有巢氏、鲁班、华光为祖师，扎彩业以鲁班、吴道子为祖师，油漆、绘画、雕塑业以吴道子、普庵、王维、孙膑、三皇为祖师，金银铜铁锡业供奉老君、窑神、罗煊，烧炭业供奉孙膑、陈爷爷、陈老相公，铸剑业以欧冶子为祖师，玉器业供奉邱处机、白衣观音、周宣王、周灵王，景泰蓝业供奉大禹，笔业供奉蒙恬，墨业供奉吕洞宾，纸业供奉蔡伦，纸店供奉文昌帝君，书坊供奉文昌帝君与火神，梳篦业以赫胥、赫连、皇甫、陈七子、张班、鲁班为祖师，针业以刘海为祖师，伞业以鲁班妻和女娲为祖师，香烛业供奉关圣、葛仙、黄昆、九天玄女，度量衡业以伏羲、神农、黄帝为祖师，算盘业以孔子为祖师，编织业以鲁班、刘备、泰山、荷叶仙师（鲁班妻）、张班为祖师，蚕丝业供奉马头娘、嫘祖、蚕花五圣、三姑、青衣神伯余、黄帝、张衡、织女、黄道婆等，绸缎商供奉关公、文昌帝君，棉纺业以黄道婆为祖师，成衣业以黄帝、三皇、关公为祖师，靴鞋业以孙膑、黄帝、鬼谷子、达摩、白豆儿佛为祖师，厨业以汉宣帝、灶君、彭祖、易牙、詹王、雷祖、关公、诸葛亮为祖师，酒业供奉杜康、仪狄等。这些行业神多为历史人物，后被神化，并深入民间，享受民众、业者的拜祀供奉。

巴蜀地区的民间信仰，亦有着相当漫长的历史发展过程。从上古时期的自然神、主神信仰，到三代以来氐羌民族的西王母、大禹崇拜；从秦汉之来的祖先、圣贤崇拜，到唐宋时期的九皇、文昌信仰，乃至明清之际的祖师、十殿冥王信仰，说明民间信仰在巴蜀社会广泛传播，具有相当大的影响力。

第一节　巴蜀民间信仰的特征与内涵

我国民间信仰源远流长，丰富多彩，种类繁多。从夏商周三代伊始，即已有众多的民间神祇，其中有些是上古民族部落的地方信仰，足见神祇的古老性。许慎《说文解字》："神，天神引出万物也。祇，地祇提出万物也。"认为天神、地祇乃万物之母。最初的神的观念确实与天地崇拜密切相关。在早期的原始人类看来，天、地与人们的生活密切相关，它们不仅给人类带来和煦的阳光、丰沛的雨水和人类赖以生存的土地，还带来种种令人恐惧的自然现象。在蒙昧时期，人类的思维能力和生活经验尚不足以掌握天地变化的规律，必然会以自己有限的思维能力去比附这两种神奇的物象，以为天地亦与人一样，有思想、感情和意志，亦有灵魂的存在。这形成了最初的神祇观念。

数千年来，在这片古老的大地上土生土长了形色各异的神祇，它们相互对立、融合，汇成了庞杂的神祇世界。同样，地处西南的巴蜀地区，亦拥有一个独具特色的民间神祇世界。他们深入人们的精神世界，参与着社会的生活。巴蜀先民的信仰相当丰富。他们相信万物有灵，认为是各种精灵使自然有了生命，赋予各种自然物以灵魂，于是纷纷加以祭拜。动物是巴蜀先民信仰中常见的主题之一，如虎、豹、牛、马、羊、蛇、鱼、鹰、鸡等，甚至连人们想象中的龙、凤、夔等怪兽也成为被崇拜的对象。这一点可以从三星堆出土的各种文物中得到证实，因为出土的金、铜、玉、陶等动物塑像，并不仅仅是一般意义上的艺术作品，而是出土于祭祀坑的，这就确切地说明它们属于被顶礼膜拜之物，也就是说代表着各种神灵。

在三星堆出土的青铜神树，有其特殊的意义。《山海经·海内南经》记载："有木，其状如牛，引之有皮，若缨、黄蛇。其叶如罗，其实如栾，其木若蓲，其名曰建木。"①《淮南子·地形篇》说："建木在都广，众帝所自上下，日中无景，呼而无响，盖天地之中也。"②也就是说，建木属于"天梯"，是方便天帝往返于人间与天堂的通道。

自然界的万物都被人们赋予了神的灵性，比如山有山神，江有江神。《史记·封禅书》记载，秦并天下，立"天地名山大川鬼神"；"自华以西……渎

---

① 袁珂校注：《山海经校注》，上海古籍出版社1980年版，第279页。
② 《诸子集成》第8册，岳麓书社1996年版，第58页。

山。渎山，蜀之汶山"。由此可看出，岷山是古蜀之神山。《史记正义》中还有如下记载："江渎祠在成都县南八里。秦并天下，江水祠蜀。"这说明江水在先秦的蜀国时就已经有了江神。

早在商代，巴蜀民间已有主神信仰，它源于泛灵信仰，而又居于泛灵信仰的最高层次。三星堆出土的青铜神树，《山海经》所言的通过"建木"上下天堂的"众帝"，即是巴蜀先民崇拜的主神。"帝"，原是祭名，后演化为主宰天人的主神。殷卜辞中即有"帝使风""帝令雨"等辞例，表明帝凌驾于诸神之上。显然，古蜀宗教已产生了帝的概念，并且唯有帝能上下于天，高踞于群神之上。而帝与群神的关系，也就是主神与诸神的关系。

古代巴蜀的历史带有一定的传说色彩，其国王都被后人奉为神灵。从"教民养蚕"的蚕丛、"教民捕鱼"的鱼凫，到"教民务农"的杜宇、治水的开明，都和农业生产有关，他们对巴蜀地区开发做出了重大贡献，在成都平原发展生产和经济，铸就了古蜀国的历史辉煌，故被后人祭祀，奉为神灵。其后，众多对巴蜀做过贡献、产生过影响的先民们被人们牢牢记住，成为巴蜀地区民间信仰中重要的一部分，如盘古、大禹、苌弘、李冰、严遵、刘备、诸葛亮、关羽、张飞等。

广都县（今双流）古迹有盘古祠，祭祀盘古。徐整《三五历记》云："天地浑沌如鸡子，盘古生其中，八万四千岁，天地开辟，清阳为天，浊阴为地，盘古在其中，一日九变，神于天，圣于地。天日高一丈，地日厚一丈，盘古日长一丈，如此满八万四千岁，天极高，地极深，盘古极长。后乃有三皇，数起于一，立于三，成于五，盛于七，处于九，故天去地九万里也。"①《地理坤鉴》云："盘古龙首人身，今成都有庙祀。《路史》曰：吾于广都，得盘古之祀焉。杜光庭《录异记》曰：广都县盘古三郎庙，颇着灵异，远近畏而敬之。县人杨知遇者尝受正一盟威箓，一夕醉甚，将还其家，路迷月黑过庙门，因大呼曰：余正一弟子也，愿得神力，示以归路。俄有一炬火自庙门出前，引之比至，其家二十余里，虽狭桥细路，略无蹉跌，火炬亦无见矣。广都，今双流县地。《元和图经》：成都县东三十里盘古祠，即此。夔门亦有盘古庙。太守王十朋盘古庙诗曰：盘古千千古，江头遗像存。伏羲犹后辈，礼殿尽诸孙。不屋

---

① （明）曹学佺：《蜀中广记》卷五，文渊阁《四库全书》本。

昔非陋，有祠今未尊。东邻二郎庙，巫觋醉朝昏。"①

大禹为帝颛顼之孙，他为了天下子民的安生，专心治理水患，凿龙门、通四渎，疏通了九河。功毕，川途治导，天下大安。因此，大禹遂被民众奉为山川神主。《尚书·吕刑》曰："禹平水土，主名山川。"《史记·夏本纪》曰："天下皆宗禹之明度数声乐，为山川神主。"《遁甲开山图》曰："禹得道仙人也。古有大禹，乃女娲十九代孙，寿三百有六十，入九嶷山仙去。后三千六百岁，尧理天下，洪水既甚，人民垫溺，大禹念之，乃化生于石纽。山泉女狄暮汲水，得石子如珠，爱而吞之有娠，十四月生子。及长，能知泉源，代父鲧理洪水，三年功成。尧知其功如古大禹，知水源，乃赐号禹。"②这样一来，大禹遂成为巴蜀民间、中原大地普遍祀祭的尊神。

苌弘，字苌叔，今四川资阳市人。据《华阳国志》，苌弘天资禀赋，学有所成，精通音律、乐理，通晓天文、历数，为蜀都术士的翘楚。《史记·天官书》云："昔之传天数者……周室、史佚、苌弘。"《淮南子·氾论训》说："昔者苌弘，周室之执数者也，天地之气，日月之行，风雨之变，律历之数，无所不通。"《史记·封禅书》记："是时，苌弘以方事周灵王，诸侯莫朝周，周力少，苌弘乃明鬼神事，设射狸首……依物怪欲以致诸侯，诸侯不从，而晋人执杀苌弘。周人之言方怪者自苌弘。"《拾遗记》称："周灵王二十三年，起昆召之台，时有苌弘能招致神异，王乃登台。"苌弘以方事周灵王、周景王，常应对星象吉凶征兆之事。周敬王即位（前519），苌弘因参谋迁都辅佐兴邦有功，升任内史大夫，执掌朝政。周敬王二十四至二十五年间（前496~前495），孔子曾访乐于苌弘，请教和探讨音乐与天文知识。二十八年（前492），因支持晋国的范氏，被晋国赵氏逼杀。苌弘忠君爱国、舍身成仁，人们安葬了他的鲜血和心脏，保护了他的遗族。《庄子·外物》说："苌弘死于蜀，藏其血，三年而化为碧。""碧血丹心"的成语即源于此而盛行天下。今资阳县有苌弘祠、苌弘寨、苌弘溪、苌弘桥、苌弘洞、苌弘村、访弘村、访弘乡、孔子溪等。《蜀中广记》卷八载："有祠在青泥坊，数里之内，土色尚青。"《资阳县志》记载，"战国后，蜀、资人民筑祠祀周大夫苌弘"，"清泥坊苌弘祠，宋时尊称苌大夫祠"。

---

① （明）曹学佺：《蜀中广记》卷七一，文渊阁《四库全书》本。
② （明）曹学佺：《蜀中广记》卷七一，文渊阁《四库全书》本。

李冰是巴蜀地区家喻户晓的人物,成都平原之所以能够被称为"天府之国",可以说是李冰修建都江堰的结果。在成都平原上有着许多祭祀李冰的祠庙和关于李冰的传说。唐求《成都记》记载:"李冰为蜀太守,有蛟岁暴,漂垫相望,冰乃入水戮蛟,已为牛形。江神龙跃,冰不胜。及出,选卒之勇者数百,持强弓大箭,约曰:吾前者为牛,今江神必亦为牛矣。我以太白练自束以辨,汝当杀其无记者。遂呼吼而入。须臾雷风大起,天地一色。稍定,有二牛斗于上,公练甚长白。武士乃齐射其神,遂毙。从此蜀人不复为水所病。至今大浪冲涛,欲及公之祠,皆弥弥而去。故春冬设有斗牛之戏,未必不由此也。祠南数千家,边江低圩,虽甚秋潦,亦不移适。有石牛,在庙庭下。唐大和五年,洪水惊溃。冰神为龙,复与龙斗于灌口,犹以白练为志,水遂漂下。左绵、梓、潼,皆浮川溢峡,伤数十郡。唯西蜀无害。"①说明李冰已经成为巴蜀民间信仰的主要代表。

严遵,字君平。蜀人,西汉道家学者,澹泊寡欲,明经博古,尤精于易,以著述为事。卖卜于成都市,即知其人心术之隐,随其所问,引之忠孝仁义。日阅得百钱,足具朝暮餔,即垂帘焚香,静坐。注《老子》《周易》,以此为常。魏晋时期的《博物志》和《荆楚岁时记》已经记载了严君平被神化的故事,在巴蜀地区更是立祠祭祀。《蜀中广记》卷九载:"绵竹武都山,山下有严真观,乃君平父严子晞所刱,杨天惠记之甚详,见《神仙传》。又有君平池,古老传云君平拔宅上升,基陷而成池。"宋杨师鲁《严真观碑略》云:"君平长而学道炼丹成仙,时成帝和平元年也。传载君平创楼以降真,有神相焉。"②

刘备,三国蜀汉之君主,死后即被奉为神灵。唐次《祭蜀先主祈晴文》:"以清酌之奠,敢昭荐于蜀先主之灵:惟灵开业保疆,始终此土,英声厚德,实冠于时。知人拔才,横出千古,仁深运促,徂落于兹。宫观虽平,庙貌犹在,岁时水旱,皆荐馨香。德惠于人,人仰其德,氓心吏意,小大皆虔。今夏潦逾旬,洪波四涨,邑屋有垫溺之惧,麦禾有淹浸之危,而急浪奔流,渐襄高岭。某奉诏守郡,政化未敷,惧其灾渗,以病稼穑。敬奠元醴,又燔薰香,庶以精诚,感于明德。使神明之佐骋其智,英雄之将奋其怒,以遏雷霆之震,以

---

① (北宋)李昉等编:《太平广记》卷二九一,文渊阁《四库全书》本。
② (明)曹学佺:《蜀中广记》卷七一,文渊阁《四库全书》本。

灭漂荡之声。"①可见刘备在唐时已经成为巴蜀地区的保护神。

诸葛亮，字孔明，号卧龙，琅琊阳都人，蜀汉丞相，在世时被封为武乡侯，谥曰忠武侯。后来的东晋政权推崇诸葛亮的军事才能，特追封他为武兴王。诸葛亮逝世后，人们即立祠祭祀，顶礼膜拜。他受到蜀人的普遍尊崇。成都的武侯祠，成为祈福禳灾的场所。尚驰《诸葛武侯庙碑铭》说："法施于民，以死勤事，以劳定国，则祀之。至令官书庙食，成不刊之典。一山之内，每有风行草动，状带威神。若岁大旱，邦人祷之，能为云为雨，是谓存与没，人皆福利生死，古今一也。死而不朽，反贵于生。"②吕温《诸葛武侯庙记》曰："大勋未集，天夺其魄。至诚无忘，炳在日月，烈气不散，长为雷雨。"《诸葛武侯庙祈雨文》曰："天子以岁久旱所被者广，分命守臣祷其境内鬼神之有灵德在于人者，维灵有志于民旧矣。故敢以告尚其降鉴，大施泽于四方，以称天子忧人闵雨之意。"③魏了翁《朝贞观记略》云："出少城西北为朝贞观，观中左列有圣母仙师乘烟葛女之祠，观西有武侯祠，是丞相亮故宅也。故老相传亮有女，于宅中乘云轻举。唐天宝元年章公始更祠为观，奏名乘烟。"④对诸葛亮的神化，已达极盛，他成为上通天文、下达地理、呼风唤雨的神仙，其祭祀已进入了国家祀典。他的祠祀不仅在蜀地盛行，湖北等地也建有祠庙。

关羽，三国蜀汉大将，以其忠义的操行为后人所景仰，并被神化。他被称为"关公""关老爷"，又称"荡魔真君""伏魔大帝""关圣帝君""地祇馘魔关元帅""酆都朗灵馘魔关元帅""三界伏魔大帝神威远震天尊关圣帝君"。关羽与吴国作战而死，被追谥为壮缪侯，并立祠以祀。北宋徽宗时，因张虚靖天师召请，禳除瀬池之蛟怪并显圣于帝前，被封为"崇宁真君"，遂被道教奉为护法将军。南宋宣和年间又封武安王，配祀武成王姜太公。元时封王，即"显灵义勇武安英济王"。明万历年间，封为"三界伏魔大帝神威远震天尊关圣帝君"。至清代，尊崇更甚，顺治皇帝封其为"忠义神武灵佑仁勇威显护国保民精诚绥靖栩赞宣德关圣大帝"。明清时期，关帝信仰已不囿于教门，既列入国家祭祀要典，又为民间供奉之神。关圣帝君既是武神，又是财

---

① （清）董诰、阮元、徐松等编：《钦定全唐文》卷四八〇，中华书局1985年影印嘉庆本。
② （北宋）姚铉：《唐文粹》卷五五，文渊阁《四库全书》本。
③ （北宋）曾巩：《元丰类稿》卷四〇，文渊阁《四库全书》本。
④ （明）曹学佺：《蜀中广记》卷七三，文渊阁《四库全书》本。

神,具有司命禄、佑科举、治病除灾、驱邪避恶、诛罚叛逆、巡察冥司、庇护商贾、招财进宝之职能,且法力无边。关帝成为人神之首,被称为武圣,与文圣孔子比肩,而民间各行各业对其顶礼膜拜又甚于孔子。近代哥老会、青红帮特别敬祀关帝,江湖上结义弟兄,亦必于关帝前顶礼膜拜,焚表立誓。关帝信仰如此普遍,关帝庙数不胜数,清朝初年已遍及天下,且名称不一,常见之名有关帝庙、关圣庙、关王庙、关圣帝庙、老爷庙。赵翼《陔余丛考》曰:"继又崇为武庙,与孔庙并祀。本朝顺治九年,加封忠义神武关圣大帝。南极岭表,北极寒垣,凡儿童妇女,无有不震其威灵者。香火之盛,将与天地同不朽。"①

张飞在蜀地也非常出名,他终生追随刘备,至死不渝。镇守巴西(治今四川阆中)达七年,大败张郃于宕渠,保境安民,后遭杀害。民众受其遗德,敬其忠勇,故为其筑冢建祠,张飞因此受到民间社会的广泛崇奉。张飞死后,很快就有了庙宇。嘉靖《云阳县志》卷上载:"张桓侯庙,在治江南飞凤山隅,汉末建。元顺帝敕修,国朝重修。"《云阳县志》谓:"值张达之变,以其首顺流。土人云渔人得之,置而弗去,显于恶梦,遂祠焉,若有符契焉者。"宋朝以来,供奉张飞的庙宇迅速增多。王象之《方舆胜览》称,张桓侯祠"在阆州治东,侯尝镇阆中,各州县多祀之"。清人王复礼在《季汉五志》中统计,张桓侯庙在四川有十:一在保宁府阆中县治北,号雄威祠;一在夔州府治,号忠显王庙;一在巴州治西,号忠义庙;一在广安州治南二里;一在渠县治东七里八蒙山上;一在嘉定州治西北大江之滨;一在云阳县治南;一在龙安府治南;一在长寿县治西;一在重庆府涪州。

民间信仰的实用主义,导致了宋明以来张飞神职的变化与扩张。早期巴蜀民间对张飞祭祀,带有明显的"厉祀"色彩,祭祀张飞的动机不是求福,只是避祸,唯恐张飞将其怨怒发泄于人间,危害一方,故而小心供奉。景焕《野人闲话》记载:"梓州去城十余里,有张飞庙,庙中有土偶,为卫士。一夕感庙祝之妻,经年,遂生一女,其发如朱,眉目手足,皆如土偶之状,至于长大,人皆畏之。凡莅职梓州者谒庙,则呼出验之,或遗以钱帛,至今犹存。"②随着时间的流逝,张飞的严暴形象逐渐消失,而其骁勇神武的高大形象则植根于

---

① (清)赵翼:《陔余丛考》卷三五,中华书局1963年版。
② (北宋)李昉等编:《太平广记》卷三五三,文渊阁《四库全书》本。

民间信仰中,张飞成为平乱驱害、保护一方的善神,拥有各种各样的神职:

降雨解旱,禳灾祛邪。曾巩《阆中张侯庙记》说:"尝守是州,州之东有张侯之冢,至今千有余年,而庙祀不废。每岁大旱,祷雨辄应。嘉祐中比数岁连熟,阆人以谓张侯之赐也,乃相与率钱治其庙舍,大而新之。侯以智勇为将,号万人敌。当蜀之初,与魏将张郃相距于此,能破郃军,以安此土,可谓功施于人矣。其殁也,又能泽而赐之,则其食于阆人,不得而废也,岂非宜哉!"①

抵御外敌,捍城护民。洪迈《夷坚志》载:"绍兴初元,北虏震摇关辅,张魏公宣抚处置秦蜀,移屯阆中。秋八月,有死卒更生者,转传神戒语,欲助顺诛逆。已而虏酋兀术妻室连犯汉中,皆折角而退,魏公即神安国乞齐爵,用便宜进封为忠显王。"②陈奉兹《张桓侯庙记》中记载:"明季,献逆之乱,贼急攻城,城且破,见侯矛马往来云中,叱咤有声,贼惊骇遁去。"民国《阆中县志》载:"献贼攻保宁,夜见一大黑人,高数丈,据城上,手持长矛,足浸江中,惊怖失声,如是者三夜。询知,为桓侯神,望空遥祭而去,一城获免。"又据民国《长寿县志》言:"张献忠过此江,江水沸溢,舟不能进。贼诣庙拜祷,誓不妄杀一人。舟进,全蜀尽遭屠毒,而邑中得无恙者,皆侯之赐也。"

此外,张飞神还主持破案平冤,赐人子嗣。李直《桓侯灵异记》碑说,他临事伊始,即晋谒祠下,凡政事之未备,及疑狱有不可决者,咸请成于侯,侯亦随时响应无少爽。"能御大灾,能捍大恶……凡有水旱之灾,疫疠之作,有祷必应。"③洪迈《夷坚志》记载:"长江县长滩镇大峰之下有张飞庙,邦人张氏创为之。至献可者,老而无子,诣涪州乐温谒王别庙,再拜以祷。是夕梦神告曰:汝实吾裔,当有名嗣子。明日,与妇饮,见五色光气如线投妇杯中,饮散而孕。明年,生男曰述……述长而擢进士第,终职方员外郎。其亡也,外人皆见车马鼓吹,垄入庙中,声达远迩。祝史起视,无所睹,逾间日讣至。考其时日当符合。"④可见,张飞神职中有主管生育子嗣的部分。

全国不少地方的煮盐业、屠宰业、肉铺业,都供奉张飞为祖师爷。袁枚

---

① (北宋)曾巩:《元丰类稿》卷十八,文渊阁《四库全书》本。
② (南宋)洪迈:《夷坚三志》壬卷。
③ 《阆中县志》卷八。
④ (南宋)洪迈:《夷坚三志》壬卷。

《子不语》卷一载："岳水轩过山西蒲州盐池，见关神祠内塑张桓侯像，与关面南坐；旁有周将军像，怒目狰狞，手拖铁链，锁朽木一枝，不解何故。土人指而言曰：此盐枭也！问其故，曰：宋元祐间，取盐池之水，熬煎数日，而盐不成。商民惶惑，祷于庙。梦关神召众人谓曰：汝盐池为蚩尤所据，故烧不成盐，我享血食，自宜料理。但蚩尤之魄，吾能制之；其妻名枭者，悍恶尤胜，我不能制。须吾弟张翼德来，始能擒服。吾已召人，自益州召之矣。众人惊寤，旦即在庙中添塑桓侯像，其夕风雷大作，朽木一根，已在铁链之上，次日取水煮盐，成者十倍。"①可见，煮盐业奉张飞为保护神，源于关羽邀请张飞擒恶的民间传说。

屠宰业奉张飞为祖师爷，盖源于俗传张飞为屠户出身。《鲁班书·九老十八匠》载，杀猪匠的祖师是盘古帝、桓侯帝。清代以来各地屠宰业普遍供奉张飞为祖师。自贡至今保存着一座规模宏丽的桓侯宫。据《重建桓侯宫碑序》载，乾隆年间，自贡屠沽行"募众醵金，创建桓侯庙"。内江屠宰业每年八月二十三日举办"张飞会"。西宁肉食业建有"桓侯行会"，每至桓侯诞辰，便请秦腔戏班在桓侯庙唱行会戏。金华"屠户供奉张飞"。湖南不少地方的屠宰业所建祖师庙，称"三圣殿"，殿中虽供刘、关、张三尊神像，但张飞才是他们认定的祖师。至今在滇西一带还保留有独特的"护兽节"，即阴历八月二十八日，屠户们以此日为张飞生日，当日封刀，并设祭焚香，供奉张飞，企盼六畜兴旺，走兽繁衍。

竹王，据传为夜郎部族的首领。《华阳国志·南中志》记载，一女子在水边洗衣时，有三节大竹流于其足间，推之不去，闻有儿声，取回后破之得一男孩，长成后有武才，"遂雄夷濮，氏以竹为姓。捐所破竹于野，成竹林，今竹王祠竹林是也"。竹王祠遍布四川、重庆、贵州、云南、广西、湖北、湖南等地，竹王信仰是西南地区较有特色的民间信仰之一。唐薛涛《题竹王庙》云："竹郎庙前多古木，夕阳沉沉山更绿。何处江村有笛声，声声尽是竹郎曲。"

彭山县有王乔、彭祖祠，供奉先秦仙人王乔、彭祖。《云笈七签》云："北平治，在眉州彭山县，上有池水，纵广二百步，昔越人王子乔得仙处。碑目云：此山有大书北平山治之碑，余不可读。碑阴书大唐上元二年道士施仕衡等字。本志云：北四十里北平治，应室宿，上有天柱峰，夜常见五色灯，山下

---

① 《笔记小说大观》第20册，江苏广陵古籍刻印社1983年版。

有王乔墓。唐杜光庭诗：桐柏真人曾此居，焚香崖下诵灵书。朝回时宴三山客，洞尽间飞五色鱼。天柱一峰凝碧玉，神灯千点散红蕖。宝芝常在知谁得，好驾金蟾入太虚。《南中八郡志》云：犍为有鱼凫津，数百步，一名彭女津，在彭亡山南，导江皂江等水会处，彭祖冢及祠在此。"①

在四川合州，璧山（亦作壁山）神非常有名。唐孙光宪《北梦琐言》说："合州有璧山神，乡人祭必以太牢。不尔，致祸州里。惧之，每岁烹宰不知纪极。"杜光庭《录异记》卷四载："合州巴川县，兵乱后，官舍残毁，移居寨中，稍可自固。崔令在官日，有健卒盗拔寨木，擒之送镇，镇将斩之。卒家元事璧山神，卒死之后，神乃与令家为祟……祟自称大王。曰：汝比有灾，值我雍溪兄弟非理，破除汝家活计，损失财物，作诸怪异，计汝必甚畏之，今并与发遣去矣。汝灾尽福生，大王自来，且暂驻泊，亦将不久。且借天蓬龛子中安下，兼此天蓬样极好，借上天上传写一本，三五日即送来。"②

这位山神为赵延之，系唐大历年间人，曾为巴川县令，兼任南镇军兵马使，因退敌有功，被授合州刺史兼渝、合、昌、资、泸等州经略巡抚使。后来他辞官带着家人到璧山隐居修炼，得玄修之术，在此升天。后人依山而祠，奉为璧山神。《大元大一统志》卷第七三一载："璧山普泽庙，在州西一里。璧山已有祠。"把赵延之奉为璧山神，在今重庆地区历史上较为广泛，如璧山、铜梁、大足、合川、荣昌、綦江等，都有相关的遗迹。据王象之《舆地纪胜》言："璧山威烈侯，正庙在璧山，行庙在重庆。下临岷江，往来荐牲乞灵无虚日。"③可见巴渝地区的璧山神崇拜相当流行。

土主，为巴蜀民间普遍信仰的神灵。这些被尊为土主而祭祀的神灵，多是历史上有功于民的文臣武吏，因此祀奉土主具有祖先崇拜的特质。《国语·鲁语上》载春秋时鲁国大夫展禽说，圣王之制祀也，法施于民则祀之，以死勤事则祀之，以劳定国则祀之，能御大灾则祀之，能捍大患则祀之。非是族也，不在祀典。黄帝、尧、舜、禹等古代圣贤，以有功烈于民，载在祀典，享受崇祀。在巴蜀各地土主庙的神坛上，许多圣贤功臣都被尊为土主，他们以能法施于民，以劳定国而享受祭祀。据清乾隆《四川通志》卷二八上《祠庙志》载：

---

① （明）曹学佺：《蜀中广记》卷一二，文渊阁《四库全书》本。
② 《道藏》第10册，文物出版社、上海书店、天津古籍出版社1988年影印本，第868页。
③ （南宋）王象之：《舆地纪胜》，广陵古籍刻印社1991年版，第868页。

成都府彭县的铁峰土主庙祀隋姚苌，而蒙阳土主庙祀唐韦皋；保宁府通江县的李土主祠，祀洋州刺史李继贤；顺庆府仪陇县土主庙，祀晋仪陇县尹张英；夔州府巫山县土主庙，祀县令李镇修；直隶资州资阳县的土主庙，祀唐代文士陈子昂。这些人之所以能被祀为土主，其根据就是有功于民的原则。在此祭祀原则影响下，凡是曾对地方生民做出过贡献的人，都可能被尊为土主而享受香火供祀。

夔州府阳台山下有土主庙，其神即唐将领雷万春。安史之乱时，从张巡守雍丘，抵抗安禄山军，叛军令狐潮于城上与雷万春相问。语未绝，贼弩射之，面中六矢而不动。潮疑其木人，使谍问之，乃惊。遥谓巡曰："向见雷将军，方知足下军令矣。"①后随张巡守睢阳，坚守不屈。城陷后，与张巡同遭杀害。

东汉中兴名将岑彭，为眉州土主。刘秀即位，任廷尉、行大将军事，封舞阴侯，守益州牧，为刺客所杀。"彭所营地名彭亡，闻而恶之，欲徙，会日暮，蜀刺客诈为亡奴降，夜刺杀彭。彭首破荆门，长驱武阳，持军整齐，秋毫无犯。邛谷王任贵闻彭威信，数千里遣使迎降。会彭已薨，帝尽以任贵所献赐彭妻子，谥曰壮侯。蜀人怜之，为立庙武阳，岁时祠焉。"②《眉州志》云："五月二十三，州人赛土主祠，祀岑彭。"其日盖岑死事也，必有霖雨之应。③

川北阆中人以谯君黄为土主，巴郡谯君黄是西汉成哀之世的清节之士，他官为谏议大夫，敢于直言进谏，以不避公孙述死亡威胁而闻名。元陈友庆《祠记》云："侯墓在县北十里，谯坝庙在街东，邦人旱涝灾疾，祷之随应。宋嘉熙间，封宁福忠祐侯，赐灵惠额。"④

简州协济庙在郡城外东隅，供奉梅使君。《土主梅使君记》云："神定州长陆人，汉南昌尉梅福之裔，为郡太守，生则遗爱万民，死则享祀百世。唐玄宗幸蜀……锡爵土主太师昭庆启泽侯，遇水旱祷之辄应。"⑤

雅州顺应庙，俗名土主庙，祀汉邛谷王任贵。任贵为越嶲郡（今凉山彝族自治州）邛人首领。西汉末年，王莽篡汉自立，邛人不满王莽统治的苛政，

---

① （明）曹学佺：《蜀中广记》卷二二，文渊阁《四库全书》本。
② 《后汉书·岑彭传》，百衲本《二十五史》第1册，浙江古籍出版社1988年影印本，第690页。
③ （明）曹学佺：《蜀中广记》卷五六，文渊阁《四库全书》本。
④ （明）曹学佺：《蜀中广记》卷五八，文渊阁《四库全书》本。
⑤ （明）曹学佺：《蜀中广记》卷七九，文渊阁《四库全书》本。

任贵率邛人起义，杀王莽所立太守，自立为邛谷王。宋人祝穆《方舆胜览》记载："雅州有顺应庙，祀邛谷王任贵，因其保护一方，后人立庙祀之。""贵仗义秉节，有惠于民，邦人德之，岁祀不乏。"① 任乃强《华阳国志校补图注》注释谓："雅、黎、嶲、邛一带人民，奉任贵为土主，与川主李冰并重。雅安县解放前，土主庙颇宏丽，每年赛神，欢动一邑。其神像乌须衮服，亦似李冰，碑文明著邛谷王任贵。"

龙州有土主庙，祀祭大唐远祖李龙迁。杜光庭《李赏斫龙州牛心山古观松柏验》说："龙州牛心山古观，即大唐远祖陇西李龙迁。梁武陵王萧纪理益州，使迁筑城于此所居。既没，葬于山侧，乡里立祠，号李古人庙，武德中改为观。"② 唐代曾为道教的宫观，一度由道士焚修住持。唐僖宗时龙州录事参军李特立，东川节度使杨师立，先后在牛心山古观举办斋醮法会，置立金箓道场、黄箓道场以醮山祈福。由于李龙迁祠颇有灵应，明洪武元年确立国家祀典，位在诸神祠之列。

陵州（今仁寿县）有井神，当地人民祭祀盐井神的历史非常悠久，可以追溯到两汉甚至更久远。《蜀中广记》卷八曰："州南有陵井，周武帝因以为州名。《陵井监图经》：汉张道陵经兹地，有山神称十二玉女，指陵上开盐井，监以陵名志地也。文同奏疏谓因张陵以名井，复因陵井以名州矣。大观四年改为仙井，避其讳云。《郡国志》曰：仙井阴气袭人，入者辄死，投以火则烟气上冲，溅泥漂石，沸吼如雷，今玉女祠是其处。"《图经》云："南二十里有丽甘山，山下盐井是十二玉女故迹，以玉女美丽，井水味甘，合而为名也。又云古盐井，号聂甘井，井傍有神祠，号曰聂社。"这是民众祭祀井神的地方。

蜀中普遍拜祀蚕神。史书上的蚕神共有三人，嫘祖、宛窳妇人、寓氏公主。《路史·后纪五》云："黄帝之妃西陵氏曰嫘祖，以其始蚕，故又祀先蚕。"《汉旧仪》云："春桑生而皇后亲桑于苑中，蚕室养蚕千簿以上，祀以中牢羊豕祭蚕神，曰宛窳妇人、寓氏公主，凡二神。"先蚕嫘祖加宛窳妇人、寓氏公主共三蚕神，所以盐亭县金鸡镇的唐碑《嫘祖圣地》上的蚕神为三人。唐碑《嫘祖圣地》说："嫘轩宫距地千丈，总殿五层。宫前设先蚕坛，宫内塑王母、轩辕、嫘祖、伏羲、燧人、神农、岐伯、风后、常伯等一百二十六尊圣

---

① （明）李贤、彭时等：《明一统志》卷七二，文渊阁《四库全书》本。
② 《道藏》第22册，文物出版社、上海书店、天津古籍出版社1988年影印本，第845页。

像。宫之前殿为嫘祖殿，敬塑嫘祖、马头娘宛窳、寓氏公主三尊圣像。"

嫘祖为第一位蚕神。司马迁《史记·五帝本纪》云："黄帝居轩辕之丘，而娶于西陵之女，是为嫘祖。嫘祖为黄帝正妃。"《隋书·礼仪志》云："后周制，皇后以一太牢亲祭，进奠先蚕西陵氏神。"《宋史·礼志》云："《开宝通礼》季春吉日，享先蚕于公桑，设先蚕氏神坐于坛上北方，南向。《唐会要》黄帝遣有司享先蚕，如先农可也。礼院又言：《周礼》蚕于北郊，以纯阴也。汉蚕于东郊，以春桑生也。"刘恕《通鉴外纪》："西陵氏之女嫘祖，为黄帝元妃，始教民育蚕，治丝茧以供衣服，后世祀为先蚕。"《四川通志》卷一八《舆地志一十七》"潼川府盐亭县"下记载"蚕丝山在县东北六十里"。原引注《舆地纪胜》"山在永泰县西二十里"，又引《九域志》"梓州蚕丝山，每上春七日，远近士女多游于此，以祀蚕丝"。20世纪90年代，在四川盐亭县发现了大量的有关嫘祖的人文资料和景观。反映蚕桑丝绸的遗迹有：桑林坡、吉树坡、蚕丝山、丝姑垭、茧子山、丝源山、水丝山、丝织坪、丝姥山、西陵绸、蚕姑庙、锦机台、丝姑庙、丝姑山、王凤岩、祖家湾、三锅椿、织绢岭、抽丝台、赛丝廊、晒丝岭等。反映嫘祖文化的遗迹有：嫘祖陵、嫘祖穴、嫘祖坪、嫘祖山、嫘祖坝、嫘轩殿、嫘祖坟、嫘轩宫、嫘祖庙、轩辕坡、嫘祖井、先蚕楼、先蚕塔、嫘宫山、嫘姑十二峰、西陵垭、西陵山、天子山、西陵寺、嫘祖印等。在县境内出土了石斧、玉璧、石璧、古桑树化石、古桑残骸、金蚕、铜蚕、陶蚕、陶蚕房、陶茧、陶蛾、陶茧箔、陶俑、陶罐、陶缫丝盆、陶缫丝架、谷父蚕母、青铜跪俑像、兽骨指挥杖化石、"王凤瓦"、嫘祖轩辕石像等数百件文物。值得注意的是，这里出土了古桑树化石和石斧，表明史前时代已是宜于农桑之地。特别是发现了唐碑《嫘祖圣地》，该碑文记载嫘祖是四川盐亭县叠溪场（今金鸡镇）人，于是很多人认为嫘祖是四川盐亭县人。①

马头娘又称蚕女，其信仰起源较早。据《搜神记》卷一四载，马头娘为太古时人，时逢战乱，父从征多年未归。因思父，遂戏马曰：若能迎父还，当嫁之。马脱缰而去，数日后载父归。后因食言遭马忌恨和攻击，其父怒而杀马，剥皮悬于院中，女偶过之，马皮突然飞跃，卷女飞行而去，栖于树间。她被找到时已化身为蚕，食桑吐丝，为人间造衣。②此后，传说在民间广为流传，百

---

① 段渝：《政治结构与文化模式——巴蜀古代文明研究》，学林出版社1999年版，第342页。
② 车吉心总主编：《中华野史》第1册，泰山出版社1999年版，第759页。

姓据此为之塑像，奉为蚕神，道教遂将此传说中的马头娘衍化为道教神明，称之为"九天仙宾"。于是各地道观中多塑其像，为披马皮之女子，名为马头娘，用以祈祀蚕桑。杜光庭《墉城集仙录》卷六云："其冢在什邡、绵竹、德阳三县界，每岁祈蚕者，四方云集，皆获灵应。蜀之风俗，诸观画塑玉女之像，披以马皮，谓之马头娘，以祈蚕桑焉。"①旧时除四川有蚕神庙外，其他省区也有蚕神庙祀马头娘。明田汝成《西湖游览志》卷十云："北高峰，石磴数百级，山半有马明王庙，春月，祈蚕者咸往焉。"道教又称其为"玄名真人"所化。《太上说利益蚕王妙经》云："有一真人名曰月净，上白天尊曰：今见世间人民苦乐不均，衣无所得，将何救济？天尊悯其所请，乃遣玄名真人化身为蚕蛾，口吐其丝，与人收什，教其经络机织，裁制为衣。"②据此，蚕神不仅管蚕桑，还管机织成衣之事。

邛崃有铁祖祠，祀冶卓氏、邓通等。《华阳国志·蜀志》载，临邛县有古石山，"有石矿，大如蒜子，火烧合之，成流支，铁甚刚，因置铁官。有铁祖庙祠，汉文帝时以铁铜赐侍郎邓通。通假民卓王孙，岁取千疋，故王孙货累巨万亿，邓通钱亦尽天下"。因此，凡炼冶铁矿之家多祭祀铁祖。井神祠、蚕神庙和铁祖祠的存在，说明巴蜀地区的手工业较为发达。

道教佛教的许多祖师、神真亦受到巴蜀民众的信仰，巴蜀民众为他们修庙建寺，香火供奉。在合州龙多山，有仙台观，祭祀冯盖罗真人。真人为广汉人。"居合州龙多山，山有台高十余丈，俗名石囤。真人炼丹其上，妇汲水于松下，获茯苓如婴儿状，蒸饵之，举家十七人同飞升，时晋永嘉元年七月十五日也。后人建仙台观，绘像事之。宋淳熙初以真人事状于朝，赐号冲妙。上有丹灶、仙洞、飞仙泉、大夫松，今泉洞尚存。"③

德阳有许君祠，供奉道教净明派祖师许逊。许逊修神仙之术，得丁义神方于吴猛，受女师丹阳谌姆之教。晋太康元年（280）为旌阳令，以其道救雕瘵于乱亡，诛物怪于幽险，江湖之间，名胜之地，祠居之所，大小不可胜数。《神仙传》曰："君在旌阳，连岁值饥，民困于赋税，多所流亡，君悉力救之，然犹不足。乃取神丹点石为金，杂诸瓦砾，散后圃役，贫不能输者，鉏治其间，

---

① 《道藏》第18册，文物出版社、上海书店、天津古籍出版社1988年影印本，第196页。
② 《道藏》第6册，文物出版社、上海书店、天津古籍出版社1988年影印本，第249页。
③ （明）曹学佺：《蜀中广记》卷七三，文渊阁《四库全书》本。

皆得金以充赋郡。大疫多瀕死，君出神方疗之皆愈。自是蜀人祠而祀之。"①

真武大帝，古称"玄武"，为古老神话的北方之神。至唐时，由于邓紫阳所肇道教北帝派的兴盛，真武与天蓬、天猷、翊圣合称"四圣"，成为紫微大帝的护法。真武信仰之兴盛始于宋代，元朝视真武为王朝的保护神而加以崇奉。明成祖时崇奉真武尤盛。经朝野上下的大力倡导，真武的信仰遍及大江南北，并随着郑成功入主台湾，传播至台湾及东南亚地区，庙祀几遍天下。

在四川地区，民间亦流行真武信仰。潼川府中江县，古名玄武县，县境有一座武曲山，"乃昔玄帝追魔至此山，摄水火二真于足下，因此而名，至今居民呼之。山有观，乃宋大观间徽宗赐真灵观，以表玄帝降伏天关地轴之福地也。观前江中之石，山中之草木，俱有龟蛇之形，人病煮水饮之，即愈。今益州之龟城，梓州之蛇城，尚记当时之遗迹"②。《道门科范大全集》卷六三亦曰："真君多降于蜀中，缘蜀中有玄武县，今避圣祖名，改为中江。自汉迄隋隶成都，唐武德三年分隶梓州，其县有真武圣迹最多，后倚高山，山之上下皆有观，前临大江，江中之石自然成龟蛇之状。近世无道士住持，更为金仙道场，威灵亦常示现。"③"梓州有师巫鲁迁，三代附神祇事，奉一堂真武真君，香火寻常，占事求签，详断来意皆验。"④"梓州梓潼山上清紫极观，是西晋叶华真人修炼，遇太上老君来教净乐国王太子金阙先生成道之处。净乐太子金阙先生者，即真武是也。观内有北极紫微殿，是叶华真人未上升时，亲为真武缘化建造。"宋皇祐元年（1049），梓州饥疫，民众死伤甚多。真武化身老者，推车卖蒸芋荄，活人无数；又令紫极观前所有田地，尽生芋荄，饥民采食以活。故于梓州街市，"建拦街天曹大醮道场七昼夜，普设大斋。仍诣紫极观真武殿，别修醮祭，并赐殿牌，以救化救民为额"⑤。

成都青城山上清玉华宫，"系国家名山洞天第四处，每年有金箓玉符真境道君上升遗文，岁赐恩泽一十二道。明道中五月五日成都府药市成集，至初六日须有十方云游道人竞来本宫，赴初七日真武升天斋会，常有神仙降临度人显

---

① （明）曹学佺：《蜀中广记》卷七三，文渊阁《四库全书》本。
② 《道藏》第19册，文物出版社、上海书店、天津古籍出版社1988年影印本，第579页。
③ 《道藏》第31册，文物出版社、上海书店、天津古籍出版社1988年影印本，第906页。
④ 《道藏》第19册，文物出版社、上海书店、天津古籍出版社1988年影印本，第589页。
⑤ 《道藏》第19册，文物出版社、上海书店、天津古籍出版社1988年影印本，第603页。

化，白日上升"①。概而言之，经中所载的各种各样的神异传异，皆为研究民间信仰的珍贵史料。

哪吒是中国民间信仰中一位重要的神灵。他本为佛教之护法，来自古印度的传说。但自唐宋以来，开始融入中国传统的宗教信仰，成为佛道并重的一位神灵。有关他生平事迹的记载，首见于唐代的文献。唐郑还古《开天传信记》曰："（宣律）常夜后行道，临阶坠堕，忽觉有人捧承其足。顾视之，乃少年也。宣遂问弟子：何人中夜在此？少年曰：某非常人，即毗沙门天王之子哪吒太子也。以护法之故，拥护和尚时已久矣。"这里所说的宣律乃唐代高僧，可见其时哪吒的传闻已在中土传开，且是来自古印度的传说。

至于哪吒的生父托塔天王李靖，则是宗教传说与历史人物相结合的产物。考李靖本唐初名将，曾配享武成王姜太公庙祀，为唐朝十哲之一。唐人小说中已有李靖代龙行雨的故事，唐末渐被神化，视为神灵，五代时封为灵显王。《文献通考·郊社考》卷二三曰："灵显王庙，在郑州城东仆射陂侧……唐末建庙，因陂为名，俗传李靖神也。后唐天成二年，册封靖为太保，晋加号灵显王。"作为历史人物的李靖，一步步由人演变为神，而托塔毗沙门天王亦武神，二者之结合，或即由此？敦煌所出绢画有几幅专画毗沙门天王，托塔而立。唐卢弘正《兴唐寺毗沙门天王记》亦谓其"右扼吴钩，左持宝塔，其旨将以摧群魔，护佛事"。其塔或由哪吒捧行。不空译《北方毗沙门天王随军护法真言》曰："其塔奉释迦牟尼佛，即拥遣第三子哪吒捧行，莫离其侧。"于是，宝塔被视作毗沙门天王的重要象征。至于《西游记》中载哪吒割肉析骨之事，亦早有所本。宋代普济和尚《五灯会元》卷二曰："哪吒太子，析肉还母，析骨还父，然后现本身，运大神力，为父母说法。"可知此类传说自来已久。

随着托塔天王李靖信仰的日益兴盛，对哪吒的崇拜也普遍展开。在南宋洪迈《夷坚三志》辛卷第六《程法师》中记载，张村程法师，行茅山正法，治病驱邪。附近民俗，多诣坛叩请，无不致效。时暮归其家，到孙家岭，"月色微明，值黑物如钟，从林间直出正前，圆转有声，若与为敌，急诵咒步罡。略无所惮，渐渐逼身，程知为石精，遂持哪吒火毯咒，结印喝云：神将辄容罔两，敢当吾前，可速疾打退。俄而见火毯自身后出，与黑块相击，久之，铿然响迸而灭。火毯绕身数周，亦不见"。可见民间已将哪吒尊为驱魔降妖的大神，且

---

① 《道藏》第19册，文物出版社、上海书店、天津古籍出版社1988年影印本，第617页。

有"火毯咒""印诀罡步"流传。

此际的哪吒,已为道教护法元帅,并为诸多道派信仰。如宋代兴起的天心派,传天心正法、三天玉堂大法、混元六天如意大法于世,法中即奉哪吒为护法。其咒曰:"灵官性急,威猛哪吒。三头九目,飞石扬沙。烈火烧空,焚灭精邪。火部灵官,乌鸦先锋。丁甲灵官,缚鬼销熔。金砖金枪,火马火龙。金光灿灿,黑雾盘旋。统领吏兵,万万千千。来临坛下,啖魔握权。上帝有敕,不得稽延。急急如虚皇天尊律令。"① 正一派所传"上清马陈朱三灵官秘法"中有"感应统摄都太子哪吒"②,其召咒曰:"灵官性急,威猛哪吒。三头九目,变化通灵。分真化气。一体三身。鼻流黑雾,罩定乾坤。闻吾关召,速离天门。驱邪缚祟,远近搜寻。山魈精怪,捉缚来呈。速令附体,通吐姓名。若有违命,押送丰庭。"③ 其传"玄坛赵元帅秘法",所收《召哪吒王咒》曰,"唵嚜叱咤唎嘩咤唎疾速摄娑诃"④,并谓哪吒为玄坛赵元帅的副帅,"正一哪吒金轮大元帅黄元益,即涌头大神。三头,披发,赤面,红袍,金甲,绿袍,手执金轮"⑤。

其后的《三教搜神大全》卷七有"哪吒太子传",这当是有关哪吒生平事迹最详细的文献记载。内曰:"哪吒本是玉皇驾下大罗仙,身长六丈,首带金轮,三头九眼八臂,口吐青云,足踏盘石,手持法律,大喊一声,云降雨从,乾坤烁动。因世间多魔王,玉帝命降凡,以故托胎于托塔天王李靖。母素知夫人,生下长子军咤,次木咤,帅三胎。哪吒生五日,化身浴于东海,足踏水晶殿,翻身直上宝塔宫。龙王以踏殿故,怒而索战。帅时七日,即能战,杀九龙。老龙无奈何而哀帝,帅知之,截战于天门之下,而龙死焉。不意时上帝坛,手搭如来弓箭,射死石矶娘娘之子,而石矶兴兵。帅取父坛降魔杵,西战而戮

---

① 《道法会元》卷一五五,《道藏》第29册,文物出版社、上海书店、天津古籍出版社1988年影印本,第816页。
② 《道法会元》卷二三〇,《道藏》第30册,文物出版社、上海书店、天津古籍出版社1988年影印本,第437页。
③ 《道法会元》卷二二九,《道藏》第30册,文物出版社、上海书店、天津古籍出版社1988年影印本,第435页。
④ 《道法会元》卷二三三,《道藏》第30册,文物出版社、上海书店、天津古籍出版社1988年影印本,第453页。
⑤ 《道法会元》卷二三五,《道藏》第30册,文物出版社、上海书店、天津古籍出版社1988年影印本,第464页。

之。父以石矶为诸魔之领袖，怒其杀之以惹诸魔兵也。帅遂割肉刻骨还父，而抱真灵求全于世尊之侧。世尊亦以其能降魔故，遂折荷菱为骨，藕为肉，丝为筋，叶为衣，而生之。授以法轮密旨，亲受木长子三字，遂能大能小，透河入海，移星转斗；赫一声，天颓地塌；呵一气，金光罩世；鎞一响，龙顺虎从；枪一拨，乾旋坤转；绣毯丢起，山崩海裂。故诸魔若牛魔王、狮子魔王、大象魔王、马头魔王、吞世界魔王、鬼子母魔王、九头魔王、多利魔王、番天魔王、五百夜叉、七十二火鸦，尽为所降，以至于击赤猴，降孽龙。盖魔有尽，而帅之灵通广大，变化无穷。故灵山会上，以为通天太师威灵显赫大将军，玉帝即封为三十六员第一总领使天帅之领袖，永镇天门也。"①这样一来，哪吒已完全融入了道教的神系之中，成为玉帝殿下最具神威的护法大神之一。

　　这种对哪吒的崇拜，再经过《西游记》《封神演义》等神异小说的宣传，更是深入人心，哪吒得到民众的普遍敬仰。据《封神演义》所言，哪吒乃乾元山金光洞太乙真人弟子灵珠子，因应成汤之乱，奉元始天尊之命转世，辅佐姜子牙以成周业。他降生于陈塘关总兵李靖家，生有灵异，拜太乙真人为师，后大闹东海，打死龙王三太子，射杀石矶娘娘的碧云童子，屡闯大祸，以至剖腹剔骨，求太乙真人重塑莲花化身。后遵太乙真人之命，下山去佐护姜子牙，成为西征殷商的先锋，颇为神勇。后来屡建奇功，助周武王分封列国，以肉身成圣。

　　在四川江油境内，有着许多关于太乙真人、哪吒的遗址。如乾元山、天仓洞，传说即系太乙真人修炼之所，又是哪吒莲花现身之处。其三合镇境内有翠屏山，传为哪吒行宫遗址；武都镇境内的陈塘关，传为其父亲李靖的总兵府驻地。从江油市区到含增镇的乾元山，距离大约有三十公里。乾元山山脉横亘东西，绵延十余公里，因受盘江河谷的影响，其山南坡形成层层叠叠自水面至山顶的多级悬崖，悬崖相对高差在三百米至四百米之间，地势十分雄奇险峻，而金光洞则隐匿于乾元山的白岩悬崖中。从山脚到洞口，必须步行，需三个多小时，经过一段段险峻的山路，才能到达江油最著名的道教圣地金光洞。

　　金光洞前三公里，有一座哪吒太子的肉身墓，其碑乃清同治五年（1866）刻立。至洞山门石坊，有清人题对联一副，额曰"金光洞""蓬莱洞天"，上联为"百二山河八宝金光开万善"，下联为"五千道德双林云树阐乾元"。入洞口，左侧石壁上有清光绪年所刻"太乙洞"三个大字。在金光洞中，今尚有

---

① 《藏外道书》第31册，巴蜀书社1992~1994年影印本，第819页。

道教石雕神像近百余尊，多为明清风格，如吕祖圣像，头载纯阳巾，形象端庄。从元明以来，这里就被称为太乙真人、哪吒修道成真的圣地，而被众多道教信徒所朝拜。

明嘉靖三十一年（1552），保宁府同知叶松《游天仓洞记》曰："洞在江油县西四十里天仓山上。志曰：太乙真人所尝居，名碧云宫。又曰洞中蓄石，细白如米，故名。"其天仓山有天仓观，"曰碧云行宫，宫中有老子象逼真。询之观主丁氏、马氏，谓其先人丁古山，黄州人，元末举进士，避乱。偕乡人马西峰，变道者冠服，卜是洞以居，垦洞之麓以食"。其后，过转藏坪、鬼门关、五华石，即至天仓洞，洞前有小佛刹，"甚庄严，石像皆宋元以前故物"。入洞观之，其石千态万状。"所谓仙米面者，洞中在在有之。意者风化石髓而成之，游人为和麦面食之，则长饱不饥，亦物之自然，不足为怪。惟石之奇，有太乙真人静定处，有张三丰藏身处，有盘龙形，有象鼻形，有烂柯石。亦皆时人因其似而神其说也。出至洞口，登天仙楼，煦然如春。洞主夏则居古像殿，冬则居此楼以乘其旺气。""启窗远眺，石泉以南，龙安以北，诸山先后如班行，戢联如僚属，俯如揖，仰如侍，下如拜坐，岣嵝如揖，高低间错，莫不静好。天仓溪水环抱山麓，左右两翼，气欲飞动。众皆叹曰：奇哉！宜乎太乙真人之所居，而以宫名之也。"①

据此可知，元明之际天仓山已为太乙真人、哪吒、张三丰修真之地，其"石像皆宋元以前故物"，且建有许多寺庙，如碧云行宫、天仙楼、古像殿、康济龙神祠、无盖寺等。雍正版《江油县志》卷上记载张三丰曾隐于金光洞修道："元张真人，即张三丰，名全一，号元元子，陕西青县人，隐太乙洞。元末黄州丁古山、马西峰变道者冠服避乱而来，欲访以道三丰，先入洞，二人遂留往于此……今洞内有塑像。"其时道观多达十五座，成为与青城、鹤鸣并列的道教圣山。②

入清，江油民间对太乙真人、哪吒的信仰崇拜达到极盛时期，有道教宫观三十二座，其中规模较大的为哪吒真人楼、太华观、乌龙观。民间谓哪吒每年三月十三威灵显应于县东北之翠屏山。翠屏山在现江油市三合镇石岭乡境内，

---

① 龙显昭等编：《巴蜀道教碑文集成》，四川大学出版社1997年版，第221～223页。
② 叶松《游天仓洞记》曰："蜀之山水，皆自岷山而发。岷山之水，为江之源。山而显者，曰雾中，曰鹤鸣，则江之西之胜者也；曰青城，曰天仓，则江以东之胜者也。"

山与武都镇城塘乡诸山对峙。据志乘记载，翠屏山上有哪吒行宫，"第一楼上塑有哪吒真人象，岁旱祷雨辄应"。明嘉靖壬庚（1542）大鹤仙人高简文书碑记其盛况，至清代又扩充修缮，备极堂皇。《江油县志·外纪志》曰："万信明，火烽山道士。自幼携资入山数十年，修哪吒真人楼，备极堂皇。复以所积千金买韩姓田亩，历年收租作诸善事，且具呈存案，后其徒同首事等遵守，至今不废。"

鬼魂崇拜是民间信仰的重要内容。民间信仰中，除了继续保持部分自然崇拜的对象外，反映鬼魂崇拜的神祠庙宇大量出现。据嘉庆《四川通志》载，成都有祭祀杜宇的望帝祠，建于齐梁永宁年间；有汉昭烈帝庙，前殿祀刘备，后殿祀武侯、关张、北地王及诸将，亦为齐梁时所建。在金堂有何公祠，祀汉大司空何武。在新津，有祭祀瞿武的瞿君祠。在合州，有祭祀张飞的雄威庙。在雅安，有祭祀周公的周公庙，祀蜀汉名将赵云的顺平侯庙。在涪陵，有祭祀汉代名将马援的伏波祠。在阆中有武侯祠、桓侯庙，分别供奉诸葛亮、张飞。在剑阁有忠勤祠，祭祀蜀汉大将姜维。在西充有忠祐庙，祀汉将军纪信。在奉节有白帝庙，祀东汉公孙述。在荥经，有祀秦将白起的武安庙。在芦山，有祀蜀汉大将姜维的姜公祠。在清溪县，有祀汉太守王尊的王公祠，祀汉将马忠的武威庙，祀诸葛亮的武侯祠，祀姜维的姜公祠，祀赵云的赵公祠，祀汉太守任贵的任贵祠。在峨眉，有祀战国楚狂接舆的峨山庙。在射洪有陆使君祠，祀齐梁时潼州刺史陆弼，旱祷辄应，又名灵济庙。在盐亭有普惠行祠，祀李冰。在绵州有富乐祠，祀汉昭烈帝。这些建造于隋唐之前的祠庙，分布于巴山蜀水中，充分显示了民间信仰的兴盛与发达。

此外，还有一些神祠。如阆中有汉高帝庙，祭祀西汉刘邦。江安有江阳儿祠，祀贵儿。仁寿有唱车祠，祀汉巴郡守朱辰，朱辰有惠于民，吏人立庙以祭之；有健儿祠，祀抵抗公孙述的英雄健儿。蓬溪青石祠，传说巴蜀争界，历岁不决，汉高祖时密雾山自裂，从上至下间数尺，山高九丈，于是二州界地以判，民共立祠，以祭山神，凡采石者必先祭之。

民间信仰一直盛行于巴蜀大地。其所祀祭的对象既有先贤名流、官宦将帅，又有自然、动物。据史籍所载，唐宋之际的巴蜀地区，民间神祠的兴建空前兴盛，鬼魂崇拜蓬勃展开。如成都有望帝祠，主祀杜宇；有文翁祠，主祀文翁；有昭应祠，主祀金马碧鸡神；有杜公祠，主祀杜甫；有张文定祠，主祀张方平；有张公祠，主祀张咏；有寇公祠，主祀寇准；有范文公祠，主祀范仲淹；有韩公祠，主祀韩琦；有刘公祠，主祀刘熙古。新都有朱真人祠，主祀朱桃椎；有灵应庙，主祀若相；有八阵庙，主祀诸葛亮；有丛帝庙祠，主祀蚕丛；有何公祠，主祀何武；有温公祠，主祀马司光。新津有翟君祠，主祀翟武。宜宾有江主庙，主祀江主；有涪翁祠，主祀黄庭坚。长寿有张桓侯祠，主祀张飞。奉节有夏皇祖庙，主祀有夏皇祖。合州有雄威庙，主祀张飞；有濂溪祠，主祀周敦颐。雅安有周公庙，主祀周公。铜梁有土主庙，主祀赵延。梓潼有百神庙，主祀梓潼百神。秀山有飞山庙，主祀杨再思。南充有谢自然祠，主祀谢自然；有谯周庙，主祀谯周；有安公祠，主祀安丙。荣县有武安公庙，主祀庞统。蓬安有司马祠，主祀司马相如；有颜鲁公祠，主祀颜真卿。盐亭有张荣祠，主祀张荣。安岳有铁山神祠，主祀姚景澈；有普应庙，主祀多岳。巫山有神女庙，主祀巫山神女。遂宁有张九宗祠，主祀张九宗；有天章祠，主祀司马光。射洪有金华祠，主祀陈子昂。丹棱有三使者祠，主祀江神三使者。蒲江有魏文靖祠，主祀魏了翁。如此兴盛的民间信仰与鬼神崇拜，广布于巴蜀大地。延及清时，尚存而传说始建于隋唐时期的神祠有十三所，建于宋元时期的神祠约六十一所，建于明清时期神祠约一百二十二所，其中文庙、文昌祠、城隍庙、关帝庙、真武庙、忠义祠等尤为众多，成为四川地区各府州县必须具备的几大神祠。

  民间信仰中的这些天地神、自然神、祖先神、行业神、动植物神等，都和道教关系密切，相互影响。信仰多种神灵的道教，在极其庞大的神仙体系中，相当多的神灵早被民众广泛信仰，成为民间信仰的崇拜对象，如太上老君、玉皇大帝、斗姆、三官大帝、紫微大帝、真武上帝、雷声普化天尊、关圣帝君、九天玄女、太一救苦天尊、酆都大帝、注生娘娘、碧霞元君、福星、禄星、寿星、地母、门神、财神、灶王、张天师、王灵官、五显神、瘟神、华光大帝、温琼元帅、哪吒、二郎神、麻姑、彭祖、何仙姑、张果老、曹国舅、钟离权、吕洞宾、韩湘子、蓝采和、李铁拐等。而许多民俗之神，亦被道教吸收，成为其神系的成员。

  众多道教神灵受到民众广泛的崇拜，其神灵的生日或成道之日，亦被民众推演为"诸神圣诞"。届时各个庙观循例设醮庆贺，从而引发该神庙邻近地区民众的进香祭赛，久之形成一方民俗，成为道教和民间共庆的宗教节日。据《诸神圣诞令节日期》记载，每月都有众多的神道生日，全年合收"令节"八十余个，其中除弥勒佛、定光佛、释迦佛、观音、普贤、文殊、大势至、龙树、地藏王、燃灯佛、琉璃光佛、阿弥陀佛、达摩等十余位佛菩萨、祖师的生日外，其余皆属道教诸神及民间神祇的圣诞。

民众认为在诸神圣诞日建醮诵经、供养布施，功德倍于常时，故甚为重视。其民俗活动常以祀该神的宫观庙宇为核心，行祭赛该神、建醮设会、神道出巡等活动。诸神圣诞的庆典活动在民间的影响，视其神道的地位及与民众生活的关系而异，有的尊神地位崇高，如老君、玉皇、九皇、关帝、文昌、东岳大帝、吕祖等，其圣诞的民俗活动遍于全国；有的神道与民众生活关系密切，如川主、城隍、土地、灶君等，其生辰的庆贺活动，也久传不衰。由于历史的原因，一些原为地方神祇的活动，走向全国乃至海外，其圣诞民俗活动也渐次扩大范围。如源自四川梓潼的文昌，源自福建莆田的妈祖，即是显著的例证。诸神的地位在民众心目中常有升降，其庆贺诞辰的民俗活动规格也随之变动，从而呈现出一派丰富多彩的场景。

第二节　巴蜀地区的西王母信仰

西王母，又称为王母、西姥、金母元君、瑶池金母和母娘，民间俗称为王母娘娘。纵观中国的民间信仰史，像西王母这样在数千年中其神性仍然起着巨大作用的女神，几乎是独一无二的。

一、神话传说中的西王母

上古神话中的西王母，居住在西方的昆仑山。据《山海经·大荒西经》记载："西海之南，流沙之滨，赤水之后，黑水之前，有大山，名曰昆仑之丘。有神人面、虎身，有文有尾，皆白，处之。其下有弱水之渊环之；其外有炎火之山，投物辄燃。有人，戴胜，虎齿，豹尾，穴处，名曰西王母。"① 西王母是一位形貌奇特的人神，她为人，头上"戴胜"，标明了其人王的身份；她"虎齿，豹尾"，显示其神圣的面貌。这种半人半兽的形象，带着十分浓厚的图腾色彩。此外，西王母又有着秋神、死神、孕育神和生育神的神格，其主要职司是"司天之厉及五残"。如郝懿行所言："厉及五残皆星名也。郑注云：此月之中，日行历昴，昴有大陵积尸之气，气佚则厉鬼随而出行，是大陵主厉

---

① 袁珂校注：《山海经校注》，上海古籍出版社1980年版，第407页。

鬼。昂为西方宿，故西王母司之也。五残者，《史记·天官书》云：五残星出正东，东方之野，其星状类辰星，去地可六丈大。《正义》云：五残一名五锋，出则见五分毁败之微，大臣诛亡之象。西王母主刑杀，故又司此也。"①

从原始宗教发展的轨迹来分析，西王母的形象应当是从上古巫术仪式中的女祭司形象发展而来。原始社会的母系氏族时期，祭司等职位是由部落中的女性长者担任的，她成为部族的最高权威，是鬼神的代言人，负责主持祭祀。而上古时期的祭祀中，杀死祭物是一个重要的内容，是由女祭司来完成的——这也正是西王母之所以被视为死神的一个重要原因。

西王母所住的西方昆仑山，当在四川、甘肃、青海三省交合的巴颜喀拉山地区。贾谊《新书·修政语上》曰："是故尧教化及雕题、蜀、越，抚交趾，身涉流沙，地封独山，西见王母，训及大夏、渠叟。"②王充《论衡·恢国》则谓西王母石室在西海郡，即今青海境内。《汉书·地理志下》所说的金城郡临羌西王母的"仙海"，又称"西海"，就是指青海湖。

概括以上所言，西王母神话最初流布的范围主要在四川、甘肃、青海地区，而为当地百姓熟知。所谓的"昆仑"，因时代的变迁而变化，其地域范围亦日益扩展。正如邓少琴所说："今世所称之昆仑山系，西起帕米尔高原东部，横贯新疆、西藏间，东延入青海境内，东西长约2500公里，为古老褶皱山，西段为塔里木盆地，藏北高原的界山，成西北—东南走向，北坡较陡，高峰有慕士塔格山（7450米），公格尔山（7719米）。东段延入青海境内，分为三支：北支为祁漫塔格山；中支为阿尔格山，东延为布尔汗布违山及阿尼马卿山（即石积山）；南支为可可西里山，东延为巴颜喀拉山，在四川边境与岷山及邛崃山等相接，成山原状，海拔6000米左右，多雪峰、冰川。所谓巴颜喀拉山者，即古称昆仑之丘。藏语称青海为安朵，西康为喀木，或读如甘，此言朵甘思盖合青海、西康之地而名之。"③随着传播地区的日益扩展，对西王母的神化益加丰富。大约到战国中期，西王母就与昆仑山相结合，其神的地位也直线上升，成为极具影响力的大神了。

这位大神当"系四千年至五千年前一位古羌戎氏族信仰的原始萨满教中的

---

① 郝懿行注：《山海经·西山经》。
② 《诸子集成补编》第1册，四川人民出版社1997年版，第613页。
③ 邓少琴：《邓少琴西南民族史地论集》上册，巴蜀书社2001年版，第313页。

萨满，同时又系一母系氏族之酋长，祖母神，还是地处一方的羌戎的代名词。地理位置于昆仑山、帕米尔一带。随远古时期人的东西迁徙，其入中原为商代的西母，闯中亚、西亚则成为手持不死之树的女皇上帝"①。上古时期的西王母部族，一直处于西迁之途，故在甘肃、青海、新疆等多处留下被称为昆仑的遗迹。自汉至东晋的文献，均认为甘肃酒泉祁连山即古昆仑山。约当春秋时代，西王母又西迁至新疆、中亚，从而使西王母的信仰，传播到相当广阔的地区。

从战国时开始，西王母便从一位西方的女神，逐渐演变成为修道成仙的神仙。人们说她掌握着"不死之药"，主宰着生死祸福。《淮南子·览冥训》说："羿请不死之药于西王母，嫦娥窃之以奔月。"张衡《灵宪》亦有："羿请不死之药于西王母，嫦娥窃之以奔月，遂托身于月，是为蟾蜍。"至于其形象，则如司马相如为武帝所作《大人赋》中描述的那样："曤然白首，载胜而穴处兮，亦幸有三足乌为之使。"赋中明确言之："必长生若此而不死兮，虽济万世不足以喜。"②此时的西王母已俨然是一位长寿不死之女仙，一位赐寿降福的吉神。

至汉时，西王母又配上了"东皇公"，成为布道宣教的神灵。《吴越春秋·越王阴谋外传》曰："立东郊以祭阳，名曰东皇公；立西郊以祭阴，名曰西王母。"在纬书中，宣称西王母具有"赐授仙经，指引修道"的神性。《尚书帝验期》曰，"凡得道受书者，皆朝王母于昆仑之阙"③，并谓西王母精通兵法，授神符予黄帝，助其伐蚩尤而定天下。《龙鱼河图》曰："帝伐蚩尤，乃睡，梦西王母遣道人披玄狐之裘，以符授之，曰：太乙在前，天乙备后，河出符信，战则克矣。黄帝寤，思其符，不能悉忆，以告风后、力牧。风后、力牧曰：此兵应也，战必自胜。力牧与黄帝俱到盛水之侧，立坛，祭以太牢，有玄龟衔符出水中，置坛中而去，黄帝再拜稽首受符，视之，乃梦所得符也。广三寸袤一尺，于是佩之以征，即日禽蚩尤。"④

---

① 姚宝瑄：《域外西王母神话新证》，迟文杰主编《西王母文化研究集成》，广西师范大学出版社2008年版，第343页。
② 《史记·司马相如列传》，百衲本《二十五史》第1册，浙江古籍出版社1998年影印本，第267页。
③ （清）赵在翰辑，钟肇鹏、萧文郁点校：《七纬》卷一二，中华书局2012年版。
④ ［日］安居香山、中村璋八辑：《纬书集成》，河北人民出版社1994年版，第114页。

另一部汉代卜筮著作《焦氏易林》中，与西王母信仰有关的卦辞共十余条，从中可约略推知民间信仰西王母的动机所在：缘于中国民间信仰特征之一的功利性。万民若备置厚礼拜祭西王母，相信必能从中获得若干实质意义的回报。如祈求长寿欢乐："三人为旅，俱归北海，入门上堂，拜谒王母，劳赐我酒，欢乐无疆。"祈求福禄，趋吉避凶："中田膏黍，以享王母，受福千亿，所求大得。""引船牵头，虽拘无忧，王母善祷，祸不成灾。""王母多福，天禄所伏，君之宠光，君子有昌。"祈求赐子，家族兴旺："西见王母，拜请百福，赐我喜子，长乐富有。""西逢王母，慈我九子，相对欢喜，王孙万户，家蒙福祉。"祈求出门、远游平安："三人为旅，俱归北海，入门上堂，拜谒王母，劳赐我酒。""松乔彭祖，西遇王母，道路夷易，无取难者。"祈求儿女嫁婚美满："东邻嫁女，为王妃后，庄公筑馆，以尊王母，归于京师，季姜悦喜。"这种对西王母的崇拜，构成了汉代民间信仰的重要内容，并具体地反映在汉代各类文物中。于是，在汉代的画像石、画像砖、摇钱树、铜镜及漆器中，都可以看见西王母的尊容。迄今为止，汉代西王母的图像资料在四川、山东、陕西、河北、河南、江苏、内蒙古等地均有发现，甚至还出现在朝鲜半岛北部。图像资料包括画像石、画像砖、壁画、石棺、铜镜、摇钱树等各种形式。

汉代的画像石，主要集中于与丧葬有关的墓室、祠堂、石阙、石碑和神庙等建筑物中，这些都是当时所谓的"鬼神所在，祭祀之处"。画像的内容主要是表现祭祀对象的生平经历、地位财富和当时占统治地位的社会伦理观念、鬼神信仰等，以作为对死者的纪念和祈福。其中崇拜的神灵，主要有西王母、东王公、伏羲、女娲、风伯、雷公、雨师、黄帝、老子、佛陀、神荼、郁垒、方相氏、青龙、白虎、朱雀、玄武等，他们多与西王母信仰有着直接关联。

画像砖，主要是指墓室的壁面上或墓门等部位嵌入的模印而成的画像砖。装有画像砖的墓大抵开始出现于西汉中、晚期之间，并延续至东汉晚期。出土的大量画像砖，内容题材及造型多达八十余种，其中西王母的题材亦不少。李锦山指出："部分画像石表现了死者升仙谒场面。如嘉祥武氏祠后石室画像，画面内容分为天上、地下两部分，地面有石阙和高大坟丘，坟丘旁有骖乘车马以及持杖人物，坟丘上立有两个羽翼小仙人。一团云气正从坟丘顶部袅袅升腾，弥漫萦绕于苍穹。众仙人行于云间作迎接呵护状，两驾马车载着男女墓主，分别驰向东王公、西王母。东王公、西王母毕冠丽服，肩生双翼，分别端坐于东、西云头之上，等待来者谒拜。该画像表现的不是车马临门，而是车马出门，尸解升仙，因为东王公、西王母所居昆仑仙境不仅是生者梦寐以求的目标，也是死者所追求的理想境界。"①

摇钱树，主要分布于我国的西南地区，为东汉墓葬中特有的随葬明器。这些摇钱树的底座均为陶器，有两种形式。一种形式是下面大、上面小，横剖面略成椭圆形，无底，中空，顶端有一中空的柱，用以插树。器座的表面呈现多样的内容，如浮雕着鳖、羊、蟾蜍或一些怪兽，有的还浮雕着坐于龙虎座上的西王母、抱瓮骑羊的仙人、驱赶大象的象奴等。陶器表面或施釉，或不施釉。另外一种形式作三山耸立之状，正中一座山顶塑着坐于龙虎座上的西王母，两侧的山上各塑着捧日月的羲和。此外，三座山上还塑着马、猿、鸱枭、蟾蜍、长袖的舞人、抚琴的乐人等。正中一山的顶端亦有一中空的柱，用以插物。所插的摇钱树，皆为通体铜铸。就一具干、枝、叶齐全的摇钱树而言，其整体呈现的图像内容十分丰富，其中以西王母最引人注目，她占钱枝主体位置，一般多采用端坐于龙虎座之姿态，上有华盖护之，两旁每配置驱邪打鬼之方相氏、骑鹿仙人、羽童、乐舞百戏等；动物主要有龙、虎、朱雀、凤鸟、灵龟、玉兔、蟾蜍、熊、象、羊、猿等神兽、灵禽，植物则以灵芝仙草为主。这些奇异的图像真实地反映了汉人对西王母的崇拜。

至西汉末年，西王母信仰已成为民间的一种风尚。时哀帝建平四年（前3），春大旱，民不聊生，大批关东百姓离乡逃难，逃难的过程中，"传行西王母筹，经历郡国，西入关，至京师。民又会聚西王母，或夜持火上屋，击鼓号呼相惊恐。"②《汉书·五行志》亦载曰："建平四年正月，民惊走，持稿或棷一枚，传相付与，曰行诏筹。道中相过逢，多至千数，或披发徒践，或夜折关，或逾墙入，或乘车骑奔驰，以置驿传行，经历郡国二十六，至京师。其夏京师郡国，民聚会里巷阡陌，设张博具，歌舞祠西王母。又传书曰：母告百姓，佩此书者不死，不信我言，视门枢下当有白发。"

如此狂热的祭祀，使西王母成为解救万民的救世大神，影响甚巨，随之朝

---

① 李锦山：《西王母题材画像石及其相关问题》，迟文杰主编：《西王母文化研究集成》，广西师范大学出版社2008年版，第638页。
② 《汉书·哀帝纪》，百衲本《二十五史》第1册，浙江古籍出版社1998年影印本，第324页。

廷即承认了西王母的至尊地位。王莽下诏,把这次祭祀看成是元皇后成为新朝文母太皇太后的征兆,其曰:"哀帝之代,世传行诏筹,为西王母共具之祥,当为历代为母,昭然着明。予只畏天命,敢不钦承!谨以今月吉日,亲率群公诸侯卿士,奉玺绂,以顺天心,光于四海焉。"①从此之后,西王母祭祀成为全民崇拜。可以推想,在此期间郡国各地相继兴建了许多座西王母祠。

此时的西王母被奉为万民崇拜的神灵,其影响几乎无处不在,她不但能预言吉凶,赐人福祉,还掌握不死之药,惩恶扬善,度人升仙,是凡间的百姓在冀求羽化登仙、进入仙境之前,都必须先拜祀的尊神。这种由民间发起的宗教狂热,最终影响到孕育中的早期道教,西王母信仰中包含的不死理念也投合了道教对长生久视的追求,于是,道教吸收西王母信仰,并衍生出神通更为广大的西王母。

概而言之,西王母崇拜最初的流布范围,主要在中国的西部地区。迨至秦汉大一统帝国的先后成立,随着中央政府政权的稳固,境内与域外的商贸及交通渐趋畅达,西王母信仰得到广泛传播。据《汉旧仪》所规定:"祭西王母于石室,皆在所二千石、县令、长奉祀。"即言汉廷已将西王母信仰列入国家正式祀典,每年皆由各级地方行政首长担任代表并定期于石室奉祀。

二、道教信仰的西王母

从道教创始之际,即把秦汉以来的西王母信仰纳入其神灵体系中,西王母作为主宰生死寿夭的尊神,而被道民所信奉。《太平经》一书中有"师策文",即为西母王传世的长秘诀:"乐莫乐乎长安市,使人寿若西王母。比若四时周反始,九十字策传方士。"②"西者,人人栖存真道于胸心也;王者,谓帝王得案行天道者大兴而王也,其治善,乃无上也;母者,老寿之证也,神之长也。"③在这里,西王母被道徒们崇仰为"神之长",被视为延年益寿的象征。

西王母所治的昆仑,亦演变为道教的圣地。《海内十洲三岛记》曰:"方广万里,形似偃盆,下狭上广,故名曰昆仑山。三角,其一角正北,干辰之

---

① 《汉书·元后传》,百衲本《二十五史》第1册,浙江古籍出版社1998年影印本,第599页。
② 王明:《太平经合校》,中华书局1979年版,第62页。
③ 王明:《太平经合校》,中华书局1979年版,第68页。

辉，名曰阆风巅；其一角正西，名曰玄圃堂。其一角正东，名曰昆仑宫。其一角有积金，为天墉城，面方千里，城上安金台五所，玉楼十二所。其北户山、承渊山，又有墉城金台，玉楼相鲜，如流精之阙，光碧之堂，琼华之室，紫翠丹房，景云烛日，朱霞九光，西王母之所治也，真官仙灵之所宗。上通璇玑，元气流布。五常玉衡，理九天而调阴阳，品物群生，希奇特出，皆在于此。天人济济，不可具记。"①在这里，有众多的琼台玉楼、仙宇灵馆，而西王母就居住在墉城金台之中。

西王母主治墉城金台，统无量群仙，成为天下女仙的总管，杜光庭《墉城集仙录》曰："西王母者，九灵太妙龟山金母也。一号太灵九光龟台金母，亦号曰金母元君，乃西华之至妙、洞阴之极尊。在昔道气凝寂，湛体无为，将欲启迪玄功，生化万物，先以东华至真之气，化而生木公焉。木公生于碧海之上，苍灵之墟，以主阳和之气，理于东方，亦号曰王公焉。又以西华至妙之气，化而生金母焉。金母生于神洲伊川，厥姓緱氏。生而飞翔，以主阴灵之气，理于西方，亦号王母。皆挺质太无，毓神玄奥，于西方眇莽之中，分大道纯精之气，结气成形。与东王木公共理二气，而育养天地，陶钧万物矣。体柔顺之本，为极阴之元，位配西方，母养群品。天上天下，三界十方，女子之登仙得道者，咸所隶焉。"

形象与神格的确定，推动了对西王母的信仰发展。隋唐两宋时期，其信仰深入民心，普及全国。据《隋书·张季珣》记载："仁寿末，汉王谅举兵反，遣其将刘建略地燕、赵。至井陉，祥勒兵拒守，建攻之，复纵火烧其郭下。祥见百姓惊骇，其城侧有西王母庙，祥登城望之再拜，号泣而言曰：百姓何罪，致此焚烧！神其有灵，可降雨相救。言讫，庙上云起，须臾骤雨，其火遂灭。士卒感其至诚，莫不用命。"②所谓"有灵"，意指神灵通过各种人们可以感知的形式来展示其神力。引文中张季珣望拜西王母而祈雨之事，便是显灵的形式之一。

在遍布大江南北的众多道教名山，人们建造了许多祭奠西王母的庙堂。在东岳泰山，有西王母祠、王母池、金母洞、玉女池等。在南岳衡山，有魏夫人仙坛，为西王母降生授道之处。《衡岳志》曰："南岳魏夫人华存，学道久

---

① 《道藏》第11册，文物出版社、上海书店、天津古籍出版社1988年影印本，第52页。
② 百衲本《二十五史》第3册，浙江古籍出版社1998年影印本，第1137页。

之,感龟台金母、三元夫人、冯双礼、朱紫阳来降,教以神诀。"①在西岳华山,有西王母宫。李榕荫《华岳志》卷一记载:"王母宫,在金渤院东,中方大罗峰,王母数现,衣黄裳,载金冠,乘宝辇,驾五色斑龙,头上有羽盖,左右金童将吏,莫穷其数。后于现处建祠,唐贞观中,山下建王母宫。"②河南王屋山,有王母洞,古传为黄帝会西王母之所。王世贞《金母记节略》曰:"黄帝命风后力牧征师,讨乱者蚩尤。蚩尤为五里雾,又多纵虎豹焉。帝不胜,退而清斋于王屋山之天坛,以请命。母乃将元始命仿见之,使者披元狐裘,授帝符曰:太乙在前,得之者战必克。符广三寸,长咫尺,青玉为廓,丹血填之。帝拜稽首,佩符。"③江西瑞州高安县华林山,"在县西北,西王母第九子元秀真人,骑鹤至此,筑坛祭灵仙"④。陈廷策《华林灵迹》诗赞曰:"共说西王母,云裾跨鹤来。山深藏窅霭,林静长莓苔。丹灶泥封旧,元坛劫火灰。莫云仙迹幻,咫尺有蓬莱。"⑤

西北的甘肃、陕西,供奉西王母的祠庙更多。如甘肃武山县有广武山,"顷见楼台缥缈,中为真武大殿,而三清殿及金阙至尊,迤在后焉。折而东,广生祠踞其左,其东山上,盖泰山行宫也。西为三元殿,殿前则火神庙居之。自此历磴道而升,西王母洞,之上为寿极亭","临羌,西北至塞外,有西王母石室、仙海盐池"⑥。凉城,"有源城南中城,西王母祠"⑦。"灵寿,二汉晋属,有所山,西王母祠。"⑧酒泉,"昆仑山在县西南,如昆仑之体,故名之,周穆王见王母于此山。汉平帝时金城塞外羌献鱼盐之地,遂得西王母石室,以为西海郡"⑨。平凉泾州王母宫,"在州西三里回中山,下临泾水。旧志:西王母乘五色云下降,后帝巡郡国,望五色云祀之,而五色云屡见于此,因立祠,后改为宫"⑩。众多的西王母庙祠分布各地,以供朝廷、民间祭祀。

---

① 《古今图书集成》第49册,中华书局、巴蜀书社1985年影印本,第60033页。
② 《藏外道书》第20册,巴蜀书社1992～1994年影印本,第25页。
③ 《古今图书集成》第10册,中华书局、巴蜀书社1985年影印本,第11498页。
④ 《古今图书集成》第13册,中华书局、巴蜀书社1985年影印本,第15840页。
⑤ 《古今图书集成》第13册,中华书局、巴蜀书社1985年影印本,第15883页。
⑥ 《古今图书集成》第7册,中华书局、巴蜀书社1985年影印本,第6724页。
⑦ 《古今图书集成》第7册,中华书局、巴蜀书社1985年影印本,第6871页。
⑧ 《古今图书集成》第7册,中华书局、巴蜀书社1985年影印本,第6872页。
⑨ 《古今图书集成》第7册,中华书局、巴蜀书社1985年影印本,第7034页。
⑩ 《古今图书集成》第11册,中华书局、巴蜀书社1985年影印本,第12717页。

《旧唐书·高宗本纪》载唐高宗时，即遣使祭诸山岳之西王母祠："永淳二年春正月甲午朔，幸奉天宫，遣使祭嵩岳、少室、箕山、具茨等山，西王母、启母、巢父、许由等祠。"①正是由于道教的推动，西王母的信仰盛极一时。

三、民间信仰的西王母

在四川地区，从战国至西汉时期，就存在一套流传有序的记载西王母形象的文献。最早记载西王母形象的《山海经》，成书于巴蜀；西汉时蜀人司马相如、扬雄所作《大人赋》《甘泉赋》，也对西王母形象进行了具体描述。这些有关西王母的形象的描述，把《山海经》中西王母半人半兽的形象描绘成仙人，从而为四川汉代西王母形象的出现提供了蓝本。广汉三星堆出土的青铜纵目人那双凸出来的眼睛，表明其与蜀国先王蚕丛"纵目"有着直接的关联。也正是这一"纵目"，又跟西王母信仰和昆仑山神话有紧密的关系。《汉书·天文志》记载，民欢哗奔走，祠西王母。"又曰，从目人当来。"所谓"从目"，亦即"纵目"，"纵目人"为西王母的部从，这在《山海经》中又被称之为"鬼"族。因此，通过"纵目"的特征，可以说三星堆出土的青铜面具里有西王母和她所住的昆仑山信仰因素。而象征昆仑山的"铜神坛"上挂的"纵目"形态的装饰，也暗示两者之间的内在联系。

对西王母的崇拜兴起于西北、巴蜀地区，这种观点得到了四川出土的画像砖（石）、石阙、摇钱树等大量文物遗存的肯定。如在四川地区发现的汉代墓室中，西王母画像砖多置于墓室后壁正中较高的特殊位置，她独身处于象征"石室"的华盖下，头戴方胜，华服盛装，端坐于龙虎座，其两旁之人物、神兽及灵禽，次序分明地环绕之。

德阳司马孟台阙、渠县沉府君阙、渠县蒲家湾无铭阙，芦山樊敏阙及雅安高颐阙等处，亦刻有西王母。其图像的位置大都安排在主阙或耳阙之楼部第二层正面两栱间，匠师采用剔地浅浮雕技法刻西王母端坐于龙虎座上，其两旁有祭拜者、骑鹿仙人、三青鸟、奔兔、仙草等，可证西王母在巴蜀地区有其独特神格及固定形象。作为一位能使人长生的神仙，她确是受到巴蜀民间广泛的信仰。

四川出土的众多摇钱树上，那些奇异的图像亦真实地反映了巴蜀地区对西王母的崇拜。以芦山的摇钱树为例，树干上共有九枝树枝，每枝图案相同，枝

---

① 百衲本《二十五史》第4册，浙江古籍出版社1998年影印本，第13页。

上分布着九枚光芒四射的方孔圆钱，大小一致。而在每枝向上的末梢，亦有一枚极小的精美圆钱。树枝上端中部，铸有瑶池宫阙，中央者即西王母，她坐在龙虎座上。左边立着一只三足青鸟，为她输送食物；下边有玉兔、蟾蜍，为她捣制不死仙药。树枝的基部，生长着各种神树、奇花，有三首大神"离朱"和人面虎身大神"陆吾"守护四方。树枝的下端，有一位足踏应龙、手执圆圭、似为周穆王朝贡西王母的形象，在树枝上还有象征祥瑞的九尾狐，有奏乐献舞的乐师，全都为西王母欢迎贵宾而欢乐地演奏。[①]

综观摇钱树中所反映内容，主要是西南地区神巫之道及佛、道二教所尊奉的各种神仙、神兽、神禽，其内涵主要是反映仙化升天的思想。摇钱树的本身就是连系凡间与仙界的桥梁。"摇钱树的树座一般皆刻驱邪或有祥瑞意义的神人、神兽，如天禄、辟邪、龙、西王母等，目的就在于驱鬼化邪，为墓主人的魂灵上树扫清道路，从而为墓主人进入天国准备一条坦途。而摇钱树的图像内容，无论神仙巫术还是佛、道方面的，都无不是为了突出仙化升天这一主题思想。西王母、日月、四灵等，既属尊奉的天国神灵，亦被纳入道教神系。西王母是长寿不老的象征，而道教的旨归正是化邪俗、修长生，宣扬人死后灵魂飞升成仙。"[②]

在巴蜀人的思想中，西王母已成为主宰天国的神灵。这种观念在出土的汉代石棺及"天门"铜牌中有着鲜明的体现。如四川彭山出土的一具画像石棺，即生动地反映了一组天国的景象。石棺一侧刻双阙，用木枋相连将画面分为上下两层。下层为门阙，左右各有一门吏，捧盾躬身迎候，并有朱雀、仙鹿守护。上层为门阙之内，中央一人拱手静候，似为刚进入天门的墓主，前有一人回头引导之进入；前方有一棵繁茂的神树，一仙人正在树下拌料饲马；后方有白虎守护，虎生双翼，头有标饰。石棺别一侧以西王母为中心，高大的西王母广袖长袍拱手正襟危坐于龙虎座上，左有三青鸟、九尾狐相伴，右有仙人抚琴、吹排箫、奉食，一蟾蜍正健步起舞。这两组并存的图面，一是以西王母为主神，有仙人、神灵活动的天国景象；一是送迎墓主升入天门，宴饮舞乐，墓主由此在天上过着美好生活这样一种升天成仙的过程。

重庆巫山汉墓中出土的七件鎏金铜牌，亦反映了对端坐天门之中、主宰

---

① 钟坚：《试谈汉代摇钱树的赋形与内涵》，《四川文物》1989年第1期。
② 邱登成：《汉代摇钱树与汉墓仙化主题》，《四川文物》1994年第5期。

天国的西王母的崇拜。铜牌Ⅱ图面中有双阙，两阙间用双折线连成门状。双线之下、玉璧之上，有隶书"天门"两字，连成门状。天门正中有西王母端坐石座之上，身着长衣，右衽，博衣广袖，双手捧于胸前，双腿盘膝而坐，眉清目秀，头戴卷云式冠冕，慈祥庄重。双阙连眉上立一朱雀，长羽漫卷。左阙外侧一青龙昂首上扬，肩生飞翅；右阙外侧为白虎，矫健强劲。①

概而言之，对巴蜀地区出土资料的分析，说明在西王母出现之初，她并未立即占据天国主神的位置。但随着西王母信仰的日益深入，在东汉中晚期西王母成为天国中唯我独尊的主神，这时在摇钱树中也出现了其高高在上的例子，许多画像石墓中都可以看到西王母的图像，而且位置显赫。

这种信仰成为一种传统，一直延续发展于巴蜀地区。成都玉局化是东汉时张陵所创正一道的二十四治之一，传说老君曾于此传授《五斗经》予张陵。其化中即有西王母塑像。"顷因观宇烧焚，廊屋颓坏，而仪像不损，人称其灵。居人范彦通忽患风癞，疮痍既甚，眉须渐落，因入观于王母前发愿，但所疾较损，即竭力修装。是夕，梦一玉女，手执花盘，以衣袖拂其身，曰：王母令我救汝，疾即愈矣。数日之间，所疾渐退，疮肿皆息，眉须复生。遂造纱窗，装金彩，通檐两楹，严洁修奉，每月自送香灯，近年方稍不见。观中三将军，亦古之所塑。观因南诏焚烧，屋宇摧尽，而三将军塑像不坏，起观之日，再于其上立堂宇。居人阁士林，卧疾月余，迨将不救。梦三将军，以戟挥其身上，穿一物去，状如黑犬，自此疾愈。乃舍衣物制纱窗，重加彩缋矣。"②

夔州巫山有神女庙，供奉西王母。传说大禹于此见神人，"状类天女，授禹太上先天呼召万灵玉篆之书，且使其臣往章、虞余、黄魔、大翳、庚神、童律为禹之助。禹于是能呼吸风雷，役使鬼神，开山疏水，无不如志。禹询于童律，对曰：西王母之女也。受回风混合万景炼形飞化之道，馆治巫山"③。

五代之际，成都西山亦有一座王母观。《旧五代史·王镕传》载："镕宴安既久，惑于左道，专求长生之要，常聚缁黄，合炼仙丹，或讲说佛经，亲受

---

① 赵殿增、袁曙光：《天门考：兼论四川汉画像砖（石）的组合与主题》，《四川文物》1990年第5期。
② （北宋）张君房编：《云笈七签》卷一一九，《道藏》第22册，文物出版社、上海书店、天津古籍出版社1988年影印本，第822页。
③ 《古今图书集成》第11册，中华书局、巴蜀书社1985年影印本，第13297页。

符箓。西山多佛寺，又有王母观，镕增置馆宇，雕饰土木。"①

西王母的信仰，借助宗教的力量得以广泛传播，奉祀她的庙宇遍及全国。据记载，民间除日常的礼奉之外，更有三月初三西王母诞辰的纪念活动。比如旧时北京的蟠桃宫庙会，从三月初一开始，至初三或初五结束，这期间无论官吏还是百姓，都纷纷前来敬香、游览；商贩们则摆摊设点，吆喝买卖；此外还有高跷、秧歌、狮舞以及曲艺表演，等等，谢神娱众。在沈阳，每年三月初三，相传为西王母蟠桃会期，是日算命卜卦者聚会于三皇庙，饮酒祝寿。②在广州，"多有祠祀西王母，左右有夫人，两送子者，两催生者，两治痘疹者，凡六位，盖西王母弟子，若飞琼、董双成、萼绿华之流者也。相传西王母为人注寿注福注禄，诸弟子亦以保婴为事，故人民事之唯恐后……壁上多绘画保婴之事，名子孙堂，人民生子女者，多契神以为父母，西王母与六夫人像，悉以红纸书契名帖其下，其神某，则取其上一字以为契名"③。所谓"契神"，即是与西王母签订契约，以西王母为父母。其后，延至今天，台湾的西王母信徒们，亦将西王母称为"契母"，信徒之间互称"契兄""契弟""契妹"。

与四川邻近的甘肃泾川，同属西王母文化的发祥地，这里有始建于西汉元封年间的王母宫，是国内最早、自称最大的西王母祖庙。每年农历三月二十日，泾川人都要举行传统的西王母庙会。这个庙会具有广泛的群众性，大都以祈求长寿幸福、国泰民安为主旨。每逢此日，泾川的老百姓都要登王母山，甚至陕西、宁夏的人也奔波数百公里前来朝拜王母。许多的信众在凌晨三时许就去宫山祖庙抢烧头香。上午八时整，在那口高悬于回山之巅的铁钟苍劲、浑厚、悠远的钟声中，西王母典礼拉开了帷幕。近百位法师、道士，身着法衣、道袍、头戴五岳冠、道巾，敲击着鼓、锣、钗、铃子、木鱼等法器，吹奏着唢呐、竹笛、土笛等乐器，举行道场庆典。山上山下，人山人海，最多时竟达八万之众。十时许为朝觐时辰，众法师、道士依次向西王母塑像朝觐之后，成百上千的西王母信众便蜂拥而上，争先恐后地把自己带来的各种时鲜果品和寿桃献于供桌上，伏地而拜，焚香化表，默默祈祷，或求子嗣、祛病痛，或求吉

---

① 百衲本《二十五史》第4册，浙江古籍出版社1998年影印本，第861页。
② 丁世良、赵放主编：《中国地方志民俗资料汇编》东北卷，书目文献出版社1989年版，第49页。
③ （清）屈大均：《广东新语》卷六，车吉心总主编《中华野史》第11册，泰山出版社1999年版，第963页。

祥、保平安。

巴蜀、西北源出的西王母信仰，历千年而不衰，至今仍有着广泛的影响。它传入了中国台湾、香港，东南亚，拥有众多的信徒。在台湾，近年来西王母的信仰发展极为迅速。台湾的西王母信仰，始于1949年农历六月十三日凌晨，据说王母娘娘突然显灵于花莲县吉安乡荒野地，降于一张家房客苏列东之身，命其遍告村民说："吾乃天上王母娘娘，欲在此处驻，解救人间一切苦厄，宣化度众，勿相惊骇。"于是邻里左右摆设香案，上供礼拜，王母娘娘每日降鸾问教，看病行医，灵验异常，几近有求必应，一时轰动遐迩。1950年，信徒在王母娘娘显灵地的两边，分别建立了慈惠堂、胜安宫，各自塑像敬拜。由于胜安宫先采用王母娘娘称号，慈惠堂就用瑶池金母，以示有别。①

胜安宫主祀王母娘娘，从祀天公、地母、陈靖姑、太白金仙、吕仙公、杨戬、齐天大圣暨诸天菩萨等。每年举行大庆典三次，一为农历六月十三日王母娘娘下降纪念日，一为农历七月十八日王母娘娘圣诞，一为农历十月十八日王母娘娘安座纪念日。其信徒遍及台湾地区，由该宫请领圣旗分灵出去。奉祀王母的分堂，全台湾约百座。

慈惠堂主祀瑶池金母，全堂分为二进，前殿在前，内殿居后。前殿供奉着诸天神圣、仙佛，让善男信女朝拜。内殿为无极宝殿，供奉瑶池金母，信徒昵称其为"金母娘娘"。金母之左奉太白金星，右奉孚佑帝君吕洞宾，两厢各奉王天君、太乙真人及福德正神。另建有玉皇宫，奉祀玉皇大帝。每年举行大祭典三次：农历二月十八日为建庙纪念，农历六月初三为龙华会，农历七月十八日为金母诞辰。每年堂庆前两天，全省各地分堂之契子女、善男信女，即连袂恭送金母分身来归，随行并有其他神佛护驾，一时鸣炮之声不绝于耳，袅绕香烟芬芳扑鼻，颇有回娘家的欣喜。分堂诸分身按例由总堂天公炉穿越回门，与各护驾神佛并排厅堂，静候盛典，信徒虔诚顶礼朝拜之征，令人惊异。各地慈惠堂分堂，亦多有显化事迹，故设立遍及全省。如位于台中县的清水慈惠堂，于1963年8月建立之后，不久即分出草屯、中港、龙井、大雅等四个慈惠堂及两所布道所。该堂1967年自行统计有六十余处分堂，近几年发展更快，至今分堂有两百多座，布道所近百座，总计有三百五十余座，神职人员四千多人，信徒

---

① 至2007年7月止，台湾各县市奉祀西王母的宫殿总计234座。《海峡两岸东王公西王母信仰学术研讨会》论文集，台中技术学院应用中文系、苗栗后龙无极圣宫2008年印本，第189页。

约十五万人，成长极为快速。①

此外，桃园县中坜慈惠堂，于1952年成立，至今分堂已接近三十堂，以竹山、丰原慈惠堂最早，另有北台、新庄、凤舞、慈德、双凤、龙岗、竹东、西螺、梧栖、聚贤、天宝、圣武、兴国、田中等为第一代分堂，各自又分出第二代分堂，最多已分至第四代分堂，可谓分堂满台湾，对阐传西王母信仰贡献甚大。在台北的松山慈惠堂，自创堂至今，总共正式缔造了近五十座姐妹庙宇，交陪的宫观不下四百多座。近年更发展到了海外，经松山慈惠堂给予支持而成立的，约有十多座，包括美国纽约法拉盛莲花慈惠堂、马来西亚吉隆坡慈惠堂等。据最新的报告，花莲慈惠堂自1949年创立以来，短短五十多年，发展近两千堂，这极大地推动了当代西王母的信仰。②

第三节　巴蜀地区的大禹信仰

大禹是我国古代神话传说及历史记载中的英雄人物。因为他治理九州洪水功勋卓著，又有"三过家门而不入"的大公无私精神，所以不但历来脍炙人口，家喻户晓，死后成为社神，享受着人们的崇拜与人间的香火。从原始信仰中的图腾神、祖先神，到秦汉时期的文化神、社稷神，大禹集合完善于一身。如此丰满而明晰的形象，其发生离不开对核心文化区的依托。大禹崇拜所依托的，正是以岷山、长江为中心的巴蜀文化。

一、古代神话中的大禹

大禹的丰功伟绩主要体现在治水上。根据传说和文献记载，大禹时期，我国确实发生了较长时期的洪水灾害，"禹之时，十年九潦，而水弗为加益"③。这些洪水使先民的生产和家园都遭到了很大破坏，所谓"当尧之时，天下犹未平，洪水横流，泛滥于天下，草水畅茂，禽兽繁殖，五谷不登，禽兽逼人，兽蹄鸟迹之道，交于中国。尧独忧之，举舜而敷治焉。舜使益掌火，益烈山泽而焚之，禽兽逃匿。禹疏九河，瀹济、漯而注诸海，决汝、汉，排淮、

---

① 郑志明：《台湾瑶池金母信仰研究》，迟文杰主编《西王母文化研究集成》，广西师范大学出版社2008年版，第1052页。
② 道铮：《慈惠堂传播迅速影响深远》，台湾《道教月刊》2006年8月号。
③ 《庄子·秋水》，《诸子集成》第4册，岳麓书社1996年版，第131页。

泗而注之江，然后中国得而食也"①。大禹为拯救人民，接受重托，治理洪水，造福人民。

关于大禹治水，先秦文献都有明确记载。据《尚书·尧典》记载，为治理洪水，舜命禹"作司空"，去"平水土"。《尚书·益稷》亦曰："洪水滔天，浩浩怀山襄陵，下民昏垫。予乘四载，随山刊木，暨益奏庶鲜食。予（禹）决九川，距四海，浚畎浍，距川；暨稷播奏庶艰食鲜食。懋迁有无化居。烝民乃粒，万邦作乂。"《庄子·天下》也说："昔禹之湮洪水，决江河而通四夷九州也。名山三百，支川三千，小者无数。禹亲自操橐耜，而九杂天下之川。腓无胈，胫无毛，沐甚雨，栉疾风，置万国。禹大圣也，而形劳天下也如此。"②说明大禹治水时如何兢兢业业、忧劳勤苦。治水以成功告终，大禹的功德由此为后人缅怀不已。

春秋战国之际，大禹被逐渐演化为神的形象。古人以大禹的历史真实形象和事迹为原型，对大禹生前生后的一系列事情进行神化，大禹成了人们心中信仰的神。关于大禹的出生，《竹书纪年·帝禹夏后氏》载："母曰修己，出行，见流星贯昴，梦接意感，即而吞神珠，修己背剖而生禹于石纽。"③《水经注·沫水注》于"广柔县"云："县有石纽乡，禹所生也。今夷人共营之地，方百里，不敢居牧，有罪逃野，捕之者不逼，能藏三年不为人得，则共原之，言大禹之神所佑之也。"④这就是禹生石纽说的来历，今四川北川县境内有"石纽"石。

大禹刚出生时的情形也被神化。罗泌《路史·后记》说大禹身长九尺，胸部黑痣排列如北斗七星。这些神话足以说明，后人为神化大禹，从其一出生，就为其披上了神秘的色彩，说他是上天的神灵来到人间。大禹是神，那么大禹娶的妻子自然也被说成是神，"禹始纳涂山氏女曰女娲，合婚于台桑，有白狐九尾之瑞，至是为攸女"⑤。《华阳国志·巴志》记载："及禹治水，命州巴、蜀，以属梁州。禹娶于涂山，辛壬癸甲而去，生子启，呱呱啼，不及视，三过其门而不入室，务在救时。今江州涂山是也，帝禹之庙铭存焉。会诸侯

---

① 《孟子·滕文公章句上》，《诸子集成》第2册，岳麓书社1996年版，第243页。
② 《诸子集成》第4册，岳麓书社1996年版，第258页。
③ 方诗铭、王修龄校注：《古本竹书纪年辑证》，上海古籍出版社2005年版。
④ （北魏）郦道元撰，陈桥驿校证：《水经注》，中华书局2007年版。
⑤ （北宋）李昉、李穆、徐铉等编：《太平御览》卷一三五《帝王世纪辑存》，中华书局1960年影印本。

于会稽，执玉帛者万国，巴、蜀往焉。"①江州涂山在今重庆市南岸，《水经注》也载江州涂山有夏禹庙、涂后祠。元代贾元为其庙所撰碑记亦云："至今洞曰涂洞，村曰涂村，滩曰遮夫，石曰启母。"从以上所载可以看出，大禹所娶之妻与大禹一起又多次被神化。《山海经·海内经》曰："洪水滔天，鲧窃帝之息壤以堙洪水，不待帝命。帝令祝融杀鲧于羽郊。鲧复生禹，帝乃命禹卒布土以定九州。"②说明在较早的传说中，禹确是受天命来平治下界水患的。

在治水的过程中，大禹得到天神的指点和帮助。孔传《洪范》谓："天与禹，洛出书，神龟负文而出，列于背，有数至于九。禹遂因而第之，以成九类，常道所以次叙。"王嘉《拾遗记》也有类似记载："禹尽力沟洫，导川夷岳。黄龙曳尾于前，玄龟负青泥于后。玄龟，河精之使者也。龟颔下有印，文皆古篆字，作九州山川之字。禹所穿凿之处，皆以青泥封记其所，使玄龟印其上。今人聚土为界，此之遗象也。禹凿龙关之山，亦谓之龙门。至一空岩，深数十里，幽暗不可复行，禹乃负火而进。有兽状如豕，衔夜明之珠，其光如烛。又有青犬，行吠于前。禹计可十里，迷于昼夜。既觉渐明，见向来豕犬变为人形，皆着玄衣。又见一神，蛇身人面。禹因与语，神即示禹八卦之图，列于金版之上。又有八神侍侧。禹曰：华胥生圣子，是汝耶？答曰：华胥是九河神女，以生余也。乃探玉简授禹，长一尺二寸，以合十二时之数，使量度天地。禹即执持此简，以平定水土。蛇身之神，即羲皇也。"③说明禹治水平土划定九州成功的原因，是遵羲皇得天书的指点乃成，具有神化色彩。

大禹在治水过程中，也遇到了不少困难，所幸大禹神通广大，经过艰辛的努力，最终还是取得了成功。大禹在治水过程中遇到怪物相柳的阻扰，与之进行了艰苦的斗争，最后取得胜利，这从《山海经·海外北经》的记载中可以看出，大禹"杀相柳，其血腥，不可以树五谷种。禹厥之，三仞三沮。乃以为众帝之台，在昆仑之北，柔利以东"④。

大禹被神化后，历代统治者和民间都因为大禹是神而能保佑自己，或出于其他目的而对其进行祭祀等。由于"禹兴于西羌"，其"岷山导江"，更是造

---

① （晋）常璩著，刘琳校注：《华阳国志校注》，成都时代出版社2007年版，第4页。
② 袁珂校注：《山海经校注》，上海古籍出版社1980年版，第472页。
③ （东晋）王嘉：《拾遗记》卷二，车吉心总主编《中华野史》第1册，泰山出版社1999年版，第784页。
④ 袁珂校注：《山海经校注》，上海古籍出版社1980年版，第233页。

福于中华民族,于是作为山川神主的大禹,在四川又被奉为川主神。今岷江上游汶川、北川古大禹部族活动地区,每年正月初四,要举行大规模的川主神的祭祀会,六月初六大禹的生日要祭祀大禹,六月二十四日的川主会更是该地区规模最大的庙会。

从长江上游的"岷山导江"到长江中下游的"教民鸟田",从北方的"西戎"到南方的"百越",无不奉大禹为"精神领袖"。《尚书·禹贡》载述,大禹从上游开始经三峡地区一直疏导到长江的中、下游河段。司马迁在《史记·夏本纪》中记载,大禹治水还到了位于江汉平原的古云梦泽。《水经注·江水》则明确指出,三峡河道是大禹开凿和疏通的。在长江三角洲地区,大禹治水的传说广泛流传,对大禹的崇拜与信仰也极为盛行。数千年来,大禹圣庙遍布大江南北,使之成为中华民族文化精神的主要象征。顾颉刚先生认为,"禹是南方民族的神话中的人物",关于大禹的神话是"自楚传至中原"的,"中原民族自周绍王以后,因封建交战而渐渐与南方民族交通,故穆王以来始有禹名见于《诗》《书》"①。他在注解《禹贡》《史记》等关于大禹在长江流域治水的文字时作了以下描述:"甘肃、四川间的岷山,汉中间番冢山,雅安的蔡山和蒙山,都给禹收拾过,可以种植五谷,安定人民了。汉中的汉水(即漾),甘肃的西汉水,流到四川的嘉陵江(即潜),川西坝子的沱江,经过六省(按旧说)的长江,都被禹疏导过,可以代灌溉和行船了。"②

二、水官大帝的大禹

在当时人们眼中,大禹不仅是一位带领人们治水的领袖,还是一位威望很高的巫师。唐李冗《独异志》载:"禹伤其父功不成,乃南逃衡山斩马以祭之,仰天而啸。忽梦神人自称玄夷苍水使者,谓禹曰:欲得我书者,斋焉。禹遂斋三日。乃降金简玉字之书,得治水之要。"所谓"金简玉字",正是后来魏晋道教所传的《灵宝五符》。《云笈七签》卷三谓:"今传《灵宝经》者,则是天真皇人于峨嵋山授于轩辕黄帝,又天真皇人授帝喾于牧德之台,夏禹感降于钟山,阖闾窃窥于句曲。"夏禹得此天书,"能凿龙门,通四渎。功毕,

---

① 顾颉刚:《顾颉刚古史论文集》第二集,中华书局1988年版,第179页。
② 顾颉刚:《顾颉刚集》,中国社会科学出版社2001年版,第474页。

川途治导，天下又安"①。因此，大禹遂被民众奉为山川神主。

其后，大禹又被道教奉为祖师。《道教序》宣称说，元始天尊传授大道，秘于九天，"天上则天尊演化于三清众天，大弘真乘，开导仙阶；人间则伏羲受图，轩辕受符，高辛受天经，夏禹受洛书，四圣禀其神灵，五老现于河渚。故有三坟五典，常道之教也"②，即把夏禹尊为道教"四圣"之一。南朝陶弘景《真灵位业图》中，禹居第三神阶中位"太极金阙帝君"之左，有注云"受钟山真人灵宝九迹法，治水有功"，并将其尊为水官大帝。

钟山，是大禹得到"灵宝真文"的圣山。《灵宝略纪》曰："在昔帝喾时，太上遣三天真皇赍灵宝五篇真文以授帝喾，奉受供养，弥其年稔，法箓传乎世。帝喾将仙，乃封之于钟山。钟山在西北弱水之外，山高万五千里。至夏禹登位，乃登名山巡狩，渡弱水，登钟山，遂得帝喾所封灵宝真文。于是奉持出世，依法修行。"③《太上洞玄灵宝五符序》卷上则言，钟山高万二千里，其上方七千里，周回三万里，"自生千芝神草千四十种，人但脚履其上，三步乃仙矣。上有金台七宝紫阙，元气之所舍，天帝君所治处也。日月所不能照，钟山光耀，昼夜朗然，照明十万里外，皆星汉所不及"④。

上古时期的钟山，是在西北地区，为羌族的聚居地。《山海经·西山经》："又西北四百二十里，曰钟山。其子曰鼓，其状如人面而龙身。"⑤《山海经·海内西经》："流沙出钟山，西行又南行昆仑之虚，西南入海黑水之山。"⑥钟山与昆仑相邻，皆为仙道修持之圣地。"昆仑之虚，在西北，帝之下都。昆仑之虚，方八百里，高万仞。上有木禾，长五寻，大五围。面有九井，以玉为槛。面有九门，门有开明兽守之，百神之所在。"⑦"昆仑南渊深三百仞。开明兽身大类虎而九首，皆人面，东向立昆仑上。开明西有凤皇、鸾鸟，皆戴蛇践蛇，膺有赤蛇。开明北有视肉、珠树、文玉树、玗琪树、不死

---

① 《道藏》第6册，文物出版社、上海书店、天津古籍出版社1988年影印本，第316页。
② （北宋）张君房编：《云笈七签》卷三，《道藏》第22册，文物出版社、上海书店、天津古籍出版社1988年影印本，第12页。
③ （北宋）张君房编：《云笈七签》卷三，《道藏》第22册，文物出版社、上海书店、天津古籍出版社1988年影印本，第15页。
④ 《道藏》第6册，文物出版社、上海书店、天津古籍出版社1988年影印本，第316页。
⑤ 袁珂校注：《山海经校注》，上海古籍出版社1980年版，第42页。
⑥ 袁珂校注：《山海经校注》，上海古籍出版社1980年版，第292页。
⑦ 袁珂校注：《山海经校注》，上海古籍出版社1980年版，第294页。

树。凤皇、鸾鸟皆戴蕸。又有离朱、木禾、柏树、甘水、圣木曼兑，一曰挺木牙交。开明东有巫彭、巫抵、巫阳、巫履、巫凡、巫相，夹窫窳之尸，皆操不死之药以距之。"①《淮南子·地形训》云："昆仑之丘，或上倍之，是谓凉风之山，登之乃不死，或上倍之，是谓悬圃，登之乃灵，能使风雨。或上倍之，乃维上天，登之乃神，是谓太帝之居。"②

昆仑、钟山，位置今四川、甘肃的岷山地区。蒙文通认为昆仑就是岷山，邓少琴先生亦谓岷山为昆仑之伯仲。显然，昆仑是古羌族部族以岷山为原型，在心目中构拟出来的一座"圣山"。今天仍然可以看到羌族"圣山崇拜"的孑遗，即对"白石"的崇拜。昆仑是氐羌人的发祥地，故蜀人有魂归昆仑之说。《蜀王本纪》记载："汶山为天彭阙，号曰天彭门，云亡者悉过其中，鬼神精灵数见。"③

蜀人亡者魂归昆仑，获不死之药，又可复生，这就叫作"化民"。"望帝治汶山下邑曰郫，化民往往复出。"蜀王鳖灵也是这样的化民，"灵死，其尸溯流而上，至汶山，忽复生"④。这种死而复生的观念，后来演变为道教的尸解之说。道教对山岳特别钟爱，山既是求道者修炼之所，也是修炼成仙之后的归宿。闻一多先生《神仙考》指出神仙最终的归宿是西方的昆仑，神仙说的起源与古氐羌的火葬习俗有直接关系，"火葬的意义是灵魂因乘火上天而得永生"，"火葬是求灵魂不死"⑤。《墨子·节葬下》说："秦之西有仪渠之国者，其亲戚死，聚柴而焚之，熏上，谓之登遐。"仪渠在今甘肃，亦氐羌之属族。这种火葬的习俗是缘于宗教上的信仰，他们相信人有灵魂，死后必须经过火的净化，方能到达天国。可见火葬仪式的举行，在氐羌人的观念中非常重要。正如氐羌巫经《天路指明》所云："命父火九层，命母火七层。""火山人归化"，"飞仙由火化"。在《列仙传》中的仙人啸父、师门、赤松子、宁封子等，都是火化成仙的。

据考古资料，至今还没有发现大禹时期的文字。传说大禹治水成功后，在天下名山曾勒铭记功。明陶宗仪《书史会要》载："夏禹命九牧贡金，铸

---

① 袁珂校注：《山海经校注》，上海古籍出版社1980年版，第298~301页。
② 《诸子集成》第8册，岳麓书社1996年版，第58页。
③ 车吉心总主编：《中华野史》第1册，泰山出版社1999年版，第10页。
④ （南宋）王象之编纂：《舆地纪胜》卷一六四引《华阳国志》，中华书局1992年影印版。
⑤ 闻一多：《闻一多全集》第一集，三联书店1982年版。

造九鼎，象神奸，使民知备，故作象神鼎形，勒铭于天下名山大川，曰钟鼎书。"①在中岳嵩山玉女峰、南岳衡山岣嵝峰等，传说都有大禹留下来的文字。明代傅梅《嵩书》曰："玉女峰北，上有神禹大篆七字，人莫能识。"南岳衡山岣嵝峰上有一通碑刻，人称禹王碑，因此峰名又叫岣嵝碑。碑缘于大禹治水的故事，记载了大禹治水的经过。《吴越春秋》记载："禹乃东巡，登衡岳，血白马以祭，不幸所求。禹乃登山，仰天而啸，因梦见赤绣衣男子，自称玄夷苍水使者，闻帝使文命于斯，故来候之。非厥岁月，将告以期，无为戏吟。故倚歌覆釜之山，东顾谓禹曰：欲得我山神书者，斋于黄帝岩岳之下三月，庚子登山发石，金简之书存矣。禹退又斋三月，庚子登宛委山，发金简之书。案金简玉字，得通水之理。""遂巡行四渎，与益、夔共谋，行到名山大泽，召其神而问之山川脉理，金玉所有，鸟兽昆虫之类，及八方之民俗，殊国异域，土地里数，使益疏而记之，故名之曰《山海经》。"②说明夏禹曾得天书于衡山高处。晋代罗含《湘中记》写道："岣嵝山有玉牒，禹按其文以治水，上有禹碑。"③南朝宋徐灵期《南岳记》说："云密峰有禹治水碑，皆蝌蚪文字。""夏禹导山通渎，刻石名山之颠。"④至唐时，韩愈入山寻访搜而不得，遂作诗曰："岣嵝峰尖神禹碑，字青石赤形模奇。科斗拳身薤倒披，鸾飘凤泊孥龙螭。事严迹渺鬼莫窥，道士独上偶见之。我来咨嗟涕涟而，千搜万索何处有，森森绿树猿猱悲。"刘禹锡《送李策秀才还湖南，因寄幕中亲故兼简衡州吕八郎中》亦云："尝闻祝融峰，上有神禹铭。古石琅玕姿，秘文螭虎形。"⑤

晚唐徐彦《五宗禅林观察录》记载，南台寺水昙法师在岣嵝峰下发现了禹王碑。南宋嘉定五年（1212）何致游衡山时，听樵夫说岣嵝峰石壁上有数十字，何致怀疑是禹王碑，于是就让其领路寻访，读之复摹其文，刻于岳麓山巨石之上。刘献廷《广阳杂记》卷二载，衡山望日亭之东壁，刻岣嵝峰禹碑七十七字。后来，岣嵝碑又被摩刻于四川北川、浙江绍兴、江苏南京栖霞

---

① （明）陶宗仪：《书史会要》，文渊阁《四库全书》本。
② （东汉）赵晔：《吴越春秋》卷六，车吉心总主编《中华野史》第1册，泰山出版社1999年版，第240页。
③ （西晋）罗含：《湘中记》，文渊阁《四库全书》本。
④ （唐）韩愈：《韩昌黎集》卷二，文渊阁《四库全书》本。
⑤ （唐）韩愈：《韩昌黎集》卷二，文渊阁《四库全书》本。

山、河南禹州、陕西西安碑林、湖北武汉等地,并传拓各地,自此岣嵝碑闻名于世。

然而,碑上面镌刻的文字却难以辨认,似王莽时的缪篆,也似道士的符篆。叶德辉《语名》说:"三代鼎彝,名山大川往往简出,刻石之文,传世盖少。《祝融峰铭》实为道家秘文。"朱剑心《金石学》指出,岣嵝碑可能与衡山道士有关,内容可能是"阳明朱虚洞天文"。卫聚贤在《巴蜀文化附图说明》中,经过与他收集并亲自摹拓的巴蜀器物上的文字比较,把岣嵝碑文归为巴蜀古文字,并认为其可能是大禹所作。冯广宏仔细检验了现存岣嵝碑七十七字全文,并与古汉字作了对比;同时又与已发现的巴蜀文字加以对比,发现碑中字形与甲骨文、篆相近者约占百分之五十二,而与巴蜀文字相近者约占百分之七十九。"可见碑文属于巴蜀文字遗存的可能性很大。笔者疑此原为道教碑刻,本是夔门观中旧物,故书写时汲取巴蜀文字成分。宋代何致带回长沙后故神其说,于是才传为禹碑。"①

从岣嵝碑的文字形态来看,似为道教的天书云篆,亦即一种图语似的符篆。蒙文通先生说:"五斗米道原行于西南少数民族,符箓之事始于张道陵,符箓固非中国汉字也,故余疑其为西南民族之宗教而非汉族之宗教。"②符箓起源甚早,考古中发现的上古时的各种符咒饰物与刻符,即可证明此点。早在殷商时代,巫术已非常流行。作为夏朝的开创者大禹王,本身亦是大巫师。他治理洪水,征战有苗,主持祭祀,招魂持咒,半人半神,俨然是天神兼人帝的面貌。而这一切权势的根据,即来自天帝高阳的亲传"天书":"高阳乃命禹于玄宫,禹亲把天之瑞令,以征有苗。"③当然,天书常人是无法看懂的,因为它是一种怪异的文字。

至于大禹铸鼎,亦与符箓之术有关。据《左传》《汉书》所载,九鼎的作用一是奉享上帝鬼神,一是使民知"神奸"而少祸害,二者都与通灵达神、驱鬼避邪有关。《古器评》说九鼎十分精美威严,上面既有变形的行动纹样,又有神秘、恐怖的夔龙、饕餮的图案。宋王安石《九鼎》诗说:"鼎成聚观变怪索,夜叉行歌鬼书哭。"可见九鼎在古人的心灵中,具有非常强大的护国安民

---

① 冯广宏:《巴蜀文字的期待(六)》,《文史杂志》2004年第6期。
② 蒙文通:《蒙文通文集》卷一,巴蜀书社1987年版,第316页。
③ 《墨子·非攻下》,《诸子集成》第5册,岳麓书社1996年版,第112页。

的神力，因为它代表着神权与政权的结合，是人间社会与客观世界、神灵世界同体一贯的象征。

显然岣嵝碑文当为道士所作，内容应为"灵宝天文"。《云笈七签》卷三谓，禹未仙之前，乃封藏天文于北岳及包山洞庭之室。至吴王阖闾时，有人于石室内得素书一卷，呈阖闾。阖闾即召群臣共观之，但其文篆书不可识，乃令人赍之问孔子。孔子曰："此是灵宝五符真文。昔夏禹得之于钟山，然后封之于洞庭之室。"①《太上洞玄灵宝五符序》卷上则言，夏禹治水，拓平山川，功举事讫，"巡狩于钟山之阿，得黄帝、帝喾等所受藏，上三天太上灵宝真经。后游会稽，更演解灵宝玄文，撰以为灵宝文，藏一通于名山石磧，付一通于水神，当有得道道士，得之而献王者"②。

帝喾、大禹所传灵宝玄文，皆为云篆而不可识，"天书焕妙，幽畅微著，葩龙凤之形，发八会之迹，和仙通神，上导太和元精之气，下备群生始然之会"。天书云篆，演变为符箓，成为辟邪护身的法宝。"但抱灵宝符入水赴渊，则北帝开路，蛟龙卫从，水精震怖，长生久视，永享天祚。执符入火，则阳光珍翳，南帝激电，助我驱秽热毒，不加丹精凌迈。佩符登山，山精迸走，中黄太帝与我为辅，虎狼百禽莫敢当者。栖岩入穴，则土气不障，妖邪伏死，魍魉逃乡。以符向金，则五兵不伤，西帝真气与我同林，全生万年，饮于玉浆。背金对木，则长守介福，青帝灵气来见沐浴，色反童孩，久视永乐。登岳采芝，不化我目，八石正形，使时掇获，回天倒地，在心愿欲也。"如九天王长安飞符，"道人佩之，以履阳九，百六，千毒不加身。昔夏禹藏之于石磧，以传理水傅伯长桑，甲子李廓光马平石山。大劫至，佩其前。小劫会，佩其后"③。道教符箓的形态极其丰富，称谓众多，但皆源自上古巫教，而且与夏禹、古羌文化关系十分紧密，这亦是道教奉大禹为祖师的原因之一。

禹步，又称步罡、步天纲、步罡踏斗、步纲蹑纪等，是春秋战国巫觋依据大禹传说而创造，它模拟禹的步法，包含着禁御百物的巫术意义。《尸子·君治》云："禹于是疏河决江，十年未阚其家，手不爪，胫不毛，生偏枯之疾，

---

① 《道藏》第22册，文物出版社、上海书店、天津古籍出版社1988年影印本，第15页。
② 《道藏》第6册，文物出版社、上海书店、天津古籍出版社1988年影印本，第336页。
③ 《太上洞玄灵宝五符序》卷下，《道藏》第6册，文物出版社、上海书店、天津古籍出版社1988年影印本，第336页。

步不相过，人曰禹步。"①汉代扬雄《法言·重黎》说："昔者姒氏治水土，而巫步多禹。"李轨注："姒氏禹也，治水土，涉山川，病足，故行跛也。禹自圣人，是以鬼神猛兽、蜂虿蛇虺莫之螫耳，而俗巫效禹步。"②这是有关禹步的早期记载。古代的巫觋认为禹步有禁御魑魅的能力，因此也模拟禹行走步式，而创禹步法。

道教一成立，即把这种古老的巫术纳入其法术之中，作为招神摄邪的重要手段，而被广泛使用。《洞神八帝元变经》曰："禹步者，盖是夏禹所为术，召役神灵之行步。此为万术之根源，玄机之要旨。""禹届南海之滨，见鸟禁咒，能令大石翻动，此鸟禁时常作是步。末遂摸写其行，令之入术，自兹以还，术无不验。因禹制作，故曰禹步。末世以来，好道者众，求者蜂起，推演百端。汉淮南王刘安已降，乃有王子年撰集之文，沙门惠宗修纂之句，触类长之，便成九十余条种，举足不同，咒颂亦异。"③

禹步的功能主要是消灾祛病、驱除鬼魅、禁御毒蛇猛兽等。道士行气或入山林，亦多用之以聚气、驱邪。《金锁流珠引》卷一曰："夫步纲者，是强身健神壮魄之法也。先从地纪坚劳其身，壮健其神，神气自然镇脏，然后通天地，感使神灵也。"并谓此法乃老君、张陵所传，修之一年辟非，二年辟兵，三年辟鬼，四年成仙，千害万邪莫敢干犯。昔年大禹得之，"驱使神鬼蛟龙虎豹，开决山川，引理江河，分别九州，后登帝位，方取道解易形变而升太极"④，并被尊为太极真人。

在羌族的传说中，释比祖先和道教天师为师兄弟，因此大禹所跳巫舞"禹步"，一直为羌族巫师释比和道教端公跳神时传承使用。袁珂先生说，"我认为假如禹兴于西羌"，"这类传说是有某些根据而不是无稽妄谈的话，那么传说中的禹，就是羌族中第一个酋长而兼巫师的人物"。他还以羌族巫师作法"多效禹步"，禁咒施术为据，为禹作为古羌酋长兼作巫师的例证。⑤

羌人自来认为大禹是羌族的祖先，并奉大禹为天下水神，世代崇祭。在四川羌族地区——岷江上游、涪水源头、青衣江（羌江）两岸，均立有大禹庙或

---

① 《诸子集成补编》第9册，四川人民出版社1997年版，第702页。
② 《诸子集成》第9册，岳麓书社1996年版，第22页。
③ 《道藏》第28册，文物出版社、上海书店、天津古籍出版社1988年影印本，第398页。
④ 《道藏》第20册，文物出版社、上海书店、天津古籍出版社1988年影印本，第357、359页。
⑤ 《道藏》第20册，文物出版社、上海书店、天津古籍出版社1988年影印本，第357、359页。

禹王宫，任人朝祭，让人瞻仰，以缅怀大禹的盖世功德。所以，释比在各种祭礼活动作法请神时，都要恭请大禹，而施行水祭仪式多在禹王庙、禹王宫里进行。其主祭之神，自然是禹王。届时，释比在大禹神像前，踏着"禹步"，跳着"莎朗"，颂扬大禹治水的伟大事迹，缅怀大禹治水的功德，并祈求大禹佑福羌寨昌盛、六畜兴旺、人寿年丰。

在道教和民间信仰体系里，大禹是得道的仙人。《遁甲开山图》曰："古有大禹，乃女娲十九代孙，寿三百有六十，入九嶷山仙去。后三千六百岁，尧理天下，洪水既甚，人民垫溺，大禹念之，乃化生于石纽。山泉女狄暮汲水，得石子如珠，爱而吞之有娠，十四月生子。及长，能知泉源，代父鲧理洪水，三年功成。尧知其功如古大禹，知水源，乃赐号禹。"①

民间对大禹的崇拜非常广泛，尤其是在四川、重庆、湖北、浙江、江苏等地，多处为禹建庙或多处称禹遗迹。相传禹葬于浙江会稽，所以汉武帝在该地兴建禹庙。又传说禹凿龙门疏决梁山，故汉灵帝建龙门禹庙。四川各地为崇祀大禹而建庙立祀者甚众，其中最重要的是石泉县禹庙，以禹传说生于石纽而建；还有重庆涂山禹庙，因禹娶涂山氏女而建。这些禹庙均有历代学者立下碑文，如南宋计有功《大禹庙记》、元贾元《涂山禹庙涂后祠碑记》、明王廷瞻《成都大禹庙记》等，这些都反映了民间对大禹的永恒纪念和崇拜。

第四节　巴蜀地区的北斗九皇信仰

唐宋以来，北斗九皇的信仰盛行于中国的社会，并以九皇会、九皇斋、九皇节等名称而称著。潘荣升《帝京岁时纪胜》记载："九月各道院立坛礼斗，名曰九皇会。自八月晦日斋戒，至重阳，为斗姆诞辰……燃灯祭拜者甚胜。"②所谓"九皇会"，原为道教的一种祭祀活动。"九皇"，指北斗九星，包括紫微、勾陈和斗杓七星，皆为斗姆所生，号称九皇；斗姆为北斗九星之母，其诞辰为九月初九，故设坛斋醮以纪念斗姆诞辰。

---

① （明）曹学佺：《蜀中广记》卷七一，文渊阁《四库全书》本。
② （清）潘荣陛：《帝京岁时纪胜》，北京古籍出版社1981年版。

一、北斗信仰与星辰崇拜

这种对北斗九皇的信仰，渊源于中国先民对北斗的崇拜，是中华民族最重要的星辰信仰。从考古发掘可知，其起源可以追溯至六千多年前。在濮阳西水坡发现了一座蚌塑龙虎墓，墓主人东侧有苍龙，西侧有白虎，北侧则为一三角形，此蚌塑图案显系二象、北斗星象图。图案中，苍龙、白虎以及北斗斗魁为蚌塑摆成，斗构则为两根人胫骨。而在湖北随州出土的公元前5世纪曾侯乙墓漆箱图案，除东西二宫龙虎二象外，图案中央还布列有北斗和二十八宿，与濮阳蚌塑龙虎墓惊人相似。由此可证实，中国先民对北斗的崇拜不仅很早已存在，且具有不间断的连贯继承性。

中国先民对北斗的崇拜，不仅仅表现于墓葬之中。根据史料，在西周时国人已向星神祈求延寿。从马王堆汉墓《神祇图》帛书题记可知，早在战国之世，以拜北斗来治病延生的信仰就已存在。延及秦、汉两朝，朝廷设坛以奉祀北斗。《史记·封禅书》说："及秦并天下，令祠官所常奉天地名山大川鬼神可得而序也。雍有日、月、参、辰、南北斗、荧惑、太白、岁星、填星、二十八宿、风伯、雨师、四海、九臣、十四臣、诸布、诸严、诸述之属，百有余庙。"又谓汉武帝令祠官宽立太一祠坛，太一在上，其下为五帝、北斗。在此信仰主导下，都城长安遂被名为"斗城"，以象征人间政权也要运于中央，临制四方。

北斗的人神化，是随着北斗信仰的发展而演化的。其肇始于秦汉时期，迄至唐宋，历经了长达千年的时间。在不同历史阶段，北斗往往被解释成不同的人神。据山东嘉祥出土的公元1世纪武梁祠中发现的北斗星君图，图中北斗七星组成车舆和车辕，北斗星君坐在车上，腾云驾雾而行。这是迄今发现的最早的北斗星君图。显然，这仍未脱西汉《史记·天官书》"斗为帝车"说法的影响，把幻想中冥冥操纵这七颗星的力量，神化成一位星君，而不是把七颗星视为七位神仙。东汉纬书《河图始开图》中说"黄帝名轩辕，北斗神也，以雷精起"，"黄帝名轩，北斗黄神之精。母地祇之女附宝，之郊野，大电绕斗，枢星耀，感附宝，生轩。胸文曰：'黄帝子'"①，进一步把中华民族的共同始祖黄帝，诠释成北斗神。《河图帝览嬉》说："斗七星，富贵之官也。"又

---

① ［日］安居香山、中村璋八辑：《纬书集成》下册，河北人民出版社1994年版，第1105页。

说北斗七星影响岁时丰歉和富贵，"其旁二星，主爵禄，中央一星主寿夭"，"斗主岁时半歉"。①

这是有关七星"分工"的最早文字记录，它说明两汉之际，有关北斗星是本命神并主宰人寿的信仰已存在，而且被汉末兴起的道教接受。

自东汉道教创立后，即奉北斗为人命之主宰。《度人经》曰："东斗主算，西斗记名，北斗落死，南斗上生，中斗大魁，巍然至尊。"自此，北斗主司人命、消灾度厄等说法广为流传。《太上玄灵北斗本命延生真经》编列出了北斗九皇的名讳和尊号，北斗第一阳明贪狼太星君，北斗第二阴精巨门元星君，北斗第三真人禄存真星君，北斗第四玄冥文曲纽星君，北斗第五丹元廉贞纲星君，北斗第六北极武曲纪星君，北斗第七天关破军关星君，北斗第八洞明外辅星君，北斗第九隐光内弼星君。此外，《北斗经》中按人出生时辰所属地支配系北斗七星，作为本命星神，具体如下：北斗第一阳明贪狼太星君，子生人属之；北斗第二阴精巨门元星君，丑、亥生人属之；北斗第三真人禄存真星君，寅、戌生人属之；北斗第四玄冥文曲纽星君，卯、酉生人属之；北斗第五丹元廉贞纲星君，辰、申生人属之；北斗第六北极武曲纪星君，巳、未生人属之；北斗第七天关破军关星君，午生人属之。②

北斗在上古可能包括更多的星数，位置、形状与现在不同，后因岁差，有两颗星隐匿不见，北斗七星之说遂流行于世。但在道教文献中，仍保留有大量北斗九星的古老说法。据《北斗经》，北斗除贪狼、巨门、禄存、文曲、廉贞、武曲、破军等七星外，还包括外辅、内弼及上、中、下三台。③另一道经《北斗七元金玄羽章》中，则将北斗七星和左辅、右弼合称北斗九星或北斗九皇。④而《云笈七签》卷二十四说："北斗九星七见二隐，其第八、第九是帝皇太尊精神也。"⑤把北斗七星和高上玉皇、紫微帝君合称为北斗九星，亦称北斗九皇。

然而，北斗九皇到底是由北斗七星和外辅、内弼构成，还是由北斗七星和天皇、紫微组成呢？对于道经中两种说法俱存的状况，《太上玄灵斗姆大圣元君本命延生心经》将其融合，谓左辅右弼视乃天皇、紫微二尊帝的余晖。文

---

① [日]安居香山、中村璋八辑：《纬书集成》下册，河北人民出版社1994年版，第1135页。
② 《道藏》第11册，文物出版社、上海书店、天津古籍出版社1988年影印本，第347页。
③ 《道藏》第11册，文物出版社、上海书店、天津古籍出版社1988年影印本，第347页。
④ 《道藏》第19册，文物出版社、上海书店、天津古籍出版社1988年影印本，第818页。
⑤ 《道藏》第22册，文物出版社、上海书店、天津古籍出版社1988年影印本，第179页。

云:"天皇、紫微,尊帝二星,居斗口,娑罗上宫真光,大如车轮,得见之者,身得长生,位证真仙,永无轮转。二星分作余晖,为左辅、右弼,为擎羊、陀罗,神化无方,总领玄黄正炁。"并说:"北极紫微大帝、天皇大帝和北斗七星君,都是紫光夫人所生,是兄弟也是君臣,于是北斗九皇是以北斗七星另加尊、帝二星,或以北斗七星加辅、弼二星,便无分别。"①

《北斗经》中还说北斗是造化之枢机、人神之主宰,有回死注生之功,有消灾度厄之力,按时斋醮,将会增寿延年,获福无量。《太上说中斗大魁保命妙经》对五斗职能明确表述为:"东斗主算,西斗记名,北斗落死,南斗上生,中斗大魁巍然至尊。"自此,北斗主司人命、消灾度厄及其增福延生等说法广为流传。

总体言之,南斗主生,北斗主死,"南斗北斗,陶魄铸魂"。至于北斗诸星各自之职司,据《北斗七元金玄羽章》所载,七星职责分别为延生、保命、度厄、消灾、扶衰、散祸、益算等。②如据题为葛仙翁所传的《北极七元紫庭延生秘诀》所述,自贪狼至破军,分别主身、禄、福德、男女、命、官职、寿考、妻妾奴婢。③道教文献中还有其他许多经典均有讲述,如《太上紫微中天七元真经》《太上北斗二十八章经》《北极七元紫庭秘诀》《北斗七元星灯仪》《北斗九皇职位总主》《北斗治法武威经》等。其中以《北斗九皇职位总主》讲述最为详尽,列有九星职司以及名讳,现引与北斗有关者如下:

《黄老经》曰:"北斗第一天枢星,则阳明星之魂神也。第二天璇星,则阴精星之魂神也。第三天机星,则真人星之魄精也。第四天权星,则玄冥星之魄精也。第五玉衡星,则丹元星之魄灵也。第六闿阳星,则北极星之魄灵也。第七摇光星,则天关星之魂大明也。第八洞明星,则辅星之魂精阳明也。第九隐元星,则弼星之魂明空灵也。阳明星,天之太尉,司政主非。上总九天上真,中监五岳飞仙,下领后学真之人。天地神灵、功过轻重,莫不隶焉。阴精星,天之上宰,主禄位。上总天宿,下领万灵及学仙之人。诸以学道及兆民宿命禄位,莫不隶焉。真人星,天之司空,主神仙。上总九天高真,中监五岳

---

① 《道藏》第11册,文物出版社、上海书店、天津古籍出版社1988年影印本,第345页。
② 《道藏》第19册,文物出版社、上海书店、天津古籍出版社1988年影印本,第818页。
③ 《道藏》第22册,文物出版社、上海书店、天津古籍出版社1988年影印本,第183页。

灵仙，下领学道之人。真仙之官，莫不隶焉。玄冥星，天之游击，主伐逆。上总九天鬼神，中领北帝三官，下监万兆，伐逆不臣，诸以凶勃，莫不隶焉。丹元星，天之斗君，主命录籍。上总九天谱录，中统鬼神簿目，下领学真兆民命籍。诸天诸地，莫不总统。北极星，天之太常，主升进。上总九天上真，中统五岳飞仙，下领学者之身。凡以功勤得转轮阶级，悉总之焉。天关星，天之上帝，主天地机运。如四时长短，天地否泰劫会，莫不隶焉。辅星，天尊玉帝之星也。曰常者，常阳，主飞仙。上总九天，下领九地，五岳四渎神仙之官，悉由之焉。弼星，太常真星也。曰空者，常空隐也，主变化无方。"①

如前文所述，在盖天说宇宙论主导下的先民，对于处于北天极中心区域的北斗，尤为崇拜，将其视为宇宙天地的控制者和人间秩序的制定者。换句话说，就是把北斗看成自然和人类社会的主宰者。既然北斗地位如此崇高，那么，先民将如此多的职能赋予北斗，也就不足为怪了。伴随北斗及其各星职能的明确，北斗的人神化角色亦随之有所变换，或是突出北斗本命神地位，或是彰显北斗增福延生、消灾度厄以及主司人命之职权。《北斗经》云："老君曰：凡人性命五体，悉属本命星官之所主掌。本命神将，本宿星官，常垂荫祐，主持人命，使保天年。"②自此，北斗作为本命星神，地位逐步确立下来。

二、佛道融合的斗姆信仰

唐宋时期的道教，与佛教相互融合，二教的互融，产生了斗姆这位新神。斗姆的诞生是佛道合一的产物，其深受唐代佛教密宗对摩利支天信仰的影响。在佛教密宗，摩利支天是一位肉眼难以见其身形的菩萨，形象是三头九眼，头发竖立，变化成八臂、六臂、四臂，乘着一架由七头猪拉的车跟着太阳奔走。道教吸收摩利支天的信仰，演化为斗姆，称为"梵气法主斗母紫光天后摩利支天大圣""九天雷祖大帝大梵先天乾元巨光斗姆紫光金尊圣后天后圆明道母天尊"。其中最为重要的"天母心咒"，取自密宗所传"摩利支天真言"一字不差。③

---

① 《道藏》第22册，文物出版社、上海书店、天津古籍出版社1988年影印本，第181页。
② 《道藏》第11册，文物出版社、上海书店、天津古籍出版社1988年影印本，第347页。
③ 李远国：《神霄雷法——道教神霄派沿革与思想》，四川人民出版社2003年版，第265页。

据《太上玄灵斗姆大圣元君本命延生心经》曰，斗姆"以大药普垂医治之功，燮理五行，升降二气，解滞去窒，破暗除邪，愆期者应期，失度者得度，安全胎育，治疗病痾，润益根亥，阳回气候，生成人物，练度鬼神，散禳百节，资补八阳，辅正全真，召和延祚，潜施药力，职重天医，生诸天众月之明，为北斗众星之姆"。"尊号曰九灵太妙白玉龟台夜光金精祖母元君，又曰中天梵炁斗母元君，紫光明哲慈惠太素元后金真圣德天尊，又化号大圆满月光王，又曰东华慈救皇君天医大圣。应号不一，主治中天宝阁。祖劫在玄明真净天修行玄灵妙道，勤奉元始至尊，慧香氤氲，智灯朗曜，每发至愿，愿生圣子，补裨造化，统制乾坤，愿力坚固，终始如一。因沐浴于九曲华池中，涌出白玉龟台，神獬宝座，斗母登于宝座之上。怡养神真，修炼精魄，冲然摄炁，炁入玄玄，运合灵风，紫虚蔚勃，果证玄灵妙道，放无极微妙光明，洞彻华池，化生金莲九苞，经人间七昼夜，其华池中光明愈炽愈盛，其时一时上腾九华天中，化成九所大宝楼阁。宝楼阁之中，混凝九真梵炁，自然成章……是九章生神，应现九皇道体。一曰天皇，二曰紫微，三曰贪狼，四曰巨门，五曰禄存，六曰文曲，七曰廉贞，八曰武曲，九曰破军。天皇、紫微，尊帝二星，居斗口娑罗上宫，真光大如车轮，得见之者，身得长生，位证真仙，永不轮转。二星分作余晖，为左辅、右弼，为擎羊、陀罗，神化无方，总领玄黄正炁。"①

斗姆的形象非常奇特，或显形为二臂："九皇斗姥金轮开泰元君，头挽螺髻，身披霞绡，耳坠金环、足登珠舄，左手执拂，右手执杵，乘五龙之车，趺八宝之座，会三登上真于摩利支天，谈生天生地之道，阐不生不灭之真。"②或显形为八臂："三头八臂，手擎日月、弓矢、金枪、金铃、箭牌、宝剑，着天青衣，驾火辇，辇前有七白猪，引车使者立前听令，现大圆光内。"③"斗母紫光天后摩利支天大圣，化身四头八臂，天神相，左猪，右鬼，后狮相。八臂，两手抵日月，一手执戟，戟上有黄幡，上有金字，云九天雷祖大帝；一手剑，一手印，或曰杵；一手金绳，一手弓，一手箭。坐七猪辇。""法主四首，披天青云锦法服，首上宝髻，有黄金塔九层，顶放曼优钵

---

① 《道藏》第11册，文物出版社、上海书店、天津古籍出版社1988年影印本，第345页。
② 《九皇斗姥说戒杀延生真经》，《藏外道书》第4册，巴蜀书社1992～1994年影印本，第15页。
③ 《道法会元》卷八三，《道藏》第29册，文物出版社、上海书店、天津古籍出版社1988年影印本，第330页。

陀罗尼华，名曰无忧华。""抑斗部与雷部，有表里之义，故斗姆亦弥雷祖大帝，而雷神皆隶之。"①

斗姆化生九皇，统领北斗、南斗及诸天星君，誓愿救苦护生，主司杀伐、禳星、避难、释冤憎、救死亡，凡有急难，无施不可，依法祷请，即有灵验。《太上说南斗六司延寿度人妙经》曰："舍中有斗宿六星，是则号南斗六司，与北斗七政分职，共理三才六合，八卦九宫，总辖中外，百辟官品，乃紫微、太微两极都曹也。上系十二分次天真灵神，下统十二分野地祇主者，四渎五岳，九州八纮，名山大川，城隍社庙，中及人民群类万物，无不系其簿籍掌握。北斗位处坎宫，名同月曜，降神于人，名之为魄也，主司阴府，宰御水源，将济生聚，功莫大焉。南斗位处离宫，名同日曜，降神于人，名之为魂也，主司阳官，宰御火庐，将济动用，德莫大焉。洎有天地，迄至于今，二司两极，共同陶铸万品，生成万物。"②《太上玄灵北斗本命延生真经注》卷一曰："北斗者，天地之大德大化，真炁正道，结为玄象，运乎中天，建四时，均五行，生杀万物，统治天地，察录善恶，无一物不系其所管也。""北斗居天之中，为天之枢纽，斡运四时，凡天地日月，五星列曜，六甲二十八宿，诸仙众真，上自天子下及黎庶，寿禄贫富，生死祸福，幽冥之事，无不属于北斗之总统也。人若诚心启祝，叩之必应。"③

从此，斗姆、九皇崇拜融合为一。各地纷纷修建斗姆殿、北辰殿、九皇殿，以供奉斗姆、九皇。《太上玄灵北斗本命延生真经》曰："我故示汝妙法，令度天民归真知命。可以本命之日，修斋设醮，启祝北斗三官，五帝九府四司，荐福消灾，奏章恳愿，虔诚献礼，种种香花，时新五果，随世威仪，清净坛宇，法天像地，或于观宇，或在家庭，随力建功，请行法事，功德深重，不可具陈，念此大圣北斗七元真君名号，当得罪业消除，灾衰洗荡，福寿资命，善果臻身，凡有急难，可以焚香诵经，克期安泰。"④时修斋醮，持诵真经，广陈供养，酌水献花，冥心望北，稽首礼拜，成为民众祈祷斗姆、九皇的日常活动。

---

① （清）姚复庄：《玉枢经钥》卷二十注，《藏外道书》第4册，巴蜀书社1992~1994年影印本，第787、788页。
② 《道藏》第11册，文物出版社、上海书店、天津古籍出版社1988年影印本，第351页。
③ 《道藏》第17册，文物出版社、上海书店、天津古籍出版社1988年影印本，第3页。
④ 《道藏》第17册，文物出版社、上海书店、天津古籍出版社1988年影印本，第10页。

灯仪是九皇斋醮中的一种常用科仪，多在日落以后举行。灯在醮坛上的作用是照彻幽暗的象征，具有"照耀诸天，续明破暗，下通九幽地狱，上映无极福堂"的功能，以灯仪表现道教徒追求光明的教义。《上清洞玄明灯上经》称"明灯，上象星辰，次曜七祖，赜妙难宣，修之三年，白日升天"[①]，已将礼灯之仪同修持相结合。从北宋末年起，大量灯仪被编撰演习，并使用于金箓、玉箓类道场中。如"北斗七元星灯仪""南斗延寿灯仪""洪恩灵济真君七政星灯仪"等，都为九皇斋醮中的灯仪。

本命之神均为北斗七星所主。例如，属鼠的为贪狼星君所主，属牛、猪的为巨门星君所主，属虎、狗的为禄存星君所主，属兔、鸡的为文曲星君所主，属龙、猴的为廉贞星君所主，属蛇、羊的为武曲星君所主，属马的为破军星君所主。本命灯仪的灯坛上，通常置有米斗，米中燃点有祈愿斋主的本命灯，故名斗灯。斗灯为一四方形的木制斗盒，内装有白米并置有秤、尺、剪刀、镜子和灯，有的斗灯中还置有治煞镇邪的青锋剑和斗姆元君的法伞。在斗灯的南方放置剪刀，代表朱雀星君；北方放置镜子，代表玄武星君；东方放置秤，代表青龙星君；西方放置尺，代表白虎星君。白米象征大地的生命力，灯则代表了宇宙万星。法师依四方之位，召将祈告，聚五方之真炁，使延生斋主"散辉流芳，淘溉身形，五炁混合，天地长并，一心归命，愿得长生"。礼斗科仪成为道教与民间主要和常用的祈福消灾法事。

时至今天，在大陆各地与港澳台地区的众多斗姆殿中，信徒们都要设置斗灯，祈祷福寿。《玉清无上灵宝自然北斗本生真经》说："若有信心男女，能于上春日一心斋戒，肃尔神明，设九光醮，迎请紫光圣母并七元君，虔恭奉献，纵有多劫十恶重罪，冤家苦报，如九日轮照于冰山，应时消释，上至国王大臣，下及民庶，能奉之者，感获景贶，福寿增延，无量天真俱来拥卫，见世圆满，子孙昌盛，命终之后，超生大梵真天。世上之士，若能常诵《九光真经》，设九光醮，持紫光名，智慧福寿，如彼甘泉，随汲随发，受用无尽，此功德藏，世间第一。"[②]

据《太上北斗二十八章经》记载，每至农历的九月，是北斗九皇下临人间、审定人寿夭、注籍罪福的日子，"注人衣食、福绿、贫富、贵贱、奴

---

① 《道藏》第6册，文物出版社、上海书店、天津古籍出版社1988年影印本，第250页。
② 《道藏》第17册，文物出版社、上海书店、天津古籍出版社1988年影印本，第3页。

婢、杂使等类，皆从此月定录注籍，善恶无差"①。因此，万民生众、君王大臣皆当依法朝拜九夜，随愿所生，便应所求，便得百福千禄，道炁长存，万物自然。

在九月一日子时，朝拜北斗第一宫贪狼星君，善注人间生死，"平等善事，国君万寿，朝臣尽忠，人事通和，免使徒配诛斩，各各善生善终"。九月二日子时，朝拜北斗第二宫巨门星君，善注人间长寿，"君王万寿，贤臣佐国"，罪障消灭。九月三日子时，朝礼北斗第三宫禄存星君，善注人间生死平等，"免见囚徒死亡，孤寡贫穷绝灭"。九月四日子时，朝拜北斗第四宫文曲星君，注人间成败，"余事平等，免见淫乱成败，囚徒死亡绝灭"。九月五日子时，朝拜北斗第五宫廉贞星君，注人间风火之事、生死之难，"免见囚徒，消解火殃，保安郡邑，使家无妖现，人得安康，次愿神明护门，公私两利，更乞常逢好事"，一切罪咎悉皆消灭。九月六日子时，朝拜北斗第六宫武曲星君，善注人间财帛，"善利他人，莫生毒害，免见囚徒死亡交杂，上望斗真赐福，本命降祥，衣禄增崇，元辰共护"。九月七日子时，朝拜北斗第七宫破军星君，注籍人间伤暴，"先乞赦臣夙生今世千愆万罪，次乞开度祖弥先亡冤亲滞爽，愿臣不经苦恼，与善因缘，万灾不干，精灵伏匿，所求者得，所向者亨"。"人间伤暴，囚徒牢狱死亡众厄不侵，仍乞天芘，不昧道心，清炁长存，万物自然，坐贾行商，公私万吉，后昆昌炽，元亨利贞。"九月八日子时，朝拜北斗第八宫左辅星君，"善注人间奴仆之事，免见囚徒死亡"。九月九日子时，朝拜北斗第九宫右弼星君，"善注人间婢使命宫，免见囚徒牢狱，生死不失人身"，万事和合。此之九月九日九夜，夜半子时，自身合家清斋行道，清洁素裳冠履，百和名香，砂素表章，奏拜九次，各随心愿所陈披宣，北斗九皇自得感应，赐福降祥于信徒。"生人增加寿筭，福禄自然，子子孙孙，代代相承，亡者生天，出离苦趣，受生善道，若求名利，随其高下，若雪冤雠，送冥府泰山府判，送速报司对照，天地无私，若有一王朝斗盖之，一国四方宁静，八表来朝，五谷成熟，果木茂盛，万民无争，乾坤祐之，星辰恭敬，若有清静道心朝斗盖之，坊境无诸魔难，此人虔诚积功，朝拜一二三年、二九

---

① 《道藏》第11册，文物出版社、上海书店、天津古籍出版社1988年影印本，第361页。

之年，九玄七祖超生善国，见存获福。"①

三、民间流行的九皇信仰

斗姆、九皇信仰，渗透在中国民间信仰体系中。九皇信仰的影响很大，这种崇拜在民间逐渐演变为礼斗之俗。全国许多地方，如广东、云南、四川、河北、江苏、浙江等省，均于农历九月一日至九日连续九天盛行礼斗之俗。胡蕴玉《中华全国风俗志》载：广东地区于九月九日，多建九皇会以礼斗。在云南，礼斗已为滇俗，九月朔至九日举办，最为虔诚。"《滇略》载明正德甲辰，永昌地震，民居多覆，死伤无算，惟真武观屹然不动，礼斗人居其下，无一伤者。"显然，永昌地震只能倍增滇人九皇信仰的坚定性。同书又载江苏武进："重阳节自初一至九日，设坛拜斗，有六七处，善男信女多有购香斗、入坛焚化者，亦极一时之盛。"浙江杭州的礼斗日期则在六月朔至初六。虽然择日不同，但礼俗大抵一样。杭州各地"多有在庙宇礼忏，供奉斗姥，燃黄色烛，俗称拜斗，一般迷信者，于此六日中茹素持斋，戒杀生物，俗称吃斗素"②。北京的礼斗之俗是："九月各道院立坛礼斗，名曰九皇会。自八月晦日斋戒，至重阳，为斗母（姆）诞辰，献供赏戏，燃灯祭拜者甚胜。供品以鹿醢东酒、松茶枣汤、炉焚茅草、云蕊真香。"③

此外，九皇还被梨园行业尊为行业神。旧时梨园信奉"九皇神"，每年到九月初一至初九，梨园斋戒茹素，为"九皇会"。《戏班·信仰·九皇神》云："戏班中人，颇崇拜九皇神，于每年九月间吃九皇素，奉之惟谨。"其活动内容和大致程序为：接驾、念经、进香、参驾、吃素、送驾。办会期间，凡戏班中人皆要拈香吃素。从九月初一起，由演员扮道长每天念经三遍，逢初三、六、九的主日，则每个演员换上草鞋进殿参驾上香。④

北京戏行每年九月初一至初九，举行奉祀九皇神的活动，谓之"九皇会"。张次溪《燕回来簃随笔》记录："首都伶人最重九皇，于樱桃斜街梨园新馆中，特设九皇堂。按伶人称九皇之法，身系三头六臂，被毛带掌，手持翻

---

① 《太上北斗二十八章经》，《道藏》第11册，文物出版社、上海书店、天津古籍出版社1988年影印本，第362～364页。
② 胡蕴玉：《中华全国风俗志》，上海大达图书供应社1936年版。
③ （清）潘荣陛：《帝京岁时纪胜》，北京古籍出版社1981年版。
④ 李乔：《中国行业神崇拜》，中国文联出版社2000年版，第510页。

天印、斩妖剑，弓斗日月，其形至奇。"从"三头六臂"字眼来看，京剧崇祀的是九皇、斗姆。

这种习俗流行于全国。旧时潮剧班社的祭祀活动，有食九皇斋者，每年旧历九月初一至初九，戏班必须一律斋戒吃素。童伶们除在台上演戏外，还要散发、披素衣；若有人误吃荤腥或骂人，打破餐具、器皿者，属违反禁忌，要被罚至神前叩首忏悔，求神宽恕。这几天中，潮州城梨园公所里供设祭坛，祭九皇神和斗姆天尊。祭祀仪式很特别：用一个谷斗装满米，中插一根小木柱，木柱上添九个小环，每个小环吊着一盏豆油灯，日夜不熄。此时，在梨园公所里，焚香、供花果、演戏酬神，气氛热闹且庄严。

九皇信仰及庆典聚会的仪式，也流传到中国的少数民族地区。例如，过去四川东部的巴人十分崇拜九皇，每年九月都举行九皇会，届时不售荤食，全市遍插三角黄旗。民皆素食，一如汉族地区的九皇节。瑶族宗教中常用的挂三台灯、挂七星灯、挂九星灯和挂大罗十二盏灯等几种挂灯仪式，全与道教九皇信仰有直接的渊源，并受到了道教设灯仪祭拜北斗七星和授箓的影响。其中前两种仪式与道教北斗七星本命星信仰有极大的关联，挂灯经书的部分内容直接抄自道教《太上玄灵北斗本命延生真经》。与道教北斗信仰追求现世得道升仙所不同的是，瑶族挂灯主要在于祈求来世成仙。

在众多的民俗节日中，持续如此多天的节日实在罕见。为何祭祀九皇持续这么久？据北宋《太上北斗二十八章经》说，从农历九月初一到九月初九，夜半子时各朝拜北斗九宫的其中一宫，可五福攸从。《玉匣记》说："九月初一至初九日，北斗九星隆世之辰，世人斋戒，此日胜常日，有无量功德。"这应是后来道士们与民间每逢农历九月初一至初九，连续九日拜斗的由来。

明清以来，九皇会广泛流行于四川各地。凡宫观庙宇，道士多要举办九皇会。成都青羊宫、新津老君山、灌县青城山、大邑鹤鸣山的九皇会尤为隆重。其法会于初九日早上大表，下午皇忏拜完结束。九月初一至初九为九皇会；三十晚、初一早出坛转天尊，诵经早课，中午念《皇经》《三官经》，午后做《皇忏》晚课。晚饭过念《斗经》拜斗，《皇经》《斗经》都有疏文。三、六、九日晚拜大梵斗，拜大梵斗下殿后，大约就是半夜子时，厨房设有饭菜。

龙门派丹台碧洞宗第十四代弟子陈复慧（1736～1795），又名陈仲远，为青城道士，别号云峰羽客。时灌县（今都江堰市）疫病流行，陈仲远主持建水陆斋醮，为民消灾祈福。恰逢四川总督巡视莅灌，闻之后将其上奏朝廷，乾隆帝敕封其为"南台真人"。后住持温江盘龙寺。他渊博能文，精通道教斋醮仪式及音乐，著有《雅宜集》行世。校编《广成仪制》几十种，约两百余科，其中有关九皇醮科仪本共二十三种，系统详细地讲述了九皇醮的各种科仪，此后即成为成都全真道观及民间广成坛道士奉行的科书。

清朝末年傅崇榘编《成都通览》中收录了有关九皇会的资料："从八月二十九起，各饮食店均洒扫，即炉灶锅碗亦皆另置，各贴不通之黄对联，或黄纸作彩帐，或黄纸剪旗，即饮食小贩挑担者亦如之。自月朔日起，各庙宇做会念经，江西馆尤为虔诚，盖自江西传入成都者也。居民无论男女，朝夕燃黄油烛，焚香叩首，斋戒茹素，十之八九。有茹素九天者，有半月者，有二十天者，有一个月者，消耗品以豆类为大宗。可笑者，茹素之前一日，举家大烹肉品，谓曰对斋，意欲以一日之肉食，可管十余日之不茹荤。及满素时，向例必夜间先送九皇，然后开斋。常见多人，未至午前，即一面在外购办鸡鸭，一面割烹，甫到日落，即燃香送神，举家大嚼。一似茹素九天，未免太苦，不能多延一刻也。"由此可见，祭祀九皇已成为成都的一个重要的民俗活动，众多民众积极参与，九皇会也就成为为保地方平安而举行的一项隆重的斋醮祭祷仪式。从初一起，屠户停止宰牲，百姓皆斋戒茹素。城乡饭馆、食店门前都要悬挂特制的"九皇胜会"横帘、黄纸方灯、黄纸对联或黄纸彩帐，店堂菜牌均用黄色，一律卖素食。从初一斋戒到初九，逢初三、初六、初九，请道士巡街念"过街经"。直至初九，于夜间圆坛扫祭、燃香送神，送走九皇后开斋。

在成都东山地区的客家人，亦举办"九皇节"。届时，东山五场之一的龙潭寺火神庙前平台上，由道士设坛诵经，连续三日，场上商家店铺、摊位插黄纸制成的三角小旗，饭店只售素菜，乡民家家避荤食，日日进素餐，房前屋后室内室外打扫干净，餐具用具洗擦清洁。而今，再无设坛诵经之事，但是，九皇节在当地仍为人知。九皇节至，不少老年人仍有素食斋戒习惯，并到龙潭寺大庙上香献烛。

第五节　巴蜀地区的文昌帝君信仰

文昌帝君，又称梓潼帝君，俗称文曲星，这是中国民间信仰中影响最为广泛的一位神灵。从早期的星辰之神、地方之神，到"掌人间桂籍、嗣胤、名爵、福禄、寿夭、贵贱、地府、水曹诸事"的道教尊神；从主宰人间的功名利禄、文运科名的文曲星,到劝善宏仁的神界帝君,文昌帝君成为中国历史上民间共同崇拜的一个对象。

一、科举之神的文昌

文昌信仰源远流长。早在周朝,就有"以槱燎祀司中、司命"的祭祀活动,所谓"司命",即文昌六星之一。司马迁《史记·天官书》曰:"斗为帝车,运于中央,临制四乡,分阴阳,建四时,均五行,移节度,定诸纪,皆系于斗。斗魁戴匡六星,曰文昌宫。一曰上将,二曰次将,三曰贵相,四曰司命,五曰司中,六曰司禄。"唐司马贞索隐:"《文耀钩》云:文昌宫为天府。《孝经援神契》云:文者精所聚,昌者扬天纪。辅拂并居,以成天象,故曰文昌。""唐张鷟《龙筋凤髓判》卷一曰:'锵锵會府,掌北斗之玑衡。肃肃礼闱,握南宫之枢奥。是称仙宇,实号文昌。'""《春秋元命包》云:上将建包,曰上威武。次将正左右,贵相理文绪,司禄赏功进士,司命主灾咎,司灾主左理也。"①这里所言之六星,皆属文昌星辰。故屈原《楚辞·远游》有"后文昌使掌行兮,选署众神以并毂"的歌咏。其《九歌·少司命》言"竦长剑兮拥幼艾,荪独宜兮为民正"。王逸《章句》云:"言司命执持长剑,以诛绝凶恶,拥护万民长少,使各得其命也。"②可见司命是一位司掌刑法杀戮之神。其余诸星,或主威武文绪,或主进爵灾害。

根据以上记载,可知文昌神信仰基于古人对宇宙秩序的思考。古人观天察象,将北斗七星中"勺"的部分比喻为筐,并把斗魁戴筐六星与人间社会秩序相联系,赋予其主宰人间刑德的功能。因此比照人间的封建制度,视其为天府,系天之精灵所聚,传播天帝的法度,故命名为文昌宫,其中六星各司其职,他们所主宰的范围相当广泛。不仅民间普遍地奉祀,文昌还被列入国家的祀典。《周礼·春官》叙大宗伯之职说:"以槱燎祀司中、司命、飘师、雨师。"郑玄注:"郑司农云:司中,三能,三阶也。司命,文昌宫星。风师,箕也。雨师,毕也。玄谓……司中、司命,文昌第五、第四星。"③其后东汉应劭《风俗通义·祀典》也把司命作为文昌神,并说"今民间独祀司命耳,刻

---

① 百纳本《二十五史》第1册,浙江古籍出版社1998年影印本,第105页。
② 《楚辞·远游》,文渊阁《四库全书》本。
③ (清)阮元:《十三经注疏》上册,中华书局1988年影印版,第757页。

木长尺二为人象，行者置箧中，居者别居小屋。"①则其信仰在汉代已相当普及，且已人格化、偶像化了。从《老君音诵戒经》所言"当简择种民，录名文昌宫中"之说中，可知早在北朝时道教已有文昌信仰。北宋张君房《云笈七签》卷二四曰："文昌星神君，字先常，天子司命之符也。""老君曰：左司命一人也，姓韩，名思，字符信，长乐人也。司录、司伐等属焉，左司命有三十六大员官。右司命姓张，名获邑，字子良，广阳人也。司录、司非等属焉，右司命亦有三十六大员官。"②

随着科举制度的兴起，人们进一步强化和提升了文昌神的"司禄赏功进士"职能，将其尊为"文运之星""科举之神"。其后，一位自东晋以来被蜀人敬奉的地方神张亚子，由于保佑士子功名利禄甚灵，道教遂将其"仕晋战殁"的武神形象加以淡化，而让其专门"职掌文昌之命"，并称之为"梓潼帝君"。

梓潼神的崇拜，在东晋以前是巴蜀地方的信仰。梓潼神张亚子，又作张垩子，或张恶子。《华阳国志·汉中志》载："梓潼县，郡治，有善板祠，一名恶子。民岁上雷杼十枚，岁尽不复见，云雷取去。"③这位"恶子神"可能源于古老的雷神信仰，民间盛传梓潼神张恶子显灵的神异故事。《太平寰宇记》卷八四引《郡国志》载："恶子昔至长安见姚苌，谓曰：劫后九年，君当入蜀，若至梓潼七曲山，幸当见寻。"《十六国春秋辑补·后秦录》载，前秦建元十二年（376），姚苌至梓潼七曲山，"见一神人谓之曰：君早还秦，秦无主，其在君乎？苌请其姓氏，曰：张恶子也，言讫不见。至据秦称帝，即其地立张相公庙祀之"④。道书《清河内传》托张亚子自序说："吾本吴会间人，生于周初，后七十三化，累为士大夫。未尝酷民虐吏，性烈而行察，同秋霜白日之不可犯。后西晋末，降生于越之西、嶲之南，两郡之间。是时丁未年甲子辛亥二月三日诞，祥光幂户，黄云迷野，居处地俯近海，里人谓清河叟曰：君今六十而获贵嗣。童稚时不喜嬉戏，每慕山泽，往往语言，若有隐显。昼诵群书，夜避众子，自笑且乐，身体光射，居民祈祷，则余嗤而讪，长啸曰：土木而能衣人之衣食，人之食享之而有应，谤之而有祸，我为人而焉，无灵乎！自

---

① 吴树平校释：《风俗通议校释》，天津人民出版社1980年版，第322页。
② 《道藏》第22册，文物出版社、上海书店、天津古籍出版社1988年影印本，第179、183页。
③ （晋）常璩著，刘琳校注：《华阳国志校注》，成都时代出版社2007年版，第145页。
④ 杨家骆主编：《新校本晋书并附编六种》第6册，台北鼎文书局1983年版，第379页。

后夜之怪梦,或为龙,或为王者天符,为水府漕,自怪而不甚,信为吉兆。后三农愆旱,膏泽无苏,舞雩祝神,恬然无验。余思曰:寝中怪梦治水府,今久当验。夜往水际,以梦中官衔牒河伯,而惊魂犹恐,忸怩不能。忽尔之间,云四合,风雷震,一吏稽首予前曰:运判徙居。予曰:非我也,我乃张户老之子名亚,后缘水府得达,故字霨夫。吏曰:奉命促子。予曰:家人如何?吏曰:先到治所。予惶惧未决,吏揖上一白驴而去,俯首里闻风雨声中,顿失乡地,到一山,连剑岭而撑参宫,若凤凰之偃,下有古湫。引余入一巨穴,门有数石笋。吏曰:民之祈祷,祝此石而有应,名雷柱。吾方褰衣入穴。吏曰:君记周室为人,七十三化,阴德传家,而迄今否?予方大悟,若梦觉也。吏曰:君在天谱得神仙之品,于人世鲜有知者。晋不日有中兴之兆,君可寻方而显化。予曰:谢天使响报也。入穴则若堕千仞之壑,近地而足不沾,若腾身虚空,有王者之宫,有禁卫,余遂入,果一家悉都其间。改日作儒士,而往咸阳,讲姚苌之故事。"①

安史之乱,唐玄宗入蜀,途经七曲山,有感张亚子抗击前秦之英烈,遂隆重祭祀,并追封为右丞相。据传唐玄宗驻跸七曲山时,曾遇见张亚子显灵,言玄宗不久将当太上皇。《梓潼帝君化书》卷四载:"渔阳之乱,明皇幸蜀,凿剑岭而观中原,叹曰:吾听九龄之言,不至于此也。予(张亚子)因至万里桥,以儒生谒帝。帝曰:卿非北郭张生乎?予曰:然!臣闻元载孔升天虚位久之,以待陛下也。帝默然。后肃宗收复京都,韦见素迎帝归阙。封予为右丞相。而予密卫銮舆至咸阳,帝移大内安颐,遂辟谷,张皇后进樱桃蔗浆悉不食。常玩一紫玉笛,自吹数声,有双鹤下,徘徊于庭。帝谓宫爱曰:吾奉上帝命居元载孔升天。令具汤沐,复就寝而升化矣。"②

唐广明二年(881),僖宗避黄巢起义入蜀,行至七曲山,又亲祀梓潼神,追封张亚子为济顺王,并解佩剑赠神。《梓潼帝君化书》卷四言:"唐乾符中岁荒,河南为盗者甚众,尚君长伏诛,尚让等推黄巢为主,反长驱江陵,渡江为患,入淮北,攻河南数十郡,次陷洛阳,破潼关,僖宗播迁入蜀。巢犯阙,巢遣朱温等攻凤翔,至潼关追,僖宗乘舆,夜遁出凤翔。予以儒服见帝,帝夜行马毙,予以所乘骑奉帝,帝乘之,予捧足枕马,密布彩云,卫帝腾空,弥明

---

① 《道藏》第3册,文物出版社、上海书店、天津古籍出版社1988年影印本,第286页。
② 《道藏》第3册,文物出版社、上海书店、天津古籍出版社1988年影印本,第320页。

露云微绽,令帝下视,见凤翔军与巢军战于龙虎坂,若蚁阵也。帝曰:此何所也?予曰:此乃空际。帝惊叹曰:卿非北郭生张孝友乎?我非卿岂料生耶!予奉帝至剑南复道,帝疲甚欲少憩命,予股以枕之熟眠,林叶风声。帝忽跃起曰:巢兵至矣,鼙钲近也。予曰:非也,乃林叶风声。久之,从驾宿卫始乃,讶帝行之速也。帝至桔柏津,曰:我有一女,乃兴唐公主,最神慧,奉卿箕帚可乎?予曰:臣幽也,何敢奉承。帝曰:勿固辞也。遂封吾济顺王。亲至庙奠献,解剑为赐仗。予剿贼后,宋文通等斩巢,送首成都,帝还阙。则兴唐公主从而殂矣,予命兵迎公主,归七曲焉。"①这些神异的传闻,说明中唐以来梓潼神的信仰已较为流行,但主要还是以护佑帝王、平定天下的神迹而显示。

北宋咸平三年(1000),益州都虞侯王均起事,官军进讨,"忽有人登梯冲,指贼大呼曰:梓潼神遣我来,九月二十日城陷,尔辈悉当夷灭!贼射之,倏不见。及期,果克城"②。宋真宗遂敕封张亚子为"英显武烈忠祐广济王",并为之修葺祠宇。南宋时期,由于兵连祸结,梓潼神更受崇祀。宋高宗赵构于绍兴十年(1140),敕大修梓潼神庙,敕封庙额为灵应祠。光宗追封张亚子为"忠文仁武孝德圣烈王",理宗追封张亚子为"神文圣武孝德忠仁王"。

从宋代以来,民间即盛传着许多梓潼神显灵祐庇士人的灵异故事。陆游《老学庵笔记》卷二载:"李知几少时,祈梦于梓潼神。是夕,梦至成都天宁观,有道士指织女支机石曰:以是为名字,则及第矣!李遂改名石,字知几,是举过省。"③蔡絛《铁围山丛谈》卷四载:"长安西去蜀道,有梓潼神祠者,素号异甚。士大夫过之,得风雨送,必至宰相;进士过之,得风雨则必殿魁。自古传无一失者。"④自是民间奉祀益盛。吴自牧《梦粱录》卷十四载:"梓潼帝君,在吴山承天观,此蜀中神,专掌禄籍,凡四方士子求名赴选者悉祷之,封玉爵曰惠文忠武孝德仁圣王。"⑤南宋隆兴年间,道教进封张亚子为"文昌司禄灵应帝君",使其成为道教最高的文化尊神。各府州地,亦纷纷立梓潼帝君祠,以供奉祀。

---

① 《道藏》第3册,文物出版社、上海书店、天津古籍出版社1988年影印本,第321页。
② (南宋)马端临:《文献通考》上册,中华书局1986年版,第823页。
③ (南宋)陆游:《老学庵笔记》,中华书局1979年版,第18页。
④ 车吉心总主编:《中华野史》第3册,泰山出版社1999年版,第937页。
⑤ (南宋)吴自牧:《梦粱录》,浙江人民出版社1984年版,第131页。

元仁宗延祐三年（1316），朝廷又追封张亚子为"辅元开化文昌司禄宏仁帝君"，简称"文昌帝君"，并钦定为"忠国孝家益民正直祀典之神"，至此，梓潼神与文昌星遂合二为一。元人贡师泰说："梓潼神，祠在蜀郡梓潼县，累封辅元开化文昌司禄宏仁帝君，今郡县所在亦多祀之。"①于是，原为地方神的张亚子，经过与天神文昌星的长时间整合，而成了中华民族至高无上的文化尊神。

二、显化度人的文昌

从星宿神的崇拜到地方神的信仰，两者的融合，是道教在建构其神仙体系中完成的。而传统信仰的影响，是认识与研究道教神仙谱系的首要因素。中国原始社会的自然宗教逐渐向人为宗教的过渡，大致在殷周时代。殷人崇尚鬼神，如占卜，留下了大量的殷墟卜辞，它记录了殷人向帝求神问事的情况，这里的"帝"是指其祖先，还有"王宾日"等记载。周代的鬼神崇拜，如《周礼·大宗伯》所记，"大宗伯之职，掌建邦之天神、人鬼地祇之礼"，其天神有昊天上帝、日月星辰、风师、雨师，地祇有社稷、五岳、山林川泽、四方百物，人鬼则祖先也。中国古代宗教正是在此基础上逐步充实形成了天神、地灵、人鬼的崇拜系统，这是道教神灵崇拜的主要来源。如五斗米道的天地水三官崇拜、太平道的中黄太乙崇拜等，都是直接从古代宗教沿袭而来的。

道教中早有文昌信仰，并在其后的演变过程中，加入了大量的古代宗教、民间信仰的要素。《老君音诵戒经》托名老君曰："吾当赦下九州四海之内，土地真官之神，腾籍户言，其有祭酒道民奉法有功，然后于中方有，当简择种民，录名文昌宫中。"②吕元素《道门定制》卷三中言，文昌星是主持文运功名的星宿，有紫微垣文昌将相君、太微垣文昌三公内座星君、少微垣文昌处士博士星君，及紫微外座的文昌上将星君、文昌次将星君、文昌贵相星君、文昌司禄星君、文昌司命星君、文昌司寇星君。③《玉清无极总真文昌大洞仙经》卷二曰：文昌者，言天地之文理盛大也。其星乃丹天世界文明之地梵炁所化，"是为南昌上宫，今南岳衡山朱陵洞天，上应奎轸。始因奎壁垂芒，帝命主持

---

① （元）贡师泰：《玩斋集》卷七，文渊阁《四库全书》本。
② 《道藏》第18册，文物出版社、上海书店、天津古籍出版社1988年影印本，第211页。
③ 《道藏》第31册，文物出版社、上海书店、天津古籍出版社1988年影印本，第682页。

斯文，壁位居亥，专主图书；奎位居戌，专主文章。盖奎宿有文彩，壁宿能藏书。昔嬴火之后，于屋壁得古文，故壁之于文典有功焉，是以文昌宫有东壁图书府。太微垣府中有南斗第五星文昌炼魂真君，又有太上九炁文昌宫，文昌上相、次相、上将等星，又有文昌图，流运以化生文物。是故天地之间，生成变化之道，莫大于此。故曰开明三景，是为天根，无文不光，无文不明，无文不立；无文不成，无文不度，无文不生等语，实基于此。故文昌之在世者，教化之本源"①。

至宋元时，道士利用民间信仰文昌之习俗，降笔作书撰经，以叙文昌帝君神迹。今《道藏》《道藏辑要》中即有《梓潼帝君化书》《清河内传》《太上无极总真文昌大洞仙经》《高上大洞文昌司禄紫阳宝箓》《文昌大洞治瘟宝箓》《元始天尊说梓潼帝君本愿经》《元始天尊说梓潼帝君应验经》《文昌帝君阴骘文》《文昌帝君本传》《文昌正朝全集》《文昌孝经》《文昌心忏》《文昌注生延嗣妙应真经》等。

《梓潼帝君化书》四卷，书中假托文昌帝君降坛，详述文昌帝君历世显灵神化事迹，共有"九十七化"。所谓"化"者，其意有二，一为变化，一为教化。序曰："三纲五常，是非邪正，上以风动其下，下以献替其上，此教化之化也。今吾所降，前后九十七化……是故圣人神道设教，始有天人相因、人神共理之化。"②各化皆以历史事迹、民间传说、宗教异闻为例证，宣扬忠孝仁义的伦理道德，提供了许多民间信仰的信息。

据书中所言，张氏出自黄帝之后，因"始造弦矢，张罗网世，掌其职。子孙因以张为姓，显于吴"。自成童时，乃寻冠履，自习礼文。既冠成年时，母氏已达六旬矣。因少时勤于织劳，饮食失时，"常致疾疹，逮至衰暮重之，以六气所淫，遂成疽疮，举发于臂。始以巫觋祈祷，中更医工砭剂，月余皆不效。予不离卧内，日夕省视，未尝解衣，而息计穷矣。乃为吮疽，出大脓血，疾少间。医曰：疽根附骨，未易出也。越三日，复吮之，忽觉口中充满，吐而视之，有膜如绵纩，脓乳如米粒，母氏渐安。而以病久食少，复成羸瘵。医曰：此瘖疾矣。以人补人，真补其真，庶可平复。予因夜中自剔股肉，烹而供之。忽闻空中语曰：上天以汝纯孝，延尔母一纪之寿。翌日勿药，果符

---

① 《道藏》第2册，文物出版社、上海书店、天津古籍出版社1988年影印本，第606页。
② 《道藏》第3册，文物出版社、上海书店、天津古籍出版社1988年影印本，第292页。

神告"①。

其后，父亲寿高八十有五，母亲七十有三，盛暑中皆得疾，同日而逝。"于是自持畚锸，以营大事，乃于路傍倚庐枕块，以终三年。常有白雉一双，栖于林上，每遇祭奠，飞鸣而下，俯仰伊哑，如欲言者，及终制而去。"父母的坟冈，去居之南才百余步，自以为便于省视。但葬之五年，坟西洪水瀑发，平陆成溪，以坟为岸，水源不竭，势颇浚急。"吾心惧焉，欲改葬之，无及矣。乃斋戒守坟，日夜诵《大洞经》不辍，并取家藏金像，而严事之，洎于无虞。次年秋雨霖霪，傍溪涌涨，数流为一，吾益恐。及水落，视之则坟前溪谷变成坚陇，广一里余，自是松楸无害矣。"②这是讲张亚子事母至孝，感天动地，乃孝子之典范。

由于父母皆死于瘟疫，时盛暑婴毒，荼苦滋甚。每念瘟疫之酷，恨之切骨，而幽冥路殊，力不能报，心常怏怏。"比因坟岸回流，实自《大洞真经》、金像之力，于是益勤持诵，而敬事之，洎获阴佑，以治瘟鬼。"③这段传闻说明梓潼君得大洞法箓，以治瘟鬼。故后世多以梓潼君为瘟祖者。

梓潼七曲山即有瘟祖殿，此殿最早建于明代，后被毁。乾隆三十一年（1766）梓潼县令募捐重建，光绪二十一年（1895），梓潼知县桂良才再度改建。殿中供奉瘟祖神，其神像面目狰狞，充满杀气，右手持如意，左手形似鹰爪。相传文昌帝君在敕法台曾降服五瘟，专司"收瘟摄毒、扫荡污秽"之职，救人疾病，远近之人踵门求治者不可数计。"其有染瘟病者，着邪祟者，受疟厉者，逢殃魂者，遭鬼击者，凶神者，恶气者，一一全活。"④这样一来，国君遂命其为医师，掌万民之疾苦，隶于天官。以此，瘟祖便受到了乡民的崇拜。乾隆年间，还兴起了祭瘟祖的风俗。

梓潼君正果迁化，将往西方，"适至洞庭君山之上，爱其胜境，因少留焉。于时上无君相临制之威，下无血属系累之念，超然物外，独往独来，水光山色，四时可爱，吟风弄月，此乐何穷，追思前事，殆一梦尔，方且仙游胜侣，朝夕往还，不闻尘境之劳生，但见洞天之真逸。久之，有二青童自天而

---

① 《道藏》第3册，文物出版社、上海书店、天津古籍出版社1988年影印本，第295页。
② 《道藏》第3册，文物出版社、上海书店、天津古籍出版社1988年影印本，第296页。
③ 《道藏》第3册，文物出版社、上海书店、天津古籍出版社1988年影印本，第297页。
④ 《道藏》第3册，文物出版社、上海书店、天津古籍出版社1988年影印本，第297页。

下,敬宣帝旨,以予为君山主宰,兼洞庭水治"①。即言梓潼君得天帝之封,为君山洞庭的主宰。

之后,梓潼君屡降生于巴蜀,显迹示化。其一化,因远游西方,"历岷峨,背井络,蜀之西陲,有山名飞越。予以先世生于吴会,与越为邻,俯而察之,名同俗异。又望西极一山,高广殆百余里,盛暑之时,积雪凝寒,非尘境也。山神白辉曰:此名雪山,往昔多宝如来修行于此八年得道。又西极真人久住于此,因而证果。大夫仙风凛然,盍留于此。予听而止焉。无几,帝有旨,以予为雪山太仙"②。

其二化,梓潼君以蜀门旺化,乃返剑岭,山川鬼神咸来听命。谓之曰:"帝有玉旨,以白虎害人,命吾为此山王,董尔众灵诛灭之,用命者世享血食,否则天行威刑。众曰:唯谨听令。予乃仰观,周览现相,变化自见,身与山等,拔一孤竹,叱化长剑,屏翳号风,雨师清道,挥剑一呼,响震山谷。虎亦怒气成云,目光出电,跳梁反复,吾身当之,众力并前,毙于刃下。又于血污中获一圆石,状如坠星,公元长识之曰:此虎威也。予佩之,百神慑畏。功成因奏帝,先陈矫诏之愆,次及集功之语,帝因以予为蜀北门山王。"③

其三化,秦入剑南,蜀国灭亡,"予以蜀亡,社稷变置,百灵废祀,血食无归,神游崆峒,聊以休息。忽云衢中旌幢车骑过者三日,山灵相谓曰:景象如此,殆有圣贤经过。已而老氏将左右二真人,自东而西。予列拜于西岳所部诸地祇中,西岳有令,诸地祇皆拜送十程。予在翼护数,一日请于老氏,具陈往昔在蜀功过。老氏曰:大道之行,天下为公。尔既公于心,三谏于蜀,尔之功也。五丁五妇虽死于汝,以公存心,亦非过也,既有功于蜀。今国号虽秦,而并邑仍蜀也。尔宜永享蜀祀,以慰斯民。乃命徐甲,取囊中药一粒授予。曰:此大丹也,汝宜饵之。大者与道合真,丹者与心为一,尔后五通具足,非汝夙昔之比。中原扰扰,吾甚厌之,今将入西域行化,三百年后,西方之教法盛行,当来中国。尔宜信之,予敬受焉"④。

其四化,梓潼君戒龙息灾。青衣之水,自西而东,与岷江相汇。"二龙俱东,相值于江合之中流,争先以行,气不相下,斗于江渊,二水俱壅,波涛横

---

① 《道藏》第3册,文物出版社、上海书店、天津古籍出版社1988年影印本,第299页。
② 《道藏》第3册,文物出版社、上海书店、天津古籍出版社1988年影印本,第302页。
③ 《道藏》第3册,文物出版社、上海书店、天津古籍出版社1988年影印本,第302页。
④ 《道藏》第3册,文物出版社、上海书店、天津古籍出版社1988年影印本,第308页。

涌，民居其浒者千有余家，一旦浸溃，奔避无及，怨苦之声，达于四境。予适见之，先遣阴兵万众，障其狂波，予造水中解纷……二江之龙，言归于好，天地为质，斯言不渝。"①

其五化，戒杀生。时邛州有杜章者，"生于富贵，父祖好宴乐会集，习以为常。凡烹割之事，章躬亲之。及长，身任门户，厨馔无虚日，脍炙方离口，刀机已在手矣。后以灾祸相继，家道零替，无以为生，为人屠刽，以就口食。所取人财，名过命钱，又以饮啖，兼人饕餮成疾，才方饱满，寻复中虚，而性嗜肉味。日常不足，及以罟取鱼，以弋弹雀，所见飞走，皆萌杀心。中年生五子，皆无指口，累所迫过命之赀，不足度日，悇惶无聊。寻有癞疾，肌肤破裂，脓血流溃，见者掩鼻矣。自以肌火所烧，复受疾苦，投井自尽，为人执之，极口辱骂，于是仰天呼冤。予见之讶，而问里域主者孙洪叔，言其详，且言此人禄尽而命长，尚余五年。予既知其造业之由，又闵其受苦之酷，且岁月方遥，恶其日夕，怨怒天帝。乃遣功曹，易其心志，使之以手揭疮皮，以自食之。又以指染脓血，吮咀求味，宣言于人。曰：毋作杀生业，以我为戒"②。

其六化，即"桂籍化"。所谓"桂籍"，即高中科举，获赐进士及第。"帝以予累世为儒，刻意坟典，命予掌天曹桂籍。凡士之乡举里选，大比制科，服色禄秩，封赠奏予，乃至二府进退，皆隶焉。"③"予隆兴之岁，奉玉音加秩。若曰：文昌者，教化之本源，实传列圣之业。儒士者，道德之渊薮，宜摅一德之忠，播告诸天，宣乎有众……兼司四方祸福，所以分身应化焉。"④

其七化，时当南宋绍熙六年（1195）正月初一，金阙昊天玉皇上帝，总领三界群真，诸天列曜，地水众圣，上朝三清。元始天尊登命金阙，撰制玉册，以是月十五日进封帝号，进拜南极长生真君九天定元保生扶教阐化主宰，拔劫大慈悲更生永命天尊。"嗣是之后，文武医卜，士农工商，凡一人一物之荣枯贵贱，皆隶予之造化焉。"⑤至此，梓潼帝君的神格已达至极，凡人间的吉凶祸福、荣枯贵贱皆归其主宰。

---

① 《道藏》第3册，文物出版社、上海书店、天津古籍出版社1988年影印本，第309页。
② 《道藏》第3册，文物出版社、上海书店、天津古籍出版社1988年影印本，第315页。
③ 《道藏》第3册，文物出版社、上海书店、天津古籍出版社1988年影印本，第319页。
④ 《道藏》第3册，文物出版社、上海书店、天津古籍出版社1988年影印本，第322页。
⑤ 《古今图书集成》第49册，中华书局、巴蜀书社1985年影印本，第59984页。

正如《元始天尊说梓潼帝君本愿经》所言："蜀有大神，号曰梓潼。居昊天之佐，齐太乙之尊，位高南极，德被十方，掌混元之轮回，司仕流之桂禄，考六籍事，收五岳形，历亿千劫，现九十余化，念念生民，极用其情。是以玉帝授之如意，委行飞鸾，开化人间，显迹天下。"①《清河内传》亦载，梓潼帝君的圣号为"金阙上相检校太师九凤金阙左丞相混元内辅三清上宰大都督府都统三界阴兵行便宜事管天地水三界狱事收五岳四渎真形虎符龙卷总诸天星曜判桂禄嗣籍上仙元皇真人司禄职贡举真君"。他主领天庭二十一司，"分九职，于申台肃行纠劾；置六卿，于北府专隶举贤"，"掌握田蚕而无慝，主领财赋而莫私，主握兵马幽明之理不殊，主掌雨阳丰歉之机当谨，主典商贾之功罪，主掌道释之善尤，井井有条，彰彰不紊。天简注授，实掌人间之生死；飞鸾阐化，乃开世运主盛衰。掌百工技巧者，虽小事必录；提辖杂流者，每一事必严。雪冤平枉，俾天民之得伸。征劾鬼盗，令天下之宁戢。文昌灵应司，朝奏应梦之不爽。大都督府内，出纳总裁之可权。列职分班，各有攸计。上应九天之喉舌，下孚万国之欢心。"②其真身现紫云岩，手执如意杖，统御万灵，普济诸苦，随愿感应，扶教开化，注禄定籍。

此外，《化书》中所载"渊石""栖真""山王""刑罚""回风""明冤""苴邑""拯溺""雨谷""曲雨""北郭""返火""平苴""费丁""石牛""五妇""显灵""巴都""婆娑""凤山""鱼腹""东郭""牛山""天威""旌隐""邛池""解脱""筹帷""丁未""水漕""诛暴""明威""济顺""济迷""忠显""训逆""诛悖""真元""昭明"等化，所载皆为巴蜀地区的文昌信仰习俗。如北宋绍圣年间，泸州佛寺山院曾办"断瘟水陆"法会；涪陵乐昌运腾里人杨思文"作文昌星席"，"立昭明应化鸾坛，以示四民休征"；咸淳元年（1265），"峡境妖蝗，农民告病"，咸淳二年（1266），"春旱不雨，农业失时"，故众聚"集真坛，请表笺天，愿弭蝗灾消殄"。这些皆为巴蜀地方民间信仰的珍贵史料。

凡此种种化迹，实即文昌信仰演变发展的历史记录。元虞集《四川顺庆路蓬州相如县大文昌万寿宫记》曰："文昌宫者，蜀梓潼县七曲山神君之祠也。曩蜀全盛时，俗尚祷祠，鬼神之宫相望，然多民间商贾里巷男女巫，所共尊信

---

① 《道藏》第1册，文物出版社、上海书店、天津古籍出版社1988年影印本，第816、818页。
② 《道藏》第3册，文物出版社、上海书店、天津古籍出版社1988年影印本，第288页。

而已。独所谓七曲神君者,学士大夫乃祀之,以为是司禄主文治科第之神。云宋亡蜀残,民无孑遗,鬼神之祀消歇。自科举废,而文昌之灵异,亦寂然者四十年余。延祐初元,天子特出睿断,明诏天下以科举取士,而蜀人稍复治文昌之祠焉。是时余在奉常充博士适蜀省,以其事来上予,议榜其庙门曰右文开化之祠。未几今翰林学士承旨云中赵公世延方为御史中丞,移书集贤,以闻天子为降玺书,褒显神君甚渥,而祠文昌者日盛矣。"①朱彝尊《开化寺碑》亦曰:"抟土以为神,傅以彩饰,绿衣乌帻,两童子夹侍絷白马于前,曰文昌之像者,古有之乎!吾不得而知也。筑室以为宫,刻楣丹楹旁三门,门三涂,若王者之居,以栖文章之神,号为帝君者,古有之乎……《汉律》曰祠祀司命,此祀文昌之见于传记者也。若今帝君之名,特出于道士之说。谓士之以文进者,其姓字悉书之帝君,得以进退其柄,由是海内争祠之。"②

三、作为民间信仰的文昌

元朝东蜀蓬莱山道士卫琪注《玉清无极总真文昌大洞仙经注》中,记载了许多元时巴蜀地区信仰文昌的情况,并就文昌神系官属的结构一一加以介绍。其言:"按帝君内、外传并化书及经,述帝君于周武王乙巳岁生于吴会,即今平江是也。受三真人《文昌大洞经》后,以看诵之勤,屡获感应,受金像法箓,行持救济有效,遂证大洞妙行圣果。故作述并玄契,以开化天下,四海未尝无之然,以累经兵火,或绝而不嗣者有之矣。今行于蜀,而蜀人深信者,以帝君在蜀为大神,自唐至今,累朝崇重封王建庙。"

其《文昌胜会》更是详尽记述了蜀中文昌庙会盛行的情境:"文昌会上,有通悟禅师、波沦禅师、蜀中诸禅师,皆观音菩萨化身,并与嗣禄道场,号曰心珠会,仍以帝君为主。每岁各师生辰,诸山释子大作胜会,广化香火,庆赞称贺,官员士庶钦仰者比比焉。故凡二教经仪,多释道混融互用。又有宝光天尊圆通道场,敷座摇帝钟,弹梵语咒,九朝行道。亦有水陆科等,其间未喻者,或谓语意不纯。非不纯也,大抵道之一字,唯理是适。理之所在,其道大同,奚分于二教。""大帝世称硕儒,刻意坟典,于晋太康中举家归风洞登仙,累朝崇重,以为斯文宗主。先遇太上赐丹,获证道果;后遇释迦授记,又

---

① (元)虞集:《道园学古录》卷四六, 文渊阁《四库全书》本。
② (清)朱彝尊:《曝书亭集》卷六九,文渊阁《四库全书》本。

证大乘。故于三氏门中，维持正教。今皇元累降玺书，褒崇易灵应庙，为右文开化之祠。祠者，国家之祠祀也，与诸神庙号不同。又加封辅元开化文昌司禄宏仁帝君，诸神中加膺帝号极鲜。"①

作为帝君的文昌，其下当然拥有众多的部属。依经中记载，文昌大帝的左司之神为独孤氏，乃东晋高道许旌阳的后身，因斩邛州妖蜃之功，累朝封为八字王，"今掌文昌左班，领官属一千二百人，封广祐嘉应昌泽孚惠王"；右司之神为李斌，以破苻坚之功，累朝封为八字王，"今掌文昌右班，领官属一千二百人，封英惠忠烈翼济正佑王"。其下则有紫微垣文昌将相星君、太微垣文昌三公内座星君、少微垣文昌处士博士星君、文昌上宫周文宪王、大成至圣文宣王、太清九气文昌君、太清紫盖宫夫子君、东井清明了决吏、九奇宫五经孔气君、文昌内侍六仙（白鹤、蓬莱、长寿、桂花、菊花、桂香）、外殿如意四将、左右前后四金城、文昌北府左右二丞相、左右二太史、苏黄二真人、御史吕真人、长史张真人、天简注授司侯真人、随机应感李真人、逗机赴感秦真人、混一元皇君、北府统帅武经公、左金吾使吴将军、右金吾使狄将军、掌如意刘将军、主管兵籍七圣将军、木马烽火快利巡猎雕虎等将军、鸾府省台一百二十员大将、三十司诸灵官、监真宅监雷杼监边疆将军、文昌府左右通引判官、采访游奕使、凤凰山应梦土地真等，神系相当庞大。这些珍贵的史料，皆为研究文昌信仰的必须。

明刘文彬校正、清刊《太上玉清无极总真文昌大洞仙经》六册本，亦为《大洞仙经》的一重要传本。此本以卫琪所传文本为基础，增加了大量的内容。全经分内外编，内编为《大洞法》，外编为《大洞箓》，两者统称《大洞法箓》。通善子曰："内编指明金丹大法，服符观炼，乃元始天王宝珠示现不泄真传。外编则提挈天地，把握阴阳，度厄禳灾，驱魔遣役，功德超于诸经之上。"②卷首有《开皇始劫说经演派图》，绘三清、龟灵圣母、九天玄女、五老天君、玄天上帝、文昌帝君等神灵真人，共六十九位，颇为珍贵。其中第六册为《文昌大洞经法箓》共三十九章，每章均有符咒，与《本章经》相对应并配合使用，实为《文昌大洞仙经》之副经。书末有徐元绅《文昌大洞仙经符诀跋》宣称文昌帝君系元始天尊分身，生于周初文王时期，"姓张名亚，号通

---

① 《道藏》第2册，文物出版社、上海书店、天津古籍出版社1988年影印本，第607、608页。
② 《藏外道书》第4册，巴蜀书社1992～1994年影印本，第528页。

真先生,誓在救劫运,镇纲常。于周宣王时,化身为张仲孝友以辅相。复化为张仙,驱天狗,逐狼籍,释孤刑,广嗣息,以继其后,使人无失其宗祀。昔宣圣父乏嗣,祷之于尼邱,文昌化身为孔子,兴儒教为万世帝王师","至汉时见世出魔鬼,化身为张天师,驱魔伐祟,保国安民。至魏蛟螭作害,化身为许旌阳,斩蛟退水,以安国祚"。这类传说,说明文昌的信仰在明清之际影响很大,因为它把孔子、天师等都说成了文昌的化身。

《高上大洞文昌司禄紫阳宝箓》三卷,未提撰人。此书假托文昌帝君降坛传授,曰:"尔时九天开化主宰澄真正观宝光天尊,于重光赤奋若之岁、日躔鹑尾月望东壁之辰,降于蜀都宝屏山中和诚应之楼,玄会玉虚之坛,告鸾府侍仙真人刘安胜曰:吾昔奉上帝玉敕职掌桂籍,兴文儒而擢贵品,进贤德而佐明时,故得掌隶天曹,秩专司禄。"①即又用宝光天尊(文昌帝君)名义,假"鸾府侍仙真人刘安胜"之手造了这一部文昌经籍。降坛时间为"重光赤奋若之岁",即干支辛丑年,当是南宋孝宗淳熙八年(1181);降坛地点在"蜀都宝屏山",即成都宝屏山,其坛庙已不可考。这说明此经产生于南宋,作者当为刘安胜。

全书分二十四品。主要内容为叙说此箓来历、功用及修行之法,宣示文昌帝君主掌选才、进贤、定贵、考功、司禄等职能,列述帝君圣诰、圣诞、谱系、仙官列神以及符箓、神像、神咒、颂诗等,宣称凡文儒贤士欲求功名而被妖魔障碍者,受此文昌宝箓,可以"增进才华,开明鉴识,断除魔障,斥逐妖邪,显擢科名,进登禄位"。又有《文昌应梦八图品》,内载玉猫、白马、白鹿、黄牛、大鬼、黑犬、法斩五鬼、怒击三人等八图。谓梦见此八图者大吉,唐姚炜、高庆孙、朱涣、宋苏轼、苏迨、黄亚夫、晁公武、庞武、刘浩然、虞允文等十人皆梦此图应验而获科名。此书揭示了文昌信仰与封建社会中科举制度的关系。

此外,经中多称蜀中之事,尤其是所列诸多神灵,除了冠以"文昌"之名的家族神、储佐神,还有许多巴蜀地区的地方神,如剑门山神白圭、西陲飞越山神廉阶、西域雪山神白辉、剑门山神公元长、青黎山神吴肩、白龟山神义敏、大岷山神卫庶、青城山神希夷公、岷山洞天神彭元、岷山山神何机、大岷

---

① 《高上大洞文昌司禄紫阳宝箓》卷上,《道藏》第28册,文物出版社、上海书店、天津古籍出版社1988年影印本,第504页。

山神曹英、小岷山神虞观、峨眉山神李善猷、巫山山神王玄父、分樟山神张炜、都大总部山神王秀水、石犀龙洞李若水、灌口太守潭神刘成之、西蜀都城隍韦皋、益州神令神杜其昌、西蜀剑南社长邓文、西蜀都社神杜宇、西蜀西镇社杜公章、凤凰山神独孤正、蜀里域神段秀、岷山龙神勾盘恬、灌口伏龙潭神蹇灶、青衣龙神景伯仁、越巂山神肖福、北门山神张叔和、西海龙神白龟悯、洞庭龙神景渊、君山山神唐丰、吴海水神彭逻、蜀里域神虞奇叔、邛州里域神孙和叔、蜀检孝神崔宣、婆娑巴王神轩安行、检孝土地神白致一、汉水邑里土神康潮王、直饶邑神公孙长、巴西邑神和来孙、白马邑神柏之坚、苴邑神苏公长，这些亦皆为文昌帝君辅佐，突出了梓潼文昌帝君的至尊地位。另一方面，如此网罗地方民间的俗神，亦展示出宋代以后道教与传统祭祀宗教、民间信仰融合的趋势。

四、文昌信仰的教化内涵

文昌信仰的内涵，集中体现在《文昌帝君阴骘文》（下简称《阴骘文》）中。这部以文昌名义降笔而成的道教经典，以通俗易晓的形式劝人行善积德，谓之必得神灵的赐福。考"阴骘"一词，其源盖出于《尚书·洪范》"惟天阴骘下民"，意谓冥冥之天在暗中保佑人们，这是古代朴素简单的天命论思想。在《阴骘文》中，它已具有天人感应的含义，所谓："天不言而默定下民，在天为五行，在人为五事，修之则响用五福，悖之则威用六极，所谓惠迪吉从逆凶，惟影响也。"要求人们多积阴德阴功，行善做好事而不要张扬，只是悄悄地去做。

对此，书中宣称，文昌帝君本人即为行善积德的典范。他"一十七世为士大夫身，未尝虐民酷吏。救人之难，济人之急，悯人之孤，容人之过，广行阴骘，上格苍穹。人能如我存心，天必锡汝以福"。所谓"一十七世"，是说文昌帝君前后一十七化，皆为儒生："在周武时，张翼流光，降于隐者张叟家，名善勋，为第一世。至成王时，神游君山洞庭，降于张无忌家，名忠嗣，字仲为，为第二世。降生于汉，为汉赵王如意，为第三世。复降生于张姓，名勋，为第四世。至东汉顺帝时，又降生于张，名孝仲，为第五世。又降生河朔，名张烈，为第六世。至晋武帝太康八年，降生于金马山张老之家，名亚字霶夫，梦乘白驴，天使引入巨穴，乃梓潼七曲，为第七世。又雪然神化为儒生，称谢艾，为第八世。又在北魏，为温子升，为第九世。在隋为文中子王通，为第十世。在唐为张公艺，为第十一世。又为张公仁，为第十二世。又为张公万福，为第十三世。元宗、僖宗幸蜀，扈御有功，又为崔公佑甫，为第十四世。又为蜀世子元膺，为第十五世。至北宋，为韩公崎，为第十六世。又为张魏公浚，为第十七世。"①

作为主管人间尤其是士大夫功名富贵的文昌帝君，其教化的对象以官僚士大夫为主，这与《太上感应篇》以社会各阶层为对象不同。所以其对后者的补充在于增加了对官僚士大夫的道德修养要求，反映了下层士人和民众的一些愿望。针对士子们求功名心切和人们渴望幸福的心理，要大家都以帝君为榜样，多积阴德，就会像他那样世世为士大夫身，中状元，做宰相。人积阴德，天必赐人福禄寿。于是人们众善奉行，诸恶不作，天则将把千祥百福降临子孙后代，这叫"近报则在自己，远报则在儿孙"。积德阴功用不着求人知晓，只要老天知道就行了。在天知并暗中保佑你的情况下，善即是福，善又能招致福，生生不息，善无量福也无量，这叫"百福骈臻，千祥云集，岂不从阴骘中得来者哉"。

但是，社会实际生活往往出现善恶无报的情况。对此《阴骘文》用"近报在身，远报儿孙"的道理作答，告诉人们善恶有时虽无相当的报应，但终究是善有善报，恶有恶报，近报在你自身，远报在你儿孙，只是时间早迟的问题。如汉代于公为县狱吏，治理刑狱，多行阴德，未尝有冤案，子孙必有兴者，故其子于定国官至丞相。宋代程一德，粗知字义，孜孜为善，每遇到嘉言善行，就刊刻施人，夜梦文昌帝君对他说，他刻善书的事已经报告天庭，上帝许诺昌扬他的后代。果然他的子孙俱少年高第，程明道、程伊川两位著名理学家也是其后裔。

中国历来是以儒家礼教立国的，但演变到后来，出现人心日下、世风不古以致为恶多端、不可救药的现象。对此，帝君悯之，故神道设教，飞鸾行化，使人知神明昭布，森列于上，善恶吉凶之报，确然不爽，冀其信畏悔悟，以自拔于陷阱。这表明《阴骘文》以宣传礼教内容为主，但又起着正统礼教所起不到的功用，它们在社会上流行，也正是克服道德危机的需要，急需"神道设教"，借助神的力量加强名教统治。

---

① （清）朱珪：《文昌帝君阴骘文注》，《藏外道书》第12册，巴蜀书社1992~1994年影印本，第403页。

因此此书自问世后，即在社会上广泛地传播。它与《太上感应篇》《关帝觉世真经》并列，作为道教的三大劝善书之一，旧时对民间的影响甚大。儒、释、道三教中人多予以高度评价，并加注释，有朱启焘印《阴骘文图说》、赵如升辑《阴骘文像注》、项晋蕃刊《阴骘文图证》、周安士著述《阴骘文广义》、朱珪《文昌帝君阴骘文注》、颜正庭《丹桂集注案》、《阴骘文集证》、《阴骘果报图注》、《文昌帝君阴骘文注》等传世。

清怀西居士周安士著述《阴骘文广义》，书中援引三教书目，多达近百种，以阐释《阴骘文》劝人行善、广度天人的要旨。对此，印光法师评述说："文昌帝君，于宿世中，心敦五常，躬奉三教，自行化他，惟欲止于至善。功高德著，遂得职掌文衡。恐末学无知，昧己永劫常住之性。因作文广训，示吾一十七世之言，妙义无尽，谁测渊源？注解纵多，莫窥堂奥。致令上下千古，垂训受训，皆有遗憾，不能释然。安士先生，宿植德本，乘愿再来。博极群书，深入经藏。觉世牖民，引为己任。淑身变俗，用示嘉谟。以奇才妙悟之学识，取灵山、泗水之心法，就帝君随机说法之文，着斯民雅俗同观之注。理本于心，词得其要。征引事实，祛迷云于意地。阐扬义旨，揭慧日于性天。使阅者法法头头，有所仿效。心心念念，有所警惩。直将帝君一片婆心，彻底掀翻，和盘托出。"①

清同治四年（1865）朱启焘印《阴骘文图说》，有图一百九十四幅，图文并茂，讲述文昌帝君的事迹，并载历代积德行善的人物，及善恶因果报应之典范。如齐梁武昌太守张绚、北齐张思和、广东小吏丁宗臣、杭州妇人、建州人林达、武康徐纪、南宋权臣秦桧夫妇、吴郡高之绶、彭和尚、徐仲子、程某、宋之丙、杨慧、徐池、霍从礼、陈良谟、赵喜、潘琪、马长史、周五、韩三、祝期生等，或奸或盗，或贪或淫，皆遭恶报苦果。祝染性极慈祥，见人急难，无不竭力周济；北宋曹彬存心仁厚，帅师征伐，未尝妄杀；冯生好善，家贫力乏，但觅经验良方，抄写遍贴，以济民疾；陈信持准提斋，不杀生物；李敬业独行好善，买鸟放生；郭晖性爱物类，焚毒藤以救鱼鳖；袁了凡日奉善事，传功过格育人；钱志远崇信帝君，施《阴骘文》万张。凡此种种善行，皆获善报。这些史料，真实地反映了民间的文昌信仰。

《阴骘文》中所宣传的各种理念，都被后人用故事加以阐述。其经曰：

---

① （清）周安士著述，曾琦云解译：《安士全书白话解》序一，内蒙古人民出版社2003年版。

"行时时之方便,作种种之阴功,利物利人,修善修福。正直代天行化,慈祥为国救民,忠主孝亲,敬兄信友。或奉真朝斗,或拜佛念经,报答四恩,广行三教。济急如济涸辙之鱼,救危如救密罗之雀。矜孤恤寡,敬老怜贫。措衣食周道路之饥寒,施棺椁免尸骸之暴露。家富提携亲戚,岁饥赈济邻朋。斗称须要公平,不可轻出重入。奴婢待之宽恕,岂宜备责苛求。印造经文,创修寺院。舍药材以拯疾苦,施茶水以解渴烦。或买物而放生,或持斋而戒杀。举步常看虫蚁,禁火莫烧山林。点夜灯以照人行,造河船以济人渡。勿登山而网禽鸟,勿临水而毒鱼虾。勿宰耕牛,勿弃字纸,勿谋人之财产,勿妒人之技能,勿淫人之妻女,勿唆人之争讼,勿坏人之名利,勿破人之婚姻。勿因私仇,使人兄弟不和。勿因小利,使人父子不睦。勿倚权势而辱善良,勿恃富豪而欺穷困。善人则亲近之,助德行于身心。恶人则远避之,杜灾殃于眉睫。常须隐恶扬善,不可口是心非。剪碍道之荆棘,除当途之瓦石。修数百年崎岖之路,造千万人来往之桥。垂训以格人非,捐资以成人美。作事须循天理,出言要顺人心。见先哲于羹墙,慎独知于衾影。诸恶莫作,众善奉行。永无恶曜加临,常有吉神拥护。近报则在自己,远报则在儿孙。百福骈臻,千祥云集,岂不从阴骘中得来者哉!"①

《阴骘文》的社会影响虽比不上《太上感应篇》那么大,但也深入人心。当时很多修善行的人都照《阴骘文》说的"剪碍道之荆棘,除当途之瓦石。修数百年崎岖之路,造千万人来往之桥","点夜灯以照人行,造河船以济人渡"等一套去做,认为"修桥通道,为善有盛名",这类事情虽然细小,但也是善心所在,可以远扬祖烈,后昭来世,万世齐昌。他们在修桥造路以后的碑文铭记中通常把这些内容写进去,其毕恭毕敬、虔诚礼膜的态度昭然可见。

元仁宗延祐三年(1316)加封梓潼帝君为"辅元开化文昌司禄宏仁帝",使之成为全国文化之神,令官民年年祭祀。进入明代,朝廷进一步强化文昌信仰。"景泰五年,敕赐文昌宫额,岁以二月初三为帝君诞生之辰,遣官致祭。"少保大学士邱濬仲曰,帝君以至孝而居文昌上位,其慈孝仁化所感,"诚大罗命世至宝,实为吾儒立教不易之宗"。翰林侍读学士王鏊说,"文

---

① (清)朱珪:《文昌帝君阴骘文注》,《藏外道书》第12册,巴蜀书社1992~1994年影印本,第402页。

昌,先天之孔子也;孔子,后天之文昌也",并称文昌"大有功于儒教"①,将道教尊神文昌与儒家至圣孔子并提。于是民间崇祀梓潼文昌之祀更加盛行。至明末,东到海滨,西至嘉峪关,南抵香港、海南岛,北达长城内外,各府州县乃至许多村都建有文昌祠庙宫观,开展祭祀活动和民俗活动。

清代康熙、乾隆以来,崇文之风更盛。推行文昌崇拜最力的是大学士朱珪,他注解、编刻多种文昌经籍,呈献皇帝,广为颁授,并多次著文颂扬文帝功德。在所编《文帝书钞》序中朱珪宜称,文帝言教身教,"皆本之忠孝,而以为善诱天下万世,使人自求多福,而消沴气于无形。盖不忍之心,天地之心。故功德配于天,而主宰是"。在朱珪等大臣的推动下,乾隆六年(1741),上谕"文昌帝君主持文运,福国佑民,崇正教,辟邪说,灵迹最著,海内崇奉","允宜列入祀典"②。文昌帝君作为中华民族文化神正式进入清王朝国家祀典。咸丰六年(1856),文昌帝君再由"群祀"升为"中祀",朝廷颁发文昌乐章、祝文,形成地位与孔子等同的局面。文昌神格登峰造极,文昌崇拜风靡朝野。文昌祠分布地域较广,计有南北两京所属地区、山东、山西、河南、江西、湖广、浙江、福建、广东、广西,南北地区都有,反映出文昌神信仰的空间展开。故清初即有人说:"文昌之祠遍天下。"③

清代文昌信仰普及化的一个更重要的标志,是惜字会的普及化。据台湾学者梁其姿的研究:"从方志的资料上看,惜字会虽然康熙时代已有,而且乾隆一代也有零星的记载,但他们真正的普及化,应晚至嘉庆道光之际,而且这个普及化与惜字会结合着其他善举有关。"④诚如乾隆时陆耀所说:"近人又因文昌之社,而有惜字之会,推其所以惜字之故,仍不出媚神以求富贵。"⑤梁其姿还指出:"直至明末的文昌信仰,似乎仍主要是儒士个人的宗教行为,惜字活动也未被组织起来。从清初到盛清,儒生渐以集体的方式来进行惜字的活动,说明了文昌信仰已逐步成为儒生阶层名副其实的'职业神祇';清中后期

---

① 《文昌孝经序》,《藏外道书》第4册,巴蜀书社1992~1994年影印本,第300、301页。
② (明)王圻:《续文献通考》卷一五七,文渊阁《四库全书》本。
③ (明)朱鹤龄:《愚庵小集》卷九《新修文昌阁记》,文渊阁《四库全书》本,第140页。
④ 梁其姿:《施善与教化:明清的慈善组织》,台北联经出版事业公司1997年版。
⑤ 陆耀:《文昌祠说》,载贺长龄、魏源等编:《清经世文编》中册,中华书局1992年版,第1720页。

以后，惜字再发展为一般百姓的宗教活动，文昌信仰也进一步普及化。"①

清代文昌信仰的普及化亦与政府的倡导有关，清朝自嘉庆元年（1796）爆发的五省白莲教大起义由盛而衰，清朝政府和士大夫深切感到了民间宗教对统治秩序的威胁，为了振兴文运，战胜"邪说"，他们抬出文昌神以"福国佑民"。其经过是，嘉庆五年（1800）教军进兵梓潼，据说"望见祠山旗帜，却退"。后来"潼江寇平"，清军取得川西战役的胜利。消息传至京师，嘉庆帝亲自书写"化成耆定"匾额，以彰异绩，并在京师地安门外，重新修建文昌祠，祭祀文昌帝君。嘉庆六年（1801）夏祠成，他躬谒行九叩大礼，颁诏称："文昌帝君主持文运，福国佑民，崇正教，辟邪说，灵迹最著。海内崇奉，与关圣大帝相同。允宜列入祀典，用光文治。"②于是大学士朱珪撰碑记，论证"文昌之祀，始有虞，著《周礼》，汉、晋且配郊祀"。文昌神久司爵禄、科举，历代封号可考，亦即符合祀典传统。③清朝礼臣遂依照关帝庙祀典定出，每年以二月初三文昌帝君诞日为春祭，秋祭选定吉日。同时设立文昌帝君先代神位致祭。嘉庆六年还奏准："各直省旧有文昌庙，照山西解州等处关帝庙之例，令该地方官届期躬谒致祭。其向无祠庙之处，令择洁净公所，设位致祭。"嘉庆六年皇帝不仅在京师建成文昌庙为天下先，而且下诏全国崇奉文昌帝君，更要求地方上祭祀文昌，推动了各地文昌祠庙的设立与祭祀，清代文昌信仰以此为契机而普及全国各个地方。咸丰六年（1856）文昌帝君与关帝一体升入中祀，其礼仪定为"前期一日，着遣亲郡王行告祭礼，春秋二祭，俱着卜吉举行，二月初三日圣诞，即照关帝庙拈香礼节"④。清朝后期的皇帝还不断亲谒文昌庙行礼，计有咸丰七年（1857）、同治十二年（1873）、光绪十三年（1887）几次。这些举措进一步加强了文昌信仰的影响。到晚清时，文昌庙比孔庙还多，而且几乎所有孔庙、学宫、书院都建有文昌的祠阁，不少地方以文昌庙代替文庙。甚至科举以文昌经命题，家宅以文昌神供奉，童蒙以《阴骘文》临帖，真可谓"秀才都居弟子行，人人阴骘颂文昌"。文昌崇拜愈演愈烈，文昌神格愈来愈高。

---

① 梁其姿：《施善与教化：明清的慈善组织》，台北联合出版事业公司1997年版，第147页。
② 光绪《清会典事例》卷四八三《礼部·中祀》，中华书局1991年版。
③ （清）赵尔巽主编：《清史稿》卷九一《礼三·文昌帝君》，百衲本《二十五史》第9册，浙江古籍出版社1998年影印本，第354页。
④ 光绪《清会典事例》卷四八三《礼部·中祀》，中华书局1991年版。

清人以二月初三为文昌帝君诞辰的日子，士人有文昌会的活动，该日已成为清代的一个节日。崇祯《嘉兴县志》卷一五记载：二月三日，为梓潼帝君诞，士子家设牲醴祀之。① 在西南地区，各种祭祀活动与文昌诞节非常多。

延及明清，几乎所有的府县都有文昌庙会。如华阳县，于梓潼帝君诞辰，城乡文昌祠咸演剧祀神，东郭江上灵宫为尤盛。金堂县作文昌会，以新进生员为会首，一年岁学，一年科学，一年武学，递相轮换。温江县为文昌帝君圣诞，或具猪、羊、鸡、酒、香楮致祭，以帝君权衡禄嗣，故祈男决科者多致敬焉。新都县读书者集友祝神设宴，曰文昌会。蒲江县梓潼帝君寿诞，有演戏庆祝者。邛州、大邑文昌寿诞，近入祀典，士子亦有演戏庆祝者。江油县祭文昌帝君，乡村有演戏者，城内各官致祭，绅士颁胙。盐亭县文昌神诞，都人士女，集赐紫山，作会赛神，并赐子嗣。有打儿崖悦果戏，掷中者为得子。男女杂沓，越宵方散，近似桑中之俗，不能禁也。安县、简阳、南溪、纳溪、珙县、屏山为文昌会，县镇村塾，各酿金宴会，设笙乐、杂剧。眉州、彭山、井研祀梓潼神君，各村塾宴会，庠士庆祝，师儒、官吏相聚饮福，乡村有演剧者，城内各官致祭，绅士颁胙。铜梁、江津、涪州、丰都、万县、梁山祀文昌，各村塾俱宴会，童稚放风筝为乐，里社建清醮祈谷，大傩。平畴播谷，上丁祀文庙，坛庙举行春祭，都人士集文昌宫作会，赛神饮福，读书者集友祝神设宴，曰文昌会。南充、广安、太平、万源、大竹、渠县、盐源，城市乡村凡建有文昌宫者，无不演戏迎神，以祈福庇；为文昌会，文人多结伴入庙祭祀，祀文昌帝君，舞彩设宴，士民齐集咸乐，各村市亦如之。马边，十三日为文昌生辰。土著人民庆祝者，多以世传其神为蜀人故也。是日亦肆筵畅饮，名为文昌会。

在贵州地区，众多府县亦流行文昌会。如遵义、绥阳、怀人、普安、毕节、黎平、黄平、八寨、巧家、嵩明、宜良等地，士民酿金祝文昌，各处场市、乡村均同城祭献，或用猪羊，或用牲馔，在庙祀神，处处皆然；童稚放风筝为乐，里社建清醮傩，制龙舟，以驱瘟疫；舁文昌像，备卤簿，办抬阁、采莲船、龙灯各戏，遍游城市，文武绅士皆肃衣冠从游。云南地区宁州、元江、普洱、景东、阿迷、禄劝、大理、赵州的文昌会，则多设洞经会，谈演《大洞仙经》，鸣钲伐鼓，丝竹齐奏，以庆祝文昌圣诞。因光绪末年瘟疫流行，邑人

---

① 丁世良、赵放主编：《中国地方志民俗资料汇编》，书目文献出版社1989~1995年版。

刁兆瑞等提倡谈演，以祈时和。凡与会者，娴习礼乐，崇尚道德，于社会尚有裨益，会期观者如睹。①

四川为文昌帝君的家乡，故四川的文昌诞节普及最广。比较而言，邻近四川的云、贵两省也是文昌信仰的普及地区。四川的文昌诞节除了士人积极参与外，比较具有群众性，演戏庆贺较云贵川的文昌诞节更为普遍，其他文娱活动也兴盛，如盐亭县、丰都县、太平县要迎神赛会，毕节县的游神队伍很有观赏性，大理县的欢庆气氛浓烈。文昌神也被作为祈子之神，《温江县志》《盐亭县志》就有这方面的记载。士人的文昌会比较兴盛，所谓文昌会，主要是举行宴会，《金堂县志》记载了当地各学每年轮流举办的规定，很制度化。西南地区文昌诞节有洞经会以及里社建清醮、傩活动，以驱瘟疫。所谓洞经会也是以春社禳除灾祟的建醮为基础的，近似善会组织。其本质是春社受到了道教以及文昌信仰的影响。清代文昌诞节在基层社会的普及，普通民众的广泛参与，都说明士大夫的影响力在加强，百姓接受士大夫的影响并模仿其行为，文昌诞节也成为社区重要的文化活动。

文昌崇拜的风俗广被社会，文昌亦被一些传统行业奉为祖师神，如纸业、书坊业、刻字业、镌碑业、锦匣业、教育业。清代北京的书坊业以琉璃厂为中心，这里曾建有两座文昌会馆，馆中皆有文昌殿，为奉祀文昌帝君之所。清光绪三十四年（1908）《北直文昌会馆碑》谓河北书商在沙土园路建文昌会馆，"每岁二月初三日圣诞，演剧团拜，共襄盛举。庶人力尽而神以妥灵，神道彰而人必获福矣"。民国36年（1947）《书行进德会整理登记启》谓北京书行每年推举会首直会，"恭遇文昌帝君降诞之辰，同业公议，各出份金若干，敬备花果，拈香称庆，借伸事神之敬，而联同业之欢，意至善也"。苏州书坊业也供奉文昌帝君。清同治十三年（1874）《捐资重修崇德公所碑》曰："崇德书院，在治北利三图汪家坟，供奉梓潼帝君，为同业订正书籍、讨论删原之所。"至于书坊业奉文昌帝君为祖师的原因，《基尔特集》曰："秦始皇焚书的时候，文昌帝君把书籍藏到了四川的二酉山中，躲过了焚书的厄运，因而奉他为祖师。"刻字业包括雕版印刷书籍刻字和篆刻，他们皆奉文昌帝君为祖师。《玉匣记》曰："梓潼帝君，刻字刷印祖师。"清光绪二十四年（1898）

---

① 丁世良、赵放主编：《中国地方志民俗资料汇编·西南卷》，书目文献出版社1989~1995年版。

《重建文昌祠记》云:"京师刻字行向分南北二派,春秋致祭,皆兢兢洁牲,量币修祀,事于帝君。"其他地方的刻字业亦奉文昌帝君为祖师。彭泽益《清代城镇手工业行会会馆简表》曰:"湖南长沙,乾隆年间刻字业公同置有房屋,供奉文昌帝君,以昭敬诚。"《礼俗调查》记,在东北:"文昌帝君,刻字匠所供之神也。"与刻字业相近的镌碑业,亦奉文昌帝君,旧时北京镌碑业,"每年旧历二月初二日行会开会,刻碑艺人照例交纳香钱,向文昌帝君烧香致祭"。锦匣业是制作放置馈赠和陈列品匣子的行业,其工人和冥衣铺工人皆奉文昌帝君为祖师。至于教育业,更是理所当然地以文昌帝君为祖师。文昌的信仰不仅在中国大陆和台湾、港、澳都有广泛影响,并且远播国外。国外最早接受文昌信仰的是朝鲜,至迟15世纪初叶,文昌文化已传入朝鲜半岛。据柳得恭《盎叶记》卷二记载,李氏王朝太宗十七年(1417),明成祖朱棣赠送朝鲜善书六百部,其中就有《文昌帝君阴骘文》《文昌帝君劝学文》《文昌应化元皇大道真君说注生延嗣妙应真经》《三圣训经》等文昌经诰。这些文昌经诰,首先在王宫和道观中流传起来。随后,朝鲜的宫观开始供奉文昌帝君。李朝世祖十一年(1466),国都汉城道观昭格殿扩建改称昭格署,其中的三清殿内,便设有梓潼帝君的神位,与玉皇大帝、太上老君、普化天尊等同居一殿。从此,文昌帝君广受朝鲜人民的瞻拜。

文昌信仰传入日本,大约在江户时代(1603~1867)初期。根据已发现的材料,日本最早接触文昌经诰的是17世纪中叶撰有《养生训》的著名文学者贝原益轩(1630~1714)。贝原读过文昌帝君劝善书《阴骘文》,并在其著述中有所反映,看来这类善书是通过中国清初东渡日本的隐元禅师和自中国回归日本的心越禅师传入的。江户末期,日本出现不少文昌经诰的日译本。如文政年间(1818~1829),出版的译本有《日语阴骘文绘钞》(1820)、《文昌帝君丹桂籍》(1829)等。当时热衷善书、笃志修行的著名人物长谷川延年(1803~1887),十分崇拜文昌帝君,十五岁即熟读《阴骘文》,文政六年(1823)又喜获集善书大成的《文帝全书》(三十种),便不惜巨资大肆翻刻成《文昌司禄宠仁梓潼帝君敕封》等单行本,分赠爱好者。这部《文帝全书》,后来出了全文排印本,昭和六十年(1985)还出了缩印本。由此可知,文昌经诰传入日本的渠道,不是像朝鲜那样通过朝廷馈赠,而是借助僧道往来;文昌经诰在日本的刊行,也不缘于官方的提倡,而主要出于文人学士的热心,民间色彩较为浓厚。

在东南亚国家，文昌文化的踪迹亦十分普及。菲律宾首都马尼拉，有一座历史悠久的古佛寺，寺里便建有一尊堂皇的文昌帝君，寄寓文化繁荣昌盛之愿。新加坡的广福古庙、玉皇殿等庙宇，也供奉着文昌帝君。越南河内的玉山祠，祠里供奉文昌、关帝和兴道王三圣。墙上题汉字对联"人间文字无权全凭阴德；天上主司有眼单看心田"，表现了要求科举取士必须择选贤良和平等竞争的愿望。在印度尼西亚、马来西亚，以及北美、南美、欧洲乃至非洲、澳洲的一些国家，也可以发现文昌文化的足迹。这种现象主要显示于华人社区和道教宫观。一些华人中还流传着文昌经诰、文昌语录或崇敬文昌的书画作品。

文昌文化在欧美也有传播和影响。这主要是靠华侨的传入和信奉。在美国旧金山的华人社区，有一座天后庙，该庙主祀海神妈祖，又以关帝、文昌陪祀。其中文昌塑像容貌温良和蔼，面颊无鬓，身着金色长袍，头戴四方金花帽，右手握印，右手按膝，显然是科举神的形象，只是穿着与国内所见文昌帝君塑像稍有不同。此庙由华人社团三邑会馆筹建，为美国最早的华人寺庙之一。美国洛杉矶有一座冈州庙，此庙敬奉中国民间俗神，文昌帝君与关圣帝君、华光大帝、月下老人、金花夫人等同祀，集文化神、武圣、火神、婚神、生育神于一体。

第六节　巴蜀地区的川主、二郎信仰

在四川宗教文化的遗产中，川主、二郎的信仰是一个极重要的文化遗存。它是以治水文化为核心内容，以祖先崇拜为主要形式，以政府官员和广大民众为主体，流行于四川地区并扩及西南和江南若干巴蜀移民聚居地的一种文化现象。历时二千余年的川主、二郎信仰，在四川社会、文化的发展中起过重要的作用。

一、川主信仰的渊源与演变

在巴蜀地区，关于川主为谁有以下几种说法：

一说川主即大禹。相传大禹治水患有功，受舜禅让继帝位，是夏朝的第一位天子。《史记·夏本纪》载："天下皆宗禹之明度数声乐，为山川神主。"被奉为山川神主的大禹，今天在四川仍被奉为川主神。在今岷江上游汶川、北川古大禹部族活动地区，每年农历正月初四，要举行大规模的川主神的祭祀会，农历六月初六大禹的生日要祭祀大禹，六月二十四日的川主会更是该地区规模最大的庙会。

一说川主是指对四川社会经济有至深影响的先祖神灵，如李冰、李二郎、赵昱、杨戬等。清同治修《酉阳直隶州总志》在讨论李冰、二郎所受封号时说："然封号已极崇隆而奉祠著第曰川主，盖川主者，蜀人土语之尊称。"清人彭维铭《创建新川主庙记》曰："四川诸州邑乡里，无在不有川主神庙。稽神之姓氏，即今灌县都江堰口奉勅封建二王庙神也。前庙所祀秦蜀守李公冰之子二郎君，后庙所祀乃李公也……且禹导岷江，抑洪水，功溥天下，为天下主。李公父子辟沫水，开渠堰，利赖蜀川，宜为蜀川主。故《通志》二十八卷《祠庙部》载川主祠、二郎庙，皆李公父子事。且曰各州县多有之，允为确证。而或以隋唐嘉守赵昱，宋封为川主清源妙道真君冒当之，则大谬矣。"①意即大禹治理九州之洪水，故尊为天下主。李冰辟水开渠宜蜀，宜为川主。至于赵昱当为后世演变之神话，故不当为据。

川主的事迹又多与岷江、都江堰及治水工程紧密相连。故大禹、李冰、李二郎、赵昱等，皆被称为川主。但人们崇拜的对象主要是李冰父子。

据《史记·河渠书》载："蜀守冰，凿离碓，辟沫水之害。穿两江成都之中。此渠皆可行舟，有余则用灌溉，百姓飨其利。至于所过，往往引其水，益用溉田畴之渠，以万亿计，然莫足数也。"李冰治水的功绩被人们赞扬，受到民间香火的祭祀，于是李冰便从一个凡人逐渐演化为神灵。

《华阳国志·蜀志》中的李冰就是这样的形象："周灭后，秦孝文王以李冰为蜀守。冰能知天文地理，谓汶山为天彭门。乃至湔氐县，见两山对如阙，因号天彭阙。仿佛若见神，遂从水上立祀三所，祭用三牲，珪璧沉漬。汉兴，数使者祭之。冰乃壅江作堋，穿郫江、检江，别支流双过郡下，以行舟船。岷山多梓、柏、大竹，颓随水流，坐致材木，功省用饶。又溉灌三郡，开稻田。于是蜀沃野千里，号为陆海，旱则引水浸润，雨则杜塞水门。故记曰：水旱从人，不知饥馑，时无荒年，天下谓之天府也。外作石犀五头，以厌水精；穿石犀溪于江南，命曰犀牛里。后转置犀牛二头：一在府市市桥门，今所谓石牛门是也；一在渊中。乃自湔堰上分穿羊摩江，灌江西。于玉女房下邮作三石人，立三水中，与江神要：水竭不至足，盛不没肩。时青衣有沫水出蒙山下，伏行

---

① 龙显昭等编：《巴蜀道教碑文集成》，四川大学出版社1997年版，第330页。

地中，会江南安，触山胁溷崖，水脉漂疾，破害舟船，历代患之。冰发卒凿平溷崖，通正水道。或曰：冰凿崖时，水神怒，冰乃操刀入水中与神斗，迄今蒙福。"①

李冰知晓天文地理，识水脉，开盐井；能"见神"通灵，置石犀以厌水精，操刀入水中与神斗，这些皆为神灵的作为。曹学佺《蜀中广记》卷九言："章山后厓有大冢，碑云秦李冰葬所。按《开山记》云：什邡公墓化上有升仙台，为李冰飞升之处。古蜀记谓李冰功配夏后，升仙在后城化，藏衣冠于章山冢中矣。"从都江堰渠首出土的东汉"李冰石像"来看，可证李冰已被奉作镇水之神。其后遂被奉为神王，庙食灌口。

二、二郎崇拜的渊源与演变

李冰其子——李二郎，是确有其人还是为后人虚构的呢？1975年1月18日，在距离李冰石像出土处三十七米的河床下，又挖掘出土一尊东汉石像，出土时石像头部已断损，双手持锸挺立，无石刻题记，学者有怀疑为侍者，也有人推断为二郎。

二郎之称，始见于北宋。张商英为山西当阳玉泉山撰《元祐初建关三郎庙记》，已将李冰之子奉为神："李冰治水患，庙食于蜀之离堆，而其子二郎以灵化显。"②赵抃《古今集记》载："李冰使其子二郎，作三石人以镇湔江、五石犀以厌水怪，凿离堆山以避沫水之害，穿三十六江，灌溉川西南十数州县稻田。自禹治水之后，冰能因其旧迹而疏广之。"③李调元亦指明，伏龙观深潭即二郎锁龙处："离堆上有伏龙观，下有深潭，传闻二郎锁孽龙于其中。霜降水落，或时见其锁。"④由此可知，其时李二郎已奉父亲之命，造石人镇水、降妖伏魔了。朱熹云："蜀中灌口二郎庙，当初是李冰因开离堆有功，立庙。今来现许多灵怪，乃是他第二儿子出来。初间封为王，后来徽宗好道，谓他是什么真君，遂改封为真君。向张魏公用兵祷于其庙，夜梦神语云：我向来封为王，有血食之奉，故威福用得行。今号为真君虽尊，凡祭我以素食，无血食之养，故无威福之灵。今须复我封为王，当有威灵。魏公遂乞复其封。不知

---

① （晋）常璩著，刘琳校注：《华阳国志校注》，成都时代出版社2007年版，第103～106页。
② 康熙刻本《关圣灵庙纪略》卷三，末署"大宋元祐元年丙寅良月既望"，即公元1086年。
③ （明）曹学佺：《蜀中名胜记》卷六引。
④ （清）李调元：《井蛙杂记》卷九。

魏公是有此梦，还复一时用兵，托为此说。今逐年人户赛祭，杀数万来头羊，庙前积骨如山，州府亦得此一项税钱。"①

李冰父子治水，有功于蜀，蜀人十分怀念他们，于是修祠立庙，常年祀祭，李冰被尊为"川主"，其子被尊为"二郎神"，受到历代王朝屡次加封，荣贵至极。五代的四川，先后为王建、孟知祥割据，朝廷祭祀灌口之神的仪礼更加频繁。前后蜀之两后主，俱喜作灌口二郎之像。如咸康二年（926）八月，王衍北巡，旌旗戈甲，百里不绝。"衍戎装披金甲，珠帽锦袖，执弓挟矢。百姓望之，谓如灌口神。"②后蜀孟昶明德二年（935）七月，阆州大雨雹如鸡子，鸟雀皆死，暴风飘船上民屋。女巫云："灌口神与阆州神交战之所致。"③广政十五年（952）六月朔举办宴会，教坊俳优作《灌口神队》二龙战斗之像。"须臾，天地昏暗，大雨雹。明日，灌口奏岷山大涨，锁塞龙处铁柱频撼。其夕，大水漂城，坏延秋门深丈余，溺数千家。权司天监及太庙令宰相范仁恕祷请寺观，又遣使往灌州，下诏罪己。"④可见民间推崇二郎，已经超越李冰，径为灌口之主神。亦知四川民众祭祀灌口二郎规模可观，盛装戎饰，有"战斗之像"，气势非凡。

至北宋之初，朝廷即于蜀中重修川主庙，并由官府主持祀礼，以供奉李冰父子。宋太祖乾德三年（965）平蜀，诏增饰导江县应圣灵感王李冰庙。乾德七年（969）改号"广济王"，岁一祭祀。仁宗嘉祐八年（1063），仁宗皇帝肯定二郎是李冰的儿子，封"惠灵侯"，差官祭告，神即李冰次子，川人号"护国灵应王"。哲宗元祐二年（1087）七月，封李冰为"应感公"。徽宗崇宁二年（1103）加封"昭惠灵显王"。大观二年（1108）封"灵应公"。政和元年（1111）十月，赐庙额"崇德"。政和三年（1113）二月，封"英惠王"；九月，封其配为"章淑夫人"。政和八年（1118）八月，改封"昭惠灵显真人"。宣和三年（1121）九月，又封其配为"章顺夫人"。高宗绍兴二十七

---

① （南宋）朱熹：《朱子语类》卷三。
② （北宋）张唐英：《蜀梼杌》卷上，车吉心总主编《中华野史·宋朝》第3册，泰山出版社1999年版，第256页。
③ （北宋）张唐英：《蜀梼杌》卷下，车吉心总主编《中华野史·宋朝》第3册，泰山出版社1999年版，第259页。
④ （北宋）张唐英：《蜀梼杌》卷下，车吉心总主编《中华野史·宋朝》第3册，泰山出版社1999年版，第260页。

年（1157）九月，加封为"广祐英惠王"。孝宗乾道四年（1168）五月，加封"昭应灵公"。①高承《事物纪原》载："元丰时国城之西，民立灌口二郎神祠，云神永康导江广济王子，王即秦李冰也。《会要》所谓冰次子，郎君神也。"②可知两宋之际，李冰父子屡加敕封，其庙祀已经越出川界，渐次成为国家之神。

灌口二郎神在汴京受到崇奉，最初是因为人们祈水疗病，显灵京师。《灵惠侯进封灵惠应感公制》曰："近年京中人民，春夏间多疫疾，于灵惠侯请水，往往痊安，奉圣旨云云。尔父守蜀，建二江之利，功施于后世。尔亦以神显于西土，父子庙食，相传至今。比岁京师赖以为福，民罹札瘥，请祷辄应。夫有及人之功者，必飨爵秩之报。幽显虽异，朕何间焉？建尔上公，申锡嘉号。式从民志，以侈神休。宜特封灵惠应感公。"③政和七年（1117），二郎神降于京师，徽宗命有司于京师建神保观，"都人素畏事之，自春及夏，倾城男女，负土助役，名曰献土"④。

此外，阆州建有灵显庙，以供奉二郎。张浚作川陕安抚处置使，于阆州灵显庙祷神得梦，神言曰："吾昔膺受王爵，下应世缘，故吉凶成败，职皆主掌。自大观后，蒙改真人之封，名虽清崇而退处散地，其于人间万事，未尝过而问焉。血食至今，吾方自愧。"这位灵显真人，"俗谓二郎者是也"⑤。在这里，二郎神已为主掌人间吉凶成败的神，人们拜问祷福，灵验无比。

南宋范成大任四川制置使，曾去瞻仰过李冰父子。一是在离堆伏龙观，观中有孙知微所画壁画。范成大记述说："离堆者，李太守凿崖中断，分江水一派入永康，以至彭、蜀，支流自郫，以至成都。怀古对崖有道观，曰伏龙，相传李太守锁孽龙于离堆下。观有孙太古画李氏父子像。"二是在崇德庙。时范成大"出玉垒关，登山，谒崇德庙。新作庙前门楼，甚壮，下临大江，名曰都江"。崇德庙即今二王庙，始建于南齐武帝建武年间，剑南西川节度使李德裕于唐文宗大和年间重建。范成大曰："李太守庙食处也。"因李冰疏江驱龙，

---

① 刘琳、刁忠良、舒大刚、尹波校点总编辑：《宋会要辑稿·礼二十》第2册，上海古籍出版社2014年版，第1000页。
② （北宋）高承：《事物纪原》卷七，文渊阁《四库全书》本。
③ 《宋大诏令集》卷一三七，中华书局1962年版。
④ （南宋）洪迈：《夷坚丙志》卷九。
⑤ （南宋）洪迈：《夷坚丙志》卷一七。

有大功于西蜀，祠祭甚盛，"岁刲羊五万，民买一羊，将以祭，而偶产羔者，亦不敢留，并驱以享。庙前屠户数十百家，永康郡计至专仰羊税，甚矣其杀也"①。可见其时民间祭祀二王的庙会规模甚大，影响甚广。

从唐宋以来，川主、二郎神的崇拜风行巴蜀，影响甚广。陈祥裔《蜀都碎事》载："蜀人奉二郎神甚虔，谓之曰川主，其像俊雅，衣黄服，旁从扈立，擎鹰牵犬，然不知为何神。""上古禹治洪水，西南经界未尽。迨秦昭王时，秦蜀刺史李冰行至湔山，见水为民患，乃作三石人以镇江水，五石牛以压海眼，十石犀以压海怪，遣子二郎董治其事。因地势而利导之，先凿离堆山，以避沫水之害，三十六江，以次而沛其流。由是西南数十州县，高者可种，低着可耕，蜀中沃野千里，号为陆海。一日巡视水道，至广汉郡，游石亭江而上，故有马沼河之名。至后城山，遇羽衣徐谓李公曰：公之德泽，入于民也深矣。上帝有命来迎。遂升天而去。今祠岭之西，即后城治，上应毕宿。又有礼斗峰、升仙台之名，要非浪传也。事闻当宁，敕封昭应公。至汉时，加封大安王，以其大安蜀民故也。元至顺元年，更封圣德广裕英惠王，其子二郎神，封为英烈昭惠灵显仁佑王。而平武县玉虚观，有宋御制封二郎神碑，今见存可考。世以为姓张，又为天帝之甥，则流俗传讹也。"②

民众对二郎神的崇拜，更是到了狂热的程度，举凡驱傩逐疫、降妖镇宅、整治水患、节令赛会等各种民俗行为，莫不请二郎。由于朝廷的提倡，每年农历六月二十四，在灌口二王庙都有朝拜二郎神的盛大祭祀，有关的场景宋人多有记载。石介说："蜀人生西偏，不得天地中正之气，多信鬼巫妖诞之说。有灌口祠，其俗事之甚谨，春秋常祀，供设之盛，所用万计，则皆取编户人也。"③曾巩曰："蜀人岁为社会，以祀灌口。"④而且，灌口二王庙的结社祭祀，往往是带着刀枪，使用"戎械"。就是说，灌口二郎神祭祀活动，有大量的民众跨境从各地赶来参加，祭祀活动中民众使用军用武器、甲胄，并进行大规模的实兵演练。

---

① （南宋）范成大：《吴船录》卷上，《笔记小说大观》第9册，江苏广陵古籍刻印社1983年版，第132页。
② （清）陈祥裔：《蜀都碎事》卷一，《笔记小说大观》第17册，江苏广陵古籍刻印本1983年版，第298页。
③ （南宋）石介：《徂徕石先生文集》卷九《记永康军老人说》，中华书局1984年版。
④ （南宋）曾巩：《隆平集》卷八，文渊阁《四库全书》本。

其后，李冰父子又受到历代朝廷的敕封。元至顺元年（1330），封李冰为"圣德广裕英惠王"，封二郎为"英烈昭惠灵通显仁佑王"。清雍正五年（1727），加封李冰为"敷泽兴济通佑王"。至此，对李冰父子的信仰亦达到高潮，仅四川境内的川主庙已达一百七十二座，同祭李冰、李二郎或赵昱。

据嘉庆版《四川通志》《古今图书集成》等史籍所载，成都府西南有江渎祠，祀江渎之神、川主之神。城西南有川主庙，祀李冰，清雍正五年敕赐封祭。城东有二郎庙，祀李冰父子，雍正五年敕赐封祭。城西南有三公庙，祀李冰、文翁、张咏，明洪武中建。金堂县，每年六月二十四日为川主会，祭祀李冰。在灌县，除二王庙、伏龙观之外，城东能源乡西正街有川主庙，始建于清顺治年间，专祀李冰父子。在温江，六月六日至县西二王庙敬祝神诞，远近州县人民多携雄鸡至祠割而祭之。在新都、蒲江、邛州，六月二十四日为"川主辰"，是时士庶聚会庆祝，祭拜川主，亦赛青苗土地，谓之"青苗会"。在大邑，六月二十四日祭川主，如遇岁旱，各共迎川主祈雨，应则签点会首，演剧酬神，谓之"雨神"。在绵阳，二十六日民众于西乡龙门寺祀川主，鬻农器。在三台，渔民舟行者举行王爷庙之祀，王即蜀守李冰。在宜宾高场乡街村有川主庙，兴建于清咸丰年间。在叙州、隆昌、南溪，六月二十四日为川主会，祀蜀太守李冰及其子二郎。在纳西溪、合江、叙永、珙县、屏山等地，六月二十四日祀川主神。在乐山，城北一里的川主庙，祀李冰，明正统中知州冯志学建。又有罗汉村川主庙、谭坝川主庙，供奉二郎神像。此外，尚有轸溪川祖庙、太平乡川主庙、蔡金乡二郎庙、五通镇川主庙、牛华镇二郎庙、西溶镇川主庙等，皆供祀川主、二郎神。在犍为县城东有川主祠，清康熙六十年（1721）重建。洪雅县西龟都府，祀秦蜀守李冰。昭化川主庙，唐时建造，凡旱涝灾蝗，祷之必应，故士人四时祭之。丹棱县城大南街龙神祠，清光绪元年（1875）重建，中塑龙王，左右塑桓侯、药王、川主、二郎、土主、花卿像，每岁春秋仲月辰日致祭；县南的川主庙，祀李冰父子，清道光时里人朱绍光募修；县北石桥场的川主庙，清乾隆以来渐次增修，光绪年间复建。夹江县，六月二十四日，为川主会；县北有川主庙，祀李冰。县南的二郎庙，原名川主祠，康熙九年（1670）复建，祀李冰父子与赵昱。彭山县，六月二十四日为川主会，乡民演剧庆祝，必演戏数十部。井研县，六月二十四日为川主会，是期演戏，或三五日。合川县，六月六日称"王爷生日"。王爷者，秦蜀守李冰。近水业贾必祭之，或演戏，甚至逾旬。县属三江均有是庙，城居、乡居悉祭于家，是日备牲醮焉。江津县，六月二十四日祀川主。在重庆府南纪门内，有川主庙。涪陵县，六月二十四日祭川主李冰，每遇旱年，祷雨立应。万县、大宁县、奉节县、云阳县，乡村川主庙甚多，神为蜀守李冰或其子二郎。每年六月二十四日，川主诞辰，士庶庆祝。綦江县，六月二十四日就平地作坛，宰牲设醮，祀川主神。广安，六月二十四日举办川主会。西昌县，六月二十四日过街梁，迎川主神像巡街，观会者多自远而至。同日向晚，全县市村然火炬无数，大者高及长，小者五六尺。此外，亦有供奉赵昱的祠堂，如乐山龙圣祠，相传为唐太宗赐建，祀赵昱，以九龙滩斩蛟能御灾捍患祀之。城内高标山的土方祠，"明知州钟振改塑赵昱，貌以披发仗剑斩蛟时状耶"。洪雅县东有川主祠，祀隋太守赵昱。青神县东街川主祠，祀赵昱。洪雅县，六月二十四日，祀太守赵昱。

由于川主信仰的活动常常与民俗相结合，各地的川主庙、宫观是定期举行各种祭祀活动的主要场所。川主信仰的活动场所，主要是道教宫观，其名有川主庙、川主宫、川主寺、川主祠、川主殿等，多分布在岷江与大渡河流域，其中，以都江堰与乐山两地最为密集。现存四川地区祭祀川主的场所，多是修建于明清时期的建筑。祠庙中祭祀的神像，多是李冰或李冰父子。

随着四川移民的迁入、道教的传播，川主庙在南方各省都可以见到。尤其是在福建，由于福建民间"好巫尚鬼"，闽南地区多山地丘陵，每年因山洪引起的水灾频繁，闽南又属于沿海地区，百姓多依赖海上经商或出海捕鱼，二郎神作为镇水之神极容易被闽南地区的百姓接受。自明天启崇祯年间建造了祀奉二郎神的闽南灌口凤山祖庙以来，这一信仰随着郑成功的将士传播到了台湾。清咸丰年间，灌口小刀会起义失败，首领黄位和军需官黄志信逃亡南洋，也把二郎神信仰散播到了整个东南亚地区。自此二郎神成为闽南地区尤其是灌口、同安，中国台湾地区甚至是东南亚地区民间尊奉的水神。

值得关注的是，川主庙多与四川会馆关系密切。例如湖北荆州沙市解放路的川主宫，原是四川会馆，至今仍用川主宫命名。还有贵州铜川的川主宫，等等。羌族、白族历史上都有祭祀川主的习俗。在六月二十四日，传说是川主李冰的生日，在这一天要举行川主会，以寨为单位，祭奉川主。当天全寨休息，穿新戴花，唱歌跳舞，大办酒席，是规模最大的庙会。

川主、二郎神的崇拜，都起源于蜀中。因此，川主庙在过去各州府县以至乡镇，几乎触目皆是。川主一类的民间俗神，在川人中受到如此普遍信仰，可以说是宋元以来巴蜀民间信仰的又一特色。宋人曾敏行《独醒杂志》卷五说，永康军崇德庙，乃祠李冰父子也。李冰父子有功于蜀，蜀人至今德之。"祠祭甚盛，每岁用羊四万余。凡买羊以祭，偶产羊羔者亦不敢留。永康籍羊税以充郡计。江乡人今亦祠之，号曰灌口二郎。"①除了地方官员的祭祀外，川西数十县民众，纷纷牵着羊，背着香烛，络绎不绝地来到二王庙，敬献祭祀品，祈求保护。民间常以东岳炳灵太子为火神，而以灌口二郎神为水神，定于每年的六月二十四日进行祭赛。顾铁卿《清嘉录》卷六云，六月二十四日为二郎神生日，"患疡者拜祈于葑门内之庙，祀之必以白雄鸡。先夕，土人于庙中卖萤灯、荷花、泥婴者如市。蔡云吴歈云：巧制萤灯赛练囊，摩睺罗市见昏黄。儿童消得炎天毒，葑水湾头谢二郎"②。

五代高道杜光庭《广成集》中收录了许多祭祀川主的上章祈祷词，有川主太师北帝醮词、川主天罗地网醮词、川主醮九曜词、川主令公南斗醮词、川主周天南斗醮词、川主周天地一醮词、川主太师南斗大醮词、川主相公北帝醮词、川主相公周天后土诸神醮词、川主九星醮词、川主醮五符石文词、川主大王为鹤降醮彭女观词等。这些醮词主要是为王公大臣、信道民众修斋设道所作，为他们祈福消灾，延生保命。例如《川主太师北帝醮词》云："今以朱阳届候，赤帝司方。南风资长育之恩，四叙叶清和之节。蚕功将就，农务方繁，而疫疠兼行，钲鞞未止，民多殍仆，野困通逃。既投足无场，岂息肩有所。叨居盐护，实切忧伤。更因衙醮之辰，再布诚祈之恳。伏冀神兵助役，荡氛翳于郊畿；云骑腾威，扫疾疠于闾里。生灵有泰，远近无虞。昏雾永销，见三蜀山川之色；浮云自灭，开九天日月之光。厄运蠲平，灾危静息。常倾丹素，以副玄休。"③

三、民间信仰的川主、二郎

川主、二郎的信仰有着十分浓郁的巴蜀风俗特性。最初，川主李冰是作为一个治水英雄被后世所铭记。到宋代，李冰的次子二郎，成为神话传说中除水患的大英雄，被演绎成为二郎神，由国家祭祀推广到全国，影响力甚大。

---

① 车吉心总主编：《中华野史》第4册，泰山出版社1999年版，第2214页。
② 《笔记小说大观》第23册，江苏广陵古籍刻印社1983年版，第138页。
③ （五代）杜光庭：《广成集》卷七，《道藏》第11册，文物出版社、上海书店、天津古籍出版社1988年影印本，第264页。

孟元老《东京梦华录》卷八记载开封纪念二郎神生日盛况：六月二十四日，为川西灌口二郎生日，庆典在神保观（二郎庙）举办，"二十三日御前献送后苑作与书艺局等处制造戏玩，如球杖、弹弓、弋射之具，鞍辔、衔勒、樊笼之类，悉皆精巧。作乐迎引至庙，于殿前露台上设乐棚，教坊钧容直作乐，更互杂剧舞旋。太官局供食，连夜二十四盏，各有节次。至二十四日，夜五更争烧头炉香，有在庙止宿，夜半起以争先者。天晓，诸司及诸行百姓献送甚多。其社火呈于露台之上，所献之物，动以万数。自早呈拽百戏，如上竿、趯弄、跳索、相扑、鼓板、小唱、斗鸡、说诨话、杂扮、商谜、合笙、乔筋骨、乔相扑、浪子杂剧、叫果子、学像生、倬刀、装鬼、砑鼓、牌棒、道术之类，色色有之。至暮呈拽不尽。殿前两幡竿，高数十丈，左则京城所，右则修内司，搭材分占，上竿呈艺解。或竿尖立横木列于其上，装神鬼，吐烟火，甚危险骇人。至夕而罢。"①如此盛大的庆典在首都举行，可见二郎神的信仰十分兴盛。

不过，随着二郎神崇拜的兴盛，民间又演化出二位二郎。一为赵昱，一为杨戬。关于二郎赵昱，北宋初年已有传闻。据《龙城录》载："赵昱，字仲明。与兄冕，俱隐青城山，从事道士李珏。隋炀帝知其贤，征召，不赴，督让益州太守臧膑强起。昱至京师，炀帝縻以上爵，不就，独乞为蜀嘉州守。时犍为潭中有老蛟，为害日久，截没舟船，蜀江人患之。昱莅政五月，有小吏告昱，使人往青城山置药，渡江溺死者，没舟航七百艘。昱大怒，率甲士千人，及州属男子万人，夹江岸鼓噪，声震天地。昱乃持刀投水，顷江水尽赤，石岩半崩，吼声如雷。昱左手执蛟首，右手持刀，奋波而出。州人顶戴，视为神明。隋末隐去，不知所终。时嘉陵涨溢，水势汹然，蜀人思昱。顷之，见昱青雾中骑白马，从数尊者，见于波面，扬鞭而过，州人争呼之。太祖文皇帝赐封神勇大将军，庙食灌江口。岁时民疾病，祷之无不应。上皇幸蜀，加封赤城王，又封显应侯。"②《三教源流搜神大全》卷三称，在唐太宗封神以前，当地民众已为赵昱立庙于灌江口，俗曰灌口二郎。北宋真宗时，益州大乱，张乖崖奉旨入蜀治之，曾诣祠下求助于神，事后请皇帝追尊圣号，曰"清源妙道真君"。这些传闻，似将李二郎的事迹，演变为赵昱的神迹。同是治水，同是斩

---

① 车吉心总主编：《中华野史》第3册，泰山出版社1999年版，第1086页。
② 《龙城录》二卷，题柳宗元撰。宋、元人以为伪托，并非柳宗元所作，此书的编造大约是在北宋前期。

龙，同样受封，同样庙食灌口。于是人们难以辨别，统称其为二郎神。

《常熟县志》曰："开禧中（1205~1207）和州寇警，守臣梦白袍神谓曰：吾，隋人赵昱也。默为子助，子当益奋。屡战见神光烛寨前，跃白马空中，如梦状，因获破石矻达。寇大创引去，和州始安。守臣以状闻，封为王。今本邑以神平水患，凡遇水旱，请祷则应。神司水，而炳灵司火云。"①明黄仲昭《八闽通志》卷六十载：福宁州朝天坊，有土主七圣庙，供奉二郎神赵昱。这是南宋开庆元年（1259），知县李姓者，自蜀郡奉其香火至邑，邑人为其立祠。元至正十四年（1354），福宁州灾害大饥，赵昱化为商人，由湖广附米舟至指松山，以解地方之急，朝廷闻其神迹，加封"灵惠威正博济真君"，并重建庙宇。洪武五年（1372），草寇郑龙率三千余人犯境，守御百户宁祥仅六十余迎敌，"兵刃既接，贼见衣绯者率援兵至，逐惊溃，龙等卒就擒。十四年，处州寇作，百户张清祷于神，贼至长岭，望见骑士如林，遂不敢近。十七年，倭寇犯松山，炽甚，守卒无斗志。里人张子政祷于神，鼓勇而前，贼望风披靡。他若雨旸愆期，灾疫流行，随祷辄应。今州人皆敬事之"。南宋之际，传入江苏、福建的赵二郎，御敌抗倭，除疫禳灾，随祷辄应，俨然成为一方之保护神。

李、赵二位二郎的登场已十分热闹。然而，还有一位杨二郎。这一独特的文化现象，说明民间信仰的一体多元化。凭借神魔小说的力量，杨二郎成为明清以来人们最熟悉的"二郎神"。《西游记》第六回称他是"显圣二郎真君，见居灌洲灌江口"。《封神演义》更明指其名叫杨戬，是玉鼎真人的徒弟。远在北宋初期，"杨二郎"之说就已在民间流传，如《通幽录》即有卢顼之舅在塔上"与杨二郎双陆"等语，并谓杨二郎为神人，"出入如风如雨，在虚中。下视人如蝼蚁，命衰者则自祸耳"②。可知民间以二郎神姓杨，并非没有由来。

这个"杨二郎"又是谁呢？李思纯认为其原型是南朝时氐族的英雄人物杨难当，他是氐王杨盛的第二子，继承长兄杨玄之位，故在传说中称为二郎。历史上杨难当的统治中心在甘肃武都的仇池，曾据有宕昌之地，即今邻近灌口的松潘，还曾派兵深入川境。四川本是羌氐族旧地，容易慑服于他的兵威。于是

---

① 《古今图书集成》第49册，中华书局、巴蜀书社1985年影印本，第60251页。
② （北宋）李昉等编著：《太平广记》卷三四〇，文渊阁《四库全书》本。

由传说而信仰并立庙崇祀，便成为唐宋以来所谓灌口神的起源。[①]赵逵夫同意二郎乃氐族之神的看法，并且以丰富的史料证明，氐族先民最早生活在我国西北部，一直保持有"剠（黥）额为天"的习俗，即用刀在额上刻上痕迹，然后在伤口涂上墨，使长入肉中，形成永久的痕迹，看上去像一个竖起来的眼睛，即所谓"天眼"——这就是二郎神有三只眼的来历。[②]

另外，也有人提出"杨二郎"可能是"羊二郎"之谐音。如黄芝冈认为灌口二郎的原型是古羌民祖先神大禹，杀羊祭神是羌人的习俗。再证以《博物志》"川西杨姓为羊化子孙"的传说、无义可释的川地羊名（羊蒙山、羊渠县、羊飞山）以及范石湖《离堆诗序》所称"民祭赛者率以羊，杀羊四五万计"的一种祀神习俗，更可推知川中杨姓大都是移入农耕地域的禹裔牧羊民族羌人所改，且能证明无论什么形象或姓氏的灌口二郎神，都是羌氐人始祖大禹的变体。[③]李思纯亦有相似的见解，但他推测灌口二郎最初应是羌氐族的牧神兼猎神。射猎必须携带弓矢与猎犬，故唐末五代的灌口神是披甲胄持弓矢的，明朝小说中二郎神驾鹰牵犬的造型，或由此嬗变。东汉以还，氐人由今陇南扩散到川北、西康，这一带不仅二郎神的庙很多，以"二郎"名山者也很多，最著名的便是康定的二郎山。《邛崃县志》卷三记"蜀中古庙多蓝面神像……头上额中有纵目"，反映了氐人宗教的遗存。唐以后，氐人逐渐融合于汉族和藏族，氐族的三目祖先神也随之成了道教神系中的成员，成为民间信仰广泛崇拜的二郎神。

概而言之，川主原指修建都江堰的蜀郡守李冰，后衍化为李冰次子，俗称灌口二郎。由于朝廷的推崇与民间信仰的相互渗透，灌口二郎神又分化出多神，如赵昱、杨戬。其中清源妙道真君赵昱，又成了梨园业的戏神、祖师。戏剧家汤显祖《宜黄县戏神清源师庙记》说："奇哉清源师，演古先神圣八能千唱之节，而为此道。初以爨弄参鹘，后稍为末泥三姑旦等传奇，长者折至半百，短者折才四耳。予问清源，西川灌口神也，为人美好，以游戏而得道，流次教于人间，迄无祀者。子弟开呵时一醪之，唱啰哩嗹而已。予每为恨。诸生诵法孔子，所在有祠；佛老氏弟子各有其词。清源师号为得道，弟子盈天下，

[①] 李思纯：《江村十论·灌口氐神考》，上海人民出版社1957年版。
[②] 赵逵夫：《三目神与氐族渊源》，《文史知识》1997年第6期。
[③] 黄芝冈：《大禹与李冰治水的关系》，《说文月刊》第2卷第1期。

不减二氏，而无祠者，岂非非乐之徒，以其道为戏相诟病耶。"①

以灌口二郎清源真君作戏神，主要有几个原因：一是二郎神武艺高强，传说他下水斩蛟，为民除害。现存三本有关二郎神的元明杂剧中，他都是驱邪院主真武大帝的部属。汤显祖《宜黄县戏神清源师庙记》说："人有此声，家有此道，疫疠不作，天下和平。"以他为戏神，能体现戏剧的逐疫功能。其二是二郎神为艺人崇敬的对象，《东京梦华录》记载：每逢灌口二郎生日时，诸色百戏艺人都要上演杂剧、舞蹈以示祝贺。这种习俗至今在江西南丰县上甘村仍然流传。李渔《比目鱼》传奇中，亦提到了戏曲的祖师爷，他说："凡有一教，就有一教的宗主。二郎神是我做戏的祖宗，就像儒家的孔夫子，佛教的如来佛，道教的李老君。我们这位先师极是灵显，又极是操切，不像儒释道的教主，都有涵养，不记人的小过。凡是同班里面有些暗昧不明之事，他就会察觉出来，大则降灾降祸，小则生病生疮。你们都要紧记在心，切不可犯他的忌讳！"②

清道光修纂《遵义府志》记载："歌舞祀三圣，曰阳戏三圣，川主、土主、药王也。"所谓的阳戏，是一种假面傩戏。傩，是古代民间逐疫驱邪的一种巫术仪式。由于傩仪中人们头戴面具，装扮成各种威慑精怪的神灵形象，"傩"仪中实际上已经包含了戏剧行为，所以"傩戏"之名也就相应产生了。在各地流行的傩祭、傩戏中，二郎神即是傩坛主神。如安徽贵池清溪乡的叶、康、程、杨、汪诸姓家族的傩舞演出，第一个舞蹈便是戴二郎神面具的《舞衮灯》。

四川傩戏遍布巴山蜀水，千姿百态，名称繁多，有"庆坛""阳戏""傩愿戏""梓潼戏""师道戏""鬼脸壳戏"等称谓，合江则称"赵侯坛"或"端公戏"。赵侯坛是属庆坛类傩戏，它以赵昱为坛神。因赵昱历史上曾封侯，故尊称赵侯。赵侯坛长期来流行于合江县境内。合江是水路要道，境内江河遍布，因此极为崇拜斩蛟治水的赵昱。每届岁暮，人乐余羡，用巫者拔除邪祟，鸣锣、击鼓、吹角、男扮女装、歌舞达旦，名曰庆坛。庆坛时，在坛场正中立"正一玄皇上赵侯圣主"字牌，隆重祀之。

元明以来的戏曲、小说中，几乎没有把二郎神写成是李冰第二个儿子的，

---

① 徐朔方笺校：《汤显祖集》，上海古籍出版社1982年版，第1128页。
② （清）李渔：《李渔全集》卷五，浙江古籍出版社1991年版，第126页。

唯一的例外是杨潮观的《灌口二郎初显圣》杂剧。杨潮观于清乾隆时曾在四川邛州当知府，他对流传在川西一带的二郎神传说十分熟悉，故写《灌口二郎初显圣》，题目作"李郎法服猪婆龙"，写蜀郡太守李冰开凿离堆，龙婆龙子寻衅与李冰厮杀。李冰的儿子二郎纵鹰犬助战，终于擒获了猪龙婆母子，将龙婆用铁链锁在离堆下面，"要他约勒江沙，深无至眉，浅无至足"，又令龙子"攻开东岸，分水内江，使千里荒芜，变成沃野，永为天府之土"，灌溉农田。剧中写二郎斩蛟治水有功，蜀人尊为川主，奉为二郎真君，始终与治水造福于民紧紧结合，记录了巴蜀民众对川主、二郎的永久纪念。

第七节　巴蜀地区的十殿冥王信仰

"十殿冥王"的信仰，是指崇信和设斋供养冥界十王，以祈求死后免受地狱之苦，转生极乐世界的信仰和修持活动。所谓"十殿冥王"，又称"十殿阎王""十殿阎君"等，他们为冥界的主宰，负责对亡灵的审判、安置。十王信仰兴起于晚唐、五代，一直持续到今天，成为我国民间信仰的主要组成部分，其六道轮回、因果报应的说法深刻影响着国人，为亡人作七七斋、周年斋、三年斋直至今日还在我国民间流传，是民间极为重要的一种风俗习惯。从最早记载"十王"的唐代藏川《十王经》，到清代《玉历至宝钞》；从追荐亡者、修法追福的七七斋，到赦罪济幽、普度亡灵的中元会，形象生动地展示了中国民间十王崇拜的历史场景。

一、冥王信仰的渊源与演变

十殿冥王信仰形成，主要缘于佛教地狱思想、因果报应思想、三世轮回思想与中国传统的鬼神魂魄思想之结合。在佛教地狱思想传入以前，虽无地狱之说，但却有着非常丰富的冥间鬼神魂魄思想，人们普遍相信人死之后灵魂不灭，相信灵魂有超人的能力并因之举行种种礼拜活动，如招魂、赶鬼、丧葬仪式、祭祖，等等。《礼记·祭法》曰："大凡生于天地之间者，皆曰命。其万物死皆曰折，人死曰鬼。"古人认为人死后灵魂不灭，此不灭之灵魂即鬼。人们对死者进行安葬和祭祀，就是为了使死者的灵魂得到安定的归宿。

从秦汉以来，民间信仰中就有人死后魂归泰山之说。《后汉书·乌桓传》曰："中国人死者，魂神归岱山也。"《后汉书·方术传》中许峻自云："少尝笃病，三年不愈，乃谒泰山请命。"李贤注曰："太山主人生死，故诣请命也。"魏晋南北朝时期，有关泰山"归魂""招魂"的记载就更多了。《三国志·方技传》管辂谓其弟曰："但恐至泰山治鬼，不得治生人，如何？"张华《博物志》载："泰山，一曰天孙，言为天帝孙也。主招人魂魄。东方万物始成，知人生命之长短。"①

佛教传入中国后，很快就吸收了泰山"归魂""招魂"的功能，将其融入佛教的地狱之说中。康僧会、竺佛念等将《六度集经》《出曜经》等经中的地狱译作"泰山"，或直称"泰山地狱"，用泰山取代地狱，使地狱思想为国人逐渐接受。如三国时康僧会译《六度集经》卷六载："众生魂灵为天、为人，入太山、饿鬼、畜生道中。福尽受罪，殃迄受罪。"佛教地狱思想与中国传统鬼魂思想互相影响，使中国的鬼魂思想发生了急剧变化。例如，原来中国的"鬼魂"是不会转生的，而这时也吸收了印度佛教中的轮回转生思想；中国的"鬼魂"虽归"黄泉"，但不入"地狱"，而这时却接受了罪人死后要进入地狱之说；中国对先祖的祭祀等活动，更多地表现为尊敬和祈求，得到祖先灵魂的护佑，而佛教的"祭祀"，往往以"法会"的形式出现，更多地倾向于拔除亡人之罪，使先祖免遭地狱之苦；中国更为重视对鬼魂"后世"的安排，故厚葬成风，而印度佛教则把更多的希望寄托于"来世"。②

在印度，佛教未产生前就已有地狱观念，佛教兴起之后，吸收了其他教派的思想，"地狱思想""因果报应""六道轮回"成为佛教的基本教义。佛教传入中国后，这些思想也随着佛经的翻译而传入。东汉即有安世高译《佛说十八泥犁（地狱）经》《佛说罪业应报教化地狱经》《佛说鬼问目连经》等。魏晋南北朝以来直至唐代，有关地狱的佛经翻译更多，如《经律异相》《大乘义章》《法苑珠林》等中国僧侣的撰述中均有专门章节综合描述地狱情况。这些经典记述了各种地狱及在地狱中众生所受的痛苦，有斧斫锯锯、山压石磨、火烧水煮、刀山剑树、油炸铁烙等种种残忍的酷刑，使人不寒而栗。

佛教地狱思想与中国传统民间信仰经过碰撞、影响，渗透融合，使地狱思想愈来愈丰富，并逐渐深入中国民心，石窟、寺院等地也相应地出现了大量表现地狱的题材。依据佛籍用绘画或雕塑形式表现地狱景象，称为"地狱变

---

① 车吉心总主编：《中华野史》第1册，泰山出版社1999年版，第725页。
② 杜斗城：《敦煌本佛说十王经校录研究》，甘肃教育出版社1989年版，第160页。

（相）"。地狱变起源于印度，北凉昙无谶译《大方等大集经》卷三一提到了"地狱像"："世尊，我于彼土现白衣像，为诸众生宣说法要，或时现婆罗门像，或刹利像，或毗舍像，或首陀像……畜生像、饿鬼像、地狱像，为调众生故。"唐义净译《根本说一切有部毗奈耶杂事》中就记载了在寺院中绘地狱变："于门两颊应作执杖药叉，次傍一面作大神通变。又于一面画作五趣生死之轮，檐下画作本生事，佛殿门傍画持鬘药叉。于讲堂处画老宿苾刍宣扬法要。于食堂处画持饼药叉。于库门傍画执宝药叉。安水堂处画龙持水瓶着妙璎珞。浴室火堂依天使经法式画之，并画少多地狱变。"

随着佛教在中国的兴盛，地狱思想为民众普遍接受，雕绘地狱变相自然也在中国兴起。唐张彦远《历代名画记》中就有关于当时寺院绘地狱变的多处记载：张孝师于慈恩寺塔之东中门外偏、三阶院东壁、净法寺殿后画地狱变；吴道子于景公寺、洛阳福先寺画地狱变；卢楞伽于化度寺画地狱变；陈静眼于宝刹寺西廊画地狱变。朱景玄《唐朝名画录》记载："吴生画此寺地狱变相时，京都屠沽渔罟之辈，见之而惧罪改业者，往往有之，率皆修善。"[1]段成式《寺塔记》亦载："长乐坊赵景公寺……吴道玄白画地狱变，笔力劲怒，变状阴怪，睹之不觉毛戴，吴画中得意处。"[2]从以上记载中，唐代地狱变之流行及对世人之影响可见一斑。

与地狱思想有关的因果报应、六道轮回思想作为佛教的基本思想，则于南北朝时就有所表现。梁武帝萧衍集《慈悲道场忏法》中已有阎罗王、泰山府君和五道大神的组合："阎罗王、泰山府君、五道大神、十八狱主并诸官属，广及三界六道。"陕西省富平县北魏太昌元年（532）樊奴子造像碑背面下部，刻有阎罗王与五道大神图像。阎罗坐帐中审案，前有羊、狗跪地申诉，立柱上有罪者受刀割之刑，还有罪魂戴枷前来。五道大神则坐于胡床上，手中拿戈，面前有数道云气表五道轮回，其上层有飞天、人、驼表示天道、人道、畜生道，地狱与饿鬼道中形象较为模糊。其阎罗王与五道大神名号皆有榜题。这是现存最早的有关轮回及阎罗王、五道大神审案的图像了，说明此一时期阎罗王、五道大神已组合在一起。

初唐《齐士员献陵造像碑》石座右侧刻阎罗王断案的图像及冥律，阎罗

---

[1] 车吉心总主编：《中华野史》第2册，泰山出版社1999年版，第511页。
[2] （唐）段成式：《寺塔记》卷上，人民美术出版社1964年版，第8页。

侧身坐于案后，头束发，蓄髯须，右手前伸，作断案之状。案侧一侍从持华盖，前有一吏曲身递上案卷。案前有两组戴枷罪人，一组四人面向阎王而立，等待审判；另一组为二狱吏押一囚，背向阎王，似审后正欲离去。左上立有四僧人，下面有鼠、狗、鹰、鹿、虎、猪、兔、鸡、狼、羊等禽兽，也戴枷至阎王前候审。所刻冥律中有"王教遣左右童子，录破戒亏律道俗，送付长史，令子细勘。当得罪者，将过奉阎罗王处分……并枷送入十八地狱，受罪讫，然后更付阿鼻大地狱"[①]。唐善无畏等译《阿咤薄俱元帅大将上佛陀罗尼经修行仪轨》亦曰："天曹天府、太山府君、五道大神、阎罗大王、善恶童子、司命司录。"

显然，十王信仰中的泰山王即由太山府君演变而来，五道转轮王即是五道大神、五道将军与转轮圣王之结合转化。阎罗王、泰山王、五道转轮王的三王组合在唐代写经题记、驱傩文、破魔变文、受八关斋戒文、十斋日等有关文献中频频出现，显示了此三王组合的重要性。三王组合的时代跨度大，影响面广，渗入社会层次深，十王信仰就是以此三王为核心而不断演进形成的。

随着佛教不断中国化、本土化，佛教的地狱思想与中国传统鬼神信仰经过长期的融会、发展，使我国冥报思想不断发展、完善，志怪小说与宣扬因果报应的说教合流，促使感应、灵验故事等佛教外典以及表现冥报思想的俗文学题材和传说广为流传。许多灵验记、因缘故事和传说中记述了大量冥间的应报故事及冥府组织体系，如僧祥《法华传记》《华严游意》，法藏《华严经传记》，怀信《释门自镜录》，唐临《冥报记》，段成式《酉阳杂俎》，此外还有《黄仕强传》《唐太宗入冥记》《道明还魂记》等，突出表现了佛教的中国化与世俗化，反映了冥界组织体系和图像内容的成熟。

二、佛道融合的十王信仰

十王信仰的出现与形成，又与对佛教的地藏王菩萨、道教的太一救苦天尊的崇拜有着直接的联系，并与四川有着非常密切的关系。地藏信仰开始于姚秦时期，经信行禅师三阶教推波助澜，以及历代净土祖师关于净土思想的宣扬，净土地狱思想深入人心。净土地狱思想兴起的同时，地藏信仰流行起来。晚唐

---

① 张总：《初唐阎罗图像及刻经——以〈齐士员献陵造像碑〉拓本为中心》，《唐研究》2000年第6卷。

时期,《十王经》的出现使得地狱由地藏菩萨与地狱十王同时掌管。地藏菩萨从此称作"地藏王"。地藏信仰的思想体系包括了因果报应、净土地狱、六道轮回、佛力救赎等。

然而,十王名字并非舶来,在梵文经典中不见记载。志磐考辨十王的来历,仅指出六人:"世传道明和尚,神游地府,见十王分治亡人,因传名世间,人终多设此供。十王名字,藏典传记可考者六。阎罗、五官二名,见三长斋引《提谓经》。平等,《华严感应传》郭神亮为使者,追至平等王所,因诵人欲了知四句偈,得放回。泰山,《译经图纪》沙门法炬译金贡《泰山赎罪经》《孝经援神契》泰山天帝孙,主召人魂。初江,《夷坚志》池州郭生梦入冥府,王揖坐谓曰:我是西门王郎。冥司录我忠孝正直不害物,得作初江王一纪。秦广,《夷坚志》南剑陈生既死,其弟之女见二鬼导至宫殿,曰秦广王也。王谓女曰:欲救伯若,可转《八师经》。女寤,家人来得经,请僧诵千遍,兄梦弟来谢曰:已获生天。"①

今传世的二种《十王经》,一为《佛说地藏菩萨发心因缘十王经》,一为《佛说预修十王生七经》,两本皆题为"成都府大圣慈恩寺沙门藏川述"。前者简称《地藏十王经》,其内容偏重度亡;后者简称《佛说十王经》,其内容偏重生人预修。成都府大圣慈寺始建于唐肃宗至德二年(757),是成都唐宋时期最具有代表性的寺院之一,也是当时蜀中佛教艺术品积聚的地方,寺中拥有佛像千余尊,神佛画像及经变等一万四千壁,其中不乏地狱变相题材的壁画。巴蜀许多有名的大画家都曾在此留下笔墨。《益州名画录》中有记载的唐代从事佛画创作的画家多达三十四人,明确提到作地狱变相壁画或意欲作画的有二人:左全于大圣慈寺多宝塔下,"仿长安景公寺吴道玄地狱变相";竹虔闻成都创起大圣慈寺,"欲将吴道玄地狱变相于寺画焉"。可惜吴道子及左全的壁画都已消亡,幸而后来四川地区的造像多参照大圣慈寺壁画,所以壁画中的地狱变相是可以在造像中找到原形的。蜀本《佛说十王经》也早已遗失,只能从敦煌本《佛说十王经》插图中遥想当年壁画的大概情况。

四川在唐代刊书史上占有重要地位,向达先生在《唐代刊书考》一文中提到:"卡德据此,遂谓此种单片之发愿文既甚简率,则雕印之卷子本或系来自

---

① (南宋)志磐:《佛祖统纪》卷三三,苏渊雷、高振农选辑《佛教要籍选刊》第12册,上海古籍出版社1994年版,第195页。

四川，而发愿文则刊于敦煌也。由此推论，又可见在《金刚经》刊印以前，中国本部雕印书籍之业已盛，敦煌不过汲其余波，方在创始耳。然而其间过渡之迹，则于兹显然可睹矣。今按卡氏所论不尽无据。巴黎藏有广政十年写本《维摩诘经讲经文》第二十卷，书于西川之静真禅院，流传至敦煌之应明寺，是为敦煌与蜀中文化交流之证。"[1]考证虽不能详尽，但已可看出四川与敦煌在文学艺术上的交流甚密。那么《佛说十王经》中十四幅"地藏十王地狱变相"插图不排除模仿蜀本，或直接来源于蜀的可能性。

在《佛说十王经》中，假托"佛说"，勾勒出一个较为完整的地狱构造。经中叙述释迦如来为诸大菩萨、阎罗天子、太山府君、司命、司录、五道大神、地狱官等说法，并为阎罗天子授记，将来当作佛，佛名普贤王如来，国名华严，并告诉大众，造此经及修生七斋、荐拔亡魂，有诸多功德。由于此经除荐拔亡魂外，也可以预为自己死后救赎用，所以经名有"预修"及"生七"等词。所谓"生七"，是指活着的人为自己做七，在每月的十五日及三十日两天持斋，"供养三宝，祈设十王，修名纳状，奏上六曹，善业童子，奏上天曹、地府官等，记在名案，身到之日，便得配生快乐之处，不住中阴四十九日，不待男女追救，命过十王"，"修斋造福，荐拔亡人，报生养之恩。七七修斋造像，以报父母，令得生天"[2]。

《地藏十王经》谓十殿阎王是十大佛菩萨所化，第一殿秦广王为不动如来，第二殿初江王为释迦如来，第三殿宋帝王为文殊菩萨，第四殿五官王为普贤菩萨，第五殿阎魔王为地藏菩萨，第六殿变成王为弥勒菩萨，第七殿太山王为药师如来，第八殿平等王为观世音菩萨，第九殿都市王为阿閦如来，第十殿五道转轮王为阿弥陀佛。家属荐拔亡魂，则是在亡人死后的头七、二七、三七、四七、五七、六七、七七、百日、一年、三年等特定日子中，修斋造福，写经造像，便可拯救亡魂出离地狱。

佛教经典中，原来并没有救度亡魂的科仪，更没有预修生七斋之说。据萧登福先生考证，藏川《十王经》中的观念与科仪，实由受六朝太乙救苦天尊地狱救赎相关的道经影响而来。六朝道经《太上洞玄灵宝业报因缘经》卷八叙述人死后，天神下临检校善恶，家属若能为之设斋行道，礼诵忏悔，则可以度

---

[1] 向达：《唐代长安与西域文明》，河北教育出版社2001年版。
[2] （唐）沙门藏川述：《佛说地藏菩萨发心因缘十王经》，《卍新纂续藏经》第150册。

亡生天。其曰："若天命将终，天筭将尽，不可救拔，舍身太阴，临终之时，为其发愿忏悔，舍施衣服卧具，所有资财，受戒忏悔，最得功德，不可思议。即从初亡至七日以来，造经造像，设斋行道，礼诵忏悔，烧香燃灯，放生赎命，济度贫穷，昼夜相继，开度亡人，克得生天。所以者何？夫人欲亡，乃至七日以来，诸天童子，四司五帝，三界官属，齐来监临，按检罪福，列奏天宫。吾遣七神童子复来检行，定其善恶，配注生门。善即生天，福流子孙，使见在安乐，无怖无畏，家宅清净，所为皆吉。恶即受罪，殃流生人，死亡疾病，坎坷官灾口舌，种种恐怖，惑乱生人。凡所施为，皆悉不利。是故七日之内，开度最急，过是之后，每至七日，是其童子领录亡人魂魄，来到家中，案行罪福。七七之后，五天将军下摄其魂，九土使者来取其魄；将军欲其生天，使者欲其入地；五日一下，较量罪福，福多者则生天堂，罪多者则入地狱。凡善恶两神，十日一下，考较善恶，定其罪福。是故亡人从初亡一七、二七，乃至七七、百日，家中亲眷当须开度，令生善处，得见安乐。作此功德，最为第一。即初亡一七，造救苦天尊一身，写此经一部，造灵旛一口，燃灯七卮。至二七，造天尊二躯，写经二部，造旛二口，燃灯二七卮。计七日，造像七躯，写经七部，造旛七口，燃灯四十九卮。计日加之，至百日，造百躯，写经百部，及转经百遍，造旛百口，燃灯七百卮也。虽则百千万亿经像旛灯，要以七数之。若贫穷之人，随其分力，皆就七、百日也。"①

显然，经中所言在亡者一七至七七至百日间，天神将下临，检校亡魂功德，较量罪福，此时如家属为亡魂设斋礼诵，就可"开度亡人，克得生天"的说法，后为藏川所沿承并发扬。藏川的两种《十王经》，可说和六朝道教地狱救赎法门有着密切关系。"藏川两种《十王经》以地藏为地狱主神，其撰成应是受自六朝道教太乙救苦天尊地狱救赎思想的影响，藏川将道教太乙救苦天尊的神格转移至地藏身上"②，并杜撰出十殿阎王来管辖地狱。其十殿阎王的故事，从此影响民众甚深。

至宋辽之际，又有道士淡痴，据藏川十殿阎王之说，以亲身入冥界的方式，来叙述地狱十王殿情形，而撰成《玉历至宝钞》。据汤济庵《类书仙释编》载，淡痴乃北宋真宗朝时人，心存普救，志切度亡，铁杖芒鞋，云游天

---

① 《道藏》第6册，文物出版社、上海书店、天津古籍出版社1988年影印本，第119页。
② 萧登福：《道佛十王地狱说》，台北新文丰出版公司1996年版。

下。"偶以肉身，进入地府，《玉历》一书，实其亲受于冥王。传之人间，劝化世俗。后白日乘云上升，封洪济真人。常骑驴行江浙村市间，人多见之。其弟子勿迷，亦复得悟真诠，能摄元神，不食烟火者十年，无疾坐化。"①清李宗敏《考核玉历志》亦言，此书为淡痴著，有宋版旧本，流行四川，"淡痴必辽邦人，故称时天下太平。弟子勿迷，或居中国，其曰戊申云游四川"，得遇淡痴，以传其书。②

书中将地藏菩萨说成是"幽冥教主"。其云："幽冥教主地藏王菩萨诞辰，诸神恭祝。菩萨大发慈悲曰：我欲超度众生，将诸鬼犯各罪分别赦宥，或减等放，令往生六道。奈为善者少，作恶者多，阴司刑酷难逃，当另细细较核。如有犯过能悔，或于阳世曾转劝作一二善事者，从宽量减抵免。"③其中所言的天堂地狱架构，依次为玉皇大帝、酆都大帝、地藏菩萨、十殿阎王、城隍、土地、判官、日夜游神、门神、灶神、鬼卒等。于是大量的道教神祇及民间信仰神祇，融入十王信仰之中。

《玉历至宝钞》中关于冥界十王的内容为：

冥界地狱的第一殿，殿居大海沃燋石外，正西方为黄泉黑路。此殿由秦广王主司，管理人间寿夭生死册籍，统管幽冥吉凶鬼判。人死后在头七天时，亡魂被驱赶至此处，接受审讯。

冥界地狱的第二殿，由楚江王司掌。位于大海之底，正南沃燋石下。又称活大地狱，此地狱纵广五百"由旬"④。另设十六小狱，黑云小地狱、粪尿泥小地狱、五义小地狱、饥饿小地狱、燋渴小地狱、浓血小地狱、铜釜小地狱、多铜釜小地狱、铁铠小地狱、幽量小地狱、鸡小地狱、灰河小地狱、斫截小地狱、剑叶小地狱、狐狼小地狱、寒冰小地狱。人死后在第十四天渡过奈河津，有翁婆二鬼刑虐亡魂，驱策至第二殿楚江王处。

冥界地狱的第三殿，宋帝王司掌。位于大海之底，东南沃燋石下。又称黑绳大地狱。此地狱亦广五百由旬。另设十六小地狱，咸卤小地狱、麻缧枷纽

---

① 《藏外道书》第12册，巴蜀书社1992~1994年影印本，第799页。
② 《藏外道书》第12册，巴蜀书社1992~1994年影印本，第803页。
③ 《藏外道书》第12册，巴蜀书社1992~1994年影印本，第796页。
④ "由旬"为古印度长度单位，佛学用语，梵语"yojana"之音译。一由旬相当于一只公牛挂轭走一天的旅程。据《大唐西域记》载，旧传一由旬为四十里，印度国俗为三十里，佛教为十六里。其和现代单位的换算不明确，但一般认为一由旬等于十三至十六公里。

小地狱、穿肋小地狱、铜铁刮脸小地狱、刮脂小地狱、钳挤心肝小地狱、挖眼小地狱、铲皮小地狱、刖足小地狱、拔手脚甲小地狱、吸血小地狱、倒吊小地狱、分髃小地狱、蛆蛀小地狱、袭膝小地狱、飑心小地狱。人死后在第二十一天时，进入第三殿宋帝王处，被恶猫、大蛇所啮咬。

冥界地狱的第四殿，五官王司掌。位于大海之底，正东沃燋石下。又称合大地狱。此地狱亦广五百由旬。亦另有十六小地狱，沓池小地狱、炼竹签小地狱、沸汤浇手小地狱、掌流液小地狱、断筋剔骨小地狱、锯肩刷皮小地狱、鍴肤小地狱、蹲峰小地狱、铁衣小地狱、水石土瓦压小地狱、剽眼小地狱、飞灰塞口小地狱、灌药小地狱、油荳滑跌小地狱、刺嘴小地狱、碎石埋身小地狱。死亡的第二十八天，进入第四殿五官王处。此处有秤量舍和勘录舍：秤量舍有"业秤"，称量亡人善恶业；勘录舍则有冥官、善恶童子，载录生前所行善恶。

冥界地狱的第五殿阎罗王，又称阎罗天子，这是名声最大的阎王。原居第一殿，因可怜屈死鬼魂，屡放还阳申雪，由此被降调。五殿位于大海之底，东北沃燋石下。又称叫唤大地狱。并管十六诛心小地狱，小地狱内，各埋木桩，铜蛇为炼，铁犬作墩，捆压手脚，刀剖脐痕，钩出其心，血滴惨魂，心使蛇食，肠给犬吞。亡后的第三十五天，进入第五殿阎魔王国。阎罗王是地狱中的最高主宰，地藏王的化身。国中有檀荼幢，上有人头形，能见人间所行一切，而善恶童子，系与人同生的俱生神，也称为左右双童，左记恶，右记善，共同向阎王禀奏。国中又有业镜，鉴照亡魂生前所行一切事迹。阎罗王告诉世人，必须在三长月、十直斋日持斋念佛，并备钱、幡、水果，向北醮祭，诵念阎罗王，如此可以延寿，削死籍，着生簿，可以免于横死。经中并叙述阎罗王即是地藏菩萨悲愿所化，目的在渡无佛世界的地狱众生，因而地藏蒙佛授记，将来做佛。

冥界地狱的第六殿，卞城王司掌。位于大海之底，正北沃燋石下。又称大叫唤大地狱。广大五百由旬。四围复另设十六小地狱，常跪铁砂小地狱、屎泥浸身小地狱、磨摧流血小地狱、钳嘴含针小地狱、割肾鼠咬小地狱、棘网蝗钻小地狱、碓捣肉浆小地狱、裂皮既擂小地狱、衔火闭喉小地狱、桑火烘小地狱、粪污小地狱、牛雕马躁小地狱、绯窍小地狱、头脱壳小地狱、腰斩小地狱、剥皮揎草小地狱。亡魂在死后第四十二天，进到此处，接受审判。

冥界地狱的第七殿，泰山王司掌。位于大海之底，西北沃燋石下。又称热恼大地狱。周围广五百由旬。并另设十六小地狱，槌䩙自吞小地狱、笞腿火逼坑小地狱、胸小地狱、杺杈抗发小地狱、犬咬胫骨小地狱、顶石蹲身小地狱、头顶开额小地狱、燠痛狗墩小地狱、皮猪拖小地狱、貓鸮上下啄咬小地狱、吊筜足小地狱、拔舌穿腮小地狱、抽肠小地狱、骡踏杈嚼小地狱、烙手指小地狱、油釜滚烹小地狱。亡魂在七七四十九天时，来到此处，接受审判。

冥界地狱的第八殿，都市王司掌。位置大海之底，正西沃燋石下。又称大热恼大地狱。狱纵广五百由旬。另设十六小地狱，车崩小地狱、闷锅小地狱、碎剐小地狱、孔小地狱、剪舔小地狱、常圍小地狱、断肢小地狱、煎脏小地狱、炙髓小地狱、爬肠小地狱、焚膲小地狱、开膛小地狱、剐骨小地狱、破顶橇齿小地狱、捆割小地狱、钢义小地狱。亡魂死后百日时，经过第八殿，接受审判。

冥界地狱的第九殿，平等王司掌。位于大海之底，西南沃燋石下。又称阿鼻大地狱。闤密设铁网，周广八百由旬。另设十六小地狱，敲骨灼身小地狱、抽筋擂骨小地狱、鸦食心肝小地狱、狗食肠肺小地狱、身溅热油小地狱、脑箍拔舌拔齿小地狱、取脑猬填小地狱、蒸头刮脑小地狱、羊搐成盐小地狱、木夹顶髓小地狱、磨心小地狱、沸汤淋身小地狱、黄蜂小地狱、蚁蛀熬耽小地狱、蝎钩小地狱、紫赤毒蛇钻孔小地狱。亡魂死后一年，经过第九殿，接受审判。

冥界地狱的第十殿，转轮王司掌。殿居幽冥，沃燋石外，正东直对世界五浊之处。设有金、银、玉、石、木板、奈何等桥六座，专司各殿解到鬼魂。死后的第三年，经过第十殿转轮王，进入六道轮回，转世投胎。

在纠察人间、冥界善恶的同时，《玉历至宝钞》时时贯穿着劝善的思想，使得该经在宋代成为人间救赎、劝善度亡的工具。人们相信该经中所述各殿审判酷刑，在人间注重自己的行为规范，中元节、亡者七七持斋，做法事，从而达到亡者安息、生者死后不为酷刑折磨的目的。这样就赋予了《玉历至宝钞》预修、度亡以外的社会功能——劝善。这也是该经中详细描述道士淡痴入冥，经历各殿，所观所感记录的地狱十王殿善恶赏罚的目的。

《玉历至宝钞》还解决了佛教地狱主宰说上的矛盾，收录了道教冥界的最高神酆都大帝。酆都大帝统辖整个冥界，立佛教地藏菩萨为幽冥教主，在十王之上；最后置玉皇大帝于酆都大帝之上，让地狱附属于天堂之管辖，融会了佛道两教的鬼神。其描述的地狱情形已经深入民心，满足了广大信徒的心理，成为人民的普遍信仰。此际，对十王的信仰大量以宝卷、水陆画、石窟造像的形式表现出来。宝卷以说唱文学的形式杂采民间故事，宣扬十王、地狱救赎的思想。而用于祭祀的佛道水陆画，更以生动形象的艺术方式来表现十王信仰。

现存"地藏十王地狱变相"题材的作品有：敦煌本《佛说十王经》中的插图（五代）；敦煌壁画十二铺，都为五代后作品；天水麦积山第2窟左右两壁明代壁画；山西蒲县东岳庙，明代泥塑；重庆大足宝顶山大佛湾南宋造像；四川安岳圣泉寺，圆觉洞第80、84号龛五代造像；四川资中西岩第89窟晚唐光化年间造像；四川内江翔龙山造像等。综合来看，"地藏十王地狱变相"一般都以地藏菩萨为中心，十殿冥王左右相辅，再加上地狱审判行刑场景。在不同的地方表现形式还是有所差异，例如敦煌绢画、壁画，多以着声闻装的地藏为主尊，地藏身旁为善掌、恶掌二童子，脚下有金毛狮子及道明和尚。位于绵阳的造像，地藏身旁站立二胁侍菩萨，与阎罗王共处一龛。地藏菩萨着佛装，头部残，衣饰细部与绵阳碧水寺第20号龛中的弥勒相差无异。

从文献、绘画、石窟造像中可以得知，早在晚唐五代，四川地区的十王信仰就已相当盛行。"唐末、五代以来，在四川地区广泛流行的冥界十王信仰的形态，有着截然不同的现实意义。而这一庶民信仰的发祥地，又可直接追溯到成都大圣慈寺的僧侣译经活动。"①唐末不仅有大圣慈寺沙弥藏川撰述《十王经》，而且在绘画方面也已经出现了这类题材："以《阎罗王授经记》为内容的《地藏十王经变》和以《道明还魂记》为内容的《地藏菩萨六道轮回》，以及行道高僧、引路菩萨、天神、地祇、岳渎、神仙等类道释形象，显示出佛、道合流的新趋势。"②

四川营山县太蓬山，近年发现的《大蓬秀立山普济寺众修十王生七斋记》摩崖题记，首次刊布普济寺众修十王生七斋"女弟子名录"。该题记于唐文德元年（888），镌刻于四川营山县太蓬山透明岩石壁上，是目前巴蜀地区仅见的有明确纪年的关于预修十王生七斋的摩崖题记，对研究太蓬山历史，研究巴蜀地区甚至整个晚唐十王信仰的传播发展，都有着重要意义。③

在资中西崖八十五窟刻有地藏并十王，题记："因设报恩斋庆赞毕，斋头弟子刘□□镌造上件功德并已，普益四恩三方，法界众生，同沾此福。时光化□年忠胜乡下□□云登等叁拾人，就当院修设十王并报恩斋。"④这是现存于

---

① 王卫明：《大圣慈寺书画史丛考》，文化艺术出版社2005年版，第169页。
② 金维诺、罗世平：《中国宗教美术史》，江西美术出版社1995年版，第171页。
③ 王雪梅：《四川营山〈大蓬秀立山普济寺众修十王生七斋记〉校录整理》，《西华师范大学学报》（哲学社会科学版）2014年第6期。
④ 张总：《四川绵阳北山院地藏十王龛像》，《敦煌学辑刊》2008年第4期。

世最早的十王造像。

此外四川石窟中至少还有九铺十王经变，即大足石篆山九窟、北山二百五十三窟、宝顶山二十窟，安岳圆觉洞八十窟、圆觉洞八十四窟、来凤乡一窟，内江翔龙山一铺，彭州三昧禅院一铺（一王一龛，存五王，编为一至五窟）、绵阳北山院九窟。"当时敦煌与四川关系密切，《十王经》可能来自四川，我们有理由怀疑敦煌的十王斋会也来自四川。"①这些壁画与造像的存在，说明地藏、十王的崇拜其时在巴蜀地区已相当盛行。张总、廖顺勇指出，四川与重庆地区地藏十王题材，至少可分为三个环系，即绵阳与资中的晚唐龛像、内江与安岳并大足部分五代龛像、大足所存北宋及南宋龛像。②

十王信仰的主要活动内容，包括写经造像、修斋荐福等。晚唐五代宋初的四川，就流行插绘有十王，为生者、死者皆可祈福的《十王经》，显示了此时期四川十王信仰的盛行。此外，有关十王的造像、绘画亦大量出现。造像供养与写经同样具有预修或追福的功德，是民众信仰冥间十王的表现形式之一。

《佛说十王经》讲述说："若复有人造此经，受持读诵，舍命之后，不生三涂，不入一切诸大地狱。赞曰：若人信法不思议，书写经文听受持，舍命顿超三恶道，此身长免入阿鼻。在生之日杀父害母，破斋破戒，杀猪牛羊鸡狗毒蛇，一切重罪，应入地狱，十劫五劫，若造此经，及诸尊像，记在业镜，阎王欢喜，判放其人，生富贵家，免其罪过。""凡夫修善少，颠倒信邪多，持经免地狱，书写免灾痾。超度三界难，永不见药叉，生处登高位，富贵寿延遐。""佛行平等心，众生不具足。修福以微尘，造罪如山岳。欲得命延长，当修造此经。能除地狱苦，往生富豪家，善神恒守护。"③

据《益州名画录》卷上记载，蜀人画家左全于宝历年中在益州大圣慈寺多宝塔下，仿长安景公寺吴道玄画地狱变相。"当时吴生画此地狱相，都人咸观惧罪修善，两市屠沽经月不售。"可见地狱变之流行及对世人之影响甚巨。

这种以写经的方式来度亡解厄的传统，被民众广泛运用。如在敦煌经卷中即有一批写经，题记中有敦煌世族、历法家翟奉达、画家董文员、名僧道真、比丘尼妙福、普通民众张王杵及八十五岁老人。可见抄写《十王经》之人

---

① 王惠民：《中唐以后敦煌地藏图像考察》，《敦煌研究》2007年第1期。
② 张总、廖顺勇：《四川安岳圣泉寺地藏十王龛像》，《敦煌学辑刊》2007年第2期。
③ 萧登福：《道佛十王地狱说》，台北新丰出版公司1996年版，第304页。

不仅有佛教徒，也有俗人；不仅有名门大族，也有普通民众；不仅为人做功德而抄写，也有为畜生做功德而抄写。由此可知十王信仰已渗入各个阶层，写经做功德已是民众的共识。①时至今天，民间、寺庙宫观中仍然大量地制作这类经书，并推演出因果报应、灵感延寿的各种故事，以教化民众。尤其是《玉历至宝钞》一书，每年印刷出版多达百万册，书的内容多收有《现代因果报应录》，内分《轮回篇》《地狱篇》《恶报篇》《善报篇》，承担着导善劝化的作用。

三、深入民间的十王信仰

十殿冥王的信仰在民间广泛流传，人们在他们的神诞之日，都要斋戒、行善，以祈福佑。正月初八为阎罗王的诞辰，要立下忏悔的愿。二月初一为秦广王圣诞，二月初八为宋帝王圣诞，二月十八为五官王圣诞，三月初一为楚江王圣诞，三月初八为卞城王圣诞，三月二十七为泰山王圣诞，四月初一为都市王圣诞，四月十五为平等王圣诞，四月十七为转轮王圣诞，五月十一为天下都城隍圣诞，这些日子宜立下劝善、戒杀、买放生灵的大愿，不宜斩草伐木。七月三十为幽冥教主地藏王菩萨圣诞，宜立资助超脱十方一切孤魂的愿。九月初九为酆都大帝圣诞，宜立宣扬改过向善之愿。九月十三为孟婆尊圣诞辰，宜立劝人吃素、念佛的愿。凡逢佛圣神仙诞辰，都应斋戒、行善。

设醮荐福，斋戒行善，这是一种劝导信众营斋修福的预修功德的活动，为十王信仰的另一主要表现形式。《佛说阎罗王受记令四众逆修生七斋功德往生净土经》曰："若有善男子、善女人，比丘、比丘尼，优婆塞、优婆夷，预修生七斋，每月二时，十五日、卅日；若是新死，从死依一七计，至七七、百日、一年、三年，并须请此十王名字，每七有一王下检察，必须作斋，功德有无，即报天曹地府，供养三宝，祈设十王，唱名纳状，状上六曹官、善恶童子，奏上天曹地府冥官等，记在名案，身到日时，当使配生快乐之处，不住中阴四十九日。"②

设斋荐福的目的一是为生者，一是为亡者。生者的预修，是于每月十五、

---

① 党燕妮：《晚唐五代敦煌的十王信仰》，《麦积山石窟艺术与丝绸之路佛教文化国际学术研讨会论文集》，兰州大学出版社2004年版。
② 萧登福：《道佛十王地狱说》，台北新丰出版公司1996年版，第310页。

三十为自己持斋,祈求死后免去地狱酷刑。亡者的追荐,是生者按照十王斋日为亡者追荐、救赎亡魂,并不能缺一斋,否则会在此殿一年。"身死已后,若待男女六亲眷属追救命,过十王若阙一斋,乖在一王,并新死亡人,留连受苦,不得出生,迟滞一劫,是故劝汝,作此斋事。如至斋日到,无财物及有事忙,不得作斋请佛,延僧建福,应其斋日,下食两盘,纸钱喂饲,新亡之人,并归在一王,得免冥间业报饥饿之苦。若是生在之日作此斋者,名为预修生七斋,七分功德,尽皆得之;若亡殁已后,男女六亲眷属为作斋者,七分功德,亡人惟得一分,六分生人将去,自种自得,非关他人与之。"①

七七、百日、一年、三年之斋仪,本为中土传统孝道固有的持斋日。因此《十王经》倡导的这种营斋修福的宗教活动立即得到民众的欢迎,并迅速演化为一种风俗,成为民间通行之丧葬风俗。钱泳考证说"七七"见于北朝之际:"丧家七七之期,见于《北史》《魏书》《北齐书》及韩琦《君臣相遇传》。又顾亭林《日知录》、徐复祚《村老委谈》、郎瑛《七修类藁》皆载之。要皆佛氏之说,无足深考。惟《临淮新语》谓始死七日,冀其一阳来复也。祭于来复之期,即古者招魂之义,以生者之精神,召死者之灵爽。至七七四十九日不复,即不复矣,生者亦无可如何也。此说最通。"②

在十王斋的丧俗中,要请僧人、道士追荐修福,有时多达百人、千人甚至万人,成为百僧斋、千僧斋甚至万僧斋。南北朝时期,该习俗就在宫廷中流行了,且举办仪式非常隆重。《魏书·外戚传下·胡国珍》记:"又诏自始薨至七七,皆为设千僧斋,令七人出家;百日设万人斋,二七人出家。"③

其后,十王斋的规模愈演愈大,并融入水陆法会之中,成为超度普天亡灵的科仪。所谓"水陆法会",全称为"法界圣凡水陆普度大斋胜会",又称"法界圣凡水陆大斋普利道场""无遮水陆大斋"。"水陆"之名,始见于宋遵式的《施食正名》,谓系"取诸仙致食于流水,鬼致食于净地"④。宗鉴《释门正统》说:"所谓水陆者,因梁武帝梦一神僧告曰:六道四生,受苦无量,何不作水陆普济群灵?帝因志公之劝,搜寻贝叶,早夜披览;及详阿难遇

---

① 萧登福:《道佛十王地狱说》,台北新丰出版公司1996年版,第310页。
② (清)钱泳:《履园丛话》卷三《七七》,《笔记小说大观》第25册,江苏广陵古籍刻印社1983年版,第33页。
③ 百衲本《二十五史》第3册,浙江古籍出版社1998年影印本,第265页。
④ (北宋)慈云大师遵式述,慧观重编:《金园集》卷中,《卍新纂续藏经》第57册。

面然鬼王建立平等斛食之意，用制仪文，遂于润州金山寺修设。帝躬临地席，命僧佑禅师宣文。"①杨锷《水陆大斋灵迹记》记载："帝乃虔诚焚香发愿，叙其感梦，撰此斋文，傥若理契圣凡，利兼幽显，愿礼拜起处道场，灯烛不热自明。或体式未周，利益无状，所止灯烛，悉暗不明。言讫投地作礼，礼已灯烛尽明，帝睹之神情大悦，于是欲营此斋，乃召志公以问，当就何处？志公曰：宜以深山幽谷中，羞设最奇。贫道窃睹润州泽心寺江上一峰，水面千里，潭月双照，云天四垂，堪会神灵，境通幽显。时天监四年二月十五日夜，帝召僧佑律师宣文凤舸，亲临法会，兴于水陆大斋，饶益幽冥，普资群汇。"②这是为超度亡灵、拔救幽冥、普济水陆一切鬼神而举行的一种佛事活动，其内容主要为设斋诵经，礼忏施食。

经过周、隋各代，其传渐衰。至唐咸亨中西京法海寺道英从吴僧义济得其仪文，遂再兴法会于山北寺。③宋元丰年间，佛印（了元）住金山时，有海贾到寺设水陆法会，了元亲自主持，大为壮观，遂以"金山水陆"驰名。绍圣三年（1096），宗赜删补详定诸家所集，完成《水陆仪文》四卷，普劝四众，依法崇修。④

南宋乾道九年（1173），四明人史浩尝过镇江金山寺，慕水陆斋法之盛，乃施田百亩，于四明东湖月波山专建四时水陆，以为报四恩之举，且亲制疏辞，撰集仪文。孝宗闻之，特给以"水陆无碍道场"寺额。月波山附近有尊教寺，师徒道俗三千人，施财置田，一遵月波山四时普度之法。众更力请志盘续成《水陆新仪》六卷，推广斋法，并劝十方伽蓝，视此为法，大兴普度之道。⑤

水陆法会自宋代流行以后，很快地普及于全国，特别成为战争以后朝野常行的一种超度法会。宗赜《水陆缘起》说："今之供一佛斋一僧，尚有无限功德，何况普通供养十方三宝、六道万灵，岂止自利一身，亦乃恩沾九族……故外则资身增长色力，内则资神增长福慧，由是未发菩提心者，因此水陆胜会发

---

① （南宋）宗晓：《释门正统》卷四，《卍新纂续藏经》第75册。
② （南宋）宗晓：《施食通览》，《卍新纂续藏经》第57册。
③ （元）觉岸：《释氏稽古略》卷三，《大正新修大藏经》第49册。
④ （南宋）宗晓：《施食通览》，《卍新纂续藏经》第57册。
⑤ （南宋）志磬：《佛祖统纪》卷三三，苏渊雷、高振农选辑《佛教要籍选刊》第12册，上海古籍出版社1994年版，第193页。

菩提心；未脱苦轮者，因此得不退转；未成佛道者，因此水陆胜会得成佛道。今之供一佛斋一僧施一贫劝一善，尚有无限功德，何况普通供养十方三宝六道万灵，岂止自利一身，独超三界，亦乃恩沾九族，福被幽明，等济群生，同成佛道，可谓无央无数无量无边不可思议功德大海矣。所以江淮两浙川广福建水陆佛事，今古盛行。"①宋元祐八年（1093）苏轼为亡妻王氏设水陆道场。②绍兴二十一年（1151）慈宁太后施钱为真歇清了于杭州崇先显孝寺修建水陆法会。同时王机宜为亡弟留守枢密兴建水陆佛事于蒋山太平兴国寺，应庵昙华曾为升座说法。③

宋代以后，著名的水陆法会见于记载者，如元代延祐三年（1316），朝廷设水陆大会于金山寺，命江南教、禅、律三宗诸师说法，参加僧众一千五百人，径山元叟行端有《朝廷金山作水陆升座》法语。④又于三月一日，于大都万寿寺，修建水陆无遮法会七昼夜，"上资善逝之恩光，下极孤魂之阴昧，香积普熏于世界，尽断恶缘；妙莲应现于池中，悉离苦网。咸来佛会，共沐帝恩，逍遥极乐之乡，不坠轮回之境"⑤。至治二年（1322）所修水陆法会，规模尤大。正印《金山大会归上堂》载："金山大会，诚非小缘。山僧得与四十一人善知识，一千五百比丘僧，同入如来大光明藏，各说不二法门，共扬第一义谛。"⑥此外五台山、杭州上天竺寺等南北各地，亦都曾举行盛大水陆法会。

明初洪武元年至洪武五年（1368～1372），相继于南京蒋山设广荐法会，即水陆法会。其中以洪武五年正月所修法会之规模为最大。前后法会均请四方名德与会。如楚石梵琦、季潭宗泐、来复见心、东溟慧日、梦堂昙噩等，均曾应邀赴会说法，参加僧众常达千人。太祖曾命宗泐作《赞佛乐章》八曲，使太常奏曲歌舞；太祖与群臣均赴会礼佛。

水陆法会的举办，需要设坛，布置道场，供养法界诸佛、一切尊神。苏轼《水陆法象赞序》中说，水陆道场随世增广，唯蜀人颇存古法，像设犹有典

---

① （南宋）宗晓：《施食通览》，《卍新纂续藏经》第57册。
② （北宋）苏轼：《东坡后集》卷十九，中华书局民国《四部备要》排印本。
③ （南宋）应庵昙华撰，守诠等编：《应庵昙华禅师语录》卷五，《卍续藏经》第1204册。
④ （清）行悦：《列祖提纲录》卷十六，《卍新纂续藏经》第64册。
⑤ （元）虞集：《道园学古录》卷二十六《水陆會緣起文》。
⑥ （元）月江正印：《月江正印禅师语录》卷上，《卍新纂续藏经》第71册。

型。"虔召请于三时，分上下八位云云。"①其中上堂八位与下堂八位的名称与《水陆仪》一致，可知二者前后有关系。宗赜《水陆缘起》则叙述更详，他说水陆供养的对象分上中下，上则供养法界诸佛、诸位菩萨、缘觉、声闻、明王、八部、婆罗门仙；次则供养梵王帝释二十八天、尽空宿曜一切尊神；下则供养五岳河海大地龙神、往古人伦、阿修罗众、冥官眷属、地狱众生、幽魂滞魄、无主无依诸鬼神众、法界旁生。六道中有四圣六凡，普通供养。未发菩提心者，因此水陆胜会，发菩提心。未脱苦轮者，因此得不退转。未成佛道者，因此水陆胜会，得成佛道。

据《益州名画录》中记载，唐末五代的四川，水陆法会已经流行，水陆画作品也随之产生。唐僖宗中和年间，画家张南本在成都宝历寺水陆院绘制了一百二十幅水陆画，这是文献记载中最早的水陆画。

水陆画的内容丰富，不仅有佛教、道教诸神，民间诸神，还有士农工商、三教九流、六道四生、地狱鬼众、神话传说、水陆缘起等。内容极为广泛，超出了一般佛教绘画的范围。水陆画中一般都有地藏菩萨，也有十大冥王的形象，还有菩萨化现的明王组像等，这些都与地藏信仰有关。反映出中国人万物有灵之宗教观念的水陆系统画作，在佛教系统、道教神仙系统，先贤、圣哲以及山岳、树木、河流、溪沼、星象等系统各成系列，终致汇聚一炉，集为大成，列为道场法会所用的水陆画。

至明清时期，水陆法会已成为一种民间盛行的宗教活动，广泛流行于社会。每年农历七月十五日的中元节，全国各地的大型寺院、道观都要举行水陆法会。今天，人们在七月十五日上坟，给死者烧纸上香，供献食物，半月食斋，也都是水陆法会的遗风。今四川地区存有数百幅有关十王信仰的水陆画，揭示了明清之际四川地区的十王信仰的盛况。

《十殿冥王图》共十一幅，包括秦广王、初江王、宋帝王、五官王、阎罗王、卞城王、泰山王、平等王、都市王、转轮王及城隍，为四川原道文化博物馆所藏。其作者无考，当为清代四川的民间画匠所创作，系正一派道士用于设坛打醮、度亡法会。从十王的名号与内容上看，这组庙画与《玉历至宝钞》记载更为接近，也印证了《玉历至宝钞》在民众中广泛流传的程度。此外，每幅画的侧面皆题有捐款信士的名姓和捐款数目，说明这些都是信徒们捐款而请画

---

① （北宋）苏轼：《东坡后集》卷十九，中华书局民国《四部备要》排印本。

师创作的。对于祭祀，民间历来就非常重视，对于画匠来说，这也是难得的功德，自十王信仰扩大影响以来，士人及民间皆有"为死者祭祀祈祷，生者获福七分"的说法，因此民众和画匠很乐意做这些与祭祀活动有关的功德活动。

《十殿冥王图》的内容非常丰富，所画天地神祇形象生动拙朴。在画面结构上，其中八幅图中分为天地二界，上为天神界、下为地狱界，二界分别设有朝案，以判定人之善恶、去处；三幅天神与冥王同在一庭，审判亡灵。在这组庙画中，除各殿冥王及天界神，还有许多佛教菩萨、民间神祇、地方神祇及民间故事人物，全融于画中。

第一图为第一殿秦广王。全图共有三十九位人物。上部为天界，有七位真人站立云端，其中一位手持蒲扇，似为风神。有一殿堂，中央题额"□天行保"。其柱壁题书："三尺□泉□去邪瘟离四□，□□□□上方□□□□□。"殿堂中央朝案中有一神真，三眼青髯，头戴紫金冠，手持宝剑，正在作法。其朝案上有文书："尔□□□勤苦，切□于胜日欲此遵。"案前有五位帅，其中手持铁鞭者为赵公明元帅；另有一真人左手持符碗，右手仗剑，正在施行法术。侧殿上有二文官，下为药师佛、持幡仙童、侍女，站立云端。下部为地狱冥府，殿堂中央题"精英圣府"。柱壁题书："泽被幽阴回心去昨善念，恩流泉曲转眼既是天堂。"堂中坐者即为秦广王。朝案上有文字："为垂此上生天堂作□□，此到于此地罚放担沙运石嘴所自取，若能回心向善，必当额外察夺，钦此，可也，尔其勉之。"朝案旁有红衣判官，手拿判词："□□□口供□□□应错，审得男□□，实因素行□□蒙。"另一绿衣判官，手拿判词："北都泉水家□不上，但须酌量万物□□，钦此示。"案前左侧有一恶鬼，高举丈八蛇矛；其前有一持令旗的兵卒，奔向殿前通告；右侧有一将军，手持佛手仗器；旁有一恶鬼，长舌赤发，形象狰狞可怕。又有五位亡人，跪拜于秦广王前。殿堂外左侧有五瘟鬼，他们手持蒲扇、葫芦、铁锤等，张牙舞爪，神态狰狞可怕。

第二图为第二殿楚江王。全图共有三十五位人物。上部为天界，有八位仙真站立云端。殿堂中央题"万福天府"，堂中坐有一神真，似为万福真君。案几旁手拿朝板者为风火判官，驾祥云者为后稷，手持利者为五谷神，推雷车者赴火焰者为阿香。在阿香前为雷霆元帅邓伯温，他右手持雷槌，左手握雷钻。《道法会元》卷五六曰："雷部有飙火大神，姓邓，名伯温。昔从黄帝战败蚩尤，封河南将军。大神见黄帝登天，遂弃位入武当山修行百载，能随气升降。

又见世人不行忠孝，杀害侵欺，以强凌弱，国王辅弼，不能制御。遂日夜发大愿，欲为神雷，代天诛伐此恶逆。念念不绝，怒气冲天，忽一日变凤嘴银牙，朱发兰身，左手持雷钻，右手执雷槌，身长百丈，两腋生翅，展开则数百里皆暗，两目放火光二道，照耀百里，手足皆龙爪，飞游太虚，吞啖精怪，斩伐妖龙。蒙上帝封为律令大神，隶属神雷。"①在烈火中，又有雷霆飞捷使者张元伯，其形象为红发，青面，凤嘴，兰身，肉翅，手足凤爪，左手雷钻，右手雷槌，正在击打罪恶之人。柱壁题书："富贵在天莫谓崇高难补报，殷勤自主敢云天有仕安闲。"朝案上有文书："吉人为善惟日不足，凶人为不善亦惟日不足。兹查此地士民善矣，邪气宾服谓平。"最右者所拿判词："玄真万福天，示谕人间生苗，尔等众务将五谷为重，不可忘忽天恩，倘有不遵，听候罚落，此谕。"案几前者所拿判词："饱食暖衣，贤臣之功烈，教稼一片仁心也。后之业为农而专此事者，可不知之，此示。"下部为地狱，殿堂中央题"楚王都府"。柱壁题书："忤逆贪嗔王□□途□□□，痴迷奸宠必当沉滞坠寒江。"朝案上有文书："尔等三世姻缘□□未成□□此□□示谕。"左柱壁有鬼卒，所拿判词曰："本府示，着使□妇心梦逆。"案几前者所拿判词："尔夫妇显王□□之惕□日□□□。"下有奈何桥，桥上二老为李善人、黄氏女。前有接引仙童持幡，上书文字"迎登仙界"。桥边照壁题书："示谕来往众，善恶自当知。若差一毫事，恶到此江河。金砖玉砌起，忠臣孝子登。"

第三图为第三殿宋帝王。全图共有四十位人物。上部为天界，有真武大帝拱手立于云端前头，背后有仙童侍卫；其后另有两组神真，中央一组为五人，右边一组为四人。有殿堂，中央匾额题"无休宫"。柱壁题书："神农□□□□□□□□□，□□□□□世人出□□心□。"堂中朝案坐有一神真，手持令牌正在发号施令；后有一侍童、一判官，案桌旁立一手捧文书的红衣判官，案桌前有一道士，左手结"三山诀"以捧符碗，右手高举法剑。左壁柱处有马皮娘娘，手持双槌，骑着飞奔的烈马于祥云之中。右壁柱处有王灵官高举铁鞭，下驾祥云者为田祖。下部为地狱，殿堂中央题"宋帝王"。柱壁题书："吞沙灌火恶人怎得受金刚，正直光明善者自然离剑戟。"宋帝王端坐朝案，左右有一对侍童、一判官。朝案上有文书："□山之女铁秀英，在□门中思其奸憩淫，夜私奔，坠胎损子，来吾此殿，发变母猪，退□□。"宋帝王左

---

① 《道藏》第29册，文物出版社、上海书店、天津古籍出版社1988年影印本，第139页。

者所拿判词："万恶淫为首，仪风俗世污，永不超身。"殿外天空云端有一长着蝉翅的雷鬼，手持槌、钻，正在击打毒虫。其下有一鬼卒，所扛木牌上有判词："严拿贪淫好色铁秀英。"铁秀英上身袒露，有五个小儿围绕拖拉周围。最下部为刀山、血湖，一恶鬼夜叉将恶人叉入刀山，刀山、血湖之中众恶受罪，场景恐怖。

第四图为第四殿伍官王。全图共有三十五位人物，为天堂地府合一。有八位天真端立云端，其下为殿堂。殿堂中央题"臣王都府""玉宸天官"。柱壁题书："体道全真判放忠臣孝子，谈玄救苦超出万□革伦。"堂中朝案坐有二神真，一为五官王，一为玉宸真君，后有三位侍童、二位判官，又有王灵官立于玉宸真君后。朝案上有两卷文书，右边为："潘仁美欺君害了忠臣杨七郎，可恶太甚，但此事忠此，判放生方。至于潘仁美，罚入地府受罚，永不还生。此谕。"左边为："妄发之言，载鬼一车。高明之家，见敢其室。祸福无门，惟人自召。善恶之报，如影随形。"案几前判官所拿判词："杨七郎□□函蕴，理应判入神道永□□，以待潘仁美罚海之日月□□□，此示。"左边判官所拿判词："查得北方幽阴之处，□□阴以（雨）之乡，多多善神拥护，并无邪逆，钦此示谕。"案几前赤身中箭者为杨七郎，他手拖戴官帽受审者，即为潘仁美。其前方手持长戟者，似为温琼元帅。其下中央，赤髯红发、面容狰狞、手举铁鞭、足踏火轮者，为邓伯温元帅。另有三位将军，一雷鬼手持槌、钻，正在诛杀蛇妖、人鬼。最下一层，有铜柱，上缚一恶人已被开膛，钟馗口衔利刃，两手剖膛剔肠。右边有石臼冲架，一恶鬼正在臼击罪人，旁有二女人被铁链锁缚，跪看行刑。

第五图为第五殿阎罗王。全图共有三十九位人物。上部为天界，云端中有二组神真，一为北斗七星真君，一为三台星君。殿堂中央题"度品天宫"，壁上落款"冲天风火院"。柱壁题书："开□仙途济□利人驱□□，过截□阴除邪补正佑民生。"堂中朝案坐风火院主神，手持朱笔正欲批审法文。朝案上有文书："侑□技淫恶说□，太上□□□□，尔其之□，知攻刑天，□□淫恶，坠在地叩，沥吐上苍，交欢一日，移（遗）臭万年。"旁有二侍童，后有马胜元帅，左侧、案前有四位文官。右壁立柱外有四人，靠右者为北（海）龙王，戴官帽者为江渎神，女仙为雪山老母。左侧下方有王灵官、雷鬼，正欲击杀一对偷情男女。下部为地狱，殿堂中央题"森罗宝殿"。柱壁题书："铁面无私岂容你杀害生命，直心不变爱人物诚敬事情。"阎罗王端坐朝案，正在判案，

旁有侍童、文官、判官，牛头、马面分立案前两旁，右边站立者为岳飞，案前跪地者即为长舌妇、秦桧。朝案上有文书："（岳飞）忠心无别，东荡西除，南征北战，地□成有□马能处□常建变高，登极乐。准此。"案几前一判官所拿判词曰："秦桧、长舌（妇）□□（力）行苟合，陷害忠良岳飞父子一百几十口，岳飞父子忠心报国，能以公尔（而）忘私，国尔（而）忘家，今使奸恶二口，永不超身。"阎王左边者所拿判词："富贵极矣，淫欲甚天。"书名：《记识旧过》。最下一层，有跪地戴枷者，枷上书"木月□日示，加□犯名赵令芳"。一恶鬼抓住一罪人头发，其罪人似为屠夫，故有牛、羊、猪、狗、鸡、鸭等，口含屠刀，告状阎罗王前。

第六图为第六殿卞城王。全图共三十三位人物。上部为天界，云端中有三官大帝、南斗六星、南极长生大帝。下即殿堂，中央匾额题"度命天宫"。柱壁题书："道济斯民度绳正墨千秋显（绩），（法）流此地延生解厄万世灵。"堂中朝案坐有一神真为度命真君，后有一侍童，左右有护法神将，右侧黑脸拿鞭者为赵公元帅，左侧为鲁将军。朝案上有文书："除暴救民以安天，收其国匪以振清平，救斯民于水火之中，诛奸贼于郊野之外，安民除贼，振肃清平，示。"殿外左侧有四人，靠后者为龙树王，中间者为鳌能，右边者为济渎王。下部为地狱，殿堂中央题"崇王□府"。柱壁题书："一恶直心判断宾男善与恶，两端砍石压倒豪杰并奸雄。"朝案前端坐者为卞城王，其右侧有侍童、判官。朝案上有文书："好善足乎，好善优于天下，而况本殿乎！张氏女看经无别罚回，善人也，诰人也，高超三界。"另有一书，名《善恶注评》。案几前一判官所拿判词："□刘□□□□□□多（名），解至□□达千湍甘治多□到沥日，解至二殿治罚放行，示。"右柱壁旁驾云者为铁元帅，驾云拿剑者为王元帅，一雷鬼手持槌、钻飞翔云端，正欲击杀强盗、恶人。在殿堂屋顶云端，有一光头小吏，手拿判词："三天门敕书，照得刘京十恶不善，坠落阴司治罪，永不超升。其妻张氏请旨赦救，敕文到此，即便发放。太上女青律令，敕书传到。"在殿堂外石阶前，一鬼卒手举令牌，上书"犯人名刘京"。其后戴枷锁者即为刘京。另一鬼卒正在看铜烙、油锅，锅内烹煎恶人，鲜血流淌，场景恐怖。

第七图为第七殿泰山王。全图共有三十四位人物，为天堂地府合一。其云端中立七位仙真，最右首位者为罗侯星君。殿堂中央题"虚皇天宫""东岱岳府"。柱壁题书："太□玄风公直祛邪扫祟，坤准正气慈祥利物救人。"堂

中朝案有二并署，坐泰山王、虚皇真君，正在判案。后有四位侍童，又有一手持长矛者为张桓侯，案桌旁立一手捧文簿的判官。朝案上有文书两卷，左边泰山王处文书："尔龙玉碧光善改雨□后，魏征迎□午时敢斩，伏府在殿，有□□唐天子□驾在此，若无罪咎□。"其案几前有牛头、马面，一龙王捧已断之首，告状于前。殿外从右至左依次是：魏徵（征）、唐太宗李世民、崔珏，唐太宗头顶"帝宫受度"，正在等候宣判。朝案右边虚皇真君处书："处□害良民，诛戮太阴山，精怪伤外物，霹雳堕刘圆。"案几前一判官所拿判词："□□□谷之中蟒蛇千数，箐林土垒之下蛤蟆万年，修成□炁，降下冰雪，常□里□，□□五谷，以友稻粱，章木争居，飞禽走兽，下□无方，只得□□□雷霆官军将吏，收伏阴山十垒之下，永不翻身，准旨。"案几右者所拿书名为《辑妖伏邪》。案前抱童子者为监生高元帅，右柱壁下骑马者为蚕神，另一骑马者为马皮府军，骑豹拿剑者为山王天子，案几前驾云者为王元帅，另有一雷鬼手持槌、钻飞翔云端，正欲击杀毒蛇、蛤蟆。有二兵卒，一手持洋枪，一手持竹竿，亦在追杀蛇虫。外有两恶鬼，正在锯杀恶人。

第八图为第八殿都市王。全图共有三十一位人物。上部为天界，云端中站立二组仙真，共八位。其下殿堂，中央匾额题"明皇天宫"。柱壁题书："济度天人广发无边妙化，眷念民物宏施有道□仁。"堂中朝案坐明皇真君，朝案上有文书："盛世黎民□游于光天化日之下，太平天子上兆宁景星，星云云祥，诚所□也，□□其安之。"后立拿双轮者为庞元帅，右侧有二判官，其一手捧文书："本府景仰陈华天，行风走雨，普润民间，商羊二使，即速领命前去，毋得故违，此示致于天宪禀导，钦此。"靠右柱壁持杯者为雨师，骑大鹏者为商羊，骑狮子者为萁伯，狮子口吞暴雨，淋于二裸体者，右为旱魃，左为乾鬼。左柱壁前拿剑者为毕天君，左柱壁后拿大刀者为葛元帅，案几后驾云者为风龙。下部为地狱，殿堂中央题"幽都市府"。都市王端坐堂中朝案，后有二侍童，右侧有一判官。案几上有文书："一口油锅熬尽奸邪骨肉，三尺法网收除恶道影形，尔等自作自受。"案桌前左侧有一手捧供食者、一文官。右侧有一判官，两手抓住罪人两足，将其投入油祸之中；一恶鬼添柴壮火，一罪人跪地求饶。旁有城名"铁围城"，一恶鬼抱腿而坐城门前，黑白二犬镇守其门。城门题书："本月□日本院封示封禁。"柱壁题书："四面铁城治尽人间忤逆，一心正性审完世上奸邪。"

第九图为第九殿平政（等）王。全图共有三十九位人物。上部为天界，

云端中最右者为雷祖，依其后的女神为月阴，另尚有八位天真。有殿堂，中央题"太华天宫"。柱壁题书："敬天勤苦歌神化，保禾丰稔沐休征。"堂中朝案坐太华真君，后有一侍童，案桌旁立一手持文书、朱笔的红衣判官，案桌前有二文官，朝案上有文书："晋年五戬在东京汴国梁城闹事，□已极亦，兹将尔罚在于此，理当安静，何得暗盗谷梁，应宜收伏。"案几旁判官所拿判词："民间种谷所以养生，徙去□□敢践兹而□此，应少废□。"案几前文官所拿判词："本府照得人民终岁勤动，必耕稼以养生。闻有邪妖假充天府名色，令人脑热头疼，敕令收伏。"殿外左右分列手持刀剑长枪的五大将军。下部为地狱，殿堂中央题"平王都府"，有灯笼上书"平政"。柱壁两侧题书："大秤小斗无物不由尔意，轻出重入谁人见得吾身。"堂中朝案坐者即平政王，后有二侍童，案桌前左侧有三俗人，右侧有一文官，正在观看铜柱烈焰。殿堂右侧上方有二雷鬼手持槌、钻，飞翔云端。殿堂外侧即为地狱，左为火池，右为冰山，二恶鬼正将罪人叉入冰山火池，众多罪人受罚熬煎于冰冻烈焰之中。

第十图为第十殿转轮王。全图共有三十七位人物。上部为天界，云端中站立二组仙真，共八位。殿堂中央题"善佛□□"。柱壁题书："本无瑕□机关感天阴，灵真□粮按法驱邪世。"堂中朝案坐有一神真，后有一侍童，旁立文官，朝案后有一拿刀者为上池元帅，朝案前持令旗、五雷令牌者为田吕元帅。朝案上有文书："谕尔（蛱）虾蟆蜘蛇类，须遵蝌蚁，永不二□□朋□□王□，天上人间□□□□。"殿外右柱壁有二人，前者为东（海）龙王。左柱旁结手印施法的道士为"会能"，他口吐一团烈焰，中有一婴儿，烈焰中有题词"急急律令"。烈焰下一雷鬼手持槌、钻，飞翔云端，正在击打毒虫邪怪。下部为地狱，殿堂中央题"秦王都府"。柱壁题书："□□□□□□□□□，忠□□□立身□□□温□。"堂中朝案坐者即转轮王，后有一侍童，左右有三文官、一将军。朝案上有判词曰："善人刘全，实乃忠君之善士，听候判赏，示。"朝案旁文官所拿判词："仙童速（至）此，善人□游逐杀，查实李□迁果否，判其还元，钦此。"殿外左侧有二恶鬼，押送一对赤身男女赴殿前候审。其下有鬼门关，门前有白无常，其门壁题："善事是路心无畏，恶利念是都为空。"另有六道轮回门，其门壁题："非为应尘非狱，枉作还是非空。"外有一恶鬼手持钢叉，逐赶亡魂罪人。

第十一图为城隍殿，全图共有二十九位人物。上部为天界，有三真人、三仙姑立在云端。殿堂中央题"雠宫都府"，堂中坐一红髯三眼神王，后有王

灵官，左侧立二判官。柱壁题书："德合黎民太阳门天开化治，运符干健注生左府祐生灵。"左柱前有观音、红孩儿。案几前有二元帅，一手持大刀，为虎化身；一手握利剑，为蛇化身。有二将军，一手持钢简，为牛化身；一手持长戟，为猴化身。下部为城隍，殿堂中央题"正阳仙宫"。柱壁题书："广施妙慧携持苦爽登仙境，利济幽冥拯拔沉沦上碧落。"殿堂上坐城隍神，正在审卷判案。左边二位判官，一位手展榜示，一手夹名簿。左右各有一将军，案几前一小鬼，押解二亡人，一男一女，跪于地上，等候宣判发落。

从这一组十王图的内容来看，其中大量的皆为道教之神。而十殿冥王的信仰自宋代以来，亦被道教所吸收，成为太一救苦天尊、酆都大帝的部属之神。至于画作中出现的佛教菩萨尊者，只有药师佛、龙树、会（惠）能，而且会能还是以道士的形象出现，这说明以佛教经典为依据的十王经变主题，至明清时已被道教与中国民间信仰所取代。

在这一组图画中，所有天宫宝殿的主神皆为道教之神，其众多的判官、将军、元帅、鬼卒、雷鬼等，亦均出自道教。从图中题字可以判断的道教神灵有风火判官、王灵官、北海龙王、江渎王、岳元帅、铁元帅、赵元帅、鲁将军、济渎王、长生大帝、监生高元帅、王元帅、罗侯星君、毕天君、葛元帅、庞元帅、雷祖、月阴、田昌元帅、上池元帅、东海龙王等；依其形象，审以道经，可以辨认的道教神灵有北斗七星、南斗六星、三台星君、邓伯温元帅、张元伯元帅、真武大帝、马胜元帅、三官大帝；至于民间信仰与巴蜀地方信仰的神灵，则有后稷、五谷神、阿香、田祖、雪山老母、鳌能、蚕神、马皮府军、张桓侯、山王天子、萁伯、商羊、风龙等。

从四川地区发现的其他有关十王信仰的明清水陆画，如《道正宗师图》《太一救苦图》等所反映的内容，亦说明其时冥界十王的主管之神为酆都大帝、太一救苦天尊。在道经《太乙救苦天尊说拔度血湖宝忏》《灵宝炼度》《九幽灯仪》等斋醮仪式中，太乙救苦天尊都是以冥界的拯救主形象出现，并加入了冥界十王等内容。

《地府十王拔度仪》说："冥府第一宫泰素妙广真君，世人所谓秦广大王。其中地狱，长蛇吐焰，铁狗喷烟，亡人一七，先到此宫。""冥府第二宫阴德定休真君，见世名曰初江大王。其中地狱，刀山剑树，火翳寒冰，亡人二七，须诣此宫。""冥府第三宫洞明普静真君，世人所谓宋帝大王。其中地狱，吞火食毒，屠割身形，亡人三七，须诣此宫。""冥府第四宫玄德五灵真君,世人所谓件官大王。其中地狱,负沙运石,无有休息,亡人四七,须诣此宫。""冥府第五宫最圣耀灵真君,世人所谓阎罗大王,乃北阴天君之上佐,诸大地狱之总司,号同九幽,位齐五斗。亡人五七,当至此宫,业镜现形,随缘报对。""冥府第六宫宝肃昭成真君,世人所谓卞城大王。其中地狱,金针拔舌,铁斧刳胸,亡人六七,当诣此宫,昼夜拷魂,被受诸苦。""冥府第七宫泰山玄妙真君,见世名曰泰山大王。受上帝敕命,佐理北阴,昼居东狱,夜入冥府,亡人终七,须诣此宫,拷定因缘,校量罪福。""冥府第八宫无上正度真君,世人所谓平等大王。其中罪人手抱铜柱,身卧铁林,死经百日,方到此宫,罪业太深,拘留此狱。""冥府第九宫飞魔演化真君,世人所谓都市大王。其中地狱,锯解镬汤,万死千生,无有休息,死经周岁,方诣此宫。""冥府第十宫五灵威德真君,见世名曰转轮大王。应诸罪魂,死经大祥,方至此宫。"①成都私人收藏的一幅清代绘图的太乙救苦天尊像,即手持柳枝、净杯,骑坐九头狮子,头上有元始天尊、灵宝天尊、道德天尊,其下则为十大冥王,以及冥界奈何桥之景况。由此可知清代四川的十王信仰非常盛行,但其特色是以道教所奉的神灵为中心,其宗教仪轨亦完全道教化。

此外,从图中所列的鬼神来看,保佑农业生产丰稔的农业神和地方民间神占有相当的数量,这显示了四川民间信仰与生活的紧密联系。

后稷是中国古代的农业神。后稷,姬姓,名弃,是黄帝的玄孙、帝喾嫡长子。后稷的母亲名叫姜嫄,有邰氏之女,是帝喾的元妃。《诗经·大雅·生民》说弃为儿童时,好种树麻、菽。成人后,相地之宜,善种谷物稼穑,民皆效法。尧听说,举为农师,天下得其利。《礼记·郊特牲》疏云:"社者,土之神。稷者,谷之神。"②《礼记·祭法》云:"厉山氏之有天下也,其子曰农,能殖百谷。夏之衰也,周弃继之,故祀以为稷。"③《孝经援神契》亦云:"社者,五土之总神。土地广博,不可遍敬,故封土为社,而祀之以报功也。以句龙生时为后土官,有功于土,死配社而食。稷是原隰之神,宜五谷,五谷众多,不可遍举,稷者五谷之长,立稷以表神名,故号稷。弃为尧时稷官,立稼穑之事,有功于民,死乃配稷而食,名为田正也。"④

---

① 《道藏》第3册,文物出版社、上海书店、天津古籍出版社1988年影印本,第597~599页。
② (清)阮元:《十三经注疏》下册,中华书局1988年影印版,第1449页。
③ (清)阮元:《十三经注疏》下册,中华书局1988年影印版,第1590页。
④ [日]安居香山、中村璋八辑:《纬书集成》中册,河北人民出版社1994年版,第970页。

田祖，始教民农田者。《诗·小雅·甫田》云："琴瑟击鼓，以御田祖。"孔颖达疏："以迎田祖，先啬之神，而祭之。"①孙诒让《周礼正义》卷四六曰："盖此田祖即先啬，田畯即司啬，祈年及蜡祭，皆兼祭此二神。"田祖乃神农氏之时始教民稼穑之官，亦谓之先啬。

神农即炎帝，是中国古代传说中的农业部落之首领，其尝百草、教民稼穑，对中国农业文化有着很大的影响。据《庄子·盗跖》记载："神农之世，卧则民居，起则于于，民知其母，不知其父，与麋鹿共处，耕而食，织而衣，无有相害之心，此至德之隆也。"②《吕氏春秋·爱类》又言："神农之教曰：士有当年而不耕者，则天下或受其饥矣；女有当年不绩者，则天下受其寒矣。故身亲耕，妻亲织，所以见致民利也。"③这说明炎帝神农氏时代已出现"身亲耕，妻亲织"的家庭形式，这又是父系氏族社会产生的标志。

箕伯，即指风神，是人面鸟身的天神。又称风师、风伯、飞廉、箕伯等。中国古代的风神崇拜起源较早。《周礼·大宗伯》称，"以燎祀司中、司命、风师、雨师"。郑玄注："风师，箕也。"意思是"月离于箕，风扬沙，故知风师其也"④。《洪范》亦云："星有好风，星有好雨。日月之行，则有冬有夏。月之从星，则以风雨。"郑注云："月经于箕则多风，离于毕则多雨。"⑤《文选·张协〈七命〉》曰："南箕之风，不能畅其化。离毕之云，无以丰其泽。"李善注引《春秋纬》："月失其行，离于箕者风，离于毕者雨。"⑥东汉蔡邕《独断》称："风伯神，箕星也。其象在天，能兴风。"《风俗通义·祀典》称："风师者，箕星也。箕主簸扬，能致风气，故称箕伯。"箕星是二十八宿中东方七宿之一，此当以星宿为风神。道教认为风伯是一个白发老人，左手持轮，右手执扇，作扇轮子状，称风伯方天君。

商羊，古代传说中的一种神鸟，能预报天雨，它屈其一脚起舞，就将下雨，故被民间祭为雨师。《孔子家语·辩政》曰，齐有一足之鸟，飞止于殿前，舒翅而跳。齐侯大怪，派使者问孔子。孔子曰："此鸟名曰商羊，水祥

---

① （清）阮元：《十三经注疏》上册，中华书局1988年影印版，第474页。
② 《诸子集成》第4册，岳麓书社1996年版，第236页。
③ 《诸子集成》第8册，岳麓书社1996年版，第299页。
④ （清）阮元：《十三经注疏》上册，中华书局1988年影印版，第757页。
⑤ （清）阮元：《十三经注疏》上册，中华书局1988年影印版，第192页。
⑥ （南朝梁）萧统编：《文选》，文渊阁《四库全书》本。

也。昔儿童有屈起一脚，振讯两眉而跳，且谣曰：天将大雨，商羊鼓舞，今齐有之，其应至矣也。急告民趋治沟渠，修堤防，将有大雨为灾。顷之，大霖雨，水溢泛诸国，伤害民人。惟齐有备不败。"王充《论衡·变动》曰："商羊者，知雨之物也；天且雨，屈其一足起舞矣。"①雨师的奉祀，秦汉时已列入国家的祀典。《唐会要》称，奉祀雨师，升入中祀，并且要"诸郡各置一坛"，与王同祀。后来雨师被道教纳入神系。《三教源流搜神大全》卷七曰："雨师神，商羊是也。商羊神鸟，一足，能大能小，吸则溟渤可枯，雨师之神也。"②道教宫观有设殿供奉风伯雨师、雷公电母者，其雨师之塑像常作一乌髯壮汉，左手执盂，内盛一龙，右手若洒水状，称雨师陈天君。

阿香，为推雷车使者。晋陶潜《搜神后记》卷五说，义兴人姓周，出行日暮，求寄宿一家中，有女子年可十六七，姿容端正，衣服鲜洁，名阿香。夜半一更中，闻外有小儿唤："阿香，官唤汝推雷车。"女乃辞去，当夜即大雷雨。此阿香即为天庭雷部"推雷车"者。③苏轼《无锡道中赋水车》诗："天公不念老农泣，唤取阿香推雷车。"

蚕神和马头娘娘，出自流传于四川的民间故事，与农村的种桑养蚕生产紧密相连。《原化传拾遗》曰："蚕女旧迹，今在广汉……宫观诸化，塑女子之像，披马皮，谓之马头娘，以祈蚕桑焉。"④案古之蜀国乃蚕桑之地，其开国君首称蚕丛，嫘祖称先蚕，故蚕马神话在蜀流传甚广，且以为神而供奉之。

江渎，即江神奇相，三国魏张楫《广雅·释天》曰："江神谓之奇相。"宋张唐英《蜀梼杌》曰："古史震蒙氏之女，窃黄帝玄珠，沉江而死，化为此神，即今江渎庙是也。"⑤胡宗愈《江渎庙碑》反映了四川地区自宋以来祭祀江渎的盛况及祭祀目的："艺祖继天，百神受职；命蜀祠江，有庙奕奕；圣王中天，我祖是承，伤其守臣，蜀庙以新；有严其栖，有秩其祀；群吏祗肃，唯天下侠，祀贶于神，弥富致祥；祐我下民，江水汤汤，惠此坤维，其永无疆。"⑥

---

① 《诸子集成》第9册，岳麓书社1996年版，第131页。
② 《藏外道书》第31册，巴蜀书社1992~1994年影印本，第820页。
③ 车吉心总主编：《中华野史》第1册，泰山出版社1999年版，第775页。
④ （北宋）李昉等编著：《太平广记》卷四七九引，文渊阁《四库全书》本。
⑤ 车吉心总主编：《中华野史》第3册，泰山出版社1999年版，第255页。
⑥ 龙显昭主编：《巴蜀道教碑文集成》，四川大学出版社1997年版，第101页。

"鳖能"疑为"鳖灵",是古蜀国开明王朝的君主,他因重农使古蜀国强盛而受人祭祀。张桓侯即张飞,死后封为桓侯,并成为地方民间之神。张唐英《蜀梼杌》曰:"王建天汉元年,封张飞为灵应王。"①以上这些神祇,皆为民间信仰的对象,且多地方特色。

而将众多的民间和历史故事人物作为审判对象,是庙画的一个特色,这反映社会普遍认同的善恶观、价值观。画中总计有黄氏女与李善人、潘仁美与杨七郎、岳飞与秦桧、唐太宗入冥府、刘全送瓜受报等五个故事。在第二殿奈何桥上的黄氏女与李善人出自流传于民间的劝善故事,清末宝卷《黄氏女三世卷》中记载有黄氏女游冥府见十王的故事,说明她作为教化大众的平凡典型事迹非常流行。对黄氏女与李善人的判词是:"示谕来往众,善恶自当知。若差一毫事,恶到此江河。金砖玉砌起,忠臣孝子登。"

潘仁美与杨七郎、岳飞与秦桧,分别出自两宋时期抗辽、抗金的故事,因为权臣潘仁美、秦桧陷害忠良杨、岳二家,而分别导致北宋向辽国割地赔款,偏安江南的南宋政府不能恢复中原故土。在话本小说《杨家将》中,杨七郎被乱箭射死;在《说岳全传》中,岳飞冤死风波亭。这些民间流传的故事,皆有所反映,并言潘仁美、秦桧在地狱受到了公正的审判。第四殿五官王对潘仁美与杨七郎的判词是:"潘仁美欺君害了忠臣杨七郎,可恶太甚,但此事忠此,判放生方。至于潘仁美,罚入地府受罚,永不还生。此谕。"

这是宣扬忠奸报应的最好例子,也是民间百姓最为喜欢的故事。在清代文人的笔记中关于岳飞与秦桧的评论很多,以龚炜《巢林笔谈》为例:"金陵牧羊亭有秦桧墓,人呼'狗葬',口碑绝妙。明时雷震一牛,朱书秦桧,桧堕畜久矣,非狗即牛,犹遭天谴。桧之受罪,宁有穷时乎?一时之漏网,未足未幸也。"②

《唐太宗入冥记》的故事最早是流传于唐代的话本小说,后《西游记》讲述说:魏徵梦斩龙王,使太宗失信于保龙王之命的承诺,龙王在冥界申诉太宗失信,而有太宗入地府之事;崔珏在地狱口迎接,太宗在受到无数冤魂威吓的时候,酆都判官崔珏积极为其解困,还为他改了生死簿,并促使太宗回阳界后做水陆大会、修建相国寺等,太宗为守诺派遣刘全送瓜进地府。这正是第七殿

---

① 车吉心总主编:《中华野史》第3册,泰山出版社1999年版,第255页。
② (清)龚炜:《巢林笔谈》,中华书局1981年版。

泰山王处审判的故事,而送瓜的刘全则在第十殿中收到这样的判词:"善人刘全,实乃忠君之善士,听候判赏,示。"这个故事反映了佛道的平等思想,即无论贵为帝王、贱为平民,在地狱阎王面前都是平等的,都逃不开善恶报应、六道轮回。

以民间故事及大众熟悉的神祇作为道德宣化题材,我们可以做出这样的结论:清代四川地区的十王信仰已经完全融入了大众的生活。

结　语

以上诸章的叙述，展示出巴蜀宗教文化源远流长、千姿万态的历史风貌，显示了若干巴蜀地域宗教文化的鲜明特征。从上古、先秦时期的原始宗教，到今天五教并存、和谐发展的场景，其时间的跨度长达五千余年。当我们饱览巴蜀宗教文化的艳丽多姿、丰富多彩，观照着道教、佛教、伊斯兰教、基督教、天主教及少数民族宗教在四川地区的传播与发展，亦由衷地惊叹和敬佩巴蜀先民的精神信仰和极富的想象力、创造力，正是巴蜀文化的包容、宽厚、精深，造就了各种宗教文化的兴盛与繁荣。历史上，巴蜀地区就是民族、文化的大熔炉，自古以来就具有多个民族共同居住、共同生产生活、共同创造社会财富、共同创造文化产品的多元共存的文化特征。在多元共存的文化格局下，巴蜀地区各民族的成员在宗教信仰、文化习俗上的互相学习、影响而共同创造、发展和繁荣着巴蜀文化。

一、巴蜀宗教文化的当代价值

巴蜀宗教文化的历史发展，形成了六个鲜明的特点。

第一个特点，巴蜀宗教文化是古今相承的。无论是道教、佛教、伊斯兰教、基督教、天主教，还是藏族、彝族、羌族、土家族、纳西族等少数民族宗教，它们在历史上都具有感召人心、教化民众的作用，今天依然在教化民众，弘扬正道，而且未来还会继续。这是一种传统文化。

第二个特点，巴蜀宗教文化是形神兼备的。巴蜀历史上有多种宗教，宗教种类齐全，特别是道教，发源于巴蜀，然后由此散布到全国各地。巴蜀有极其多的宗教场所，留下了大量的建筑、造像、典籍、绘画、服饰等，它们是历史的遗存，可是对信徒而言，它们依然是崇拜的对象，是活着的东西，它更具有感召力，更具有魅力。

第三个特点，巴蜀宗教文化雅俗共赏。在儒释道方面的创新、发展、变革，巴蜀的道教、佛教，在历史上多次理论创新，使得巴蜀成为历史上的创新基地。巴蜀是中国道教的发源地，佛教禅宗兴盛地；是大禹的故居，文殊菩萨的道场，文昌帝君的祖庭……这些丰富的宗教文化遗产，至今抚慰着人们的精神世界。

第四个特点，巴蜀宗教文化天人合一，有自然资源的支撑。宗教场所大多与山川美景圆融和谐，立足自然、保护自然、体悟自然。众多的名山古刹、洞天福地，早已成为环境优美的生态保护区。这个理想的生存环境，是人民祥和、万物茂盛、环境优美的生存空间。道教的洞天福地，正是天地间灵秀的地方，是最宜于道者修炼、万物自然长育的地方。

第五个特点，巴蜀宗教文化具有神圣性。这种神圣性是建立在世俗性的基础上，建立在现实的基础上的。巴蜀的宗教文化具有强大的感召力，在亿万信众的心目中巴蜀有太多的圣地圣迹、仙真神僧：有岷山、青城山、老君山、峨眉山、墨尔多山等宗教圣地，已成为中华民族共有的文化遗产；有张天师、李八百、翟天师、罗公远、彭晓、杜光庭、陈抟、张继先、薛道光、张三丰、李西月、陈清觉、易心莹、傅圆天、马祖道一、圭峰宗密、智诜、法演、克勤、破山海明、吹万广真、太虚、法尊、印顺、遍能、圣钦、宽霖、隆莲等高道大德影响着广大的信众；有西王母、大禹、九皇、文昌、川主、二郎、观音、普贤等神佛，接受着香火供奉、顶礼膜拜。这是一片神圣的领域，是人们安顿心灵的精神家园。

第六个特点，巴蜀宗教文化具有教化功能。宗教伦理既是宗教信仰者内在的伦理观念，又是宗教信仰者外在的实践行为。各种传统宗教尽管在信仰对象、崇拜仪式、教规戒律等方面有很大差异，但宗教伦理的内容却大同小异：要求虔诚崇拜，保持敬畏。要运用戒律，来加强信徒的品德修养，规范信徒的日常行为。佛教的"五戒""八戒""十戒"以及道教的"老君五戒""初真十戒"，基督教的"摩西十诫""爱人如己"等，都体现了扬善抑恶的道德原则。这些戒律在因果报应理论的支撑下，以神明的威严及其严明的赏罚预言来规范人们的行为，强化信徒头脑中善有善报、恶有恶报的伦理思想，旨在规劝人们用慈悲博爱精神修身处世。

在国家实行政教分离、宗教不作为国家的统治工具、宗教信仰作为公民个人的精神生活方式属于个人事务的情况下，宗教伦理的社会功能有其一定的积极作用。宗教伦理对宗教信徒的行为具有约束作用。教徒受因果报应思想的支配，惧怕神明的惩罚或来世的苦难，因而产生了相应的内在动力，自觉地以宗教的诫命和律令来约束、规范自己的行为。这种宗教伦理的神圣性对于信徒具有很强的约束自律作用。

宗教伦理对社会伦理关系具有一定的维系和整合作用。在宗教组织内部，教职人员向信徒进行伦理知识和道德规范的教育，促使信徒在共同的思想信仰基础上，严格按照本宗教的道德律令和伦理规范处理人与人之间的关系，对宗教领域信教公民道德水平有较大影响。在宗教信徒与不信教群众发生各种社会联系的过程中，如果信徒自觉地遵守教规戒律和宗教伦理规范，在其处理人与人、人与社会之间的关系时，宗教伦理可以促进信教公民与不信教公民人际关系的和谐，有利于改善社会伦理关系。在调整现代社会伦理关系中，宗教伦理可以发挥其特殊的作用。那些与社会主义道德规范相符相通的宗教伦理，可以通过其自身对社会假恶丑现象的贬抑和对真善美价值的推崇，调节相应人群的社会行为、社会活动，进而调整社会伦理关系，有助于社会公德面貌的改善。这是我们引导宗教与社会主义社会相适应的目标之一，也是宗教自身存在和发展的必然要求。

二、巴蜀宗教文化的前景展望

宗教文化及其遗产，是指一个宗教群体区别于其他宗教群体的一切传统文化的总和，它包括物质形态和非物质形态的宗教文化遗产。历史上，巴蜀各民族都形成了独具特色的宗教文化习俗，这是因巴蜀各民族生活、栖息的地理环境和自然条件本身具有的多样性所决定的，是不同民族在不同的环境下逐渐形成的各种特定且具有独自特色的社会关系和文化行为。巴蜀宗教文化的枝繁叶茂、林林总总，使得巴蜀地区宗教文化天然地具有了地域文化的多样性。

从前面叙述可见，在巴蜀宗教文化其几千年发生、发展、传承、变迁的历史进程中，居住在巴蜀地区内的各民族大多具有或形成了自己独具特色而且富于浓郁、鲜明之宗教文化个性的文化特征。巴蜀各民族宗教文化的多样性特征，丰富和繁荣了巴蜀文化的形式和内涵，它们作为中华文化宝库中的重要文化元素，也充实和丰润了中华文化的形式与内涵。

巴蜀宗教文化的变迁，首先是社会发展、人口迁移所带来的文化变动和创新。历史上，巴蜀地区就是著名的移民地区，区域内拥有"岷江文化通道""藏彝走廊""南方丝绸之路""茶马古道"等多条民族人口及其文化迁徙的路线。从三星堆遗址中的外来文化要素，到佛教、基督教、伊斯兰教传入四川，都为巴蜀宗教文化的丰富与发展增添了活力。正是各个民族、各种文化的交流与互融，造就了巴蜀宗教文化的繁荣。概观巴蜀宗教文化的历史，无论传入巴蜀的宗教来自何方，在传入巴蜀以后，在保持原有宗教特色的同时，也通过与巴蜀其他宗教的文化交流，而将其文化因子融汇到巴蜀文化的大系统之中，从而丰富了巴蜀宗教文化的内涵，体现了巴蜀宗教文化的风貌，增强了巴蜀宗教文化的新鲜活力。

巴蜀宗教文化的发展离不开文化的创新。承负传统文化的巴蜀宗教，首先是一种历史的文化遗产。要把握宗教主体性，充分认识到宗教界在宗教文化遗产创造、使用和保护中的历史地位和作用。对这类遗产的利用和开发，要切实尊重和保障宗教界的合理愿望和合法权益。加强调研与合作，对宗教文化遗产分布情况进行初步调查，适当梳理，为今后纵深研究奠定良好基础，确立基本框架。要联合宗教工作部门、宗教界和宗教学者，发挥各自优势，合力开展研究。既重视丰富的佛、道教文化遗产，也要特别关注伊斯兰教、天主教、基督教、民间信仰、原始崇拜等其他宗教文化遗产。不以时间长短论取舍，而是以是否具有突出的普世价值、是否体现宗教文化的多样性和中华民族的创造力为判断标准。

宗教文化遗产分为宗教物质文化遗产和宗教非物质文化遗产。宗教物质文化遗产包括具有宗教意义的碑铭、法器、供具等；承载宗教信仰的经书、字画、古玩等；宗教圣物，如佛舍利；宗教活动场所，如寺院、庙观、教堂、清真寺、石窟等；具有宗教意义的造像、壁画等，如乐山大佛、敦煌壁画；宗教历史文化名城、名山等，如我国佛教四大名山。宗教非物质文化遗产包括宗教礼仪、音乐、戏曲、文学、美术、武术等。巴蜀的宗教文化遗产灿烂辉煌。在物质文化遗产方面，自1961年3月至2006年5月，经国务院同意公布的全国重点文物保护单位有六批二千三百四十八处，外加零散公布的三处，共计二千三百五十一处，而其中属于宗教类的或与宗教有关的多达八百零三处，约占总数的百分之三十四点二，可见宗教文化遗产具有重要的地位。这八百零三处宗教类全国重点文物保护单位涉及佛教、道教、伊斯兰教、基督教、天主教等宗教。

在非物质文化遗产方面，四川进入国家级"非遗"保护名录的前四批项目中（2006年5月～2014年12月），就有涉及二十多个地区的三十余项，如《格萨尔》、噶玛嘎孜画派、藏族格萨尔彩绘石刻、巴塘弦子舞、德格印经院藏族雕版印刷技艺、甘孜州南派藏医药、卡斯达温舞、羌笛演奏及制作技艺、羌族瓦尔俄足节、彝族火把节、彝族克智和南坪曲子、藏族民歌、文昌洞经古乐、口弦音乐、成都道教音乐、羌族羊皮鼓舞、得荣学羌、甲搓、博巴森根、峨眉武术、安岳石刻、德格藏文书法、羌年、禹的传说、羌戈大战、觉囊梵音、伥舞、跳曹盖、藏戏等。在今后的研究、开发展过程中，应将非物质文化遗产保护理念同历史资源建设与开发利用理念对接，深入分析遗产的历史文化背景和具体文化生境，让人们能够全景、多维和立体地认识遗产活态存续状况，判断其特殊的传承价值与开发前景。

如藏传佛教唐卡，它反映的主题是宗教信仰。在唐卡绘制工序上，对颜料的选配、色彩的对比、画面的布局都有严格要求。且除了宗教功能外，唐卡还包容丰富的藏医药、天文历算等许多方面的知识，涉及涉藏地区的政治、经济、历史、风俗、社会生活等广泛内容，被认为是西藏社会的"百科全书"。

宗教类文化遗产相比于普通的文化遗产有所不同。后者是一种蕴含文化信息的遗存，是一种值得保护的历史遗迹。人们固然可以在面对这些遗迹的时候激起某种崇高或愉悦的感受，但遗迹本身的"生命"往往已经过去，绝大多数的遗迹与当代人之间的距离是真实存在的。而宗教类文化遗产则不同，对虔诚的信徒而言，这些带有神秘色彩的"文物"绝对不仅仅是"故物"，它们是富含灵性与生命超越的"当下存在"，是被"灵光"笼罩的"神迹"。而千百年传承下来的理念、仪式、音乐、舞蹈等，更是把悠久的底蕴与直击超验层面的灵性融为一体，体现着宗门的"传承有自"与"神"的超越时空。在面对宗教类的文化遗产时，由于信仰的原因，信众会对宗教文物、仪式等保持高度的敬意；对亵渎或损毁宗教文化遗产的行为产生激烈的反应。这就要求管理部门在处理关于宗教文化遗产的事宜时，必须保持更为审慎的态度，采取更为缜密的措施。

新中国成立以来，尤其是改革开放以来，文物部门、宗教部门及其他相关单位积极努力、通力合作，不仅发现和保护了众多的宗教文化遗产，同时也使这些文化遗产在新的时代发挥出新的作用，展现出新的光彩。

在宗教非物质文化遗产方面的例子也有很多，如三届"世界佛教论坛"、2007年举办的"国际道德经论坛"、2011年举办的"国际道教论坛"、四川举办的"中国（成都）道教文化节"等活动，邀请了来自世界多个国家和地区的各界人士，充分发掘中国佛、道教优秀文化遗产，广泛讨论了保护和弘扬宗教文化的有效措施。又比如国家宗教事务局引导中国五大宗教加强自身建设，整理各宗教的文化理念，开展讲经交流活动和"创建和谐寺观教堂"评比活动，彰显出宗教文化有利于个人身心和谐、人际关系和谐、社会整体和谐的独特价值。这些以宗教文化遗产为主题的活动，不仅推动了文化遗产保护工作的展开，同时也在弘扬中华传统文化、促进中外友好交流、维护祖国统一、实现社会和谐等方面起到了重要的积极作用。

综观巴蜀宗教文化，优秀思想与文化精华大量存在，并且有许多理念深入人心、广为传播，通过进一步的挖掘和阐发，在推动社会主义文化大发展大繁荣的今天，仍然可以发挥积极的作用。

总之，立足现实，回望历史，巴蜀宗教文化作为巴蜀文化体系中不可或缺的重要组成部分，作为凸显巴蜀文化艳丽多姿之地域文化特色的最大亮点，是当今我们在新的时代和新的发展环境下繁荣巴蜀文化，发展和丰富巴蜀文化的形式、内涵的基础性文化资源。我们相信：随着巴蜀宗教文化研究的逐步深入，巴蜀宗教文化必将迎来蓬勃发展的新局面。灿烂而壮观的巴蜀宗教文化，也将作为中华宗教文化宝库中的重要文化资源，在实现中华民族伟大复兴的事业中发挥越来越重要的作用。

主要参考文献

著作部分（包括典籍文集）

（东汉）郑玄注，（唐）贾公彦疏：《周礼注疏》，文渊阁《四库全书》本。
（东汉）郑玄注，（唐）孔颖达疏：《礼记注疏》，文渊阁《四库全书》本。
《国语》，文渊阁《四库全书》本。
（西晋）罗含：《湘中记》，文渊阁《四库全书》本。
（南朝梁）萧统编：《文选》，文渊阁《四库全书》本。
（唐）韩愈：《韩昌黎集》卷二，文渊阁《四库全书》本。
（唐）卢照邻：《卢照邻集》，文渊阁《四库全书》本。
（北宋）乐史：《太平寰宇记》，文渊阁《四库全书》本。
（北宋）高承：《事物纪原》，文渊阁《四库全书》本。
（北宋）李昉等编：《太平广记》，文渊阁《四库全书》本。
（北宋）黄休复：《茅亭客话》，文渊阁《四库全书》本。
（北宋）黄休复：《益州名画录》，文渊阁《四库全书》本。
《宣和书谱》，文渊阁《四库全书》本。
《宣和画谱》，文渊阁《四库全书》本。
（北宋）姚铉：《唐文粹》，文渊阁《四库全书》本。
（北宋）曾巩：《元丰类稿》，文渊阁《四库全书》本。
（北宋）江少虞：《宋朝事实类苑》，文渊阁《四库全书》本。

（南宋）琥仲荣等编：《成都文类》，文渊阁《四库全书》本。
（南宋）李心传：《建炎以来系年要录》，文渊阁《四库全书》本。
（南宋）李焘：《续资治通鉴长编》，文渊阁《四库全书》本。
（南宋）朱熹：《楚辞集注》，文渊阁《四库全书》本。
（南宋）曾巩：《隆平集》，文渊阁《四库全书》本。
（元）虞集：《道园学古录》，文渊阁《四库全书》本。
（元）费著：《岁华纪丽谱》，文渊阁《四库全书》本。
（元）陈旅：《安雅堂集》，文渊阁《四库全书》本。
（元）明善撰，（明）张国祥续修：《龙虎山志》，文渊阁《四库全书》本。
（明）李贤、彭时等修撰：《明一统志》，文渊阁《四库全书》本。
（明）王圻：《续文献通考》，文渊阁《四库全书》本。
（明）朱鹤龄：《愚庵小集》，文渊阁《四库全书》本。
（明）李时珍：《奇经八脉考》，文渊阁《四库全书》本。
（明）曹学佺：《蜀中广记》，文渊阁《四库全书》本。
（明）陶宗仪：《书史会要》，文渊阁《四库全书》本。
（清）朱彝尊：《曝书亭集》，文渊阁《四库全书》本。
（清）曹寅、彭定求等编校：《御定全唐诗》，文渊阁《四库全书》本。
（唐）沙门藏川述：《佛说地藏菩萨发心因缘十王经》，《卍新纂续藏经》本。
（北宋）慈云大师遵式述，慧观重编：《金园集》，《卍新纂续藏经》本。
（南宋）宗鉴：《释门正统》，《卍新纂续藏经》本。
（南宋）宗晓：《施食通览》，《卍新纂续藏经》本。
（元）月江正印撰：《月江正印禅师语录》，《卍新纂续藏经》本。
（清）行悦：《列祖提纲录》，《卍新纂续藏经》本。
（南宋）应庵昙华撰，守诠等编：《应庵昙华禅师语录》，《卍续藏经》本。
（明）福善录，通炯编，刘起相重校：《憨山大师梦游全集》，《卍续藏经》本。
（清）别庵性统编：《续灯正统》，《卍续藏经》本。
（北宋）苏轼：《东坡后集》，中华书局民国《四部备要》排印本。
（清）冯浩：《樊南文集详注》，中华书局民国《四部备要》排印本。
（东汉）宋衷注，（清）秦嘉谟辑补：《世本八种》，中华书局2008年版。
（北魏）郦道元，陈桥驿校证：《水经注》，中华书局2007年版。
《道藏》，文物出版社、上海书店、天津古籍出版社1988年影印本。

（唐）陈子昂：《陈子昂集》，中华书局1960年版。

车吉心总主编：《中华野史》，泰山出版社1999年版。

（唐）段成式：《寺塔记》，人民美术出版社1964年版。

（唐）孙思邈：《千金翼方》，人民卫生出版社1955年版。

（唐）欧阳询编：《艺文类聚》，上海古籍出版社1999年版。

（北宋）李昉、李穆、徐铉等编：《太平御览》，中华书局1960年影印本。

（北宋）司马光编著：《资治通鉴》，中华书局1956年校点本。

（北宋）王钦若、杨亿、孙奭等编：《册府元龟》，中华书局1960年影印本。

（北宋）苏颂：《本草图经》，福建科学技术出版社1988年版。

（北宋）王溥：《唐会要》，中华书局1955年版。

《藏外道书》，巴蜀书社1992~1994年影印本。

（北宋）路振：《九国志》，《笔记小说大观》，江苏广陵古籍刻印社1983年版。

（南宋）王象之编纂：《舆地纪胜》，中华书局1992年影印版。

（南宋）石介：《徂徕石先生文集》，中华书局1984年版。

（南宋）陆游撰，蒋方校注：《入蜀记校注》，湖北人民出版社2004年版。

（南宋）普济：《五灯会元》，中华书局1984年版。

（元）觉岸：《释氏稽古略》，《大正新修大藏经》本。

（明）都穆：《游名山记》，民国"宝颜堂秘笈"本。

（明）余承勋：《马湖府志》，宁波天一阁藏嘉靖刻本。

（明）王文濡辑：《说库》，浙江古籍出版社1986年影印本。

（明）破山海明：《破山语录》，康熙庚申年楞严般若坊刻本。

（明）云栖袾宏：《正讹集》，《大藏经补编》，台北华宇出版社1984年版。

（清）黄宗羲、全祖望：《宋元学案》，世界书局1936年版。

（清）李西月编，郭旭阳校订：《张三丰全集合校》，长江出版社2010年版。

（清）黄宗羲：《南雷文定》，中华书局据粤雅堂丛书本校刊。

（清）蒲松龄：《聊斋志异》，上海古籍出版社1978年版。

（清）常明、杨芳灿等：《四川通志》，巴蜀书社1994年影印清嘉庆本。

光绪《清会典事例》，中华书局1991年版。

（清）董诰、阮元、徐松等编：《钦定全唐文》，中华书局1985年影印嘉庆本。

（清）张潮、张渐辑：《昭代丛书别集》，道光世楷堂刻本。

（清）阮元：《十三经注疏》，中华书局1988年影印版。

（清）蒋超撰，（民国）印光重修：《峨眉山志》，江苏广陵古籍刻印社1997年影印本。

（清）顾祖禹：《读史方舆纪要》，商务印书馆1937年《万有文库》本。

（清）洪钧：《元史译文证补》，上海古籍出版社1995年影印本。

（清）仇兆鳌：《杜诗详注》，中华书局1979年版。

（清）李鸿章撰，吴汝纶编纂：《李文忠公全集》，清光绪三十一年金陵刊本。

（清）潘荣陛编撰：《帝京岁时纪胜》，北京古籍出版社1981年版。

（清）周安士著述，曾琦云解译：《安士全书白话解》，内蒙古人民出版社2003年版。

百衲本《二十五史》，浙江古籍出版社1998年影印本。

（清）李渔：《李渔全集》，浙江古籍出版社1991年版。

（清）龚炜：《巢林笔谈》，中华书局1981年版。

（清）赵翼：《陔余丛考》，中华书局1963年版。

《古今图书集成》，中华书局、巴蜀书社1985年影印本。

《全唐文新编》，吉林文史出版社1999年版。

《宋大诏令集》，中华书局1962年版。

《笔记小说大观》，江苏广陵古籍刻印社1983年版。

《全上古三代秦汉三国六朝文》，河北教育出版社1997年校点本。

刘琳、刁忠民、舒大刚、尹波校点：《宋会要辑稿》，上海古籍出版社2014年版。

方诗铭、王修龄校注：《古本竹书纪年辑证》，上海古籍出版社2005年版。

傅增湘编：《宋代蜀文辑存》，北京图书馆出版社2005年版。

尚志钧辑：《唐新修本草》，安徽科学技术出版社1981年版。

《诸子集成》，岳麓书社1996年版。

《诸子集成补编》，四川人民出版社1997年版。

《道藏辑要》，巴蜀书社1995年影印本。

《中华道藏》，华夏出版社2004年版。

蓝吉富主编：《禅宗全书》，北京图书馆出版社2004年版。

《四库全书存目丛书》，齐鲁书社1997年影印本。

［日］安居香山、中村璋八辑：《纬书集成》，河北人民出版社1994年版。

《中国各民族原始宗教资料集成》，中国社会科学出版社1999年版。

袁珂：《中国民族神话辞典》，四川省社会科学院出版社1989年版。

《中国各民族宗教与神话大词典》编审委员会编：《中国各民族宗教与神话大词典》，学苑出版社1990年版。

丁光训主编：《基督教大辞典》，辞书出版社2010年版。

宛耀宾主编：《中国伊斯兰百科全书》，四川辞书出版社2007年版。

李绍明、林向、赵殿增主编：《三星堆与巴蜀文化》，巴蜀书社1993年版。

中国考古学会编辑：《中国考古学会第二次年会论文集》，文物出版社1982年版。

成都市文物考古研究所、四川大学历史系考古教研室、早稻田大学长江流域文化研究所：《宝墩遗址》，日本阿普有限会社2000年版。

屈小强、李殿元、段渝主编：《三星堆文化》，四川人民出版社1993年版。

蒙文通：《蒙文通文集》，巴蜀书社1998年、2001年版。

蒙文通：《巴蜀古史论述》，四川人民出版社1981年版。

邓少琴：《邓少琴西南民族史地论集》，巴蜀书社2001年版。

谭继和：《巴蜀文化辨思集》，四川人民出版社2004年版。

陆思贤：《神话考古》，文物出版社1995年版。

苏三：《三星堆文化大猜想——中华民族与古犹太人血缘关系的破解》，中国社会科学出版社2004年版。

凉山州文化局编：《凉山彝族民间美术》，四川民族出版社1992年版。

黄建明：《彝族古籍文献概要》，云南民族出版社1993年版。

巴莫曲布嫫：《神图与鬼板——凉山彝族祝咒文学与宗教绘画考察》，广西人民出版社2004年版。

吉合蔡华：《道教与彝族传统文化》，民族出版社2005年版。

中央民族学院彝文编译室编：《彝族文献研究》，中央民族学院出版社1993年版。

中央民族学院彝文编译室编：《彝文文献选读》，中央民族学院出版社1992年版。

中央民族大学彝学研究所编：《中国彝学》第一辑，民族出版社1997年版。

戴庆夏主编：《中国彝学》第二辑，民族出版社2003年版。

果吉·宁哈、岭福祥主编：《彝文指路经译集》，中央民族学院出版社1993年版。

林耀华：《凉山彝家》，云南民族出版社2003年版。

孟慧英：《彝族毕摩文化》，四川民族出版社2003年版。

起国庆：《信仰的灵光——彝族原始宗教与毕摩文化》，四川文艺出版社2003年版。

马学良、于锦绣、范惠娟：《彝族原始宗教调查报告》，中国社会科学出版社1993年版。

阿旺洛追扎巴著，许得存译：《觉囊派教法史》，西藏人民出版社1993年版。

德吉草：《四川涉藏地区的文化艺术》，四川民族出版社2008年版。

章嘉·若贝多杰：《七世达赖喇嘛传》，中国藏学出版社2006年版。

王献军：《西藏政教合一制研究》，兰州大学出版社2004年版。

尕藏加：《西藏佛教神秘文化——密宗》，西藏人民出版社2004年版。

林建曾、王路平等：《世界三大宗教在云贵川地区传播史》，中国文史出版社2002年版。

刘立千：《藏传佛教各派教义及密宗漫谈》，民族出版社2002年版。

措如·次朗：《藏传佛教噶举派史略》，宗教文化出版社2002年版。

索南坚赞著，刘立千译注：《西藏王统记》，民族出版社2000年版。

土观·罗桑却吉尼玛著，刘立千译注：《土欢宗派源流》，民族出版社2000年版。

达仓宗巴·班觉桑布著，陈庆英译：《汉藏史集》，西藏人民出版社1999年版。

西藏自治区社会科学院编：《清实录藏族史料》，西藏人民出版社1982年版。

阿旺·贡噶索南著，陈庆英译：《萨迦世系史》，西藏人民出版社1989年版。

冉光荣、李绍明、周锡银：《羌族史》，四川民族出版社1985年版。

罗世泽等整理：《木姐珠与斗安珠》，四川人民出版社1983年版。

严汝娴等：《普米族简史》，云南人民出版社1983年版。

王康、李鉴踪、汪青玉著：《神秘的白石崇拜》，四川人民出版社1992年版。

任乃强：《四川上古史新探》，四川人民出版社1986年版。

刘不朽：《三峡探奥》，长江出版社2006年版。

（晋）常璩著，任乃强校注：《华阳国志校补图注》，上海古籍出版社1987年版。

（晋）常璩著，刘琳校注：《华阳国志校注》，成都时代出版社2007年版。

袁珂校注：《山海经校注》，上海古籍出版社1980年版。
梁启超：《清代学术概论》，中华书局2010年版。
陈世松、贾大泉主编：《四川通史》，四川大学出版社1993年版。
吴传钧：《西康省藏族自治州》，三联书店1955年版。
燕松柏、雀丹：《阿坝地区宗教史要》，成都地图出版社1993年版。
罗香林：《唐元两代之景教》，香港中国学社1966年版。
荣新江：《中古中国与外来文明》，三联书店2001年版。
白寿彝：《回族人物志》，宁夏人民出版社1996年版。
马坚译：《古兰经》，中国社会科学出版社2009年版。
方国瑜：《彝族史稿》，四川民族出版社1984年版。
易谋远：《彝族史要》，社会科学文献出版社2007年版。
徐家瑞：《大理古代文化史》，中华书局1978年版。
尤中：《中国西南民族史》，云南人民出版社1985年版。
巍山彝族回族自治县县志编委会办公室编：《巍宝山志》，云南人民出版社1989年版。
云南省编辑组编：《昆明民族民俗和宗教调查》，云南民族出版社1986年版。
宋恩常编：《中国少数民族宗教初编》，云南人民出版社1985年版。
巴莫阿依：《彝族祖灵信仰研究》，四川民族出版社1994年版。
左玉堂等编：《毕摩文化论》，云南人民出版社1993年版。
起国庆：《彝族毕摩文化》，四川文艺出版社2007年版。
《凉山彝族驱鬼经》，台北利氏学社1998年版。
任继愈主编：《中国道教史》，上海人民出版社1990年版。
卿希泰主编：《中国道教史》，四川人民出版社1995年版。
李养正：《当代道教》，东方出版社2000年版。
赖宗贤：《台湾道教源流》，台北中华道统出版社1999年版。
王明：《抱朴子内篇校释》，中华书局1980年版。
王明：《太平经合校》，中华书局1979年版。
王明：《道家和道教思想研究》，中国社会科学出版社1990年版。
蒙文通辑校：《道书辑校十种》，巴蜀书社2001年版。
王家祐：《道教论稿》，巴蜀书社1987年版。
李远国：《四川道教史话》，四川人民出版社1985年版。

李远国：《神霄雷法——道教神霄派沿革与思想》，四川人民出版社2003年版。

肖天石主编：《道藏精华》，台北自由出版社影印版。

萧登福：《道佛十王地狱说》，台北新文丰出版公司1996年版。

徐兆林编：《涵虚秘旨》，中国人民大学出版社1990年版。

唐大潮：《明清之际道教"三教合一"思想论》，宗教文化出版社2000年版。

龙显昭等编：《巴蜀道教碑文集成》，四川大学出版社1997年版。

洪建林编：《道家养生秘库》，大连出版社1991年版。

胡文和：《四川道教佛教石窟艺术》，四川人民出版社1994年版。

陈垣编纂：《道家金石录》，文物出版社1988年版。

汤用彤：《汉魏两晋南北朝佛教史》，中华书局1983年版。

任继愈主编：《中国佛教史》，中国社会科学出版社1981年版。

陈兵、邓子美：《二十世纪中国佛教》，民族出版社2000年版。

于凌波：《中国近现代佛教人物志》，宗教文化出版社1995年版。

冉光荣：《中国藏传佛教寺院》，中国藏学出版社1994年版。

杨贵明、马吉祥编译：《藏传佛教高僧传略》，青海人民出版社1992年版。

杜继文：《佛教史》，江苏人民出版社2008年版。

杜继文主编：《佛教史》，中国社会科学出版社1991年版。

中国佛教协会编：《中国佛教》，知识出版社1980年版。

周叔迦：《周叔迦佛学论著全集》，中华书局2006年版。

石俊等编：《中国佛教思想资料选编》，中华书局1981年版。

龙显昭主编：《巴蜀佛教碑文集成》，巴蜀书社2004年版。

姚崇新：《四川佛教石窟造像初步研究》，中华书局2011年版。

刘长久：《南诏和大理国宗教艺术》，四川人民出版社2001年版。

刘长久：《中国西南石窟艺术》，四川人民出版社1998年版。

王卫明：《大圣慈寺画史丛考》，文化艺术出版社2005年版。

于小冬：《藏传佛教绘画史》，江苏美术出版社2006年版。

冯学成等编：《巴蜀禅灯录》，成都出版社1992年版。

苏渊雷、高振农选辑：《佛教要籍选刊》，上海古籍出版社1994年版。

安岳县文物管理局编：《安岳石刻导览》，中国文史出版社2008年版。

杜斗城：《敦煌本佛说十王经校录研究》，甘肃教育出版社1989年版。

翦伯赞：《先秦史》，北京大学出版社1999年版。

葛兆光：《中国思想史》，复旦大学出版社2005年版。

吕大吉：《宗教学通论》，中国社会科学出版社1998年版。

迟文杰主编：《西王母文化研究集成》，广西师范大学出版社2008年版。

何光沪主编：《宗教与当代中国社会》，中国人民大学出版社2006年版。

李乔：《中国行业神崇拜》，中国文联出版社2000年版。

牟钟鉴：《中国宗教与文化》，巴蜀书社1988年版。

宋兆麟等：《中国原始社会史》，文物出版社1983年版。

陆群：《民间思想的村落》，贵州民族出版社2000年版。

重庆大足石刻艺术博物馆、重庆市社会科学院大足石刻艺术研究所编：《大足石刻铭文录》，重庆出版社1999年版。

［印］德·恰托巴底亚耶著，王世安译：《顺世论》，商务印书馆1996年版。

［荷］高罗佩著，李零等译：《中国古代房内考》，上海人民出版社1990年版。

方豪：《中西交通史》，岳麓书社1987年版。

方豪：《中国天主教史人物传》，香港公教真理学会1970年版。

刘小枫编：《道与言——华夏文化与基督文化相遇》，三联书店1995年版。

向达：《唐代长安与西域文明》，河北教育出版社2007年版。

朱谦之：《中国景教》，人民出版社1998年版。

［法］沙海昂注，冯承钧译：《马可波罗行纪》，中华书局2004年版。

徐宗泽：《中国天主教传教史概论》，上海书局1990年重印本。

陈垣：《陈垣学术论文集》，中华书局1980年版。

王治心：《中国基督教史纲》，文海出版社1940年版。

江文汉：《中国古代基督教及开封犹太人》，知识出版社1982年版。

［加］郑安德编：《明末清初耶稣会思想文献汇编》，北京大学宗教研究所2003年版。

秦和平：《基督宗教在四川传播史稿》，四川人民出版社2006年版。

马以愚：《中国回教史鉴》，宁夏人民出版社2000年版。

马尚林：《四川回族历史与文化》，四川民族出版社2005年版。

胡振华：《中国回族》，宁夏人民出版社1993年版。

白寿彝：《回族人物志》，宁夏人民出版社1996年版。

［意］利玛窦著，刘俊余、王玉川译：《利玛窦全集》，台湾光启社1986年版。

《云南少数民族哲学社会思想资料选辑》第二辑，中国哲学史学会云南省分会编1982年版。

［英］爱德华·泰勒著，连树声译：《原始文化——神话、哲学、宗教、语言、艺术和习俗发展之研究》，广西师范大学出版社2005年版。

［德］马克思著，中国科学院历史研究所翻译组翻译：《摩尔根〈古代社会〉一书摘要》，人民出版社1965年版。

［美］威斯利顿·沃尔克著，孙善玲等译：《基督教会史》，中国社会科学出版社1991年中译本。

［英］阿·克·穆尔著，郝镇华译：《一五五〇年前的中国基督教史》，中华书局1984年版。

［法］古洛东著：《圣教入川记》，四川人民出版社1981年版。

［波斯］拉施特主编，余大钧、周建奇译：《史集》，商务印书馆1986年版。

［意］利玛窦、金尼阁著，何高济等译：《利玛窦中国札记》，中华书局1983年版。

［法］沙畹编，冯承钧译述：《西突厥史料》，中华书局1958年版。

［加］郑安德编：《明末清初耶稣会思想文献汇编》，北京大学宗教研究所2003年。

［意］艾儒略著，谢方校释：《职方外纪》，中华书局1996年版。

［德］恩斯特·卡西尔著，甘阳译：《人论》，上海译文出版社1985年版。

论文部分

西昌市文物管理所：《四川西昌市横栏山新石器时代遗址调查》，《考古》1998年第2期。

礼州遗址联合考古发掘队：《四川西昌礼州新石器时代遗址》，《考古学报》1980年第4期。

四川凉山州博物馆、四川盐源县文化馆：《四川盐源县轿顶山发现新石器时代遗址》，《考古》1996年第9期。

四川省文物管理委员会、四川省文物考古研究所、四川省广汉县文化局：《广汉三星堆遗址一号祭祀坑发掘简报》，《文物》1987年第10期。

四川省文物管理委员会、四川省文物考古研究所、四川省广汉县文化局：《广汉三星堆遗址二号祭祀坑发掘简报》，《文物》1989年第5期。

赵殿增：《三星堆文明原始宗教的构架特征》，《中华文化论坛》1998年第1期。

徐学书：《从考古资料看蚕丛氏蜀人的南迁》，《四川文物》1993年第6期。

孙华：《三星堆器物坑的年代及性质分析》，《文物》1993年第11期。

段渝：《蜀文化考古与夏商时代的蜀王国》，《四川文物》1994年第1期。

李安民：《广汉三星堆一、二号祭祀坑祭祀礼俗研究》，《四川文物》1994年第4期。

屈小强：《三星堆玉石礼器中的璧和璋》，《四川文物》1994年第5期。

杨明洪：《纵目青铜人像的民族学观察》，《四川文物》1994年第6期。

范小平：《论三星堆纵目的青铜面像》，《四川文物》1997年第5期。

谭继和：《三星堆神祺文化探秘》，《四川文物》1998年第3期。

黄剑华：《三星堆青铜神树探讨》，《四川文物》1999年第2期。

林向：《三星堆青铜艺术的人物造型研究》，《中华文化论坛》2000年第3期。

黄剑华：《三星堆青铜造像与古蜀祭祀活动探讨》，《中华文化论坛》2000年第3期。

蒋成、陈剑：《岷江上游考古新发现述析》，《中华文化论坛》2001年第3期。

徐学书：《岷江上游石棺葬文化与滇文化、滇西青铜文化关系探讨》，《中华文化论坛》2001年第3期。

李复华、王家祐：《三星堆宗教内涵试探》，《宗教学研究》1999年第3期。

樊一、吴维羲：《三星堆神坛考》，《四川文物》2003年第2期。

孙亚樵、胡昌钰：《从三星堆文化看古蜀人的原始宗教观》，《中华文化论坛》2004年第2期。

贾雯鹤：《蜀人的圣树崇拜：从乌木到建木》，《中华文化论坛》2004年第2期。

张曦：《三星堆金杖外来文化因素蠡测》，《四川文物》2008年第1期。

顾颉刚：《〈庄子〉和〈楚辞〉中昆仑和蓬莱两个神话系统的融合》，《中华文史论丛》1979年第2期。

谢祥荣：《〈想尔注〉怎样解〈老子〉为宗教神学》，《宗教学研究》1982年第4期。

罗尚贤：《从大秦景教看道学与神学的关系》，《广东社会科学》1999年第10期。

杨嘉铭：《四川涉藏地区藏传佛教的基本特点》，《西南民族大学学报》（人文社科版）2007年第2期。

任新建：《从八邦寺文物看噶玛噶举派在康区的兴衰》，《康定民族师范高等专科学校学报》1995年第4期。

陈庆英、周生文：《元代藏族名僧胆巴国师考》，《中国藏学》1990年第1期。

杨明：《川西北牧区藏族游牧部落的本教》，《世界宗教研究》1986年第4期。

张总：《四川绵阳北山院地藏十王龛像》，《敦煌学辑刊》2008年第4期。

王雪梅：《四川营山〈大蓬秀立山普济寺众修十王生七斋记〉校录整理》，《西华师范大学学报》（哲学社会科学版）2014年第6期。

杜斗城：《〈地狱变相〉初探》，《敦煌学辑刊》1989年第1期。

唐冲：《浅议麦积山石窟的地狱变相》，《敦煌研究》2003年第6期。

胡学良、蒋德才：《大足石刻的地藏造像初识》，《四川文物》1997年第2期。

张总、廖顺勇：《四川安岳圣泉寺地藏十王龛像》，《敦煌学辑刊》2007年第2期。

刘佳丽：《绵阳北山院摩崖造像述略》，《四川文物》2000年第6期。

李远国：《〈正易心法〉考辨》，《社会科学研究》1984年第6期。

李远国：《试论陈抟的宇宙生成论》，《世界宗教研究》1985年第2期。

李远国：《大足石刻道教造像渊源初探》，《四川文物》1986年石刻研究专辑。

李远国：《陈抟〈无极图〉思想探索》，《世界宗教研究》1987年第2期。

李远国：《试论陈抟的历史地位及其影响》，《社会科学研究》1988年第3期。

李远国：《四川大足道教石刻概述》，日本东京大学《东洋文化》1990年第1期。

李远国：《鬼道、仙道与正一盟威之道》，《宗教学研究》2008年第3期。

李远国：《重庆大足圣府洞道教石刻再探》，张茉明主编：《人文与社会》论文集，上海社会科学院出版社2009年版。

李远国：《哪吒信仰及其在巴蜀的传播》，《中华文化论坛》2009年第4期。

李远国：《从十殿冥王图看清代四川地区的十王信仰》，郑开编：《道教文献研究的旧学新知》，社会科学文献出版社2009年版。

谢祥荣：《唐宋时期成都的大圣慈寺壁画》，《成都大学学报》（社科版）2003年第1期。

梅铮铮：《清雍正至道光年间武侯祠道士事迹考评》，《四川文物》2003年第4期。

冯广宏：《巴蜀文字的期待（六）》，《文史杂志》2004年第6期。

费孝通：《中华民族的多元一体格局》，《北京大学学报》（哲学社会科学版）1989年第4期。

后 记

本卷系《巴蜀文化通史》系列丛书之一卷,其撰稿乃集体劳动的成果,参加者皆为四川省社会科学院研究人员,分别是李远国、向世山、丁常春、陈云、杨俊、邢飞、唐希鹏。

其中陈云撰写了第二章《巴蜀的道教文化》第二节《隋唐时期的巴蜀道教》;丁常春撰写了第二章《巴蜀的道教文化》第四节《明清时期至当代巴蜀的道教》;向世山撰写了第三章《巴蜀的佛教文化》第一节《佛教传入巴蜀》、第二节《魏晋六朝时期的巴蜀佛教》、第三节《隋唐时期的巴蜀佛教》、第四节《宋元时期的巴蜀佛教》;邢飞、唐希鹏撰写了第三章《巴蜀的佛教文化》第五节《明清时期至当代的巴蜀佛教》;杨俊撰写了第六章《巴蜀少数民族宗教文化》第一节《藏族的宗教文化》;其余的章节为李远国撰写。

本书在收集资料、编写过程中,得到了四川省社会科学院的大力支持,得到《巴蜀文化通史》学术委员会的帮助和指导,许多人都贡献过很多好的意见,本卷的编写工作才最终得以完成。

在此谨对上述单位和诸位教授、专家的悉心帮助,致以衷心的感谢。

2018年12月

图书在版编目（CIP）数据

巴蜀文化通史. 宗教文化卷 / 章玉钧, 谭继和主编; 李远国, 向世山等著. —— 成都：四川人民出版社, 2021.12
ISBN 978-7-220-09711-9

Ⅰ.①巴… Ⅱ.①章…②谭…③李…④向… Ⅲ.①文化史—四川 ②宗教文化—文化史—四川 Ⅳ.①K297.1

中国版本图书馆CIP数据核字（2017）第282176号

BASHU WENHUA TONGSHI
ZONGJIAO WENHUA JUAN
巴蜀文化通史 宗教文化卷

李远国　向世山等　著

出　品　人	黄立新
项目统筹	谢　雪　董　玲　谢　寒
责任编辑	母芹碧
特约编辑	陈　欣
封面设计	张　科
装帧设计	经典记忆　戴雨虹
责任校对	吴　玥
责任印制	祝　健
出版发行	四川人民出版社（成都三色路238号）
网　　址	http://www.scpph.com
E-mail	scrmcbs@sina.com
新浪微博	@四川人民出版社
微信公众号	四川人民出版社
发行部业务电话	（028）86361653　86361656
防盗版举报电话	（028）86361653
制　　版	四川省经典记忆文化传播有限公司
印　　刷	成都东江印务有限公司
成品尺寸	180mm×260mm
插　　页	14
印　　张	37.5
字　　数	662千
版　　次	2021年12月第1版
印　　次	2021年12月第1次印刷
书　　号	ISBN 978-7-220-09711-9
定　　价	205.00元

■版权所有·侵权必究

本书若出现印装质量问题，请与我社发行部联系调换
电话：（028）86361656